新 수학의 바이블

연산

중학 3-2

구성과 특징

STRUCTURE

본책 구성

- 일일 학습에 적당하게 개념을 분류하여 부담 없는 학습이 가능하도록 구성하였습니다.

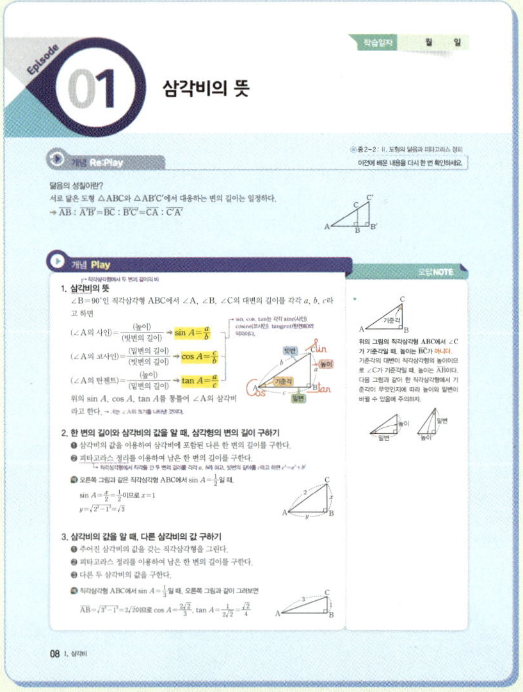

개념 Re:Play 이전에 배운 내용 중에서 본 학습 내용과 연계된 개념으로 구성하여 본 학습 내용을 좀 더 쉽게 이해하고, 수학의 연결 흐름을 한 눈에 볼 수 있도록 하였습니다.

개념 Play 바이블만의 체계적이고 자세한 설명으로 개념의 원리와 공식을 완벽하게 이해할 수 있도록 하였습니다.

오답 NOTE 개념의 원리와 공식을 이용하기 위해 주의해야 할 내용을 예시를 통해 이해할 수 있도록 구성하였습니다.

- 연산 문제를 해결 방법에 따라 유형을 세분화하여 반복적인 훈련을 통해 개념을 익힐 수 있도록 구성하였습니다.

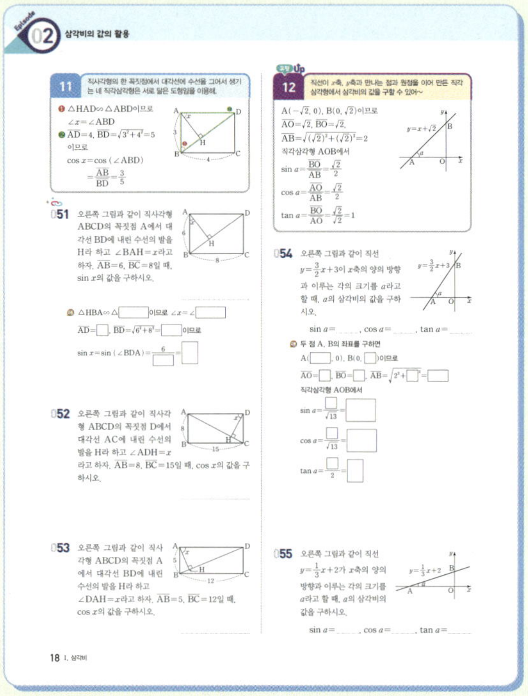

유형 Up 교과서에 수록된 문제를 해결하기 위한 필수 유형을 통해 개념을 정복할 수 있도록 하였습니다.

新 수학의 바이블 연산만의 특장점

일일 학습량에 맞춘 **개념 학습**

유형 세분화를 통한 **문제 풀이**

교과서 문제로 구성한 **문장제**

자기주도 학습이 가능한 **Plus Book**

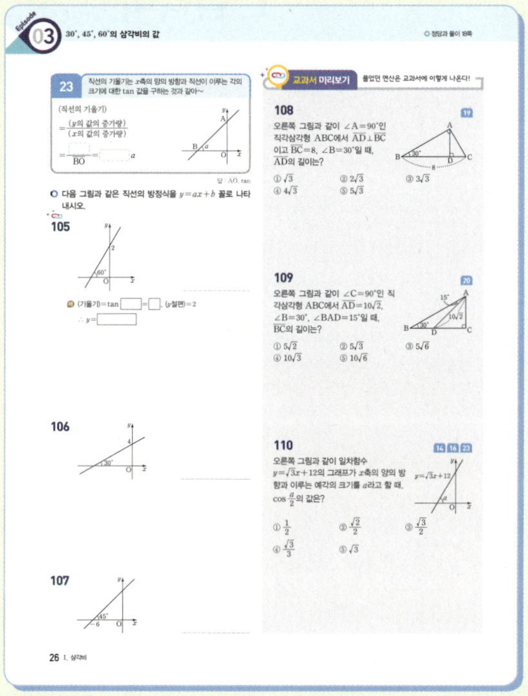

교과서 미리보기 **Episode**마다 교과서의 핵심 문장제로 구성하였습니다. 앞에서 학습한 연산 문제가 문장제로 어떻게 출제되는지 를 통해 확인할 수 있도록 하였습니다.

Plus Book 구성

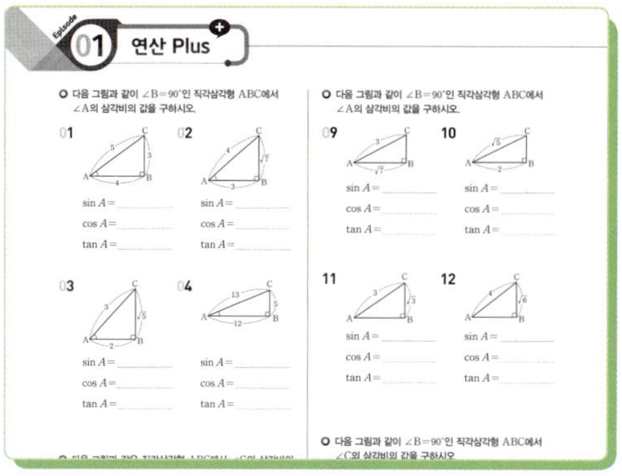

연산 Plus 본책의 **Episode**별로 본책과 동일 유형의 문제를 반복하여 풀어 보며 보충학습을 할 수 있도록 구성하였습니다.

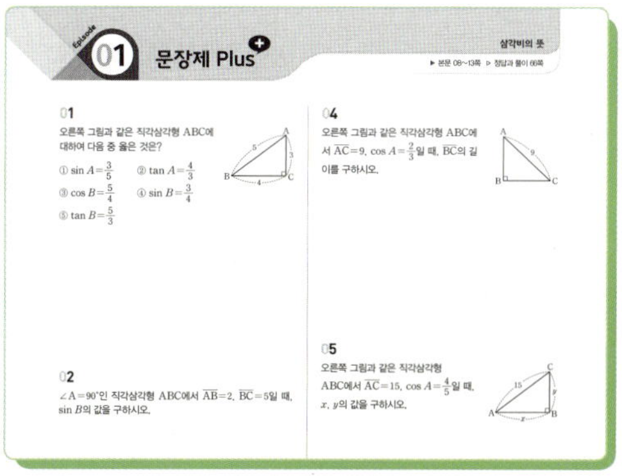

문장제 Plus 본책의 **Episode**별로 교과서에 수록된 유형의 문장제를 연습할 수 있도록 구성하였습니다. 개념과 공식을 적용할 수 있는 문제 해결력을 기를 수 있습니다.

차례

CONTENTS

Ⅰ. 삼각비

Ⅰ-1 삼각비

Ⅰ-2 삼각비의 활용

Ⅱ. 원의 성질

Ⅱ-1 원과 직선

Ⅱ-2 원주각

Ⅲ. 통계

Ⅲ-1 대푯값, 산포도, 상관관계

I 삼각비

1. 삼각비

Ep.01 삼각비의 뜻

- $\sin A=\frac{a}{b}$
- $\cos A=\frac{c}{b}$
- $\tan A=\frac{a}{c}$

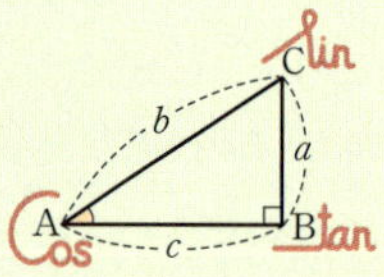

Ep.02 삼각비의 값의 활용

Ep.05 삼각비의 활용 – 삼각형의 변의 길이

직각삼각형의 변의 길이

- $a=c\cos B=\frac{b}{\tan B}$
- $b=c\sin B=a\tan B$
- $c=\frac{a}{\cos B}=\frac{b}{\sin B}$

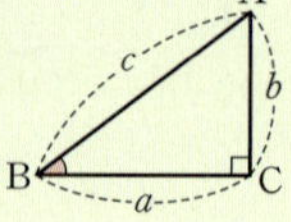

Ep.06 삼각비의 활용 – 도형의 넓이

삼각형의 넓이

- ∠B가 예각인 경우

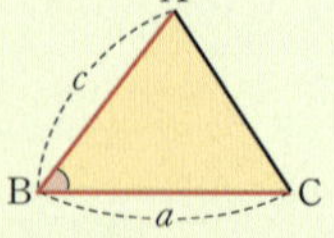

$S=\frac{1}{2}ac\sin B$

- ∠B가 둔각인 경우

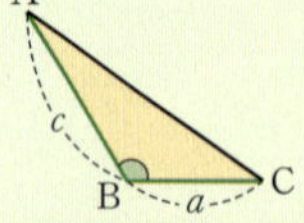

$S=\frac{1}{2}ac\sin(180°-B)$

Ⅰ 단원 이야기

삼각비는 고대 수학자들에 의해 토지 측량, 천체 관측 등의 실용적인 이유로 발견되었고 여러 분야에서 유용하게 이용되었다. 현대에도 지도를 만들거나 측량을 할 때 두 점 사이의 거리를 직접 구하지 않고 삼각형의 성질을 이용하는 삼각측량법을 이용하는데, 이때 측량 기준으로 정한 세 꼭짓점을 삼각점이라고 한다. 삼각점은 전국에 약 2.5 km~20 km 간격으로 산 정상에 대부분 설치되어 있으며 기간을 두고 측량함으로써 토지의 변형을 알 수 있다.

Ep.03

30°, 45°, 60°의 삼각비의 값

삼각비 \ A	30°	45°	60°
$\sin A$	$\frac{1}{2}$	$\frac{\sqrt{2}}{2}$	$\frac{\sqrt{3}}{2}$
$\cos A$	$\frac{\sqrt{3}}{2}$	$\frac{\sqrt{2}}{2}$	$\frac{1}{2}$
$\tan A$	$\frac{\sqrt{3}}{3}$	1	$\sqrt{3}$

2. 삼각비의 활용

Ep.04

사분원에서 삼각비의 값

① 예각의 삼각비의 값

- $\sin\alpha=\frac{\overline{AB}}{\overline{OA}}=\overline{AB}$
- $\cos\alpha=\frac{\overline{OB}}{\overline{OA}}=\overline{OB}$
- $\tan\alpha=\frac{\overline{CD}}{\overline{OD}}=\overline{CD}$

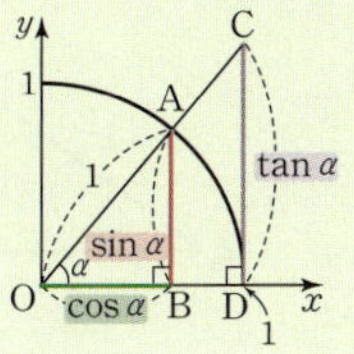

② 0°, 90°의 삼각비의 값

- $\sin 0^\circ=0$, $\cos 0^\circ=1$, $\tan 0^\circ=0$
- $\sin 90^\circ=1$, $\cos 90^\circ=0$, $\tan 90^\circ$의 값은 정할 수 없다.

③ 삼각비의 표

0°에서 90°까지의 각을 1° 간격으로 나누어 이들의 삼각비의 값을 반올림하여 소수점 아래 넷째 자리까지 나타낸 표

학습일자 월 일

Episode 01

삼각비의 뜻

개념 Re:Play

◉ 중2-2 : Ⅱ. 도형의 닮음과 피타고라스 정리

이전에 배운 내용을 다시 한 번 확인하세요.

닮음의 성질이란?

서로 닮은 도형 △ABC와 △AB′C′에서 대응하는 변의 길이는 일정하다.

→ $\overline{AB}:\overline{A'B'}=\overline{BC}:\overline{B'C'}=\overline{CA}:\overline{C'A'}$

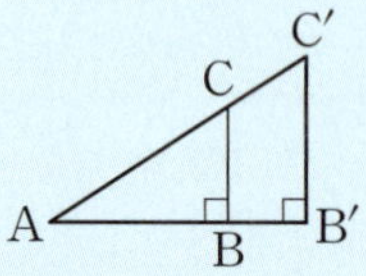

개념 Play

1. 삼각비의 뜻

→ 직각삼각형에서 두 변의 길이의 비

∠B=90°인 직각삼각형 ABC에서 ∠A, ∠B, ∠C의 대변의 길이를 각각 a, b, c라고 하면

(∠A의 사인)$=\dfrac{(\text{높이})}{(\text{빗변의 길이})}$ → $\sin A=\dfrac{a}{b}$

(∠A의 코사인)$=\dfrac{(\text{밑변의 길이})}{(\text{빗변의 길이})}$ → $\cos A=\dfrac{c}{b}$

(∠A의 탄젠트)$=\dfrac{(\text{높이})}{(\text{밑변의 길이})}$ → $\tan A=\dfrac{a}{c}$

→ sin, cos, tan는 각각 sine(사인), cosine(코사인), tangent(탄젠트)의 약자이다.

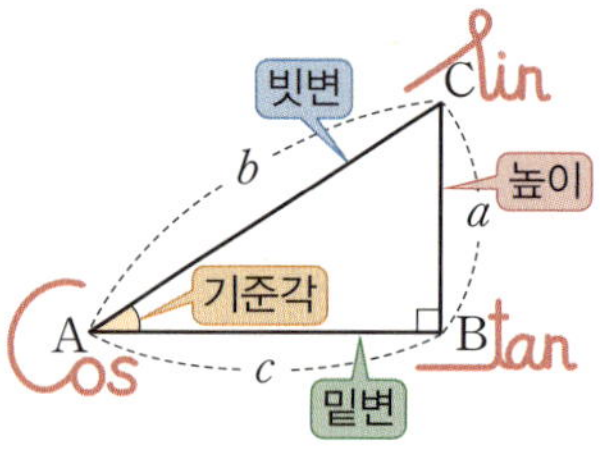

위의 $\sin A$, $\cos A$, $\tan A$를 통틀어 ∠A의 삼각비라고 한다. → A는 ∠A의 크기를 나타낸 것이다.

2. 한 변의 길이와 삼각비의 값을 알 때, 삼각형의 변의 길이 구하기

❶ 삼각비의 값을 이용하여 삼각비에 포함된 다른 한 변의 길이를 구한다.

❷ 피타고라스 정리를 이용하여 남은 한 변의 길이를 구한다.

↳ 직각삼각형에서 직각을 낀 두 변의 길이를 각각 a, b라 하고, 빗변의 길이를 c라고 하면 $c^2=a^2+b^2$

예) 오른쪽 그림과 같은 직각삼각형 ABC에서 $\sin A=\dfrac{1}{2}$일 때,

$\sin A=\dfrac{x}{2}=\dfrac{1}{2}$이므로 $x=1$

$y=\sqrt{2^2-1^2}=\sqrt{3}$

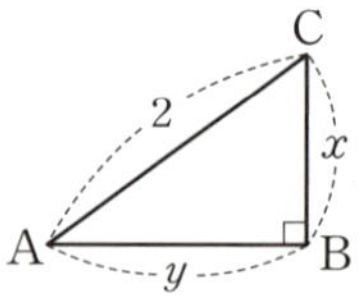

3. 삼각비의 값을 알 때, 다른 삼각비의 값 구하기

❶ 주어진 삼각비의 값을 갖는 직각삼각형을 그린다.

❷ 피타고라스 정리를 이용하여 남은 한 변의 길이를 구한다.

❸ 다른 두 삼각비의 값을 구한다.

예) 직각삼각형 ABC에서 $\sin A=\dfrac{1}{3}$일 때, 오른쪽 그림과 같이 그려보면

$\overline{AB}=\sqrt{3^2-1^2}=2\sqrt{2}$이므로 $\cos A=\dfrac{2\sqrt{2}}{3}$, $\tan A=\dfrac{1}{2\sqrt{2}}=\dfrac{\sqrt{2}}{4}$

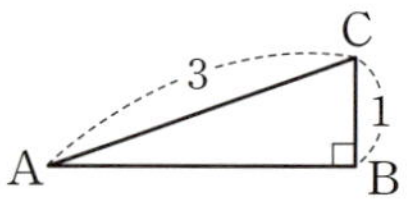

오답NOTE

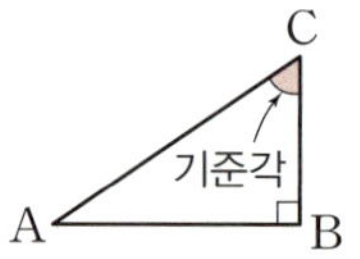

위의 그림의 직각삼각형 ABC에서 ∠C가 기준각일 때, 높이는 $\overline{BC}$가 아니다.

기준각의 대변이 직각삼각형의 높이이므로 ∠C가 기준각일 때, 높이는 $\overline{AB}$이다.

다음 그림과 같이 한 직각삼각형에서 기준각이 무엇인지에 따라 높이와 밑변이 바뀔 수 있음에 주의하자.

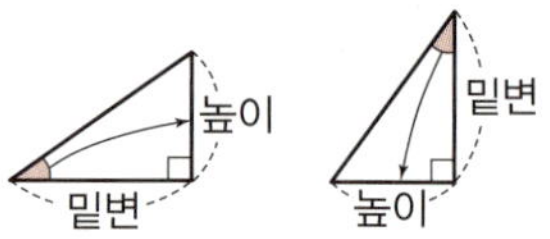

01 직각삼각형에서 두 변의 길이의 비를 삼각비라고 해.

$\sin A=\dfrac{(\square)}{(\text{빗변의 길이})}$

$\cos A=\dfrac{(\text{밑변의 길이})}{(\square\text{의 길이})}$

$\tan A=\dfrac{(\text{높이})}{(\square\text{의 길이})}$

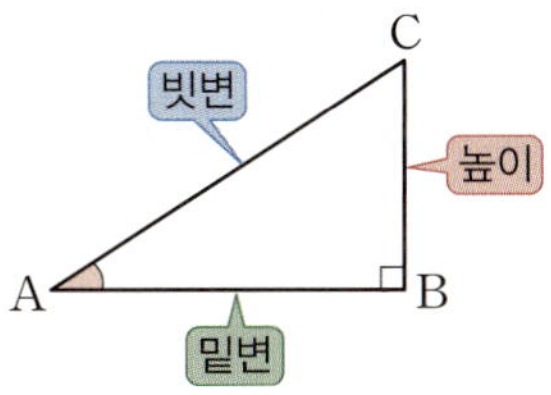

답 | 높이, 빗변, 밑변

02 직각삼각형에서 가장 긴 변이 빗변, 기준각의 대변이 높이, 남은 한 변이 밑변이야.

$\sin C=\dfrac{\overline{AB}}{\overline{AC}}=\dfrac{4}{5}$

$\cos C=\dfrac{\overline{BC}}{\overline{AC}}=\dfrac{3}{5}$

$\tan C=\dfrac{\overline{AB}}{\overline{BC}}=\dfrac{4}{3}$

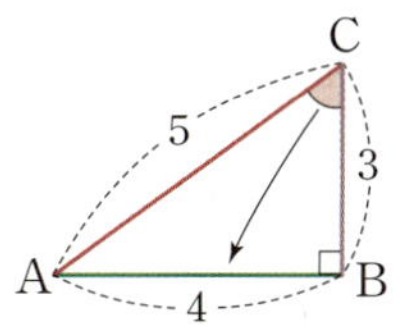

○ 다음 그림과 같이 ∠B=90°인 직각삼각형 ABC에서 ∠A의 삼각비의 값을 구하시오.

001

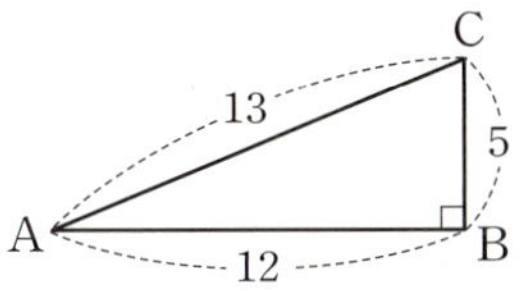

$\sin A=$______, $\cos A=$______, $\tan A=$______

해 $\sin A=\dfrac{\square}{\overline{AC}}=\dfrac{\square}{13}$

$\cos A=\dfrac{\overline{AB}}{\square}=\dfrac{12}{\square}$

$\tan A=\dfrac{\overline{BC}}{\square}=\square$

002

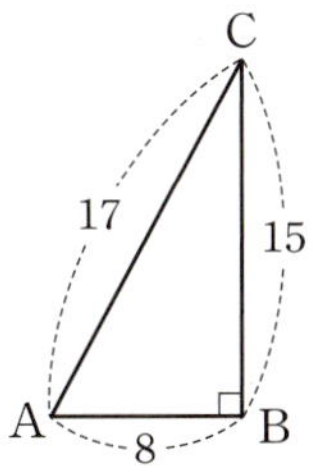

$\sin A=$______, $\cos A=$______, $\tan A=$______

003

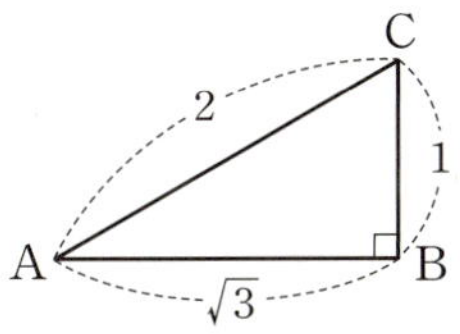

$\sin A=$______, $\cos A=$______, $\tan A=$______

○ 다음 그림과 같은 직각삼각형 ABC에서 ∠C의 삼각비의 값을 구하시오.

004

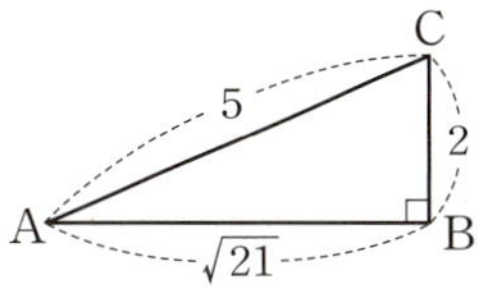

$\sin C=$______, $\cos C=$______, $\tan C=$______

해 $\sin C=\dfrac{\square}{\overline{AC}}=\square$

$\cos C=\dfrac{\overline{BC}}{\square}=\square$

$\tan C=\dfrac{\square}{\overline{BC}}=\square$

005

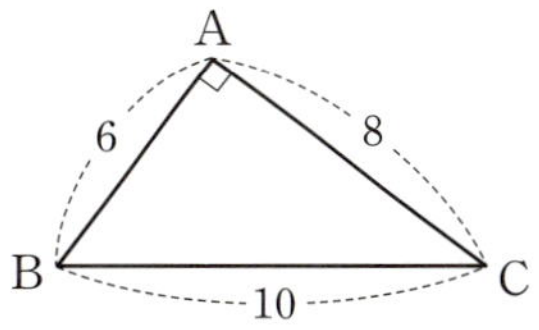

$\sin C=$______, $\cos C=$______, $\tan C=$______

006

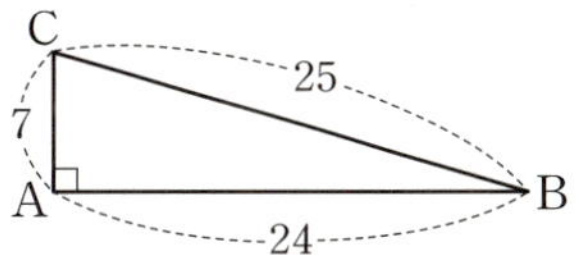

$\sin C=$______, $\cos C=$______, $\tan C=$______

03 먼저 피타고라스 정리를 이용하여 나머지 한 변의 길이를 구하고, 삼각비의 값을 각각 구해 봐~

직각삼각형 ABC에서

$\overline{AB}=\sqrt{5^2-3^2}=4$이므로 (→ 피타고라스 정리 이용)

$\sin A=\frac{3}{5}$

$\cos A=\frac{4}{5}$

$\tan A=\frac{3}{4}$

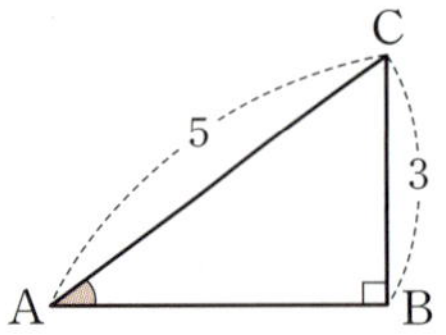

04 직각삼각형에서 삼각비를 구할 때는 기준각의 위치를 꼭 확인해~

직각삼각형 ABC에서

$\overline{AC}=\sqrt{4^2+3^2}=5$이므로

$\sin C=\frac{4}{5}$

$\cos C=\frac{3}{5}$

$\tan C=\frac{4}{3}$

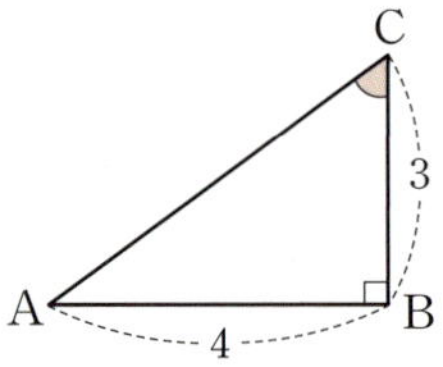

○ 다음 그림과 같이 $\angle B=90^\circ$인 직각삼각형 ABC에서 $\angle A$의 삼각비의 값을 구하시오.

007

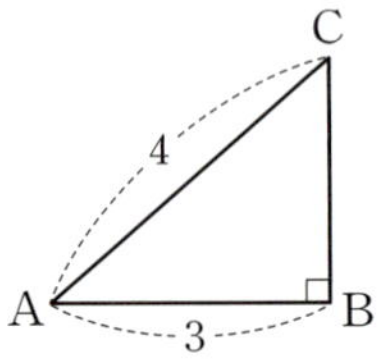

$\sin A=$ ______, $\cos A=$ ______, $\tan A=$ ______

해 $\overline{BC}=\sqrt{4^2-3^2}=\sqrt{\square}$이므로

$\sin A=\frac{\square}{\overline{AC}}=\square$

$\cos A=\frac{\overline{AB}}{\square}=\square$

$\tan A=\frac{\overline{BC}}{\square}=\square$

008

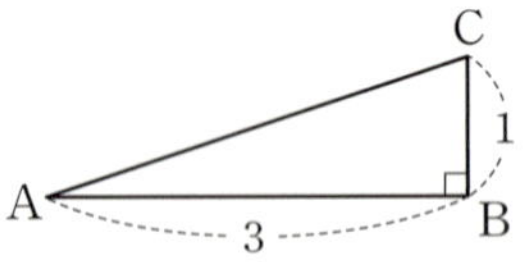

$\sin A=$ ______, $\cos A=$ ______, $\tan A=$ ______

009

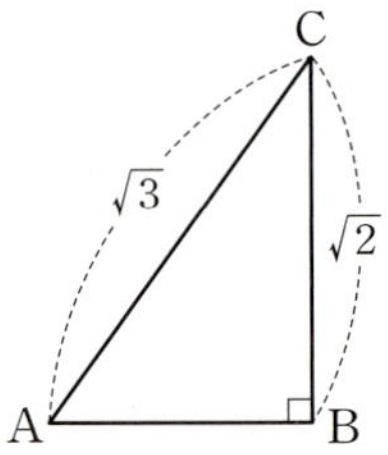

$\sin A=$ ______, $\cos A=$ ______, $\tan A=$ ______

○ 다음 그림과 같이 $\angle B=90^\circ$인 직각삼각형 ABC에서 $\angle C$의 삼각비의 값을 구하시오.

010

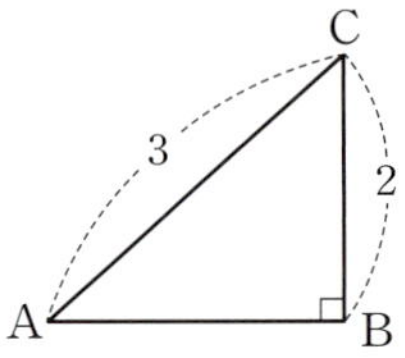

$\sin C=$ ______, $\cos C=$ ______, $\tan C=$ ______

해 $\overline{AB}=\sqrt{3^2-2^2}=\sqrt{\square}$이므로

$\sin C=\frac{\square}{\overline{AC}}=\square$

$\cos C=\frac{\square}{\overline{AC}}=\square$

$\tan C=\frac{\square}{\overline{BC}}=\square$

011

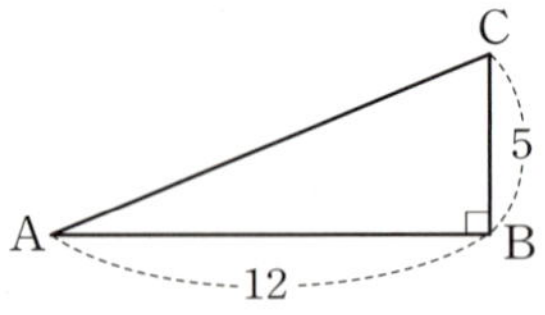

$\sin C=$ ______, $\cos C=$ ______, $\tan C=$ ______

012

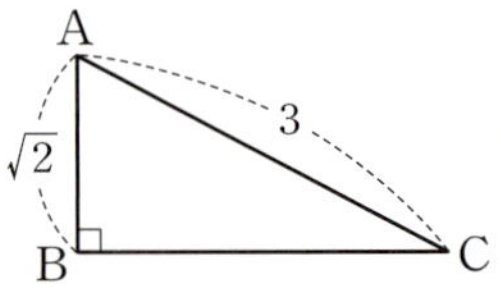

$\sin C=$ ______, $\cos C=$ ______, $\tan C=$ ______

정답과 풀이 14쪽

05 한 삼각비의 값과 그 삼각비에 포함된 한 변의 길이를 이용하여 삼각비에 포함된 다른 한 변의 길이를 먼저 구해 봐~

직각삼각형 ABC에서

$\overline{AC}=10$, $\sin A=\frac{3}{5}$일 때,

$\sin A=\frac{x}{10}=\frac{3}{5}$이므로 $x=6$

$y=\sqrt{10^2-6^2}=8$

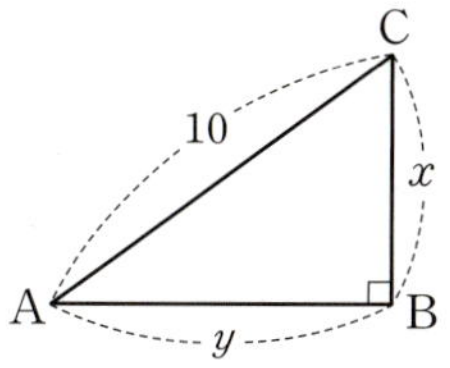

다음 그림과 같이 $\angle B=90°$인 직각삼각형 ABC에서 한 삼각비의 값이 아래와 같이 주어질 때, x, y의 값을 각각 구하시오.

013 $\cos A=\frac{\sqrt{7}}{4}$

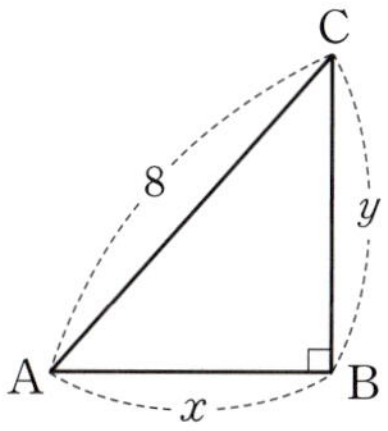

$x=$ ______, $y=$ ______

해 $\cos A=\frac{x}{\square}=\frac{\sqrt{7}}{4}$에서 $x=\square$

$y=\sqrt{8^2-(\square)^2}=\square$

014 $\sin A=\frac{\sqrt{2}}{3}$

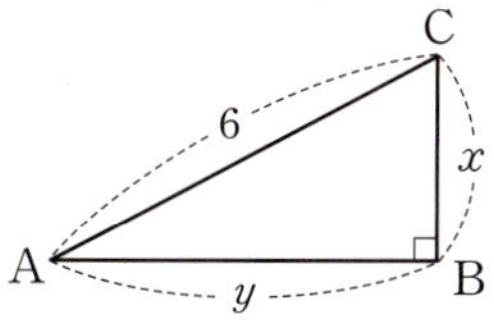

$x=$ ______, $y=$ ______

015 $\tan A=2$

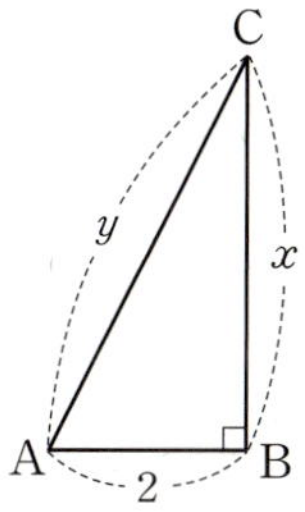

$x=$ ______, $y=$ ______

016 $\sin C=\frac{5}{6}$

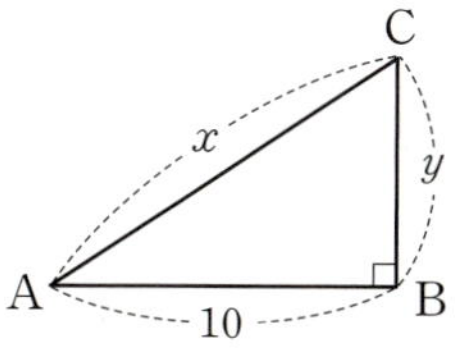

$x=$ ______, $y=$ ______

해 $\sin C=\frac{\square}{x}=\frac{5}{6}$에서 $x=\square$

$y=\sqrt{\square^2-10^2}=\square$

017 $\tan C=\frac{3}{2}$

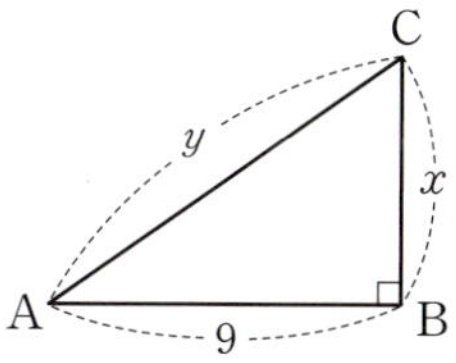

$x=$ ______, $y=$ ______

018 $\cos C=\frac{1}{3}$

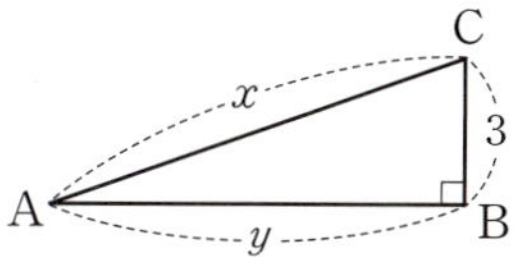

$x=$ ______, $y=$ ______

019 $\cos C=\frac{6}{7}$

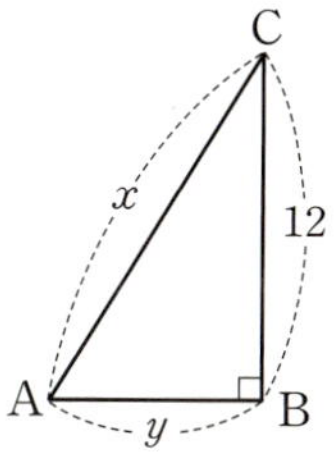

$x=$ ______, $y=$ ______

06 주어진 삼각비의 값을 갖는 직각삼각형을 그려 봐~

$\angle B=90^\circ$인 직각삼각형 ABC에서 $\sin A=\frac{3}{5}$일 때,

❶ $\overline{AC}=5$, $\overline{BC}=3$인 직각삼각형 ABC를 그리면

❷ $\overline{AB}=\sqrt{5^2-3^2}=4$이므로

❸ $\cos A=\frac{4}{5}$, $\tan A=\frac{3}{4}$

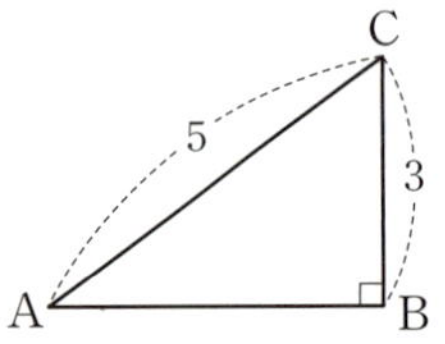

○ $\angle B=90^\circ$인 직각삼각형 ABC에서 한 삼각비의 값이 주어질 때, 다음 삼각비의 값을 각각 구하시오.

020 $\sin A=\frac{2}{5}$일 때, $\cos A$, $\tan A$의 값

$\cos A=$ ______, $\tan A=$ ______

해 $\overline{AC}=$□, $\overline{BC}=2$인 직각삼각형 ABC를 그리면

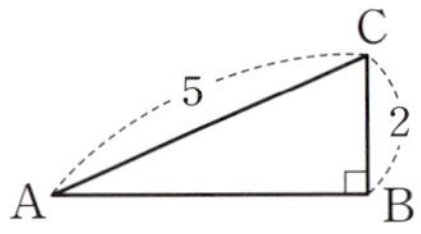

$\overline{AB}=\sqrt{\square^2-2^2}=$□이므로

$\cos A=\frac{\square}{5}$

$\tan A=\frac{2}{\square}=$□

021 $\sin A=\frac{3}{4}$일 때, $\cos A$, $\tan A$의 값

$\cos A=$ ______, $\tan A=$ ______

022 $\sin A=\frac{\sqrt{11}}{6}$일 때, $\cos A$, $\tan A$의 값

$\cos A=$ ______, $\tan A=$ ______

023 $\cos A=\frac{\sqrt{6}}{3}$일 때, $\sin A$, $\tan A$의 값

$\sin A=$ ______, $\tan A=$ ______

해 $\overline{AC}=3$, $\overline{AB}=$□인 직각삼각형 ABC를 그리면

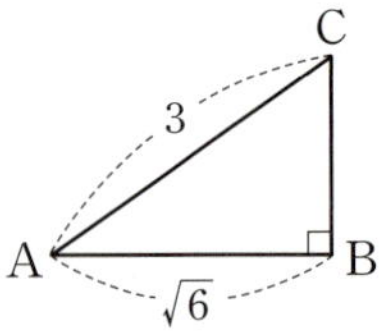

$\overline{BC}=\sqrt{3^2-(\square)^2}=\sqrt{3}$이므로

$\sin A=\frac{\square}{3}$

$\tan A=\frac{\square}{\sqrt{6}}=$□

024 $\cos A=\frac{5}{7}$일 때, $\sin A$, $\tan A$의 값

$\sin A=$ ______, $\tan A=$ ______

025 $\tan A=2$일 때, $\sin A$, $\cos A$의 값

$\sin A=$ ______, $\cos A=$ ______

해 $\overline{AB}=1$, $\overline{BC}=$□인 직각삼각형 ABC를 그리면

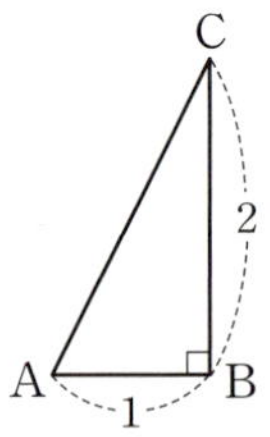

$\overline{AC}=\sqrt{1^2+\square^2}=$□이므로

$\sin A=\frac{2}{\square}=$□

$\cos A=\frac{1}{\square}=$□

026 $\tan A=\frac{2}{3}$일 때, $\sin A$, $\cos A$의 값

$\sin A=$ ______, $\cos A=$ ______

유형 Up

07 직각삼각형에서 한 삼각비의 값이 주어지면 다른 두 삼각비의 값을 구하여 삼각비의 값을 계산해 봐.

$\angle B=90^\circ$인 직각삼각형 ABC에서 $\tan A=\frac{3}{4}$일 때,

❶ $\overline{AB}=4$, $\overline{BC}=3$인 직각삼각형 ABC를 그리면

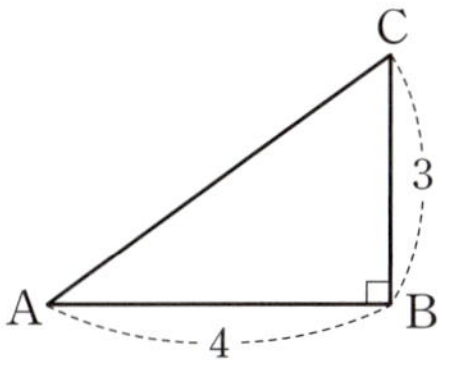

❷ $\overline{AC}=\sqrt{4^2+3^2}=5$이므로

❸ $\sin A=\frac{3}{5}$, $\cos A=\frac{4}{5}$

$\therefore \sin A+\cos A=\frac{3}{5}+\frac{4}{5}=\frac{7}{5}$

○ $\angle B=90^\circ$인 직각삼각형 ABC에서 한 삼각비의 값이 주어질 때, 다음을 구하시오.

027 $\sin A=\frac{5}{13}$일 때, $\cos A\times\tan A$의 값

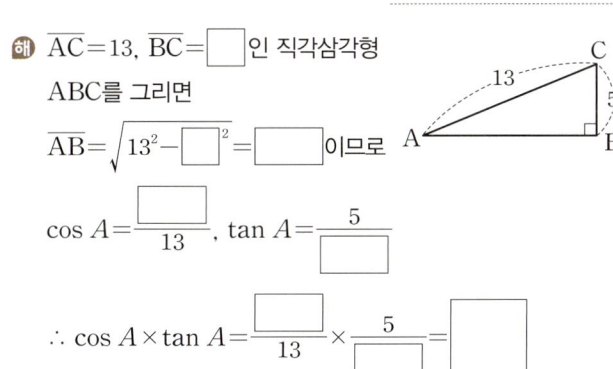

해 $\overline{AC}=13$, $\overline{BC}=\square$인 직각삼각형 ABC를 그리면

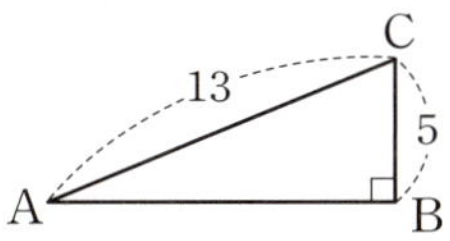

$\overline{AB}=\sqrt{13^2-\square^2}=\square$이므로

$\cos A=\frac{\square}{13}$, $\tan A=\frac{5}{\square}$

$\therefore \cos A\times\tan A=\frac{\square}{13}\times\frac{5}{\square}=\square$

028 $\tan A=\frac{4}{5}$일 때, $\cos A-\sin A$의 값

029 $\cos A=\frac{\sqrt{7}}{4}$일 때, $4\sin A-\sqrt{7}\tan A$의 값

교과서 미리보기 풀었던 연산은 교과서에 이렇게 나온다!

030 01 02

오른쪽 그림과 같은 직각삼각형 ABC에 대하여 다음 중 옳지 않은 것은?

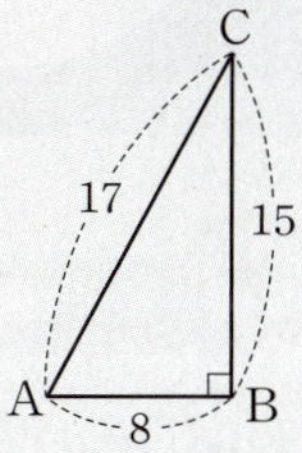

① $\sin A=\frac{15}{17}$　② $\sin C=\frac{8}{17}$

③ $\cos A=\frac{8}{17}$　④ $\cos C=\frac{17}{15}$

⑤ $\tan A=\frac{15}{8}$

031 03 04

$\angle B=90^\circ$인 직각삼각형 ABC에서 $\overline{AB}=3$, $\overline{BC}=1$일 때, 다음 중 옳지 않은 것은?

① $\sin A=\frac{\sqrt{10}}{10}$　② $\sin C=\frac{3\sqrt{10}}{10}$

③ $\cos A=\frac{3\sqrt{10}}{10}$　④ $\cos C=\frac{\sqrt{10}}{10}$

⑤ $\tan C=\frac{1}{3}$

032 05

오른쪽 그림과 같은 직각삼각형 ABC에서 $\overline{BC}=12$, $\cos C=\frac{6}{7}$일 때, $\overline{AB}$의 길이는?

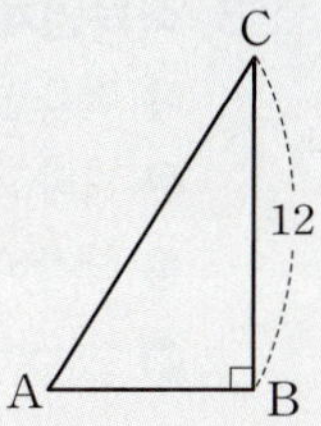

① $\sqrt{13}$　② $2\sqrt{13}$

③ 12　④ 13

⑤ 14

학습일자 월 일

Episode 02

삼각비의 값의 활용

개념 Re:Play

중2-2 : Ⅱ. 도형의 닮음과 피타고라스 정리
이전에 배운 내용을 다시 한 번 확인하세요.

직각삼각형의 닮음이란?
한 예각의 크기가 같은 두 직각삼각형은 서로 닮은 도형이다.

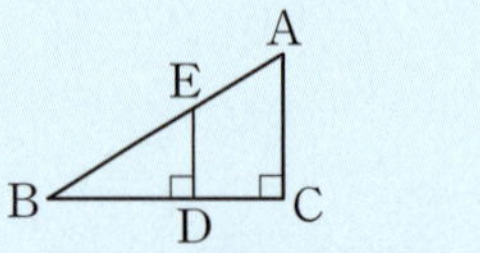

△ABC∽△EBD (AA 닮음)

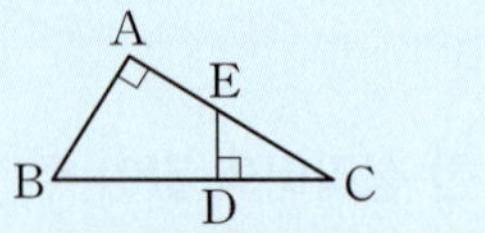

△ABC∽△DEC (AA 닮음)

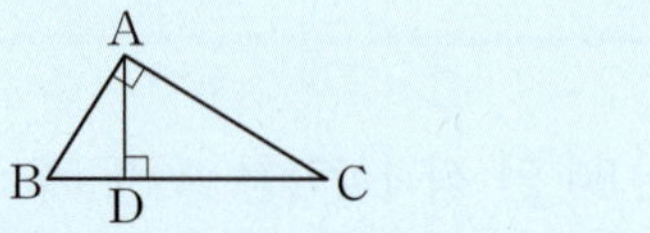

△ABC∽△DBA∽△DAC (AA 닮음)

개념 Play

1. 직각삼각형의 닮음을 이용하여 삼각비의 값 구하기

❶ 서로 닮음인 직각삼각형을 찾는다.
❷ 크기가 같은 대응각을 찾는다.
❸ 삼각비의 값을 구한다.

참고 오른쪽 그림에서 △ABC∽△DEC이므로 ∠B=∠DEC
∴ $\sin B=\sin(\angle \text{DEC})$, $\cos B=\cos(\angle \text{DEC})$,
$\tan B=\tan(\angle \text{DEC})$

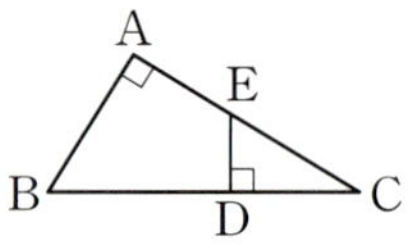

2. x축, y축, 직선으로 이루어진 삼각형에서 삼각비의 값 구하기

직선 l이 x축의 양의 방향과 이루는 각의 크기를 a라 할 때,

❶ 직선의 방정식에 $y=0$, $x=0$을 각각 대입하여 두 점 A, B의 좌표를 구한다.
❷ 피타고라스 정리를 이용하여 $\overline{\text{AB}}$의 길이를 구한다.
❸ $a=\angle \text{BAO}$이므로 직각삼각형 AOB에서 a의 삼각비의 값을 구한다.

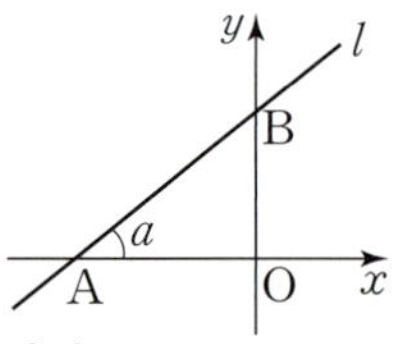

3. 직육면체에서 삼각비의 값 구하기

❶ 직육면체에서 직각삼각형을 찾는다.
❷ 피타고라스 정리를 이용하여 변의 길이를 구한다.
❸ 삼각비의 값을 구한다.

예 오른쪽 그림과 같이 한 모서리의 길이가 1인 정육면체에서
∠AGE$=x$라고 하면 직각삼각형 EFG에서
$\overline{\text{EG}}=\sqrt{1^2+1^2}=\sqrt{2}$
직각삼각형 AEG에서 $\overline{\text{AG}}=\sqrt{1^2+(\sqrt{2})^2}=\sqrt{3}$

∴ $\sin x=\sin(\angle \text{AGE})=\frac{1}{\sqrt{3}}=\frac{\sqrt{3}}{3}$

$\cos x=\cos(\angle \text{AGE})=\frac{\sqrt{2}}{\sqrt{3}}=\frac{\sqrt{6}}{3}$

$\tan x=\tan(\angle \text{AGE})=\frac{1}{\sqrt{2}}=\frac{\sqrt{2}}{2}$

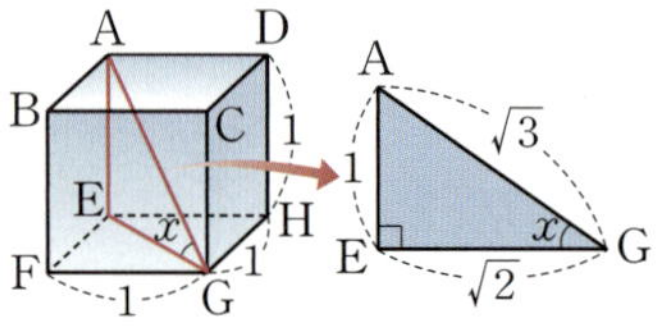

오답 NOTE

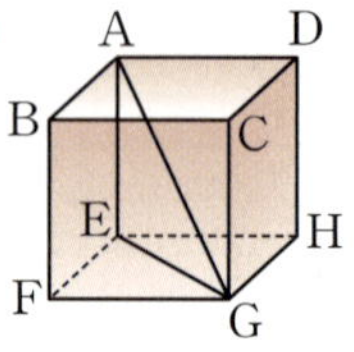

직각삼각형 EFG에서는 $\overline{\text{EG}}$가 빗변이지만, 직각삼각형 AEG에서는 $\overline{\text{EG}}$가 빗변이 아니다.
직각삼각형 AEG의 빗변은 $\overline{\text{AG}}$이다. 직각삼각형에서 빗변은 가장 긴 변, 즉 직각의 대변이므로 직각의 위치에 따라 빗변의 위치를 확인해야 함에 주의하자.

08 서로 닮은 직각삼각형에서 크기가 같은 각에 대한 삼각비의 값은 같아~

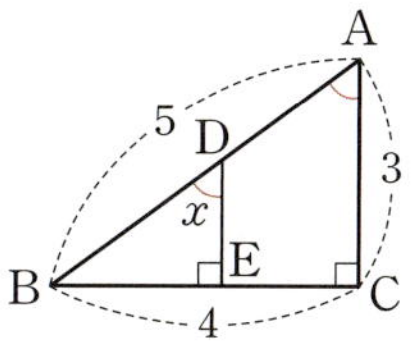

$\triangle DBE \backsim \triangle ABC$이므로

$\angle x = \angle A$

$\therefore \sin x = \sin A = \dfrac{4}{5}$

$\cos x = \cos A = \dfrac{3}{5}$

$\tan x = \tan A = \dfrac{4}{3}$

다음 그림과 같은 직각삼각형 ABC에서 $\overline{DE} \perp \overline{BC}$일 때, $\angle x$의 삼각비의 값을 구하시오.

033

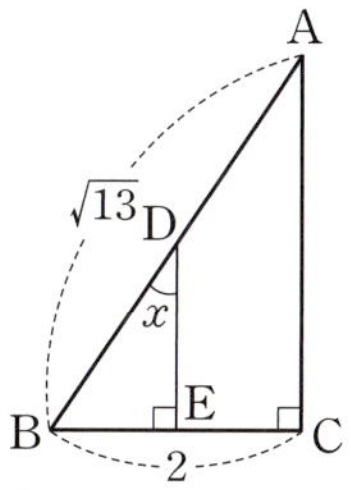

$\sin x =$ ______, $\cos x =$ ______, $\tan x =$ ______

해 $\triangle DBE \backsim \triangle ABC$이므로 $\angle x = \angle$□

$\triangle ABC$에서 $\overline{AC} = \sqrt{(\sqrt{13})^2 - 2^2} =$□

$\therefore \sin x = \sin$□$= \dfrac{□}{\sqrt{13}} =$□

$\cos x = \cos$□$= \dfrac{□}{\sqrt{13}} =$□

$\tan x = \tan$□$=$□

034

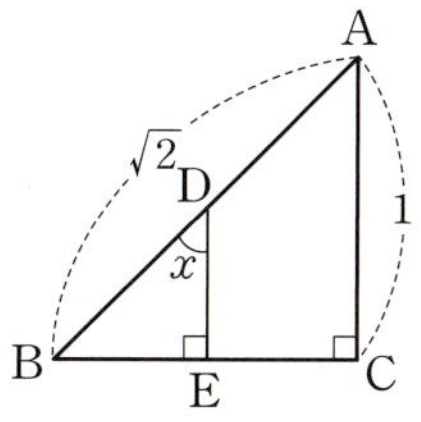

$\sin x =$ ______, $\cos x =$ ______, $\tan x =$ ______

035

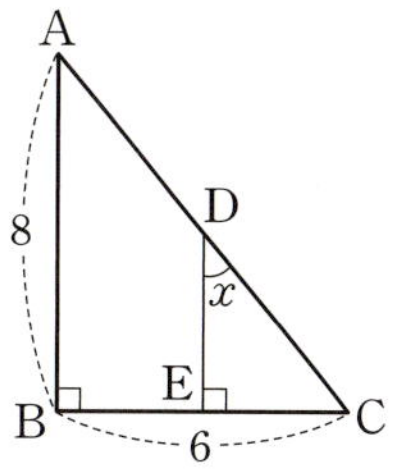

$\sin x =$ ______, $\cos x =$ ______, $\tan x =$ ______

036

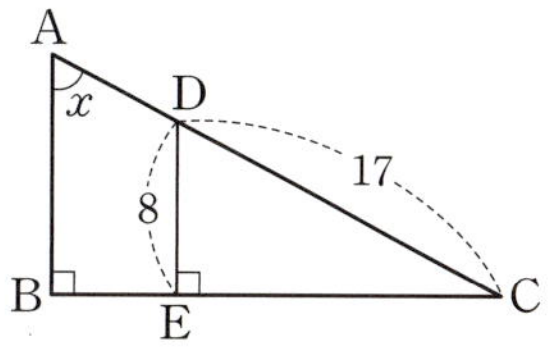

$\sin x =$ ______, $\cos x =$ ______, $\tan x =$ ______

037

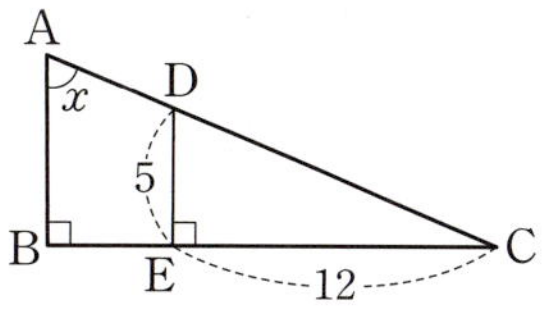

$\sin x =$ ______, $\cos x =$ ______, $\tan x =$ ______

038

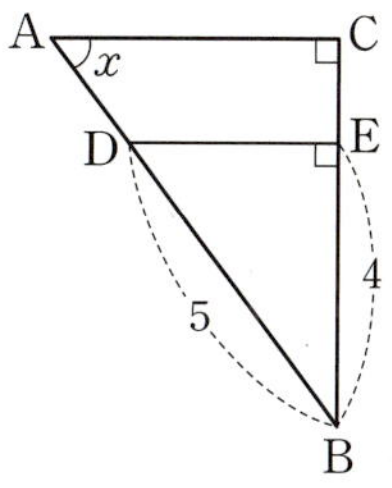

$\sin x =$ ______, $\cos x =$ ______, $\tan x =$ ______

09 먼저 닮은 두 직각삼각형을 찾아 $\angle x$와 크기가 같은 각을 찾아봐!

$\triangle DEC \backsim \triangle ABC$이므로

$\angle x = \angle B$

$\therefore \sin x = \sin B = \dfrac{12}{13}$

$\cos x = \cos B = \dfrac{5}{13}$

$\tan x = \tan B = \dfrac{12}{5}$

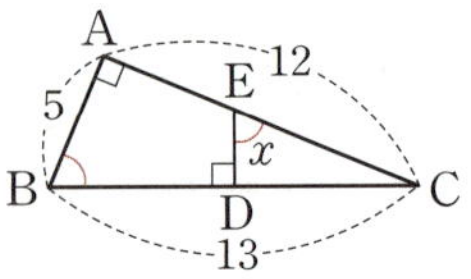

○ 다음 그림과 같은 직각삼각형 ABC에서 $\angle x$의 삼각비의 값을 구하시오.

039

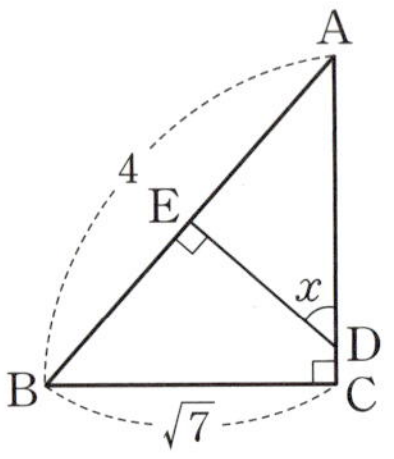

$\sin x =$ ______, $\cos x =$ ______, $\tan x =$ ______

해 $\triangle ADE \backsim \triangle ABC$이므로 $\angle x = \angle$□

$\triangle ABC$에서 $\overline{AC} = \sqrt{4^2 - (\sqrt{7})^2} =$□

$\therefore \sin x = \sin$□$=$□

$\cos x = \cos$□$=$□

$\tan x = \tan$□$= \dfrac{□}{\sqrt{7}} =$□

040

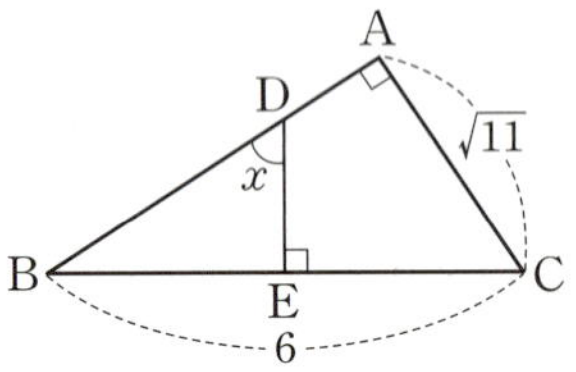

$\sin x =$ ______, $\cos x =$ ______, $\tan x =$ ______

041

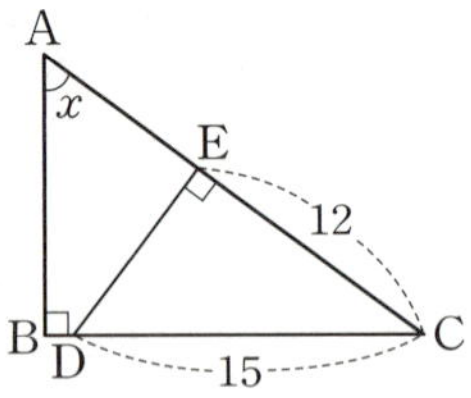

$\sin x =$ ______, $\cos x =$ ______, $\tan x =$ ______

042

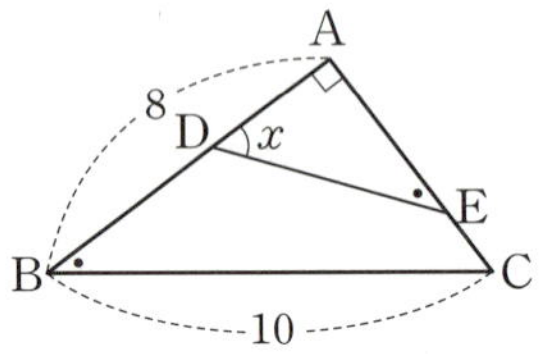

$\sin x =$ ______, $\cos x =$ ______, $\tan x =$ ______

해 $\triangle AED \backsim \triangle ABC$이므로 $\angle x = \angle$□

$\triangle ABC$에서 $\overline{AC} = \sqrt{10^2 - 8^2} =$□

$\therefore \sin x = \sin$□$= \dfrac{□}{10} =$□

$\cos x = \cos$□$= \dfrac{□}{10} =$□

$\tan x = \tan$□$= \dfrac{8}{□} =$□

043

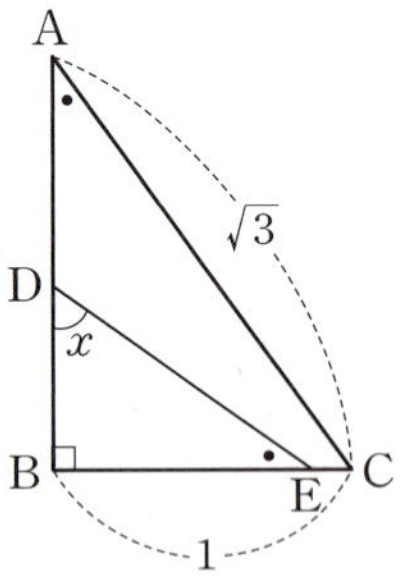

$\sin x =$ ______, $\cos x =$ ______, $\tan x =$ ______

044

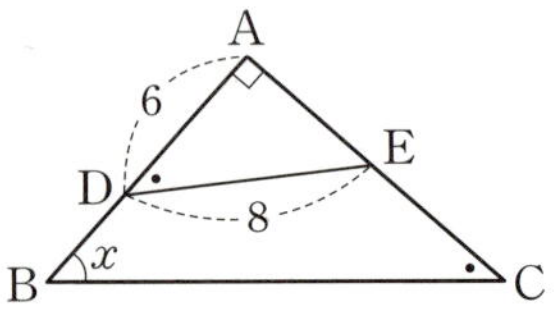

$\sin x =$ ______, $\cos x =$ ______, $\tan x =$ ______

10 직각삼각형의 직각을 이루는 꼭짓점에서 빗변에 수선을 그어서 생기는 세 직각삼각형은 서로 닮은 도형임을 이용해.

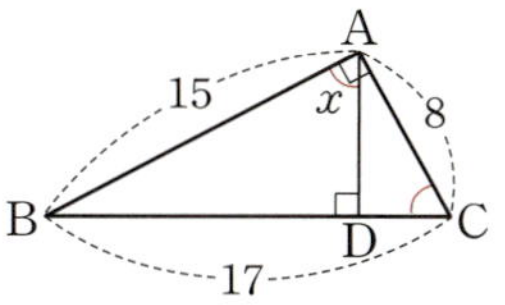

$\triangle DBA \backsim \triangle ABC$이므로

$\angle x = \angle C$

$\therefore \sin x = \sin C = \dfrac{15}{17}$

$\cos x = \cos C = \dfrac{8}{17}$

$\tan x = \tan C = \dfrac{15}{8}$

오른쪽 그림과 같이 $\angle A = 90^\circ$인 직각삼각형 ABC에서 $\overline{AD} \perp \overline{BC}$일 때, 다음 물음에 답하시오.

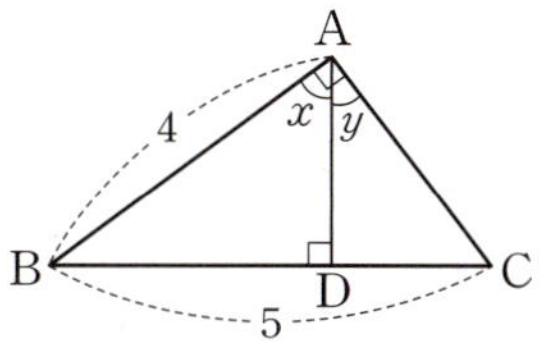

045 $\angle x$의 삼각비의 값을 구하시오.

$\sin x =$ ______, $\cos x =$ ______, $\tan x =$ ______

해 $\triangle DBA \backsim \triangle ABC$이므로 $\angle x = \angle$□

$\triangle ABC$에서 $\overline{AC} = \sqrt{5^2 - 4^2} =$□

$\therefore \sin x = \sin$□$=$□

$\cos x = \cos$□$=$□

$\tan x = \tan$□$=$□

046 $\angle y$의 삼각비의 값을 구하시오.

$\sin y =$ ______, $\cos y =$ ______, $\tan y =$ ______

해 $\triangle DAC \backsim \triangle ABC$이므로 $\angle y = \angle$□

$\therefore \sin y = \sin$□$=$□

$\cos y = \cos$□$=$□

$\tan y = \tan$□$=$□

오른쪽 그림과 같이 $\angle A = 90^\circ$인 직각삼각형 ABC에서 $\overline{AD} \perp \overline{BC}$일 때, 다음 물음에 답하시오.

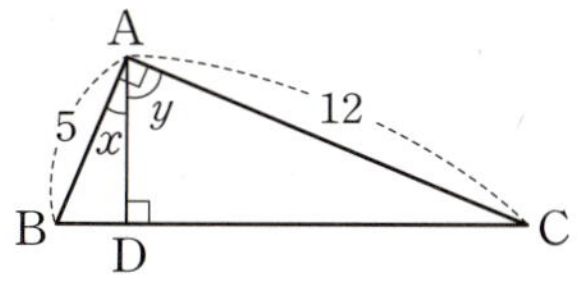

047 $\angle x$의 삼각비의 값을 구하시오.

$\sin x =$ ______, $\cos x =$ ______, $\tan x =$ ______

048 $\angle y$의 삼각비의 값을 구하시오.

$\sin y =$ ______, $\cos y =$ ______, $\tan y =$ ______

오른쪽 그림과 같이 $\angle A = 90^\circ$인 직각삼각형 ABC에서 $\overline{AD} \perp \overline{BC}$일 때, 다음 물음에 답하시오.

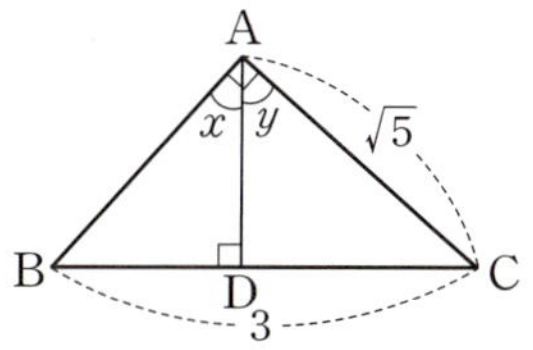

049 $\angle x$의 삼각비의 값을 구하시오.

$\sin x =$ ______, $\cos x =$ ______, $\tan x =$ ______

050 $\angle y$의 삼각비의 값을 구하시오.

$\sin y =$ ______, $\cos y =$ ______, $\tan y =$ ______

11 직사각형의 한 꼭짓점에서 대각선에 수선을 그어서 생기는 네 직각삼각형은 서로 닮은 도형임을 이용해.

❶ $\triangle HAD \backsim \triangle ABD$이므로

$\angle x = \angle ABD$

❷ $\overline{AD}=4$, $\overline{BD}=\sqrt{3^2+4^2}=5$

이므로

$\cos x = \cos(\angle ABD)$

$=\dfrac{\overline{AB}}{\overline{BD}}=\dfrac{3}{5}$

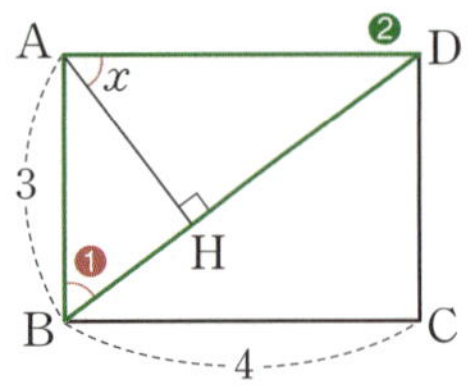

051 오른쪽 그림과 같이 직사각형 ABCD의 꼭짓점 A에서 대각선 BD에 내린 수선의 발을 H라 하고 $\angle BAH=x$라고 하자. $\overline{AB}=6$, $\overline{BC}=8$일 때, $\sin x$의 값을 구하시오.

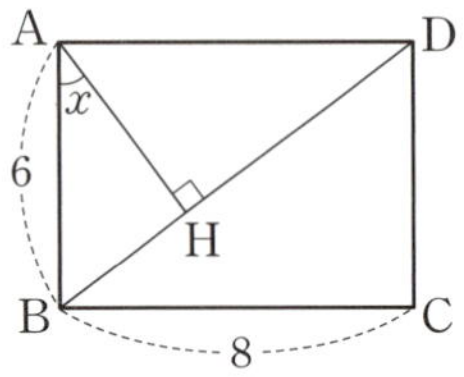

해 $\triangle HBA \backsim \triangle$ □ 이므로 $\angle x = \angle$ □

$\overline{AD}=$ □, $\overline{BD}=\sqrt{6^2+8^2}=$ □ 이므로

$\sin x = \sin(\angle BDA) = \dfrac{6}{\square} = \square$

052 오른쪽 그림과 같이 직사각형 ABCD의 꼭짓점 D에서 대각선 AC에 내린 수선의 발을 H라 하고 $\angle ADH=x$라고 하자. $\overline{AB}=8$, $\overline{BC}=15$일 때, $\cos x$의 값을 구하시오.

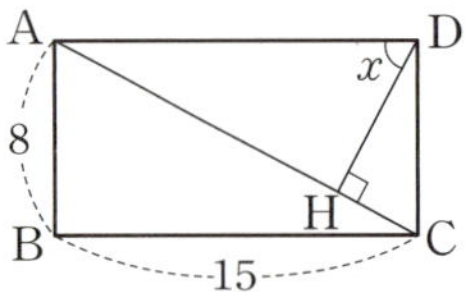

053 오른쪽 그림과 같이 직사각형 ABCD의 꼭짓점 A에서 대각선 BD에 내린 수선의 발을 H라 하고 $\angle DAH=x$라고 하자. $\overline{AB}=5$, $\overline{BC}=12$일 때, $\cos x$의 값을 구하시오.

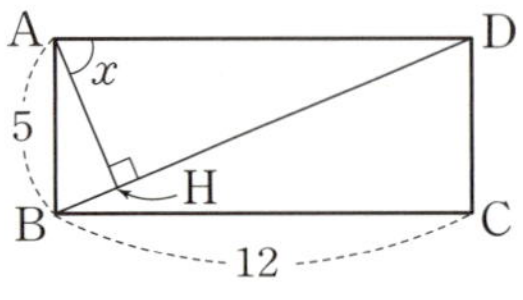

유형 Up

12 직선이 x축, y축과 만나는 점과 원점을 이어 만든 직각삼각형에서 삼각비의 값을 구할 수 있어~

$A(-\sqrt{2}, 0)$, $B(0, \sqrt{2})$이므로

$\overline{AO}=\sqrt{2}$, $\overline{BO}=\sqrt{2}$,

$\overline{AB}=\sqrt{(\sqrt{2})^2+(\sqrt{2})^2}=2$

직각삼각형 AOB에서

$\sin a = \dfrac{\overline{BO}}{\overline{AB}} = \dfrac{\sqrt{2}}{2}$

$\cos a = \dfrac{\overline{AO}}{\overline{AB}} = \dfrac{\sqrt{2}}{2}$

$\tan a = \dfrac{\overline{BO}}{\overline{AO}} = \dfrac{\sqrt{2}}{\sqrt{2}} = 1$

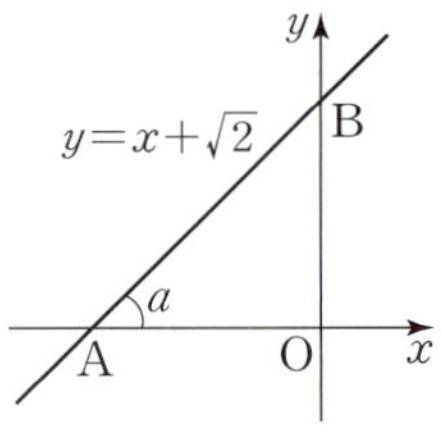

054 오른쪽 그림과 같이 직선 $y=\dfrac{3}{2}x+3$이 x축의 양의 방향과 이루는 각의 크기를 a라고 할 때, a의 삼각비의 값을 구하시오.

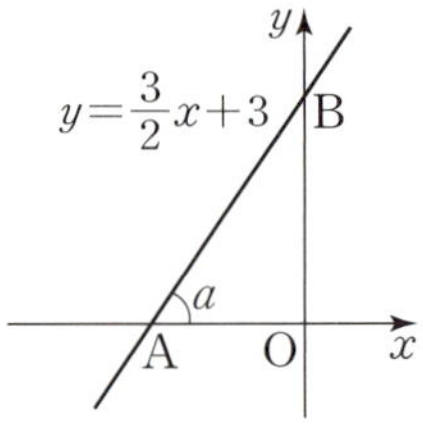

$\sin a =$ ______, $\cos a =$ ______, $\tan a =$ ______

해 두 점 A, B의 좌표를 구하면

A(□ , 0), B(0, □)이므로

$\overline{AO}=$ □, $\overline{BO}=$ □, $\overline{AB}=\sqrt{2^2+\square^2}=$ □

직각삼각형 AOB에서

$\sin a = \dfrac{\square}{\sqrt{13}} = \square$

$\cos a = \dfrac{\square}{\sqrt{13}} = \square$

$\tan a = \dfrac{\square}{2} = \square$

055 오른쪽 그림과 같이 직선 $y=\dfrac{1}{3}x+2$가 x축의 양의 방향과 이루는 각의 크기를 a라고 할 때, a의 삼각비의 값을 구하시오.

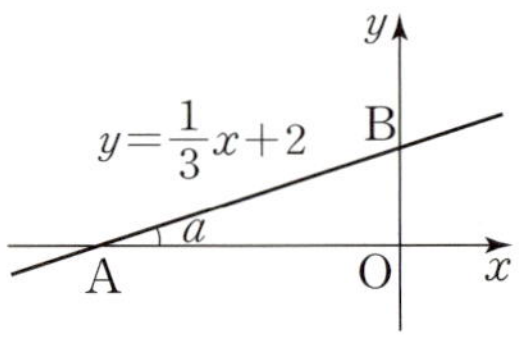

$\sin a =$ ______, $\cos a =$ ______, $\tan a =$ ______

유형 Up

13

먼저 직육면체의 대각선의 길이와 직육면체의 밑면의 대각선의 길이를 구해 봐.

❶ 직각삼각형 FGH에서

$\overline{FH}=\sqrt{3^2+4^2}=5$

❷ 직각삼각형 BFH에서

$\overline{BH}=\sqrt{12^2+5^2}=13$

❸ $\sin x=\frac{\overline{BF}}{\overline{BH}}=\frac{12}{13}$

$\cos x=\frac{\overline{FH}}{\overline{BH}}=\frac{5}{13}$

$\tan x=\frac{\overline{BF}}{\overline{FH}}=\frac{12}{5}$

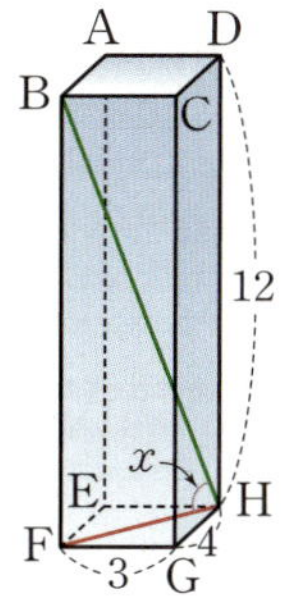

056 다음 그림과 같이 한 모서리의 길이가 3인 정육면체에서 $\angle AGE=x$라고 할 때, $\cos x$의 값을 구하시오.

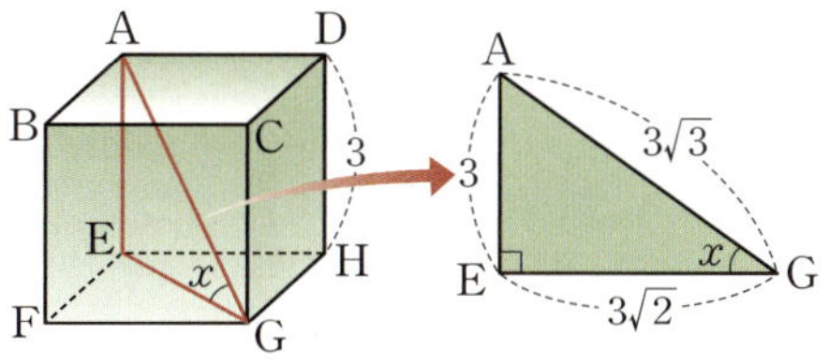

해 직각삼각형 EFG에서

$\overline{EG}=\sqrt{3^2+\square^2}=\square$

직각삼각형 AEG에서

$\overline{AG}=\sqrt{3^2+(\square)^2}=\square$

$\therefore \cos x=\frac{\square}{3\sqrt{3}}=\square$

057 오른쪽 그림과 같이 밑면의 가로, 세로의 길이가 각각 5, 4이고 높이가 3인 직육면체에서 $\angle BHF=x$라고 할 때, $\sin x$의 값을 구하시오.

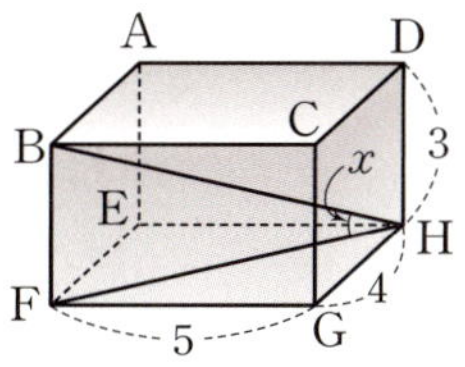

교과서 미리보기

풀었던 연산은 교과서에 이렇게 나온다!

058 09

오른쪽 그림과 같이 $\angle B=90°$인 직각삼각형 ABC에서 $\overline{AC}\perp\overline{DE}$이고 $\overline{DC}=7$, $\overline{DE}=3$일 때, $\sin A$의 값은?

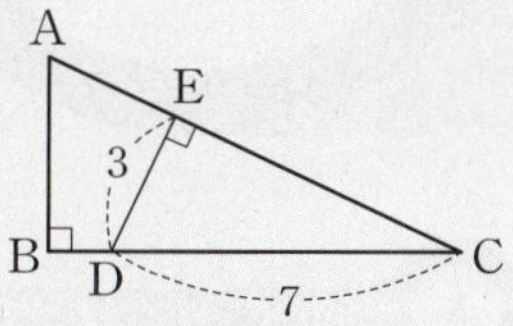

① $\frac{\sqrt{10}}{7}$ ② $\frac{7}{9}$ ③ $\frac{2\sqrt{10}}{7}$

④ $\frac{9}{7}$ ⑤ $\frac{3\sqrt{10}}{7}$

059 10

오른쪽 그림과 같이 $\angle A=90°$인 직각삼각형 ABC에서 $\overline{AH}\perp\overline{BC}$이고 $\overline{AC}=10$, $\overline{AH}=6$일 때, $\sin B$의 값은?

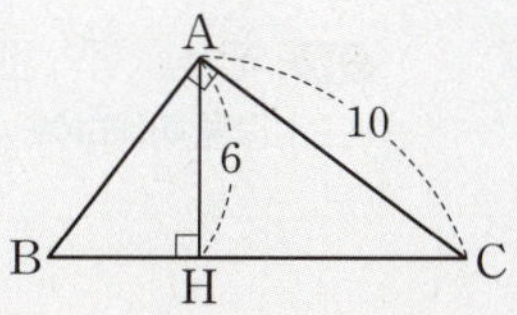

① $\frac{3}{5}$ ② $\frac{3}{4}$ ③ $\frac{4}{5}$

④ $\frac{5}{4}$ ⑤ $\frac{4}{3}$

060 11

오른쪽 그림과 같이 직사각형 ABCD의 꼭짓점 A에서 대각선 BD에 내린 수선의 발을 H라 하고 $\angle DAH=x$라고 하자. $\overline{AB}=2\sqrt{7}$, $\overline{BC}=6$일 때, $\cos x$의 값은?

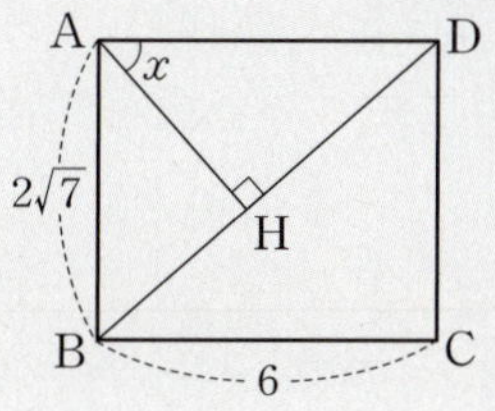

① $\frac{\sqrt{7}}{4}$ ② $\frac{3}{4}$ ③ $\frac{4}{3}$

④ $\frac{\sqrt{7}}{2}$ ⑤ $\frac{3\sqrt{7}}{4}$

학습일자 월 일

30°, 45°, 60°의 삼각비의 값

개념 Play

1. 30°, 45°, 60°의 삼각비의 값

삼각비 \ A	30°	45°	60°	
$\sin A$	$\frac{1}{2}$	$\frac{\sqrt{2}}{2}$	$\frac{\sqrt{3}}{2}$	→ sin의 값은 증가한다.
$\cos A$	$\frac{\sqrt{3}}{2}$	$\frac{\sqrt{2}}{2}$	$\frac{1}{2}$	→ cos의 값은 감소한다.
$\tan A$	$\frac{\sqrt{3}}{3}$	1	$\sqrt{3}$	→ tan의 값은 증가한다.

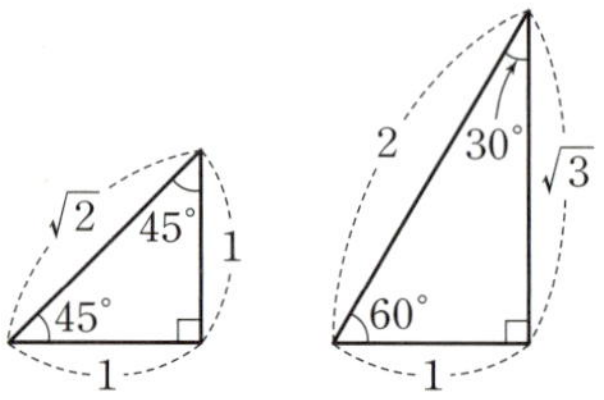

참고 직각삼각형의 한 예각의 크기가 30° 또는 45° 또는 60°일 때, 한 변의 길이가 주어지면 삼각비의 값을 이용하여 나머지 두 변의 길이를 구할 수 있다.

2. 30°, 45°, 60°의 삼각비를 이용하여 각의 크기 구하기

예각에 대한 삼각비의 값이 30°, 45°, 60°의 삼각비의 값으로 주어지면 그 예각의 크기를 구할 수 있다.

예 $\angle A$가 예각이고 $\tan A=\sqrt{3}$일 때,
$\tan 60°=\sqrt{3}$이므로 $\angle A=60°$

3. 30°, 45°, 60°의 삼각비를 이용하여 변의 길이 구하기

한 예각의 크기가 30° 또는 45° 또는 60°인 직각삼각형을 찾아 30°, 45°, 60°의 삼각비의 값을 이용하여 변의 길이를 구할 수 있다.

예 오른쪽 그림과 같은 직각삼각형 ABC에서

$\cos 30°=\frac{3\sqrt{3}}{\overline{AB}}=\frac{\sqrt{3}}{2}$이므로 $\overline{AB}=6$

$\tan 30°=\frac{\overline{AC}}{3\sqrt{3}}=\frac{\sqrt{3}}{3}$이므로 $\overline{AC}=3$

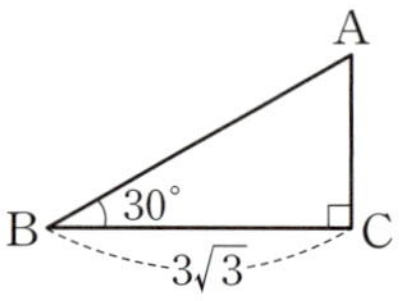

오답 NOTE

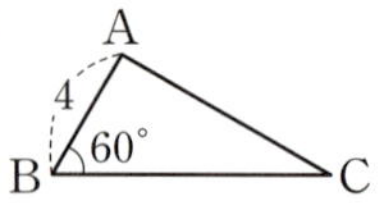

위의 그림에서 $\overline{AB}=4$, $\angle B=60°$일 때,
$\cos 60°=\frac{4}{\overline{BC}}=\frac{1}{2}$에서
$\overline{BC}=8$과 같이 구하면 안 된다.

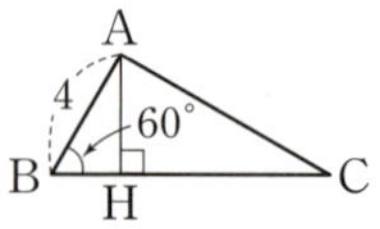

삼각비는 직각삼각형에서만 이용할 수 있으므로 꼭짓점 A에서 $\overline{BC}$에 내린 수선의 발을 H라고 할 때,
$\cos 60°=\frac{\overline{BH}}{4}=\frac{1}{2}$에서 $\overline{BH}=2$이고
$\overline{BC}$의 길이는 구할 수 없다.

정답과 풀이 16쪽

14 30°, 45°, 60°의 삼각비의 값은 꼭 기억해 둬~

삼각비 \ A	30°	45°	60°
$\sin A$	$\frac{1}{2}$	$\frac{\sqrt{2}}{2}$	□
$\cos A$	$\frac{\sqrt{3}}{2}$	□	$\frac{1}{2}$
$\tan A$	□	1	$\sqrt{3}$

답 | $\frac{\sqrt{3}}{2}$, $\frac{\sqrt{2}}{2}$, $\frac{\sqrt{3}}{3}$

다음 그림과 같이 $\angle B=90°$인 직각삼각형 ABC에 대하여 아래 표를 완성하시오.

061

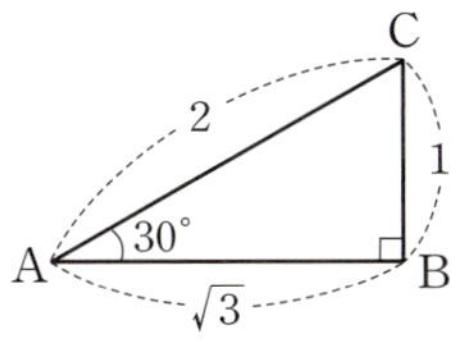

삼각비 \ A	30°
$\sin A$	
$\cos A$	
$\tan A$	

062

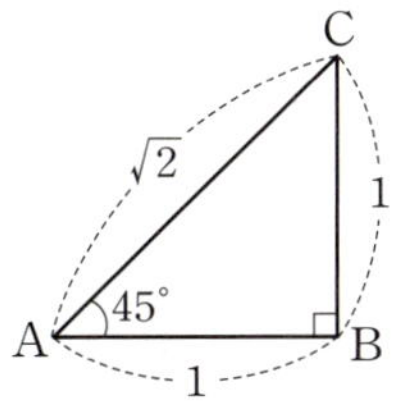

삼각비 \ A	45°
$\sin A$	
$\cos A$	
$\tan A$	

063

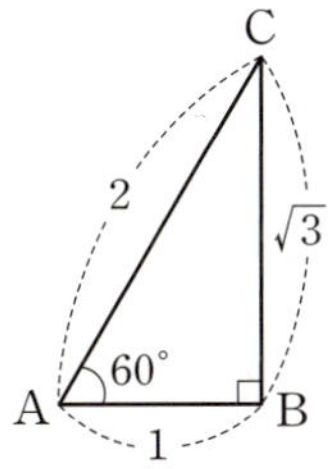

삼각비 \ A	60°
$\sin A$	
$\cos A$	
$\tan A$	

15 30°, 45°, 60°의 삼각비의 값을 이용하여 계산을 해 봐.

$\sin 60°=\frac{\sqrt{3}}{2}$이고 $\cos 30°=\frac{\sqrt{3}}{2}$이므로

$\sin 60°+\cos 30°=\frac{\sqrt{3}}{2}+\frac{\sqrt{3}}{2}=\sqrt{3}$

다음을 계산하시오.

064 $\sin 30°+\cos 60°$ ....

해 $\sin 30°+\cos 60°=\frac{1}{□}+\frac{□}{2}=□$

065 $\sin 45°+\cos 45°$ ....

066 $\tan 45°-\cos 60°$ ....

067 $\tan 60°-\sin 60°$ ....

068 $\tan 45°\times\cos 30°$ ....

069 $\cos 30°\times\tan 30°$ ....

070 $\sin 60°\div\cos 60°$ ....

071 $\cos 30°\div\tan 60°$ ....

072 $\sin 45°\times\cos 45°+\cos 60°\times\tan 45°$ ....

16 예각에 대한 삼각비의 값이 30°, 45°, 60°의 삼각비의 값으로 주어지면 그 예각의 크기를 구할 수 있어~

$\angle A$가 예각이고 $\tan A=1$일 때,
$\tan 45^\circ=1$이므로 $\angle A=45^\circ$

● 다음을 만족시키는 $\angle A$의 크기를 구하시오. (단, $0^\circ<\angle A<90^\circ$)

073 $\sin A=\frac{1}{2}$

해 $\sin$ [ ] $=\frac{1}{2}$이므로 $\angle A=$ [ ]

074 $\cos A=\frac{\sqrt{2}}{2}$

075 $\sin A=\frac{\sqrt{3}}{2}$

076 $\cos A=\frac{1}{2}$

077 $\tan A=\frac{\sqrt{3}}{3}$

078 $\sin A=\frac{\sqrt{2}}{2}$

079 $\cos A=\frac{\sqrt{3}}{2}$

080 $\tan A=\sqrt{3}$

유형 Up

17 30°, 45°, 60°의 삼각비의 값을 이용하여 예각의 크기를 구한 후 방정식을 풀어 x의 값을 구해 봐.

$\frac{x}{2}$가 예각이고 $\sin\frac{x}{2}=\frac{\sqrt{3}}{2}$일 때,
$\sin 60^\circ=\frac{\sqrt{3}}{2}$이므로 $\frac{x}{2}=60^\circ$ $\quad\therefore x=120^\circ$

● 다음을 만족시키는 x의 값을 구하시오.

081 $\tan(x+15^\circ)=\sqrt{3}$ (단, $0^\circ<x+15^\circ<90^\circ$)

082 $\cos(x-10^\circ)=\frac{\sqrt{3}}{2}$ (단, $0^\circ<x-10^\circ<90^\circ$)

083 $\sin(2x+15^\circ)=\frac{\sqrt{2}}{2}$ (단, $0^\circ<2x+15^\circ<90^\circ$)

084 $\tan(2x-55^\circ)=1$ (단, $0^\circ<2x-55^\circ<90^\circ$)

085 $\cos(3x+30^\circ)=\frac{1}{2}$ (단, $0^\circ<3x+30^\circ<90^\circ$)

086 $\sin(3x-72^\circ)=\frac{1}{2}$ (단, $0^\circ<3x-72^\circ<90^\circ$)

18 한 예각의 크기가 30° 또는 45° 또는 60°인 직각삼각형에서는 30°, 45°, 60°의 삼각비의 값을 이용하여 변의 길이를 구해 봐~

- $\sin 30^\circ=\dfrac{2}{x}=\dfrac{1}{2}$이므로

  $x=4$
- $\tan 30^\circ=\dfrac{2}{y}=\dfrac{\sqrt{3}}{3}$이므로

  $y=2\sqrt{3}$

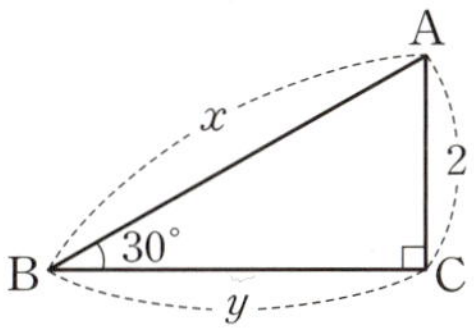

다음 그림과 같은 직각삼각형 ABC에서 x, y의 값을 각각 구하시오.

087

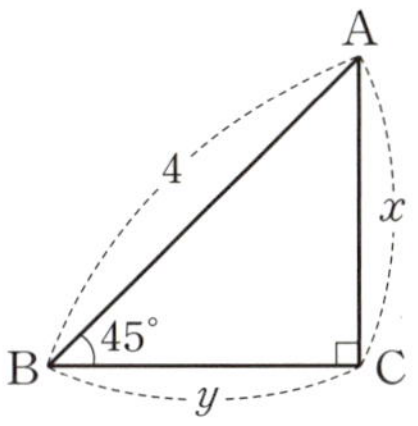

$x=$ ______, $y=$ ______

해 $\sin 45^\circ=\dfrac{x}{\square}=\dfrac{\sqrt{2}}{2}$에서 $x=\square$

$\cos 45^\circ=\dfrac{y}{\square}=\dfrac{\sqrt{2}}{2}$에서 $y=\square$

088

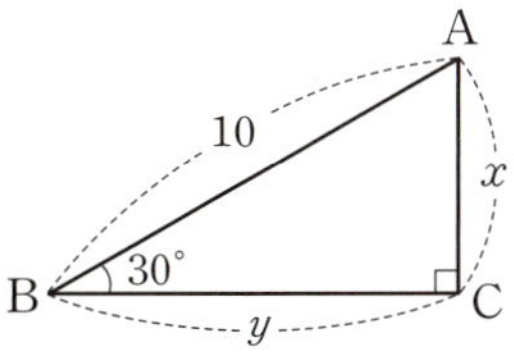

$x=$ ______, $y=$ ______

089

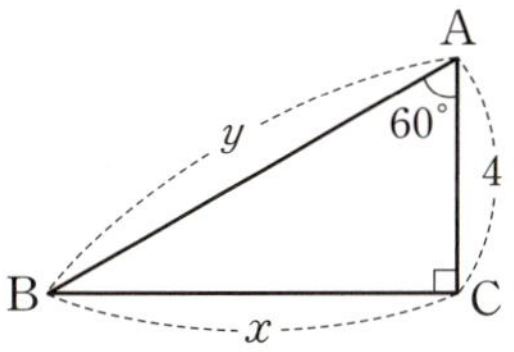

$x=$ ______, $y=$ ______

090

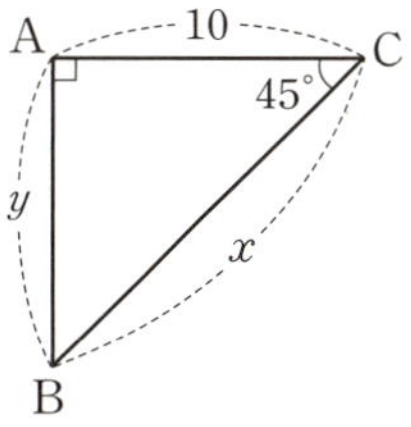

$x=$ ______, $y=$ ______

091

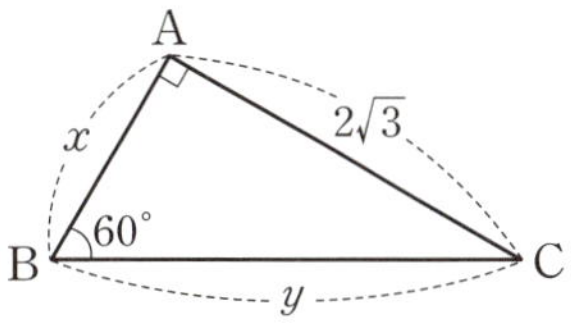

$x=$ ______, $y=$ ______

092

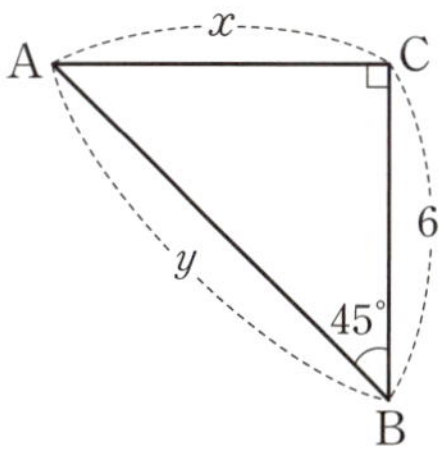

$x=$ ______, $y=$ ______

093

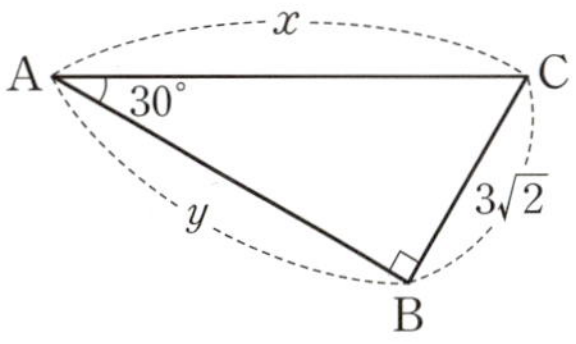

$x=$ ______, $y=$ ______

19 한 예각의 크기가 30° 또는 45° 또는 60°인 직각삼각형 2개가 서로 한 변을 공통으로 가질 때, 30°, 45°, 60°의 삼각비의 값을 이용하여 변의 길이를 구해 봐.

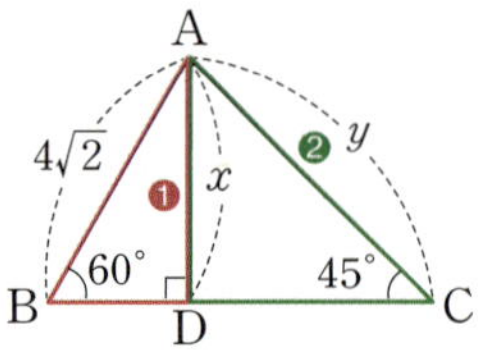

❶ 직각삼각형 ABD에서

$\sin 60^\circ = \dfrac{x}{4\sqrt{2}} = \dfrac{\sqrt{3}}{2}$

$\therefore x = 2\sqrt{6}$

❷ 직각삼각형 ADC에서

$\sin 45^\circ = \dfrac{2\sqrt{6}}{y} = \dfrac{\sqrt{2}}{2}$

$\therefore y = 4\sqrt{3}$

20 한 예각의 크기가 30° 또는 45° 또는 60°인 직각삼각형 2개가 직각을 공유할 때에도 30°, 45°, 60°의 삼각비의 값을 이용하여 변의 길이를 구해 봐.

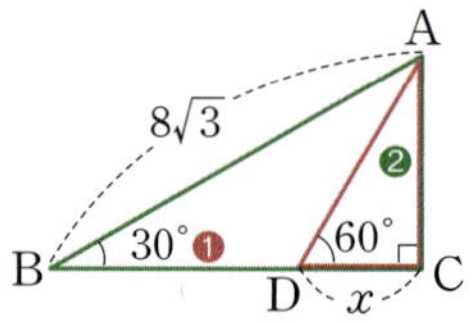

❶ 직각삼각형 ABC에서

$\sin 30^\circ = \dfrac{\overline{AC}}{8\sqrt{3}} = \dfrac{1}{2}$

$\therefore \overline{AC} = 4\sqrt{3}$

❷ 직각삼각형 ADC에서

$\tan 60^\circ = \dfrac{4\sqrt{3}}{x} = \sqrt{3}$ $\quad\therefore x = 4$

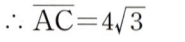

다음 그림에서 x, y의 값을 각각 구하시오.

094

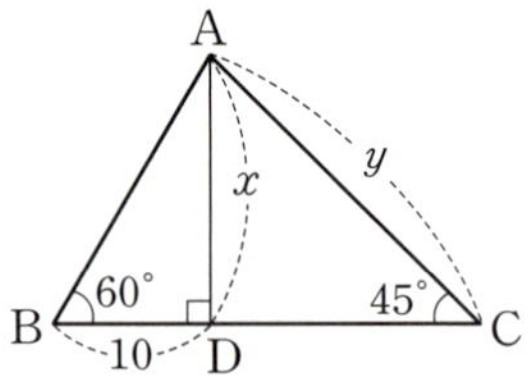

$x=$ ____________, $y=$ ____________

해 직각삼각형 ABD에서

$\tan 60^\circ = \dfrac{x}{\square} = \sqrt{3}$ $\quad\therefore x = \square$

직각삼각형 ADC에서

$\sin 45^\circ = \dfrac{\square}{y} = \dfrac{\sqrt{2}}{2}$ $\quad\therefore y = \square$

095

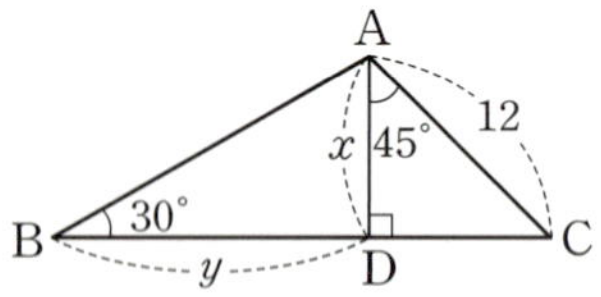

$x=$ ____________, $y=$ ____________

096

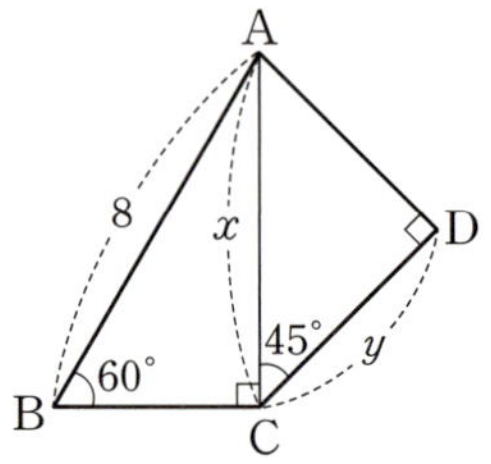

$x=$ ____________, $y=$ ____________

다음 그림에서 x의 값을 구하시오.

097

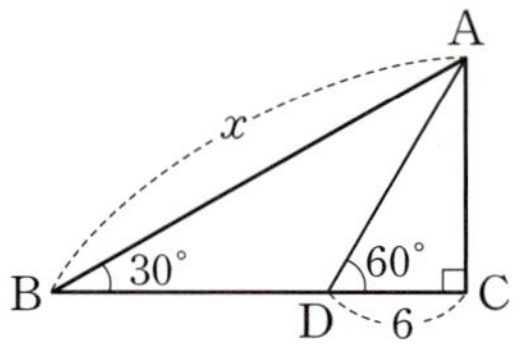

____

해 직각삼각형 ADC에서

$\tan 60^\circ = \dfrac{\overline{AC}}{\square} = \sqrt{3}$ $\quad\therefore \overline{AC} = \square$

직각삼각형 ABC에서

$\sin 30^\circ = \dfrac{\square}{x} = \dfrac{1}{2}$ $\quad\therefore x = \square$

098

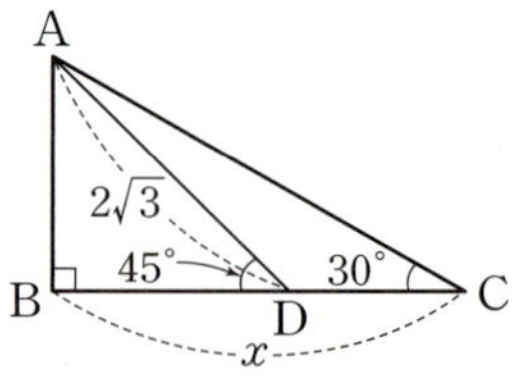

____

099

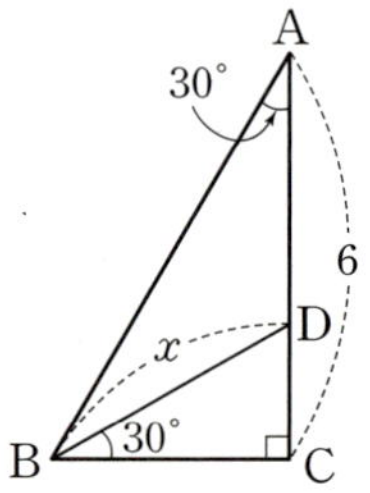

____

21 한 예각의 크기가 30° 또는 45° 또는 60°인 직각삼각형 2개가 서로 한 변을 공통으로 하면서 겹쳐 있을 때에도 30°, 45°, 60°의 삼각비의 값으로 변의 길이를 구할 수 있어~

❶ 직각삼각형 ABC에서

$\sin 45^\circ = \dfrac{3\sqrt{6}}{x} = \dfrac{\sqrt{2}}{2}$

$\therefore x = 6\sqrt{3}$

❷ 직각삼각형 DBC에서

$\cos 30^\circ = \dfrac{6\sqrt{3}}{y} = \dfrac{\sqrt{3}}{2}$

$\therefore y = 12$

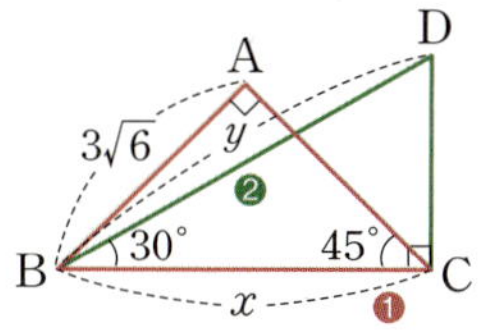

○ **다음 그림에서 x, y의 값을 각각 구하시오.**

100

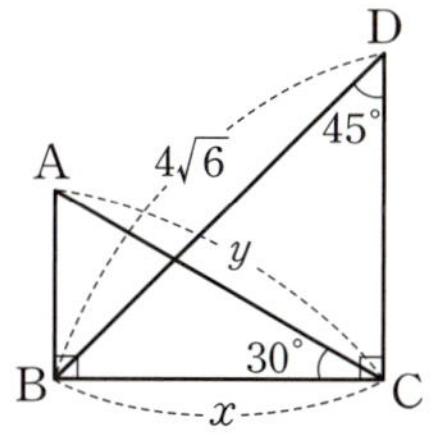

$x=$ ______, $y=$ ______

해 직각삼각형 BCD에서

$\sin 45^\circ = \dfrac{x}{\square} = \dfrac{\sqrt{2}}{2}$ $\quad \therefore x = \square$

직각삼각형 ABC에서

$\cos 30^\circ = \dfrac{\square}{y} = \dfrac{\sqrt{3}}{2}$ $\quad \therefore y = \square$

101

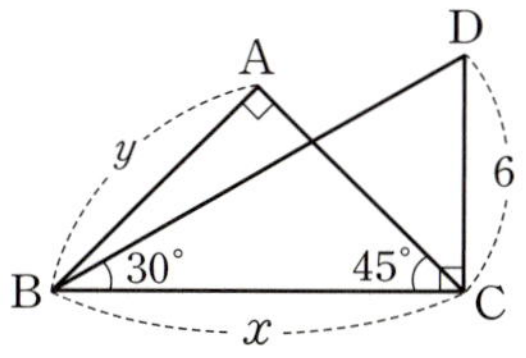

$x=$ ______, $y=$ ______

102

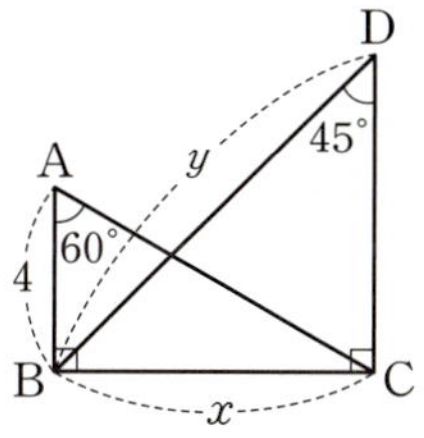

$x=$ ______, $y=$ ______

유형 Up

22 먼저 30°, 45°, 60°의 삼각비의 값을 이용하여 변의 길이를 구해 봐~

❶ 직각삼각형 ADC에서

$\tan 30^\circ = \dfrac{\overline{AC}}{3\sqrt{3}} = \dfrac{\sqrt{3}}{3}$

$\therefore \overline{AC} = 3$

❷ 직각삼각형 ABC에서

$\tan 15^\circ = \dfrac{3}{6+3\sqrt{3}} = 2-\sqrt{3}$

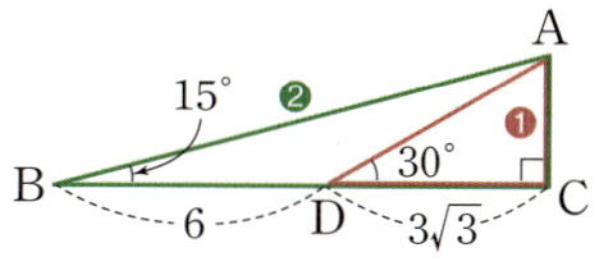

103 오른쪽 그림에서 $\overline{AB}=4$이고 $\angle B=90^\circ$, $\angle ACB=30^\circ$, $\angle D=15^\circ$일 때, $\tan 75^\circ$의 값을 구하시오.

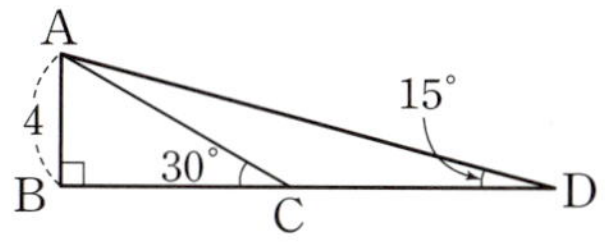

______

해 직각삼각형 ABC에서

$\tan 30^\circ = \dfrac{\square}{\overline{BC}} = \dfrac{\sqrt{3}}{3}$ $\quad \therefore \overline{BC} = \square$

$\sin 30^\circ = \dfrac{\square}{\overline{AC}} = \dfrac{1}{2}$ $\quad \therefore \overline{AC} = \square$

$\angle CAD = 30^\circ - \square = \square$이므로

$\overline{CD} = \overline{AC} = \square$

$\angle BAD = 90^\circ - \square = \square$이므로

직각삼각형 ABD에서

$\tan 75^\circ = \dfrac{\square}{4} = \square$

104 오른쪽 그림과 같은 삼각형 ABC에서 $\overline{AH} \perp \overline{BC}$이고 $\overline{AC}=\overline{BC}=8$, $\angle BAC=67.5^\circ$일 때, $\tan 22.5^\circ$의 값을 구하시오.

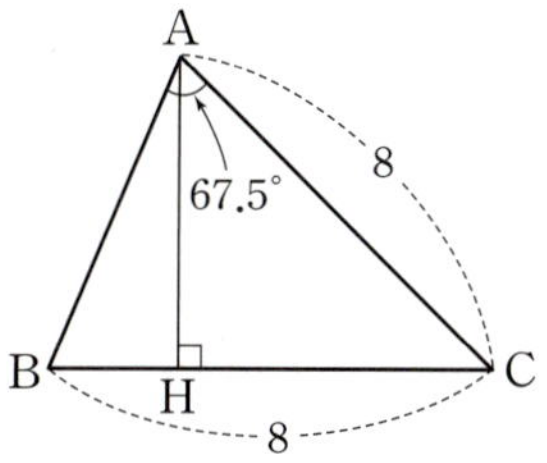

______

23 직선의 기울기는 x축의 양의 방향과 직선이 이루는 각의 크기에 대한 tan 값을 구하는 것과 같아~

(직선의 기울기)

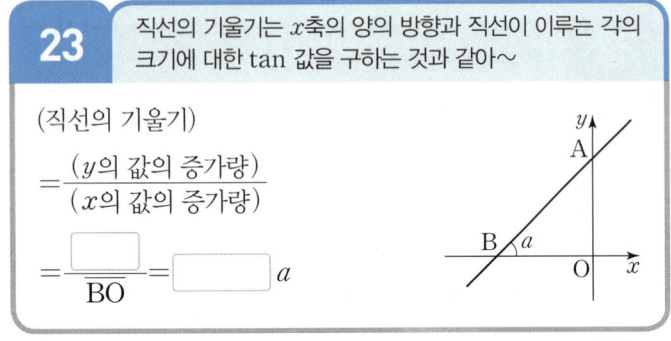

$=\dfrac{(y\text{의 값의 증가량})}{(x\text{의 값의 증가량})}$

$=\dfrac{\square}{\overline{BO}}=\square\, a$

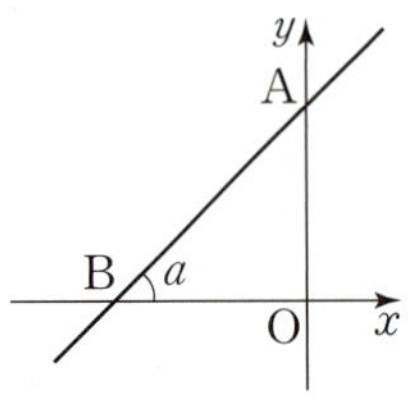

답 | $\overline{AO}$, tan

다음 그림과 같은 직선의 방정식을 $y=ax+b$ 꼴로 나타내시오.

105

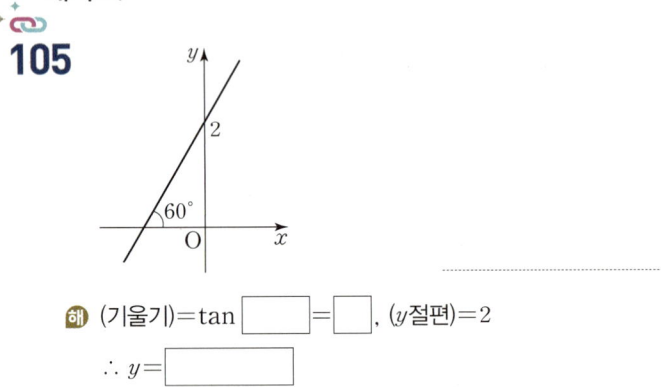

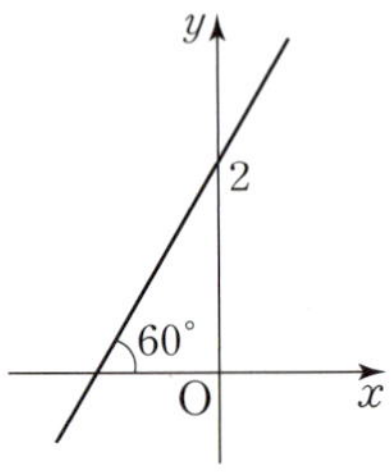

해 (기울기)$=\tan\square=\square$, (y절편)$=2$

$\therefore y=\square$

106

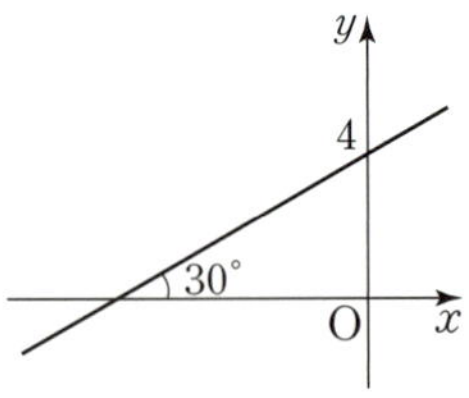

107

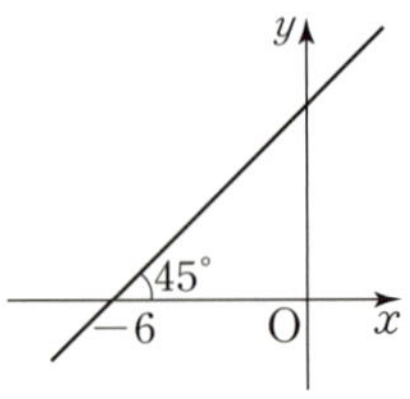

교과서 미리보기

풀었던 연산은 교과서에 이렇게 나온다!

108 19

오른쪽 그림과 같이 $\angle A=90^\circ$인 직각삼각형 ABC에서 $\overline{AD}\perp\overline{BC}$이고 $\overline{BC}=8$, $\angle B=30^\circ$일 때, $\overline{AD}$의 길이는?

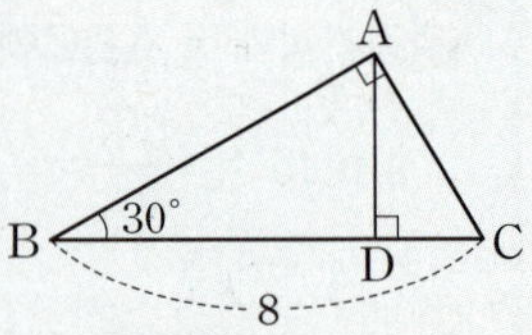

① $\sqrt{3}$ ② $2\sqrt{3}$ ③ $3\sqrt{3}$
④ $4\sqrt{3}$ ⑤ $5\sqrt{3}$

109 20

오른쪽 그림과 같이 $\angle C=90^\circ$인 직각삼각형 ABC에서 $\overline{AD}=10\sqrt{2}$, $\angle B=30^\circ$, $\angle BAD=15^\circ$일 때, $\overline{BC}$의 길이는?

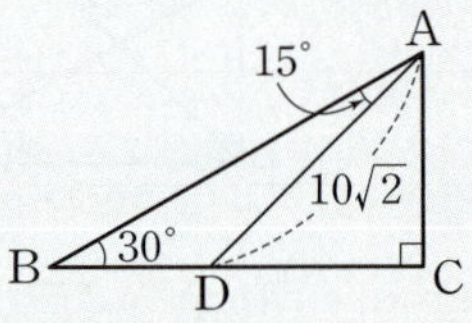

① $5\sqrt{2}$ ② $5\sqrt{3}$ ③ $5\sqrt{6}$
④ $10\sqrt{3}$ ⑤ $10\sqrt{6}$

110 14 16 23

오른쪽 그림과 같이 일차함수 $y=\sqrt{3}x+12$의 그래프가 x축의 양의 방향과 이루는 예각의 크기를 a라고 할 때, $\cos\dfrac{a}{2}$의 값은?

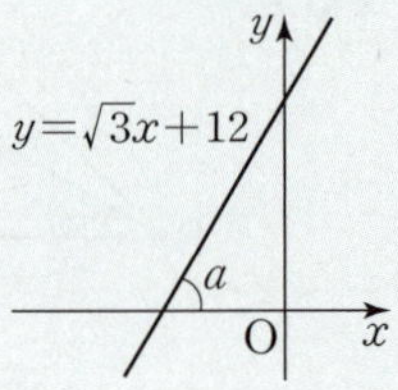

① $\dfrac{1}{2}$ ② $\dfrac{\sqrt{2}}{2}$ ③ $\dfrac{\sqrt{3}}{2}$
④ $\dfrac{\sqrt{3}}{3}$ ⑤ $\sqrt{3}$

학습일자 월 일

Episode 04

사분원에서 삼각비의 값

개념 Play

1. 예각의 삼각비의 값

반지름의 길이가 1인 사분원에서 임의의 예각 α에 대하여 (예각: 0°보다 크고 90°보다 작은 각)

(1) $\sin\alpha=\dfrac{\overline{AB}}{\overline{OA}}=\dfrac{\overline{AB}}{1}=\overline{AB}$

(2) $\cos\alpha=\dfrac{\overline{OB}}{\overline{OA}}=\dfrac{\overline{OB}}{1}=\overline{OB}$

(3) $\tan\alpha=\dfrac{\overline{CD}}{\overline{OD}}=\dfrac{\overline{CD}}{1}=\overline{CD}$

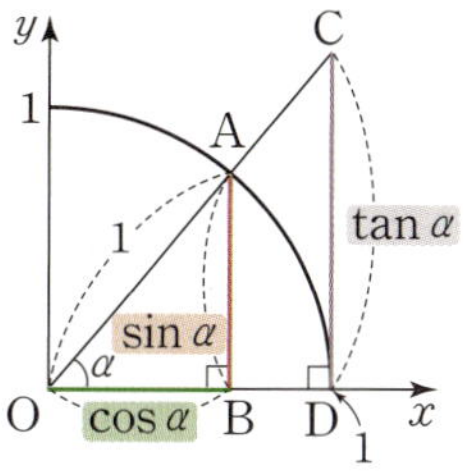

2. 0°, 90°의 삼각비의 값

(1) $\sin 0°=0$, $\cos 0°=1$, $\tan 0°=0$

(2) $\sin 90°=1$, $\cos 90°=0$, $\tan 90°$의 값은 정할 수 없다.

참고 (1) 삼각비의 값의 대소 관계
① $0°\le x<45°$이면 $\sin x<\cos x$, $\tan x<1$
② $x=45°$이면 $\sin x=\cos x<\tan x=1$
③ $45°<x\le 90°$이면 $\cos x<\sin x<\tan x$
(2) $0°\le x\le 90°$일 때, x의 크기가 커지면
① $\sin x$의 값은 0에서 1까지 증가한다. → $0\le\sin x\le 1$
② $\cos x$의 값은 1에서 0까지 감소한다. → $0\le\cos x\le 1$
③ $\tan x$의 값은 0에서 한없이 증가한다. → $\tan x\ge 0$

3. 삼각비의 표

(1) 삼각비의 표

0°에서 90°까지의 각을 1° 간격으로 나누어 이들의 삼각비의 값을 반올림하여 소수점 아래 넷째 자리까지 나타낸 표

참고 삼각비의 표에 있는 삼각비의 값은 대부분 반올림하여 등호 =를 사용하여 나타낸다.

(2) 삼각비의 표를 읽는 방법

각도의 가로줄과 sin, cos, tan의 세로줄이 만나는 곳에 있는 수를 읽는다.

예 오른쪽 삼각비의 표에서
$\sin 22°=0.3746$
$\cos 23°=0.9205$
$\tan 24°=0.4452$

각도	사인(sin)	코사인(cos)	탄젠트(tan)
⋮	⋮	⋮	⋮
22°	0.3746	0.9272	0.4040
23°	0.3907	0.9205	0.4245
24°	0.4067	0.9135	0.4452
⋮	⋮	⋮	⋮

오답 NOTE

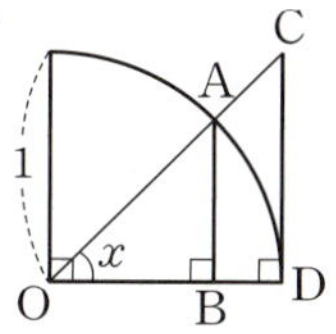

반지름의 길이가 1인 사분원에서 $\tan x$의 값을 구할 때, $\tan x=\dfrac{\overline{AB}}{\overline{OB}}$를 이용하지 않는다.

예각의 삼각비의 값은 분모가 되는 변의 길이가 1인 직각삼각형을 찾아서 구한다. 즉, 위의 그림에서 $\tan x$의 값을 구하려면 $\tan x=\dfrac{\overline{CD}}{\overline{OD}}=\dfrac{\overline{CD}}{1}=\overline{CD}$를 이용한다.

24 삼각비의 분모가 되는 변의 길이가 1인 직각삼각형을 찾아야 해~

- $\sin\alpha = \dfrac{\square}{\overline{OA}} = \dfrac{\square}{1} = \square$
- $\cos\alpha = \dfrac{\overline{OB}}{\overline{OA}} = \dfrac{\overline{OB}}{1} = \overline{OB}$
- $\tan\alpha = \dfrac{\overline{CD}}{\overline{OD}} = \dfrac{\overline{CD}}{1} = \overline{CD}$

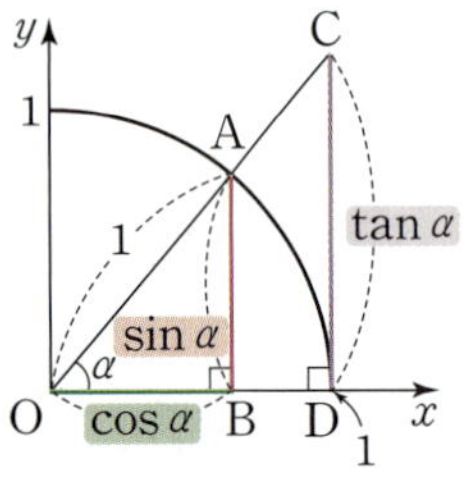

답 | $\overline{AB}$, $\overline{AB}$, $\overline{AB}$

○ 오른쪽 그림과 같이 반지름의 길이가 1인 사분원에서 다음 삼각비의 값을 나타내는 선분을 찾으시오.

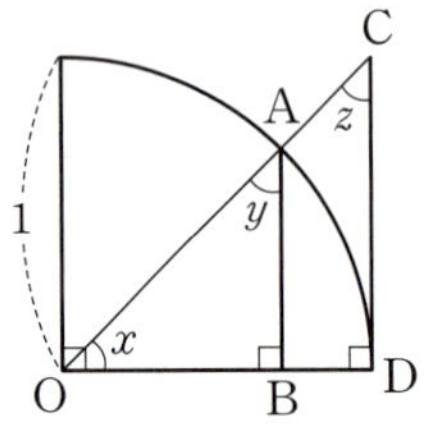

111 $\sin x$ ....

해 $\sin x = \dfrac{\square}{\overline{OA}} = \dfrac{\square}{1} = \square$

112 $\cos x$ ....

113 $\tan x$ ....

114 $\sin y$ ....

115 $\cos y$ ....

116 $\sin z$ ....

해 $\angle z = \angle\square$이므로 $\sin z = \sin\square = \square$

117 $\cos z$ ....

○ 오른쪽 그림과 같이 반지름의 길이가 1인 사분원에 대하여 다음 설명이 옳으면 ○표, 옳지 않으면 ×표를 (　　) 안에 써넣으시오.

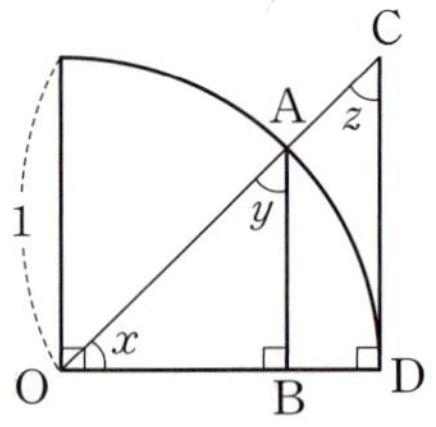

118 $\sin y = \overline{OB}$ (　　)

119 $\tan x = \overline{CD}$ (　　)

120 $\cos x = \overline{OD}$ (　　)

121 $\sin z = \overline{OD}$ (　　)

122 $\cos z = \overline{AB}$ (　　)

123 $\sin x = \overline{OB}$ (　　)

124 $\cos y = \overline{AB}$ (　　)

125 $\tan z = \dfrac{1}{\overline{CD}}$ (　　)

126 $\sin x = \cos z$ (　　)

127 $\tan x = \tan y$ (　　)

25 분모가 되는 변의 길이가 1인 직각삼각형을 찾는 것이 중요해~

- $\sin x = \dfrac{\overline{AB}}{\overline{OA}} = \dfrac{\overline{AB}}{1}$
  $= \overline{AB} = 0.5150$
- $\cos x = \dfrac{\overline{OB}}{\overline{OA}} = \dfrac{\overline{OB}}{1}$
  $= \overline{OB} = 0.8572$
- $\tan x = \dfrac{\overline{CD}}{\overline{OD}} = \dfrac{\overline{CD}}{1}$
  $= \overline{CD} = 0.6009$

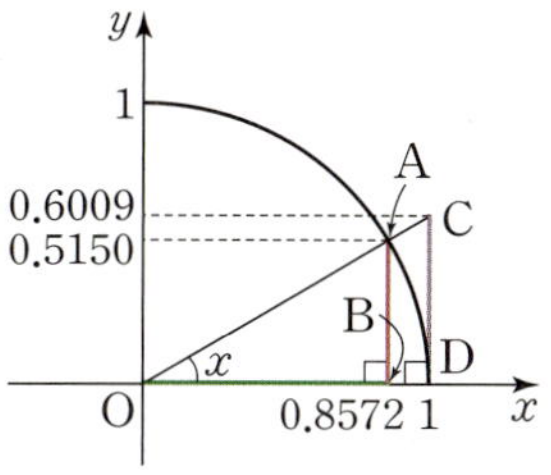

오른쪽 그림과 같이 좌표평면 위의 원점 O를 중심으로 하고 반지름의 길이가 1인 사분원에서 다음 삼각비의 값을 구하시오.

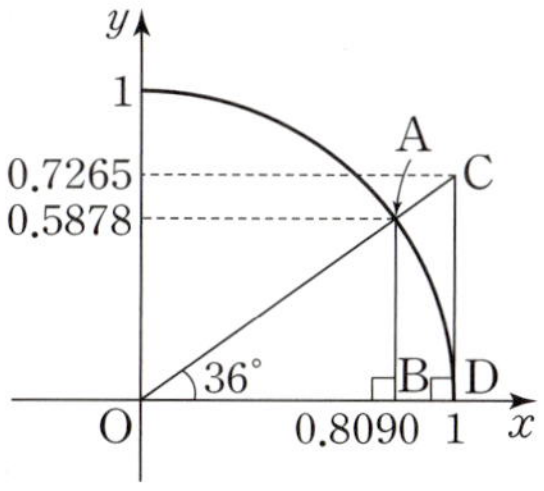

128 $\sin 36^\circ$

해 $\sin 36^\circ = \dfrac{\overline{AB}}{\overline{OA}} = \dfrac{\overline{AB}}{\square} = \overline{AB} = \square$

129 $\cos 36^\circ$

130 $\tan 36^\circ$

131 $\sin 54^\circ$

TIP 직각삼각형 AOB에서 ∠OAB의 삼각비를 이용해.

132 $\cos 54^\circ$

오른쪽 그림과 같이 좌표평면 위의 원점 O를 중심으로 하고 반지름의 길이가 1인 사분원에서 다음 삼각비의 값을 구하시오.

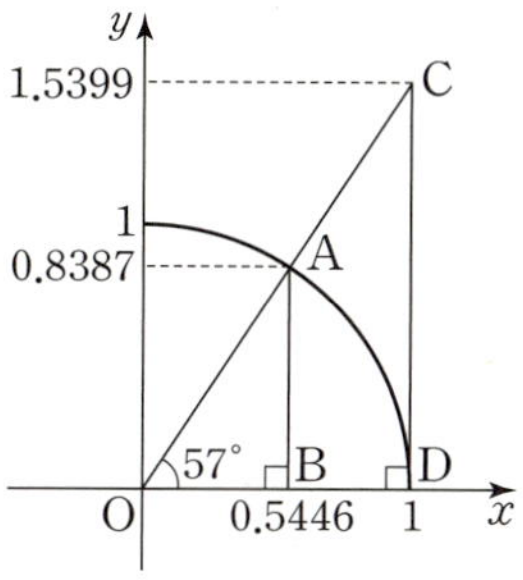

133 $\sin 57^\circ$

134 $\cos 57^\circ$

135 $\tan 57^\circ$

136 $\sin 33^\circ$

137 $\cos 33^\circ$

오른쪽 그림과 같이 좌표평면 위의 원점 O를 중심으로 하고 반지름의 길이가 1인 사분원에서 다음 삼각비의 값을 구하시오.

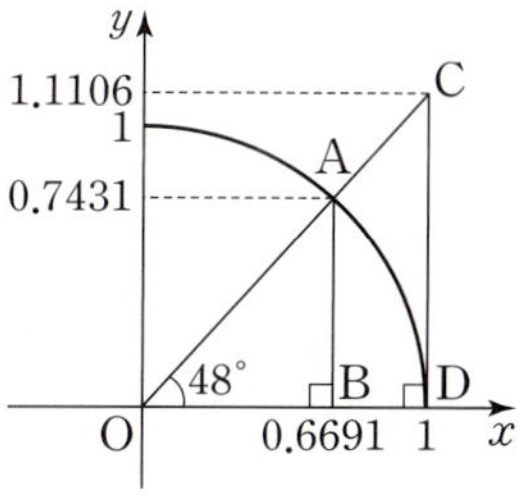

138 $\sin 48^\circ$

139 $\cos 48^\circ$

140 $\tan 48^\circ$

141 $\sin 42^\circ$

142 $\cos 42^\circ$

26 0°, 90°의 삼각비의 값은 tan 90°를 제외하면 0 또는 1이야~

A \ 삼각비	$\sin A$	$\cos A$	$\tan A$
0°	0	☐	0
90°	1	☐	정할 수 없다.

답 | 1, 0

27 삼각비의 대소 관계는 45°를 기준으로 달라져~

- $0° \le x < 45°$이면 $\sin x$ ☐ $\cos x$, $\tan x < 1$
- $x = 45°$이면 $\sin x = \cos x < \tan x = 1$
- $45° < x \le 90°$이면 $\cos x < \sin x$ ☐ $\tan x$

답 | <, <

다음 계산하시오.

143 $\sin 0° + \cos 0° - \tan 0°$

144 $\cos 0° + \sin 90° + \tan 0°$

145 $\cos 90° \times \tan 0° - \sin 90° \times \cos 0°$

146 $\sin 45° \times \cos 0° + \cos 45° \times \sin 0°$

147 $\cos 0° \div \cos 45° \times \tan 30° \div \sin 90°$

148 $(1 + \cos 0°)(1 - \sin 90°)$

149 $(\tan 0° + \cos 60°) \times \sin 30°$

150 $(\sin 45° - \cos 0°)(\cos 45° + \sin 90°)$

$0° \le A \le 90°$일 때, 다음 설명이 옳으면 ○표, 옳지 않으면 ×표를 ( ) 안에 써넣으시오.

151 A의 크기가 커지면 $\tan A$의 값은 증가한다. ( )

152 A의 크기가 커지면 $\cos A$의 값은 증가한다. ( )

153 A의 크기가 커지면 $\sin A$의 값은 증가한다. ( )

154 $\cos A$의 최솟값은 0이고 최댓값은 1이다. ( )

155 $\tan A$의 최댓값은 1이다. ( )

156 $\sin A$의 최댓값은 0이다. ( )

157 $A = 45°$일 때, $\sin A = \cos A = \tan A$이다. ( )

158 $0° < A < 45°$일 때, $\sin A < \cos A$이다. ( )

159 $45° < A < 90°$일 때, $\tan A > 1$이다. ( )

28 $0^\circ \le x \le 90^\circ$일 때, 삼각비의 값은 증가하거나 감소해~

$0^\circ \le x \le 90^\circ$일 때, x의 크기가 커지면

- $\sin x$의 값은 □에서 □까지 증가한다.
- $\cos x$의 값은 □에서 □까지 감소한다.
- $\tan x$의 값은 0에서 한없이 증가한다.

답 | 0, 1, 1, 0

○ 다음 ● 안에 >, =, < 중 알맞은 것을 써넣으시오.

160 $\sin 20^\circ$ ● $\sin 58^\circ$

161 $\cos 25^\circ$ ● $\cos 50^\circ$

162 $\tan 32^\circ$ ● $\tan 70^\circ$

163 $\sin 23^\circ$ ● $\cos 23^\circ$

해 $\sin 23^\circ$ □ $\sin 45^\circ = \frac{\sqrt{2}}{2}$, $\cos 23^\circ$ □ $\cos 45^\circ = \frac{\sqrt{2}}{2}$

$\therefore \sin 23^\circ$ □ $\cos 23^\circ$

164 $\cos 70^\circ$ ● $\sin 70^\circ$

165 $\tan 69^\circ$ ● $\sin 69^\circ$

해 $\tan 69^\circ$ □ $\tan 45^\circ = 1$, $\sin 69^\circ$ □ $\sin 90^\circ = 1$

$\therefore \tan 69^\circ$ □ $\sin 69^\circ$

166 $\cos 82^\circ$ ● $\tan 82^\circ$

167 $\sin 78^\circ$ ● $\tan 59^\circ$

168 $\tan 47^\circ$ ● $\cos 65^\circ$

29 삼각비의 표에서 삼각비의 값을 구할 때는 각도의 가로줄과 sin, cos, tan의 세로줄이 만나는 곳에 있는 수를 읽는 거야~

- $\sin 64^\circ = 0.8988$
- $\cos 62^\circ = 0.4695$
- $\tan 63^\circ = 1.9626$

각도	사인 (sin)	코사인 (cos)	탄젠트 (tan)
62°	0.8829	0.4695	1.8807
63°	0.8910	0.4540	1.9626
64°	0.8988	0.4384	2.0503

○ 아래 삼각비의 표를 이용하여 다음 삼각비의 값을 구하시오.

각도	사인(sin)	코사인(cos)	탄젠트(tan)
25°	0.4226	0.9063	0.4663
26°	0.4384	0.8988	0.4877
27°	0.4540	0.8910	0.5095
28°	0.4695	0.8829	0.5317

169 $\sin 27^\circ$ ....

170 $\cos 25^\circ$ ....

171 $\tan 28^\circ$ ....

○ 아래 삼각비의 표를 이용하여 다음 삼각비의 값을 구하시오.

각도	사인(sin)	코사인(cos)	탄젠트(tan)
57°	0.8387	0.5446	1.5399
58°	0.8480	0.5299	1.6003
59°	0.8572	0.5150	1.6643
60°	0.8660	0.5000	1.7321
61°	0.8746	0.4848	1.8040

172 $\sin 58^\circ$ ....

173 $\cos 61^\circ$ ....

174 $\tan 57^\circ$ ....

175 $\sin 60^\circ$ ....

176 $\tan 59^\circ$ ....

30 삼각비의 표에서 sin, cos, tan의 세로줄에 있는 삼각비의 값을 찾고, 그 값의 가로줄에 있는 각도를 찾아~

- $\sin x=0.5150$ 이면 $x=31^\circ$
- $\cos x=0.8480$ 이면 $x=32^\circ$
- $\tan x=0.6494$ 이면 $x=33^\circ$

각도	사인(sin)	코사인(cos)	탄젠트(tan)
31°	0.5150	0.8572	0.6009
32°	0.5299	0.8480	0.6249
33°	0.5446	0.8387	0.6494

○ 아래 삼각비의 표를 이용하여 다음 삼각비의 값을 만족시키는 x의 크기를 구하시오.

각도	사인(sin)	코사인(cos)	탄젠트(tan)
33°	0.5446	0.8387	0.6494
34°	0.5592	0.8290	0.6745
35°	0.5736	0.8192	0.7002
36°	0.5878	0.8090	0.7265

177 $\sin x=0.5736$

178 $\cos x=0.8387$

179 $\tan x=0.7265$

○ 아래 삼각비의 표를 이용하여 다음 삼각비의 값을 만족하는 x의 크기를 구하시오.

각도	사인(sin)	코사인(cos)	탄젠트(tan)
39°	0.6293	0.7771	0.8098
40°	0.6428	0.7660	0.8391
41°	0.6561	0.7547	0.8693
42°	0.6691	0.7431	0.9004
43°	0.6820	0.7314	0.9325

180 $\sin x=0.6561$

181 $\cos x=0.7660$

182 $\tan x=0.8098$

183 $\cos x=0.7314$

184 $\tan x=0.9004$

유형 Up

31 길이가 주어진 변과 길이를 구해야 할 변 사이의 관계를 삼각비를 이용해서 나타내 봐.

각도	사인(sin)	코사인(cos)	탄젠트(tan)
38°	0.6157	0.7880	0.7813

$\tan 38^\circ=\dfrac{x}{1000}=0.7813$이므로

$x=781.3$

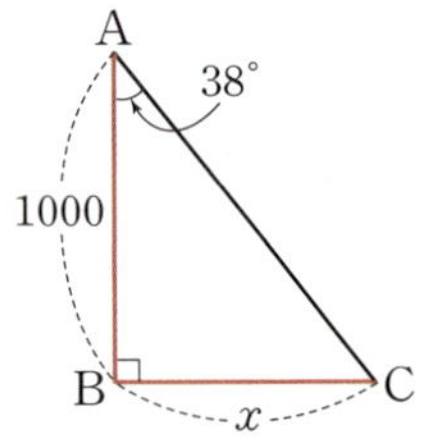

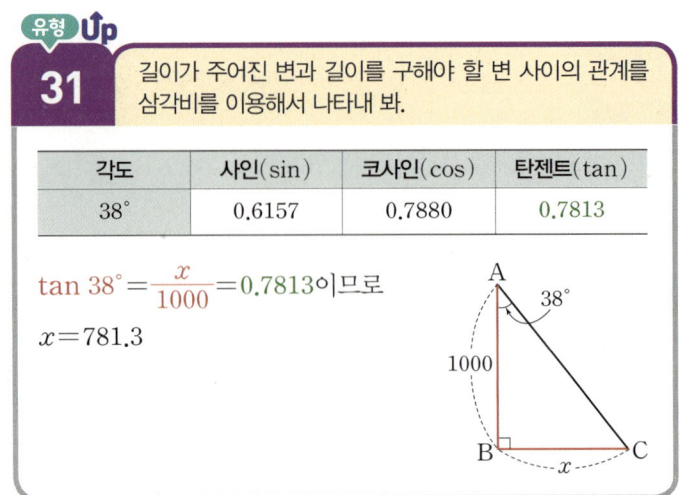

○ 아래 삼각비의 표를 이용하여 다음 그림과 같은 직각삼각형 ABC에서 x의 값을 구하시오.

각도	사인(sin)	코사인(cos)	탄젠트(tan)
34°	0.5592	0.8290	0.6745
35°	0.5736	0.8192	0.7002
36°	0.5878	0.8090	0.7265
37°	0.6018	0.7986	0.7536
38°	0.6157	0.7880	0.7813

185

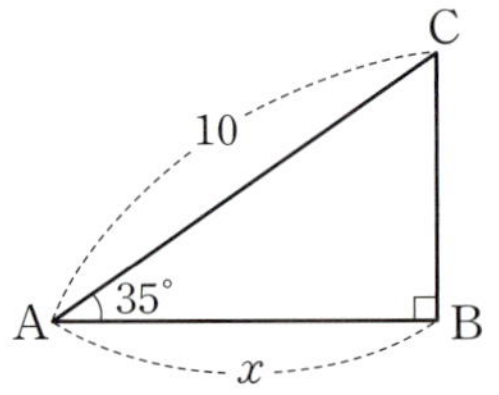

해 $\cos 35^\circ=\dfrac{x}{\square}=0.8192$이므로 $x=\square$

186

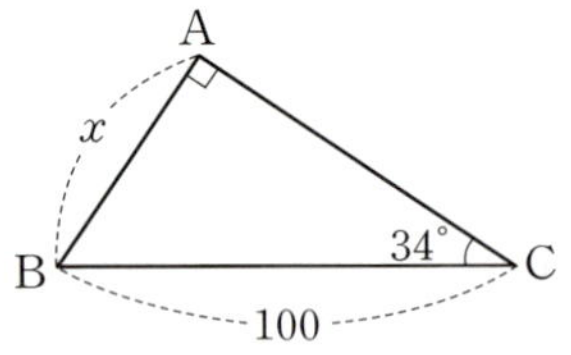

187

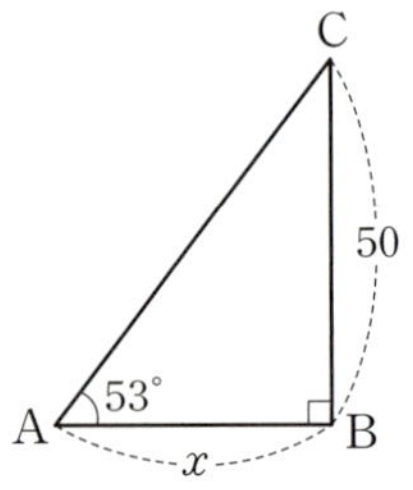

TIP ∠C의 삼각비를 이용해.

유형 Up **32** 주어진 두 변의 길이와 삼각비의 표를 이용하여 각의 크기를 구해 봐.

각도	사인(sin)	코사인(cos)	탄젠트(tan)
50°	0.7660	0.6428	1.1918

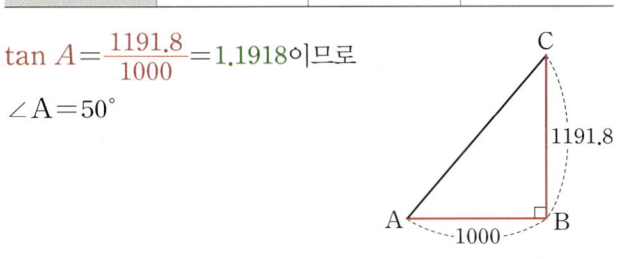

$\tan A=\frac{1191.8}{1000}=1.1918$이므로

$\angle A=50^\circ$

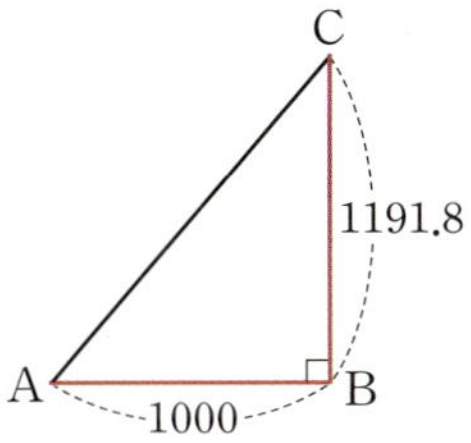

아래 삼각비의 표를 이용하여 다음 그림과 같은 직각삼각형 ABC에서 ∠A의 크기를 구하시오.

각도	사인(sin)	코사인(cos)	탄젠트(tan)
47°	0.7314	0.6820	1.0724
48°	0.7431	0.6691	1.1106
49°	0.7547	0.6561	1.1504
50°	0.7660	0.6428	1.1918
51°	0.7771	0.6293	1.2349

188

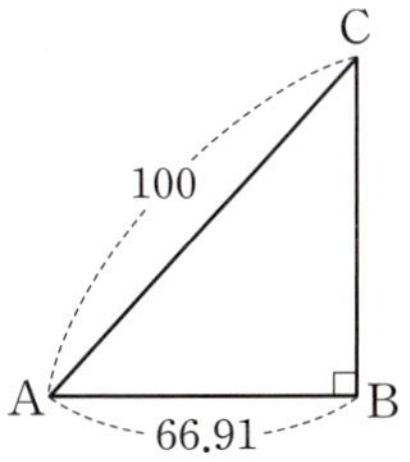

해 $\cos A=\frac{\square}{100}=\square$이므로

$\angle A=\square^\circ$

189

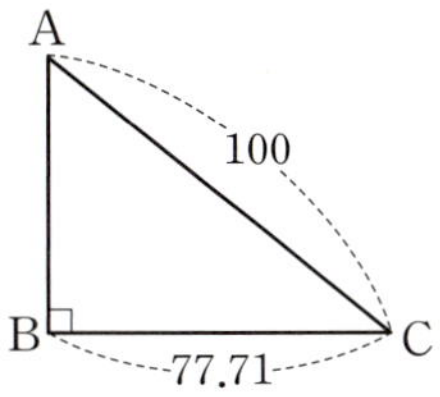

190

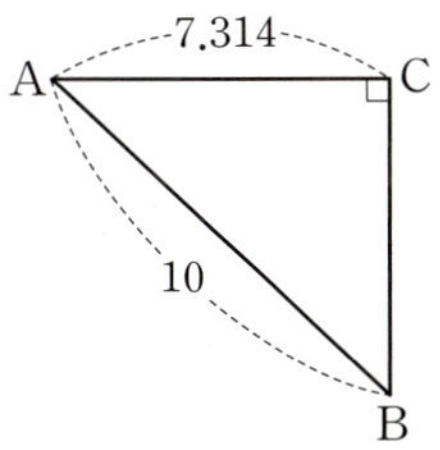

교과서 미리보기

풀었던 연산은 교과서에 이렇게 나온다!

191 25

오른쪽 그림과 같이 좌표평면 위의 원점 O를 중심으로 하고 반지름의 길이가 1인 사분원에서 $\tan 36^\circ+\cos 54^\circ$의 값은?

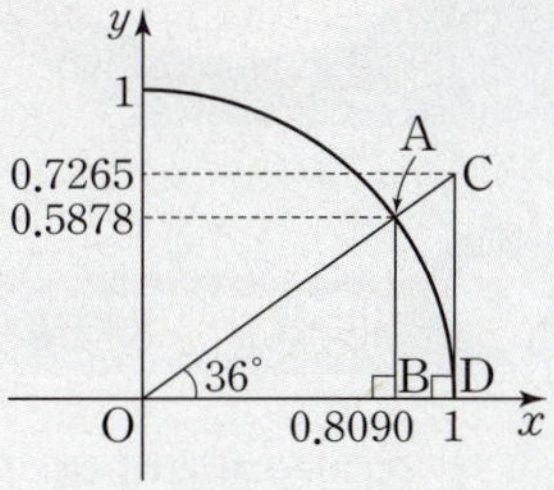

① 1.1756 ② 1.3143 ③ 1.3968 ④ 1.453 ⑤ 1.5355

192 26

다음을 계산한 값 중에서 $\tan 0^\circ$의 값과 같은 것은?

① $\sin 0^\circ+\cos 0^\circ-\tan 0^\circ$
② $\cos 0^\circ+\sin 90^\circ+\tan 0^\circ$
③ $\cos 0^\circ\div\cos 45^\circ\times\tan 30^\circ\div\sin 90^\circ$
④ $(1+\cos 0^\circ)(1-\sin 90^\circ)$
⑤ $(\tan 0^\circ+\cos 60^\circ)\times\sin 30^\circ$

193 30

다음 삼각비의 표를 이용하여 $\cos x=0.8387$, $\tan y=0.7265$일 때, $x+y$의 크기를 구하시오.

각도	사인(sin)	코사인(cos)	탄젠트(tan)
33°	0.5446	0.8387	0.6494
34°	0.5592	0.8290	0.6745
35°	0.5736	0.8192	0.7002
36°	0.5878	0.8090	0.7265

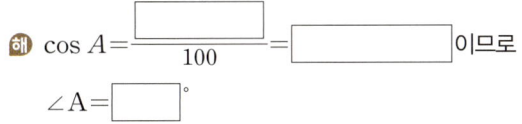

Episode 05 삼각비의 활용 - 삼각형의 변의 길이

개념 Play

1. 직각삼각형의 변의 길이

$\angle C=90^\circ$인 직각삼각형 ABC에서

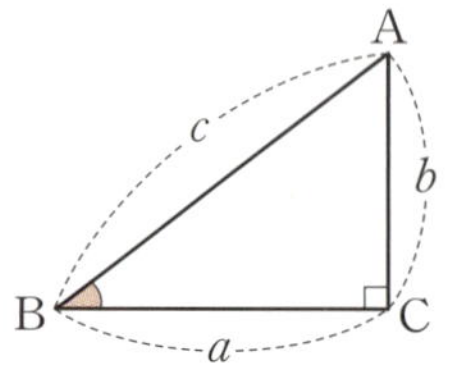

(1) $\angle B$의 크기와 빗변의 길이 c를 알 때

① $\cos B=\frac{a}{c}$ → $a=c\cos B$

② $\sin B=\frac{b}{c}$ → $b=c\sin B$

(2) $\angle B$의 크기와 밑변의 길이 a를 알 때

① $\tan B=\frac{b}{a}$ → $b=a\tan B$　　② $\cos B=\frac{a}{c}$ → $c=\frac{a}{\cos B}$

(3) $\angle B$의 크기와 높이 b를 알 때

① $\tan B=\frac{b}{a}$ → $a=\frac{b}{\tan B}$　　② $\sin B=\frac{b}{c}$ → $c=\frac{b}{\sin B}$

2. 일반 삼각형의 변의 길이

(1) $\triangle ABC$에서 두 변의 길이 a, c와 그 끼인각 $\angle B$의 크기를 알 때

$\overline{AC}=\sqrt{(c\sin B)^2+(a-c\cos B)^2}$

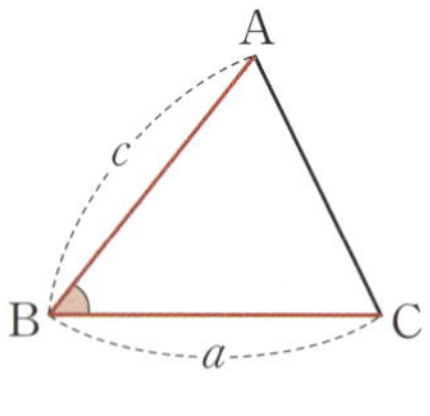

(2) $\triangle ABC$에서 한 변의 길이 a와 그 양 끝 각 $\angle B$, $\angle C$의 크기를 알 때

$\overline{AB}=\frac{a\sin C}{\sin A}$, $\overline{AC}=\frac{a\sin B}{\sin A}$

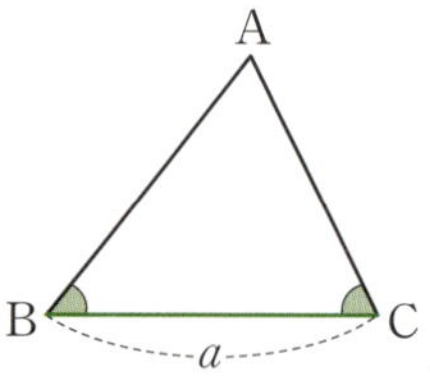

3. 삼각형의 높이

$\triangle ABC$에서 한 변의 길이 a와 그 양 끝 각 $\angle B$, $\angle C$의 크기를 알 때, 높이 h는

(1) 양 끝 각이 모두 예각인 경우

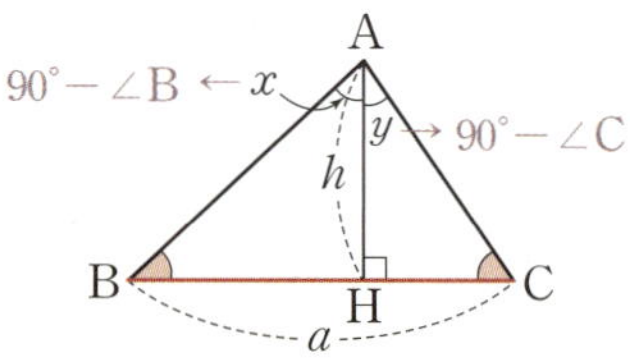

$h=\frac{a}{\tan x+\tan y}$

(2) 양 끝 각 중 한 각이 둔각인 경우

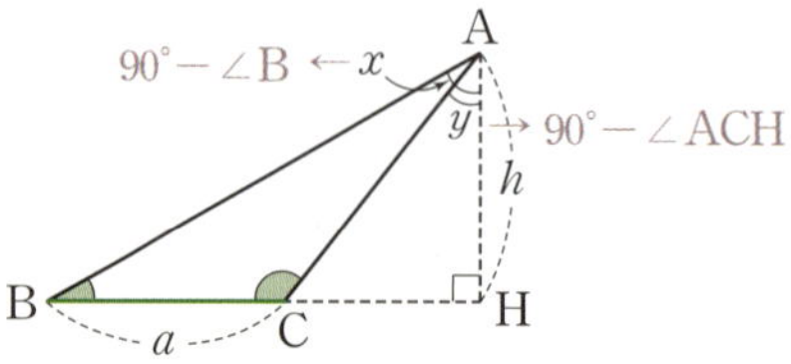

$h=\frac{a}{\tan x-\tan y}$

오답 NOTE

- 기준각에 대하여 빗변의 길이가 주어지고 높이를 구하려고 할 때, cos이나 tan를 이용하지 않는다.
기준각에 대하여 길이가 주어진 변과 길이를 구하려는 변 사이의 관계에 알맞은 삼각비를 이용하도록 주의한다.
기준각에 대하여 길이가 주어진 변과 길이를 구하려는 변이 빗변과 높이이면 sin, 빗변과 밑변이면 cos, 밑변과 높이이면 tan를 이용한다.

- 일반 삼각형의 변의 길이를 구할 때, 임의로 수선을 긋지 않는다.
길이를 구하려는 변을 빗변으로 하는 직각삼각형이 생기도록 수선을 그어야 한다.

33 삼각비를 나타낸 후, 식을 변형해 봐~

- $\sin 61^\circ=\dfrac{x}{6}$이므로 $x=6\sin 61^\circ$
- $\cos 61^\circ=\dfrac{y}{6}$이므로 $y=6\cos 61^\circ$

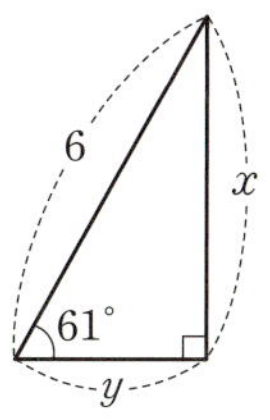

34 삼각비에서 식을 변형한 후, 삼각비의 값을 대입해~

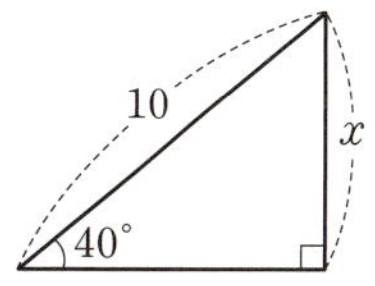

$\sin 40^\circ=0.64$
$\cos 40^\circ=0.77$
$\tan 40^\circ=0.84$

$\sin 40^\circ=\dfrac{x}{10}$이므로 $x=10\sin 40^\circ=10\times 0.64=6.4$

다음 그림의 직각삼각형에서 x, y의 값을 주어진 각의 삼각비와 변의 길이를 사용하여 각각 나타내시오.

194

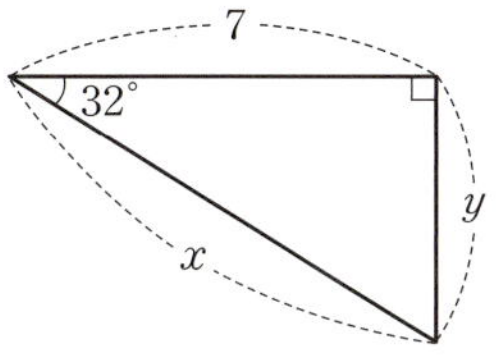

$x=$ ______, $y=$ ______

해 $\cos 32^\circ=\dfrac{7}{x}$이므로 $x=\dfrac{7}{\square}$

$\tan 32^\circ=\dfrac{y}{7}$이므로 $y=\square$

195

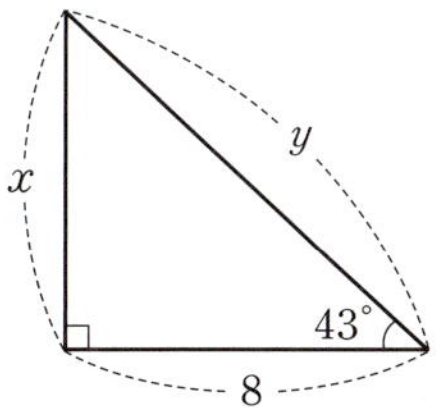

$x=$ ______, $y=$ ______

196

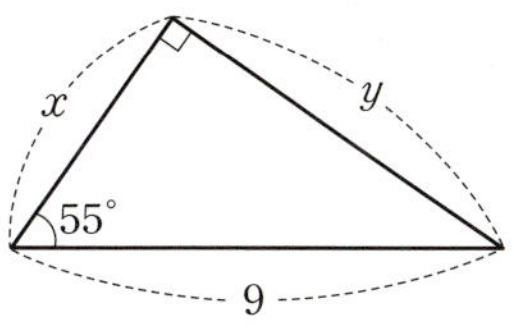

$x=$ ______, $y=$ ______

다음 그림의 직각삼각형에서 주어진 삼각비의 값을 이용하여 x의 값을 구하시오.

197

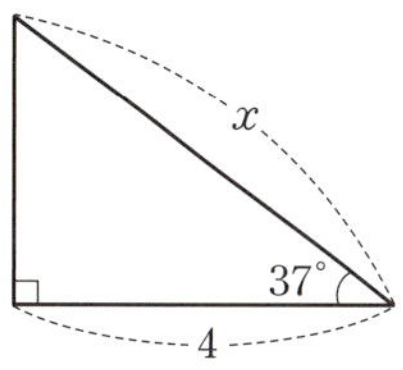

$\sin 37^\circ=0.6$
$\cos 37^\circ=0.8$
$\tan 37^\circ=0.75$

______

해 $\cos 37^\circ=\dfrac{4}{x}$이므로 $x=\dfrac{4}{\cos 37^\circ}=4\div\square=\square$

198

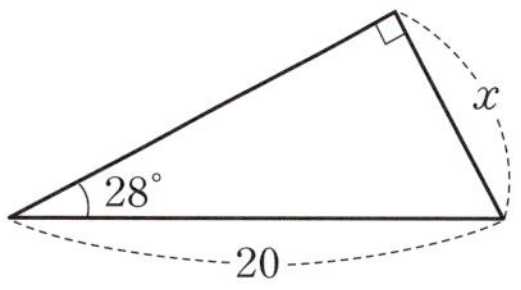

$\sin 28^\circ=0.47$
$\cos 28^\circ=0.88$
$\tan 28^\circ=0.53$

______

199

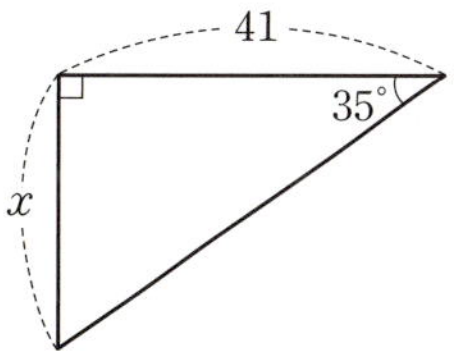

$\sin 35^\circ=0.57$
$\cos 35^\circ=0.82$
$\tan 35^\circ=0.7$

______

35 길이를 구하려는 변이 포함된 직각삼각형을 찾아서 삼각비를 이용해~

❶ $\overline{CG}=12\sin 60^\circ$

$=12\times\dfrac{\sqrt{3}}{2}=6\sqrt{3}(\mathrm{cm})$

❷ $\overline{FG}=12\cos 60^\circ$

$=12\times\dfrac{1}{2}=6(\mathrm{cm})$

$\therefore$ (부피)$=6\times10\times6\sqrt{3}$

$=360\sqrt{3}(\mathrm{cm^3})$

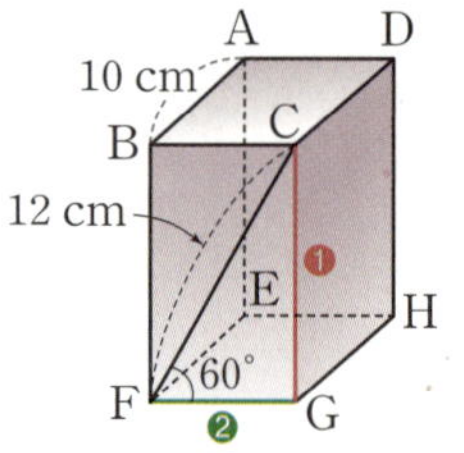

36 길이를 구하려는 변이 직각삼각형의 기준각에 대한 높이인지, 빗변인지 구별해야 해~

$\tan 65^\circ=2.14$일 때,

건물의 높이는
↳ 기준각에 대한 높이

$\overline{BC}=5\tan 65^\circ$

$=5\times2.14=10.7(\mathrm{m})$

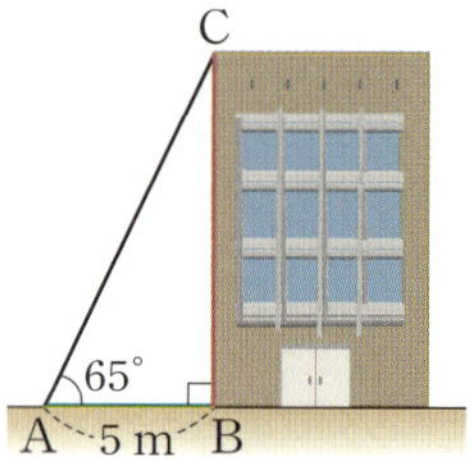

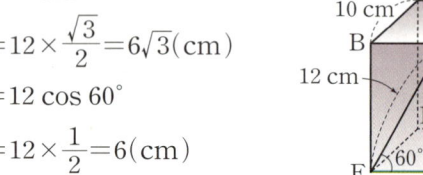

○ 다음 그림과 같은 입체도형의 부피를 구하시오.

200

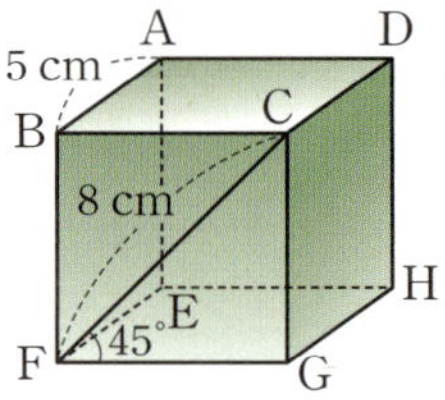

해 $\overline{CG}=8\sin 45^\circ=8\times\square=\square(\mathrm{cm})$

$\overline{FG}=8\cos 45^\circ=8\times\square=\square(\mathrm{cm})$

$\therefore$ (부피)$=\square\times5\times\square=\square(\mathrm{cm^3})$

201

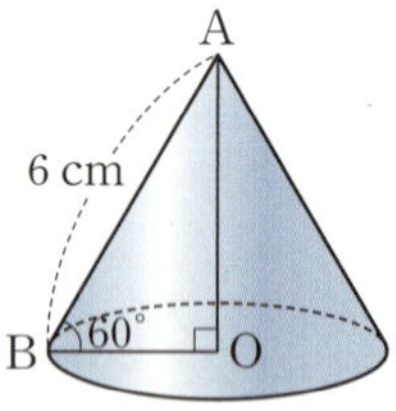

202

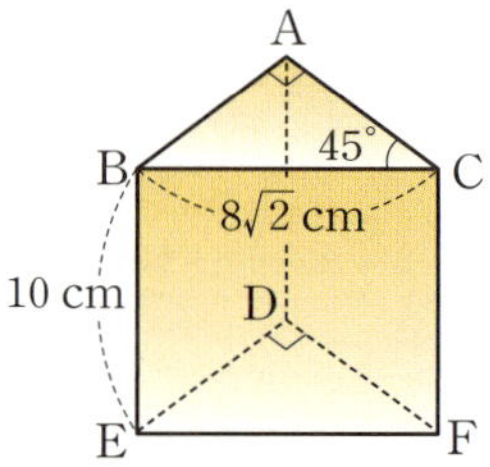

○ 주어진 삼각비의 값을 이용하여 다음을 구하시오.

203

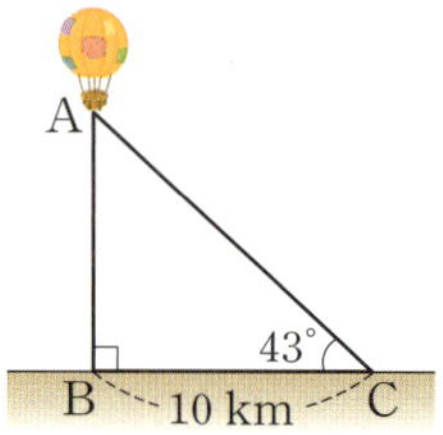

$\sin 43^\circ=0.68$
$\cos 43^\circ=0.73$
$\tan 43^\circ=0.93$

지면과 기구 사이의 거리 : ....

해 지면과 기구 사이의 거리는

$\overline{AB}=10\tan 43^\circ=10\times\square=\square(\mathrm{km})$

204

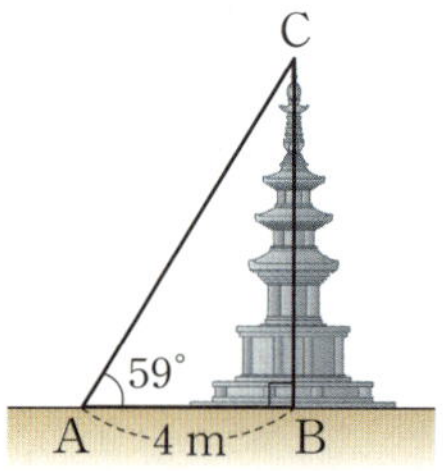

$\sin 59^\circ=0.86$
$\cos 59^\circ=0.52$
$\tan 59^\circ=1.66$

탑의 높이 : ....

205

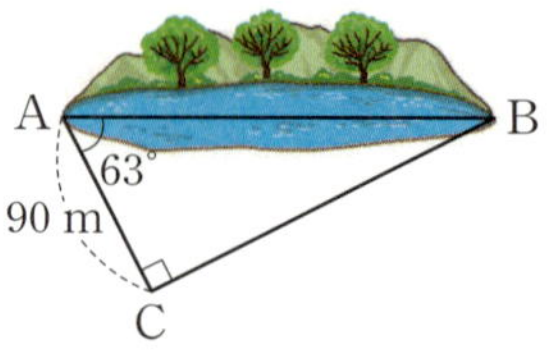

$\sin 63^\circ=0.89$
$\cos 63^\circ=0.45$
$\tan 63^\circ=1.9$

두 지점 A, B 사이의 거리 : ....

37 지면과 직각삼각형의 밑변 사이의 거리를 잊지 마~

$\tan 42^\circ = 0.9$일 때,

❶ $\overline{AH} = 20 \tan 42^\circ$
$= 20 \times 0.9 = 18(\text{m})$

❷ $\overline{HB} = 1.6\text{ m}$

따라서 나무의 높이는

$\overline{AB} = \overline{AH} + \overline{HB}$
$= 18 + 1.6 = 19.6(\text{m})$

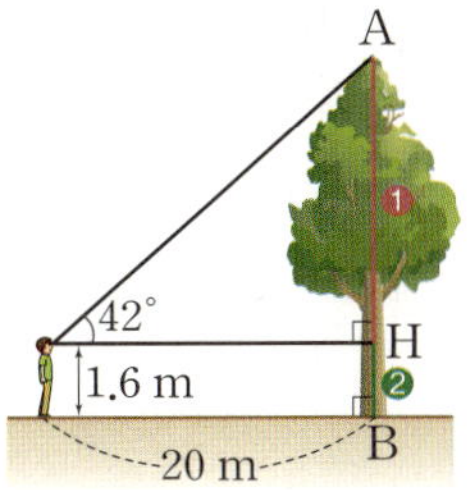

주어진 삼각비의 값을 이용하여 다음을 구하시오.

206

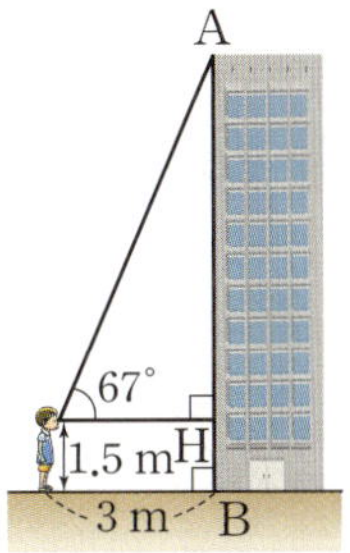

$\sin 67^\circ = 0.92$
$\cos 67^\circ = 0.39$
$\tan 67^\circ = 2.36$

건물의 높이 : ....

해 $\overline{AH} = 3 \tan 67^\circ = 3 \times$ □ $=$ □ (m)

$\overline{HB} =$ □ m

따라서 건물의 높이는

$\overline{AB} = \overline{AH} + \overline{HB} =$ □ $+ 1.5 =$ □ (m)

207

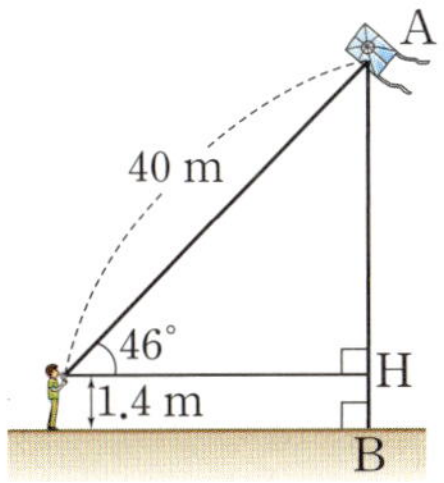

$\sin 46^\circ = 0.72$
$\cos 46^\circ = 0.69$
$\tan 46^\circ = 1.04$

지면과 연 사이의 거리 : ....

208

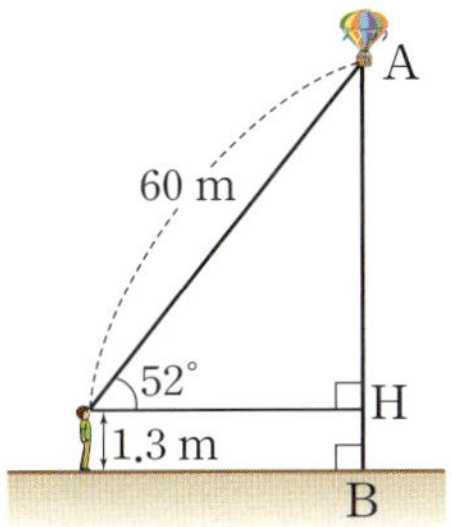

$\sin 52^\circ = 0.79$
$\cos 52^\circ = 0.62$
$\tan 52^\circ = 1.28$

지면과 기구 사이의 거리 : ....

38 삼각형에서 지면과 일직선 상에 있지 않은 두 변의 길이의 합이 부러지기 전의 높이야.

❶ $\overline{AC} = \dfrac{3}{\cos 30^\circ} = 3 \div \dfrac{\sqrt{3}}{2}$
$= 2\sqrt{3}(\text{m})$

❷ $\overline{AB} = 3 \tan 30^\circ = 3 \times \dfrac{\sqrt{3}}{3}$
$= \sqrt{3}(\text{m})$

따라서 부러지기 전의 나무의 높이는

$\overline{AC} + \overline{AB} = 2\sqrt{3} + \sqrt{3} = 3\sqrt{3}(\text{m})$

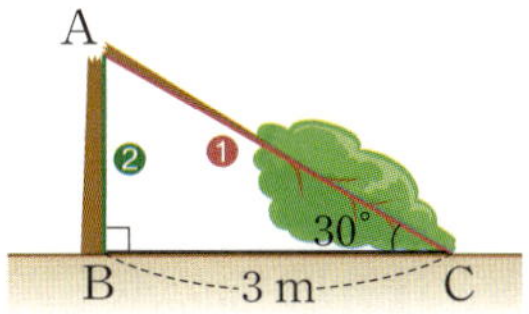

주어진 삼각비의 값을 이용하여 다음을 구하시오.

209

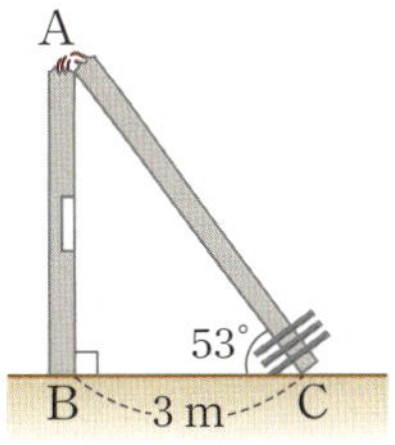

$\sin 53^\circ = 0.798$
$\cos 53^\circ = 0.6$
$\tan 53^\circ = 1.33$

부러지기 전 전신주의 높이 : ....

해 $\overline{AC} = \dfrac{3}{\cos 53^\circ} = \dfrac{3}{\square} =$ □ (m)

$\overline{AB} = 3 \tan 53^\circ = 3 \times$ □ $=$ □ (m)

따라서 부러지기 전의 전신주의 높이는

$\overline{AC} + \overline{AB} = 5 +$ □ $=$ □ (m)

210

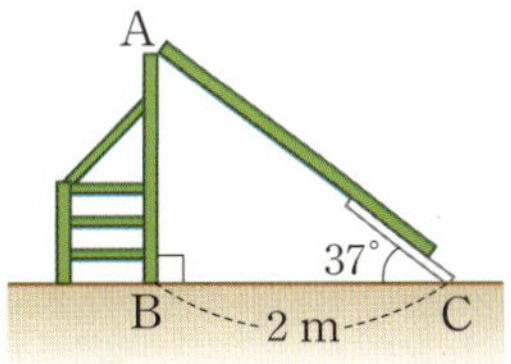

$\sin 37^\circ = 0.6$
$\cos 37^\circ = 0.8$
$\tan 37^\circ = 0.75$

부러지기 전 농구대의 높이 : ....

211

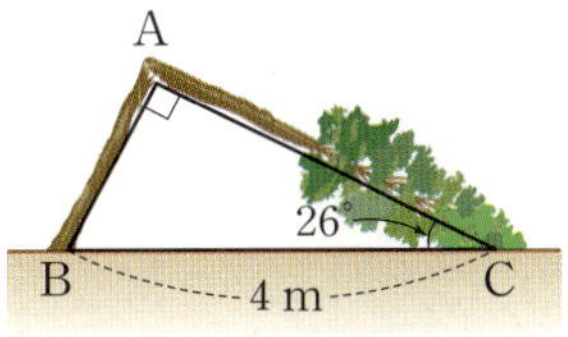

$\sin 26^\circ = 0.44$
$\cos 26^\circ = 0.9$
$\tan 26^\circ = 0.49$

부러지기 전 나무의 높이 : ....

39 구하고자 하는 건물의 높이를 두 부분으로 나누어서 각각 구한 후 더해 봐~

❶ $\overline{AH}=12\text{ m}$

❷ $\overline{HB}=12\tan 45^\circ$
$=12\times 1=12(\text{m})$

❸ $\overline{CH}=12\tan 60^\circ$
$=12\times\sqrt{3}=12\sqrt{3}(\text{m})$

따라서 건물 (나)의 높이는
$\overline{HB}+\overline{CH}=12+12\sqrt{3}(\text{m})$

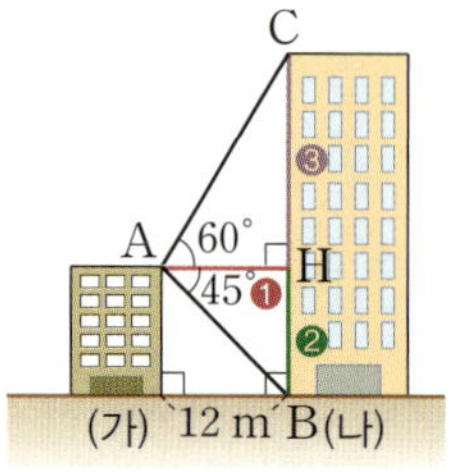

40 길이를 구하려는 변을 빗변으로 하는 직각삼각형이 생기도록 수선을 긋고 삼각비와 피타고라스 정리를 이용해 봐~

❶ 꼭짓점 A에서 $\overline{BC}$에 내린 수선의 발을 H라고 하면
△ABH에서
$\overline{AH}=3\sqrt{2}\sin 45^\circ$
$=3\sqrt{2}\times\frac{\sqrt{2}}{2}=3$

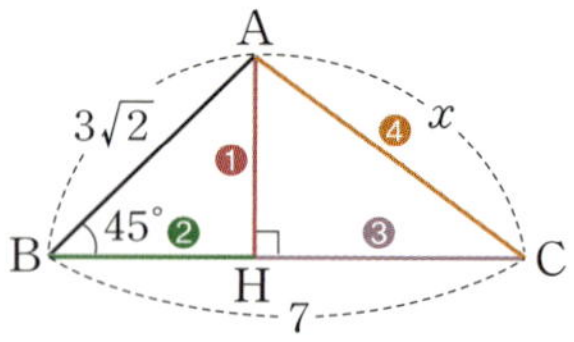

❷ $\overline{BH}=3\sqrt{2}\cos 45^\circ=3\sqrt{2}\times\frac{\sqrt{2}}{2}=3$

❸ $\overline{CH}=\overline{BC}-\overline{BH}=7-3=4$

❹ △AHC에서
$x=\sqrt{\overline{AH}^2+\overline{CH}^2}=\sqrt{3^2+4^2}=5$

○ 다음 그림에서 건물 (나)의 높이를 구하시오.

212

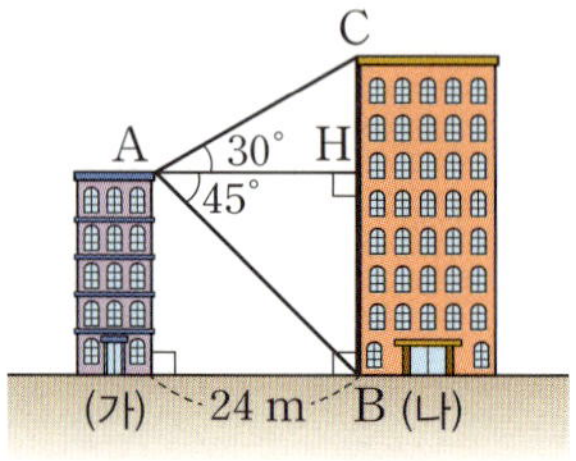

해 $\overline{AH}=$ $\square$ m이므로

$\overline{HB}=24\tan 45^\circ=24\times\square=\square(\text{m})$

$\overline{CH}=24\tan 30^\circ=24\times\square=\square(\text{m})$

따라서 건물 (나)의 높이는

$\overline{HB}+\overline{CH}=\square+8\sqrt{3}(\text{m})$

213

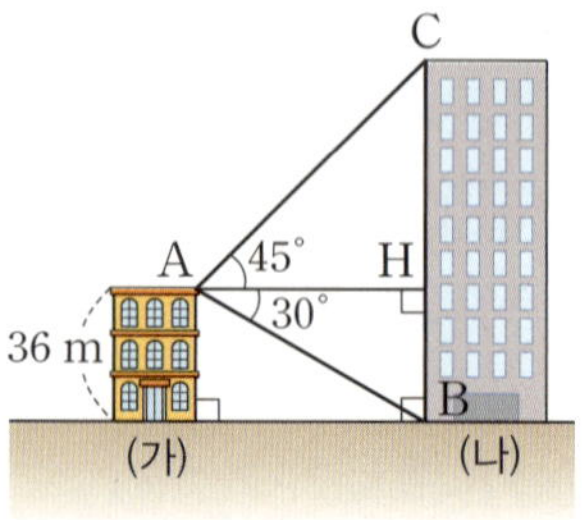

○ 다음 그림의 △ABC에서 x의 값을 구하시오.

214

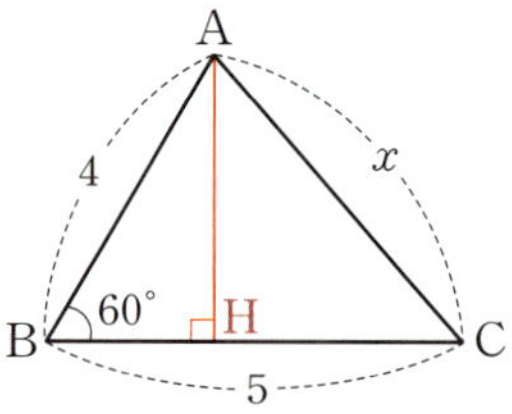

해 꼭짓점 A에서 $\overline{BC}$에 내린 수선의 발을 H라고 하면
△ABH에서

$\overline{AH}=4\sin 60^\circ=4\times\square=\square$

$\overline{BH}=4\cos 60^\circ=4\times\square=\square$

$\therefore\ \overline{CH}=\overline{BC}-\overline{BH}=5-\square=\square$

△AHC에서

$x=\sqrt{\overline{AH}^2+\overline{CH}^2}=\sqrt{(\square)^2+3^2}=\square$

215

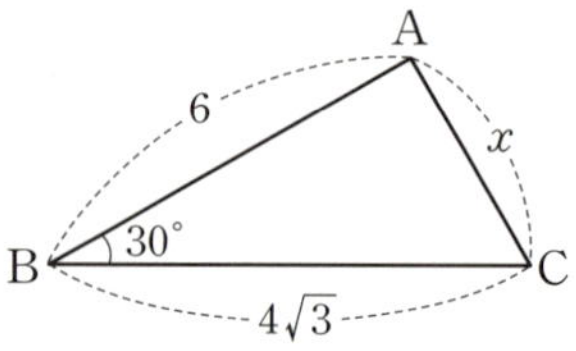

216

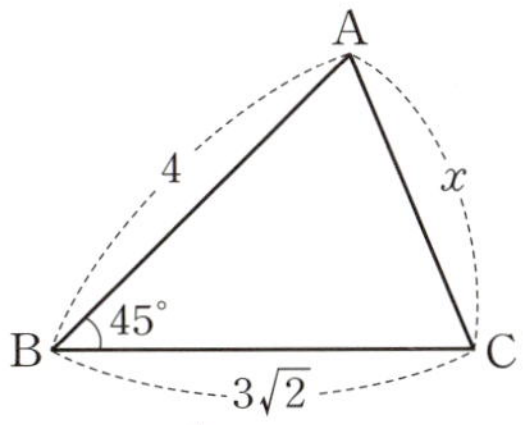

217

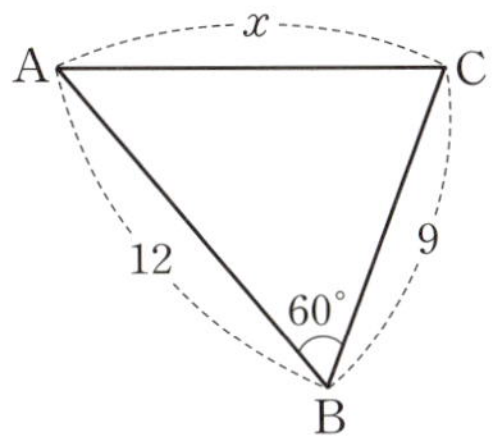

218

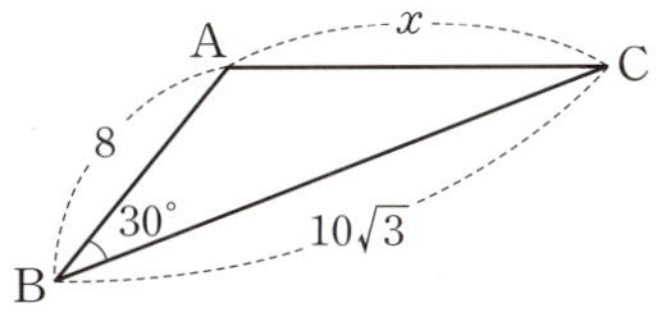

219

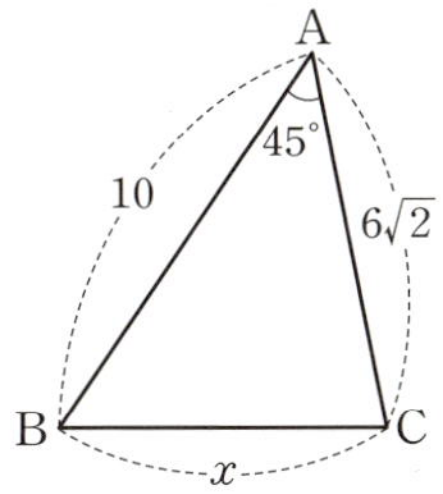

41 길이를 구하려는 변을 빗변으로 하는 직각삼각형이 생기도록 수선을 긋고 삼각비를 이용하여 변의 길이를 구해 봐~

❶ $\angle B = 180^\circ - (105^\circ + 30^\circ)$
$= 45^\circ$

❷ 꼭짓점 A에서 $\overline{BC}$에 내린 수선의 발을 H라고 하면
△AHC에서
$\overline{AH} = 10 \sin 30^\circ = 10 \times \frac{1}{2} = 5$

❸ △ABH에서
$x = \frac{5}{\sin 45^\circ} = 5 \div \frac{\sqrt{2}}{2} = 5\sqrt{2}$

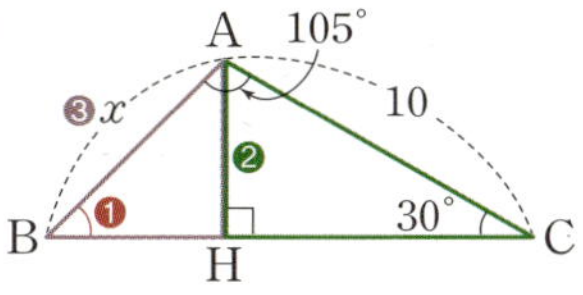

다음 그림의 △ABC에서 x의 값을 구하시오.

220

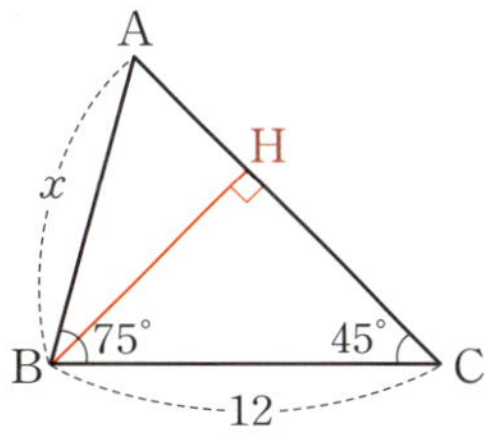

해 $\angle A = 180^\circ - (75^\circ + 45^\circ) = \square^\circ$
꼭짓점 B에서 $\overline{AC}$에 내린 수선의 발을 H라고 하면
△BCH에서
$\overline{BH} = 12 \sin 45^\circ = 12 \times \square = \square$
△ABH에서
$x = \frac{\square}{\sin 60^\circ} = \square \div \frac{\sqrt{3}}{2} = \square$

221

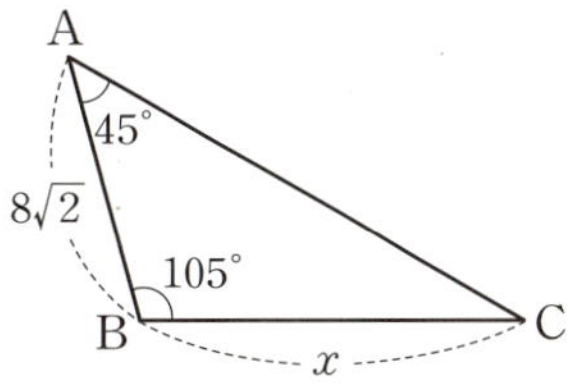

222

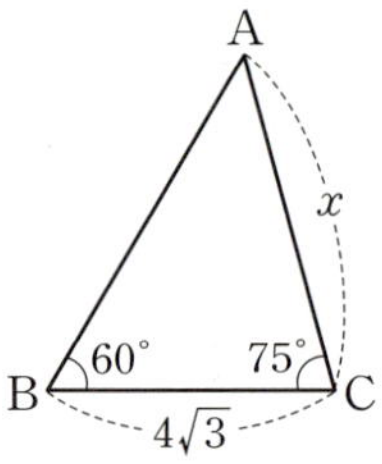

223

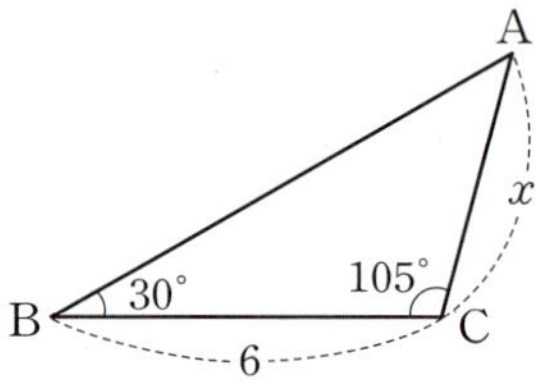

224

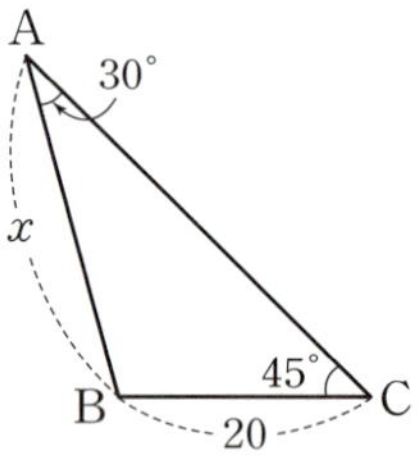

225

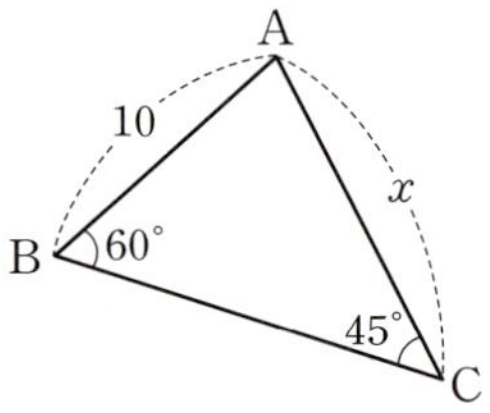

42 두 직각삼각형의 밑변의 길이의 합에 대한 식을 세워서 높이를 구해 봐~

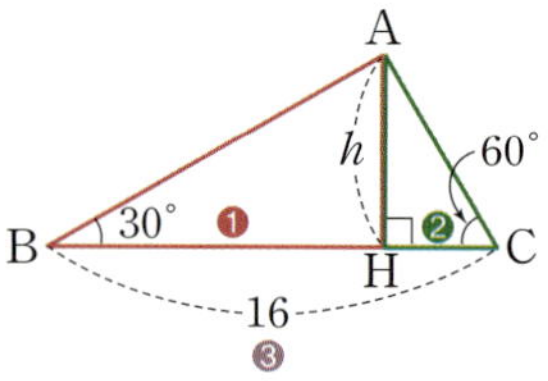

❶ $\triangle$ABH에서
$\angle BAH=90^\circ-30^\circ=60^\circ$
이므로
$\overline{BH}=h\tan 60^\circ=\sqrt{3}h$

❷ $\triangle$AHC에서
$\angle CAH=90^\circ-60^\circ=30^\circ$이므로
$\overline{CH}=h\tan 30^\circ=\frac{\sqrt{3}}{3}h$

❸ $\overline{BC}=\overline{BH}+\overline{CH}$이므로 $16=\sqrt{3}h+\frac{\sqrt{3}}{3}h$

$\frac{4\sqrt{3}}{3}h=16 \qquad \therefore h=4\sqrt{3}$

○ 다음 그림의 $\triangle$ABC에서 $\overline{AH}\perp\overline{BC}$일 때, h의 값을 구하시오.

226

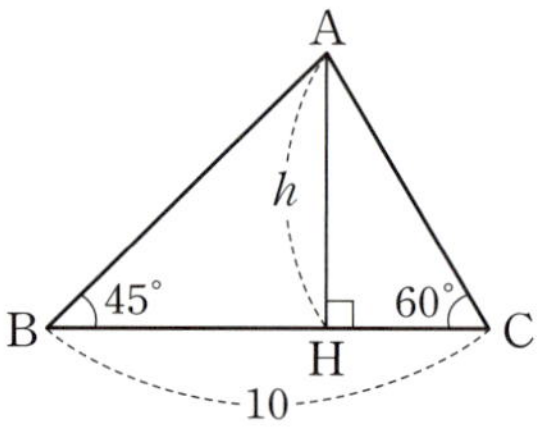

해 $\triangle$ABH에서
$\angle BAH=90^\circ-\square^\circ=\square^\circ$이므로
$\overline{BH}=h\times\tan 45^\circ=\square$
$\triangle$AHC에서
$\angle CAH=90^\circ-\square^\circ=\square^\circ$이므로
$\overline{CH}=h\times\tan 30^\circ=\square$
$\overline{BC}=\overline{BH}+\overline{CH}$이므로 $10=h+\square h$
$\therefore h=\frac{30}{\square}=\square$

227

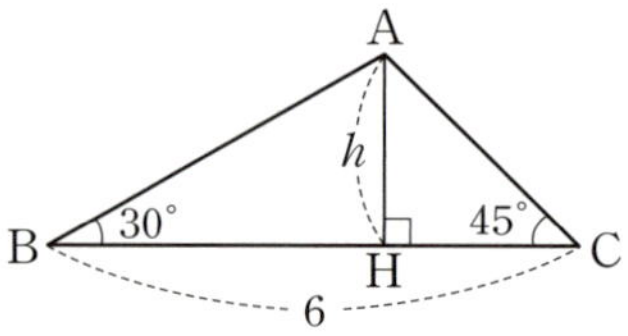

228

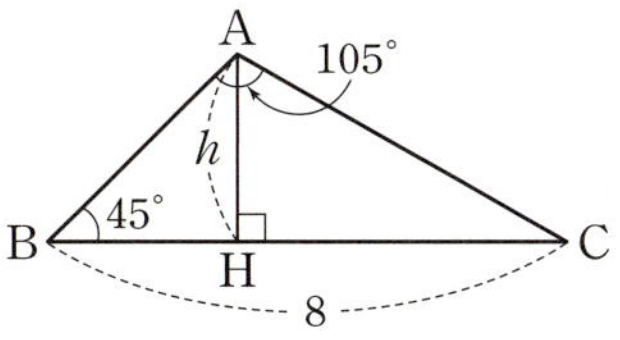

○ 다음을 구하시오.

229

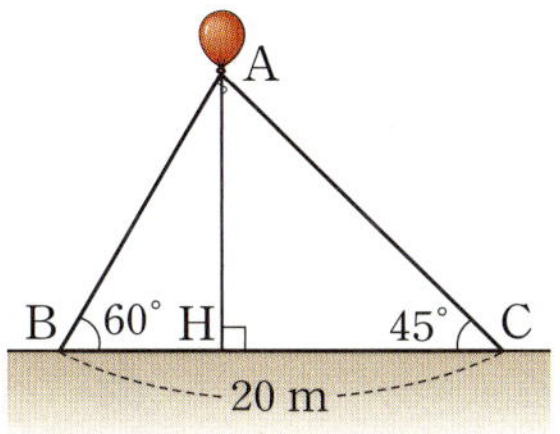

지면에서 풍선까지의 높이 :

230

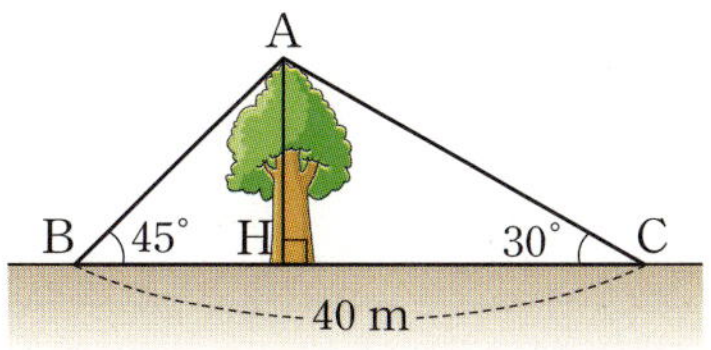

나무의 높이 :

231

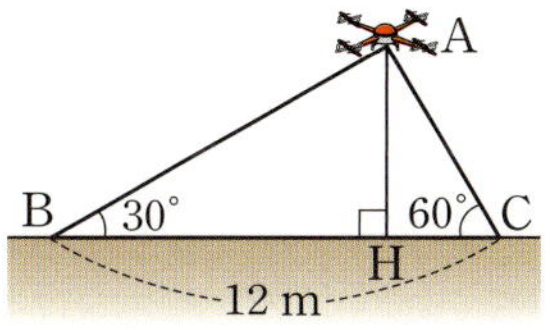

지면에서 드론까지의 높이 :

43 두 직각삼각형의 밑변의 길이의 차에 대한 식을 세워서 높이를 구해 봐~

❶ △ABH에서
$\angle BAH=90°-30°=60°$
이므로
$\overline{BH}=h\tan 60°=\sqrt{3}h$

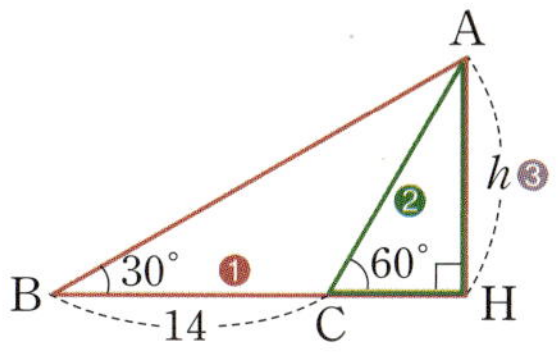

❷ △ACH에서
$\angle CAH=90°-60°=30°$이므로
$\overline{CH}=h\tan 30°=\frac{\sqrt{3}}{3}h$

❸ $\overline{BC}=\overline{BH}-\overline{CH}$이므로 $14=\sqrt{3}h-\frac{\sqrt{3}}{3}h$

$\frac{2\sqrt{3}}{3}h=14 \qquad \therefore h=7\sqrt{3}$

○ 다음 그림과 같이 △ABC의 꼭짓점 A에서 $\overline{BC}$의 연장선에 내린 수선의 발을 H라고 할 때, h의 값을 구하시오.

232

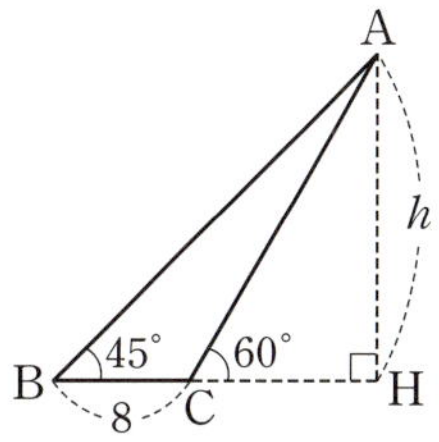

해 △ABH에서 $\angle BAH=90°-$ ☐ $°=$ ☐ °이므로

$\overline{BH}=h\times\tan 45°=$ ☐

△ACH에서 $\angle CAH=90°-$ ☐ $°=$ ☐ °이므로

$\overline{CH}=h\times\tan 30°=$ ☐

$\overline{BC}=\overline{BH}-\overline{CH}$이므로 $8=h-$ ☐ h

$\therefore h=\frac{24}{☐}=$ ☐

233

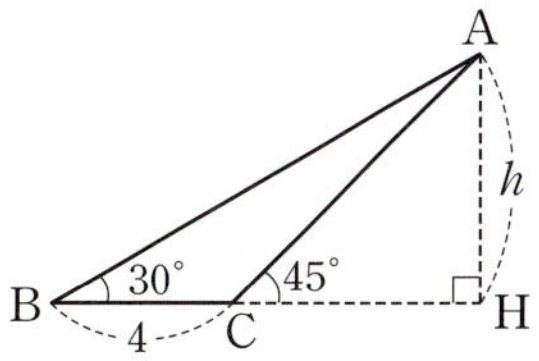

234

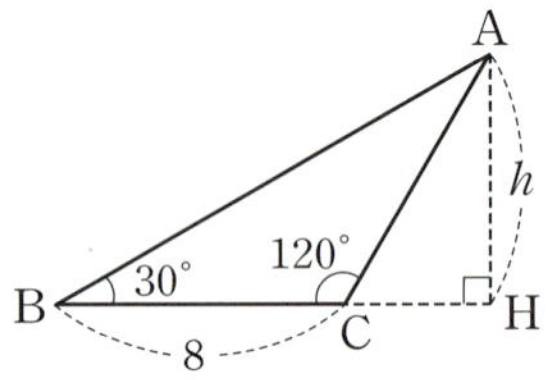

....

교과서 미리보기 풀었던 연산은 교과서에 이렇게 나온다!

238 34

오른쪽 그림과 같은 직각삼각형 ABC의 둘레의 길이는? (단, $\sin 50^\circ = 0.77$, $\cos 50^\circ = 0.64$로 계산한다.)

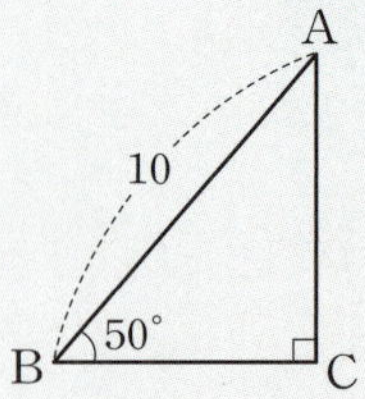

① 24.1　② 26.2
③ 28.3　④ 29.6
⑤ 30.4

239 41

오른쪽 그림과 같은 세 지점 A, B, C에 대하여 두 지점 A, B 사이의 거리는 600 m이고 $\angle A = 75^\circ$, $\angle B = 60^\circ$일 때, 두 지점 A, C 사이의 거리는?

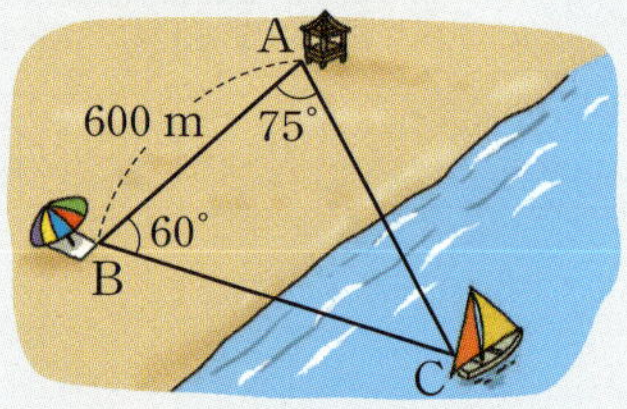

① $100\sqrt{2}$ m　② $200\sqrt{2}$ m　③ $300\sqrt{2}$ m
④ $200\sqrt{6}$ m　⑤ $300\sqrt{6}$ m

240 43

오른쪽 그림과 같이 △ABC의 의 꼭짓점 A에서 $\overline{BC}$의 연장선에 내린 수선의 발을 H라고 할 때, $\overline{AH}$의 길이는?

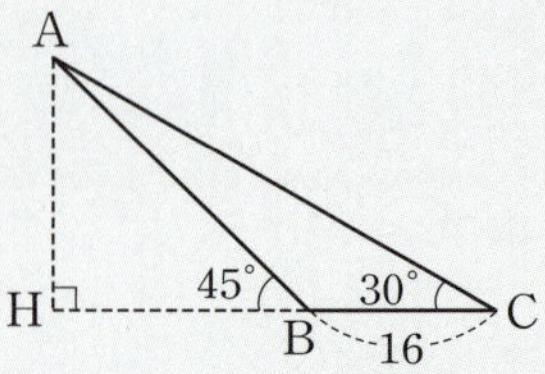

① $4\sqrt{2}+4$　② $4\sqrt{3}+4$
③ $8\sqrt{2}+8$　④ $8\sqrt{3}+8$
⑤ $12\sqrt{2}+12$

다음을 구하시오.

235

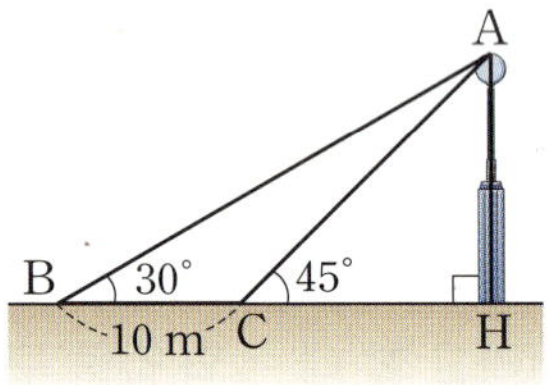

가로등의 높이 : ....

236

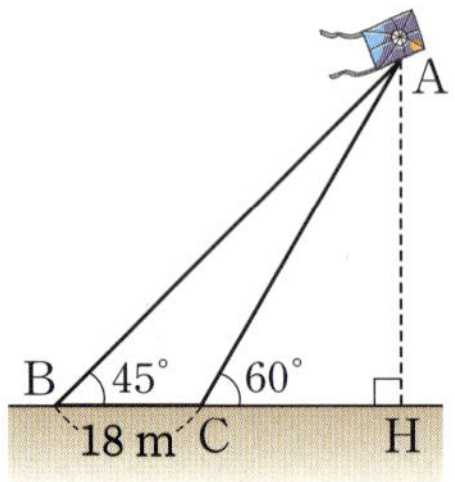

지면에서 연까지의 높이 : ....

237

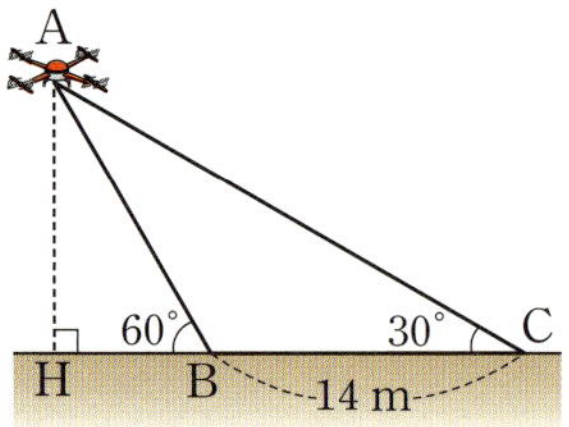

지면에서 드론까지의 높이 : ....

Episode 06

학습일자 월 일

삼각비의 활용 - 도형의 넓이

개념 Play

1. 삼각형의 넓이

$\triangle$ABC에서 두 변의 길이 a, c와 그 끼인각 $\angle$B의 크기를 알 때, 넓이 S는

(1) $\angle$B가 예각인 경우

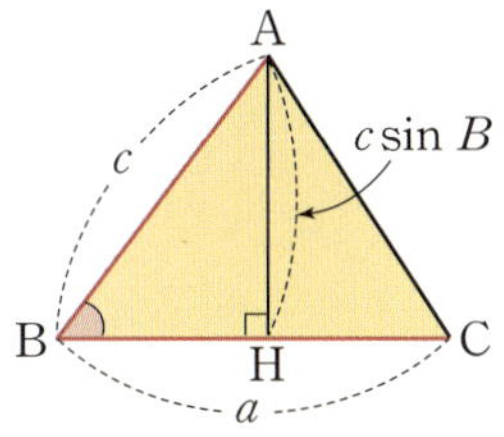

$S=\frac{1}{2}ac\sin B$

(2) $\angle$B가 둔각인 경우

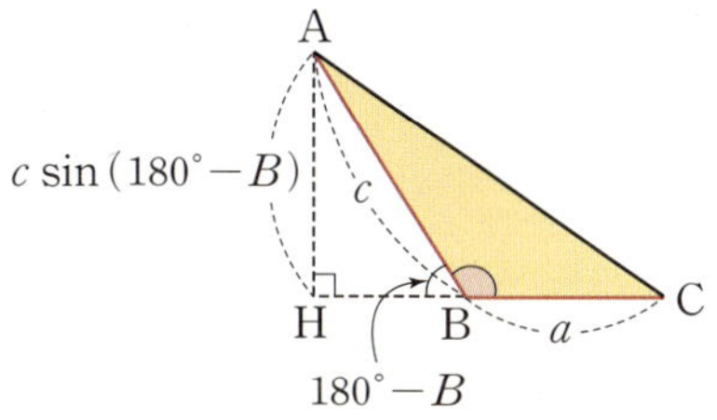

$S=\frac{1}{2}ac\sin(180^\circ-B)$

참고 $\angle$B$=90^\circ$일 때, $\sin 90^\circ=1$이므로 $S=\frac{1}{2}ac\sin 90^\circ=\frac{1}{2}ac$

2. 평행사변형의 넓이

평행사변형 ABCD에서 이웃하는 두 변의 길이 a, b와 그 끼인각 $\angle x$의 크기를 알 때, 넓이 S는

(1) $\angle x$가 예각인 경우

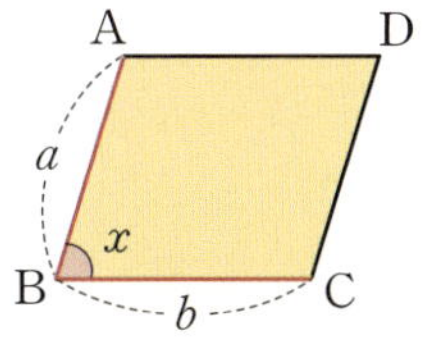

$S=ab\sin x$

(2) $\angle x$가 둔각인 경우

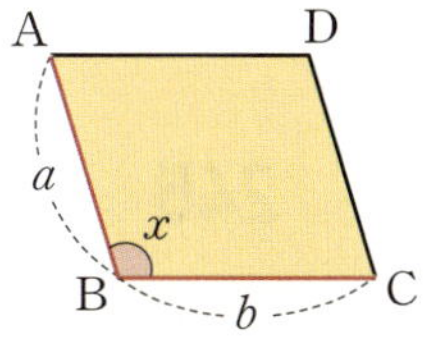

$S=ab\sin(180^\circ-x)$

3. 사각형의 넓이

$\square$ABCD에서 두 대각선의 길이 a, b와 두 대각선이 이루는 각 $\angle x$의 크기를 알 때, 넓이 S는

(1) $\angle x$가 예각인 경우

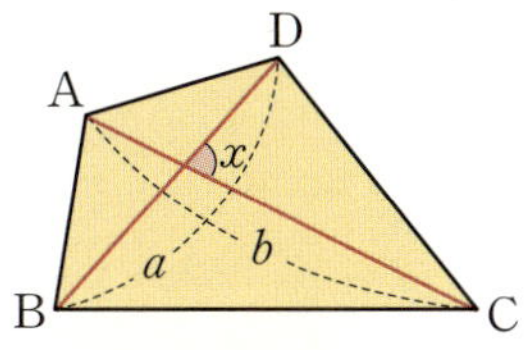

$S=\frac{1}{2}ab\sin x$

(2) $\angle x$가 둔각인 경우

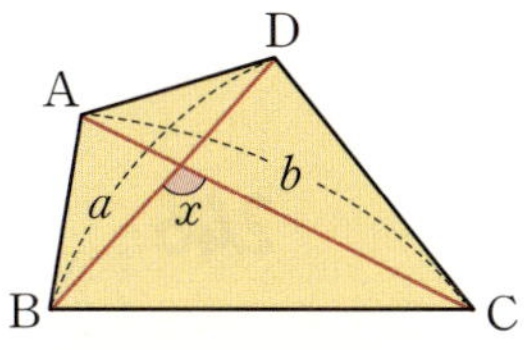

$S=\frac{1}{2}ab\sin(180^\circ-x)$

오답 NOTE

• (i) 평행사변형 ABCD에서

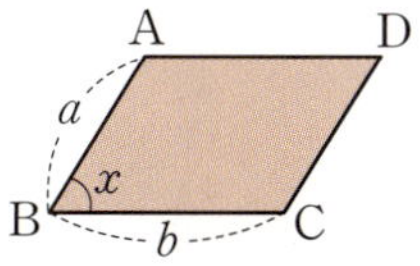

$\square$ABCD$\neq\frac{1}{2}ab\sin x$

(ii) 사각형 ABCD에서

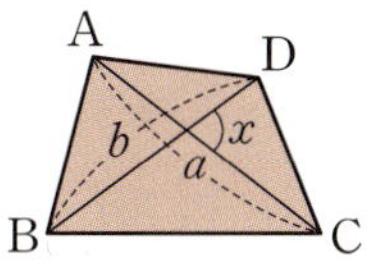

$\square$ABCD$\neq ab\sin x$

(i)에서 $\square$ABCD$=ab\sin x$이고

(ii)에서 $\square$ABCD$=\frac{1}{2}ab\sin x$이다.

$\frac{1}{2}$을 곱해야 하는 경우를 정확하게 알아 두도록 한다.

44 두 변의 길이가 각각 a, b이고 그 끼인각의 크기가 예각 x일 때, 삼각형의 넓이는 $\frac{1}{2}ab\sin x$야!

$\triangle ABC$
$=\frac{1}{2}\times 4\times 5\times \sin 30^\circ$
$=\frac{1}{2}\times 4\times 5\times \frac{1}{2}$
$=5(\text{cm}^2)$

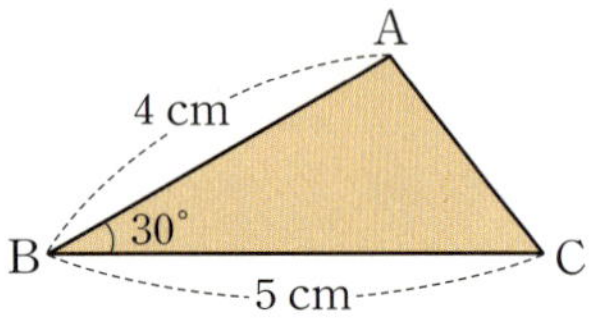

45 두 변의 길이가 각각 a, b이고 그 끼인각의 크기가 둔각 x일 때, 삼각형의 넓이는 $\frac{1}{2}ab\sin(180^\circ-x)$야!

$\triangle ABC$
$=\frac{1}{2}\times 6\times 8$
$\times \sin(180^\circ-120^\circ)$ (→ sin 60°)
$=\frac{1}{2}\times 6\times 8\times \frac{\sqrt{3}}{2}$
$=12\sqrt{3}(\text{cm}^2)$

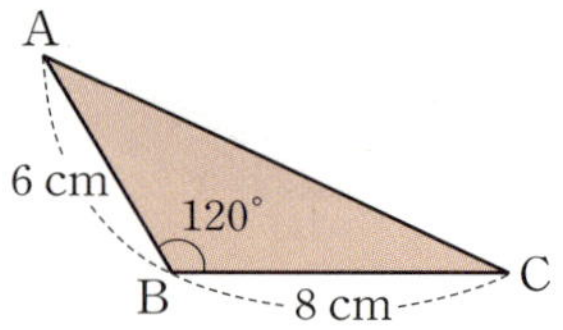

○ 다음 그림과 같은 $\triangle ABC$의 넓이를 구하시오.

241

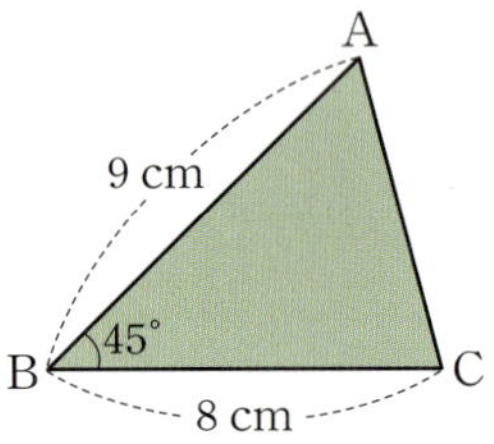

해 $\triangle ABC=\frac{1}{2}\times 9\times 8\times \sin \square^\circ$
$=\frac{1}{2}\times 9\times 8\times \square$
$=\square(\text{cm}^2)$

242

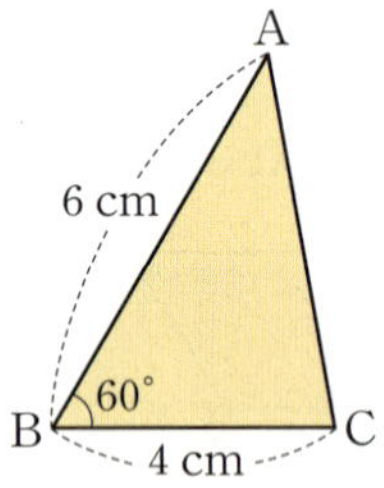

243

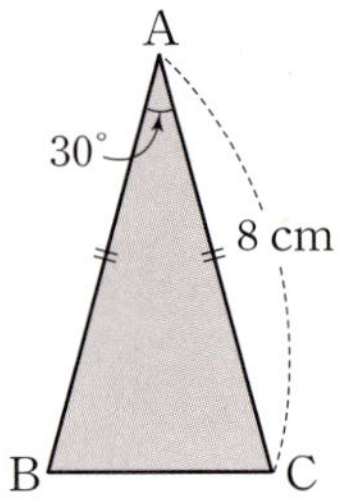

○ 다음 그림과 같은 $\triangle ABC$의 넓이를 구하시오.

244

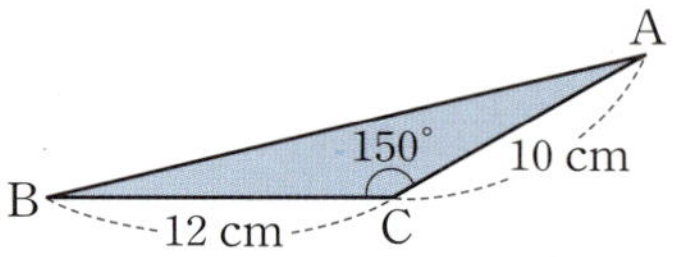

해 $\triangle ABC=\frac{1}{2}\times 12\times 10\times \sin(180^\circ-\square^\circ)$
$=\frac{1}{2}\times 12\times 10\times \square$
$=\square(\text{cm}^2)$

245

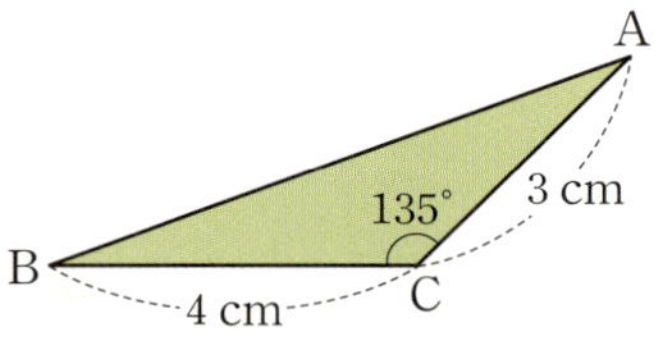

246

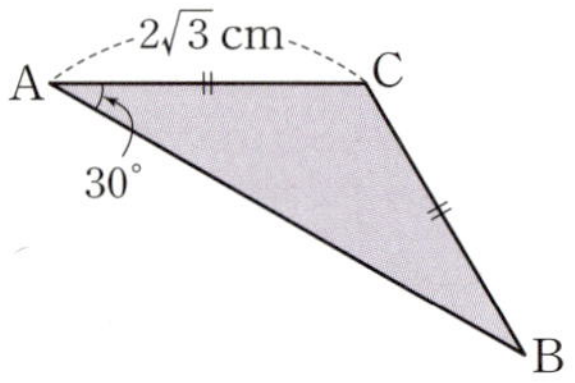

46

사각형의 한 대각선을 그어 나누어진 두 삼각형의 넓이를 각각 구한 후 더해~

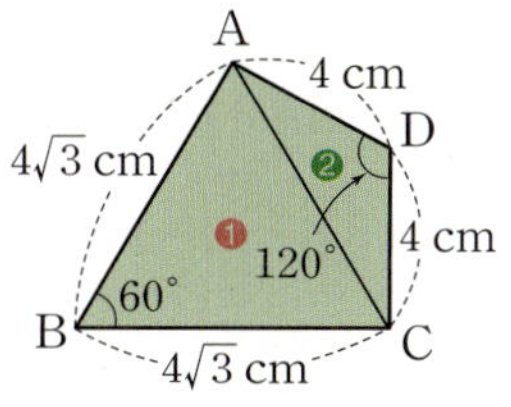

❶ $\overline{AC}$를 그으면

$\triangle ABC$

$=\frac{1}{2}\times4\sqrt{3}\times4\sqrt{3}\times\sin 60^\circ$

$=\frac{1}{2}\times4\sqrt{3}\times4\sqrt{3}\times\frac{\sqrt{3}}{2}$

$=12\sqrt{3}(\text{cm}^2)$

❷ $\triangle ACD=\frac{1}{2}\times4\times4\times\sin(180^\circ-120^\circ)$

$=\frac{1}{2}\times4\times4\times\frac{\sqrt{3}}{2}=4\sqrt{3}(\text{cm}^2)$

$\therefore \square ABCD=\triangle ABC+\triangle ACD$

$=12\sqrt{3}+4\sqrt{3}=16\sqrt{3}(\text{cm}^2)$

다음 그림과 같은 $\square$ABCD의 넓이를 구하시오.

247

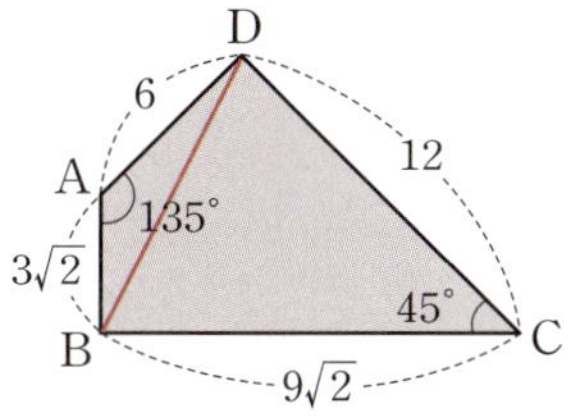

해 $\overline{BD}$를 그으면

$\triangle ABD=\frac{1}{2}\times6\times3\sqrt{2}\times\sin(180^\circ-\square^\circ)$

$=\frac{1}{2}\times6\times3\sqrt{2}\times\square=\square(\text{cm}^2)$

$\triangle BCD=\frac{1}{2}\times9\sqrt{2}\times12\times\sin\square^\circ$

$=\frac{1}{2}\times9\sqrt{2}\times12\times\square=\square(\text{cm}^2)$

$\therefore \square ABCD=\triangle ABD+\triangle BCD$

$=\square+54=\square(\text{cm}^2)$

248

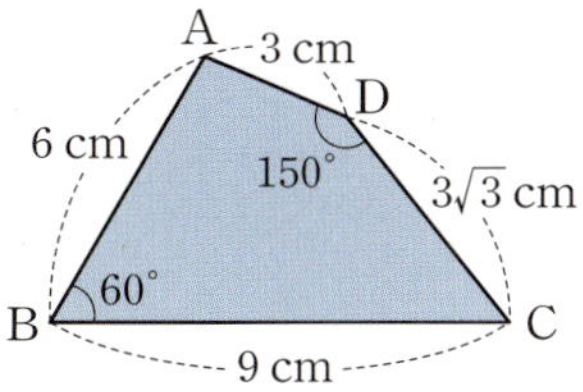

유형 Up 47

각의 크기를 미지수로 놓고 삼각형의 넓이를 구하는 식을 이용하여 방정식을 세워 봐~

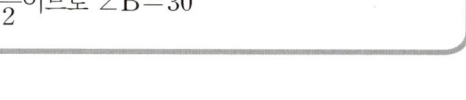

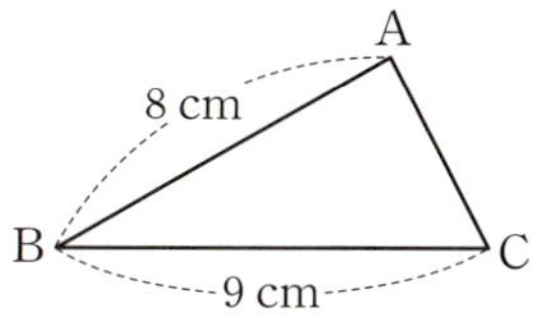

$\triangle ABC$의 넓이가 18 cm²이고

$0^\circ<\angle B<90^\circ$일 때,

$\triangle ABC=\frac{1}{2}\times8\times9\times\sin B$

$=18$

에서 $\sin B=\frac{1}{2}$

이때 $\sin 30^\circ=\frac{1}{2}$이므로 $\angle B=30^\circ$

다음과 같이 $\triangle$ABC의 넓이가 주어질 때, $\angle$B의 크기를 구하시오.

249

$\triangle ABC=15\text{ cm}^2$ (단, $0^\circ<\angle B<90^\circ$)

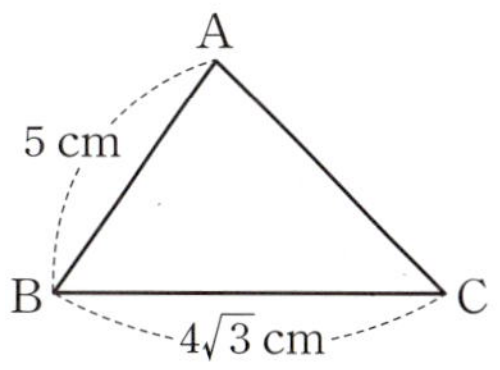

250

$\triangle ABC=12\sqrt{3}\text{ cm}^2$ (단, $90^\circ<\angle B<180^\circ$)

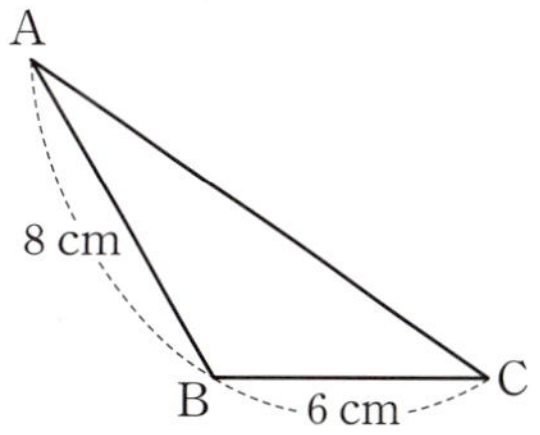

해 $\triangle ABC=\frac{1}{2}\times\square\times6\times\sin(\square^\circ-B)=12\sqrt{3}$에서

$\sin(180^\circ-B)=\square$

이때 $\sin\square^\circ=\frac{\sqrt{3}}{2}$이므로 $180^\circ-\angle B=\square^\circ$

$\therefore \angle B=\square^\circ$

251

$\triangle ABC=14\sqrt{2}\text{ cm}^2$ (단, $90^\circ<\angle B<180^\circ$)

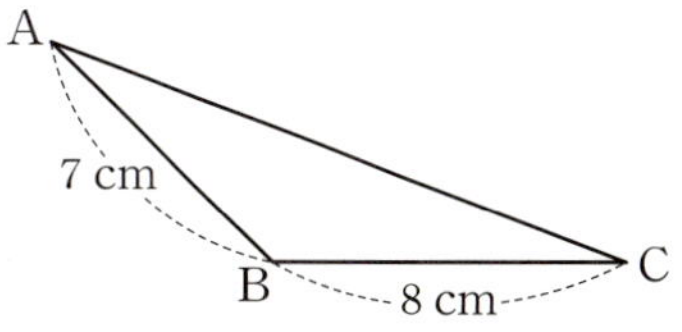

유형 Up

48 변의 길이를 미지수로 놓고 삼각형의 넓이를 구하는 식을 이용하여 방정식을 세워 봐~

$\triangle$ABC의 넓이가 20 cm^2일 때,

$\triangle ABC=\frac{1}{2}\times x\times 4\sqrt{2}\times \sin 45^\circ$

$=20$

에서 $\frac{1}{2}\times x\times 4\sqrt{2}\times\frac{\sqrt{2}}{2}=20$

$2x=20\qquad \therefore x=10$

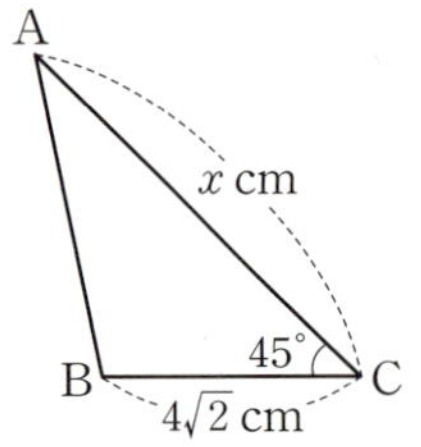

49 두 변의 길이가 각각 a, b이고 그 끼인각의 크기가 예각 x일 때, 평행사변형의 넓이는 $ab\sin x$야!

평행사변형 ABCD의 넓이는

$2\times3\times\sin 60^\circ$

$=2\times3\times\frac{\sqrt{3}}{2}=3\sqrt{3}(\text{cm}^2)$

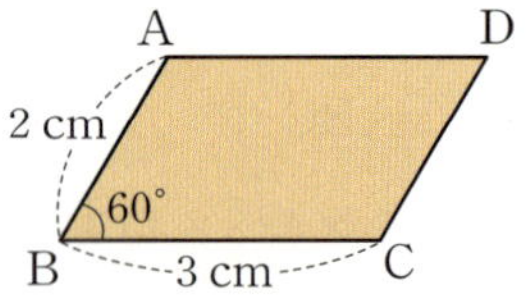

● 다음과 같이 $\triangle$ABC의 넓이가 주어질 때, x의 값을 구하시오.

252 $\triangle ABC=7\text{ cm}^2$

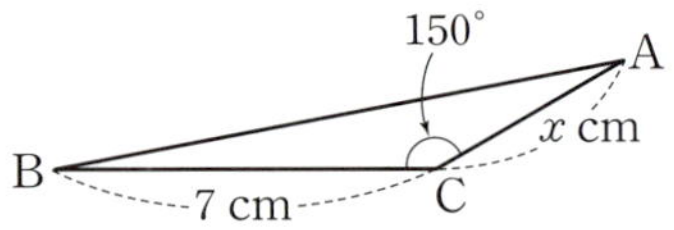

해 $\triangle ABC=\frac{1}{2}\times\square\times x\times\sin(180^\circ-\square^\circ)=7$에서

$\frac{1}{2}\times\square\times x\times\square=7$

$\square\, x=7\qquad \therefore x=\square$

253 $\triangle ABC=10\sqrt{3}\text{ cm}^2$

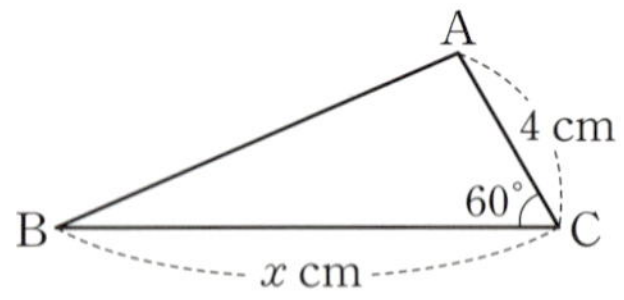

254 $\triangle ABC=20\sqrt{2}\text{ cm}^2$

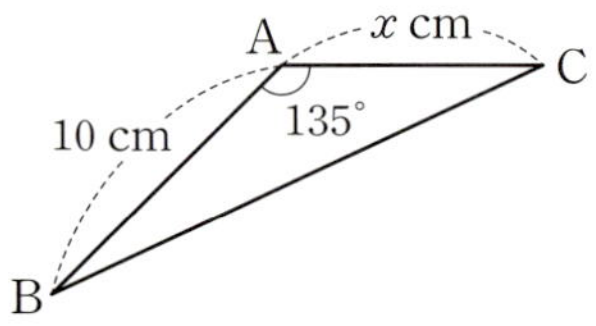

● 다음 그림과 같은 평행사변형 ABCD의 넓이를 구하시오.

255

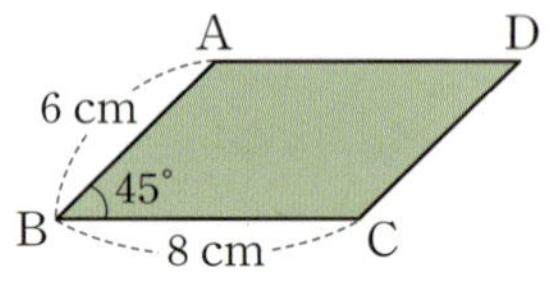

해 $\square ABCD=6\times8\times\sin\square^\circ$

$=6\times8\times\square=\square(\text{cm}^2)$

256

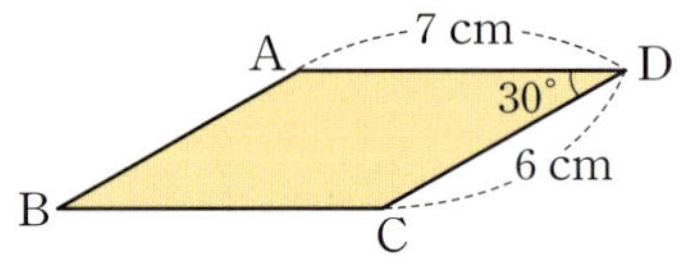

● 다음 그림과 같은 마름모 ABCD의 넓이를 구하시오.

257

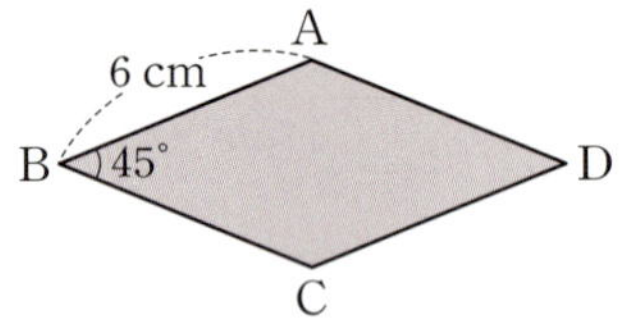

TIP 마름모는 이웃하는 두 변의 길이가 같은 평행사변형이야.

258

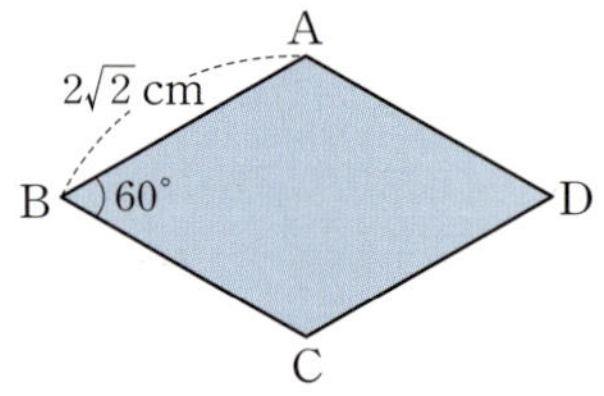

50 두 변의 길이가 각각 a, b이고 그 끼인각의 크기가 둔각 x일 때, 평행사변형의 넓이는 $ab\sin(180^\circ-x)$야!

평행사변형 ABCD의 넓이는
$5\times6\times\sin(180^\circ-135^\circ)$
$=5\times6\times\frac{\sqrt{2}}{2}=15\sqrt{2}(\text{cm}^2)$

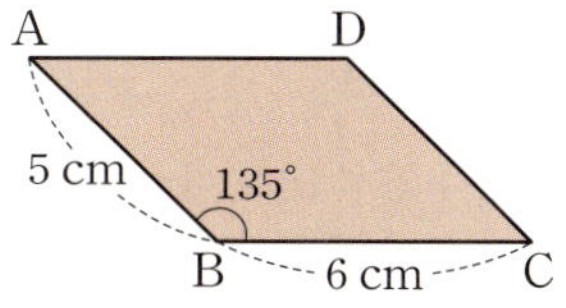

51 각의 크기를 미지수로 놓고 평행사변형의 넓이를 구하는 식을 이용하여 방정식을 세워 봐~

평행사변형 ABCD의 넓이가 $28\sqrt{2}\text{ cm}^2$이고
$0^\circ<\angle B<90^\circ$일 때,
$\square ABCD=8\times7\times\sin B$
$=28\sqrt{2}$
에서 $\sin B=\frac{\sqrt{2}}{2}$
이때 $\sin 45^\circ=\frac{\sqrt{2}}{2}$이므로 $\angle B=45^\circ$

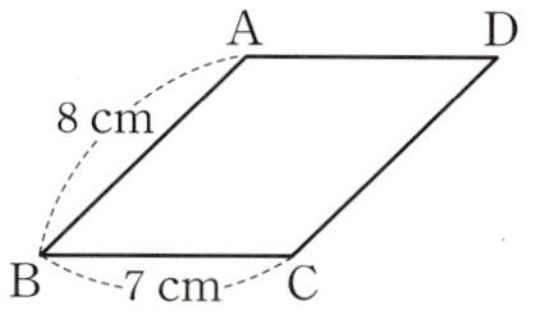

다음 그림과 같은 평행사변형 ABCD의 넓이를 구하시오.

259

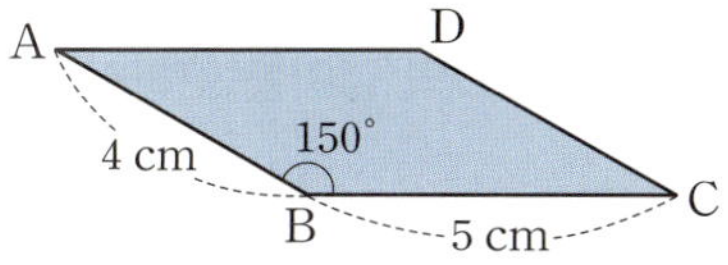

해 $\square ABCD=4\times5\times\sin(180^\circ-$ □ $^\circ)$
$=4\times5\times$ □ $=$ □ (cm^2)

260

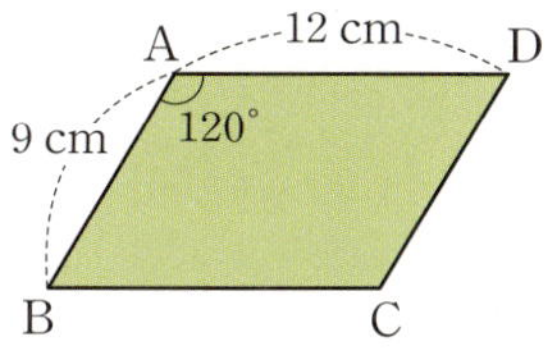

다음 그림과 같은 마름모 ABCD의 넓이를 구하시오.

261

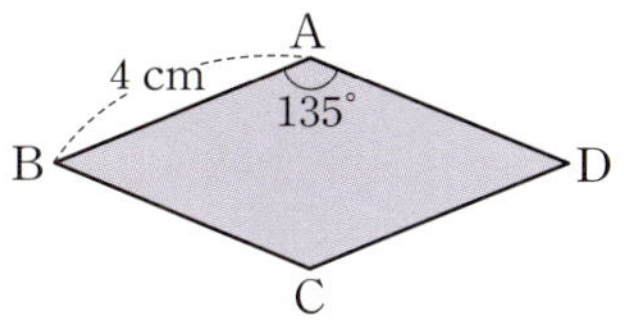

262

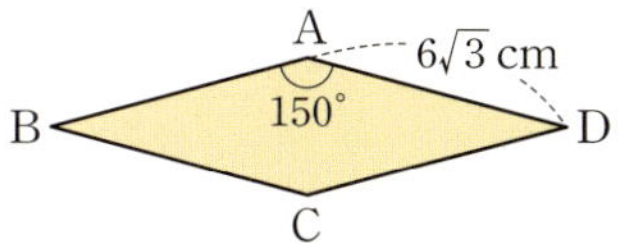

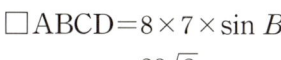

다음과 같이 평행사변형 ABCD의 넓이가 주어질 때, ∠B의 크기를 구하시오.

263 $\square ABCD=15\sqrt{3}\text{ cm}^2$ (단, $0^\circ<\angle B<90^\circ$)

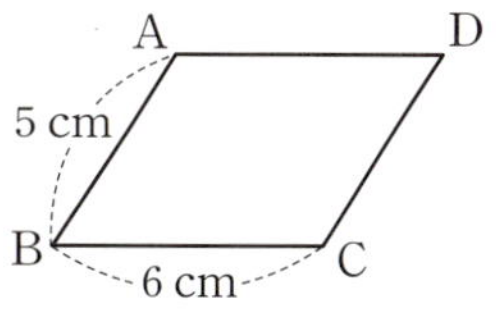

264 $\square ABCD=36\sqrt{3}\text{ cm}^2$ (단, $90^\circ<\angle B<180^\circ$)

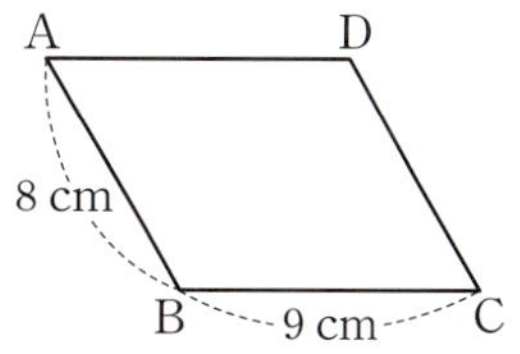

해 $\square ABCD=8\times9\times\sin($ □ $^\circ-B)=36\sqrt{3}$에서
$\sin($ □ $^\circ-B)=$ □
이때 $\sin$ □ $^\circ=\frac{\sqrt{3}}{2}$이므로 $180^\circ-\angle B=$ □ $^\circ$
$\therefore\ \angle B=$ □ $^\circ$

265 $\square ABCD=45\text{ cm}^2$ (단, $90^\circ<\angle B<180^\circ$)

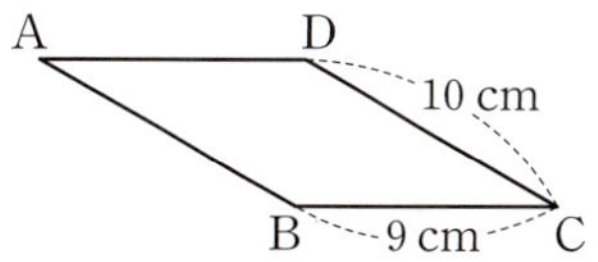

52 변의 길이를 미지수로 놓고 평행사변형의 넓이를 구하는 식을 이용하여 방정식을 세워 봐~

평행사변형 ABCD의 넓이가 $60\sqrt{2}\text{ cm}^2$일 때,

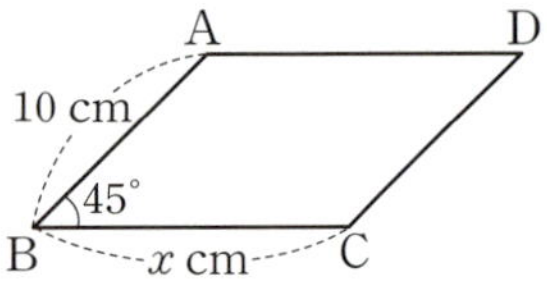

$\square ABCD$
$=10\times x\times\sin 45^\circ$
$=60\sqrt{2}$
에서 $10\times x\times\frac{\sqrt{2}}{2}=60\sqrt{2}$
$5\sqrt{2}x=60\sqrt{2}$ $\quad\therefore x=12$

53 길이가 각각 a, b인 두 대각선이 이루는 예각의 크기가 x일 때, 사각형의 넓이는 $\frac{1}{2}ab\sin x$야!

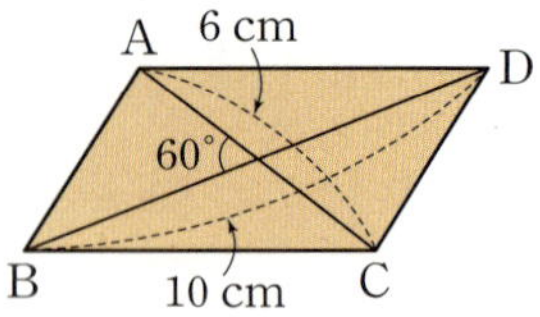

$\square ABCD$
$=\frac{1}{2}\times 6\times 10\times\sin 60^\circ$
$=\frac{1}{2}\times 6\times 10\times\frac{\sqrt{3}}{2}$
$=15\sqrt{3}(\text{cm}^2)$

● 다음과 같이 평행사변형 ABCD의 넓이가 주어질 때, x의 값을 구하시오.

266 $\square ABCD=45\sqrt{3}\text{ cm}^2$

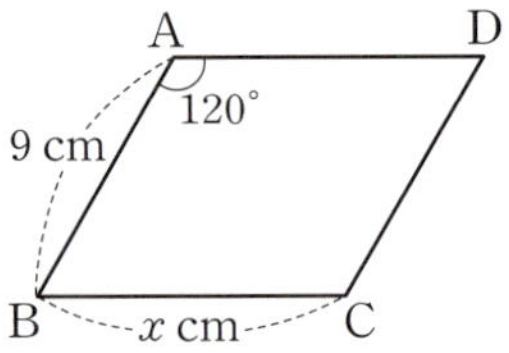

해 $\square ABCD=9\times x\times\sin(180^\circ-\square^\circ)=45\sqrt{3}$에서
$9\times x\times\square=45\sqrt{3}$, $\square x=45\sqrt{3}$ $\quad\therefore x=\square$

267 $\square ABCD=20\sqrt{3}\text{ cm}^2$

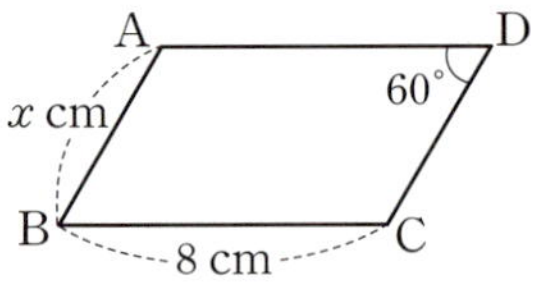

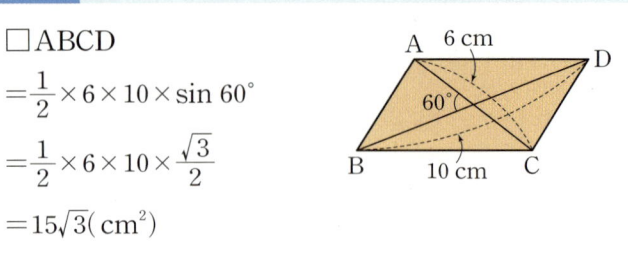

268 $\square ABCD=32\text{ cm}^2$

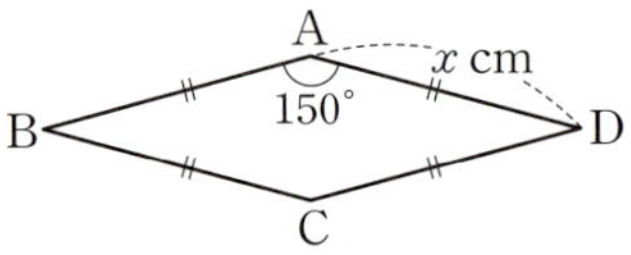

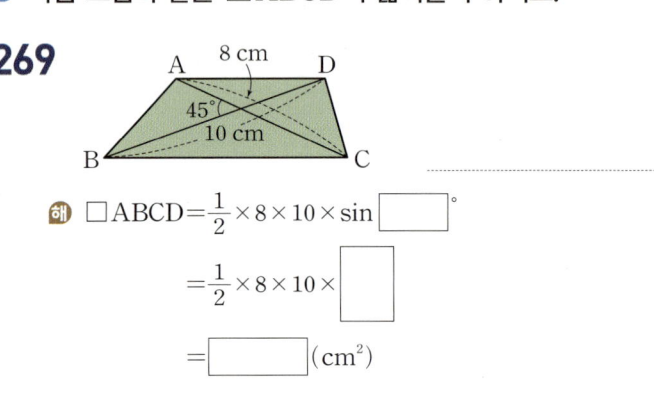

● 다음 그림과 같은 $\square ABCD$의 넓이를 구하시오.

269

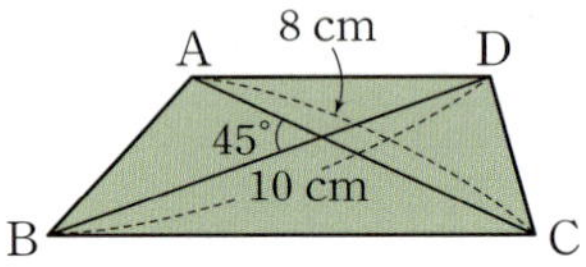

해 $\square ABCD=\frac{1}{2}\times 8\times 10\times\sin\square^\circ$
$=\frac{1}{2}\times 8\times 10\times\square$
$=\square(\text{cm}^2)$

270

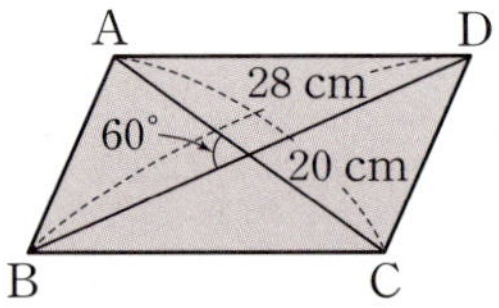

271

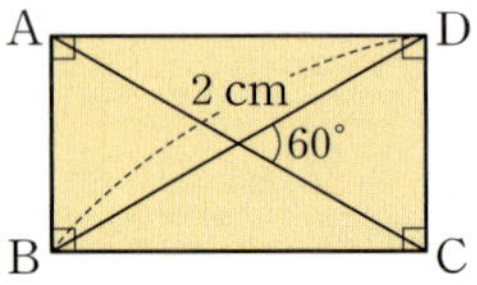

TIP 직사각형의 두 대각선의 길이는 같아.

54 길이가 각각 a, b인 두 대각선이 이루는 둔각의 크기가 x일 때, 사각형의 넓이는 $\frac{1}{2}ab\sin(180^\circ-x)$야!

$\square ABCD$
$=\frac{1}{2}\times8\times6$
$\times\sin(180^\circ-120^\circ)$
$=\frac{1}{2}\times8\times6\times\frac{\sqrt{3}}{2}$
$=12\sqrt{3}(\text{cm}^2)$

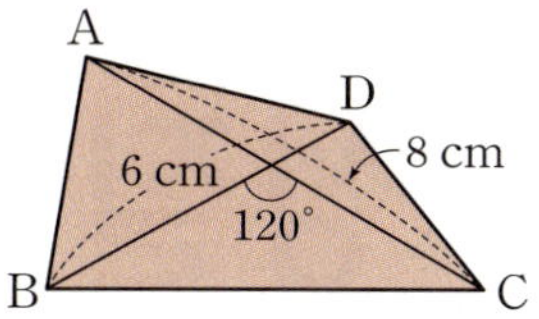

다음 그림과 같은 □ABCD의 넓이를 구하시오.

272

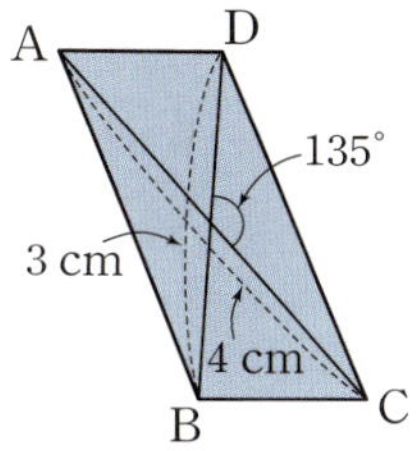

해 $\square ABCD=\frac{1}{2}\times3\times4\times\sin(180^\circ-\square^\circ)$
$=\frac{1}{2}\times3\times4\times\square$
$=\square(\text{cm}^2)$

273

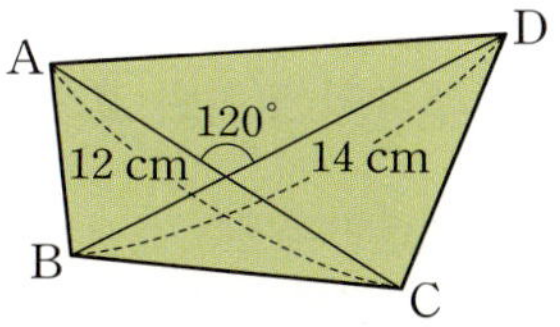

274

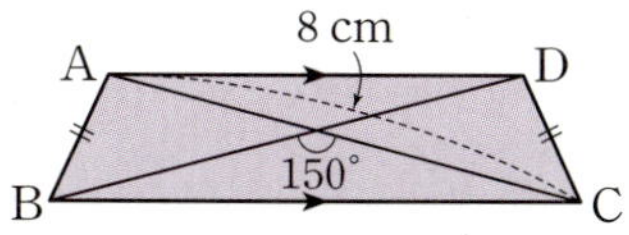

TIP 등변사다리꼴의 두 대각선의 길이는 서로 같아.

교과서 미리보기

풀었던 연산은 교과서에 이렇게 나온다!

275 44

오른쪽 그림과 같은 $\triangle ABC$에서 $\overline{AB}=\overline{AC}=4$ cm, $\angle B=75^\circ$일 때, $\triangle ABC$의 넓이는?

① 4 cm^2 ② $4\sqrt{2}\text{ cm}^2$
③ 8 cm^2 ④ $4\sqrt{3}\text{ cm}^2$
⑤ $4\sqrt{5}\text{ cm}^2$

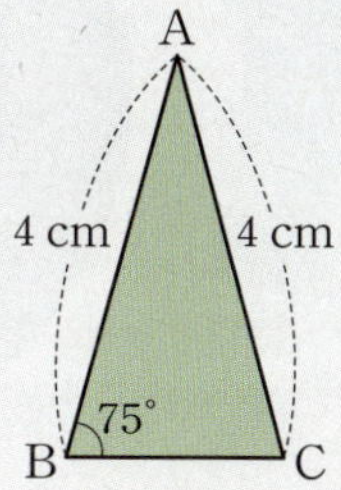

276 46

오른쪽 그림과 같은 $\square ABCD$의 넓이는?

① $(66+42\sqrt{2})\text{ cm}^2$
② $(66+44\sqrt{2})\text{ cm}^2$
③ $(66+46\sqrt{2})\text{ cm}^2$
④ $(72+48\sqrt{2})\text{ cm}^2$
⑤ $(72+50\sqrt{2})\text{ cm}^2$

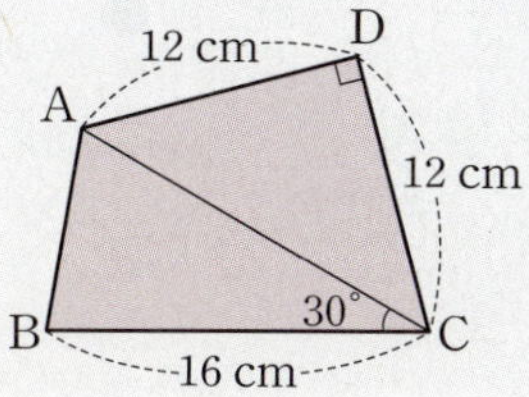

277 52

오른쪽 그림과 같은 마름모 ABCD의 넓이가 $18\sqrt{2}\text{ cm}^2$일 때, $\square ABCD$의 둘레의 길이는?

① 6 cm ② 12 cm
③ 18 cm ④ 24 cm
⑤ 30 cm

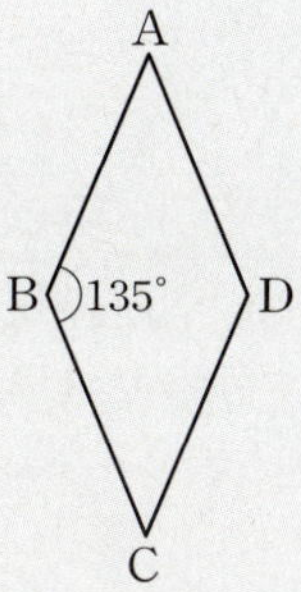

II 원의 성질

1. 원과 직선

Ep.07

원의 중심과 현

① 원의 중심에서 현에 그은 수선은 그 현을 이등분한다.

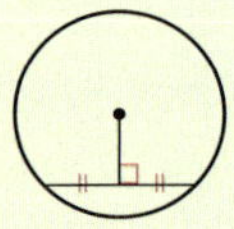

② 한 원에서 중심으로부터 같은 거리에 있는 두 현의 길이는 같다.
→ $\overline{AB}=\overline{CD}$

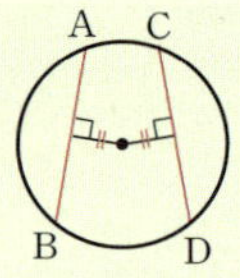

Ep.12

원에 내접하는 사각형

① $\angle ACB=\angle ADB$이면 네 점 A, B, C, D는 한 원 위에 있다.

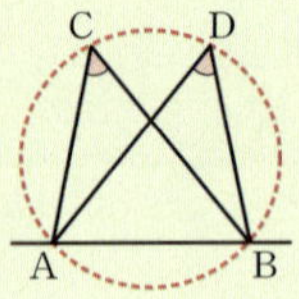

② 원에 내접하는 사각형의 성질
- 한 쌍의 대각의 크기의 합은 $180°$
- 한 외각의 크기는 그 외각에 이웃하는 내각의 대각의 크기와 같다.

③ 접선과 현이 이루는 각 → $\angle BAT=\angle BCA$

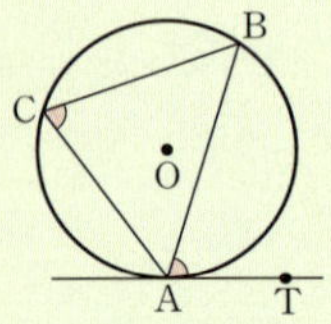

Ep.11

원주각의 크기와 호의 길이

한 원 또는 합동인 두 원에서
① 길이가 같은 호에 대한 원주각의 크기는 같다.
② 크기가 같은 원주각에 대한 호의 길이는 같다.
③ 호의 길이는 그 호에 대한 원주각의 크기에 정비례한다.

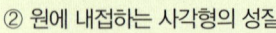

Ⅱ 단원 이야기

건축물이나 예술 작품에서 원은 중요한 구성 요소이다. 또, 항아리, 보온 물통과 같은 생활 용품에서도 원 모양을 쉽게 찾아볼 수 있다. 이와 같이 우리가 원을 다양하게 활용하는 이유는 원이 가지고 있는 균형미와 안정감 때문이다.
원형 극장을 보면 계단식 원형으로 배치된 객석이 중앙 무대를 둥그렇게 둘러싸고 있는 형태이거나, 반원이나 부채꼴 모양으로 둘러싸고 있는 형태로 되어 있는 경우가 많다. 원형 극장은 관객과 배우 사이를 더 가깝게 하고, 다른 형태의 극장보다 건축비 및 무대 장치 비용을 줄일 수 있는 장점이 있다. 이런 이유로 우리나라에서도 많은 야외 공연장이 원형으로 지어지고 있다.

Ep.08

원의 접선에 관한 성질 (1)

① 원 밖의 한 점에서 원에 그을 수 있는 접선은 2개이고, 두 접선의 길이는 같다.

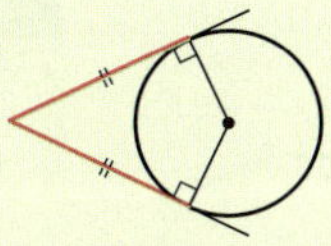

② 원의 접선과 각의 크기

• $\angle APB+\angle AOB=180^{\circ}$

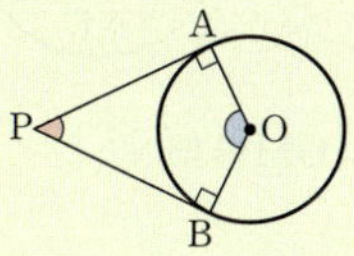

• $\angle PAB=\angle PBA$

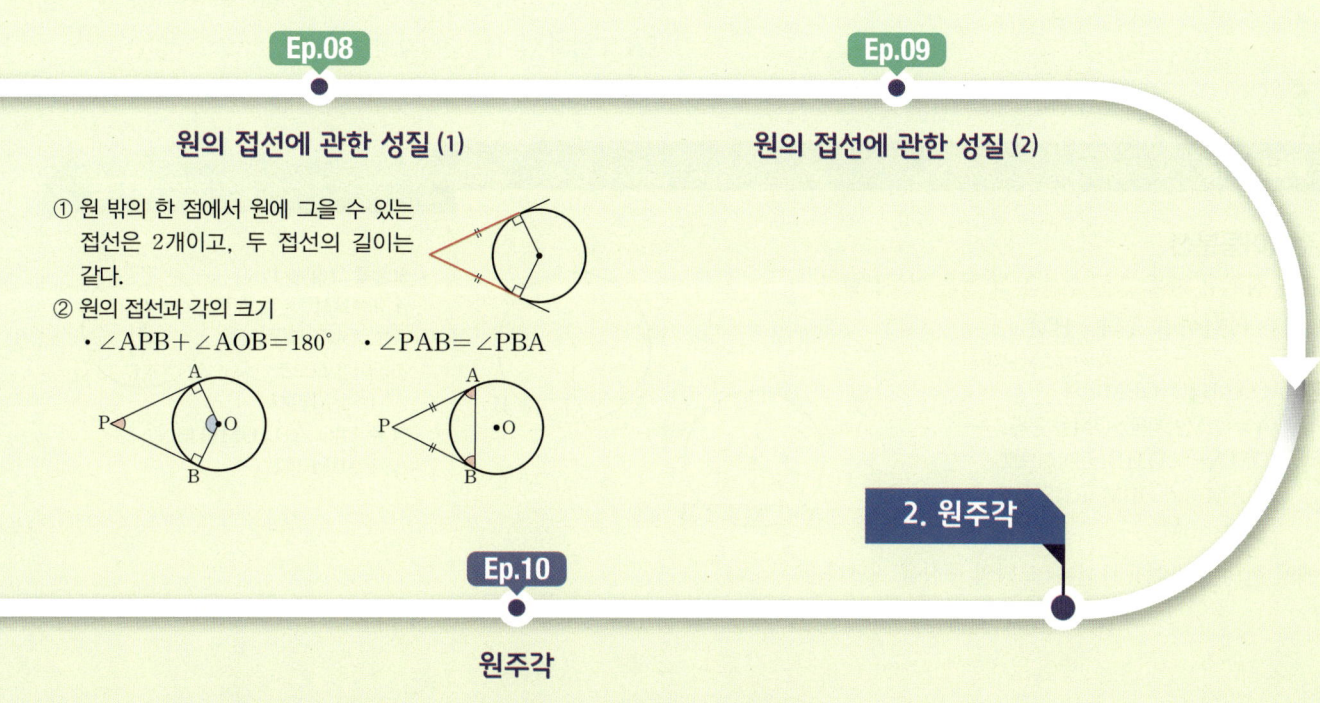

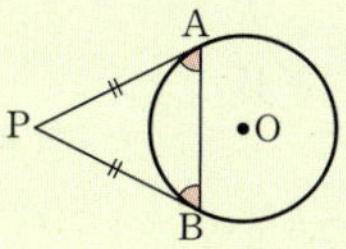

Ep.09

원의 접선에 관한 성질 (2)

2. 원주각

Ep.10

원주각

① 원주각 : 원 O에서 호 AB 위에 있지 않은 원 위의 한 점 P에 대하여 $\angle APB$를 호 AB에 대한 원주각이라 한다.

② $\angle APB=\frac{1}{2}\angle AOB$

③ 원에서 한 호에 대한 원주각의 크기는 모두 같다.

④ 반원에 대한 원주각의 크기는 90°이다.

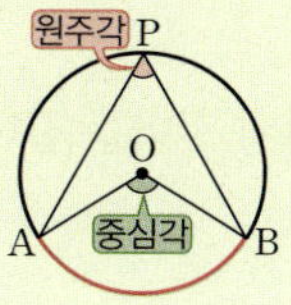

Episode 07 원의 중심과 현

개념 Re:Play

◉ 중1-2 : Ⅱ. 평면도형과 입체도형

이전에 배운 내용을 다시 한 번 확인하세요.

원이란?

평면 위의 한 점 O로부터 일정한 거리에 있는 모든 점으로 이루어진 도형

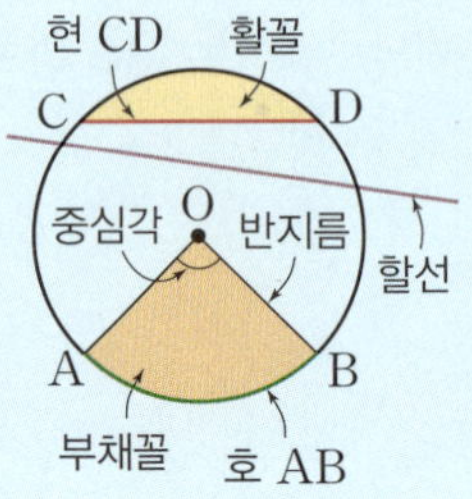

한 원 또는 합동인 두 원에서 부채꼴의 중심각의 크기와 호, 현의 길이 사이에는 어떤 관계가 있을까?

① 중심각의 크기가 같은 두 부채꼴의 호의 길이 또는 현의 길이는 같다.

② 호의 길이 또는 현의 길이가 같은 두 부채꼴의 중심각의 크기는 같다.

③ 부채꼴의 호의 길이는 중심각의 크기에 정비례한다.

④ 부채꼴의 현의 길이는 중심각의 크기에 정비례하지 않는다.

개념 Play

1. 현의 수직이등분선

(1) 원의 중심에서 현에 그은 수선은 그 현을 이등분한다.

→ $\overline{AB}\perp\overline{OM}$이면 $\overline{AM}=\overline{BM}$

└→ $\overline{AB}=2\overline{AM}=2\overline{BM}$

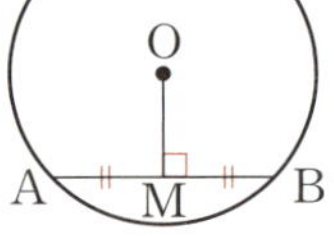

참고 $\triangle OAM$과 $\triangle OBM$에서

$\overline{OA}=\overline{OB}$ (반지름), $\overline{OM}$은 공통,

$\angle OMA=\angle OMB=90^\circ$이므로

$\triangle OAM\equiv\triangle OBM$ (RHS 합동)

$\therefore \overline{AM}=\overline{BM}$

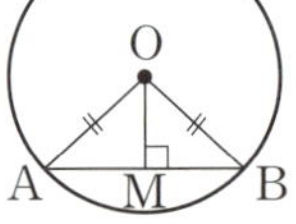

(2) 원에서 현의 수직이등분선은 그 원의 중심을 지난다.

2. 현의 길이

(1) 한 원에서 중심으로부터 같은 거리에 있는 두 현의 길이는 같다.

→ $\overline{OM}=\overline{ON}$이면 $\overline{AB}=\overline{CD}$

└→ $\overline{AM}=\overline{BM}=\overline{CN}=\overline{DN}$

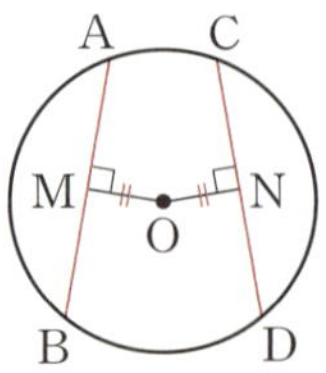

참고 $\triangle OAM$과 $\triangle OCN$에서

$\overline{OA}=\overline{OC}$ (반지름), $\overline{OM}=\overline{ON}$,

$\angle OMA=\angle ONC=90^\circ$이므로

$\triangle OAM\equiv\triangle OCN$ (RHS 합동)

$\therefore \overline{AM}=\overline{CN}$

이때 $\overline{AB}=2\overline{AM}$, $\overline{CD}=2\overline{CN}$이므로

$\overline{AB}=\overline{CD}$

(2) 한 원에서 길이가 같은 두 현은 원의 중심으로부터 같은 거리에 있다.

→ $\overline{AB}=\overline{CD}$이면 $\overline{OM}=\overline{ON}$

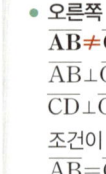

오답 NOTE

• 오른쪽 그림에서 $\mathbf{AM\neq BM}$

$\overline{AB}\perp\overline{OM}$이라는 조건이 없으므로 $\overline{AM}=\overline{BM}$인지 알 수 없다. $\overline{AB}\perp\overline{OM}$일 때, $\overline{AM}=\overline{BM}$이다.

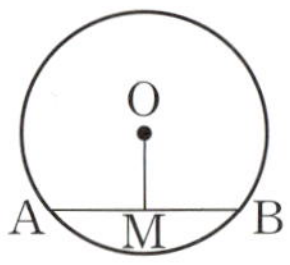

• 오른쪽 그림에서 $\mathbf{AB\neq CD}$

$\overline{AB}\perp\overline{OM}$, $\overline{CD}\perp\overline{ON}$이라는 조건이 없으므로 $\overline{AB}=\overline{CD}$인지 알 수 없다.

$\overline{AB}\perp\overline{OM}$, $\overline{CD}\perp\overline{ON}$이고 $\overline{OM}=\overline{ON}$일 때, $\overline{AB}=\overline{CD}$이다.

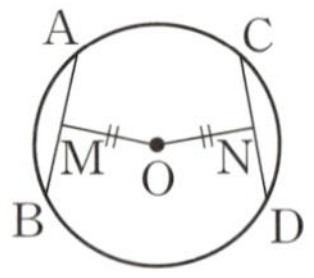

01 원의 중심에서 현에 그은 수선은 현을 이등분해!

$\overline{AM}=\overline{BM}=2(cm)$

$\therefore x=2$

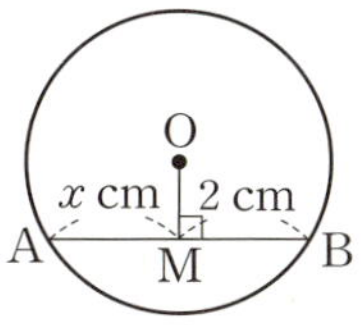

02 피타고라스 정리를 이용하여 $\overline{AM}$의 길이를 구한 후 $\overline{AB}=2\overline{AM}$임을 이용해.

❶ 직각삼각형 OAM에서
↳ $\angle OMA=90°$

$\overline{AM}=\sqrt{5^2-3^2}=4(cm)$ → 피타고라스 정리 이용

❷ $\overline{AB}=2\overline{AM}=2\times4=8(cm)$

$\therefore x=8$

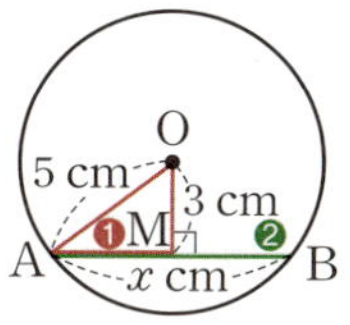

○ 다음 그림의 원 O에서 $\overline{AB}\perp\overline{OM}$일 때, x의 값을 구하시오.

001

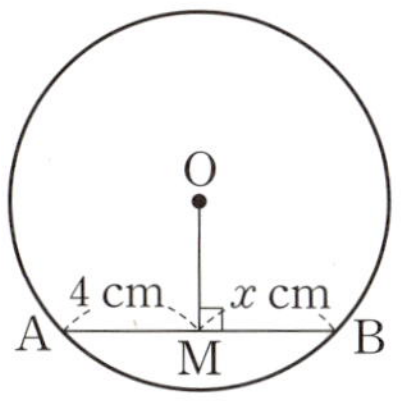

해 $\overline{BM}=\overline{AM}=\square(cm)$ $\therefore x=\square$

002

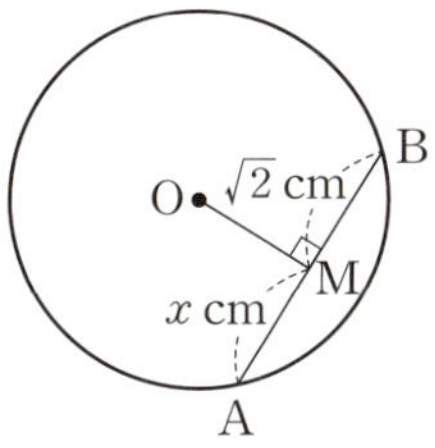

003

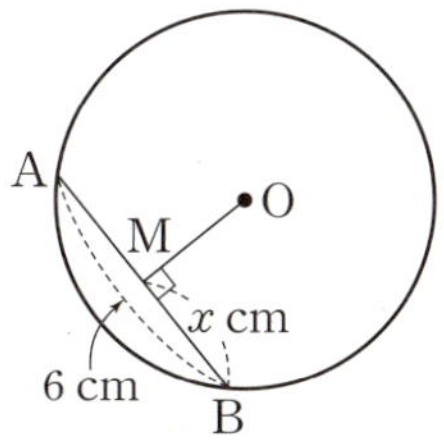

TIP $\overline{AB}\perp\overline{OM}$이면 $\overline{AM}=\overline{BM}=\frac{1}{2}\overline{AB}$야.

004

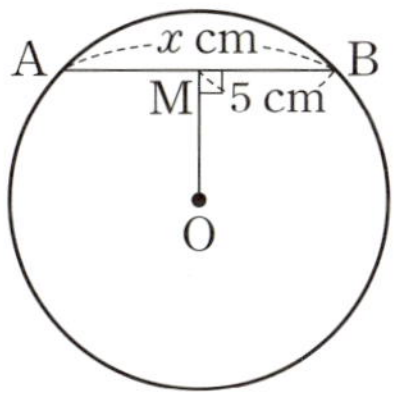

TIP $\overline{AB}\perp\overline{OM}$이면 $\overline{AB}=2\overline{AM}=2\overline{BM}$이야.

○ 다음 그림의 원 O에서 $\overline{AB}\perp\overline{OM}$일 때, x의 값을 구하시오.

005

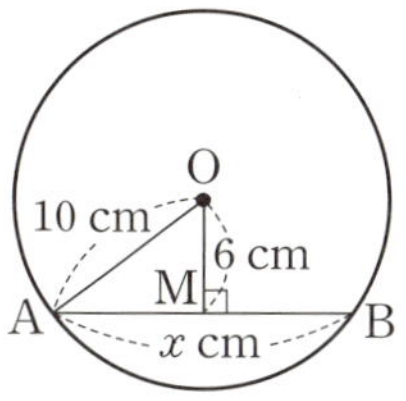

해 직각삼각형 OAM에서

$\overline{AM}=\sqrt{10^2-6^2}=\square(cm)$

$\overline{AB}=2\overline{AM}=2\times\square=\square(cm)$ $\therefore x=\square$

006

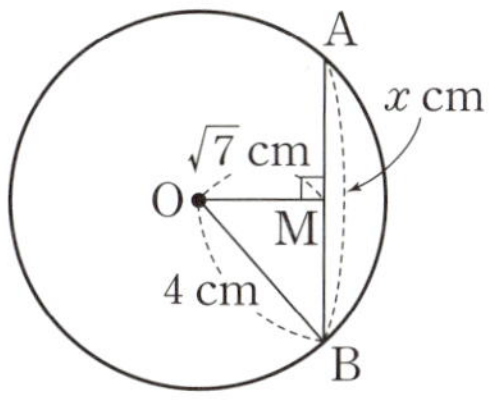

007

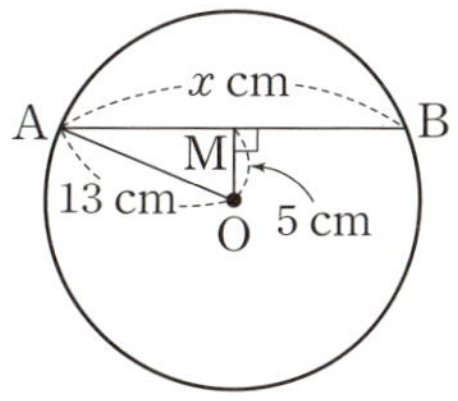

008

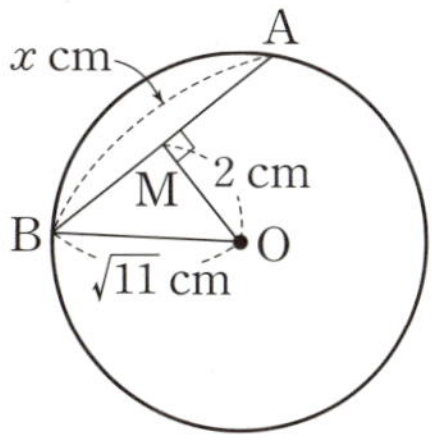

03 아래 그림에서 $\overline{AM}$의 길이를 구한 후 피타고라스 정리를 이용해 $\overline{OM}$길이를 구해보자~

❶ $\overline{AM}=\frac{1}{2}\overline{AB}=\frac{1}{2}\times 2\sqrt{5}=\sqrt{5}(\text{cm})$

❷ 직각삼각형 OAM에서

$\overline{OM}=\sqrt{3^2-(\sqrt{5})^2}=2(\text{cm})$

$\therefore x=2$

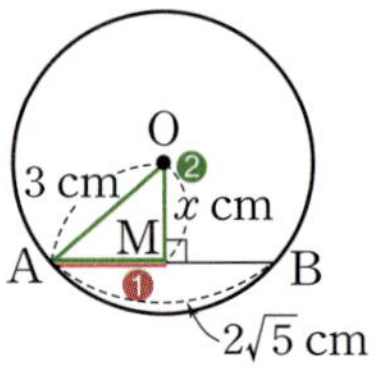

04 원에서 현의 수직이등분선은 그 원의 중심을 지나~

$\overline{CD}$가 현 AB를 수직이등분하므로

$\overline{CD}$는 원의 지름이다.

따라서 원의 반지름의 길이는

$\frac{1}{2}\overline{CD}=\frac{1}{2}\times 6=3(\text{cm})$

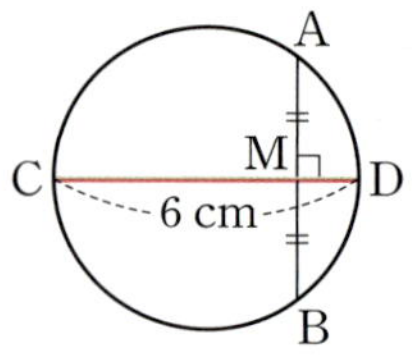

● 다음 그림의 원 O에서 $\overline{AB}\perp\overline{OM}$일 때, x의 값을 구하시오.

009

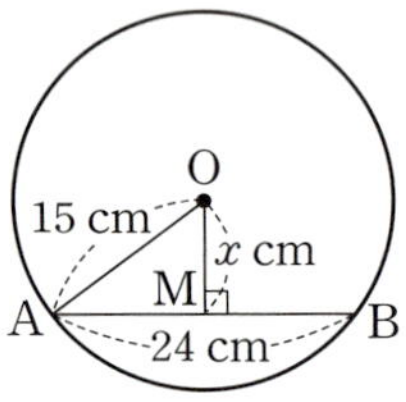

해 $\overline{AM}=\frac{1}{2}\overline{AB}=\frac{1}{2}\times\square=\square(\text{cm})$

직각삼각형 OAM에서

$\overline{OM}=\sqrt{15^2-\square^2}=\square(\text{cm})$ $\therefore x=\square$

010

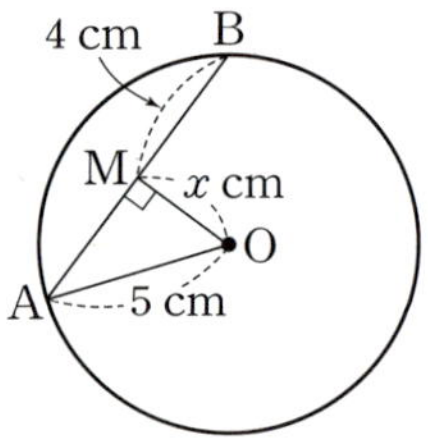

011

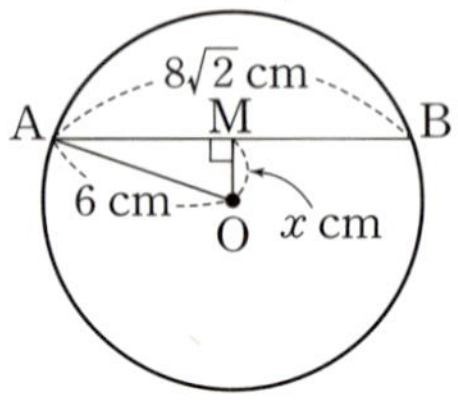

012

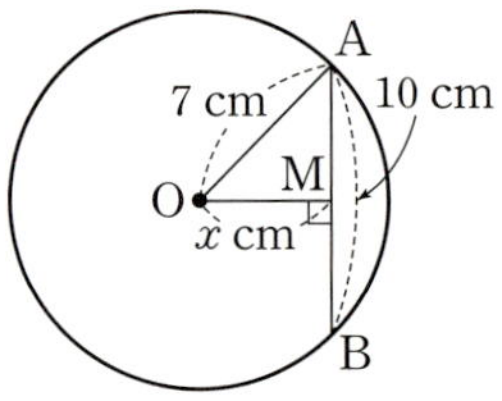

● 다음 그림에서 $\overline{AB}\perp\overline{CD}$, $\overline{AM}=\overline{BM}$일 때, 원의 반지름의 길이를 구하시오.

013

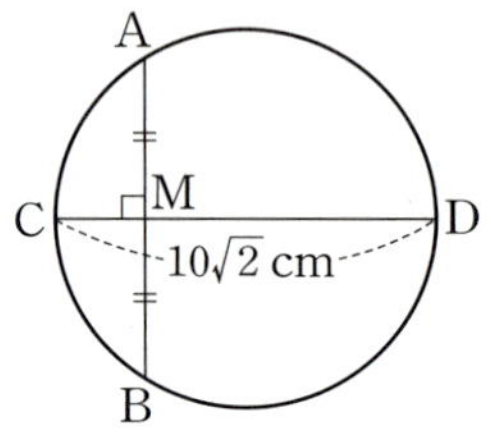

해 원의 반지름의 길이는

$\frac{1}{2}\overline{CD}=\frac{1}{2}\times\square=\square(\text{cm})$

014

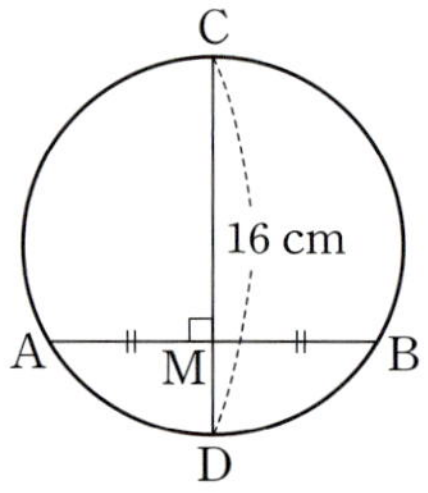

015

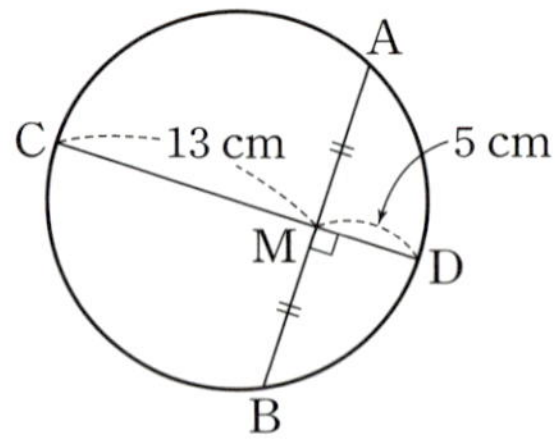

016

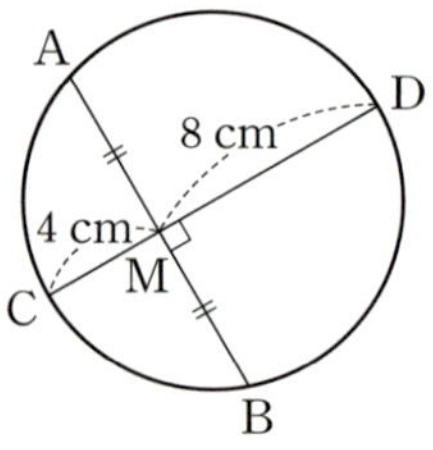

05 원의 중심에서 현까지의 거리를 원의 반지름의 길이를 이용해 식으로 나타내 봐~

❶ $\overline{OC}=\overline{OA}=r(\text{cm})$이므로 (↳ 원의 반지름)

$\overline{OM}=(r-4)$ cm

❷ $\overline{AM}=\overline{BM}=8(\text{cm})$

❸ 직각삼각형 OAM에서

$r^2=(r-4)^2+8^2$, $8r=80$ $\quad\therefore r=10$

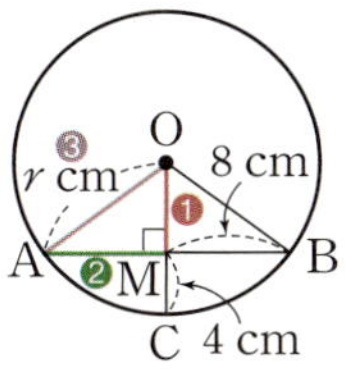

06 원의 반지름을 그어 이를 빗변으로 하는 직각삼각형에서 피타고라스 정리를 이용해 봐~

❶ $\overline{OA}=\overline{OC}=5(\text{cm})$ → 원의 반지름

❷ 직각삼각형 OAM에서

$\overline{AM}=\sqrt{5^2-3^2}=4(\text{cm})$

❸ $\overline{AB}=2\overline{AM}=2\times4=8(\text{cm})$

$\therefore x=8$

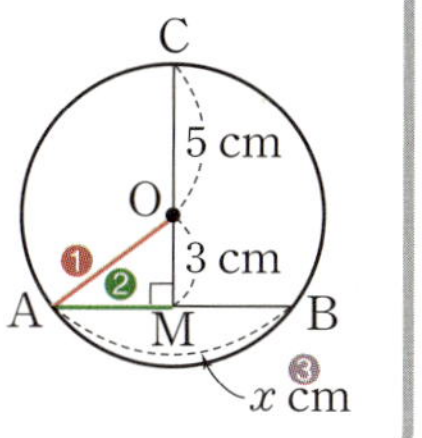

● 다음 그림의 원 O에서 $\overline{AB}\perp\overline{OC}$일 때, r의 값을 구하시오.

017

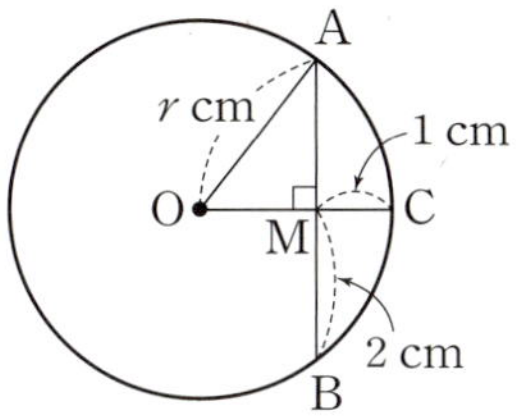

해 $\overline{OC}=\overline{OA}=r(\text{cm})$이므로 $\overline{OM}=(\square)$ cm

$\overline{AM}=\overline{BM}=\square(\text{cm})$이므로 직각삼각형 OMA에서

$r^2=(\square)^2+2^2$, $2r=\square$ $\quad\therefore r=\square$

018

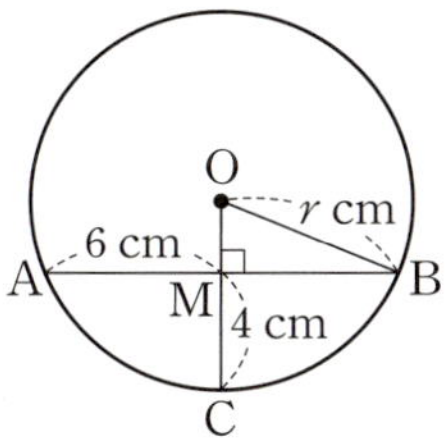

019

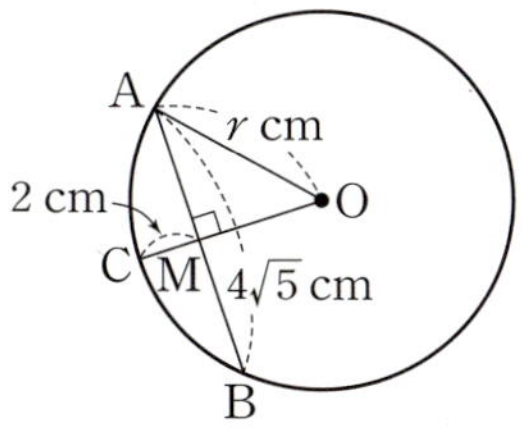

020

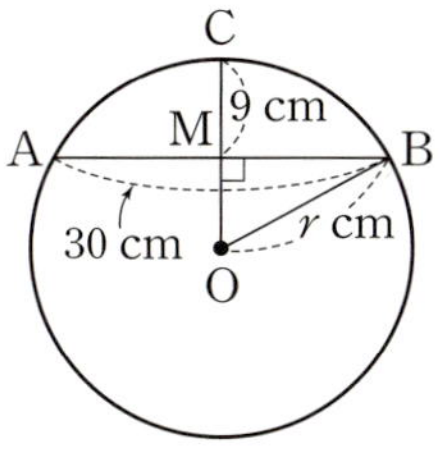

● 다음 그림의 원 O에서 $\overline{AB}\perp\overline{OM}$일 때, x의 값을 구하시오.

021

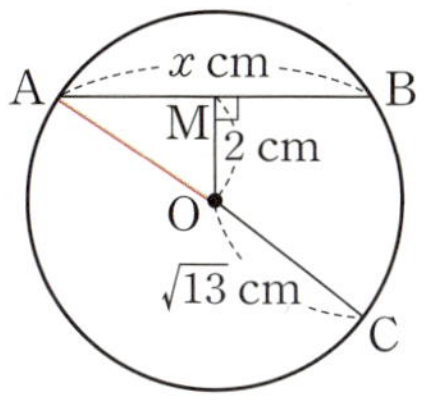

해 $\overline{OA}$를 그으면 $\overline{OA}=\overline{OC}=\square(\text{cm})$

직각삼각형 OMA에서

$\overline{AM}=\sqrt{(\sqrt{13})^2-2^2}=\square(\text{cm})$

$\overline{AB}=2\overline{AM}=2\times\square=\square(\text{cm})$ $\quad\therefore x=\square$

022

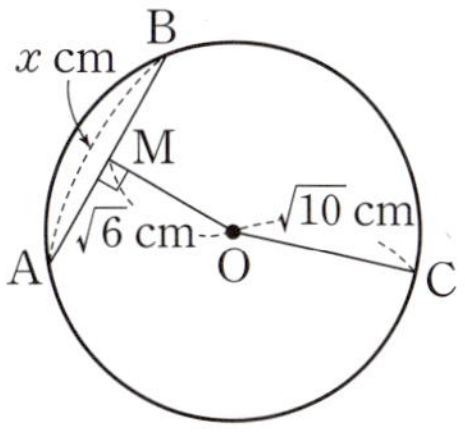

023

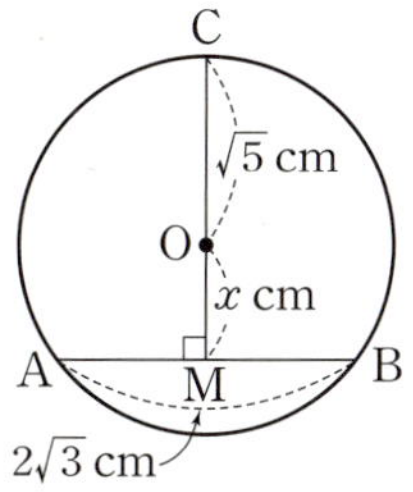

024

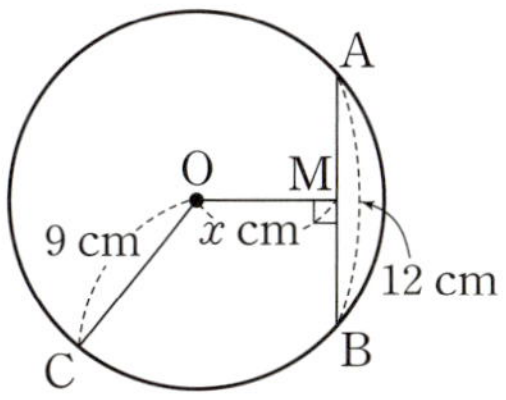

07 원의 일부분에서 현의 수직이등분선은 원의 중심을 지나~

❶ 현의 수직이등분선은 원의 중심을 지나므로 ↳ $\overline{CM}$의 연장선은 원의 중심 O를 지난다.

$\overline{OB}=\overline{OC}=r$(cm)

$\overline{OM}=(r-1)$ cm

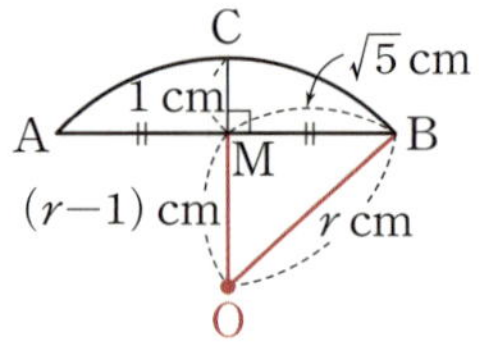

❷ 직각삼각형 OBM에서

$r^2=(r-1)^2+(\sqrt{5})^2$, $2r=6$ $\quad\therefore r=3$

08 한 원에서 중심으로부터 같은 거리에 있는 두 현의 길이는 같아!

$\overline{OM}=\overline{ON}=6$(cm)이므로

$\overline{CD}=\overline{AB}=15$(cm)

$\therefore x=15$

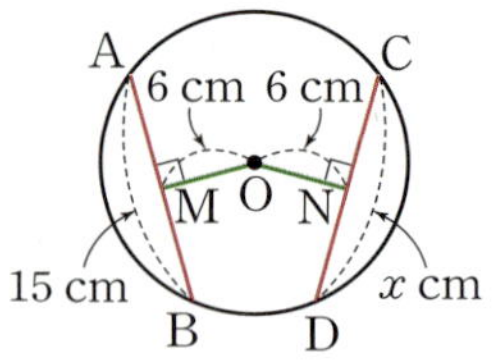

다음 그림에서 $\overset{\frown}{AB}$는 원의 일부분이고 $\overline{AB}\perp\overline{CM}$, $\overline{AM}=\overline{BM}$일 때, 이 원의 반지름의 길이를 구하시오.

025

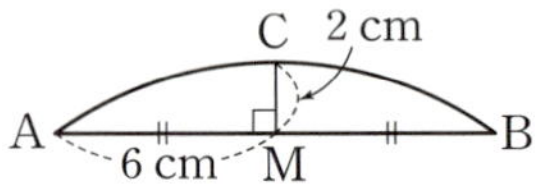

해 현의 수직이등분선은 원의 중심을 지나므로 원의 중심을 O, 반지름의 길이를 r cm라고 하면

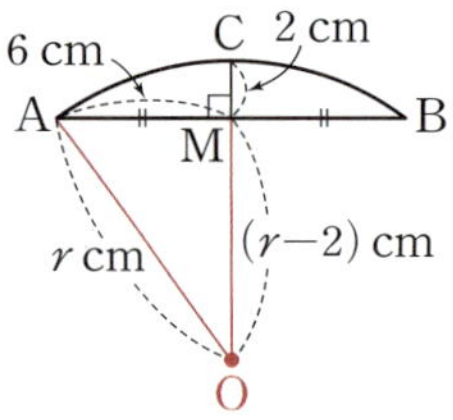

$\overline{OA}=\overline{OC}=r$(cm)

$\overline{OM}=($ $\square$ $)$ cm

직각삼각형 OMA에서

$r^2=(\square)^2+6^2$, $4r=\square$ $\quad\therefore r=\square$

따라서 원의 반지름의 길이는 $\square$ cm이다.

026

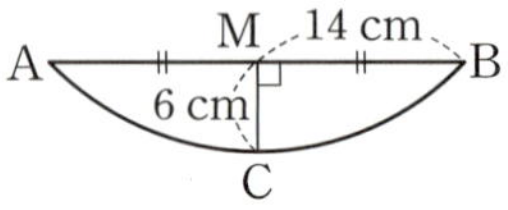

027

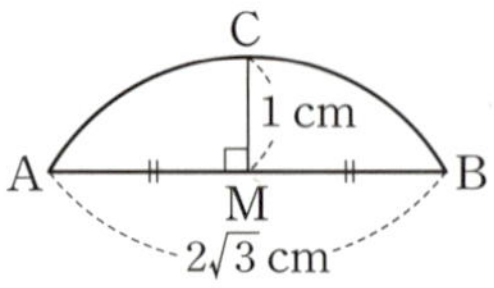

028

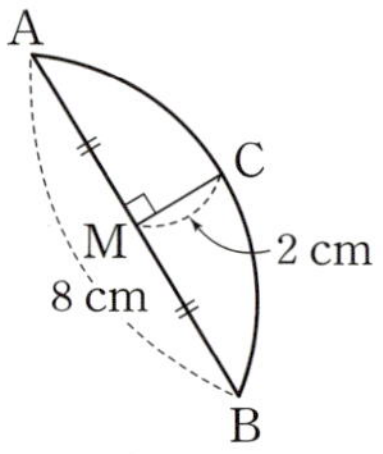

다음 그림의 원 O에서 x의 값을 구하시오.

029

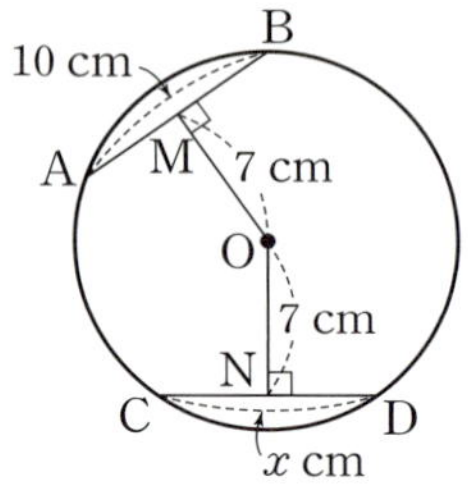

해 $\overline{OM}=\overline{ON}=\square$(cm)이므로

$\overline{CD}=\overline{AB}=\square$(cm) $\quad\therefore x=\square$

030

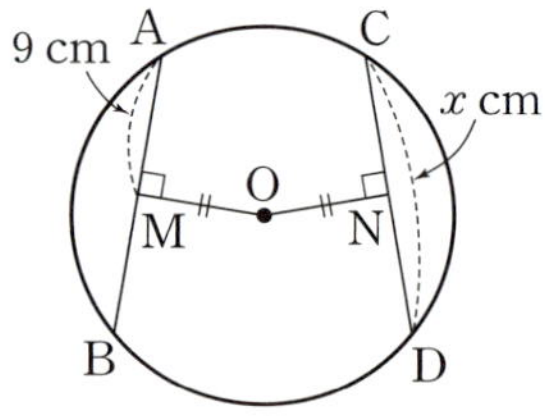

031

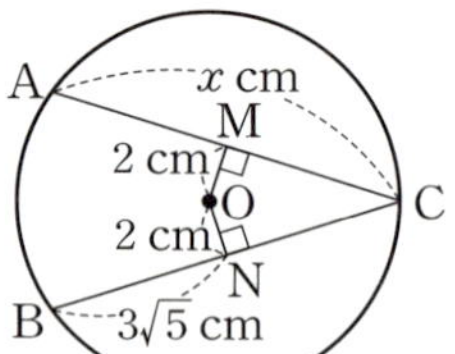

032

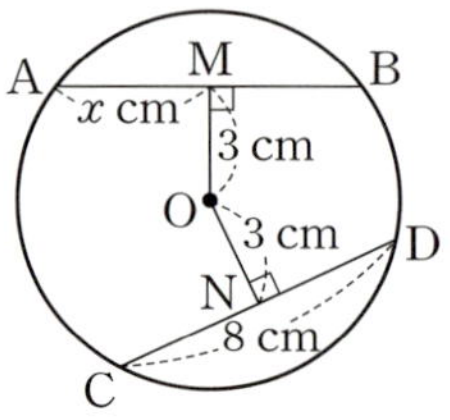

09 한 원에서 길이가 같은 두 현은 원의 중심으로부터 같은 거리에 있어~

$\overline{AB}=\overline{CD}=6(\text{cm})$이므로

$\overline{ON}=\overline{OM}=4(\text{cm})$

$\therefore x=4$

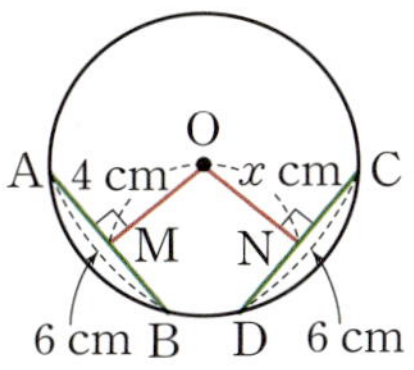

10 피타고라스 정리를 이용해 직각삼각형의 한 변의 길이를 구한 후 현의 길이를 구해~

❶ 직각삼각형 ONC에서

$\overline{CN}=\sqrt{(\sqrt{5})^2-1^2}=2(\text{cm})$

❷ $\overline{CD}=2\overline{CN}=2\times2=4(\text{cm})$

❸ $\overline{OM}=\overline{ON}=1(\text{cm})$이므로

$\overline{AB}=\overline{CD}=4(\text{cm})$

$\therefore x=4$

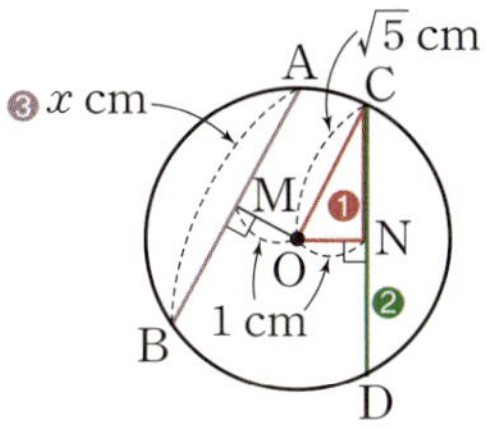

다음 그림의 원 O에서 x의 값을 구하시오.

033

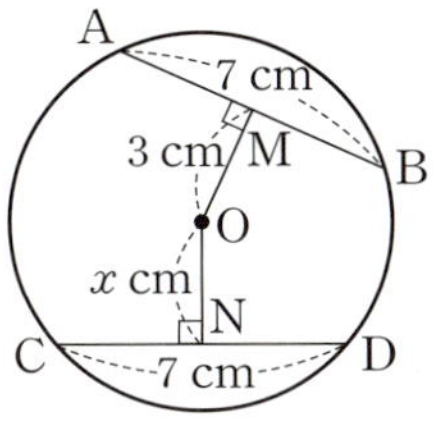

해 $\overline{AB}=\overline{CD}=\square(\text{cm})$이므로

$\overline{ON}=\overline{OM}=\square(\text{cm})$ $\therefore x=\square$

034

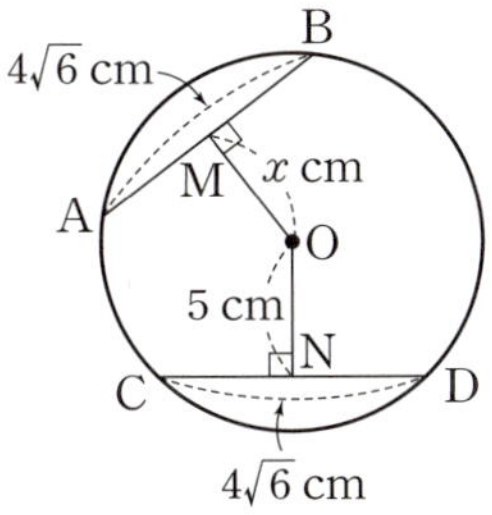

035

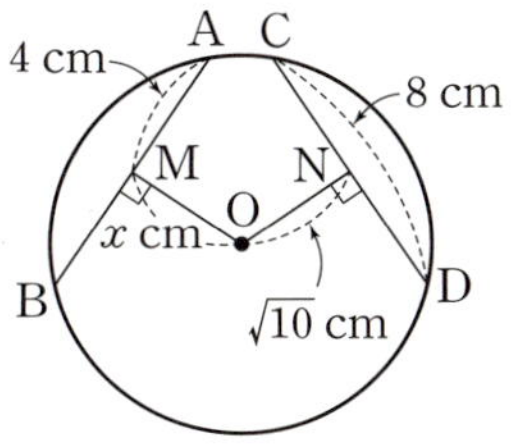

036

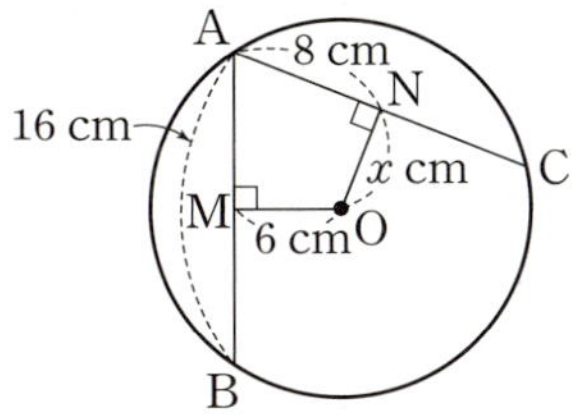

다음 그림의 원 O에서 x의 값을 구하시오.

037

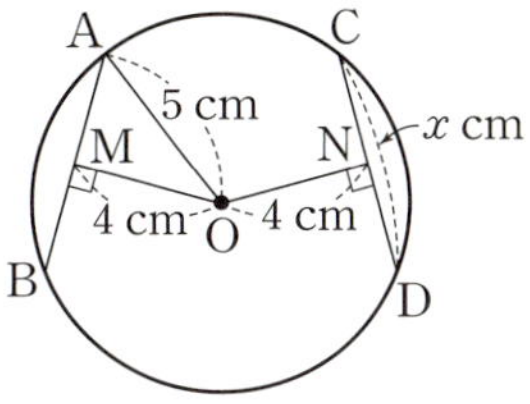

해 직각삼각형 OAM에서 $\overline{AM}=\sqrt{5^2-4^2}=\square(\text{cm})$이므로

$\overline{AB}=2\overline{AM}=2\times\square=\square(\text{cm})$

$\overline{OM}=\overline{ON}=4(\text{cm})$이므로

$\overline{CD}=\overline{AB}=\square(\text{cm})$ $\therefore x=\square$

038

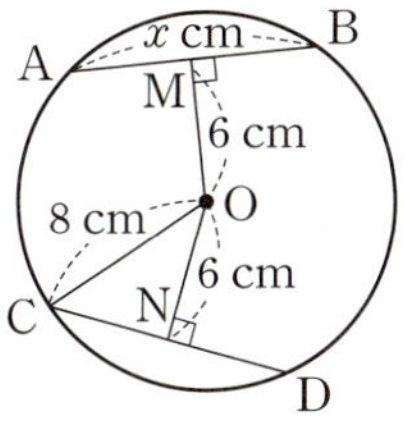

039

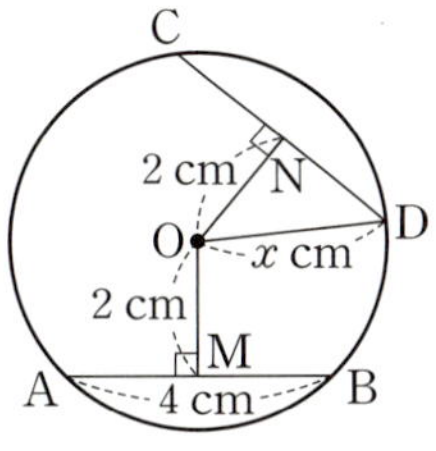

040

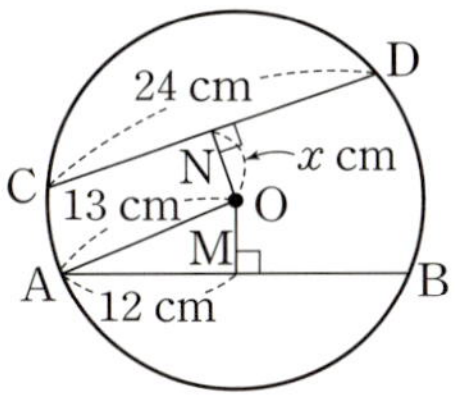

11 원의 중심으로부터 같은 거리에 있는 두 현을 두 변으로 하는 삼각형은 이등변삼각형이야!

$\overline{OM}=\overline{ON}$이므로 $\overline{AB}=\overline{AC}$

따라서 $\triangle ABC$는 이등변삼각형이므로
↳ 두 밑각의 크기는 같다.

$\angle x=\frac{1}{2}\times(180°-50°)=65°$

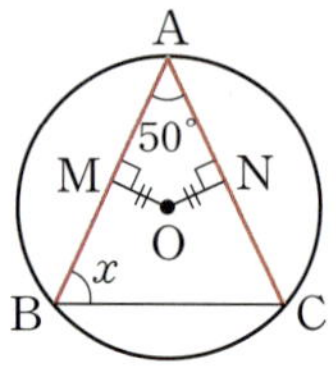

다음 그림의 원 O에서 $\angle x$의 크기를 구하시오.

041

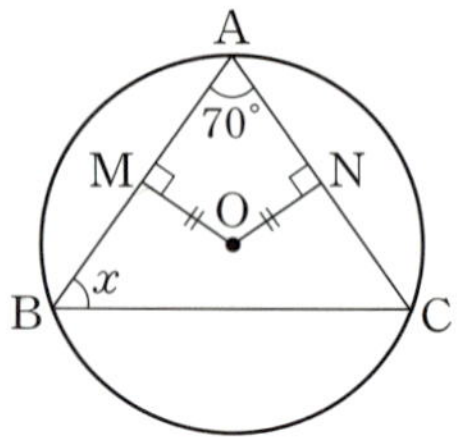

해 $\overline{OM}=\overline{ON}$이므로 $\overline{AB}=$ ☐

따라서 $\triangle ABC$는 이등변삼각형이므로

$\angle x=\frac{1}{2}\times(180°-$ ☐ $)=$ ☐

042

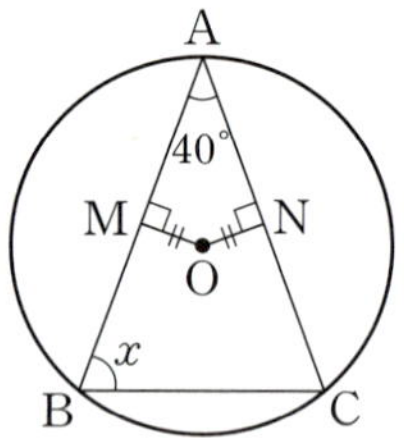

043

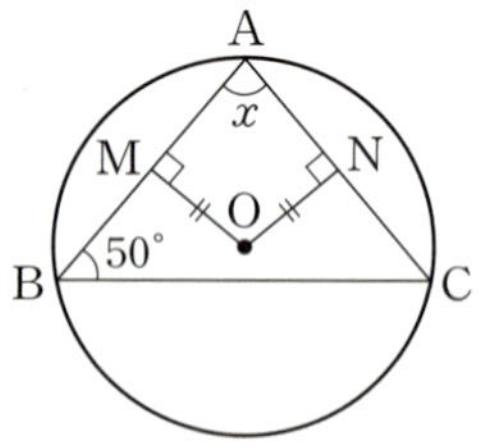

044

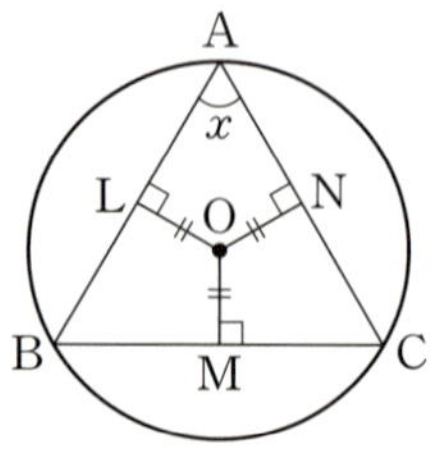

TIP 세 변의 길이가 같은 삼각형은 정삼각형이야.

교과서 미리보기 풀었던 연산은 교과서에 이렇게 나온다!

045 05

오른쪽 그림과 같은 원 O에서 $\overline{AB}\perp\overline{OC}$이고 $\overline{AB}=2\sqrt{15}$ cm, $\overline{CM}=3$ cm일 때, 원 O의 넓이를 구하시오.

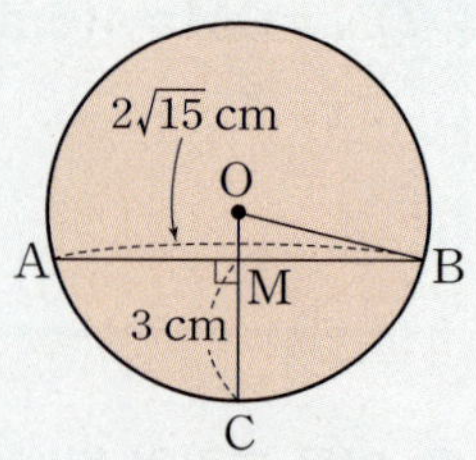

046 02 08 10

오른쪽 그림과 같은 원 O에서 $\overline{AB}\perp\overline{OM}$, $\overline{CD}\perp\overline{ON}$이고 $\overline{OA}=3\sqrt{5}$ cm, $\overline{OM}=\overline{ON}=4$ cm 일 때, $\overline{CD}$의 길이를 구하시오.

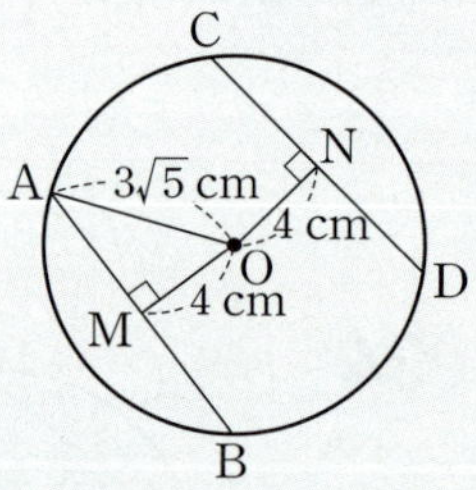

047 08 11

오른쪽 그림과 같은 원 O에서 $\overline{AB}\perp\overline{OM}$, $\overline{AC}\perp\overline{ON}$, $\overline{OM}=\overline{ON}$이고 $\overline{AB}=6$ cm, $\angle ABC=72°$일 때, $y-x$의 값을 구하시오.

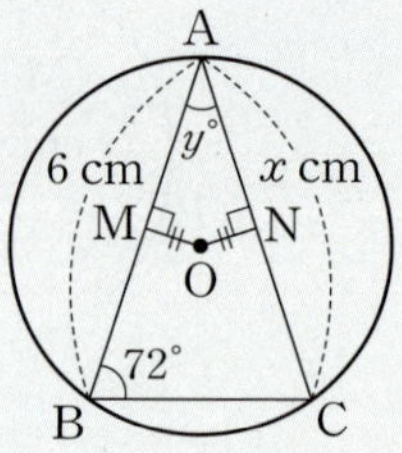

학습일자 월 일

Episode 08

원의 접선에 관한 성질 (1)

◉ 중2-2 : Ⅰ. 도형의 성질

개념 Re:Play

이전에 배운 내용을 다시 한 번 확인하세요.

접선이란?

원과 직선이 한 점에서 만날 때, 이 직선은 원에 접한다고 하고, 이 직선을 원의 접선이라고 한다. 이때 원과 접선이 만나는 점을 접점이라고 한다.

→ 원의 접선은 그 접점을 지나는 반지름과 수직이다. 즉, $\overline{OT} \perp l$

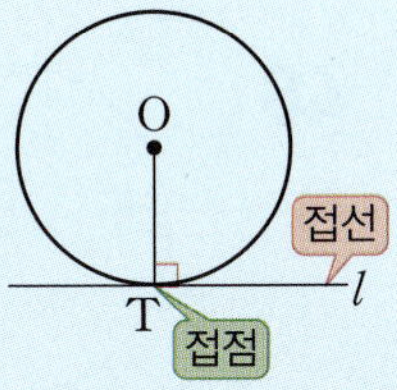

개념 Play

1. 원의 접선

(1) 원 O 밖의 한 점 P에서 원 O에 그을 수 있는 접선은 2개이다.

(2) 접선의 길이 : 원 O 밖의 한 점 P에서 두 접점 A, B까지의 거리를 각각 점 P에서 원 O에 그은 접선의 길이라고 한다.

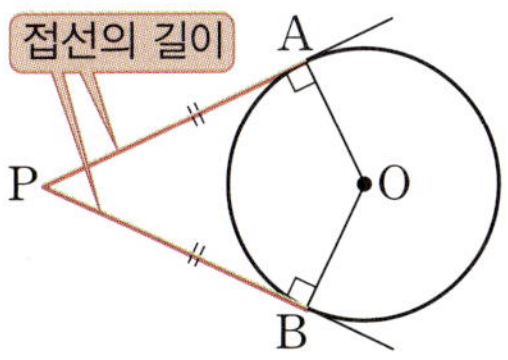

(3) 원의 접선의 성질 : 원 O 밖의 한 점 P에서 원 O에 그은 두 접선의 길이는 같다.

→ $\overline{PA}=\overline{PB}$

참고 △PAO와 △PBO에서

$\angle PAO=\angle PBO=90^\circ$, $\overline{OA}=\overline{OB}$ (반지름), $\overline{OP}$는 공통

이므로 △PAO≡△PBO (RHS 합동)

$\therefore \overline{PA}=\overline{PB}$

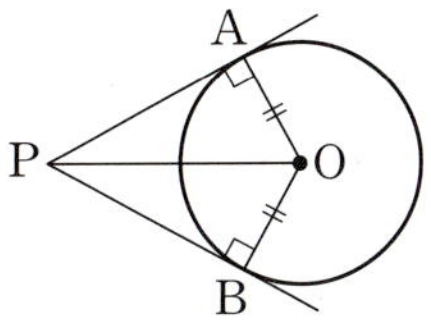

2. 원의 접선과 각의 크기

원 O 밖의 한 점 P에서 원 O에 그은 접선의 접점을 각각 A, B라고 할 때

(1) $\angle APB+\angle AOB=180^\circ$

참고 □APBO에서 $\angle PAO=\angle PBO=90^\circ$이므로

$\angle APB+90^\circ+\angle AOB+90^\circ=360^\circ$

$\therefore \angle APB+\angle AOB=180^\circ$

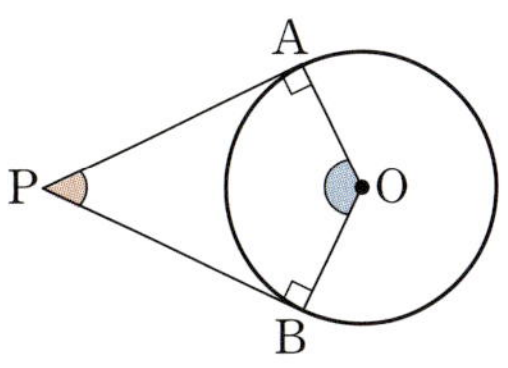

(2) △APB는 $\overline{PA}=\overline{PB}$인 이등변삼각형이므로

$\angle PAB=\angle PBA$

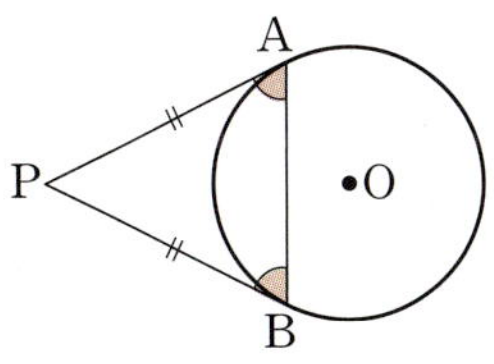

오답 NOTE

- 원 O 밖의 한 점 P에서 원 O에 그을 수 있는 접선은 1개가 아니다.
  원 O 밖의 한 점 P에서 원 O에 그을 수 있는 접선은 항상 2개이고, 그 길이는 같다.

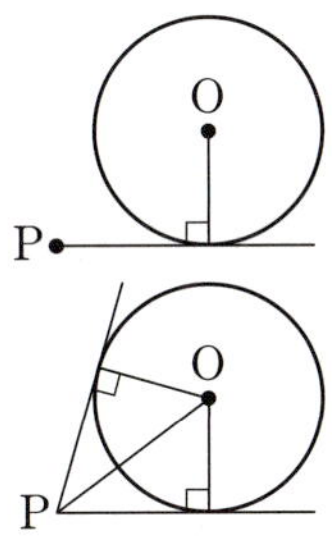

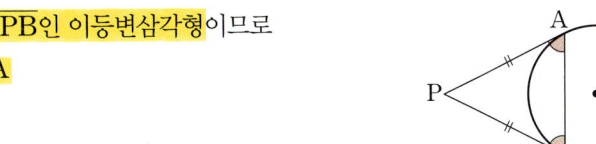

- 원 O 밖의 한 점 P에서 원 O에 그은 접선의 두 접점을 A, B라고 할 때, △APB는 정삼각형이 아니다.
  $\overline{PA}=\overline{PB}$이므로 △APB는 이등변삼각형이고, $\angle P=60^\circ$일 때 △APB는 정삼각형이 된다.

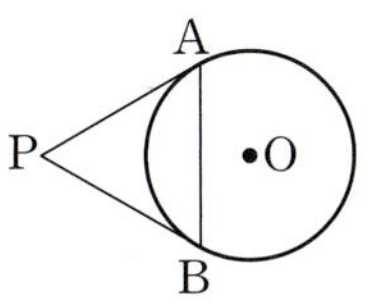

12 원의 접선은 그 접점을 지나는 반지름과 수직이야.

$\angle PAO=90°$이므로
$\triangle OAP$에서
$\angle x=180°-(90°+60°)=30°$

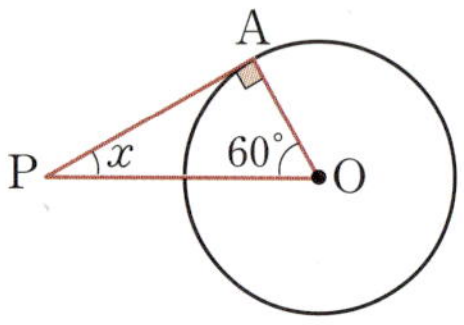

13 원의 두 접선을 두 변으로 하는 사각형에서 직각이 아닌 두 각의 크기의 합은 180°야.

□APBO에서
$\angle PAO=\angle PBO=90°$이므로
$\angle APB+\angle AOB=180°$
$55°+\angle x=180°$
$\therefore \angle x=125°$

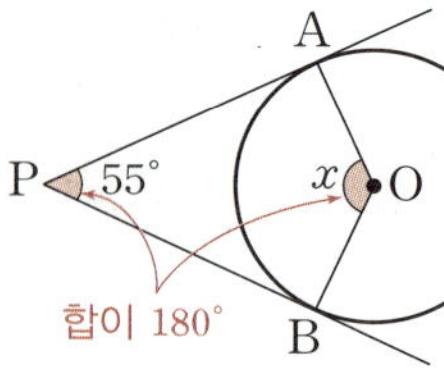

○ 다음 그림에서 $\overline{PA}$는 원 O의 접선이고 점 A는 접점일 때, $\angle x$의 크기를 구하시오.

048

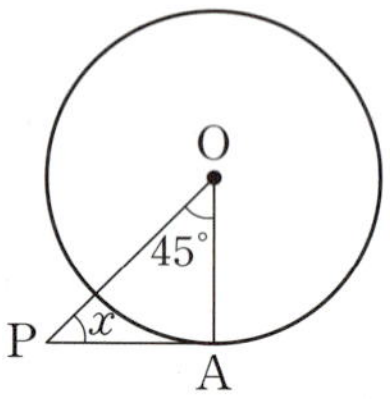

해 $\angle PAO=$□°이므로 $\triangle OPA$에서
$\angle x=180°-($□$+45°)=$□°

049

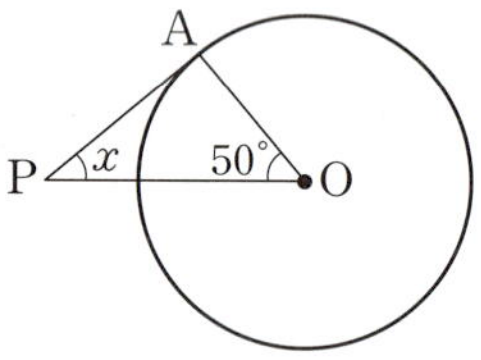

050

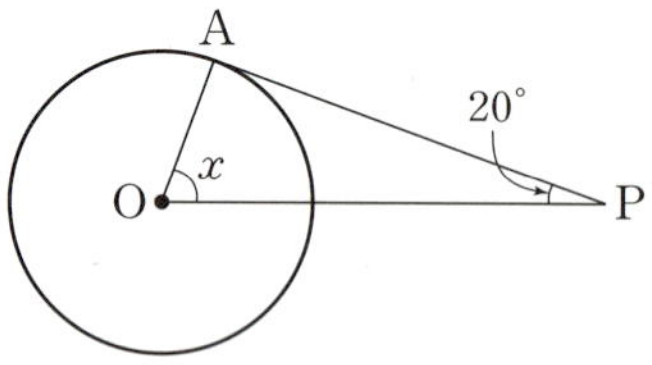

051

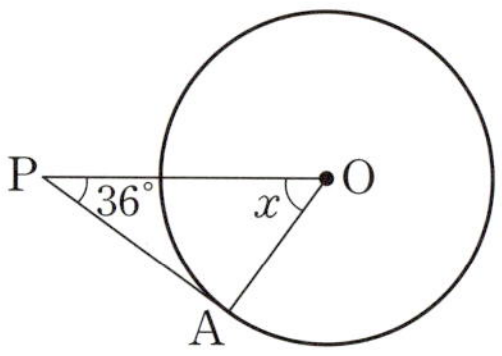

○ 다음 그림에서 $\overrightarrow{PA}$, $\overrightarrow{PB}$는 원 O의 접선이고 두 점 A, B는 접점일 때, $\angle x$의 크기를 구하시오.

052

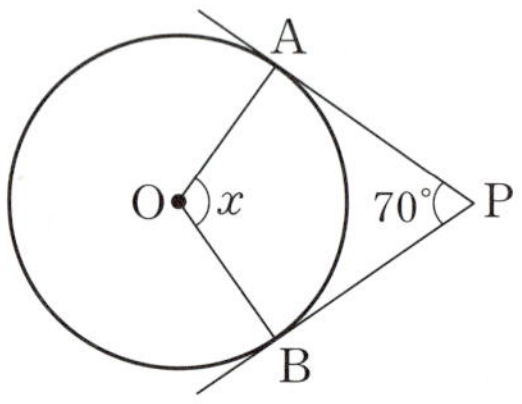

해 □AOBP에서 $\angle PAO=\angle PBO=$□°이므로
$\angle AOB+\angle APB=$□°, $\angle x+70°=$□°
$\therefore \angle x=$□°

053

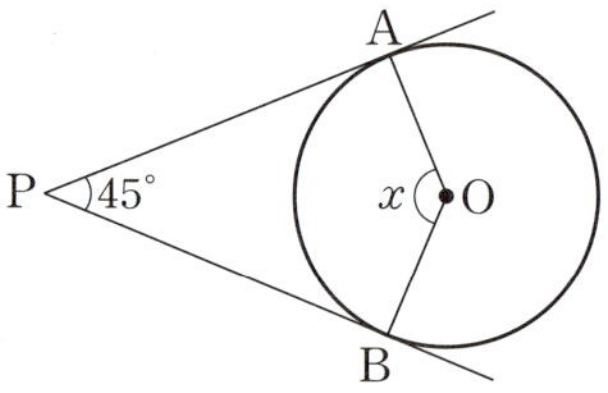

054

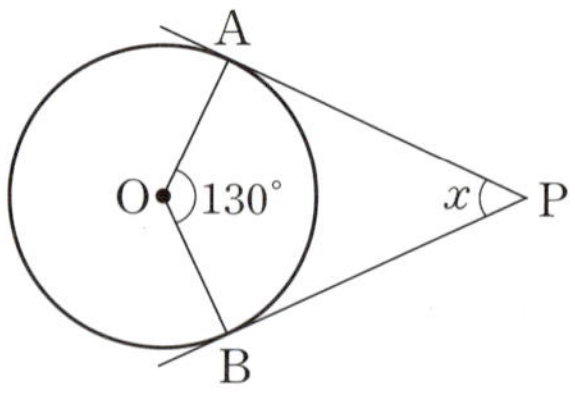

055

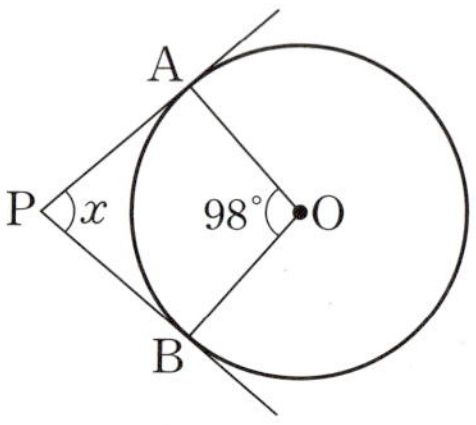

14 직각삼각형을 찾아 피타고라스 정리를 이용해~

$\angle PAO=90°$이므로

$\triangle OPA$에서

$\overline{OA}=\sqrt{15^2-12^2}=9(cm)$

$\therefore x=9$

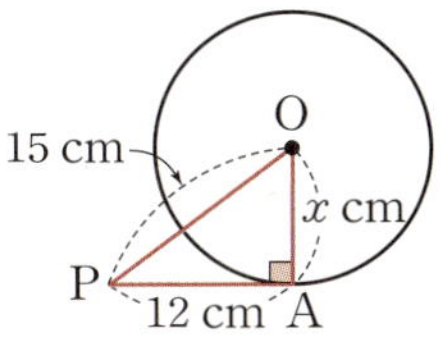

15 원의 반지름을 한 변으로 하는 직각삼각형에서 다른 한 변의 길이를 원의 반지름의 길이를 이용해 식으로 나타내 봐~

$\angle PAO=90°$,

$\overline{PO}=(6+r)$ cm이므로

$\triangle OAP$에서

$(6+r)^2=(2\sqrt{21})^2+r^2$

$12r=48 \qquad \therefore r=4$

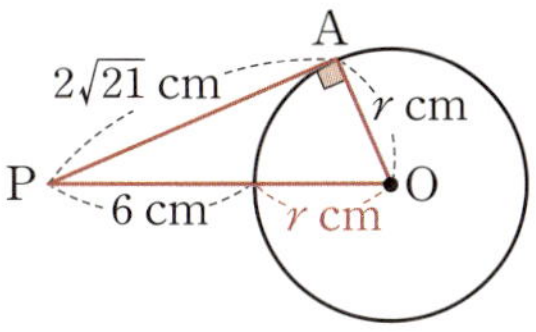

● 다음 그림에서 $\overline{PA}$는 원 O의 접선이고 점 A는 접점일 때, x의 값을 구하시오.

056

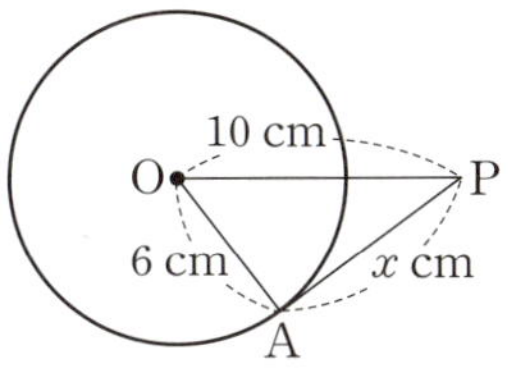

해 $\angle PAO=$□°이므로 $\triangle OAP$에서

$\overline{AP}=\sqrt{10^2-\square^2}=\square$(cm) $\qquad \therefore x=\square$

057

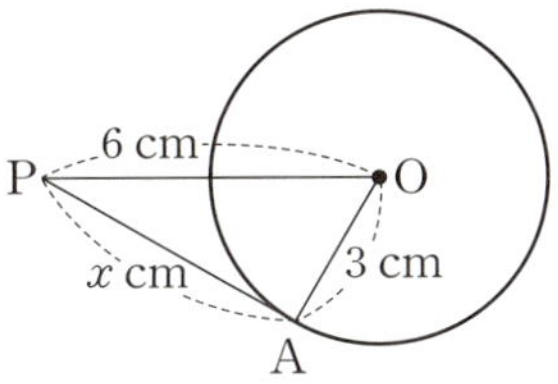

058

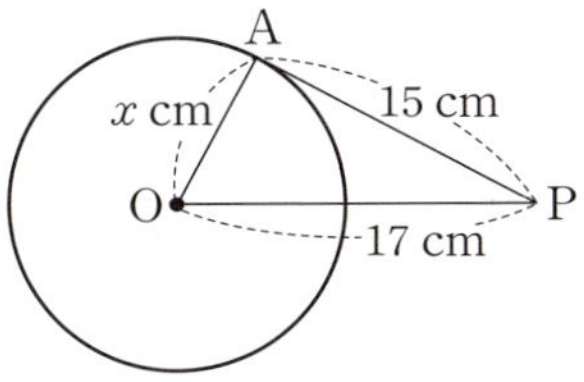

059

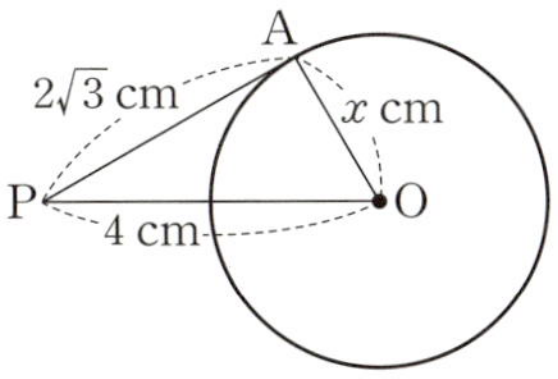

● 다음 그림에서 $\overline{PA}$는 원 O의 접선이고 점 A는 접점일 때, r의 값을 구하시오.

060

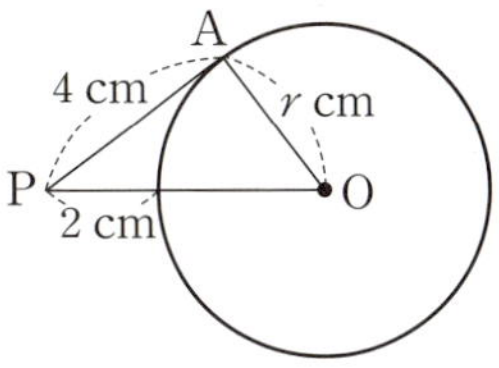

해 $\angle PAO=$□°, $\overline{PO}=(\square+r)$ cm이므로

$\triangle OAP$에서 $(\square+r)^2=4^2+r^2$

$4r=\square \qquad \therefore r=\square$

061

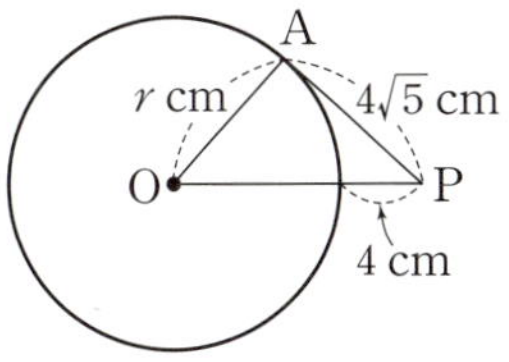

062

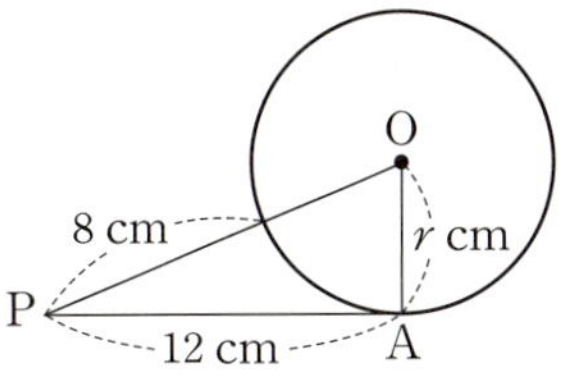

063

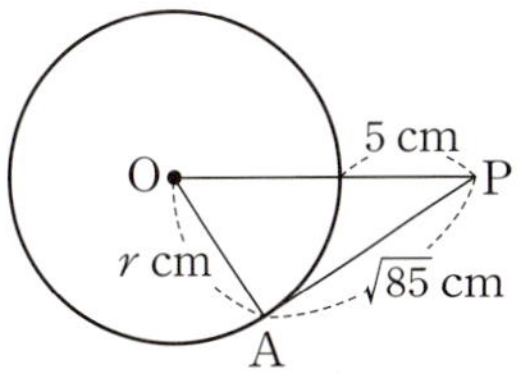

16 원 밖의 한 점에서 원에 그은 두 접선의 길이는 같아~

$\overline{PA}=\overline{PB}=2(cm)$

$\therefore x=2$

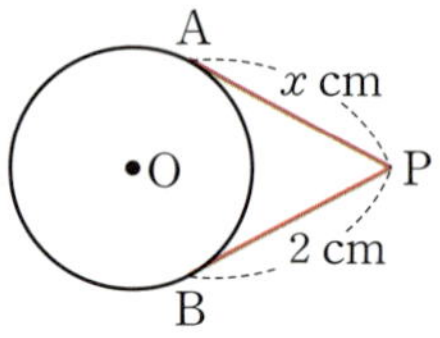

○ 다음 그림에서 $\overline{PA}$, $\overline{PB}$는 원 O의 접선이고 두 점 A, B는 접점일 때, x의 값을 구하시오.

064

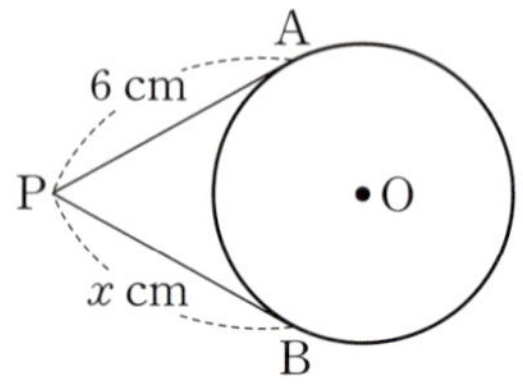

해 $\overline{PB}=\overline{PA}=\square(cm)$ $\quad \therefore x=\square$

065

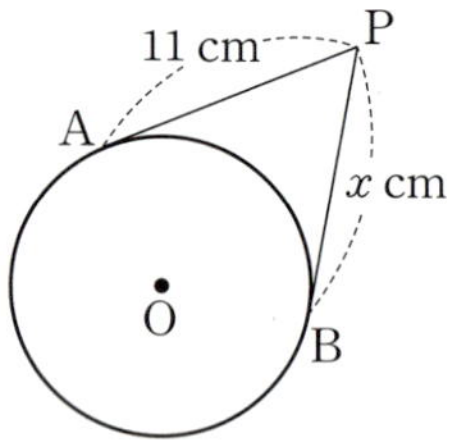

066

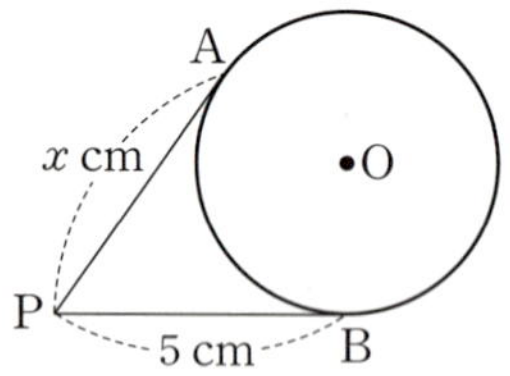

067

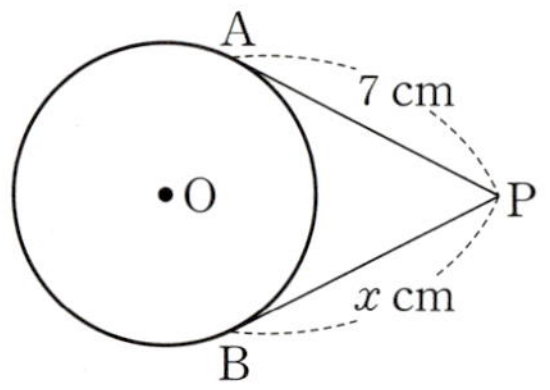

17 직각삼각형에서 피타고라스 정리를 이용해 접선의 길이를 구해보자!

❶ $\angle PBO=90°$이므로

$\triangle OPB$에서

$\overline{PB}=\sqrt{10^2-5^2}=5\sqrt{3}(cm)$

❷ $\overline{PA}=\overline{PB}=5\sqrt{3}(cm)$

$\therefore x=5\sqrt{3}$

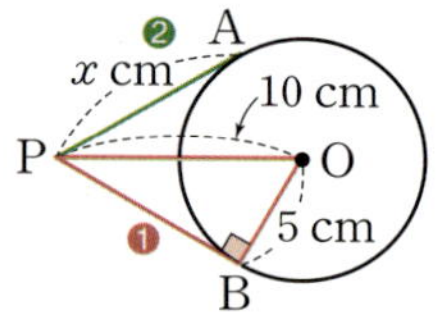

○ 다음 그림에서 $\overline{PA}$, $\overline{PB}$는 원 O의 접선이고 두 점 A, B는 접점일 때, x의 값을 구하시오.

068

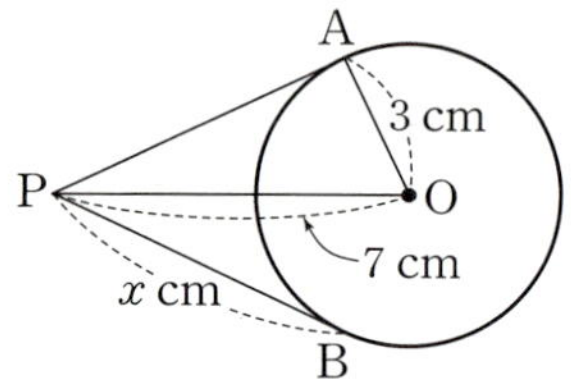

해 $\angle PAO=\square°$이므로 $\triangle OAP$에서

$\overline{PA}=\sqrt{7^2-\square^2}=\square(cm)$

$\overline{PB}=\overline{PA}=\square(cm)$ $\quad \therefore x=\square$

069

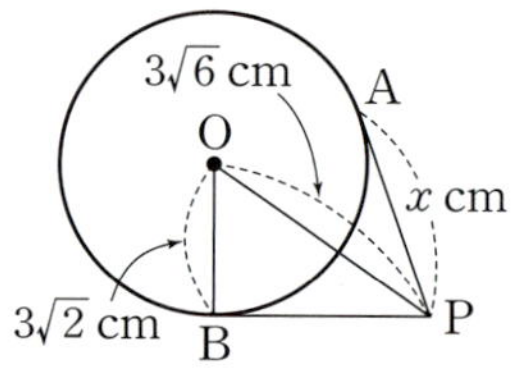

070

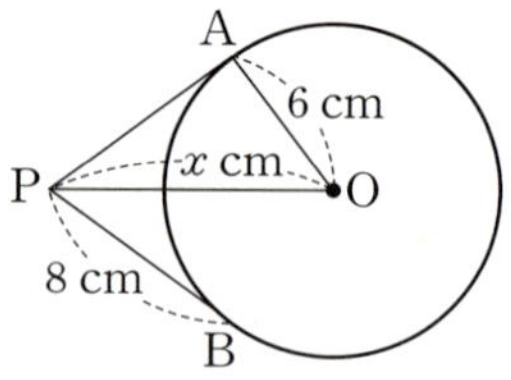

071

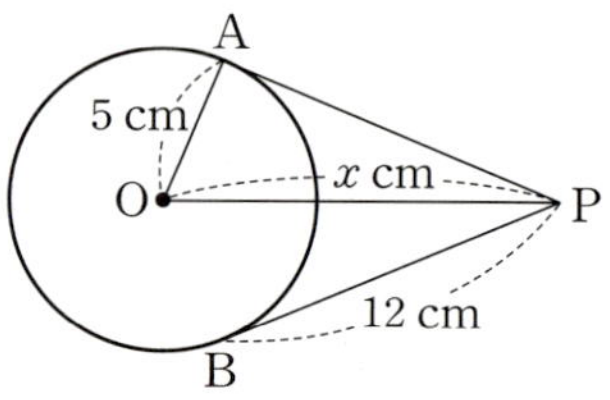

18 두 접선의 길이는 서로 같으므로 두 접선을 두 변으로 하는 삼각형은 이등변삼각형이야!

$\triangle$PAB는 $\overline{PA}=\overline{PB}$인 이등변삼각형이므로

$\angle PAB=\angle PBA=58^\circ$

↳ 두 밑각의 크기가 같다.

$\therefore \angle x=180^\circ-(58^\circ+58^\circ)=64^\circ$

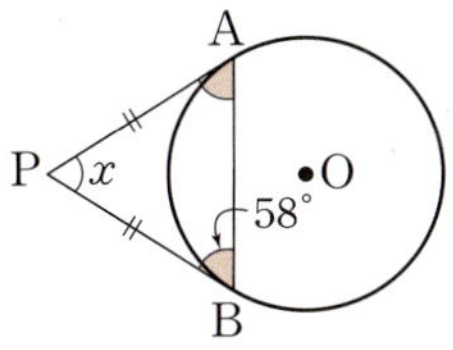

19 □APBO의 네 변 중 두 변은 원의 접선이고, 두 변은 원의 반지름이야!

❶ $\angle PBO=90^\circ$이므로 $\triangle$OPB에서

$\overline{PB}=\sqrt{15^2-9^2}=12$(cm)

❷ $\overline{PA}=\overline{PB}=12$(cm)

❸ (□APBO의 둘레의 길이)

$=\overline{OA}+\overline{PA}+\overline{PB}+\overline{OB}$

$=9+12+12+9=42$(cm)

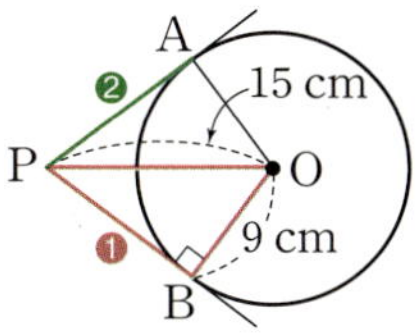

○ 다음 그림에서 $\overline{PA}$, $\overline{PB}$는 원 O의 접선이고 두 점 A, B는 접점일 때, $\angle x$의 크기를 구하시오.

072

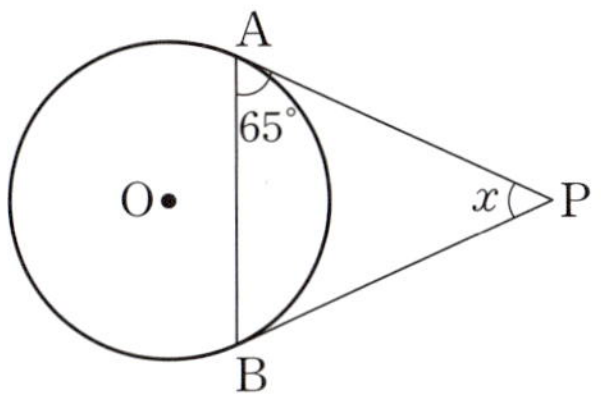

해 $\triangle$PAB는 $\overline{PA}=$ ☐ 인 이등변삼각형이므로

$\angle PBA=\angle PAB=$ ☐ °

$\therefore \angle x=180^\circ-($ ☐ ° $+$ ☐ ° $)=$ ☐ °

073

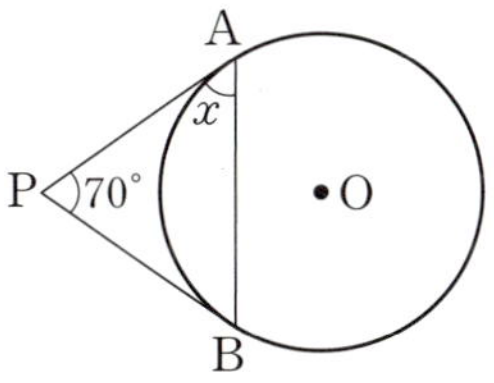

074

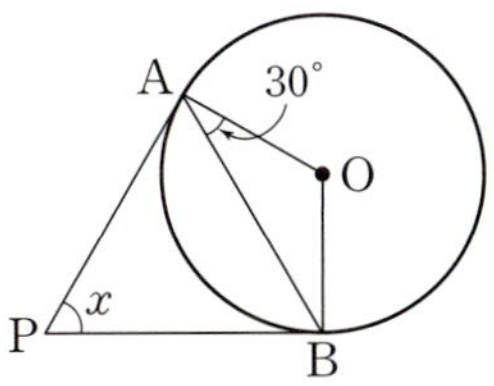

TIP $\angle$PAB의 크기를 구한 후 $\triangle$PAB가 이등변삼각형임을 이용해!

075

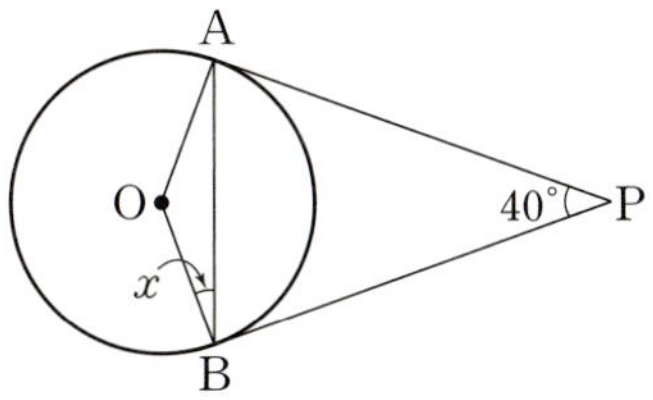

○ 아래 그림에서 $\overrightarrow{PA}$, $\overrightarrow{PB}$는 원 O의 접선이고 두 점 A, B는 접점일 때, 다음을 구하시오.

076 □APBO의 둘레의 길이

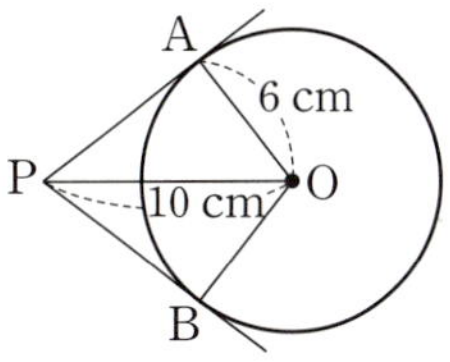

077 □AOBP의 둘레의 길이

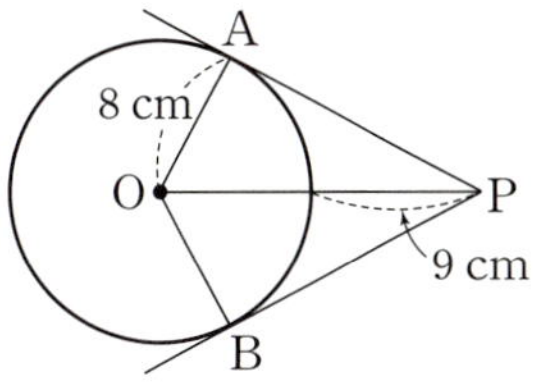

078 □AOBP의 넓이

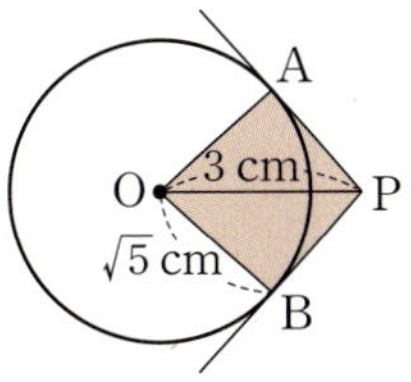

해 $\angle PBO=$ ☐ °이므로 $\triangle$OBP에서

$\overline{PB}=\sqrt{3^2-(\sqrt{5})^2}=$ ☐ (cm)

$\therefore$ □AOBP$=2\triangle OBP=2\times\left(\frac{1}{2}\times\square\times\sqrt{5}\right)$

$=$ ☐ (cm^2)

079 □APBO의 넓이

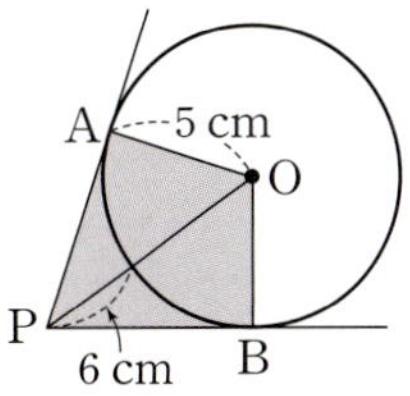

유형 Up

20

아래 그림에서 △ABC의 둘레의 길이는 $2\overline{AD}$ 또는 $2\overline{AE}$야.

(△ABC의 둘레의 길이)

$=\overline{AB}+\overline{BC}+\overline{CA}$

$=\overline{AB}+\overline{BF}+\overline{CF}+\overline{CA}$ ← $\overline{BD}=\overline{BF}$, $\overline{CE}=\overline{CF}$

$=\overline{AB}+\overline{BD}+\overline{CE}+\overline{CA}$

$=\overline{AD}+\overline{AE}$ ← $\overline{AD}=\overline{AE}$

$=2\overline{AE}$

$\overline{AB}+5+6=2\times9$ $\therefore \overline{AB}=7(\text{cm})$

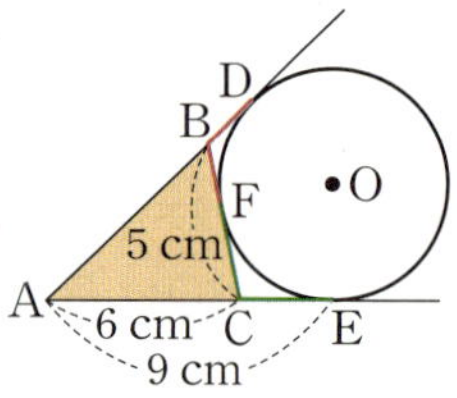

유형 Up

21

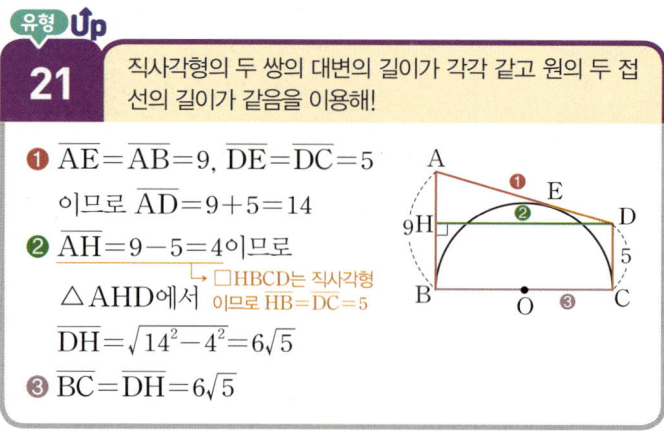

직사각형의 두 쌍의 대변의 길이가 각각 같고 원의 두 접선의 길이가 같음을 이용해!

❶ $\overline{AE}=\overline{AB}=9$, $\overline{DE}=\overline{DC}=5$ 이므로 $\overline{AD}=9+5=14$

❷ $\overline{AH}=9-5=4$이므로 ← □HBCD는 직사각형이므로 $\overline{HB}=\overline{DC}=5$

△AHD에서

$\overline{DH}=\sqrt{14^2-4^2}=6\sqrt{5}$

❸ $\overline{BC}=\overline{DH}=6\sqrt{5}$

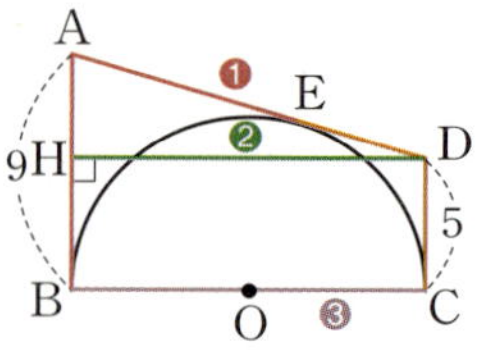

○ 다음 그림에서 $\overrightarrow{AD}$, $\overrightarrow{AE}$, $\overline{BC}$는 원 O의 접선이고 세 점 D, E, F는 접점일 때, x의 값을 구하시오.

080

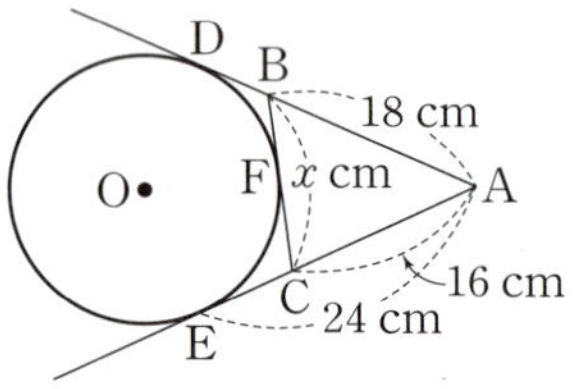

해 (△ABC의 둘레의 길이)=□$\overline{AE}$이므로

$18+x+16=2\times$□ $\therefore x=$□

081

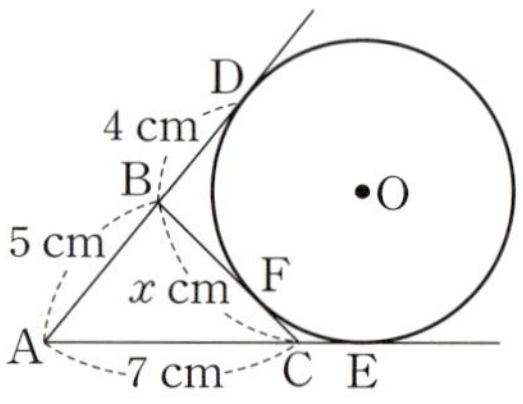

082

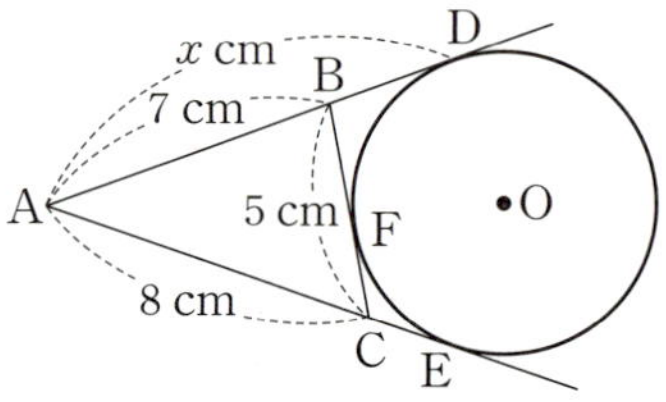

○ 다음 그림에서 $\overline{AB}$, $\overline{AD}$, $\overline{DC}$는 반원 O의 접선이고 세 점 B, C, E는 접점일 때, x의 값을 구하시오.

083

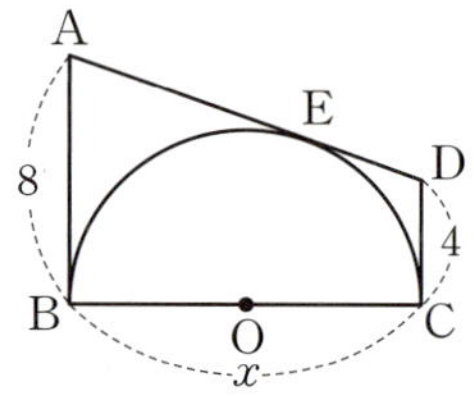

084

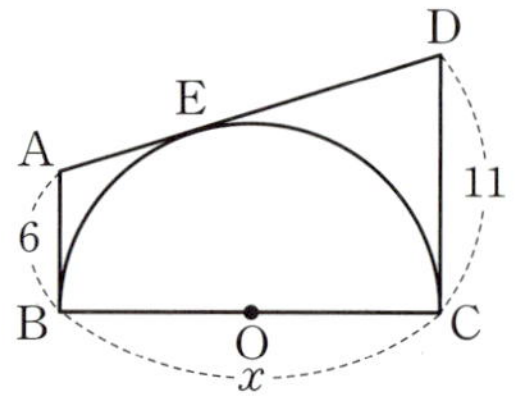

085

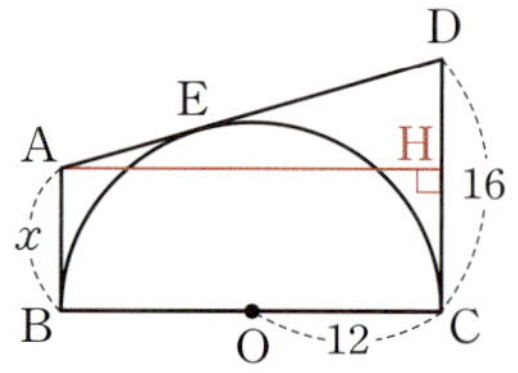

해 $\overline{AE}=\overline{AB}=x$, $\overline{DE}=\overline{DC}=$□이므로

$\overline{AD}=x+$□

꼭짓점 A에서 $\overline{CD}$에 내린 수선의 발을 H라고 하면

$\overline{DH}=$□$-x$

△AHD에서 $(x+$□$)^2=($□$-x)^2+24^2$

$64x=$□ $\therefore x=$□

086

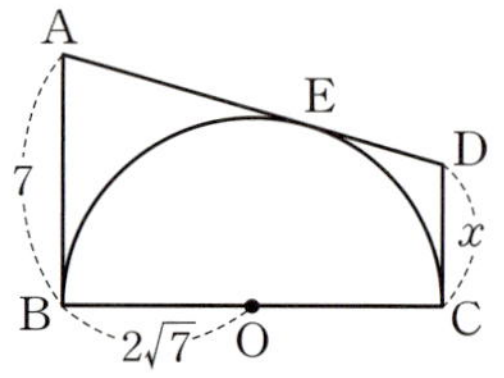

유형 Up 22 중심이 O로 같은 두 원에서 큰 원의 현 AB가 작은 원의 접선이고 점 H가 접점일 때, $\overline{OH}$는 현을 이등분해~

❶ $\overline{AB}\perp\overline{OH}$이므로

$\triangle OAH$에서

$\overline{AH}=\sqrt{5^2-3^2}=4(\text{cm})$

❷ $\overline{AB}=2\overline{AH}$ ← $\overline{AB}\perp\overline{OH}$이므로 $\overline{AH}=\overline{BH}$

$=2\times4=8(\text{cm})$

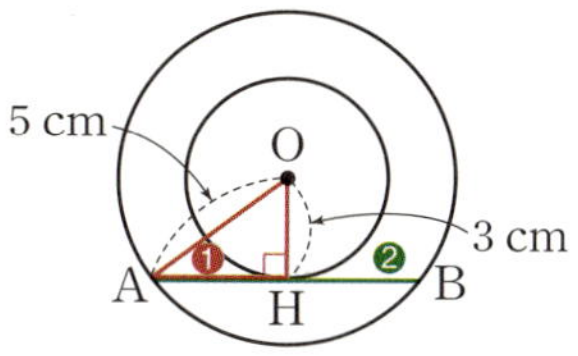

다음 그림과 같이 큰 원과 작은 원의 반지름의 길이가 각각 R, r이고 중심이 O로 같은 두 원이 있다. 큰 원의 현 AB가 작은 원의 접선이고 점 H가 접점일 때, $\overline{AB}$의 길이를 구하시오.

087 $R=3,\ r=2$

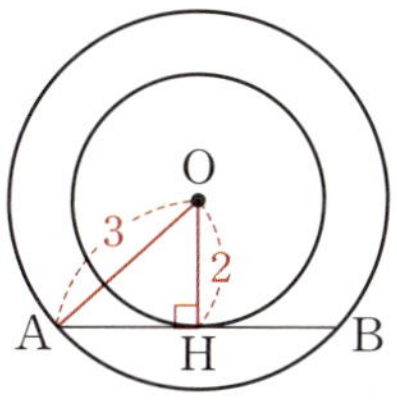

해 $\overline{OA}$, $\overline{OH}$를 그으면 $\overline{AB}\perp\overline{OH}$이므로 $\triangle OAH$에서

$\overline{AH}=\sqrt{\square^2-2^2}=\square$

$\therefore \overline{AB}=2\overline{AH}=2\times\square=\square$

088 $R=14,\ r=10$

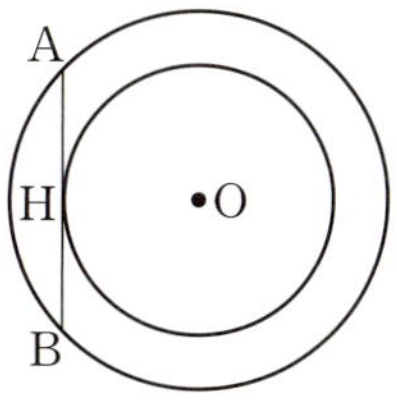

089 $R=15,\ r=9$

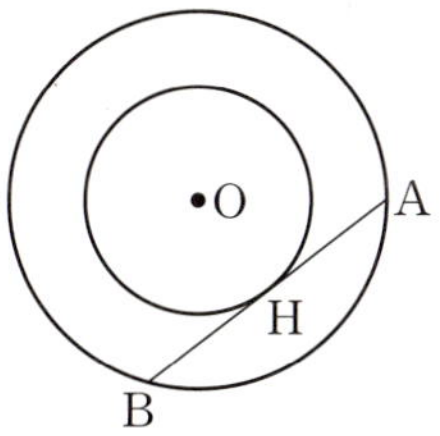

교과서 미리보기 풀었던 연산은 교과서에 이렇게 나온다!

090 15

오른쪽 그림에서 $\overrightarrow{PT}$는 반원 O의 접선이고 점 T는 접점이다. $\overline{PB}=9$ cm, $\overline{PT}=15$ cm일 때, $\overline{OB}$의 길이를 구하시오.

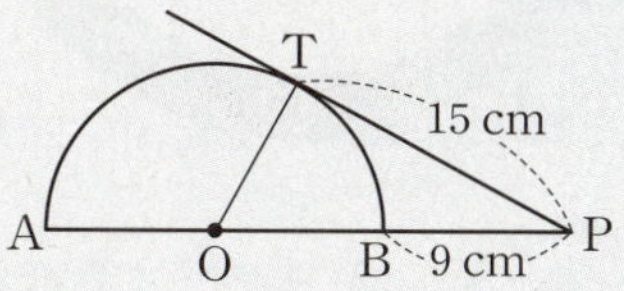

091 13 18

오른쪽 그림에서 $\overline{PA}$, $\overline{PB}$는 원 O의 접선이고 두 점 A, B는 접점이다. $\overline{PA}=10$ cm, $\angle AOB=120^\circ$일 때, $\triangle APB$의 둘레의 길이를 구하시오.

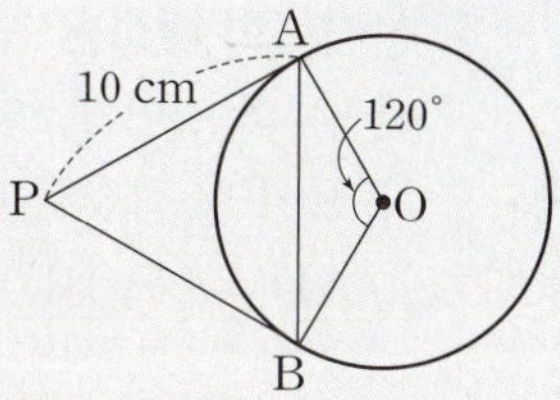

092 19

오른쪽 그림에서 $\overrightarrow{PA}$, $\overrightarrow{PB}$는 원 O의 접선이고 두 점 A, B는 접점이다. $\overline{PC}=4$ cm, $\overline{CO}=9$ cm일 때, □APBO의 넓이를 구하시오.

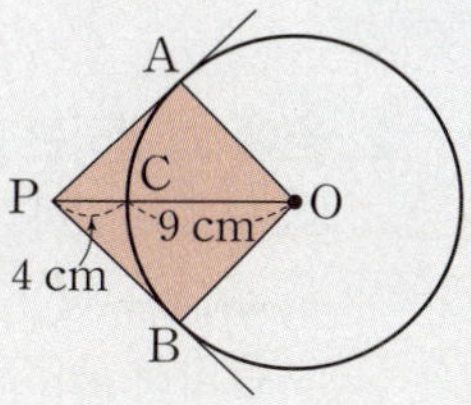

학습일자 월 일

Episode 09

원의 접선에 관한 성질 (2)

중2-2 : Ⅰ. 도형의 성질

개념 Re:Play

이전에 배운 내용을 다시 한 번 확인하세요.

내접원이란?

삼각형의 세 변이 한 원에 접할 때, 이 원은 그 삼각형에 내접한다고 하고, 이 원을 삼각형의 내접원이라고 한다.

이때 내접원의 중심을 내심이라고 한다.

→ 삼각형의 내심에서 세 변에 이르는 거리는 모두 같다.

즉, $\overline{ID}=\overline{IE}=\overline{IF}=$(내접원 I의 반지름의 길이)

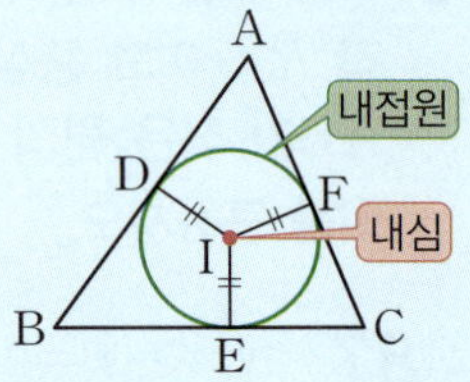

개념 Play

오답 NOTE

1. 삼각형의 내접원

반지름의 길이가 r인 원 O가 $\triangle ABC$의 내접원이고 세 점 D, E, F가 접점일 때

(1) $\overline{AD}=\overline{AF}$, $\overline{BD}=\overline{BE}$, $\overline{CE}=\overline{CF}$

└→ 원 밖의 한 점에서 그 원에 그은 두 접선의 길이는 같다.

(2) ($\triangle ABC$의 둘레의 길이)$=a+b+c=2(x+y+z)$

(3) $\triangle ABC=\frac{1}{2}r(a+b+c)$

└→ $\triangle ABC=\triangle ABO+\triangle BCO+\triangle CAO=\frac{1}{2}cr+\frac{1}{2}ar+\frac{1}{2}br=\frac{1}{2}r(a+b+c)$

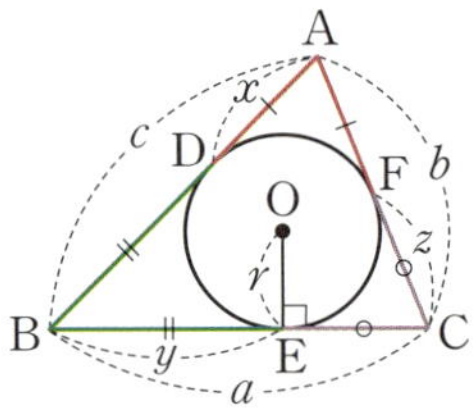

참고 직각삼각형의 내접원

원 O는 $\angle C=90°$인 직각삼각형 ABC의 내접원이고 세 점 D, E, F는 접점일 때

① □OECF는 한 변의 길이가 r인 정사각형이다.

② $\triangle ABC=\frac{1}{2}r(a+b+c)=\frac{1}{2}ab$

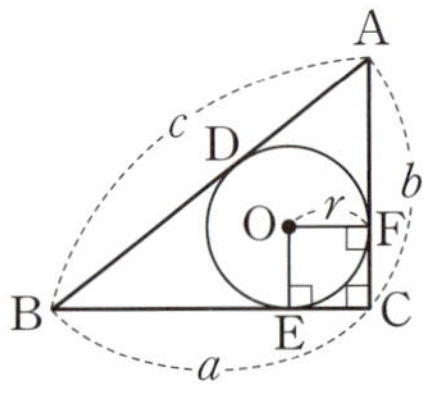

2. 원에 외접하는 사각형

(1) 원에 외접하는 사각형의 두 쌍의 대변의 길이의 합은 같다.

→ $\overline{AB}+\overline{CD}=\overline{AD}+\overline{BC}$

(2) 대변의 길이의 합이 서로 같은 사각형은 원에 외접한다.

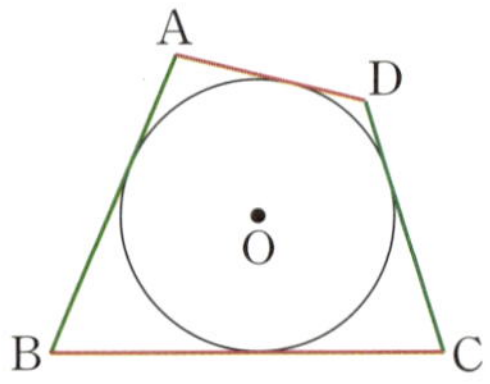

참고 $\overline{AB}+\overline{CD}$

$=(\overline{AP}+\overline{BP})+(\overline{CR}+\overline{DR})$

$=(\overline{AS}+\overline{BQ})+(\overline{CQ}+\overline{DS})$ ← $\overline{AP}=\overline{AS}$, $\overline{BP}=\overline{BQ}$, $\overline{CQ}=\overline{CR}$, $\overline{DR}=\overline{DS}$

$=(\overline{AS}+\overline{DS})+(\overline{BQ}+\overline{CQ})$

$=\overline{AD}+\overline{BC}$

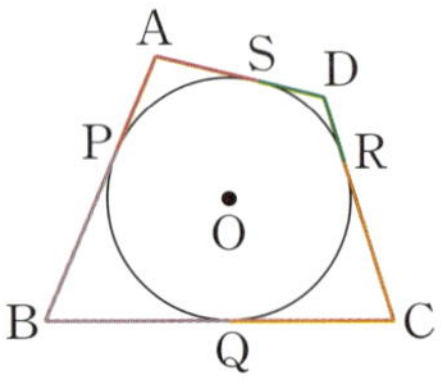

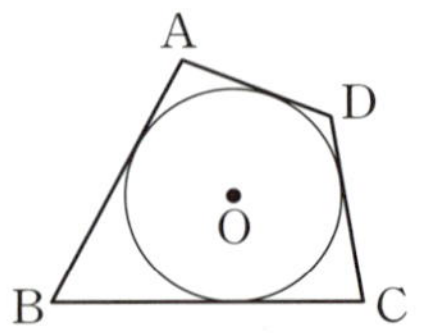

위에 그림에서 $\overline{AB}+\overline{BC}\neq\overline{AD}+\overline{CD}$

'대변의 길이의 합'을 '이웃하는 변의 길이의 합'으로 혼동하지 않도록 주의한다.

즉, $\overline{AB}+\overline{CD}=\overline{AD}+\overline{BC}$이다.

23 세 점 D, E, F가 접점일 때, $\overline{AD}=\overline{AF}$, $\overline{BD}=\overline{BE}$, $\overline{CE}=\overline{CF}$야~

❶ $\overline{AD}=\overline{AF}=5(\text{cm})$
❷ $\overline{BE}=\overline{BD}=11-5=6(\text{cm})$
❸ $\overline{CE}=\overline{CF}=4(\text{cm})$
$\overline{BC}=\overline{BE}+\overline{CE}$
$=6+4=10(\text{cm})$ $\quad\therefore x=10$

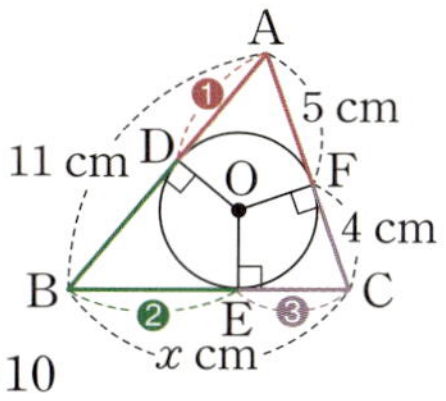

24 아래 그림에서 접선의 성질을 이용해 $\overline{BE}$, $\overline{CE}$의 길이를 x에 대한 식으로 나타내 봐~

❶ $\overline{AD}=\overline{AF}=x(\text{cm})$
❷ $\overline{BE}=\overline{BD}=8-x(\text{cm})$
❸ $\overline{CE}=\overline{CF}=10-x(\text{cm})$
❹ $14=(8-x)+(10-x)$ ← $\overline{BC}=\overline{BE}+\overline{CE}$
$\therefore x=2$

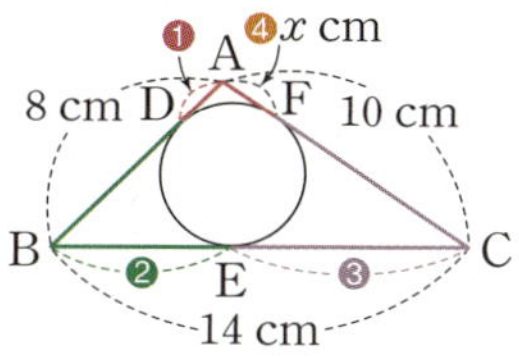

● 다음 그림에서 원 O는 △ABC의 내접원이고 세 점 D, E, F는 접점일 때, x의 값을 구하시오.

093

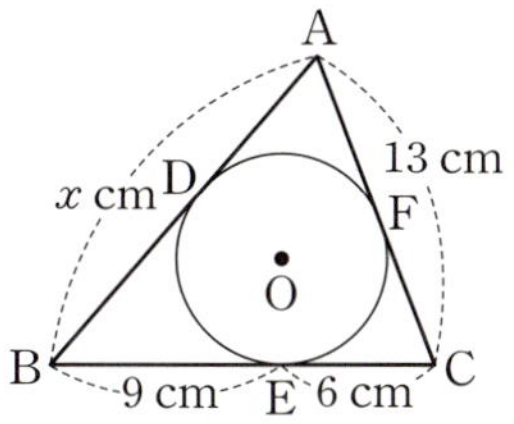

해 $\overline{BD}=\overline{BE}=\square(\text{cm})$, $\overline{CF}=\overline{CE}=\square(\text{cm})$이므로
$\overline{AD}=\overline{AF}=13-\square=\square(\text{cm})$
$\overline{AB}=\overline{AD}+\overline{BD}=7+\square=\square(\text{cm})$
$\therefore x=\square$

094

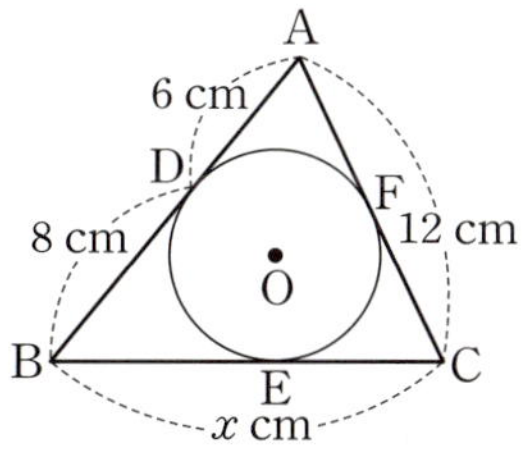

095

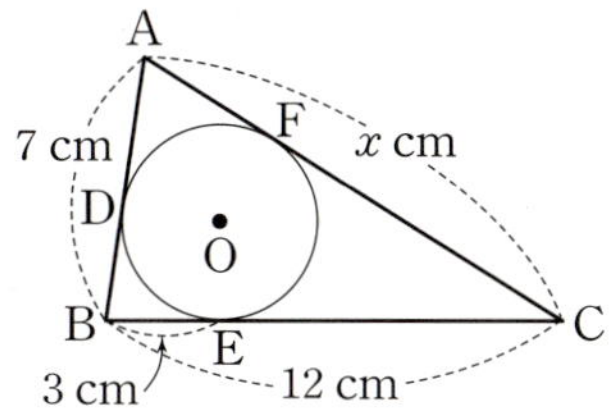

096

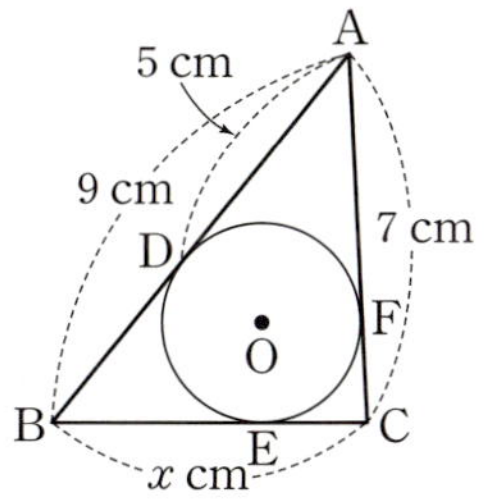

● 다음 그림에서 원 O는 △ABC의 내접원이고 세 점 D, E, F는 접점일 때, x의 값을 구하시오.

097

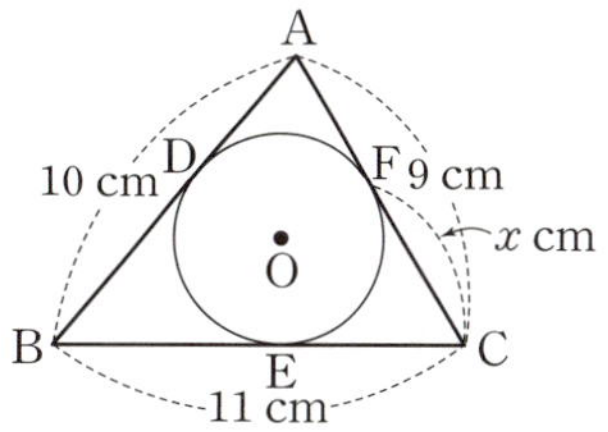

해 $\overline{CE}=\overline{CF}=x(\text{cm})$
$\overline{AD}=\overline{AF}=\square-x(\text{cm})$, $\overline{BD}=\overline{BE}=\square-x(\text{cm})$
$\overline{AB}=\overline{AD}+\overline{BD}$이므로
$10=(\square-x)+(\square-x)$ $\quad\therefore x=\square$

098

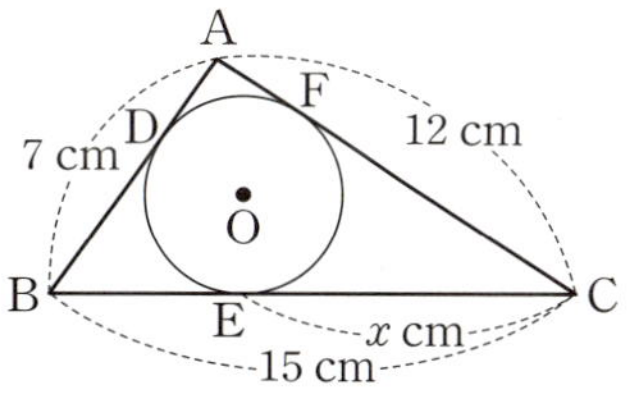

099

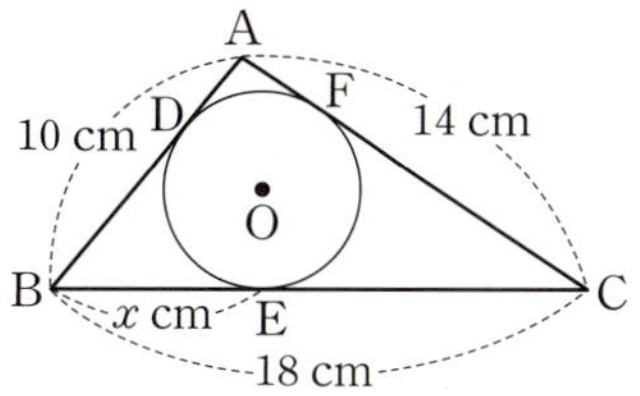

100

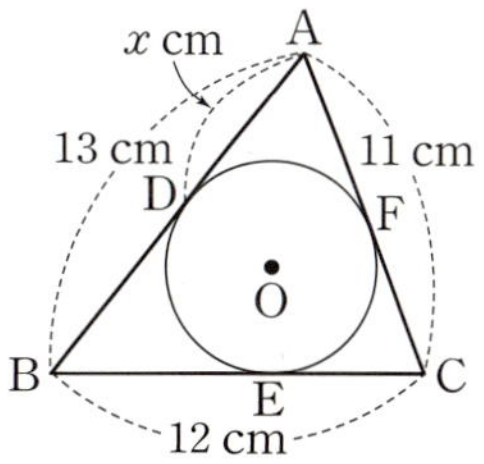

25 아래 그림에서 $\overline{AD}=\overline{AF}=$●, $\overline{BD}=\overline{BE}=$■, $\overline{CE}=\overline{CF}=$▲이므로 (△ABC의 둘레의 길이)$=2($●+■+▲$)$야~

(△ABC의 둘레의 길이)
$=2(\overline{AF}+\overline{BD}+\overline{CE})$
↳ $\overline{AD}=\overline{AF}$, $\overline{BD}=\overline{BE}$, $\overline{CE}=\overline{CF}$
$=2\times(7+6+11)$
$=48(\text{cm})$

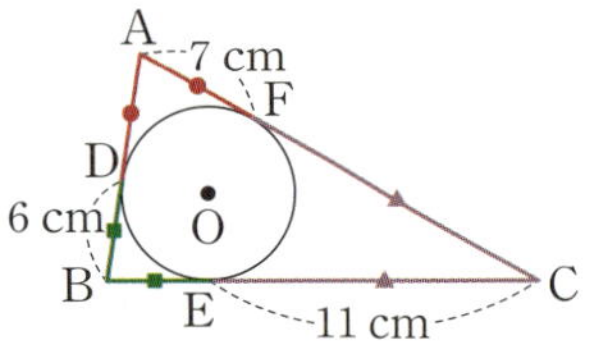

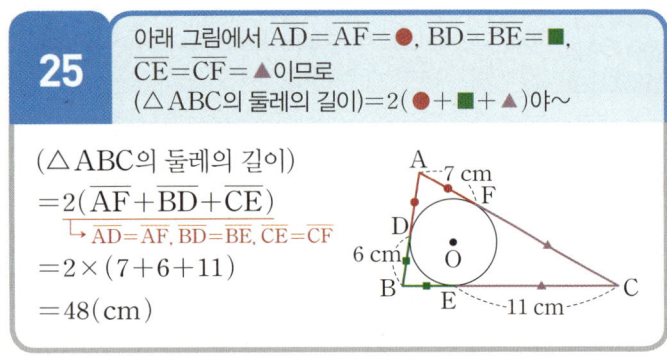

○ 다음 그림에서 원 O는 △ABC의 내접원이고 세 점 D, E, F는 접점일 때, △ABC의 둘레의 길이를 구하시오.

101

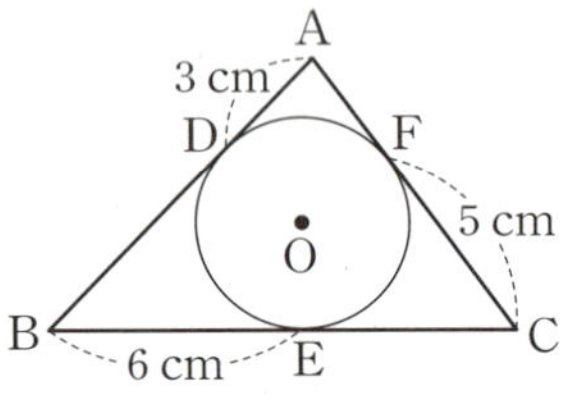

해 (△ABC의 둘레의 길이)$=2(\overline{AD}+\overline{BE}+\overline{CF})$
$=2\times(\square+6+5)$
$=\square(\text{cm})$

102

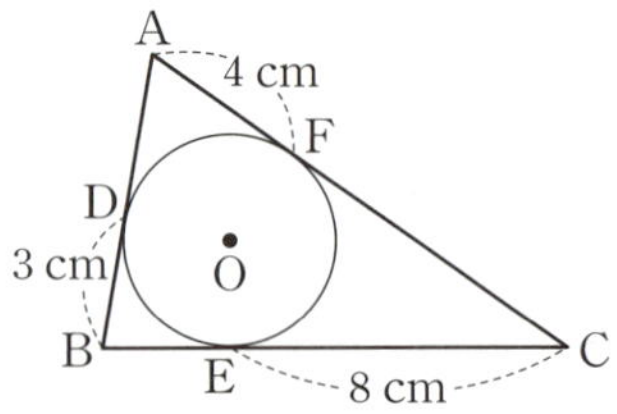

103

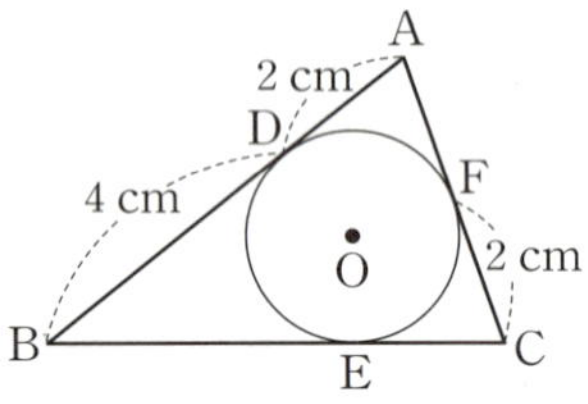

104

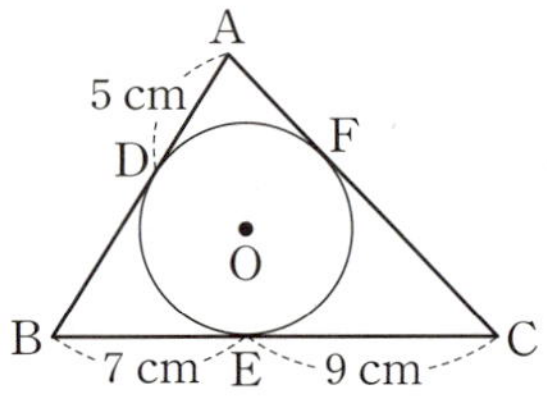

26 아래 그림에서 $\overline{AD}=\overline{AF}=$●, $\overline{BD}=\overline{BE}=$■, $\overline{CE}=\overline{CF}=$▲이므로 ●+■+▲$=\frac{1}{2}$(△ABC의 둘레의 길이)야~

$x+y+z$
$=\frac{1}{2}$(△ABC의 둘레의 길이)
$=\frac{1}{2}\times(9+7+6)=11$

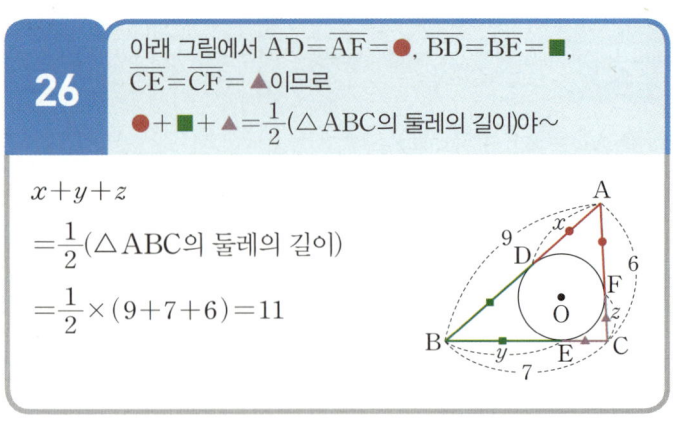

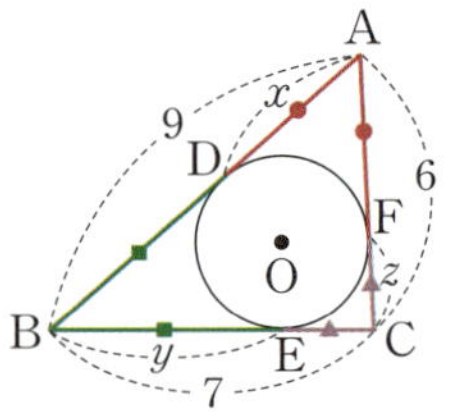

○ 다음 그림에서 원 O는 △ABC의 내접원이고 세 점 D, E, F는 접점일 때, $x+y+z$의 값을 구하시오.

105

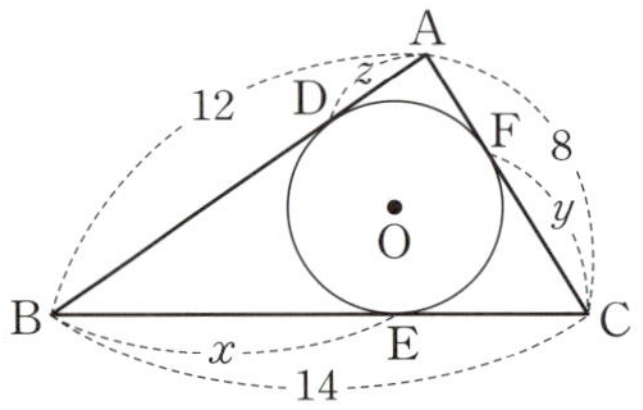

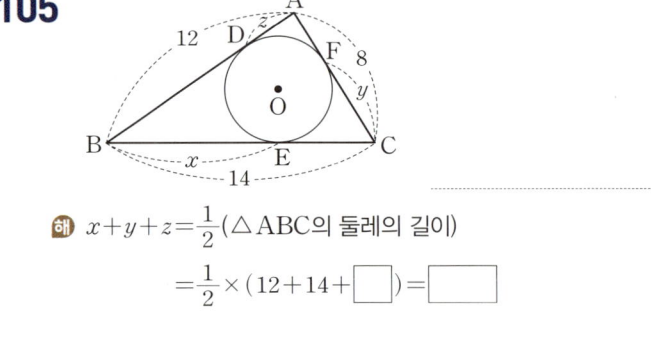

해 $x+y+z=\frac{1}{2}$(△ABC의 둘레의 길이)
$=\frac{1}{2}\times(12+14+\square)=\square$

106

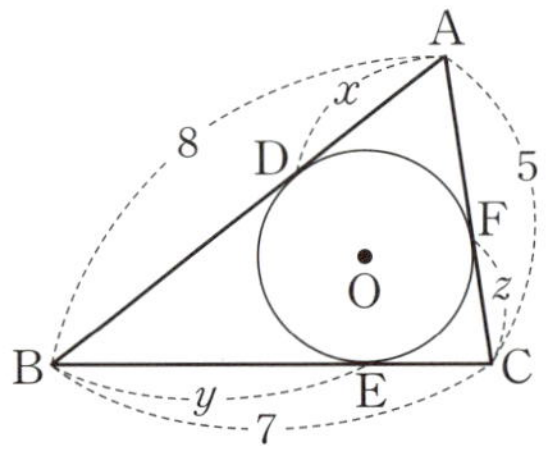

107

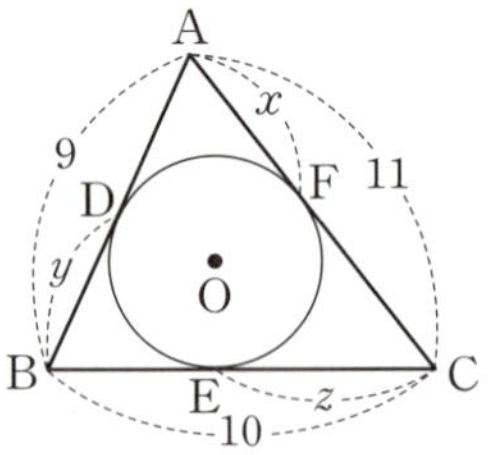

108

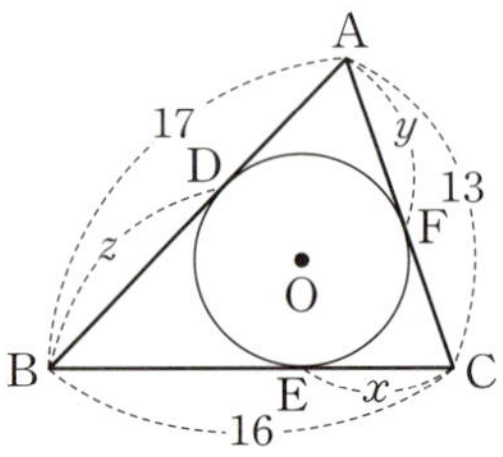

유형 Up

27 아래 그림에서 (△PBQ의 둘레의 길이)$=2\overline{BD}$이므로 $\overline{BD}$의 길이를 먼저 구해~

❶ $\overline{BD}=x$ cm라고 하면

$\overline{BE}=\overline{BD}=x$(cm)

$\overline{AF}=\overline{AD}=6-x$(cm)

$\overline{CF}=\overline{CE}=10-x$(cm)

❷ $8=(6-x)+(10-x)$이므로 ($\overline{AC}=\overline{AF}+\overline{CF}$)

$x=4$

❸ (△PBQ의 둘레의 길이)$=2\overline{BD}=2\times4=8$(cm) ($\overline{PQ}=\overline{PD}+\overline{QE}$)

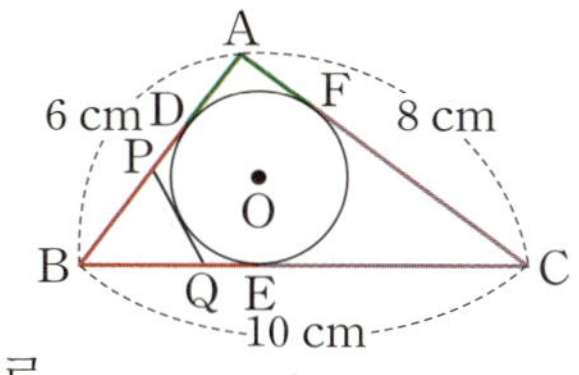

28 아래 그림에서 정사각형의 한 변의 길이는 원의 반지름의 길이와 같아~

❶ □OECF는 한 변의 길이가 r cm인 정사각형이므로

$\overline{CE}=\overline{CF}=r$(cm)

$\overline{AD}=\overline{AF}=8-r$(cm)

$\overline{BD}=\overline{BE}=6-r$(cm)

❷ $\overline{AB}=\sqrt{6^2+8^2}=10$(cm)이므로

$10=(8-r)+(6-r)$ ($\overline{AB}=\overline{AD}+\overline{BD}$) $\quad\therefore r=2$

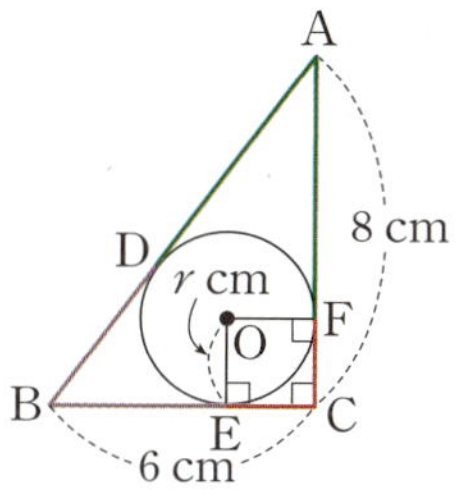

오른쪽 그림에서 원 O는 △ABC의 내접원이고 세 점 D, E, F는 접점이다. $\overline{PQ}$가 원 O의 접선일 때, 다음을 구하시오.

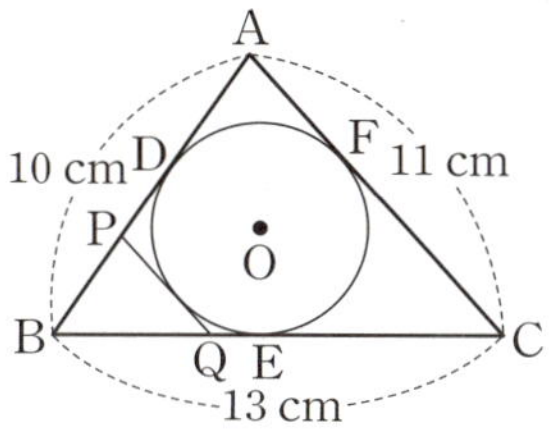

109 $\overline{BD}$의 길이

해 $\overline{BD}=x$ cm라고 하면 $\overline{BE}=\overline{BD}=x$(cm)

$\overline{AF}=\overline{AD}=\square-x$(cm)

$\overline{CF}=\overline{CE}=\square-x$(cm)

$\overline{AC}=\overline{AF}+\overline{CF}$이므로

$11=(\square-x)+(\square-x)\quad\therefore x=\square$

$\therefore \overline{BD}=\square$(cm)

110 △PBQ의 둘레의 길이

해 (△PBQ의 둘레의 길이)$=2\overline{BD}=2\times\square=\square$(cm)

오른쪽 그림에서 원 O는 △ABC의 내접원이고 세 점 D, E, F는 접점이다. $\overline{PQ}$가 원 O의 접선일 때, 다음을 구하시오.

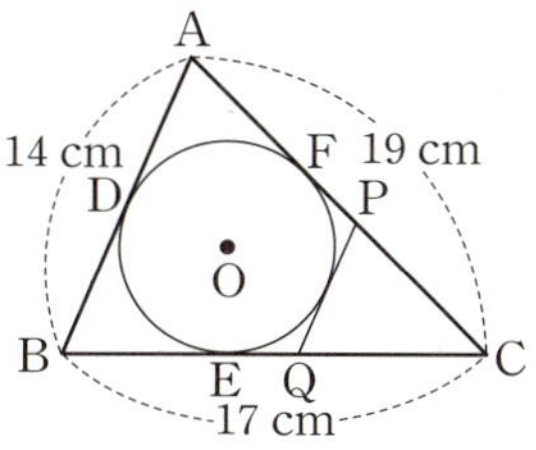

111 $\overline{CE}$의 길이

112 △PQC의 둘레의 길이

다음 그림에서 원 O는 ∠C$=90°$인 직각삼각형 ABC의 내접원이고 세 점 D, E, F는 접점일 때, r의 값을 구하시오.

113

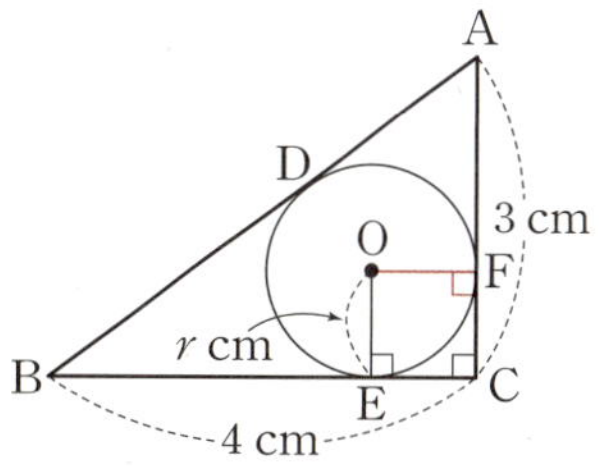

해 $\overline{OF}$를 그으면 □OECF는 한 변의 길이가 r cm인 정사각형이므로

$\overline{CE}=\overline{CF}=r$(cm)

$\overline{AD}=\overline{AF}=\square-r$(cm)

$\overline{BD}=\overline{BE}=\square-r$(cm)

△ABC에서 $\overline{AB}=\sqrt{4^2+3^2}=\square$(cm)

$\overline{AB}=\overline{AD}+\overline{BD}$이므로

$5=(\square-r)+(\square-r)\quad\therefore r=\square$

114

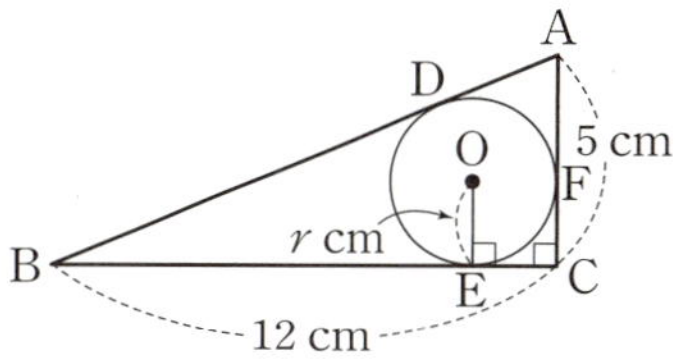

115

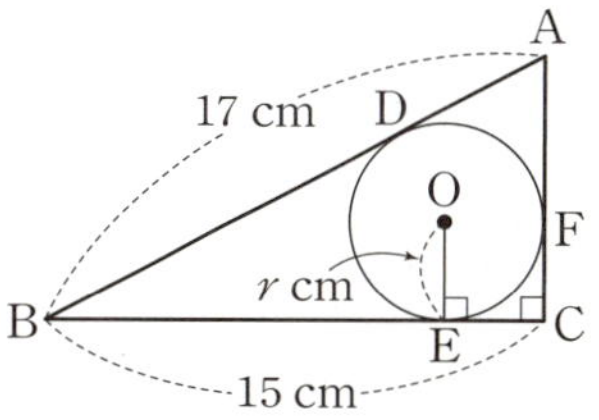

29 삼각형의 두 변의 길이를 원의 반지름에 대한 식으로 나타낸 후 피타고라스 정리를 이용해~

❶ $\overline{AD}=\overline{AF}=2(cm)$,
$\overline{CE}=\overline{CF}=3(cm)$
□ODBE는 한 변의 길이가 r cm인 정사각형이므로
$\overline{BD}=\overline{BE}=r(cm)$

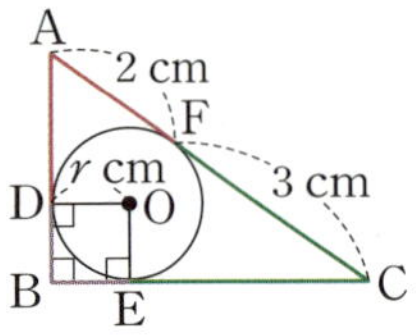

❷ △ABC에서 $(2+3)^2=(2+r)^2+(r+3)^2$ → $\overline{AC}^2=\overline{AB}^2+\overline{BC}^2$
$r^2+5r-6=0$, $(r+6)(r-1)=0$
$\therefore r=1$ ($\because r>0$)

30 원에 외접하는 사각형의 한 꼭짓점에서 이웃하는 접점까지의 거리는 같아~

(1) $\overline{AP}=\overline{AS}$, $\overline{BP}=\overline{BQ}$,
$\overline{CQ}=\overline{CR}$, $\overline{DR}=\overline{DS}$
(2) 원에 외접하는 사각형의 두 쌍의 □의 길이의 합은 같다.
→ $\overline{AB}+$□$=$□$+\overline{BC}$

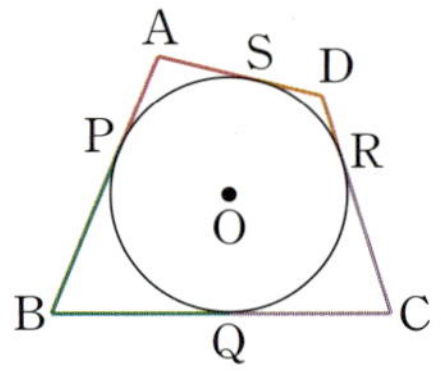

답 | 대변, $\overline{CD}$, $\overline{AD}$

● 다음 그림에서 원 O는 ∠C=90°인 직각삼각형 ABC의 내접원이고 세 점 D, E, F는 접점일 때, r의 값을 구하시오.

116

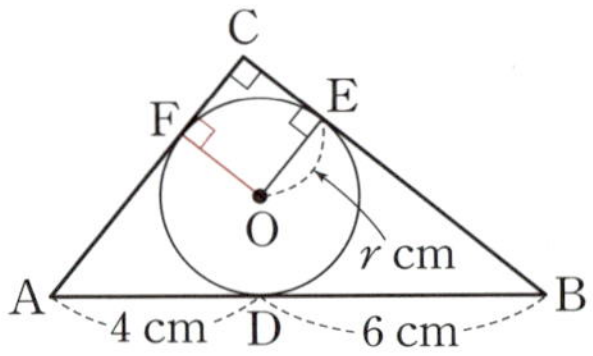

해 $\overline{AF}=\overline{AD}=$□(cm), $\overline{BE}=\overline{BD}=$□(cm)
$\overline{OF}$를 그으면 □OECF는 한 변의 길이가 r cm인 정사각형이므로
$\overline{CE}=\overline{CF}=r(cm)$
△ABC에서 $(4+6)^2=($□$+r)^2+(6+r)^2$
r^2+□$r-24=0$, $(r+12)(r-$□$)=0$
$\therefore r=$□ ($\because r>0$)

117

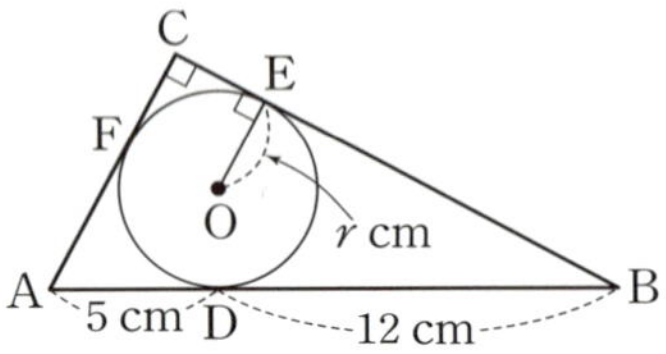

118

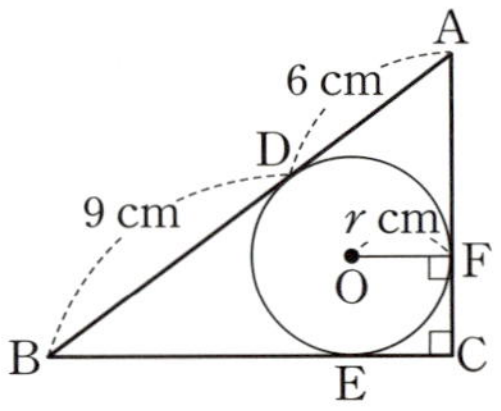

● 오른쪽 그림에서 □ABCD는 원 O에 외접하고 네 점 E, F, G, H는 접점일 때, 다음 설명이 옳으면 ○표, 옳지 않으면 ×표를 ( ) 안에 써넣으시오.

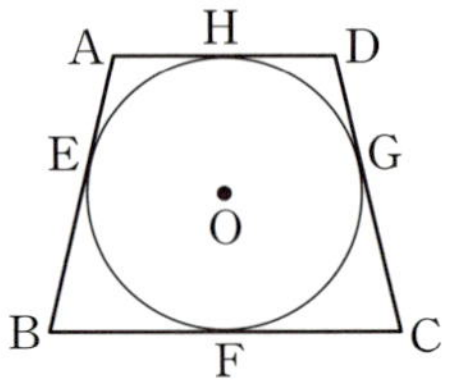

119 $\overline{AE}=\overline{AH}$ ( )

120 $\overline{BF}=\overline{CF}$ ( )

121 $\overline{CF}=\overline{CG}$ ( )

122 $\overline{AB}=\overline{CD}$ ( )

123 $\overline{AD}=\overline{BC}$ ( )

124 $\overline{AB}+\overline{CD}=\overline{AD}+\overline{BC}$ ( )

125 $\overline{AB}+\overline{BC}=\overline{AD}+\overline{CD}$ ( )

31 원에 외접하는 사각형의 두 쌍의 대변, 즉 서로 마주 보는 두 변의 길이의 합은 서로 같아~

$\overline{AB}+\overline{CD}=\overline{AD}+\overline{BC}$이므로

$14+11=9+x$

$\therefore x=16$

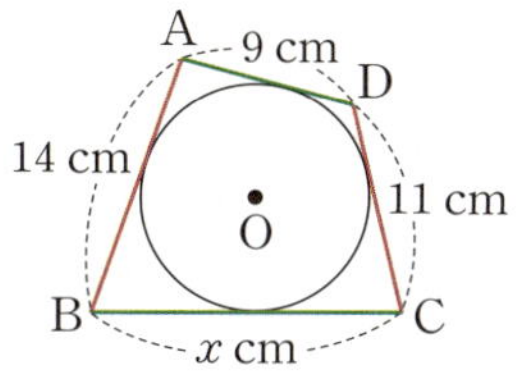

32 원에 외접하는 사각형의 성질을 이용하여 식을 세워 봐~

$\overline{AB}+\overline{CD}=\overline{AD}+\overline{BC}$이므로

$(4+x)+12=8+16$

$\therefore x=8$

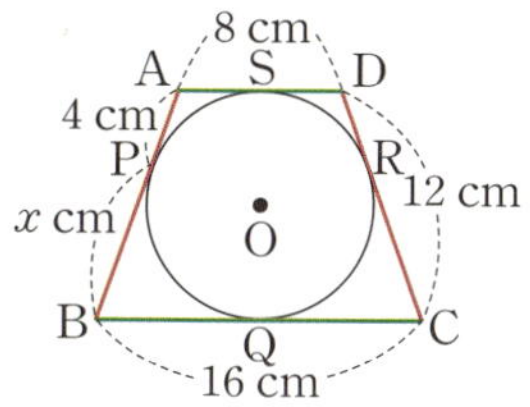

다음 그림에서 □ABCD가 원 O에 외접할 때, x의 값을 구하시오.

126

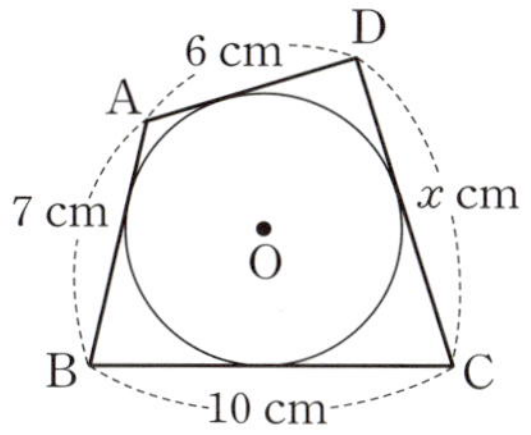

해 $\overline{AB}+\overline{CD}=\overline{AD}+\overline{BC}$이므로

$\square+x=6+\square$ $\quad\therefore x=\square$

127

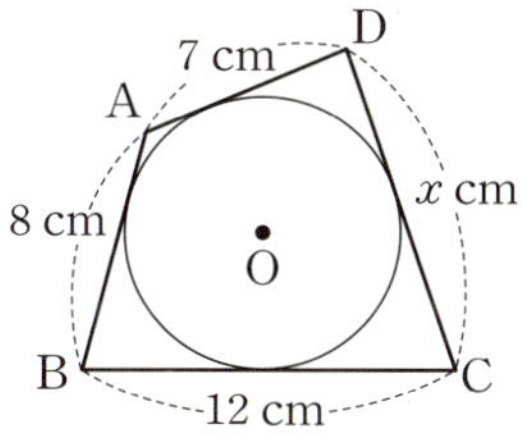

128

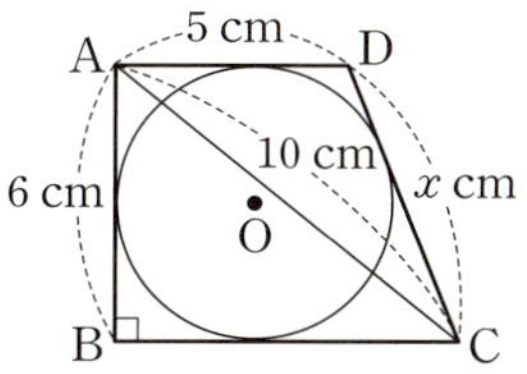

TIP 직각삼각형에서 피타고라스 정리를 이용해 사각형의 한 변의 길이를 먼저 구해 봐.

129

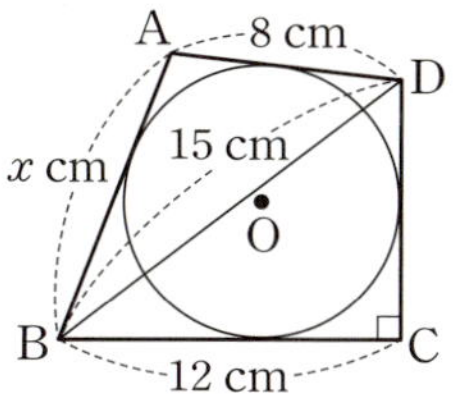

다음 그림에서 □ABCD는 원 O에 외접하고 네 점 P, Q, R, S는 접점일 때, x의 값을 구하시오.

130

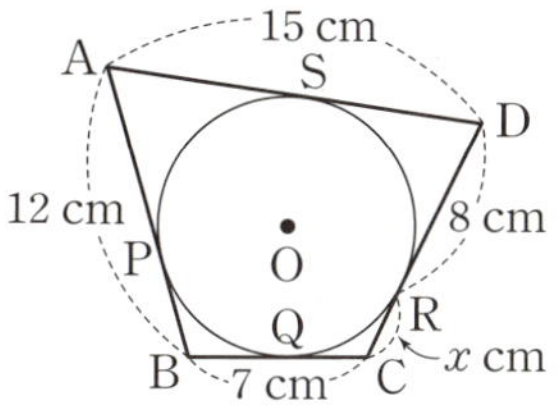

해 $\overline{AB}+\overline{CD}=\overline{AD}+\overline{BC}$이므로

$12+(\square+x)=15+\square$ $\quad\therefore x=\square$

131

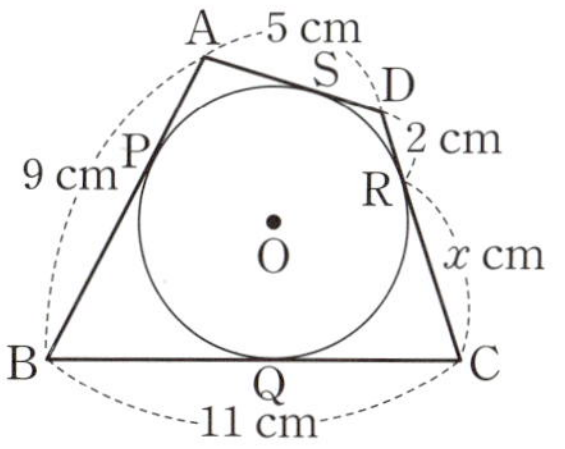

132

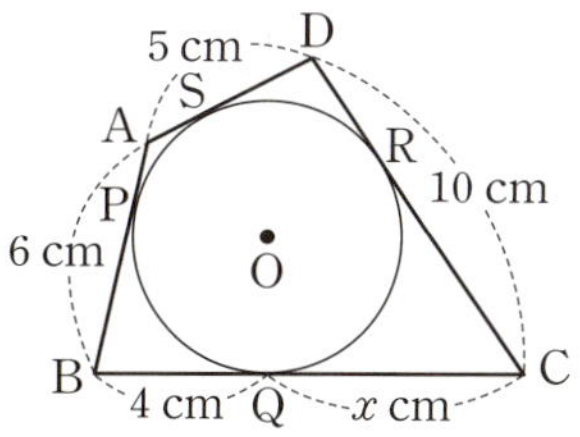

133

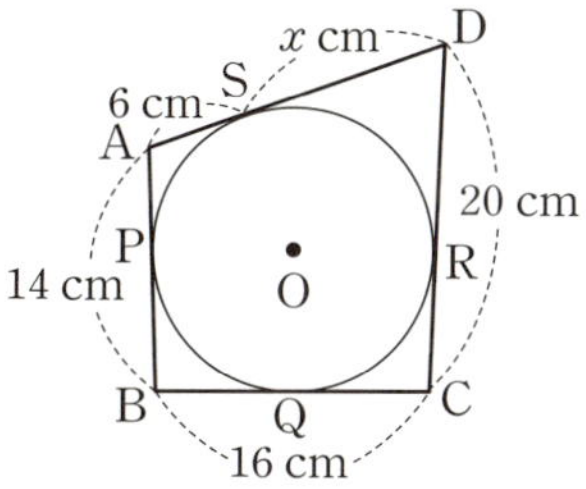

33 □ABCD의 둘레의 길이는 $2(\overline{AB}+\overline{CD})$ 또는 $2(\overline{AD}+\overline{BC})$야~

$\overline{AB}+\overline{CD}=\overline{AD}+\overline{BC}$이므로

(□ABCD의 둘레의 길이)

$=\overline{AB}+\overline{BC}+\overline{CD}+\overline{AD}$

$=(\overline{AB}+\overline{CD})+(\overline{AD}+\overline{BC})$

$=2(\overline{AD}+\overline{CD})$

$=2\times(6+11)=34(\text{cm})$

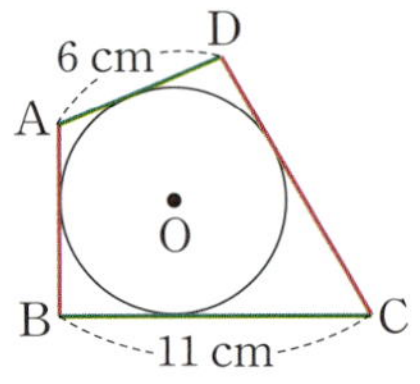

34 원에 외접하는 사각형에서 직각인 두 이웃하는 꼭짓점 사이의 거리는 원의 지름의 길이와 같아.

❶ □ABFH는 직사각형이므로

$\overline{AB}=\overline{HF}=2\overline{OF}$

$=2\times4=8(\text{cm})$

❷ $\overline{AB}+\overline{CD}=\overline{AD}+\overline{BC}$이므로

$8+10=x+12$

$\therefore x=6$

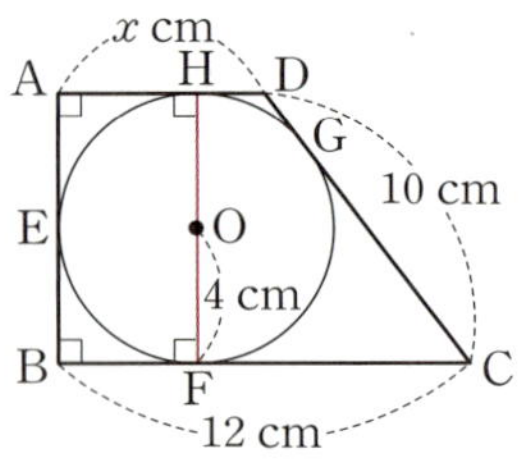

○ 다음 그림에서 □ABCD가 원 O에 외접할 때, □ABCD의 둘레의 길이를 구하시오.

134

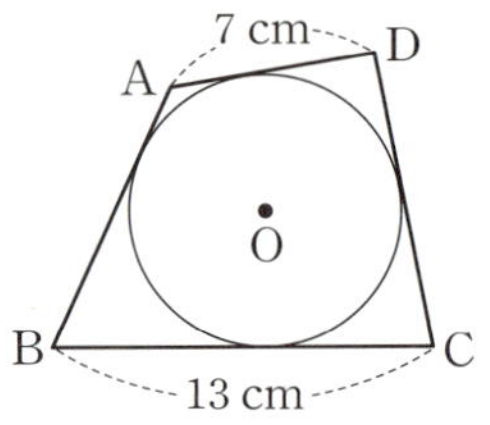

해 $\overline{AB}+\overline{CD}=\overline{AD}+\overline{BC}$이므로

(□ABCD의 둘레의 길이)$=2(\overline{AD}+\square)$

$=2\times(7+\square)$

$=\square(\text{cm})$

135

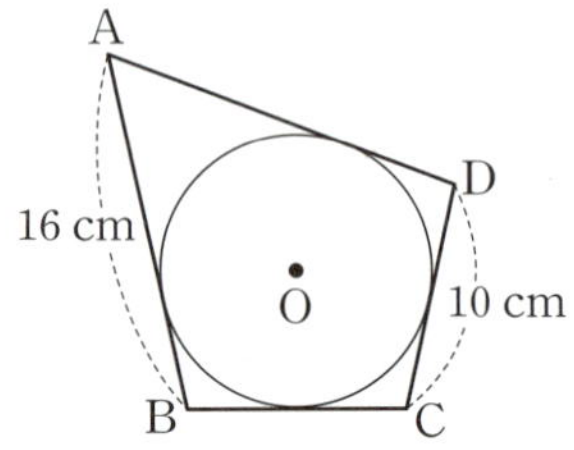

136

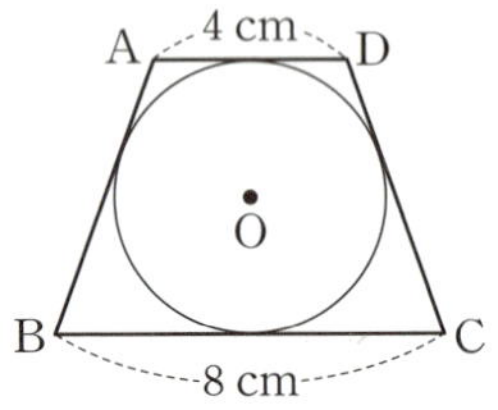

137

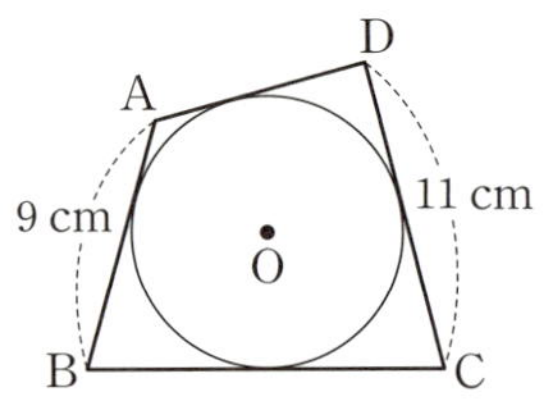

○ 다음 그림에서 □ABCD는 원 O에 외접하고 네 점 E, F, G, H는 접점일 때, x의 값을 구하시오.

138

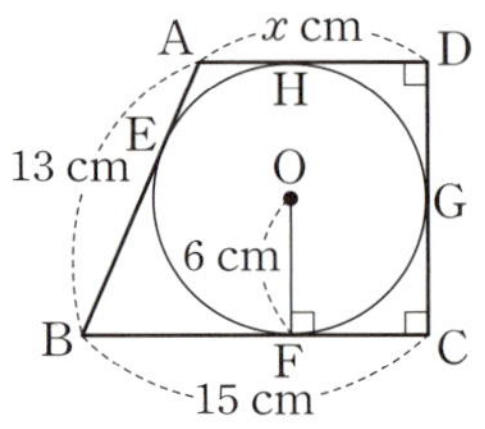

해 $\overline{CD}$의 길이는 원 O의 지름의 길이와 같으므로

$\overline{CD}=2\overline{OF}=2\times\square=\square(\text{cm})$

$\overline{AB}+\overline{CD}=\overline{AD}+\overline{BC}$이므로

$13+\square=x+15$ $\quad\therefore x=\square$

139

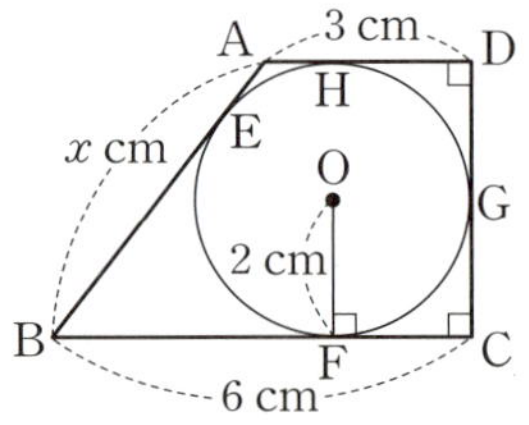

140

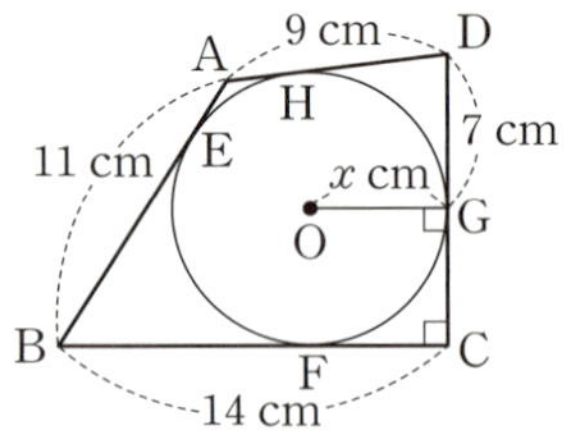

TIP 원의 반지름을 한 변으로 하는 정사각형을 찾아봐~

141

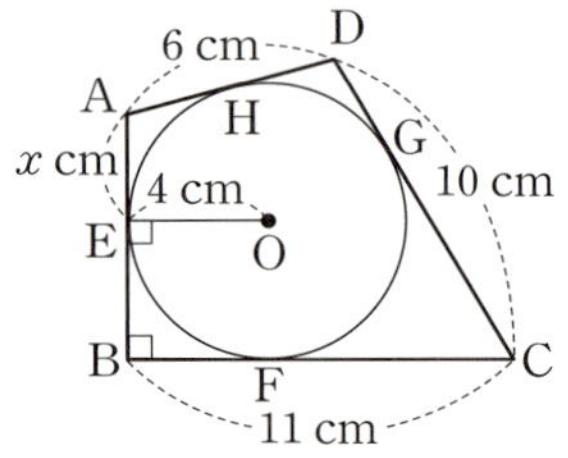

유형 Up

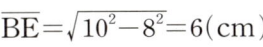

35 직사각형의 두 쌍의 대변의 길이는 각각 같고 원에 외접하는 사각형의 두 쌍의 대변의 길이의 합이 서로 같음을 이용해!

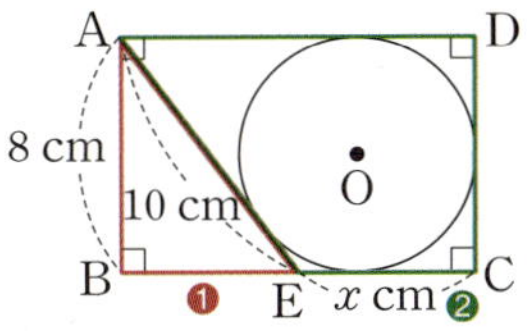

❶ $\triangle$ABE에서
$\overline{BE}=\sqrt{10^2-8^2}=6(\text{cm})$
❷ $\overline{AD}=\overline{BC}=6+x(\text{cm})$
$\overline{CD}=\overline{AB}=8(\text{cm})$
$\square$AECD에서 $\overline{AE}+\overline{CD}=\overline{AD}+\overline{EC}$이므로
$10+8=(x+6)+x \qquad \therefore x=6$

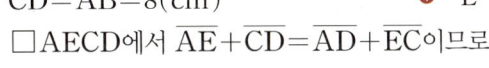

다음 그림에서 원 O가 직사각형 ABCD의 세 변과 $\overline{DI}$에 접하고 네 점 E, F, G, H는 접점일 때, x의 값을 구하시오.

142

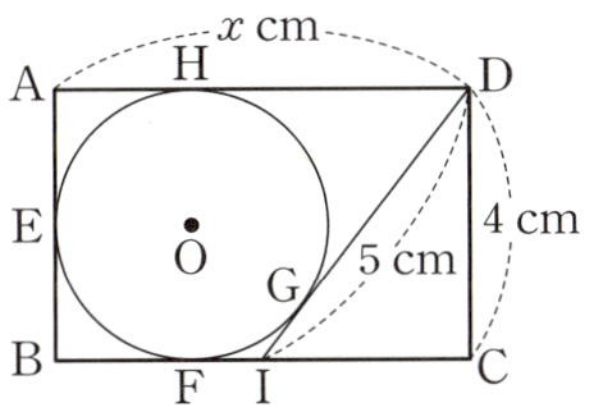

해 $\triangle$DIC에서 $\overline{CI}=\sqrt{\square^2-4^2}=\square(\text{cm})$
$\overline{AB}=\overline{CD}=\square(\text{cm})$
$\overline{BC}=\overline{AD}=\square(\text{cm})$이므로 $\overline{BI}=(x-\square)$ cm
$\square$ABID에서 $\overline{AB}+\overline{DI}=\overline{AD}+\overline{BI}$이므로
$4+5=x+(x-\square) \qquad \therefore x=\square$

143

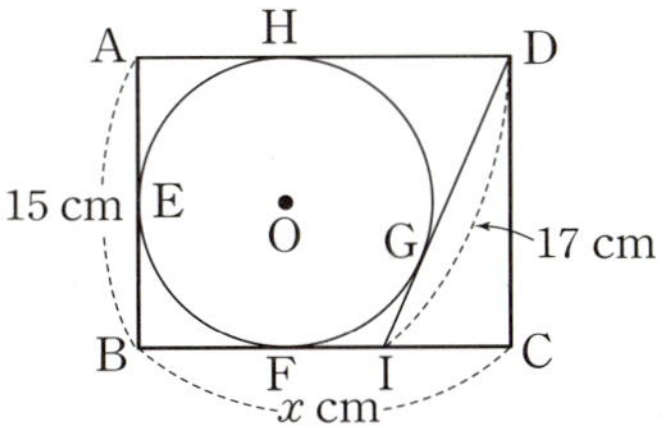

144

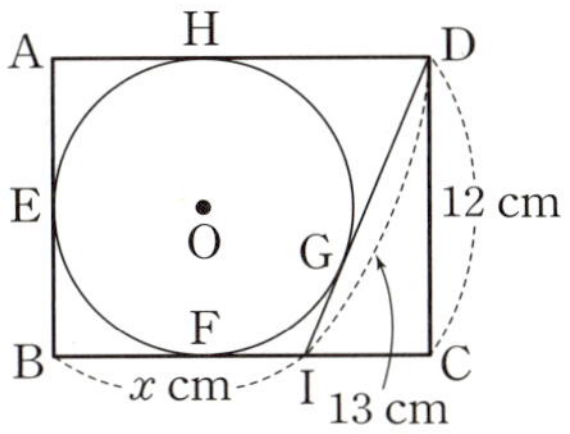

교과서 미리보기

풀었던 연산은 교과서에 이렇게 나온다!

145 24

오른쪽 그림에서 원 O는 $\triangle$ABC의 내접원이고 세 점 D, E, F는 접점일 때, $\overline{AD}$의 길이를 구하시오.

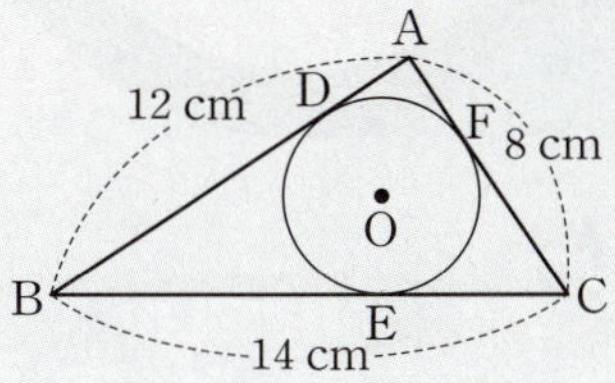

146 29

오른쪽 그림과 같이 반지름의 길이가 2 cm인 원 O가 $\angle B=90^\circ$인 직각삼각형 ABC의 내접원이고 $\overline{AF}=4$ cm일 때, x의 값을 구하시오.

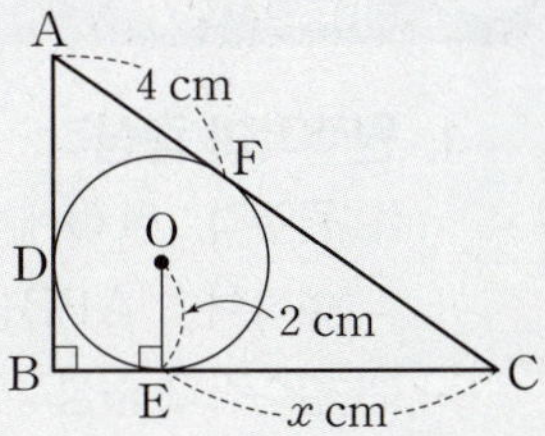

147 34

오른쪽 그림에서 $\square$ABCD는 원 O에 외접하고 네 점 E, F, G, H는 접점이다. $\angle B=90^\circ$일 때, 원 O의 넓이를 구하시오.

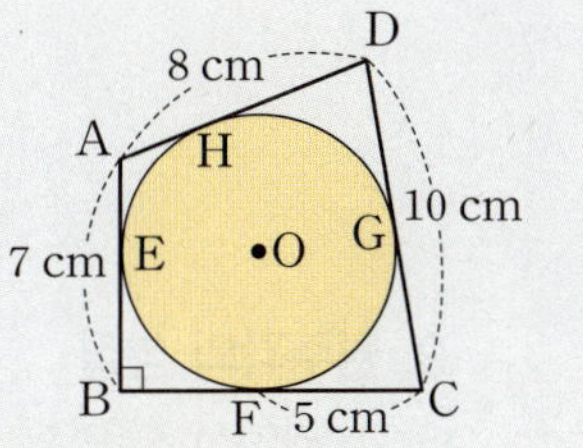

학습일자 월 일

Episode **10**

원주각

개념 Re:Play

◉ 중1-2 : Ⅱ. 평면도형과 입체도형

이전에 배운 내용을 다시 한 번 확인하세요.

호란?

원 O 위의 두 점 A, B를 양 끝으로 하는 원의 일부분을 호 AB($\widehat{AB}$)라 한다. 일반적으로 $\widehat{AB}$는 길이가 짧은 쪽을 나타낸다. 길이가 긴 쪽의 호를 나타낼 때는 그 호 위에 한 점 C를 잡고 $\widehat{ACB}$와 같이 나타낸다.

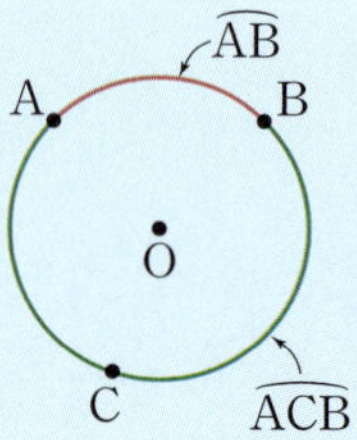

중심각이란?

부채꼴 AOB에서 두 반지름 OA, OB가 이루는 각, 즉 ∠AOB를 호 AB에 대한 중심각 또는 부채꼴 AOB의 중심각이라 한다.

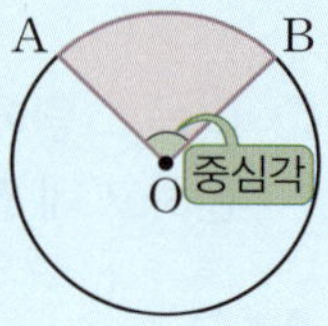

개념 Play

1. 원주각과 중심각

(1) 원주각 : 원 O에서 호 AB 위에 있지 않은 원 위의 한 점 P에 대하여 ∠APB를 호 AB에 대한 원주각이라 한다.
→ 호의 양 끝점을 지나는 두 현이 이루는 각

(2) 원주각과 중심각의 크기 : 원에서 한 호에 대한 원주각의 크기는 그 호에 대한 중심각의 크기의 $\frac{1}{2}$이다.

→ $\angle APB=\frac{1}{2}\angle AOB$

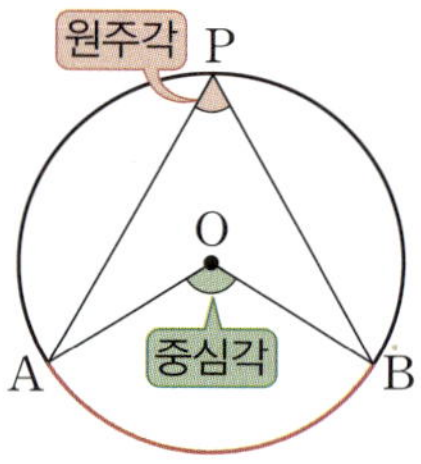

참고 원주각과 중심각 사이의 관계는 원의 중심이 원주각의 내부, 한 변 위, 외부에 있는 모든 경우에 성립한다.

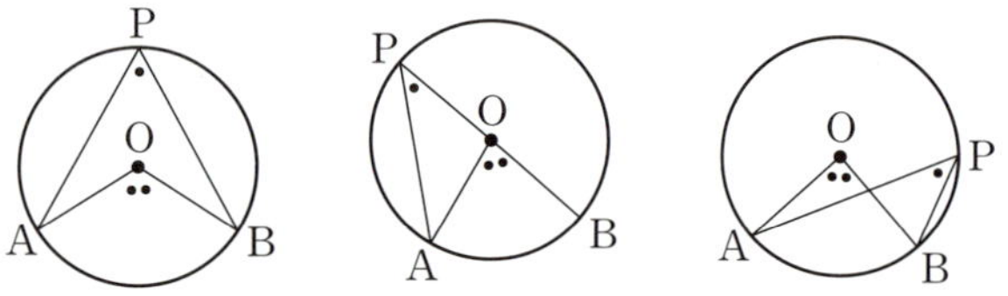

2. 원주각의 성질

(1) 원에서 한 호에 대한 원주각의 크기는 모두 같다.
→ 한 호에 대한 원주각은 무수히 많다.

→ $\angle APB=\angle AQB=\angle ARB$

(2) 반원에 대한 원주각의 크기는 90°이다.

→ $\overline{AB}$가 원 O의 지름이므로

$\angle APB=90°$

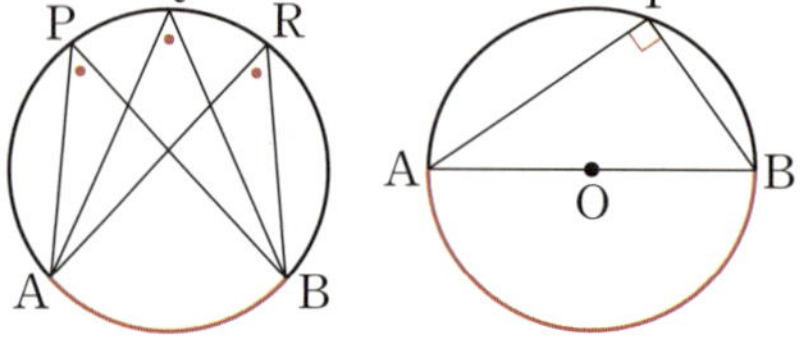

참고 반원에 대한 중심각의 크기는 180°이므로 원주각의 크기는 $\frac{1}{2}\times180°=90°$이다.

오답 NOTE

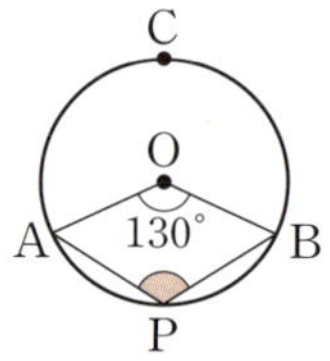

$\angle APB\neq\frac{1}{2}\times130°$

∠APB는 $\widehat{AB}$의 원주각이 아니고 $\widehat{ACB}$의 원주각이므로

$\angle APB=\frac{1}{2}\times(360°-130°)$
$=115°$

36 (원주각의 크기)$=\frac{1}{2}\times$(중심각의 크기)야!

$\angle APB=\frac{1}{2}\angle AOB$이므로

$\angle x=\frac{1}{2}\times110^\circ=55^\circ$

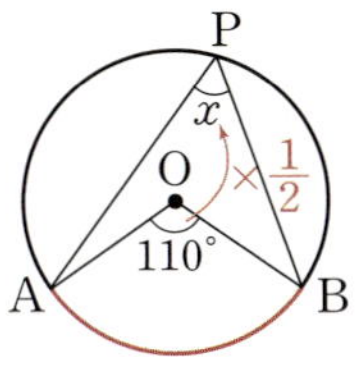

37 (중심각의 크기)$=2\times$(원주각의 크기)야!

$\angle AOB=2\angle APB$이므로

$\angle x=2\times30^\circ=60^\circ$

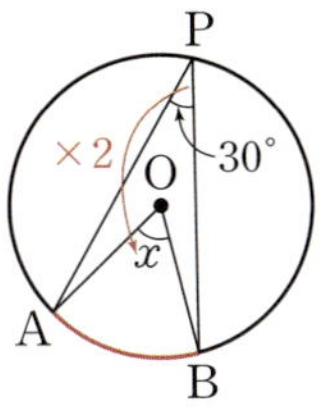

● 다음 그림의 원 O에서 $\angle x$의 크기를 구하시오.

148

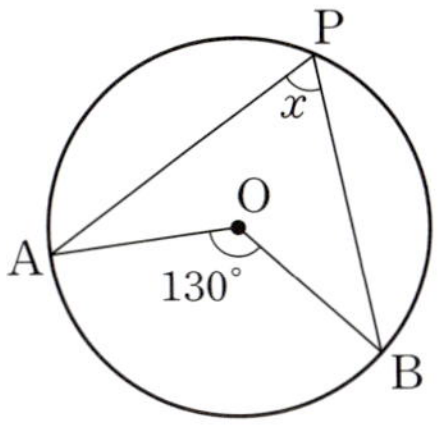

해 $\angle x=\frac{1}{2}\angle AOB=\frac{1}{2}\times$ □$^\circ=$ □$^\circ$

149

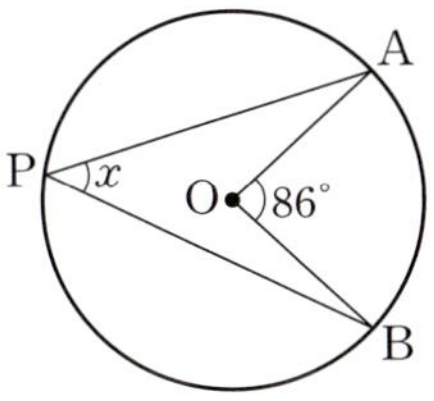

150

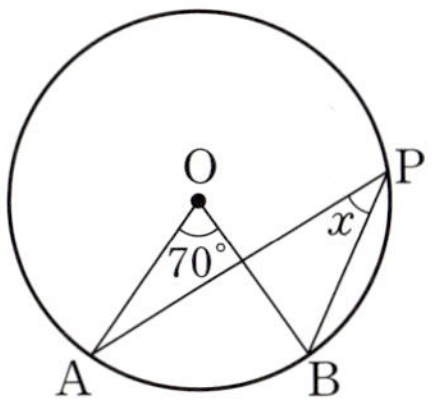

151

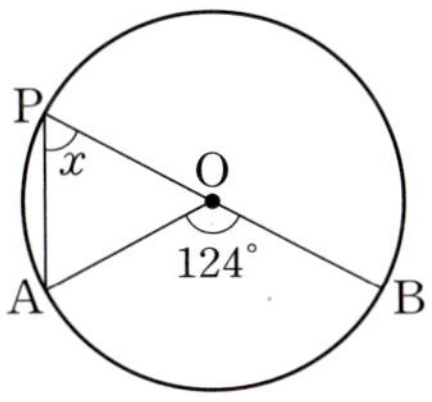

● 다음 그림의 원 O에서 $\angle x$의 크기를 구하시오.

152

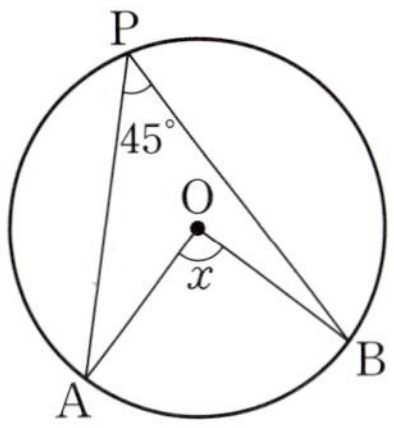

해 $\angle x=2\angle APB=2\times$ □$^\circ=$ □$^\circ$

153

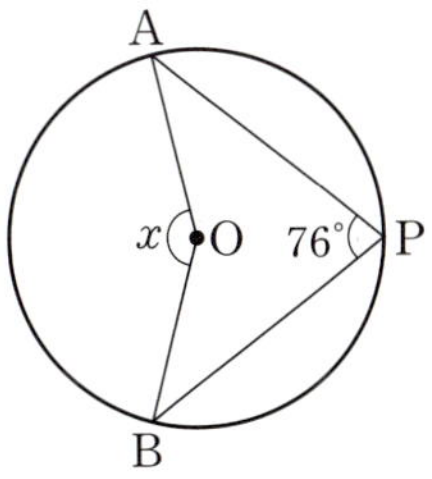

154

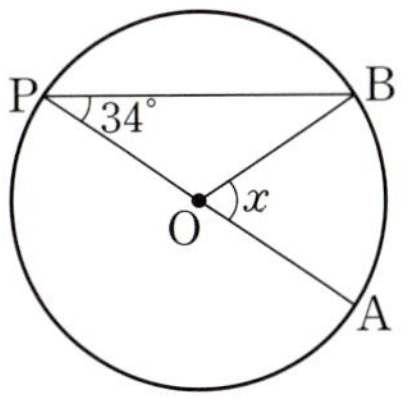

155

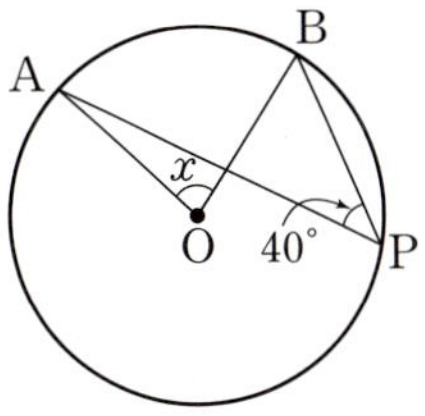

38 ∠APB는 $\widehat{ACB}$에 대한 원주각이야.

$\angle x=\frac{1}{2}\times(360^\circ-100^\circ)$
→ $\widehat{ACB}$에 대한 중심각의 크기

$=130^\circ$

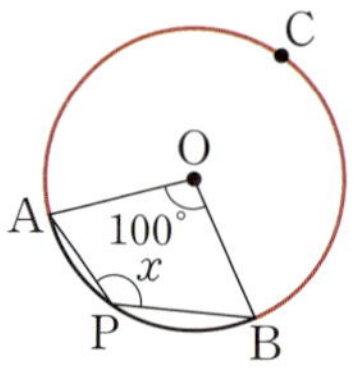

39 보조선을 그어 나누어진 두 중심각의 크기를 각각 구해~

$\overline{OC}$를 그으면

$\angle AOC=2\angle APC=2\times18^\circ=36^\circ$

$\angle COB=2\angle CQB=2\times36^\circ=72^\circ$

$\therefore \angle x=\angle AOC+\angle COB$

$=36^\circ+72^\circ=108^\circ$

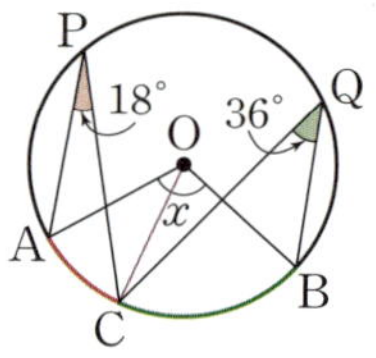

● 다음 그림의 원 O에서 $\angle x$의 크기를 구하시오.

156

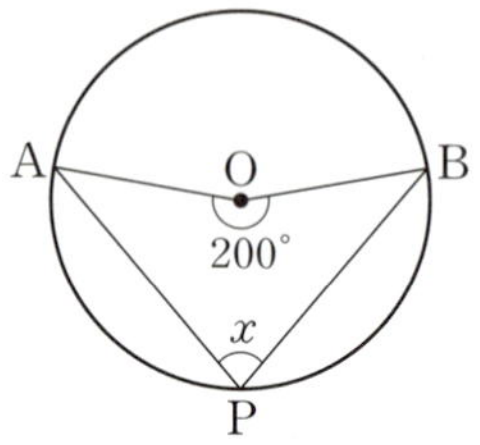

해 $\angle AOB=360^\circ-\square^\circ=\square^\circ$이므로

$\angle x=\frac{1}{2}\times\square^\circ=\square^\circ$

157

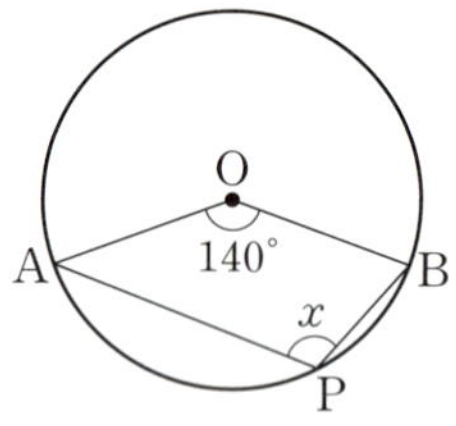

158

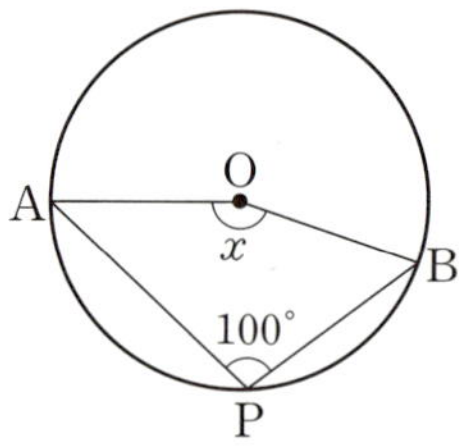

159

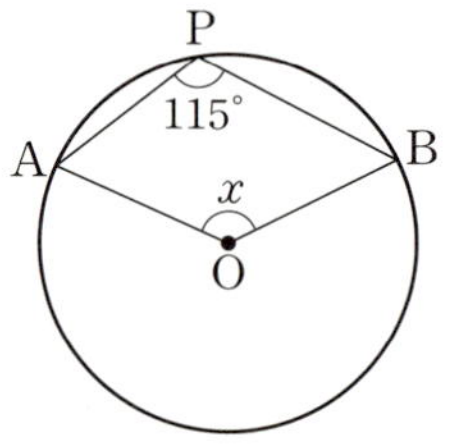

● 다음 그림의 원 O에서 $\angle x$의 크기를 구하시오.

160

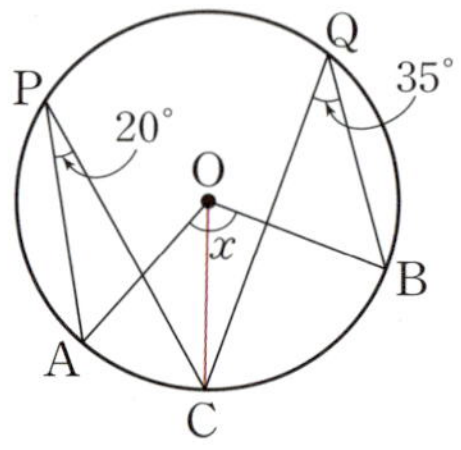

해 $\overline{OC}$를 그으면

$\angle AOC=2\angle APC=2\times\square^\circ=\square^\circ$

$\angle COB=2\angle CQB=2\times\square^\circ=\square^\circ$

$\therefore \angle x=\angle AOC+\angle COB$

$=\square^\circ+\square^\circ=\square^\circ$

161

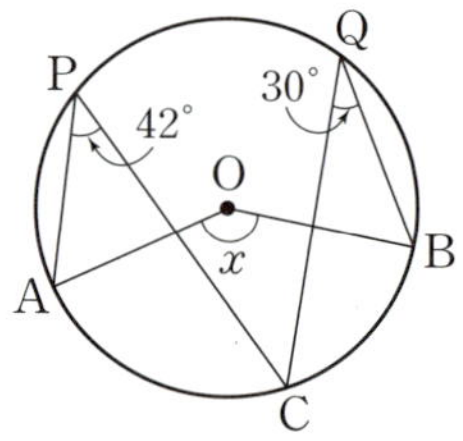

162

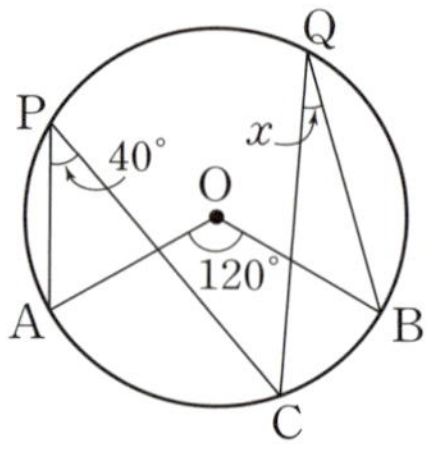

163

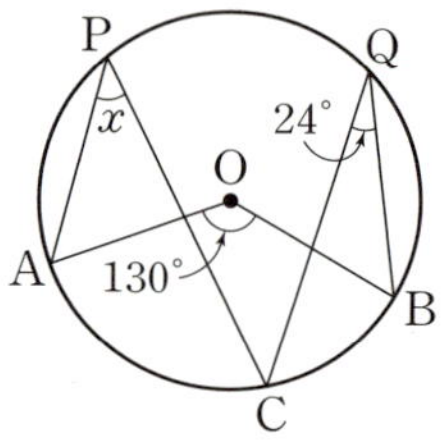

40 (중심각의 크기)$=2\times$(원주각의 크기)이고 이등변삼각형의 두 밑각의 크기는 같음을 이용해~

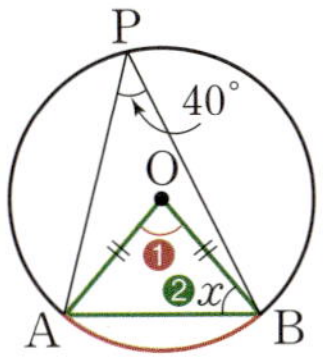

❶ $\angle AOB=2\angle APB=2\times 40^\circ=80^\circ$

❷ $\overline{OA}=\overline{OB}$이므로 $\triangle OAB$에서

$\angle x=\frac{1}{2}\times(180^\circ-80^\circ)=50^\circ$

○ 다음 그림의 원 O에서 $\angle x$의 크기를 구하시오.

164

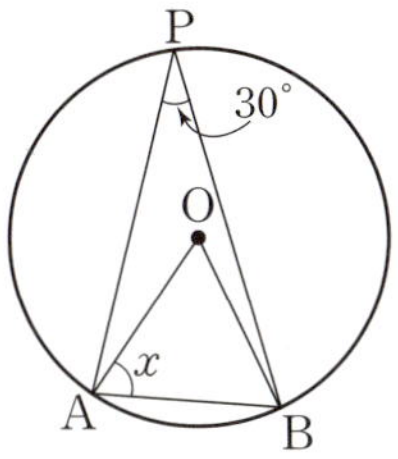

해 $\angle AOB=2\angle APB=2\times$ ☐ $^\circ=$ ☐ $^\circ$

$\overline{OA}=\overline{OB}$이므로 $\triangle OAB$에서

$\angle x=\frac{1}{2}\times(180^\circ-$ ☐ $^\circ)=$ ☐ $^\circ$

165

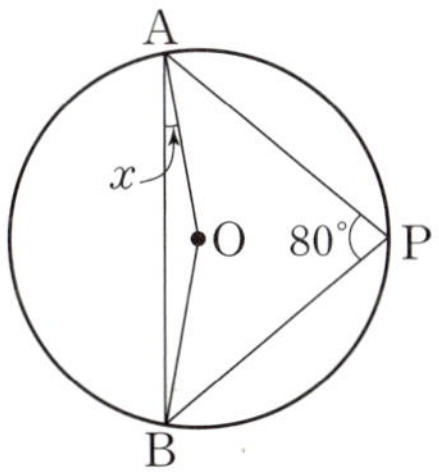

166

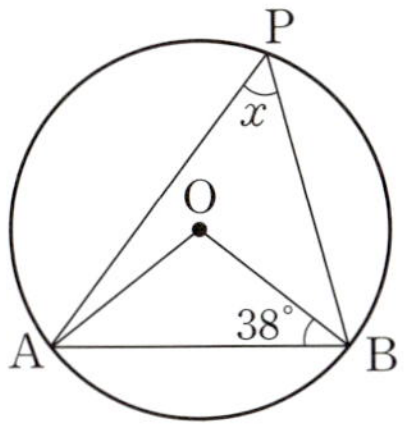

167

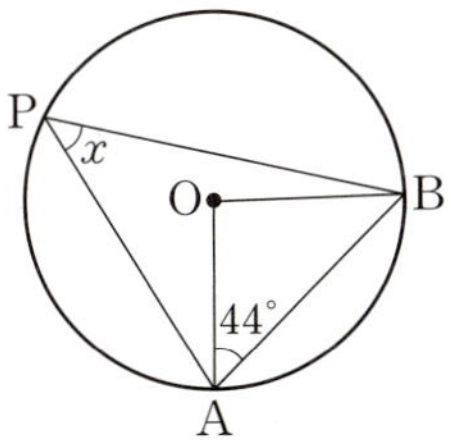

41 원의 중심을 한 꼭짓점으로 하고, 원의 두 접선을 두 변으로 하는 사각형에서 직각이 아닌 두 각의 크기의 합은 180°야.

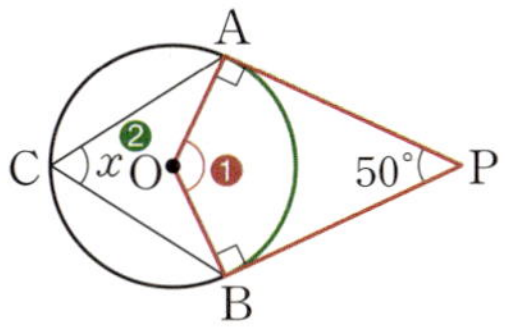

❶ $\overline{OA}$, $\overline{OB}$를 그으면

$\angle PAO=\angle PBO=90^\circ$

이므로 (□AOBP에서 $\angle AOB+\angle APB=180^\circ$)

$\angle AOB=180^\circ-50^\circ=130^\circ$

❷ $\angle x=\frac{1}{2}\angle AOB=\frac{1}{2}\times 130^\circ=65^\circ$

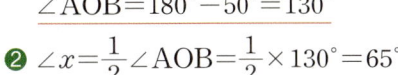

○ 다음 그림의 원 O에서 $\angle x$의 크기를 구하시오.

168

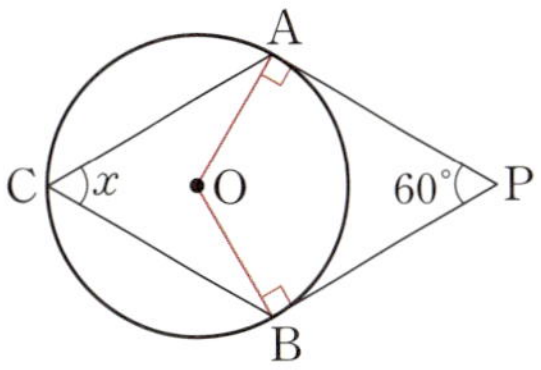

해 $\overline{OA}$, $\overline{OB}$를 그으면 □AOBP에서

$\angle PAO=\angle PBO=$ ☐ $^\circ$이므로

$\angle AOB=180^\circ-$ ☐ $^\circ=$ ☐ $^\circ$

$\therefore \angle x=\frac{1}{2}\angle AOB=\frac{1}{2}\times$ ☐ $^\circ=$ ☐ $^\circ$

169

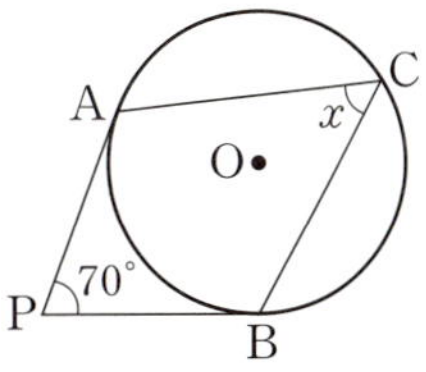

170

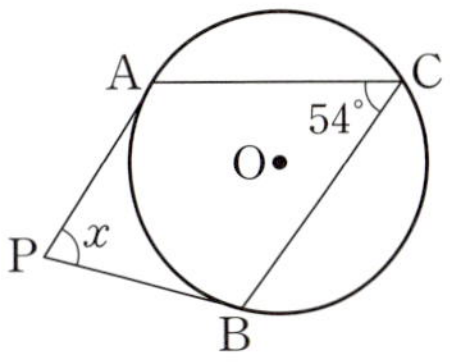

171

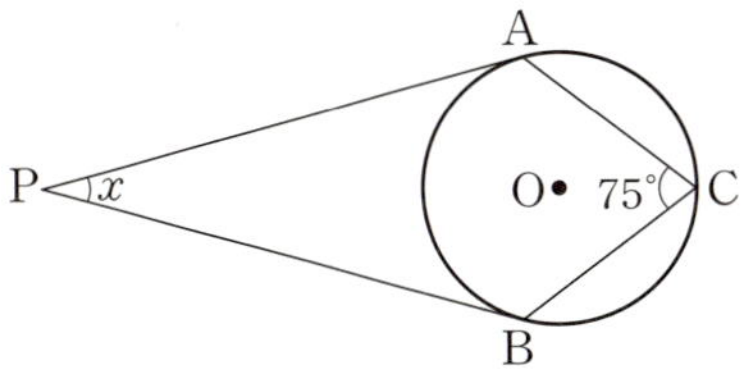

42 한 호에 대한 원주각은 여러 개이고 원주각의 크기는 모두 같아!

$\angle APB$와 $\angle AQB$는 모두 $\overset{\frown}{AB}$에 대한 원주각이므로
$\angle x = \angle AQB = 50^\circ$

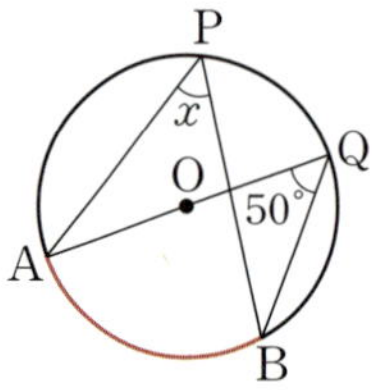

다음 그림의 원 O에서 ∠x의 크기를 구하시오.

172

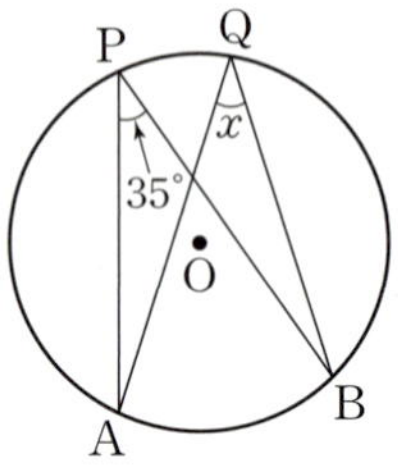

173

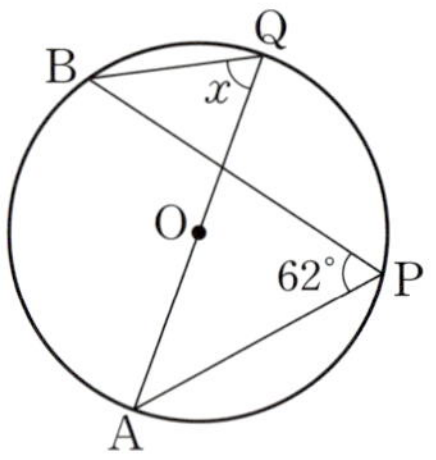

174

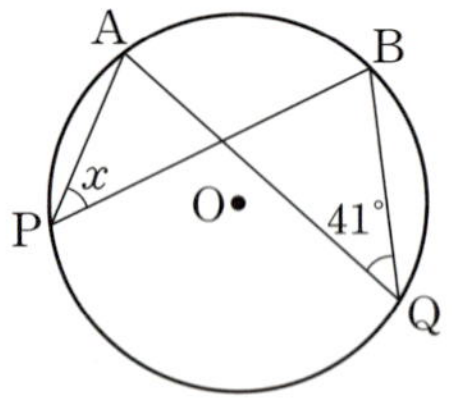

175

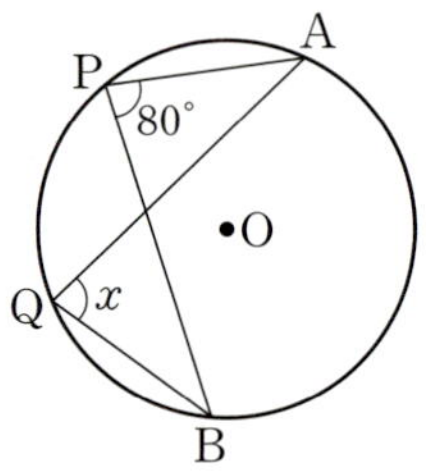

다음 그림의 원에서 ∠x, ∠y의 크기를 각각 구하시오.

176

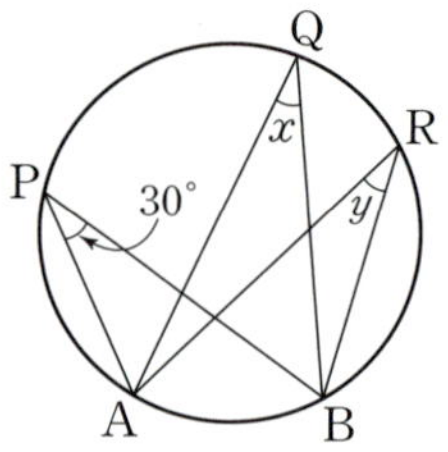

$\angle x=$ ______, $\angle y=$ ______

TIP $\angle APB$, $\angle AQB$, $\angle ARB$는 모두 $\overset{\frown}{AB}$에 대한 원주각이야.

177

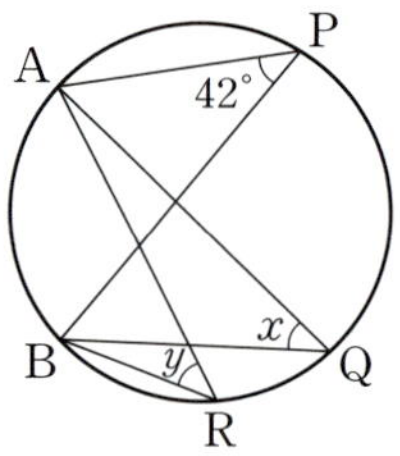

$\angle x=$ ______, $\angle y=$ ______

178

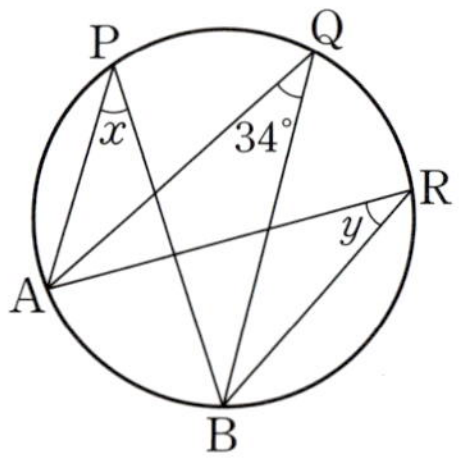

$\angle x=$ ______, $\angle y=$ ______

179

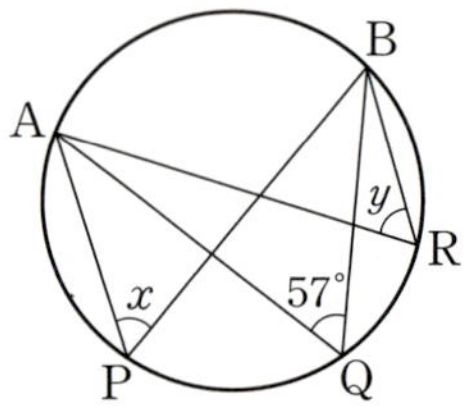

$\angle x=$ ______, $\angle y=$ ______

43

한 호에 대한 원주각의 크기는 모두 같고
(중심각의 크기)$=2\times$(원주각의 크기)야!

$\angle APB$와 $\angle AQB$는 모두 $\widehat{AB}$에 대한 원주각이므로

$\angle x=\angle APB=53^\circ$

$\angle AOB$는 $\widehat{AB}$에 대한 중심각이므로

$\angle y=2\angle APB=2\times53^\circ=106^\circ$

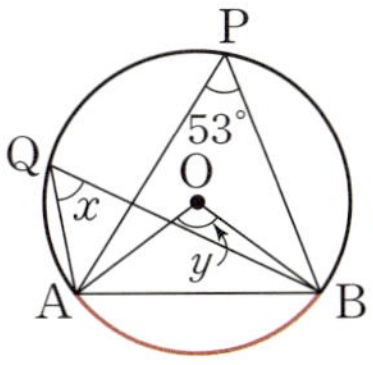

44

삼각형의 한 외각의 크기는 그와 이웃하지 않는 두 내각의 크기의 합과 같아~

❶ $\angle x=\angle BAC=45^\circ$

↳ $\widehat{BC}$에 대한 원주각

❷ $\triangle DPC$에서

$\angle y=\angle CDP+\angle PCD$

↳ $\angle y$는 $\triangle DPC$의 한 외각

$=45^\circ+40^\circ=85^\circ$

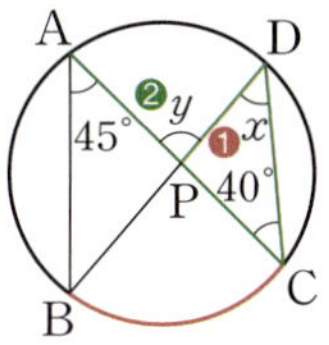

다음 그림의 원 O에서 $\angle x$, $\angle y$의 크기를 각각 구하시오.

180

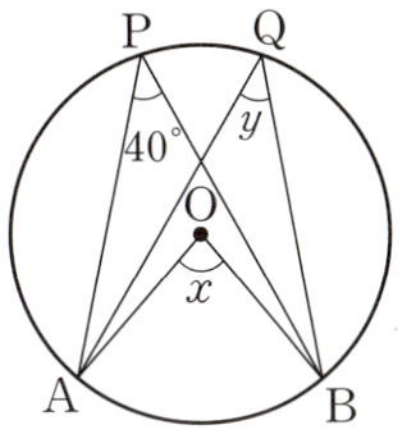

$\angle x=$________, $\angle y=$________

해 $\angle x=2\angle APB=2\times$☐$^\circ=$☐$^\circ$

$\angle y=\angle APB=$☐$^\circ$

181

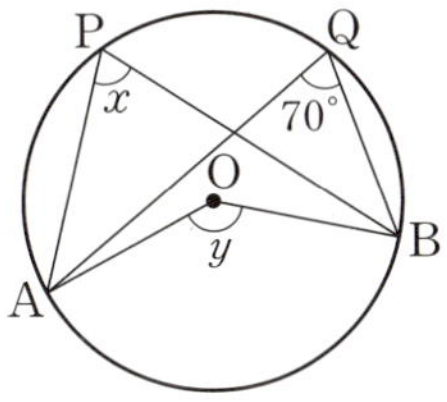

$\angle x=$________, $\angle y=$________

182

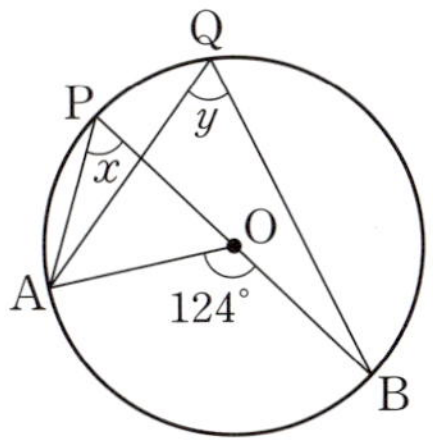

$\angle x=$________, $\angle y=$________

183

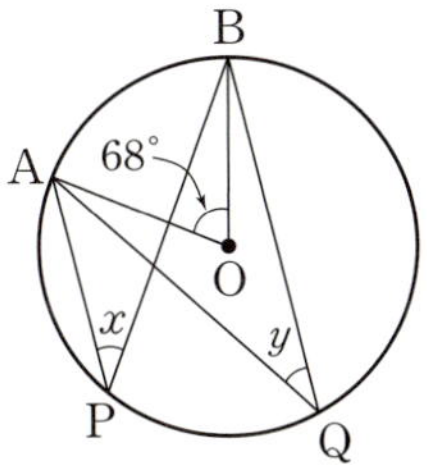

$\angle x=$________, $\angle y=$________

다음 그림의 원에서 $\angle x$, $\angle y$의 크기를 각각 구하시오.

184

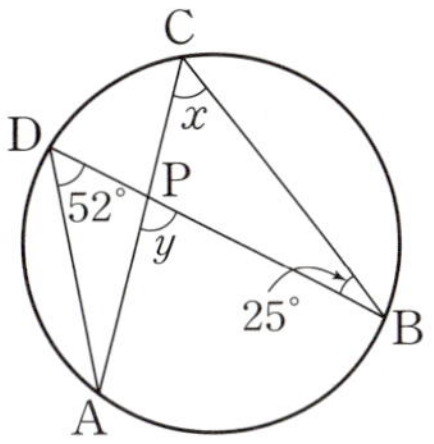

$\angle x=$________, $\angle y=$________

해 $\angle x=\angle ADB=$☐$^\circ$

$\triangle CPB$에서

$\angle y=\angle BCP+\angle PBC=$☐$^\circ+$☐$^\circ=$☐$^\circ$

185

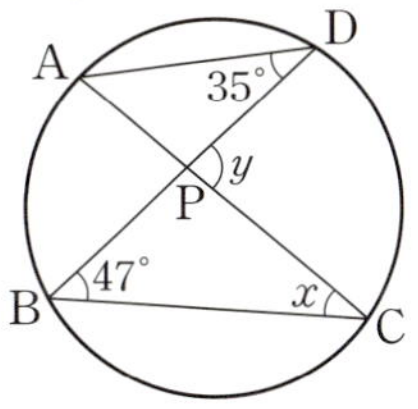

$\angle x=$________, $\angle y=$________

186

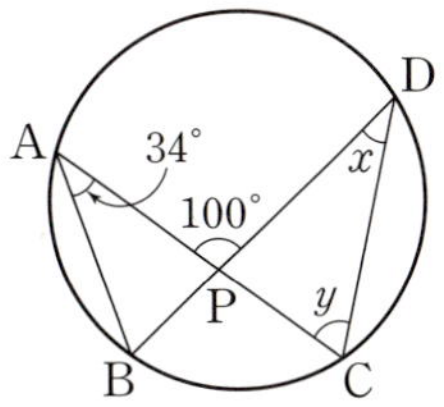

$\angle x=$________, $\angle y=$________

187

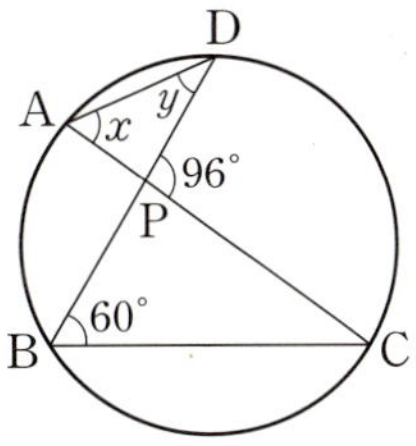

$\angle x=$________, $\angle y=$________

45 보조선을 그어 크기가 같은 원주각을 찾아~

$\overline{QB}$를 그으면

$\angle AQB=\angle APB=21^\circ$

↳ $\widehat{AB}$에 대한 원주각

$\angle BQC=\angle BRC=44^\circ$

↳ $\widehat{BC}$에 대한 원주각

$\therefore \angle x=\angle AQB+\angle BQC$

$=21^\circ+44^\circ=65^\circ$

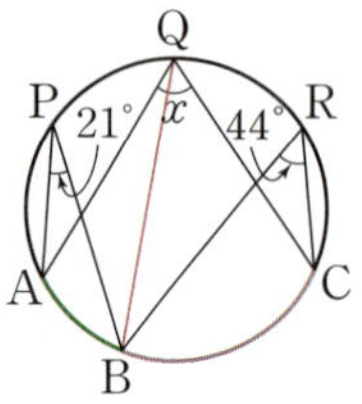

46 반원에 대한 원주각의 크기는 90°야!

$\angle APB=90^\circ$이므로

↳ 반원에 대한 원주각

$\angle x=180^\circ-(42^\circ+90^\circ)=48^\circ$

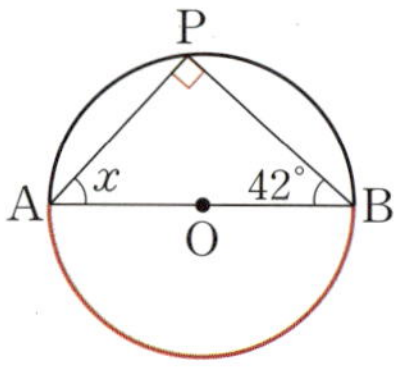

● 다음 그림의 원에서 $\angle x$의 크기를 구하시오.

188

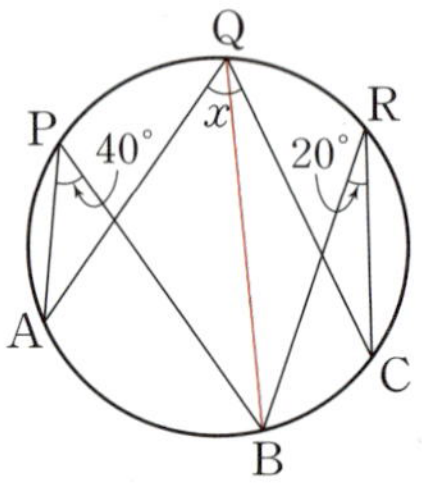

해 $\overline{QB}$를 그으면

$\angle AQB=\angle APB=\square^\circ$, $\angle BQC=\angle BRC=\square^\circ$

$\therefore \angle x=\angle AQB+\angle BQC$

$=\square^\circ+\square^\circ=\square^\circ$

189

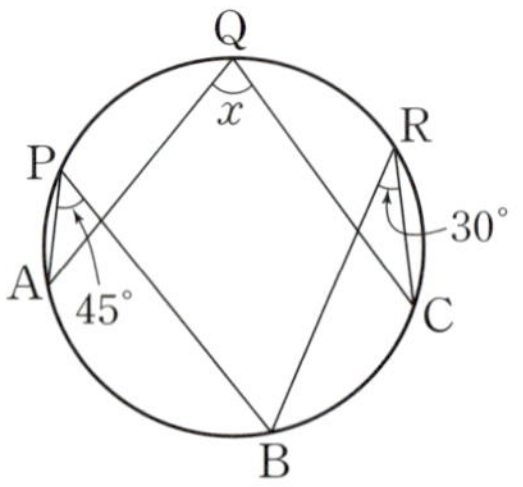

190

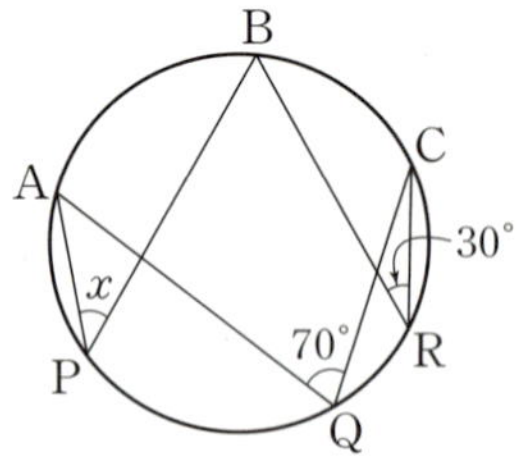

191

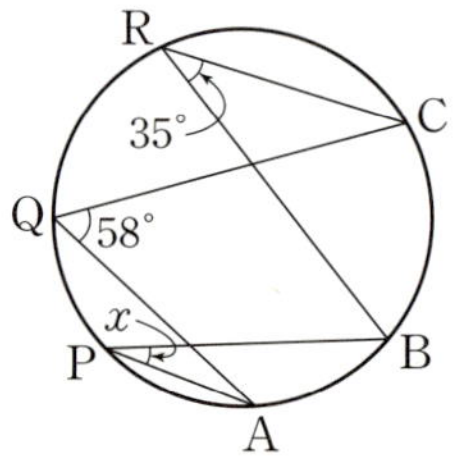

● 다음 그림에서 $\overline{AB}$가 원 O의 지름일 때, $\angle x$의 크기를 구하시오.

192

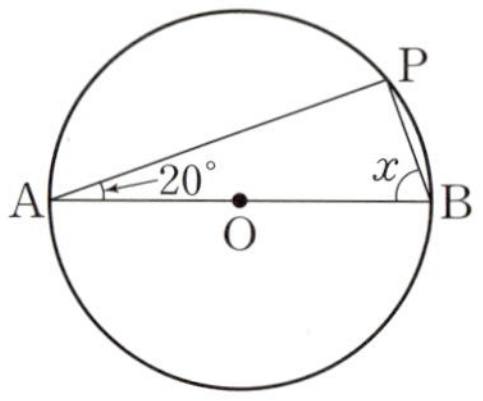

해 $\angle APB=\square^\circ$이므로

$\angle x=180^\circ-(20^\circ+\square^\circ)=\square^\circ$

193

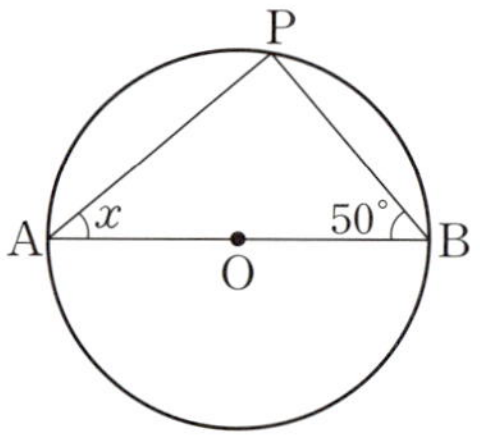

194

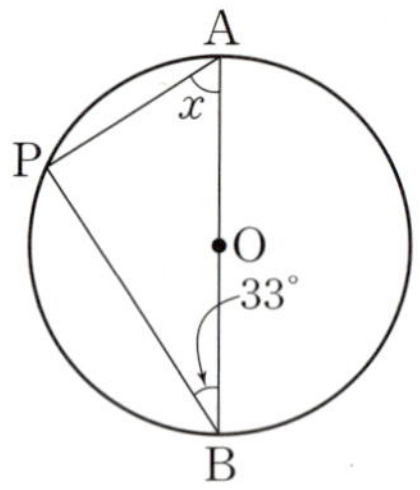

195

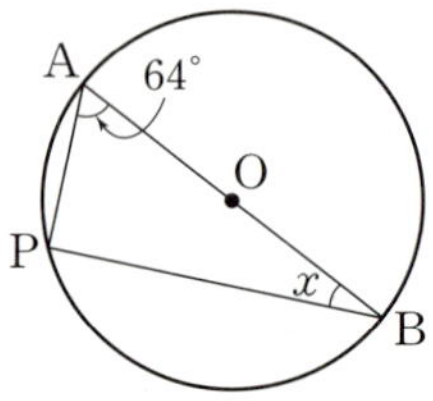

47 한 호에 대한 원주각의 크기가 같고 반원에 대한 원주각의 크기가 90°임을 이용해~

❶ $\angle ABP = \angle AQP = 70^\circ$

❷ $\angle APB = 90^\circ$이므로 $\triangle PAB$
↳ 반원에 대한 원주각

에서

$\angle x = 180^\circ - (70^\circ + 90^\circ) = 20^\circ$

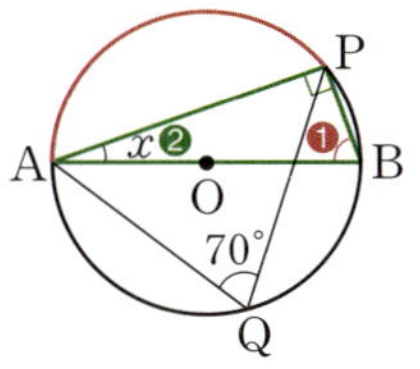

다음 그림에서 $\overline{AB}$가 원 O의 지름일 때, $\angle x$의 크기를 구하시오.

196

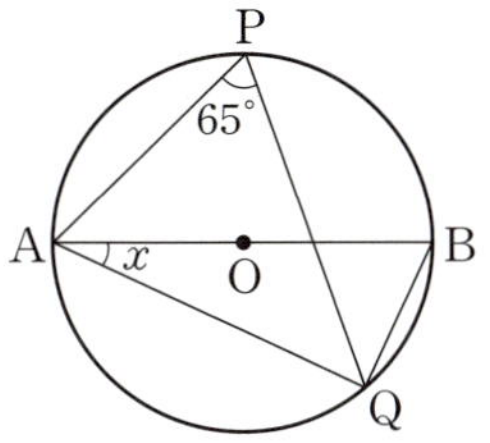

해 $\angle ABQ = \angle APQ = \square^\circ$

$\angle AQB = \square^\circ$이므로 $\triangle AQB$에서

$\angle x = 180^\circ - (\square^\circ + 65^\circ) = \square^\circ$

197

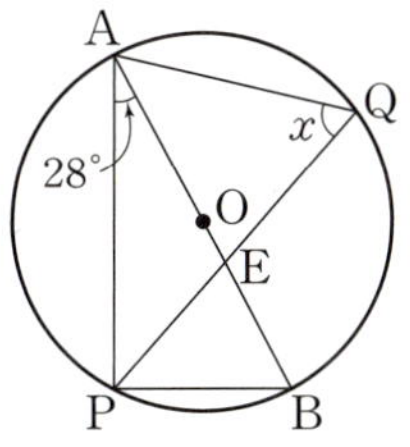

198

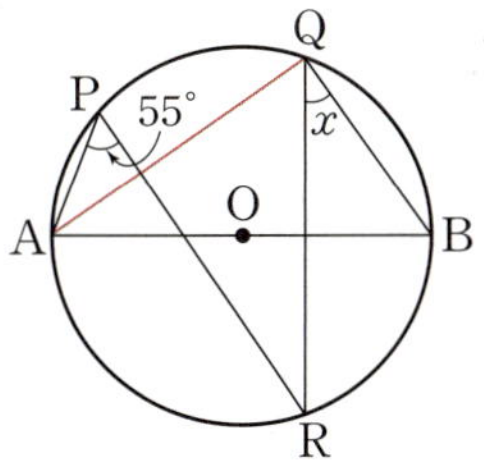

TIP 보조선을 그어 반원에 대한 원주각을 찾아.

해 $\overline{AQ}$를 그으면 $\angle AQR = \angle APR = \square^\circ$

$\angle AQB = \square^\circ$이므로

$\angle x = 90^\circ - \angle AQR = 90^\circ - \square^\circ = \square^\circ$

199

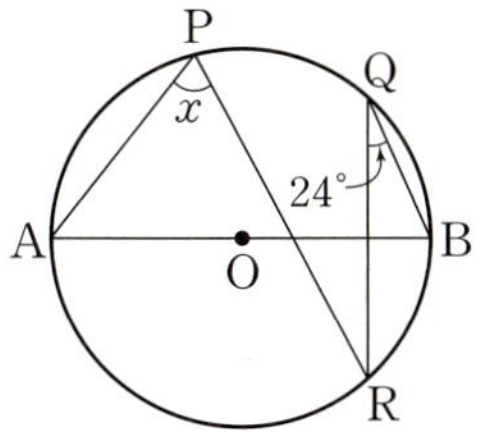

교과서 미리보기 풀었던 연산은 교과서에 이렇게 나온다!

200 36 38

오른쪽 그림의 원 O에서 $\angle AOC = 150^\circ$일 때, $\angle x$, $\angle y$의 크기를 각각 구하시오.

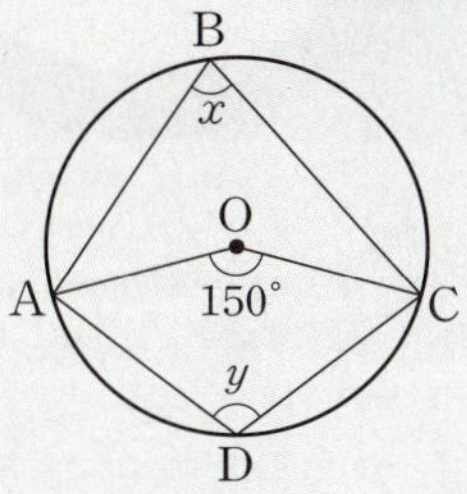

201 42 44

오른쪽 그림의 원에서 $\angle ACD = 40^\circ$, $\angle APD = 88^\circ$일 때, $\angle x$의 크기를 구하시오.

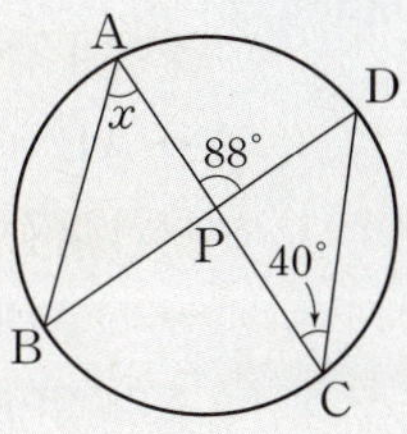

202 42 47

오른쪽 그림에서 $\overline{AB}$가 원 O의 지름이고 $\angle PBA = 30^\circ$일 때, $\angle y - \angle x$의 크기를 구하시오.

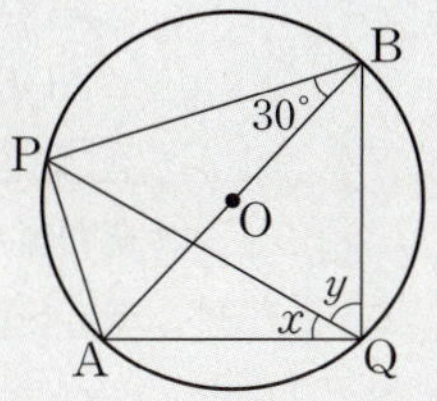

학습일자 월 일

Episode 11

원주각의 크기와 호의 길이

개념 Re:Play

중1-2 : Ⅱ. 평면도형과 입체도형

이전에 배운 내용을 다시 한 번 확인하세요.

한 원 또는 합동인 두 원에서 부채꼴의 중심각의 크기와 호의 길이 사이에는 어떤 관계가 있을까?

① 중심각의 크기가 같은 두 부채꼴의 호의 길이는 같다.

② 호의 길이가 같은 두 부채꼴의 중심각의 크기는 같다.

③ 부채꼴의 호의 길이는 중심각의 크기에 정비례한다.

개념 Play

1. 원주각의 크기와 호의 길이

한 원 또는 합동인 두 원에서

(1) 길이가 같은 호에 대한 원주각의 크기는 같다.

→ $\overset{\frown}{AB}=\overset{\frown}{CD}$이면 $\angle APB=\angle CQD$

(2) 크기가 같은 원주각에 대한 호의 길이는 같다.

→ $\angle APB=\angle CQD$이면 $\overset{\frown}{AB}=\overset{\frown}{CD}$

(3) 호의 길이는 그 호에 대한 원주각의 크기에 정비례한다.

→ $\angle APB : \angle CQD=\overset{\frown}{AB} : \overset{\frown}{CD}$

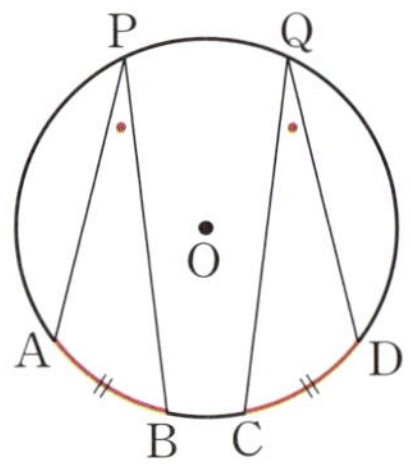

예 오른쪽 그림의 원에서

$\angle APB : \angle CQD=\overset{\frown}{AB} : \overset{\frown}{CD}$이므로

$20^\circ : 40^\circ=8 : x$

$1 : 2=8 : x$ $\therefore x=16$

└ $a : b=c : d$에서 $ad=bc$

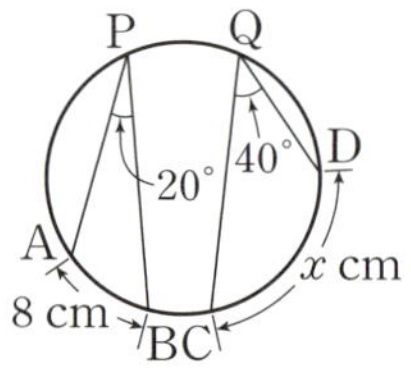

참고 (1) $\overset{\frown}{AB}=\overset{\frown}{CD}$이면 $\angle AOB=\angle COD$이고 (호의 길이가 같은 두 부채꼴의 중심각의 크기는 같다.)

$\angle APB=\frac{1}{2}\angle AOB=\frac{1}{2}\angle COD=\angle CQD$

(2) $\angle APB=\angle CQD$이면

$\angle AOB=2\angle APB=2\angle CQD=\angle COD$이므로

$\overset{\frown}{AB}=\overset{\frown}{CD}$

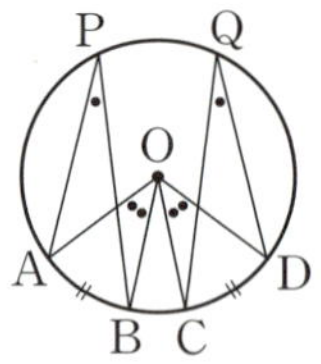

(3) 원 O에 내접하는 △ABC에서

$\overset{\frown}{AB} : \overset{\frown}{BC} : \overset{\frown}{CA}=l : m : n$일 때,

$\angle C : \angle A : \angle B=\overset{\frown}{AB} : \overset{\frown}{BC} : \overset{\frown}{CA}=l : m : n$ (원주각의 크기와 호의 길이는 정비례한다.)

$\therefore \angle A=180^\circ\times\frac{m}{l+m+n}$

$\angle B=180^\circ\times\frac{n}{l+m+n}$

$\angle C=180^\circ\times\frac{l}{l+m+n}$

(원에서 모든 호의 원주각의 크기의 합은 180°이다.)

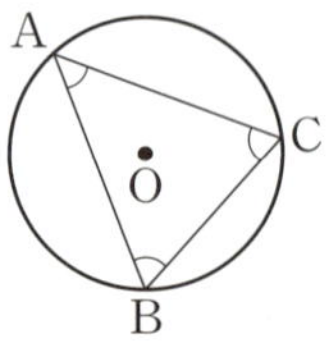

오답 NOTE

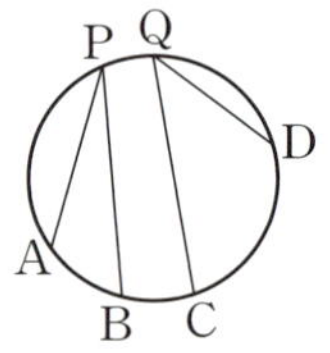

$\angle APB : \angle CQD \neq \overset{\frown}{CD} : \overset{\frown}{AB}$

$\angle APB$는 $\overset{\frown}{AB}$에 대한 원주각이고

$\angle CQD$는 $\overset{\frown}{CD}$에 대한 원주각이므로

$\angle APB : \angle CQD=\overset{\frown}{AB} : \overset{\frown}{CD}$

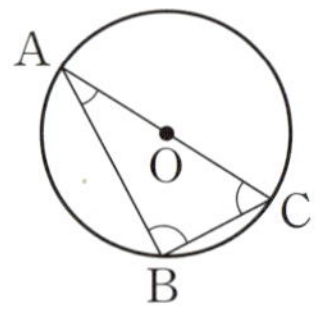

$\overset{\frown}{AB} : \overset{\frown}{BC} : \overset{\frown}{CA}=2 : 1 : 3$일 때,

$\angle A\neq 360^\circ\times\frac{1}{2+1+3}$

$\angle A$, $\angle B$, $\angle C$는 $\overset{\frown}{BC}$, $\overset{\frown}{CA}$, $\overset{\frown}{AB}$의 원주각이므로

$\angle A+\angle B+\angle C$

$=\frac{1}{2}\times$(중심각의 크기의 합)

$=\frac{1}{2}\times 360^\circ=180^\circ$

$\therefore \angle A=180^\circ\times\frac{1}{2+1+3}=30^\circ$

48 길이가 같은 호에 대한 원주각의 크기는 같아~

$\widehat{AB}=\widehat{CD}=14(\text{cm})$이므로

$\angle x=\angle CQD=28^\circ$

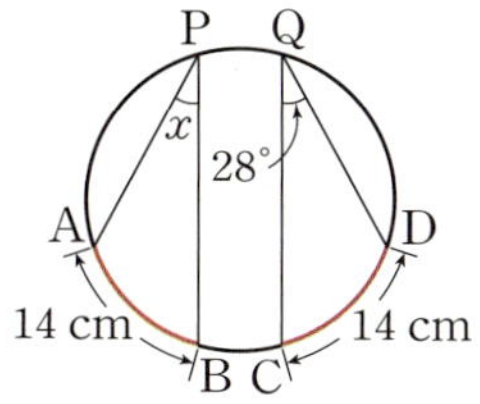

49 길이가 같은 호에 대한 원주각의 크기는 같고
(원주각의 크기)$=\frac{1}{2}\times$(중심각의 크기)야!

❶ $\overline{AD}$를 그으면

$\angle ADB=\frac{1}{2}\times 64^\circ=32^\circ$

❷ $\widehat{AB}=\widehat{BC}=2(\text{cm})$이므로

$\angle x=\angle ADB=32^\circ$

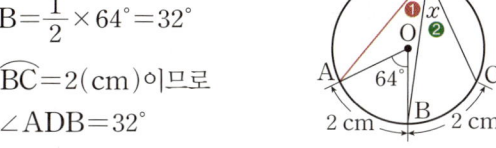

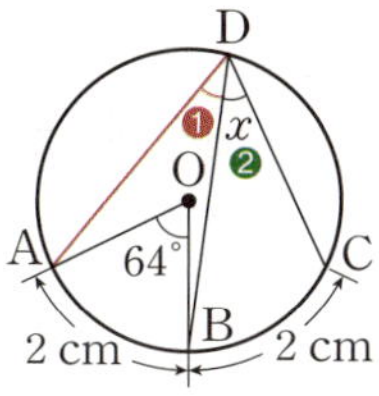

● 다음 그림의 원에서 $\angle x$의 크기를 구하시오.

203

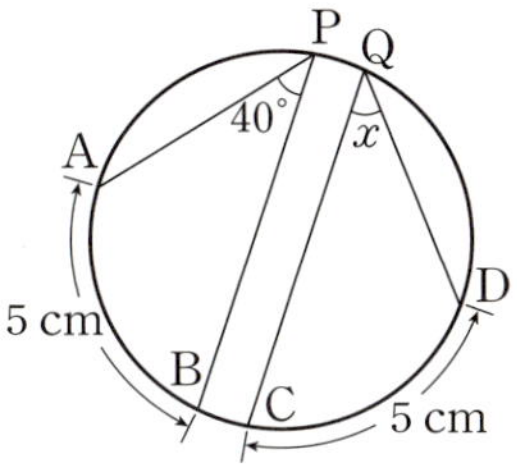

해 $\widehat{AB}=\widehat{CD}=$□$(\text{cm})$이므로

$\angle x=\angle$□$=$□$^\circ$

204

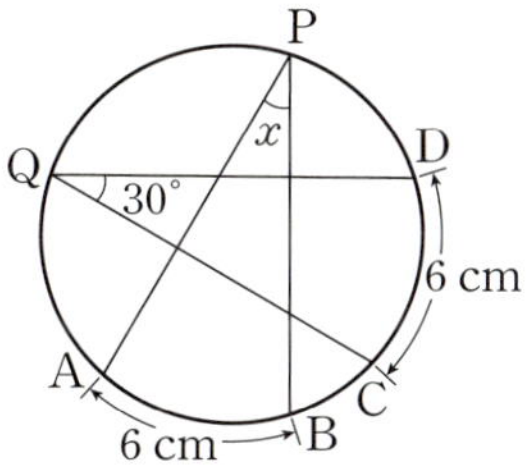

205

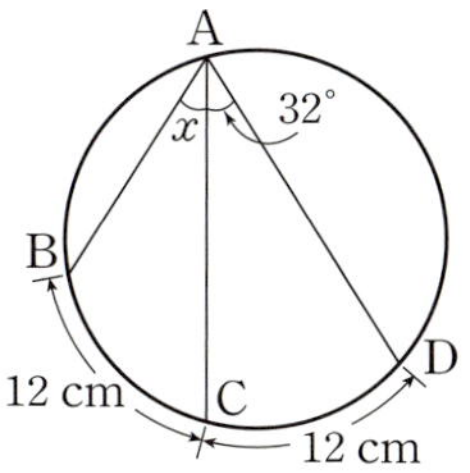

206

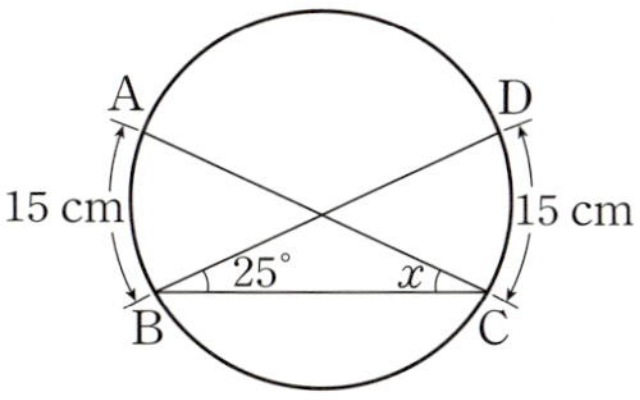

● 다음 그림의 원 O에서 $\angle x$의 크기를 구하시오.

207

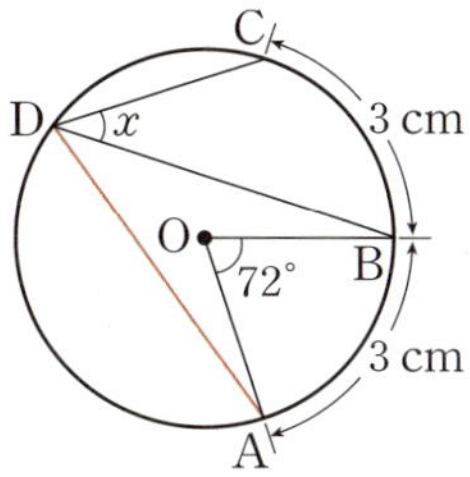

해 $\overline{AD}$를 그으면 $\angle ADB=\frac{1}{2}\times$□$^\circ=$□$^\circ$

$\widehat{AB}=\widehat{BC}=3(\text{cm})$이므로 $\angle x=\angle ADB=$□$^\circ$

208

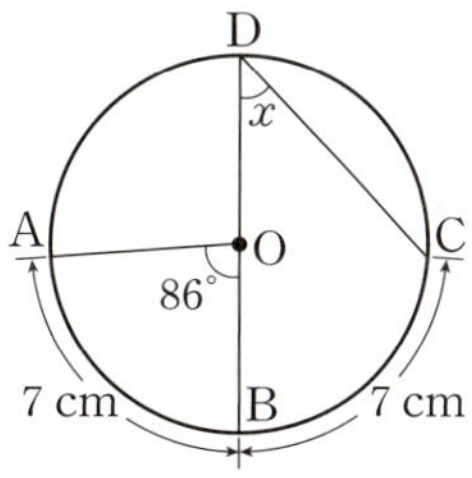

209

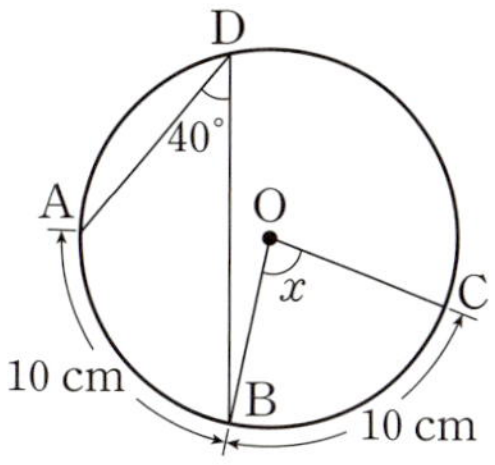

210

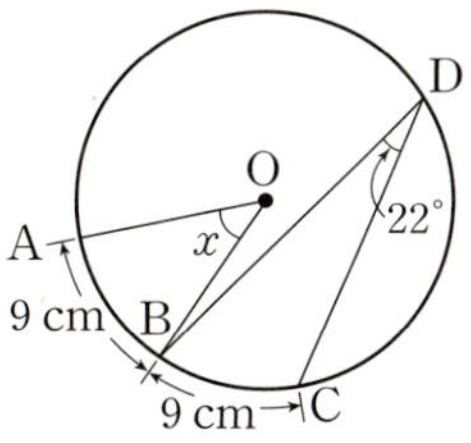

50 크기가 같은 원주각에 대한 호의 길이는 같아~

$\angle APB = \angle CQD = 27°$이므로

$\widehat{CD} = \widehat{AB} = 6$(cm)

$\therefore x = 6$

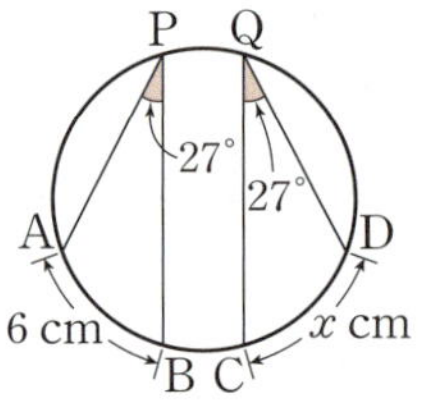

51 (원주각의 크기)$=\frac{1}{2}\times$(중심각의 크기)이고 크기가 같은 원주각에 대한 호의 길이는 같아~

❶ $\overline{AD}$를 그으면

$\angle ADB = \frac{1}{2} \times 78° = 39°$

❷ $\angle ADB = \angle BDC = 39°$이므로

$\widehat{BC} = \widehat{AB} = 5$(cm)

$\therefore x = 5$

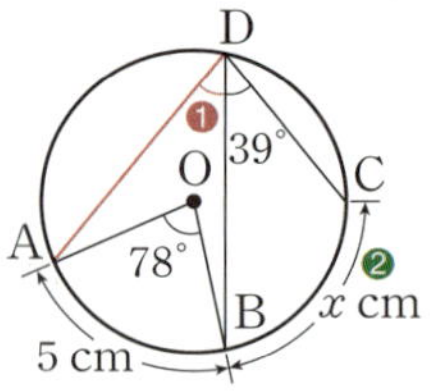

○ 다음 그림의 원에서 x의 값을 구하시오.

211

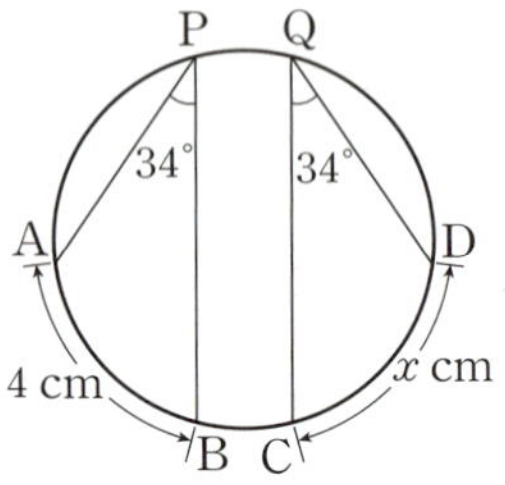

해 $\angle APB = \angle CQD = \square°$이므로

$\widehat{CD} = \widehat{AB} = \square$(cm) $\therefore x = \square$

212

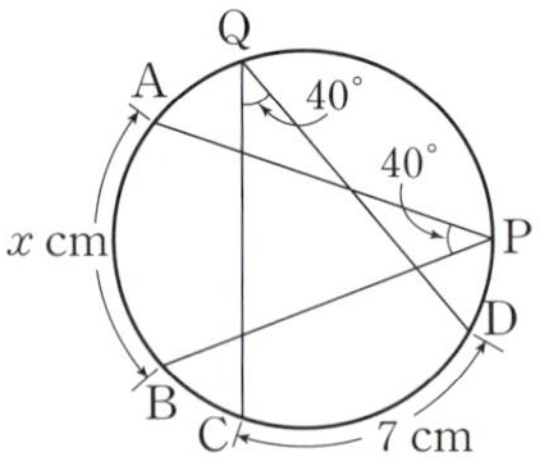

213

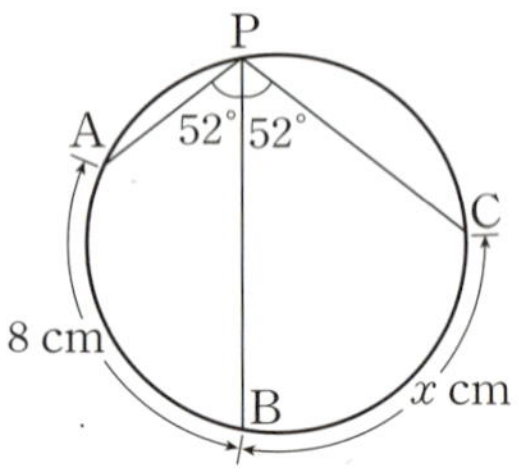

214

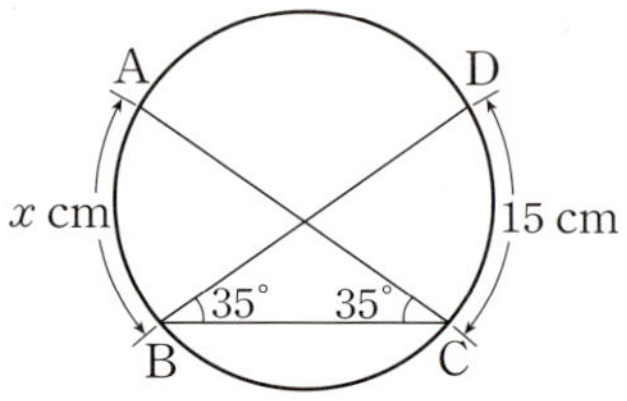

○ 다음 그림의 원 O에서 x의 값을 구하시오.

215

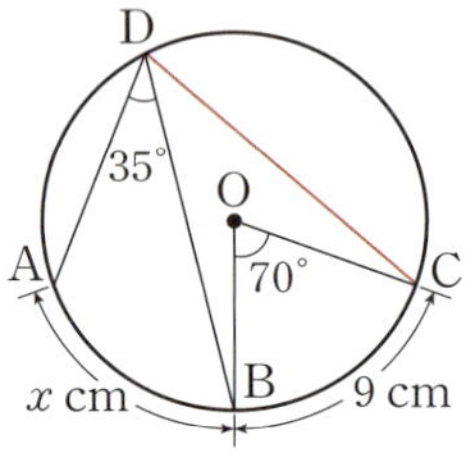

해 $\overline{CD}$를 그으면 $\angle BDC = \frac{1}{2} \times \square° = \square°$

$\angle ADB = \angle BDC = \square°$이므로

$\widehat{AB} = \widehat{BC} = \square$(cm) $\therefore x = \square$

216

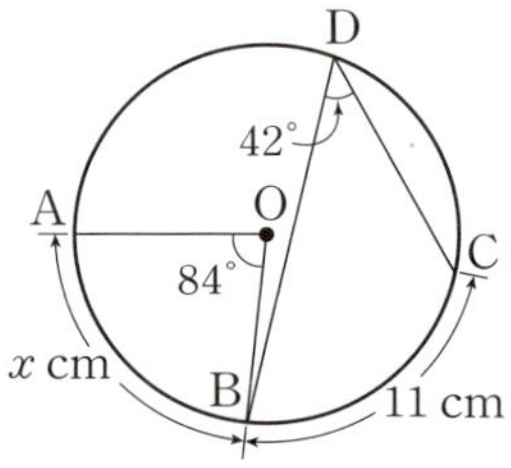

217

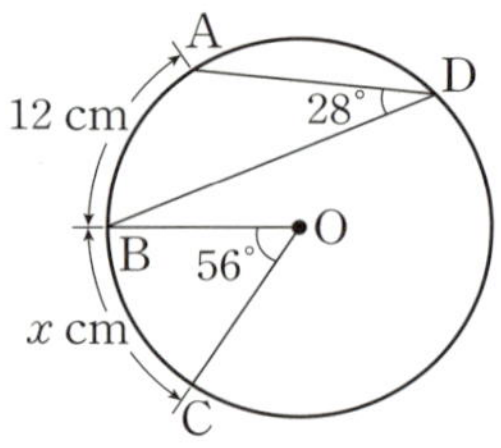

218

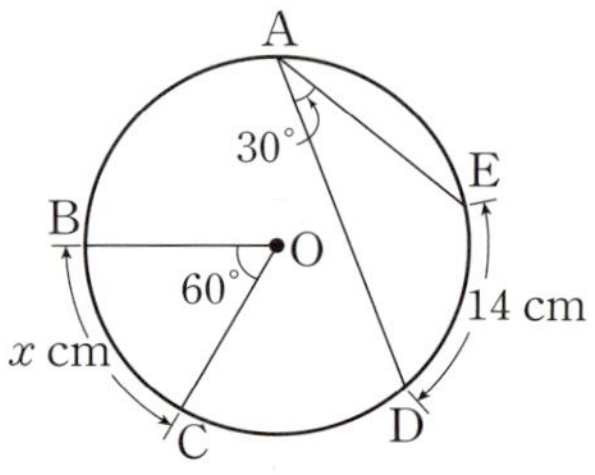

52

원주각의 크기는 호의 길이에 정비례함을 이용해서 비례식을 세워 봐~

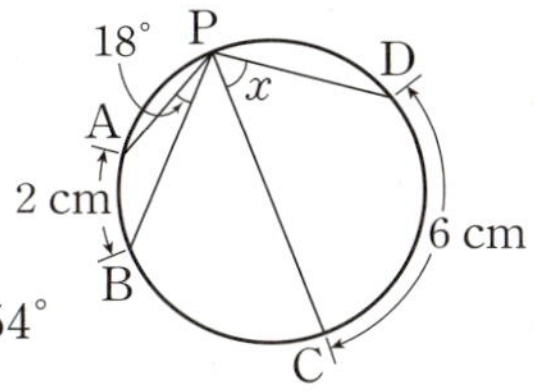

$\angle APB : \angle CPD$

$= \widehat{AB} : \widehat{CD}$

이므로 $18° : \angle x = 2 : 6$

$18° : \angle x = 1 : 3$ $\quad \therefore \angle x = 54°$

↳ (외항의 곱)=(내항의 곱)

53

(원주각의 크기)$=\frac{1}{2}\times$(중심각의 크기)이고 원주각의 크기는 호의 길이에 정비례해~

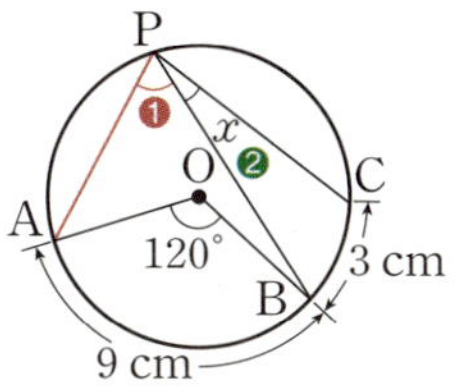

❶ $\overline{PA}$를 그으면

$\angle APB = \frac{1}{2} \times 120° = 60°$

❷ $\angle APB : \angle BPC = \widehat{AB} : \widehat{BC}$

이므로 $60° : \angle x = 9 : 3$

$60° : \angle x = 3 : 1$

$\therefore \angle x = 20°$

다음 그림의 원에서 $\angle x$의 크기를 구하시오.

219

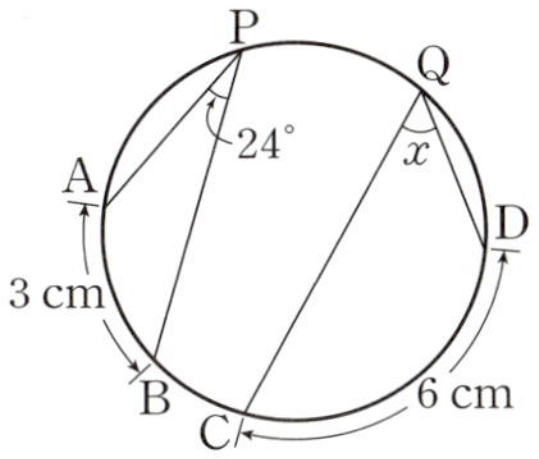

해 $\angle APB : \angle CQD = \widehat{AB} : \widehat{CD}$이므로 $24° : \angle x = 3 :$ ☐

$24° : \angle x = 1 :$ ☐ $\quad \therefore \angle x =$ ☐°

220

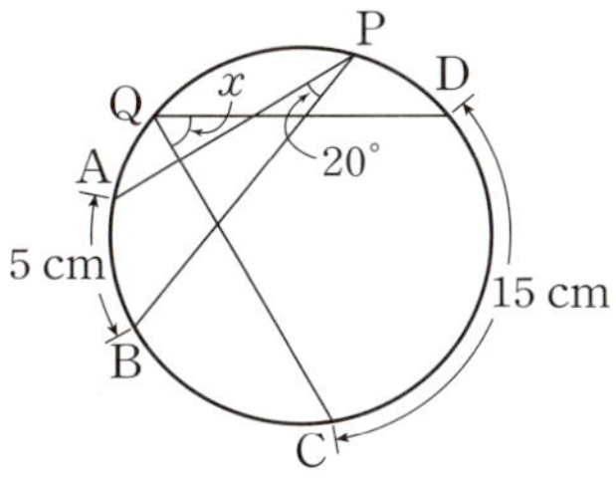

221

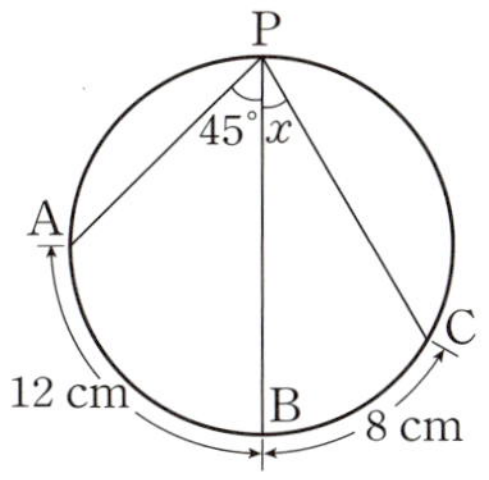

222

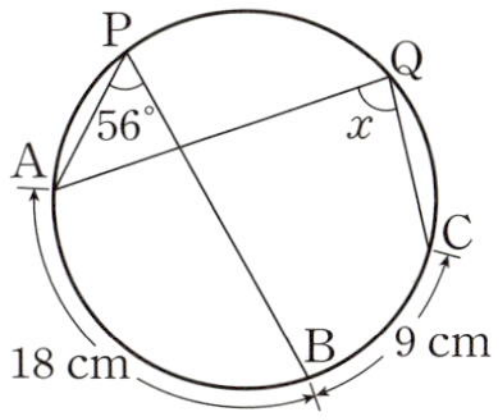

다음 그림의 원 O에서 $\angle x$의 크기를 구하시오.

223

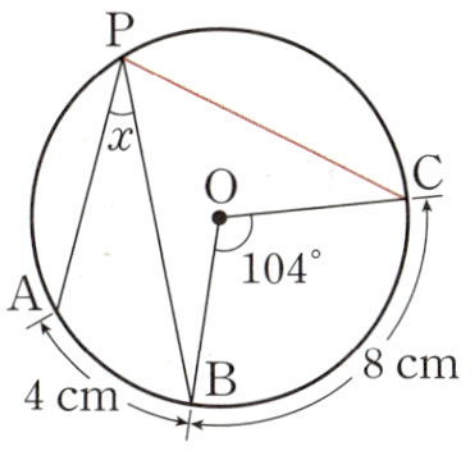

해 $\overline{PC}$를 그으면 $\angle BPC = \frac{1}{2} \times$ ☐$° =$ ☐°

$\angle APB : \angle BPC = \widehat{AB} : \widehat{BC}$이므로 $\angle x : 52° = 4 :$ ☐

$\angle x : 52° = 1 :$ ☐ $\quad \therefore \angle x =$ ☐°

224

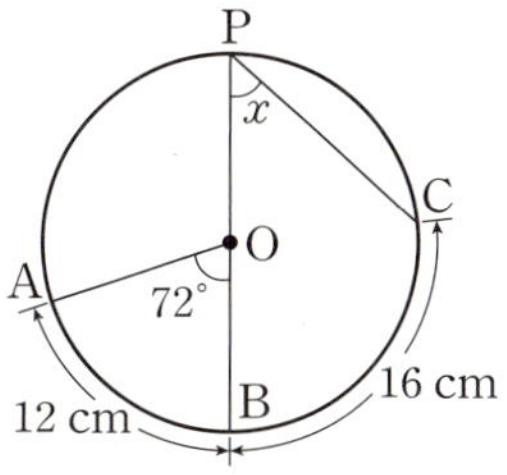

225

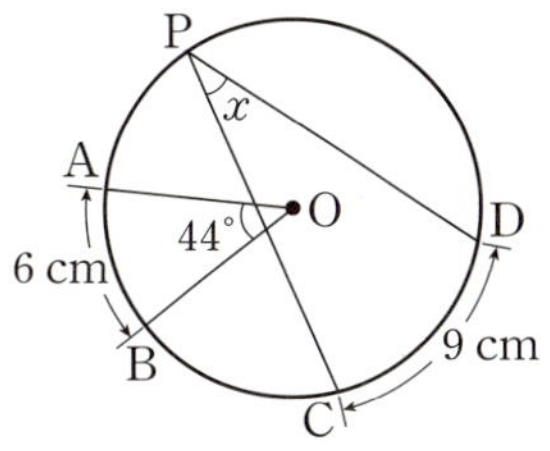

226

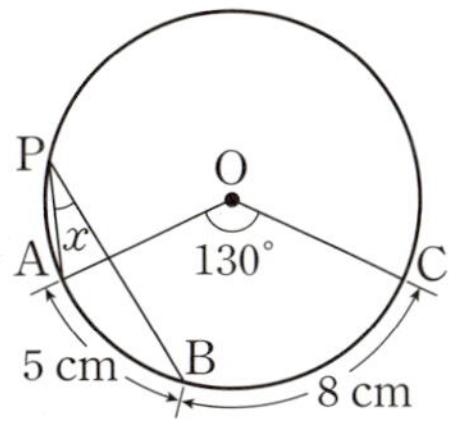

54 호의 길이는 원주각의 크기에 정비례함을 이용해서 비례식을 세워 봐~

$\angle APB : \angle CQD = \overset{\frown}{AB} : \overset{\frown}{CD}$
이므로
$27^\circ : 54^\circ = x : 20$
$1 : 2 = x : 20 \qquad \therefore x = 10$

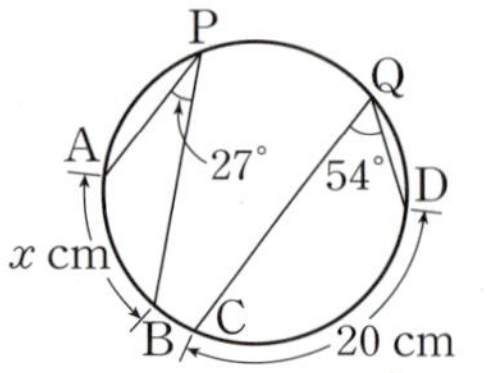

55 (원주각의 크기)$=\frac{1}{2}\times$(중심각의 크기)이고 호의 길이는 원주각의 크기에 정비례해~

❶ $\overline{PA}$를 그으면
$\angle APB = \frac{1}{2} \times 52^\circ = 26^\circ$
❷ $\angle APB : \angle BPC = \overset{\frown}{AB} : \overset{\frown}{BC}$
이므로 $26^\circ : 52^\circ = 2 : x$
$1 : 2 = 2 : x \qquad \therefore x = 4$

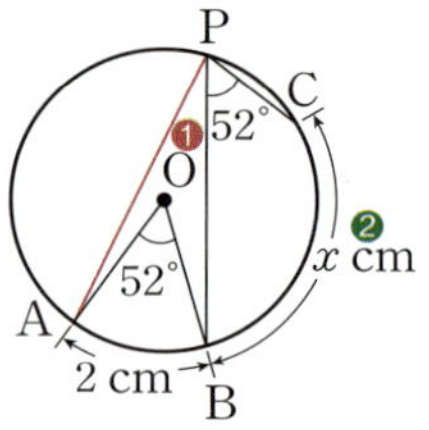

○ 다음 그림의 원에서 x의 값을 구하시오.

227

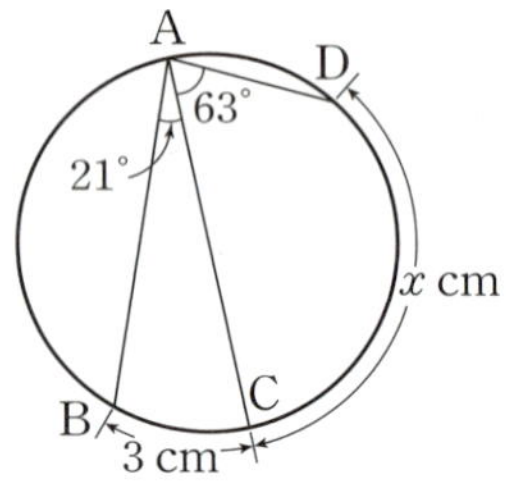

해 $\angle BAC : \angle CAD = \overset{\frown}{BC} : \overset{\frown}{CD}$이므로
$21^\circ :$ □$^\circ = 3 : x$, $1 :$ □ $= 3 : x \qquad \therefore x =$ □

228

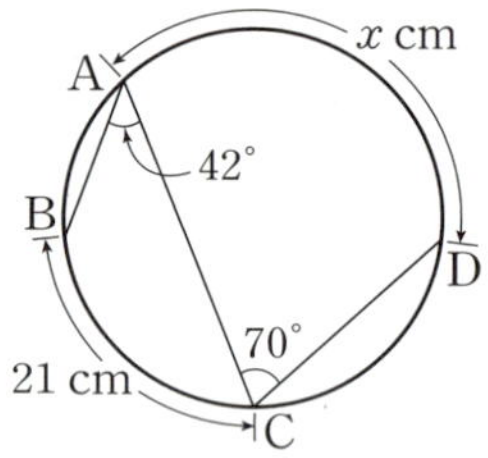

229

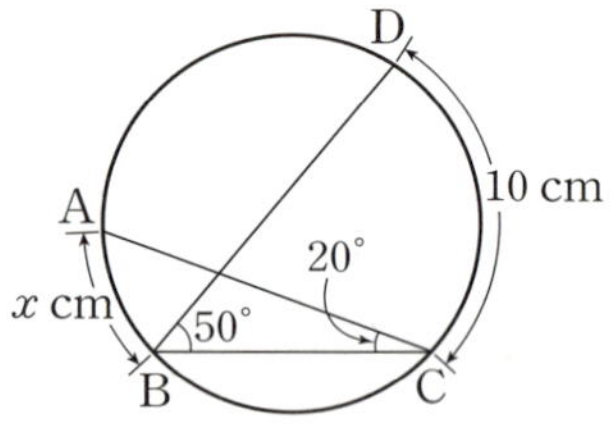

230

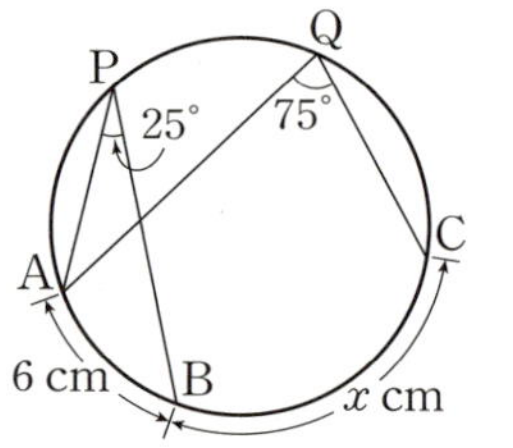

○ 다음 그림의 원 O에서 x의 값을 구하시오.

231

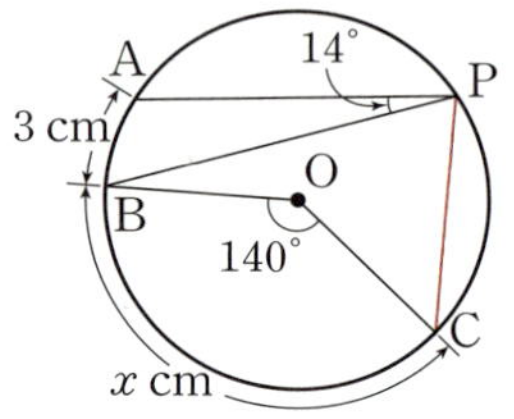

해 $\overline{PC}$를 그으면 $\angle BPC = \frac{1}{2} \times$ □$^\circ =$ □$^\circ$
$\angle APB : \angle BPC = \overset{\frown}{AB} : \overset{\frown}{BC}$이므로
$14^\circ :$ □$^\circ = 3 : x$, $1 :$ □ $= 3 : x \qquad \therefore x =$ □

232

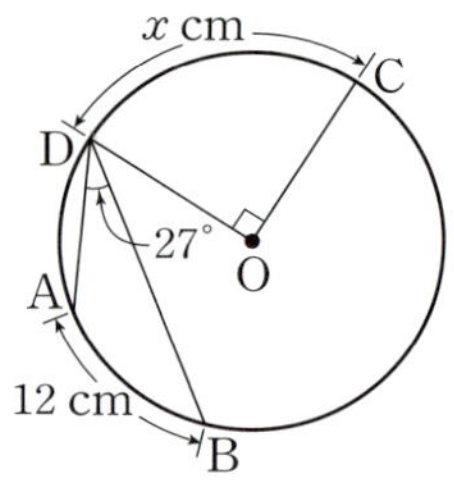

233

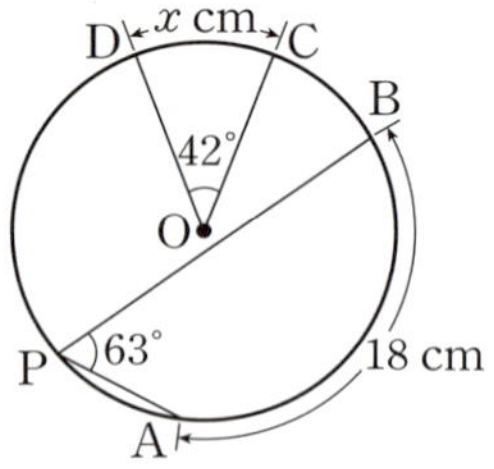

234

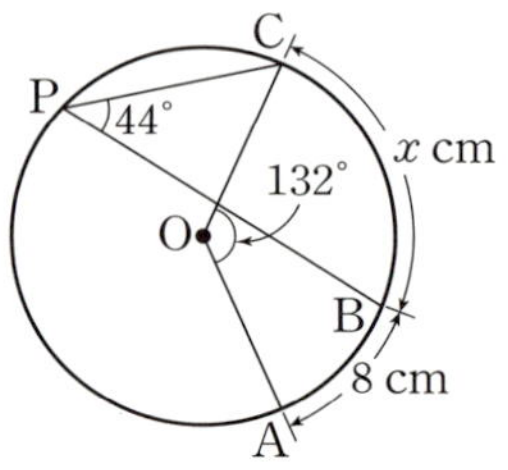

56 원에서 모든 호의 원주각의 크기의 합은 180°야!

$\overset{\frown}{AB} : \overset{\frown}{BC} : \overset{\frown}{CA} = 3 : 5 : 7$일 때,

$\angle C : \angle A : \angle B = \overset{\frown}{AB} : \overset{\frown}{BC} : \overset{\frown}{CA}$
$= 3 : 5 : 7$

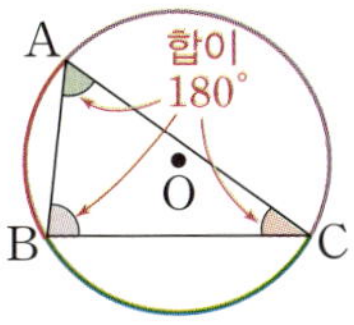

$\therefore \angle A = 180^\circ \times \frac{5}{3+5+7} = 60^\circ$

$\angle B = 180^\circ \times \frac{7}{3+5+7} = 84^\circ$

$\angle C = 180^\circ \times \frac{3}{3+5+7} = 36^\circ$

● $\triangle ABC$가 원 O에 내접하고 $\overset{\frown}{AB} : \overset{\frown}{BC} : \overset{\frown}{CA}$가 다음과 같을 때, $\angle A$, $\angle B$, $\angle C$의 크기를 각각 구하시오.

235 $\overset{\frown}{AB} : \overset{\frown}{BC} : \overset{\frown}{CA} = 1 : 3 : 5$

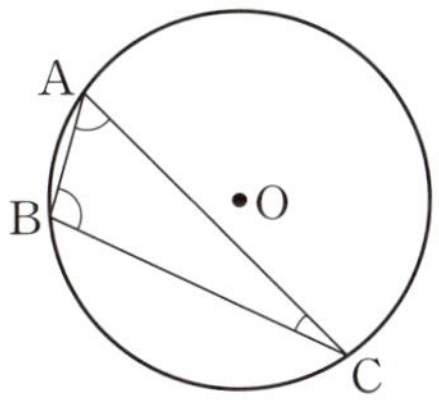

$\angle A =$ ______, $\angle B =$ ______, $\angle C =$ ______

해 $\angle C : \angle A : \angle B = \overset{\frown}{AB} : \overset{\frown}{BC} : \overset{\frown}{CA} = 1 : 3 : 5$이므로

$\angle A = 180^\circ \times \frac{\square}{1+3+5} = \square^\circ$

$\angle B = 180^\circ \times \frac{\square}{1+3+5} = \square^\circ$

$\angle C = 180^\circ \times \frac{\square}{1+3+5} = \square^\circ$

236 $\overset{\frown}{AB} : \overset{\frown}{BC} : \overset{\frown}{CA} = 2 : 3 : 4$

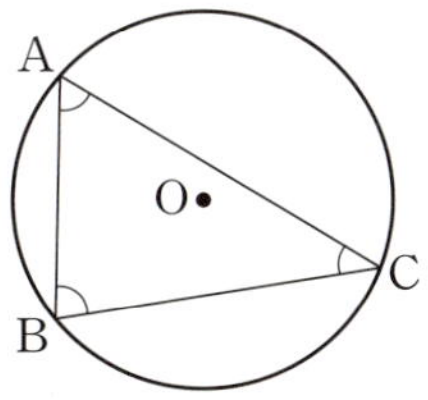

$\angle A =$ ______, $\angle B =$ ______, $\angle C =$ ______

237 $\overset{\frown}{AB} : \overset{\frown}{BC} : \overset{\frown}{CA} = 5 : 3 : 4$

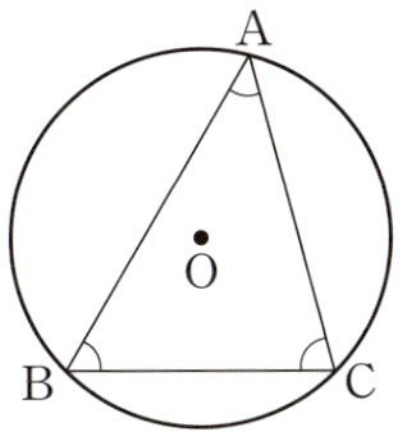

$\angle A =$ ______, $\angle B =$ ______, $\angle C =$ ______

교과서 미리보기

풀었던 연산은 교과서에 이렇게 나온다!

238 48

오른쪽 그림의 원에서 $\overset{\frown}{AB} = \overset{\frown}{BC}$이고 $\angle CDB = 35^\circ$일 때, $\angle x$의 크기를 구하시오.

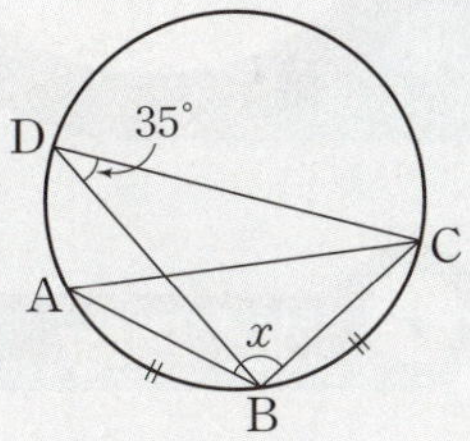

239 53

오른쪽 그림의 원 O에서 $\overset{\frown}{AB} = 8$ cm, $\overset{\frown}{CD} = 4$ cm이고 $\angle AOB = 80^\circ$일 때, $\angle x + \angle y$의 크기를 구하시오.

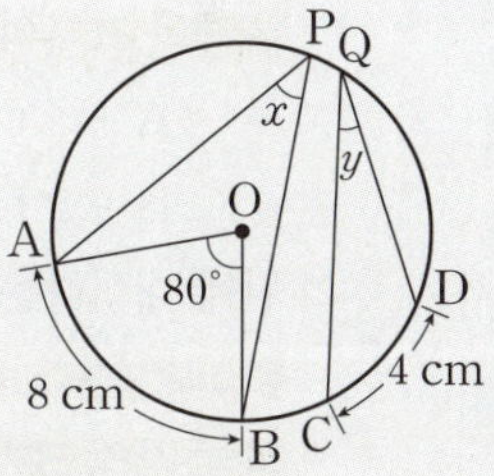

240 55

오른쪽 그림의 원 O에서 $\overset{\frown}{BC} = 4$ cm이고 $\angle AOC = 150^\circ$, $\angle BPC = 15^\circ$일 때, x의 값을 구하시오.

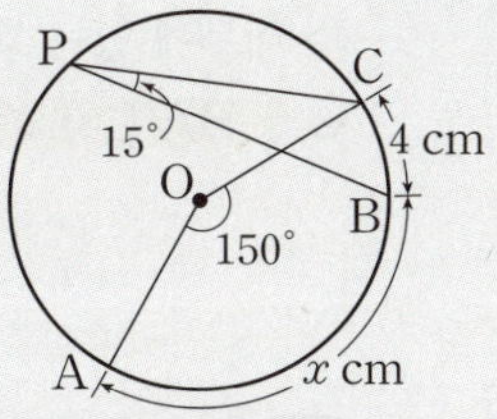

학습일자 월 일

Episode 12

원에 내접하는 사각형

개념 Play

1. 네 점이 한 원 위에 있을 조건 – 원주각

두 점 C, D가 직선 AB에 대하여 같은 쪽에 있을 때,

∠ACB=∠ADB

↱ □ABDC는 원에 내접한다.

이면 네 점 A, B, C, D는 한 원 위에 있다.

참고 네 점 A, B, C, D가 한 원 위에 있으면 ∠ACB=∠ADB이다.

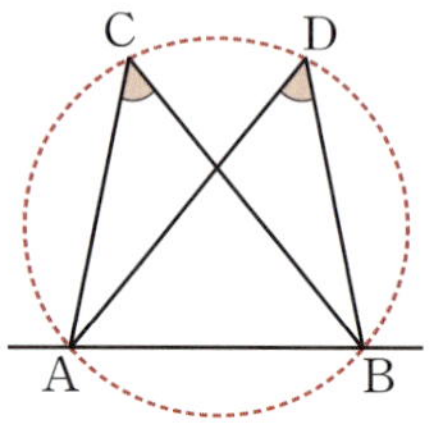

2. 원에 내접하는 사각형의 성질

(1) 원에 내접하는 사각형에서 한 쌍의 대각의 크기의 합은 180°이다.

→ ∠A+∠C=180°,
∠B+∠D=180°

(2) 원에 내접하는 사각형에서 한 외각의 크기는 그 외각에 이웃하는 내각의 대각의 크기와 같다.

→ ∠DCE=∠A

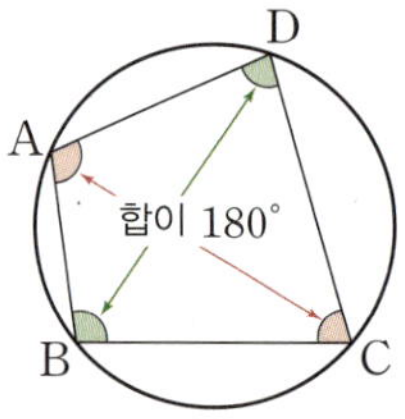

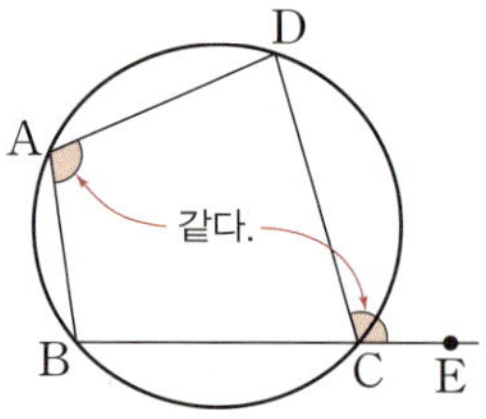

3. 사각형이 원에 내접하기 위한 조건

(1) 한 쌍의 대각의 크기의 합이 180°인 사각형은 원에 내접한다.

(2) 한 외각의 크기와 그 외각에 이웃한 내각의 대각의 크기가 같은 사각형은 원에 내접한다.

4. 접선과 현이 이루는 각

원의 접선과 그 접점을 지나는 현이 이루는 각의 크기는 그 각의 내부에 있는 호에 대한 원주각의 크기와 같다.

→ ∠BAT=∠BCA

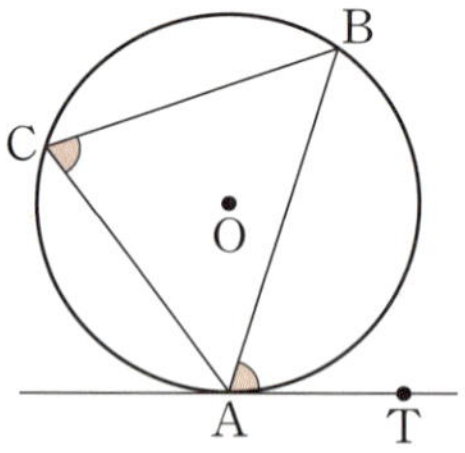

참고 $\overleftrightarrow{PQ}$가 두 원의 공통인 접선이고 점 T가 접점일 때, 다음의 각 경우에 대하여 $\overline{AB}$ // $\overline{CD}$이다.

(1)

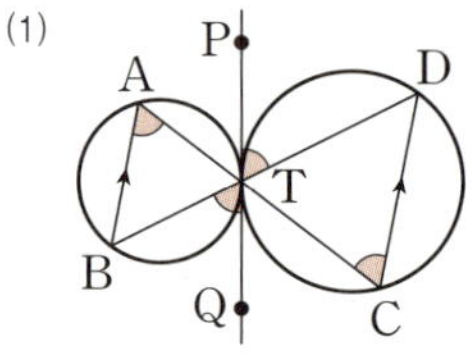

→ ∠BAT=∠BTQ=∠DTP=∠DCT
↳ ∠ABT=∠ATP=∠CTQ=∠CDT

(2)

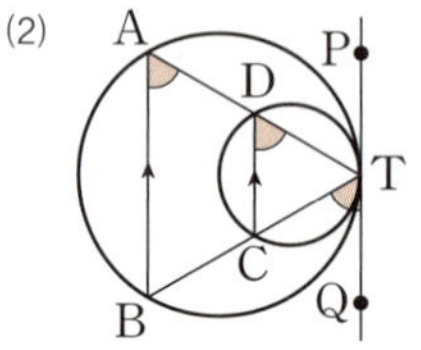

→ ∠BAT=∠BTQ=∠CDT
↳ ∠ABT=∠ATP=∠DCT

오답 NOTE

• 오른쪽 그림에서 네 점 A, B, C, D는 한 원 위에 있지 않다.

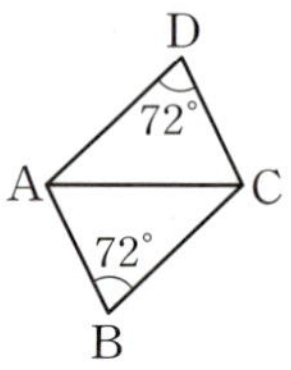

∠B=∠D=72°이지만 두 점 B, D가 $\overline{AC}$에 대하여 다른 쪽에 있으므로 네 점 A, B, C, D는 한 원 위에 있지 않다.
네 점이 한 원 위에 있는지 알아보려면 먼저 기준이 되는 직선을 찾고 그 직선에 대하여 같은 쪽에 있는 두 각의 크기가 같은지 확인한다.

•

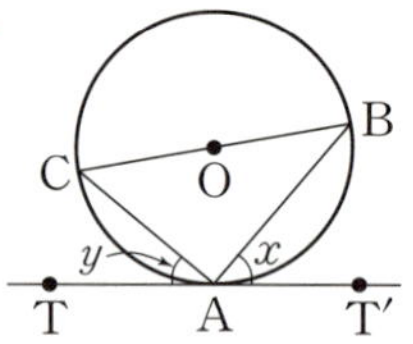

직선 AT는 원 O의 접선이고 점 A는 접점일 때, ∠x≠∠CBA, ∠y≠∠BCA이다.
∠x는 $\widehat{AB}$에 대한 원주각과 크기가 같고 ∠y는 $\widehat{AC}$에 대한 원주각과 크기가 같으므로 ∠x=∠BCA, ∠y=∠CBA이다.

57 기준이 되는 직선에 대하여 같은 쪽에 있는 두 각의 크기가 같은지 확인해~

$\overline{BC}$에 대하여 $\angle BAC = \angle BDC = 50°$
↳ 기준이 되는 선 ↳ 같은 쪽에 있는 각의 크기 비교
이므로 네 점 A, B, C, D는 한 원 위에 있다.

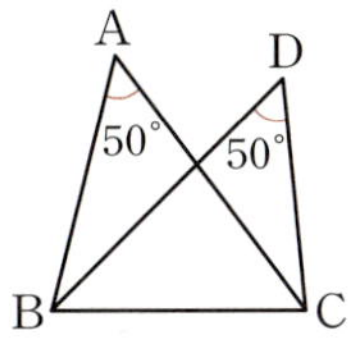

58 기준이 되는 직선에 대하여 같은 쪽에 있는 두 각의 크기가 같으면 네 점은 한 원 위에 있어~

네 점 A, B, C, D가 한 원 위에 있을 때,
△DBC에서
$\angle BDC = 180° - (40° + 80°) = 60°$이므로
$\angle x = \angle BDC = 60°$

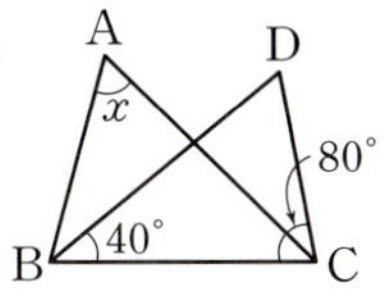

다음 그림에서 네 점 A, B, C, D가 한 원 위에 있으면 ○표, 한 원 위에 있지 않으면 ×표를 ( ) 안에 써넣으시오.

241

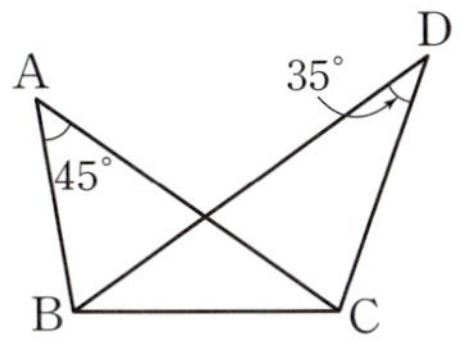

( )

242

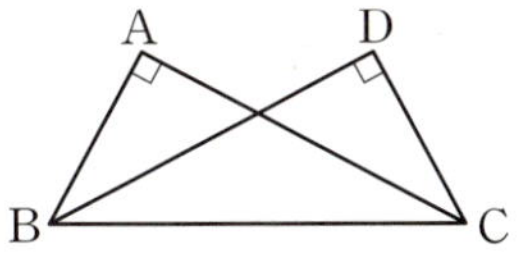

( )

243

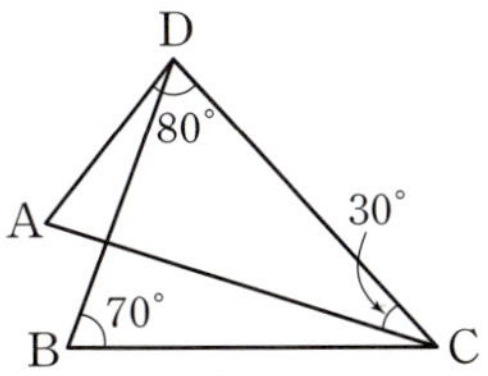

( )

244

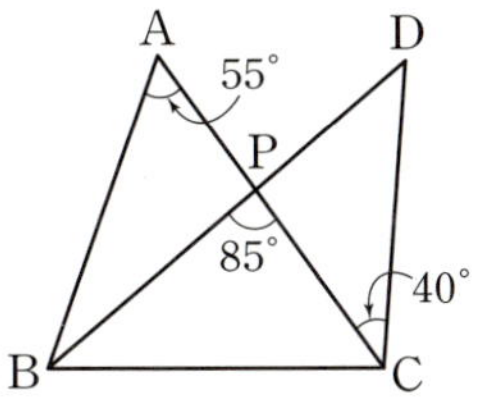

( )

TIP 삼각형의 한 외각의 크기는 그와 이웃하지 않는 두 내각의 크기의 합과 같아.

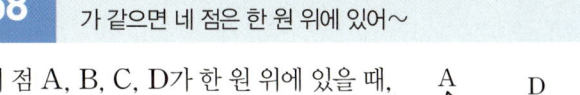

다음 그림에서 네 점 A, B, C, D가 한 원 위에 있을 때, $\angle x$의 크기를 구하시오.

245

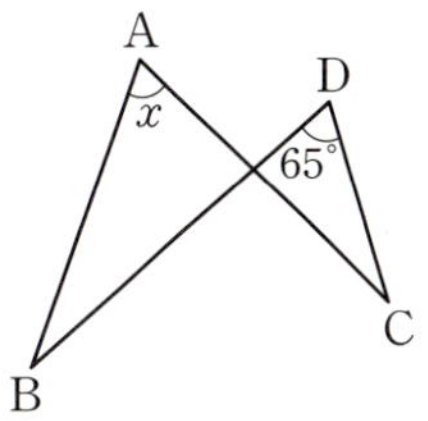

246

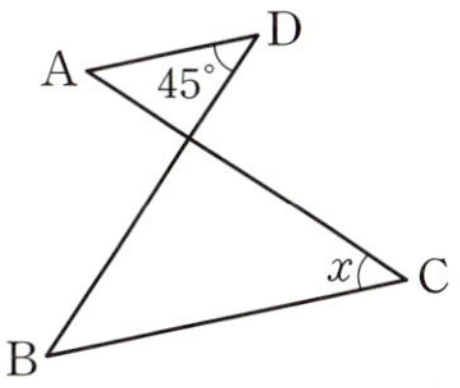

247

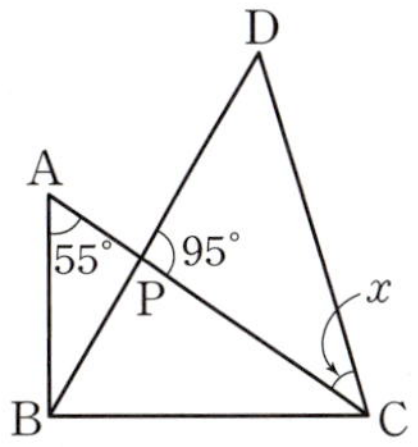

248

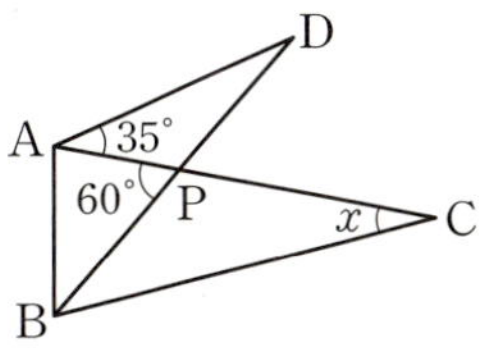

59 원에 내접하는 □ABCD에서 $\angle A+\angle C=180^\circ$, $\angle B+\angle D=180^\circ$야.

• $\angle x=180^\circ-70^\circ=110^\circ$
  ↳ $\angle A+\angle C=180^\circ$

• $\angle y=180^\circ-85^\circ=95^\circ$
  ↳ $\angle B+\angle D=180^\circ$

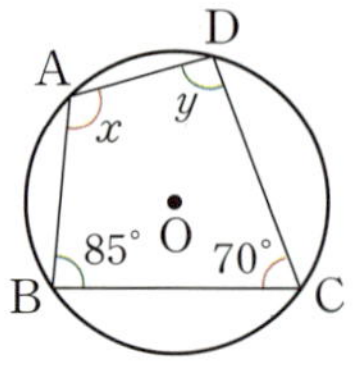

다음 그림에서 □ABCD가 원 O에 내접할 때, $\angle x$, $\angle y$의 크기를 각각 구하시오.

249

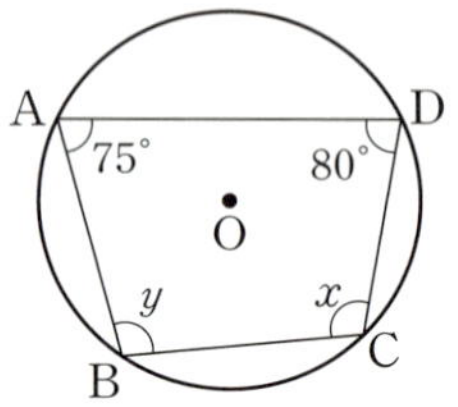

$\angle x=$ ______, $\angle y=$ ______

해 $\angle x=180^\circ-$ □ $^\circ=$ □ $^\circ$

$\angle y=180^\circ-$ □ $^\circ=$ □ $^\circ$

250

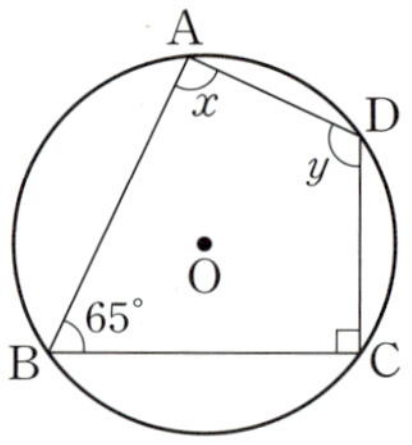

$\angle x=$ ______, $\angle y=$ ______

251

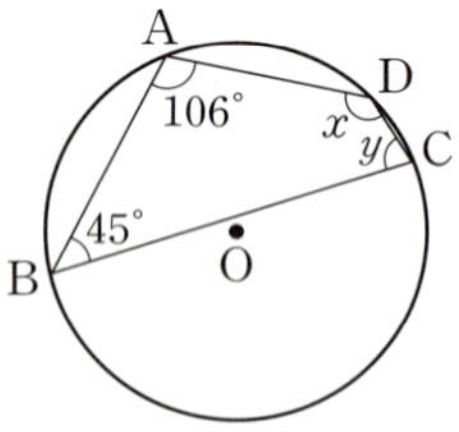

$\angle x=$ ______, $\angle y=$ ______

252

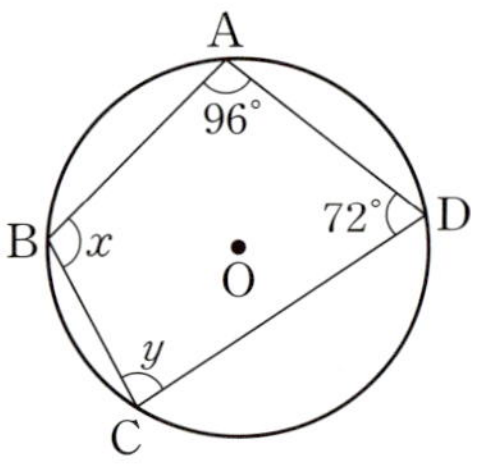

$\angle x=$ ______, $\angle y=$ ______

60 삼각형에서 한 내각의 크기를 구하고 이 내각의 크기와 그 대각의 크기의 합이 180°임을 이용해~

△BCD에서

$\angle x=180^\circ-(40^\circ+80^\circ)=60^\circ$

$\angle y=180^\circ-\angle x=180^\circ-60^\circ$
$=120^\circ$ ↳ $\angle A+\angle C=180^\circ$

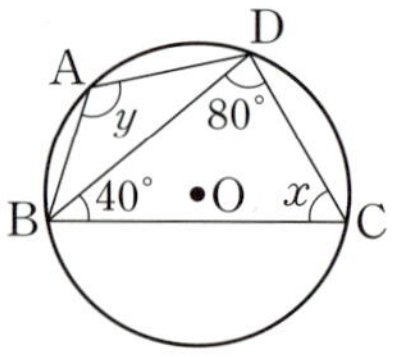

다음 그림에서 □ABCD가 원 O에 내접할 때, $\angle x$, $\angle y$의 크기를 각각 구하시오.

253

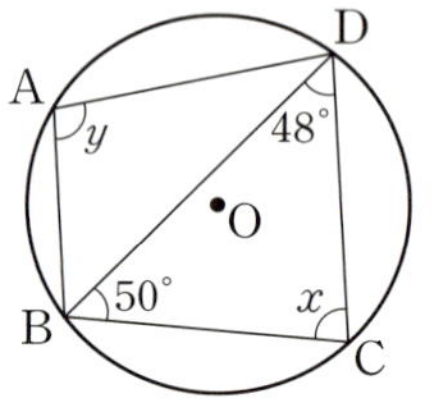

$\angle x=$ ______, $\angle y=$ ______

해 △BCD에서 $\angle x=180^\circ-($ □ $^\circ+48^\circ)=$ □ $^\circ$

$\angle y=180^\circ-\angle x=180^\circ-$ □ $^\circ=$ □ $^\circ$

254

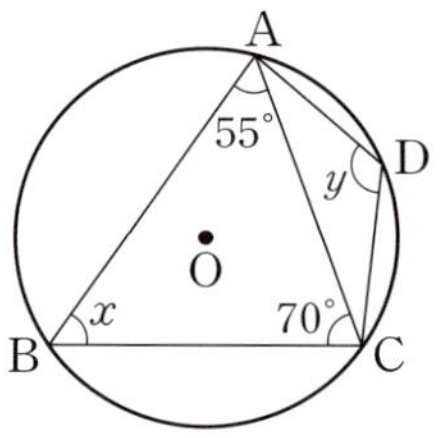

$\angle x=$ ______, $\angle y=$ ______

255

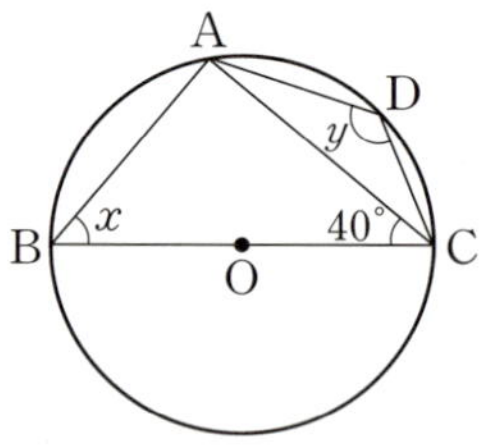

$\angle x=$ ______, $\angle y=$ ______

TIP 반원에 대한 원주각의 크기는 90°야.

256

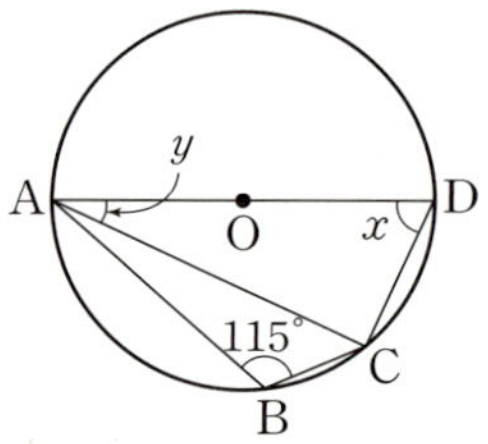

$\angle x=$ ______, $\angle y=$ ______

정답과 풀이 34쪽

61 원주각의 성질과 원에 내접하는 사각형에서 한 쌍의 대각의 크기의 합은 180°임을 이용해~

❶ $\angle x=\frac{1}{2}\angle \mathrm{BOD}=\frac{1}{2}\times 110^\circ=55^\circ$
└→ (원주각의 크기) $=\frac{1}{2}\times$ (중심각의 크기)

❷ $\angle y=180^\circ-\angle x=180^\circ-55^\circ$
└→ $\angle \mathrm{A}+\angle \mathrm{C}=180^\circ$
$=125^\circ$

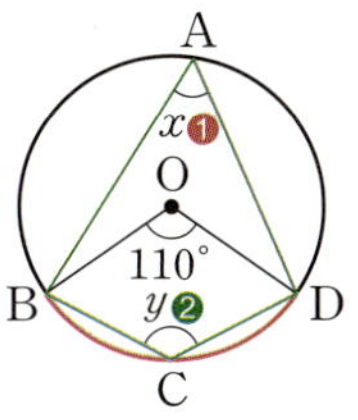

62 원에 내접하는 사각형에서 한 외각의 크기는 그 외각에 이웃하는 내각의 대각의 크기와 같아.

□ABCD가 원에 내접할 때,
$\angle x=\angle \mathrm{DAB}=110^\circ$

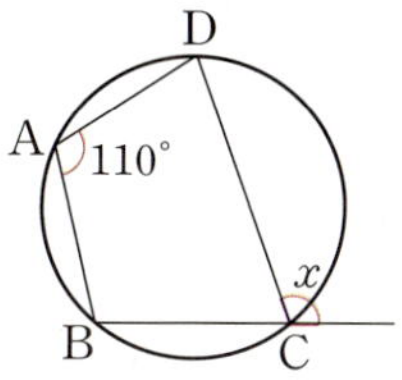

다음 그림에서 □ABCD가 원 O에 내접할 때, ∠x, ∠y의 크기를 각각 구하시오.

257

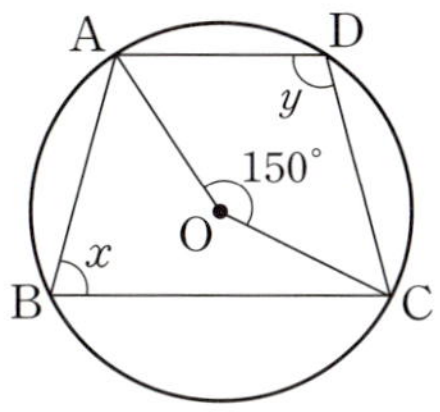

$\angle x=$ ______, $\angle y=$ ______

해 $\angle x=\frac{1}{2}\angle \mathrm{AOC}=\frac{1}{2}\times$ □° $=$ □°
$\angle y=180^\circ-\angle x=180^\circ-$ □° $=$ □°

258

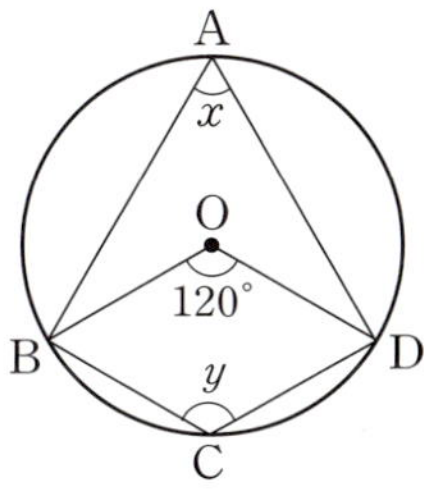

$\angle x=$ ______, $\angle y=$ ______

259

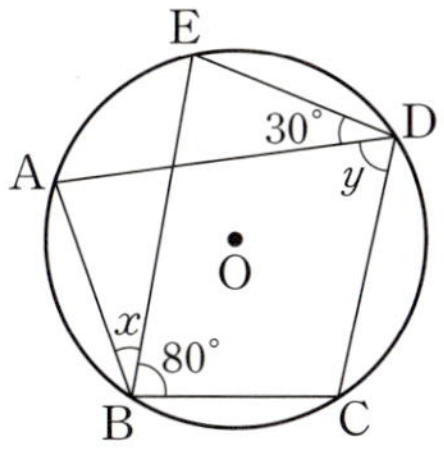

$\angle x=$ ______, $\angle y=$ ______

TIP 한 호에 대한 원주각의 크기는 같아.

260

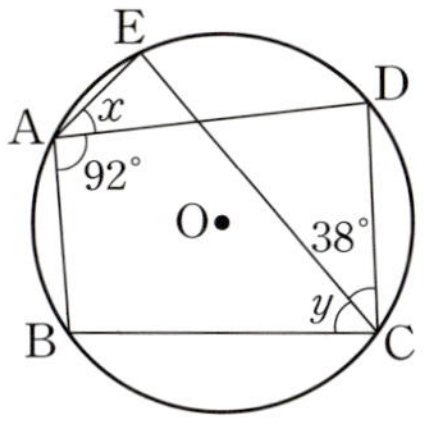

$\angle x=$ ______, $\angle y=$ ______

다음 그림에서 □ABCD가 원에 내접할 때, ∠x의 크기를 구하시오.

261

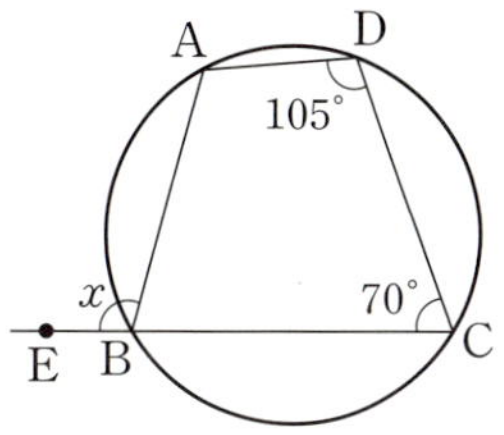

______

262

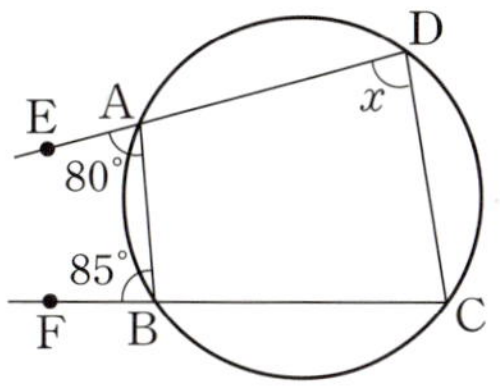

______

263

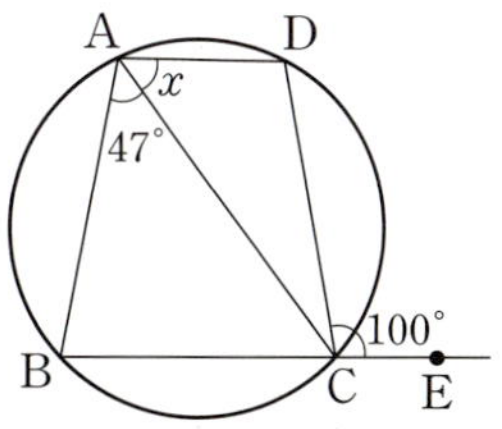

______

해 ∠BAD=∠DCE이므로
$47^\circ+\angle x=$ □° $\therefore \angle x=$ □°

264

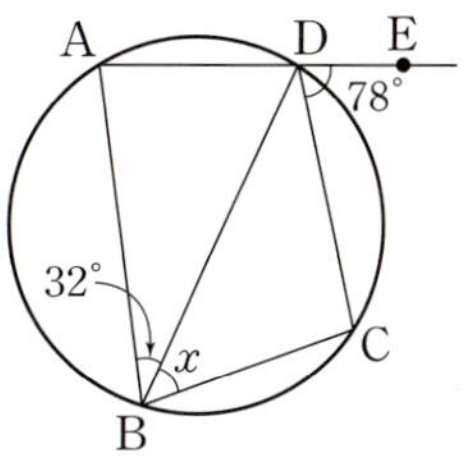

______

63 원주각의 성질과 원에 내접하는 사각형에서 한 외각은 이웃하는 내각의 대각과 크기가 같음을 이용해~

❶ $\angle x=\frac{1}{2}\times 210^\circ=105^\circ$

└→ (원주각의 크기) $=\frac{1}{2}\times$ (중심각의 크기)

❷ $\angle y=\angle x=105^\circ$

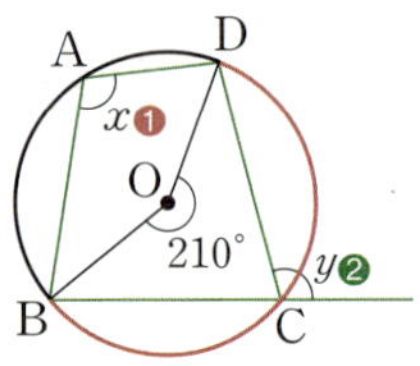

64 사각형이 원에 내접하기 위한 조건을 이용해~

다음 조건 중 어느 하나를 만족시키면 □ABCD는 원에 내접한다.

①

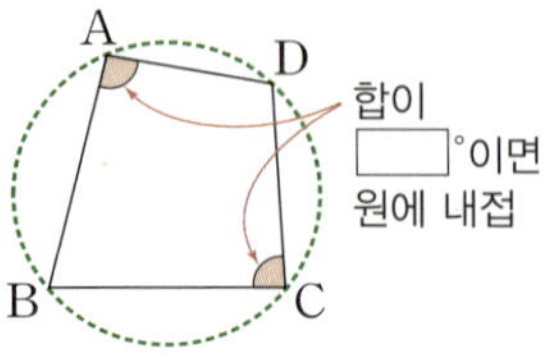

②

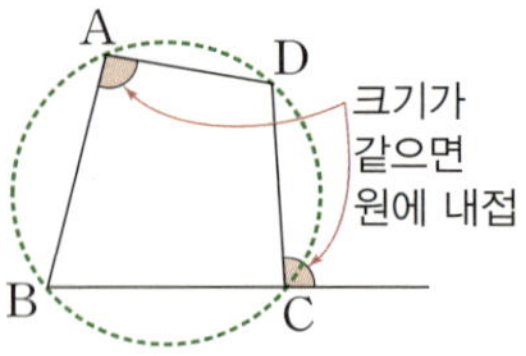

답 | 180

○ 다음 그림에서 □ABCD가 원 O에 내접할 때, $\angle x$, $\angle y$의 크기를 각각 구하시오.

265

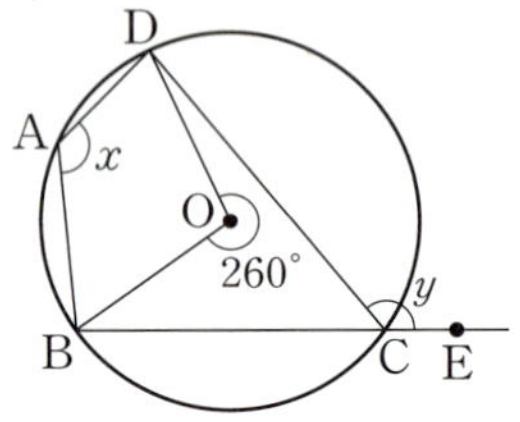

$\angle x=$ ________, $\angle y=$ ________

해 $\angle x=\frac{1}{2}\times$ □ $^\circ=$ □ $^\circ$

$\angle y=\angle x=$ □ $^\circ$

266

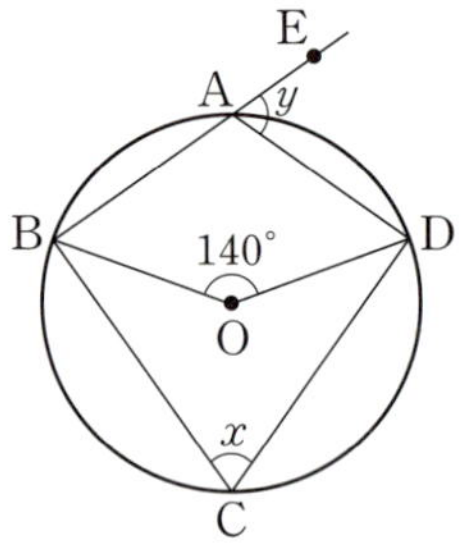

$\angle x=$ ________, $\angle y=$ ________

267

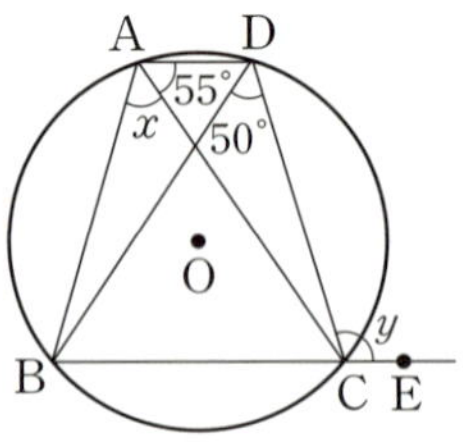

$\angle x=$ ________, $\angle y=$ ________

268

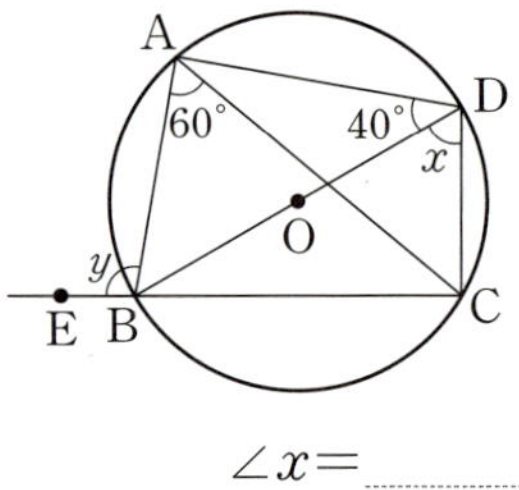

$\angle x=$ ________, $\angle y=$ ________

○ 다음 그림에서 □ABCD가 원에 내접하면 ○표, 원에 내접하지 않으면 ×표를 ( ) 안에 써넣으시오.

269

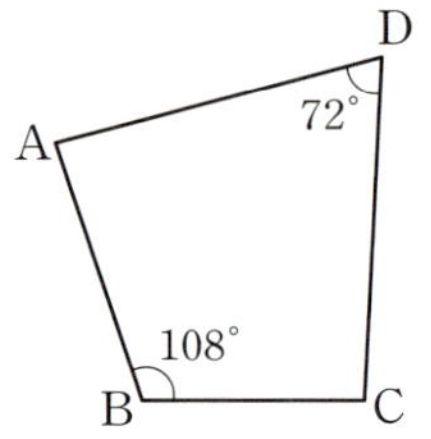

( )

270

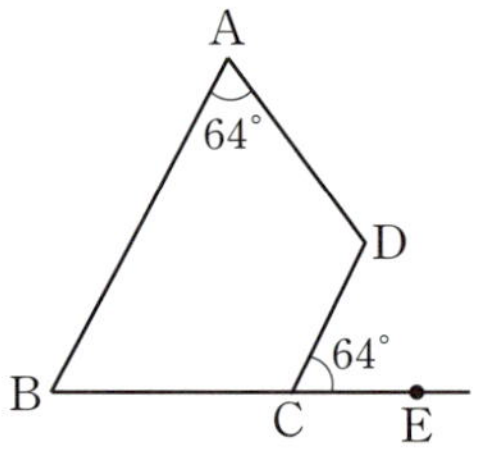

( )

271

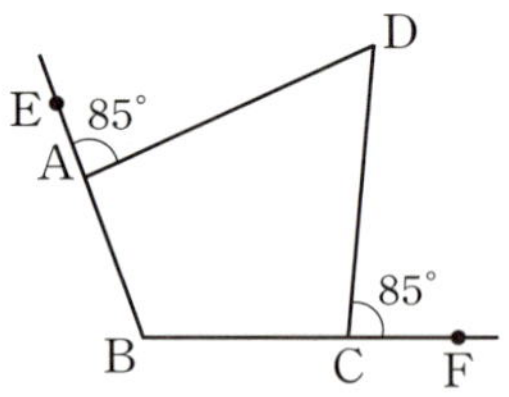

( )

272

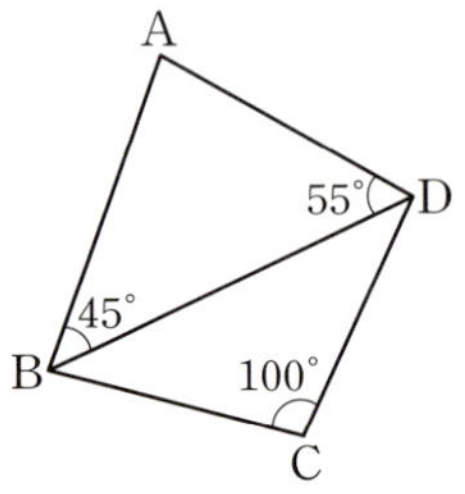

( )

65 원에 내접하는 사각형의 한 쌍의 대각의 크기의 합은 180°이고 한 외각은 이웃하는 내각의 대각과 크기가 같아~

□ABCD가 원에 내접할 때,

△ABD에서

$\angle BAD = 180° - (34° + 40°)$

$= 106°$

$\therefore \angle x = \angle BAD = 106°$

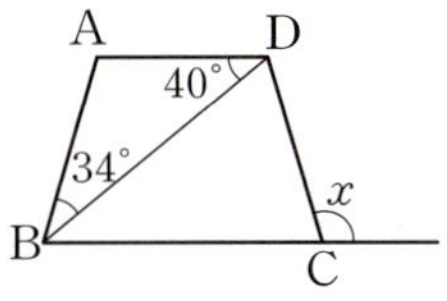

66 원의 접선과 현이 이루는 각과 크기가 같은 원주각을 찾아보자!

- $\angle x = \angle CBA = 110°$
- $\angle y = \angle ACB = 43°$

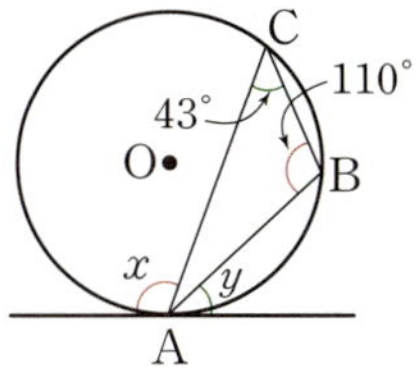

● 다음 그림에서 □ABCD가 원에 내접할 때, $\angle x$의 크기를 구하시오.

273

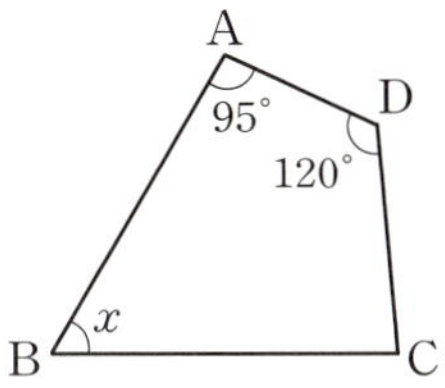

274

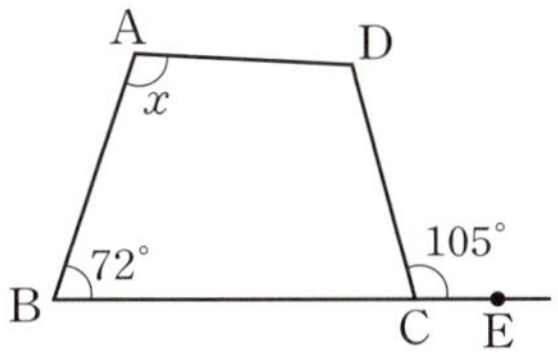

275

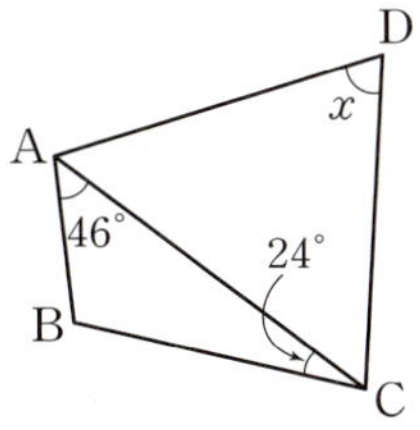

276

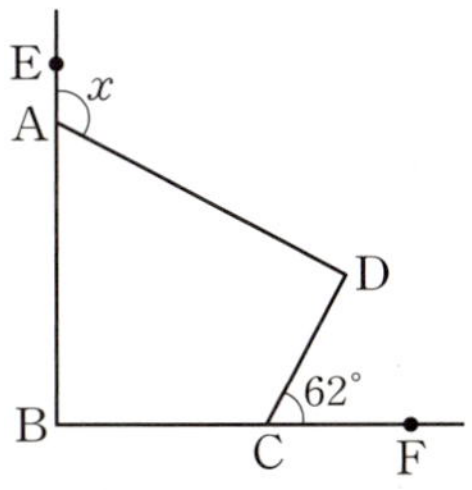

● 다음 그림에서 직선 AT는 원 O의 접선이고 점 A는 접점일 때, $\angle x$의 크기를 구하시오.

277

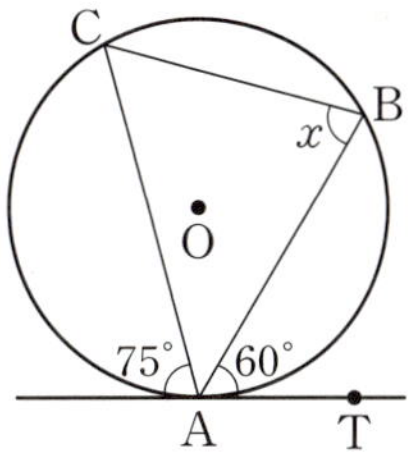

278

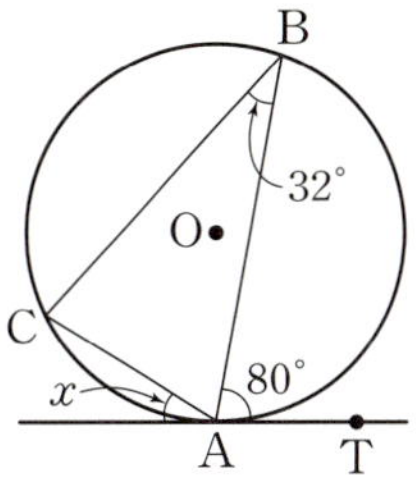

279

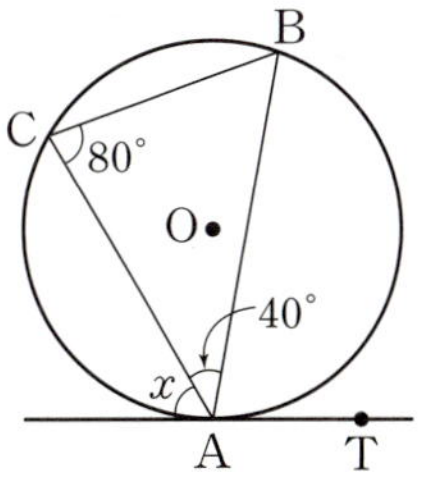

해 △ABC에서 $\angle ABC = 180° - (80° + \square°) = \square°$

$\angle x = \angle ABC = \square°$

280

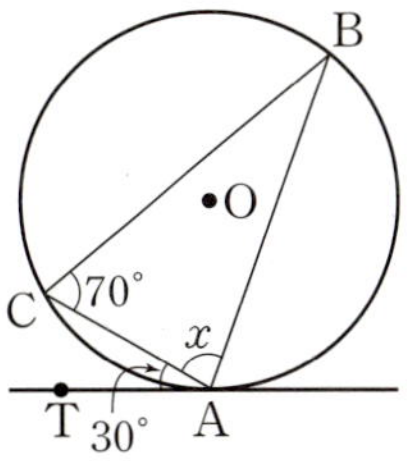

67 원의 접선과 현이 이루는 각과 크기가 같은 원주각을 찾고 (중심각의 크기)$=2\times$(원주각의 크기)임을 이용해~

❶ $\angle ACB=\angle BAT=30^\circ$

❷ $\angle x=2\angle ACB=2\times30^\circ=60^\circ$

→ (중심각의 크기)$=2\times$(원주각의 크기)

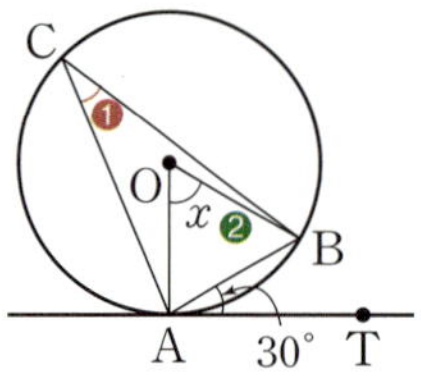

68 원의 접선과 현이 이루는 각과 크기가 같은 원주각을 찾고 반원에 대한 원주각의 크기는 90°임을 이용해~

❶ $\overline{BC}$는 지름이므로 $\angle BAC=90^\circ$

❷ $\angle BCA=\angle BAT=60^\circ$

❸ $\triangle ABC$에서

$\angle x=180^\circ-(60^\circ+90^\circ)=30^\circ$

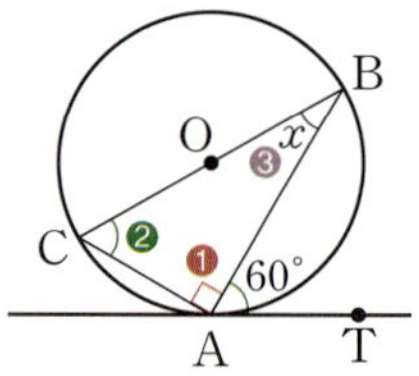

○ 다음 그림에서 직선 AT는 원 O의 접선이고 점 A는 접점일 때, $\angle x$의 크기를 구하시오.

281

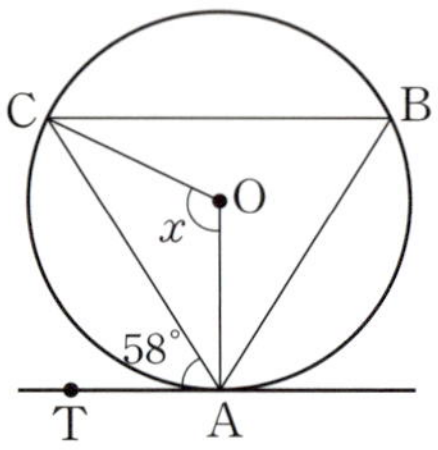

해 $\angle CBA=\angle CAT=$ ☐ °

$\therefore\ \angle x=2\angle CBA=2\times$ ☐ ° $=$ ☐ °

282

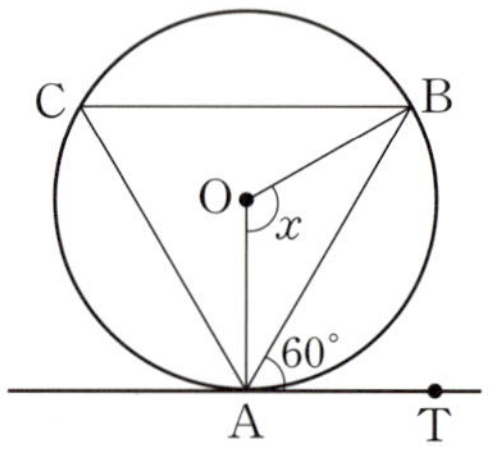

283

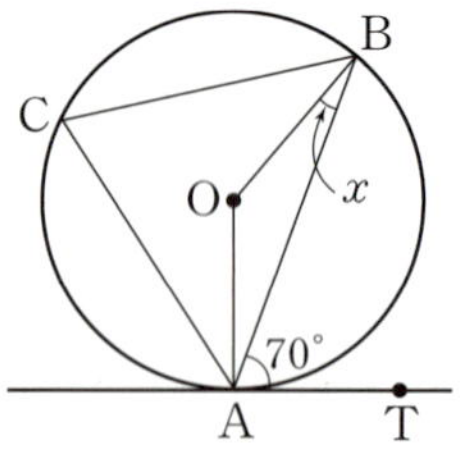

TIP $\triangle OAB$는 $\overline{OA}=\overline{OB}$인 이등변삼각형이므로 두 밑각의 크기가 같아!

284

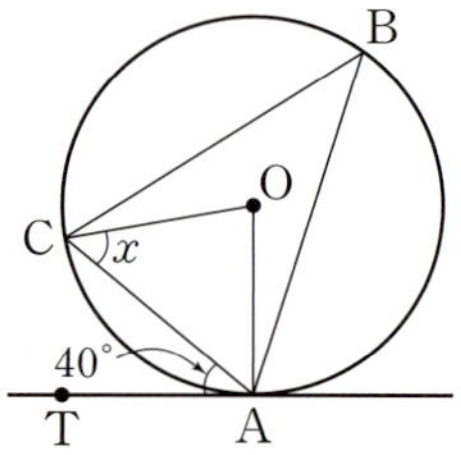

○ 다음 그림에서 직선 AT는 원 O의 접선이고 점 A는 접점이다. $\overline{BC}$가 원 O의 지름일 때, $\angle x$의 크기를 구하시오.

285

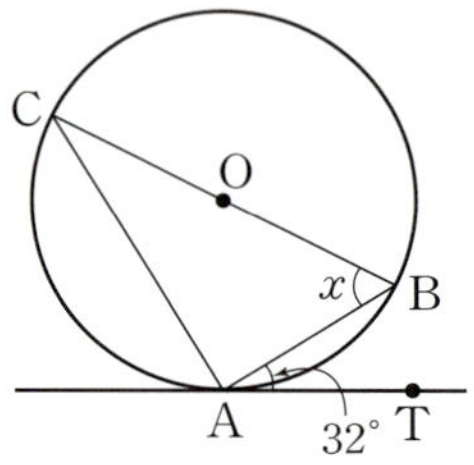

해 $\overline{BC}$는 지름이므로 $\angle CAB=$ ☐ °

$\angle BCA=\angle BAT=$ ☐ °

$\triangle ABC$에서 $\angle x=180^\circ-($ ☐ $^\circ+90^\circ)=$ ☐ °

286

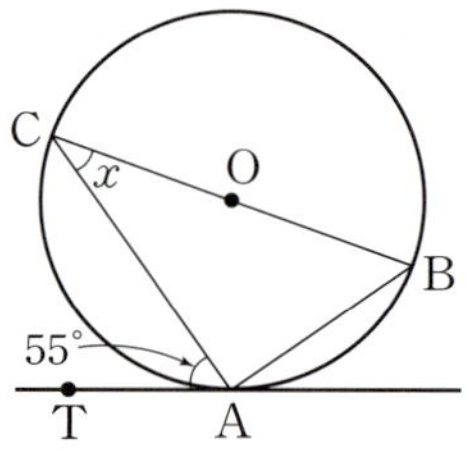

287

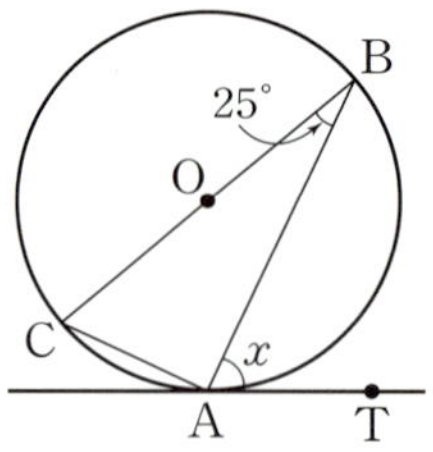

288

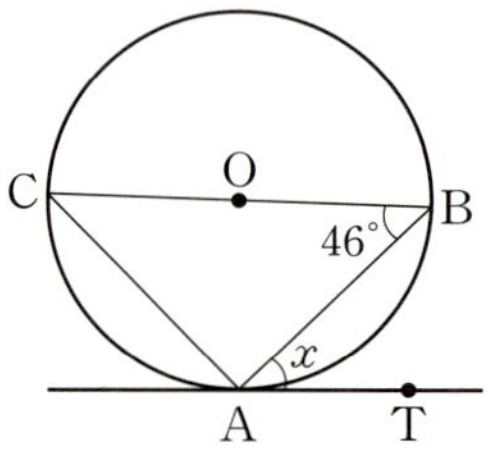

69

접선과 현이 이루는 각과 크기가 같은 원주각을 찾고 삼각형의 한 외각의 크기는 그와 이웃하지 않는 두 내각의 크기의 합과 같음을 이용해~

❶ $\overline{AB}$를 그으면 $\overline{BC}$는 지름이므로 $\angle CAB=90^\circ$

❷ $\angle BAP$
$=180^\circ-(55^\circ+90^\circ)$
$=35^\circ$

❸ $\angle CBA=\angle CAT=55^\circ$

❹ $\triangle BAP$에서 $\angle x=55^\circ-35^\circ=20^\circ$

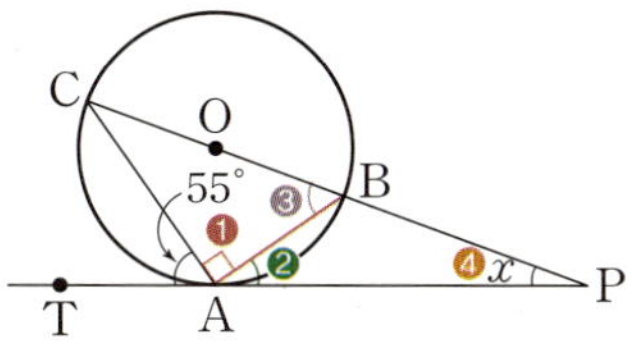

○ 다음 그림에서 직선 AP는 원 O의 접선이고 점 A는 접점이다. $\overline{BC}$가 원 O의 지름일 때, $\angle x$의 크기를 구하시오.

289

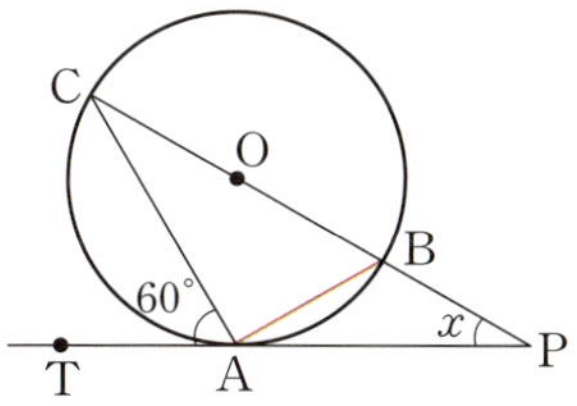

해 $\overline{AB}$를 그으면 $\overline{BC}$는 지름이므로 $\angle CAB=$□°

$\angle BAP=180^\circ-(60^\circ+$□°$)=$□°

$\angle CBA=\angle CAT=$□°

$\triangle BAP$에서 $\angle x=60^\circ-$□°$=$□°

290

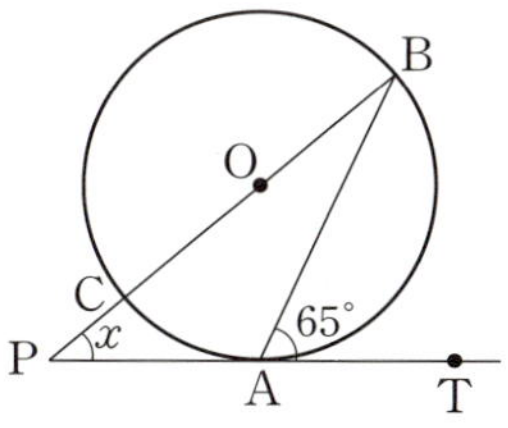

291

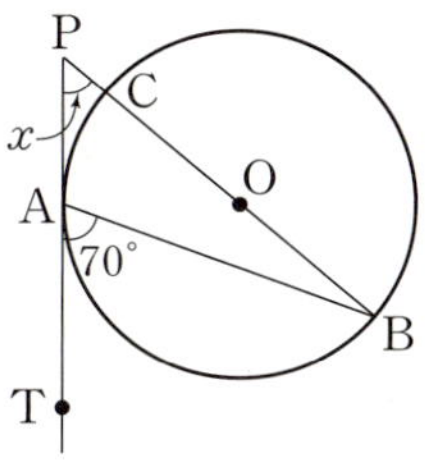

292

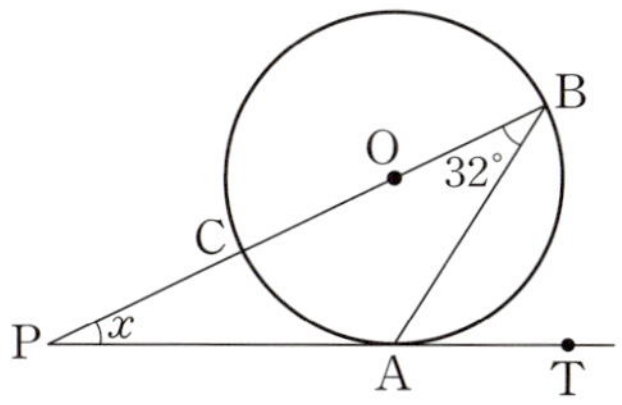

70

두 원에서 각각 접선과 현이 이루는 각과 크기가 같은 원주각을 찾아봐~

$\angle x=\angle ATP=\angle CTQ$
↳ 맞꼭지각
$=\angle CDT=60^\circ$

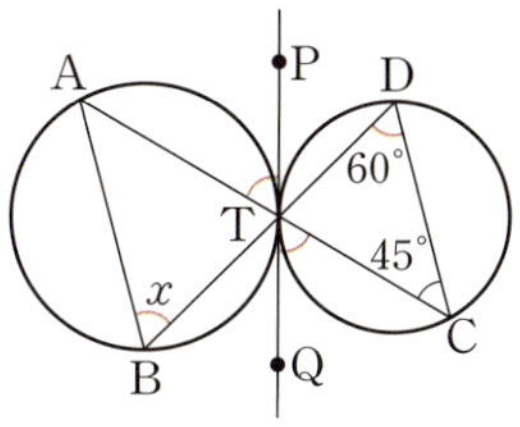

○ 다음 그림에서 직선 PQ가 두 원의 공통인 접선이고 점 T가 접점일 때, $\angle x$의 크기를 구하시오.

293

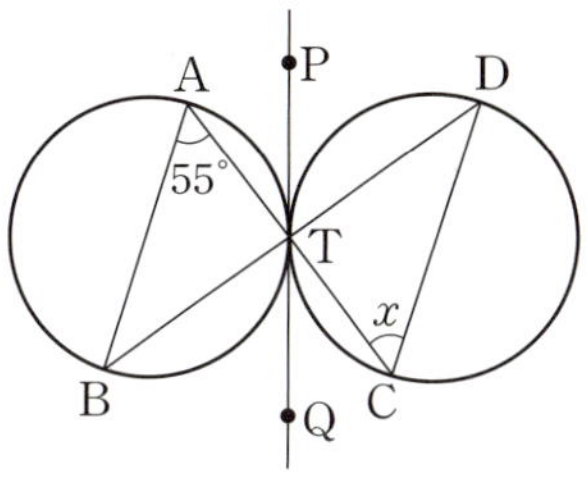

해 $\angle x=\angle PTD=\angle BTQ=\angle BAT=$□°

294

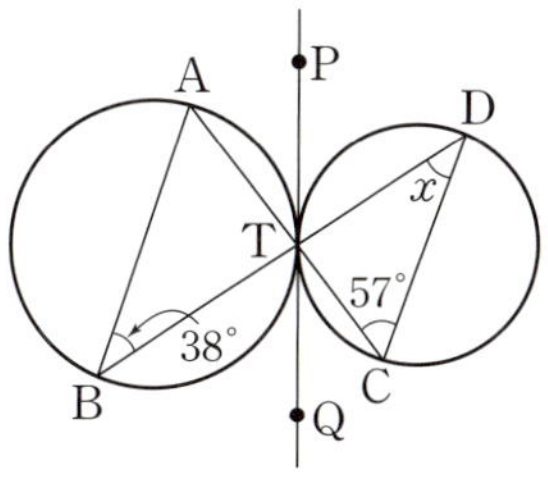

295

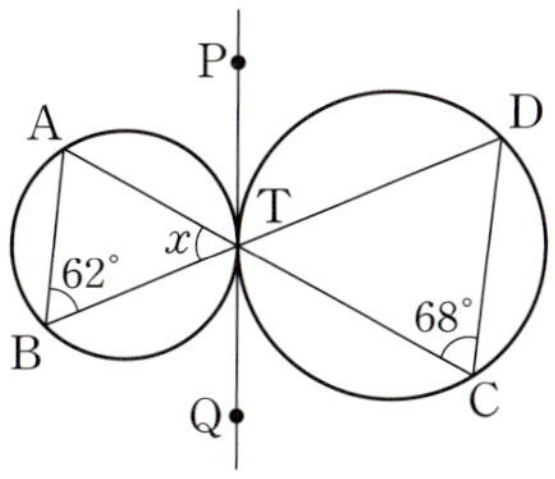

296

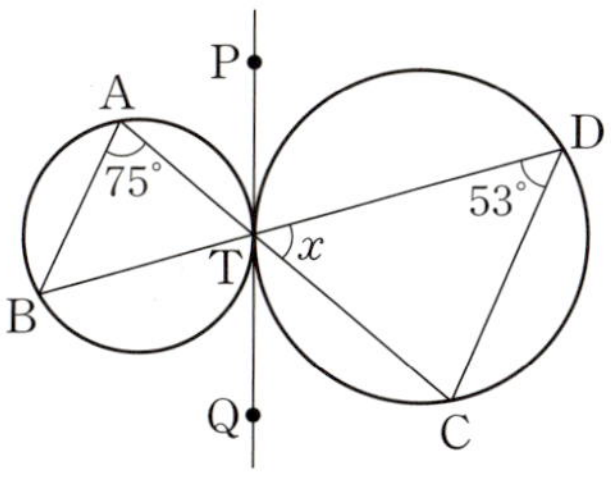

정답과 풀이 35쪽

71 두 원에서 각각 접선과 현이 이루는 각과 크기가 같은 원주각을 찾아봐~

$\angle x=\angle BTQ=\angle CDT=52^\circ$

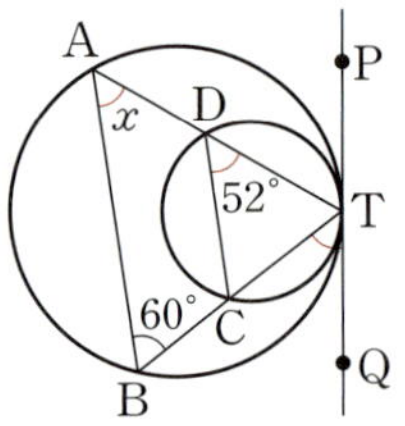

다음 그림에서 직선 PQ가 두 원의 공통인 접선이고 점 T가 접점일 때, $\angle x$의 크기를 구하시오.

297

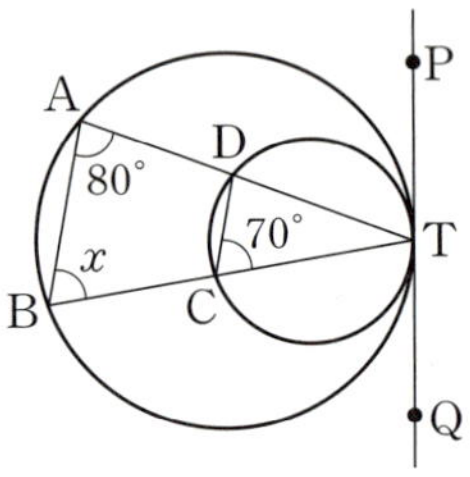

해 $\angle x=\angle ATP=\angle DCT=$ □°

298

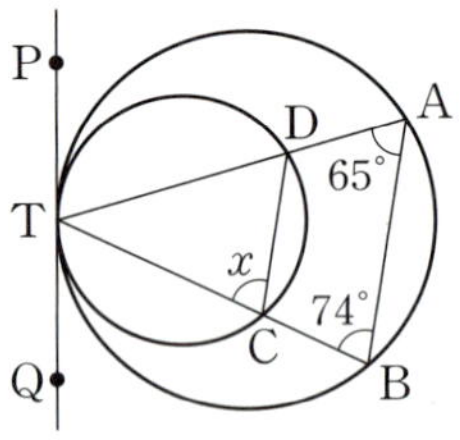

299

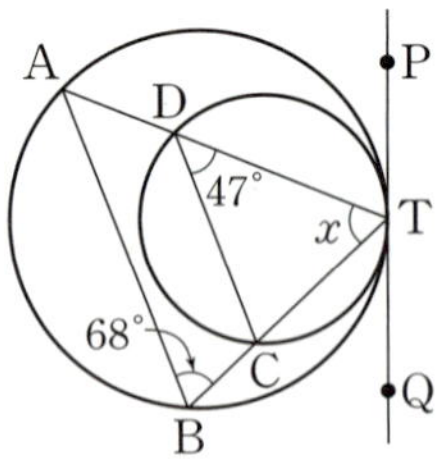

300

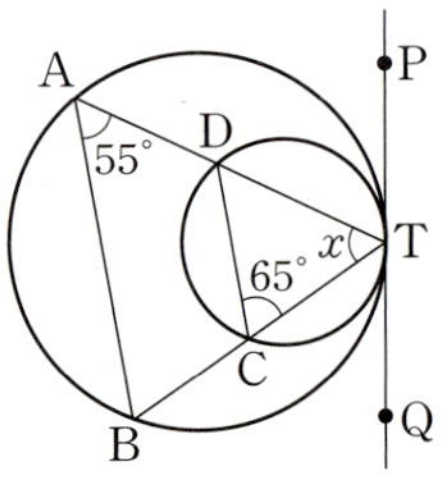

교과서 미리보기

풀었던 연산은 교과서에 이렇게 나온다!

301 57 64

다음 보기 중에서 □ABCD가 원에 내접하는 것을 모두 고르시오.

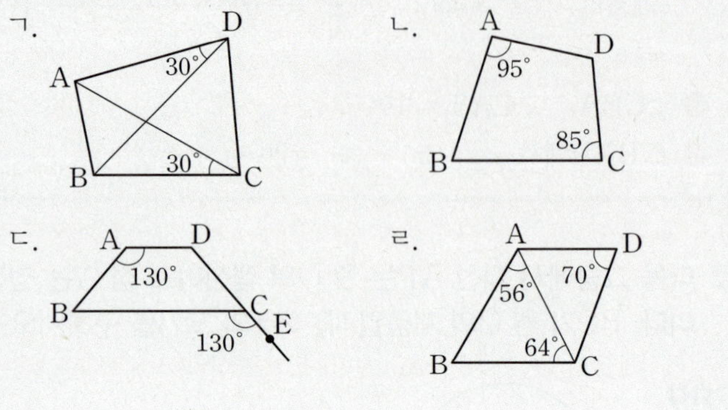

302 59 62

오른쪽 그림과 같은 원 O에 두 사각형 ABCD, BCDE가 내접할 때, $\angle x$, $\angle y$의 크기를 각각 구하시오.

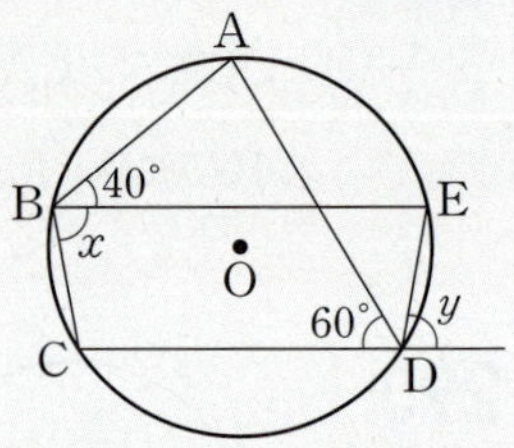

303 59 66

오른쪽 그림에서 직선 AT는 원 O의 접선이고 점 A는 접점이다. □ABCD가 원 O에 내접할 때, $\angle x$의 크기를 구하시오.

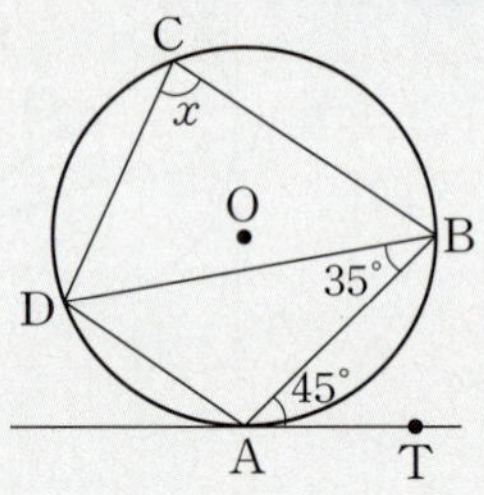

III 통계

III 단원 이야기

현대 사회의 특징 중 하나는 스마트 기기를 통하여 언제 어디서나 필요한 자료를 검색하고 습득할 수 있다는 것이다. 이러한 특징을 잘 활용하기 위해서는 다양한 자료를 정리하고 분석하여 자료의 경향과 전체적인 양상을 파악하는 능력을 길러야 한다. 여러 스포츠 분야에서도 많은 정보들이 분석되는데, 경기가 진행되는 동안 선수나 팀에 대해 축적된 자료들을 이용해 전략을 세우고 경기력을 향상하는 데에 활용한다.

1. 대푯값, 산포도, 상관관계

Ep.13 대푯값

① 대푯값 : 자료 전체의 특징을 대표적으로 나타내는 값

② $(\text{평균})=\dfrac{(\text{변량의 총합})}{(\text{변량의 개수})}$

③ 중앙값 : 자료를 작은 값에서부터 크기순으로 나열할 때, 한가운데에 있는 값

④ 최빈값 : 자료의 값 중 가장 많이 나타나는 값

Ep.14 산포도

① 산포도 : 자료가 대푯값을 중심으로 흩어져 있는 정도를 하나의 수로 나타낸 값

② $(\text{편차})=(\text{변량})-(\text{평균})$

③ $(\text{분산})=\dfrac{\{(\text{편차})^2\text{의 총합}\}}{(\text{변량의 개수})}$

④ $(\text{표준편차})=\sqrt{(\text{분산})}$

Ep.15 산점도와 상관관계

① 산점도 : 두 변량 x, y 사이의 관계를 알아보기 위하여 두 변량 x, y의 순서쌍 (x, y)를 좌표평면 위에 점으로 나타낸 그림

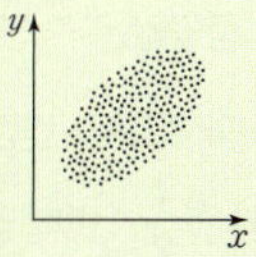

② 상관관계 : 두 변량 x, y 사이에 x의 값이 증가함에 따라 y의 값이 증가하거나 감소하는 경향이 있을 때, 이 두 변량 x, y 사이에 상관관계가 있다고 한다.

- 양의 상관관계 : x의 값이 커짐에 따라 y의 값도 대체로 커지는 관계
- 음의 상관관계 : x의 값이 커짐에 따라 y의 값은 대체로 작아지는 관계
- 상관관계가 없다. : x의 값이 커짐에 따라 y의 값이 커지는지 작아지는지 그 관계가 분명하지 않은 경우 상관관계가 없다고 한다.

학습일자 월 일

Episode 13

대푯값

중1-2 : Ⅲ. 통계

개념 Re:Play

이전에 배운 내용을 다시 한 번 확인하세요.

줄기와 잎 그림이란?

줄기와 잎을 이용하여 자료를 나타낸 그림을 줄기와 잎 그림이라고 한다.

(0|2는 2개)

줄기	잎
0	2 6
1	3 8 9
2	1 5

줄기와 잎 그림의 특징은?

줄기와 잎 그림을 활용하면 변량의 값을 정확히 알 수 있을 뿐만 아니라, 자료의 전체적인 분포 상태를 쉽게 알아볼 수 있다.

도수분포표란?

자료를 몇 개의 계급으로 나누고, 각 계급에 속하는 도수를 조사하여 나타낸 표를 도수분포표라고 한다.

계급(개)	도수(명)
2이상 ~ 4미만	2
4 ~ 6	3
6 ~ 8	4
8 ~10	1
합계	10

도수분포표의 특징은?

도수분포표를 활용하면 자료의 개수가 많아도 자료의 분포 상태를 쉽게 알 수 있다.

개념 Play

1. 대푯값 : 자료 전체의 특징을 대표적으로 나타내는 값

참고 대푯값에는 평균, 중앙값, 최빈값 등이 있으며 가장 많이 쓰이는 대푯값은 평균이다.

2. 평균 : 변량의 총합을 변량의 개수로 나눈 값

→ $(\text{평균})=\dfrac{(\text{변량의 총합})}{(\text{변량의 개수})}$

3. 중앙값 : 자료를 작은 값에서부터 크기순으로 나열할 때, 한가운데에 있는 값

(1) 자료의 개수가 홀수이면 한가운데에 있는 값이 중앙값이다.

예 자료 1, 2, 3, 4, 5의 중앙값은 3이다.

(2) 자료의 개수가 짝수이면 한가운데에 있는 두 값의 평균이 중앙값이다.

예 자료 1, 2, 3, 4의 중앙값은 $\dfrac{2+3}{2}=2.5$이다.

참고 자료의 개수가 n개이고 각 변량을 작은 값에서부터 크기순으로 나열하였을 때, 중앙값은

① n이 홀수이면 $\dfrac{n+1}{2}$번째 값

② n이 짝수이면 $\dfrac{n}{2}$번째와 $\left(\dfrac{n}{2}+1\right)$번째 값의 평균

4. 최빈값 : 자료의 값 중 가장 많이 나타나는 값

(1) 자료의 값 중 도수가 가장 큰 값이 한 개 이상 있으면 그 값이 모두 최빈값이다.

(2) 자료의 값이 모두 다르면 최빈값은 없다.

예 ① 자료 1, 2, 2, 3의 최빈값은 2이다.

② 자료 1, 2, 2, 3, 3, 4의 최빈값은 2, 3이다.

③ 자료 1, 2, 3, 4, 5의 최빈값은 없다.

오답 NOTE

- **대푯값으로 평균이 항상 가장 적절한 것은 아니다.**
자료에 극단적인 값이 포함되어 있을 때에는 중앙값을, 자료가 숫자가 아닐 때에는 최빈값을 대푯값으로 하는 것이 더 적절하다.

- **최빈값은 항상 한 개가 존재하는 것은 아니다.**
자료의 값 중 도수가 가장 큰 값이 2개 이상이면 그것 모두 최빈값이고, 자료의 값이 모두 다르면 최빈값은 없다.

01 평균은 변량의 총합을 변량의 개수로 나눈 값이야.

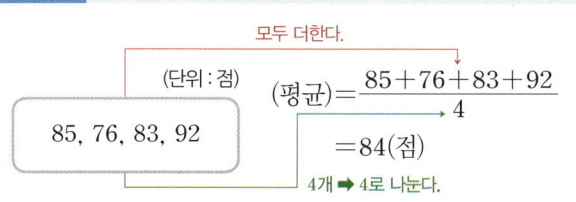

(단위 : 점)

85, 76, 83, 92

모두 더한다.

$(\text{평균})=\dfrac{85+76+83+92}{4}$

$=84(\text{점})$

4개 ➡ 4로 나눈다.

○ 아래 자료의 평균을 다음 순서에 따라 구하시오.

5, 8, 7, 9, 6

001 변량의 개수

002 변량의 총합

003 $(\text{평균})=\dfrac{(\text{변량의 총합})}{(\text{변량의 개수})}=\dfrac{\square}{5}=\square$

○ 다음 자료의 평균을 구하시오.

004

62, 70, 86, 50

005

8, 9, 37, 10, 6

006

30, 28, 22, 34, 35, 31

02 평균이 주어졌을 때, 구하려는 변량 x에 대한 방정식을 세워 봐.

(단위 : 점)

85, x, 83, 92

왼쪽 자료의 평균이 84점일 때,

$\dfrac{85+x+83+92}{4}=84$ 평균을 이용하여 방정식을 세운다.

$\therefore x=76$

○ 아래 자료의 평균이 다음과 같이 주어질 때, x의 값을 구하시오.

007 평균 : 13

x, 12, 17, 13

008 평균 : 5

7, 4, 3, x, 6

009 평균 : 10

11, 6, 8, 13, x

010 평균 : 27

29, 25, x, 28, 26, 27

011 평균 : 82

90, 84, 79, 81, x, 77

03

두 변량 x, y의 평균을 이용하여 먼저 $x+y$의 값을 구해봐.

두 변량 x, y의 평균이 6일 때,

❶ $(x, y\text{의 평균})=\dfrac{x+y}{2}=6$ $\quad\therefore x+y=12$

❷ $(3, x, y\text{의 평균})=\dfrac{3+x+y}{3}=\dfrac{3+12}{3}=5$

x, y 또는 x, y, z의 평균이 다음과 같이 주어질 때, 주어진 자료 전체의 평균을 구하시오.

012 x, y의 평균 : 4

9, x, 7, y

해 x, y의 평균이 □이므로 $\dfrac{x+y}{2}=\square$ $\quad\therefore x+y=\square$

$\therefore$ (전체 평균)$=\dfrac{9+x+7+y}{4}=\dfrac{16+\square}{4}=\square$

013 x, y의 평균 : 3

5, x, y, 6, 3

014 x, y의 평균 : 9

11, 12, 14, x, y, 11

015 x, y, z의 평균 : 71

78, 79, x, y, z

016 x, y, z의 평균 : 24

15, x, y, 24, z, 32, 32

04

중앙값을 구하려면 먼저 자료를 작은 값에서부터 크기순으로 나열해! 이때 자료의 개수가 1개, 3개, 5개, …이면 한가운데에 있는 값이 중앙값이야.

3, 5, 1, 4, 2

❶ 1, 2, 3, 4, 5 ← 자료를 작은 값에서부터 크기순으로 나열한다.

❷ 자료가 5개이다. ← 자료의 개수를 센다.

❸ 중앙값은 3이다. ← 자료의 개수가 홀수이면 한가운데에 있는 값을 찾는다.

다음 자료의 중앙값을 구하시오.

017 8, 9, 37, 10, 6

018 12, 18, 15, 17, 11

019 42, 36, 47, 30, 40

020 10, 12, 15, 16, 13, 10, 11

021 22, 24, 22, 25, 23, 24, 20

022 3, 3, 1, 9, 7, 5, 1, 9, 7

05

자료의 개수가 2개, 4개, 6개, …이면 한가운데에 있는 두 값의 평균이 중앙값이야.

8, 4, 6, 2

❶ 2, 4, 6, 8 ← 자료를 작은 값에서부터 크기순으로 나열한다.

❷ 자료가 4개이다. ← 자료의 개수를 센다.

❸ 중앙값은 $\frac{4+6}{2}=5$ ← 자료의 개수가 짝수이면 한가운데에 있는 두 값의 평균을 구한다.

다음 자료의 중앙값을 구하시오.

023

8, 10, 11, 6

024

50, 40, 70, 60

025

18, 21, 24, 15, 19, 23

026

65, 40, 70, 40, 55, 45

027

3, 5, 9, 2, 7, 4, 3, 6

028

28, 25, 33, 37, 21, 38, 29, 25

06

변량을 작은 값에서부터 크기순으로 나열할 때, 한가운데에 있는 값 (또는 한가운데에 있는 두 값의 평균)이 주어진 중앙값이야!

작은 값에서부터 크기순으로 나열한 자료 2, x, 6, 8의 중앙값이 5일 때,

❶ 자료가 4개이다. ← 자료의 개수를 센다.

❷ 중앙값이 5이므로 $\frac{x+6}{2}=5$ ← 자료의 개수가 짝수이면 한가운데에 있는 두 값의 평균이 중앙값이다.

$\therefore x=4$

아래는 자료를 작은 값에서부터 크기순으로 나열한 것이다. 이 자료의 중앙값이 다음과 같이 주어질 때, x의 값을 구하시오.

029 중앙값 : 7

5, x, 8, 10

030 중앙값 : 16

13, 14, x, 19

031 중앙값 : 82

69, 72, x, 83, 95

032 중앙값 : 5.5

2, 2, x, 7, 7, 8

033 중앙값 : 37

13, 29, 32, x, 39, 40, 53

07 최빈값은 자료의 값 중 가장 많이 나타나는 값이야. 똑같은 자료의 값을 찾아봐.

- 1, 1, 3, 5 → 최빈값 : 1
- 2, 2, 3, 3, 4 → 최빈값 : 2, 3
- 1, 2, 3, 4, 5 → 최빈값 : 없다.

○ 다음 자료의 최빈값을 구하시오.

034

1, 5, 2, 5, 3

035

65, 40, 70, 40, 55, 45

036

11, 12, 11, 12, 14, 16, 11, 12

037

2, 4, 6, 8, 11, 13, 15, 17

038

운동	수영	농구	축구	스키
도수(명)	7	5	8	3

039

과목	수학	영어	국어	과학
도수(명)	9	5	6	9

유형 Up

08 먼저 평균을 이용하여 변량을 구한 후 중앙값, 최빈값을 각각 구해 봐.

❶ $(\text{평균})=\dfrac{(\text{변량의 총합})}{(\text{변량의 개수})}$을 이용하여 변량을 구한다.

❷ • 중앙값 → 자료를 작은 값에서부터 크기순으로 나열하여 한가운데에 있는 값을 구한다.
• 최빈값 → 똑같은 자료의 값을 찾아본다.

○ 아래 자료의 평균이 다음과 같이 주어질 때, 중앙값과 최빈값을 각각 구하시오.

040 평균 : 7

9, 4, x, 5, 8

중앙값 :

최빈값 :

041 평균 : 13

11, 15, 12, x, 11, 17

중앙값 :

최빈값 :

유형 Up

09 x를 제외한 변량의 도수가 모두 같으면 최빈값이 x가 됨을 이용해.

❶ 최빈값을 찾는다.

❷ (평균)=(최빈값)에 대한 식을 세워 변량을 구한다.

○ 다음 자료의 평균과 최빈값이 같을 때, x의 값을 구하시오.

042

8, x, 9, 7

043

25, 27, 22, x, 26

10 줄기와 잎 그림은 작은 값에서부터 크기순으로 나열되어 있음을 이용해 봐.

(0|2는 2)

줄기	잎
0	2 2
1	3 5 9
2	1 6

- (평균) $=\frac{2+2+13+15+19+21+26}{7}=14$
- (중앙값)$=15$
- (최빈값)$=2$

오른쪽 그림은 학생 7명의 미술 실기 성적을 조사하여 나타낸 줄기와 잎 그림이다. 다음을 구하시오.

(1|5는 15점)

줄기	잎
1	5 9
2	2 4
3	1 2 2

044 평균

045 중앙값

046 최빈값

오른쪽 그림은 학생 10명의 제기차기 기록을 조사하여 나타낸 줄기와 잎 그림이다. 다음을 구하시오.

(0|3은 3회)

줄기	잎
0	3 7 8
1	0 0 4 8
2	1 4 5

047 평균

048 중앙값

049 최빈값

교과서 미리보기

풀었던 연산은 교과서에 이렇게 나온다!

050 01 04

다음 자료의 평균과 중앙값을 각각 구하고, 평균과 중앙값 중 어느 것이 대푯값으로 더 적절한지 말하시오.

8, 9, 37, 10, 6

051 05 07

다음 자료의 중앙값을 a, 최빈값을 b라고 할 때, $a+b$의 값을 구하시오.

65, 40, 70, 40, 55, 45

052 03 10

오른쪽 그림은 학생 7명의 미술 실기 성적을 조사하여 나타낸 줄기와 잎 그림이다. 주어지지 않은 세 변량의 평균이 24점일 때, 자료 전체의 평균을 구하시오.

(1|5는 15점)

줄기	잎
1	5 □
2	□ 4
3	□ 2 2

학습일자 월 일

Episode 14

산포도

개념 Play

1. 산포도

(1) 산포도 : 자료가 대푯값을 중심으로 흩어져 있는 정도를 하나의 수로 나타낸 값

(2) 변량이 대푯값에 가까이 모여 있으면 산포도가 작고, 대푯값으로부터 멀리 흩어져 있으면 산포도가 크다.

2. 편차

(1) 편차 : 어떤 자료의 각 변량에서 평균을 뺀 값

→ (편차)=(변량)−(평균)

(2) 편차의 성질

① 편차의 합은 항상 0이다.

② 평균보다 큰 변량의 편차는 양수이고, 평균보다 작은 변량의 편차는 음수이다.

③ 편차의 절댓값이 작을수록 변량은 평균에 가까이 모여 있고, 편차의 절댓값이 클수록 변량은 평균에서 멀리 떨어져 있다.

3. 분산 : 각 편차의 제곱의 총합을 변량의 개수로 나눈 값, 즉 편차의 제곱의 평균

→ $(\text{분산})=\dfrac{\{(\text{편차})^2\text{의 총합}\}}{(\text{변량의 개수})}$

4. 표준편차 : 분산의 음이 아닌 제곱근

→ $(\text{표준편차})=\sqrt{(\text{분산})}$

참고 ① 분산과 표준편차가 클수록 자료들이 평균으로부터 더 멀리 흩어져 있다고 할 수 있다.

② 평균, 편차, 표준편차는 주어진 변량과 단위가 같지만, 분산은 편차의 제곱의 평균이므로 단위를 표기하지 않는다.

예 자료 2, 4, 6, 8의 표준편차를 구해 보자.

❶ 평균	$(\text{평균})=\dfrac{2+4+6+8}{4}=\dfrac{20}{4}=5$
❷ 각 변량의 편차	$-3,\ -1,\ 1,\ 3$
❸ $(\text{편차})^2$의 총합	$(-3)^2+(-1)^2+1^2+3^2=20$
❹ 분산	$\dfrac{20}{4}=5$
❺ 표준편차	$\sqrt{5}$

오답 NOTE

- 대푯값만으로는 자료의 분포 상태를 알 수 없다.
  두 자료의 평균이 같아도 흩어져 있는 정도는 다를 수 있으므로 자료의 분포 상태를 알아보기 위하여 산포도를 이용한다.

- 편차는 평균에서 각 변량을 뺀 값이 아니다.
  편차는 변량이 평균에서 얼마나 떨어져 있는지를 나타내는 값으로 변량을 기준으로 구한다. 즉, 편차는 각 변량에서 평균을 뺀 값이다.

정답과 풀이 37쪽

11 (편차)=(변량)−(평균)을 이용해!

다음 자료의 평균이 5일 때,

변량	3	7	5
편차	$3-5=-2$	$7-5=2$	$5-5=0$

↳ (편차)=(변량)−(평균)

● 아래 자료의 평균이 다음과 같이 주어질 때, 표를 완성하시오.

053 평균 : 4

변량	1	3	5	7
편차				

해 각 변량의 편차는 차례대로

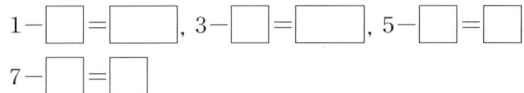

$1-\square=\square$, $3-\square=\square$, $5-\square=\square$, $7-\square=\square$

054 평균 : 7

변량	9	6	5	8
편차				

055 평균 : 83

변량	86	84	77	85
편차				

056 평균 : 29

변량	26	30	29	27	33
편차					

057 평균 : 65

변량	65	73	58	69	60
편차					

12 (변량)=(편차)+(평균)을 이용해!

다음 자료의 평균이 5일 때,

↳ (변량)=(편차)+(평균)

변량	$-2+5=3$	$2+5=7$	$0+5=5$
편차	-2	2	0

● 아래 자료의 평균이 다음과 같이 주어질 때, 표를 완성하시오.

058 평균 : 6

변량				
편차	2	1	-1	-2

해 각 편차에 대한 변량은 차례대로

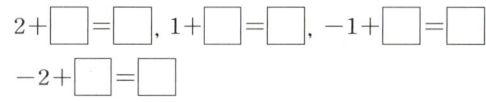

$2+\square=\square$, $1+\square=\square$, $-1+\square=\square$, $-2+\square=\square$

059 평균 : 15

변량				
편차	-4	-2	5	1

060 평균 : 29

변량					
편차	-3	1	0	-2	4

061 평균 : 88

변량					
편차	4	1	-3	-4	2

062 평균 : 163

변량					
편차	0	-2	7	-4	-1

13 편차를 구하려면 먼저 평균을 구해야 해~

3, 7, 5

❶ (평균)$=\frac{3+7+5}{3}=5$

❷ 각 변량의 편차는 차례대로

$3-5=-2$, $7-5=2$, $5-5=0$

○ 다음 자료의 평균을 구하고, 표를 완성하시오.

063

변량	8	7	6	11
편차				

평균 : ....

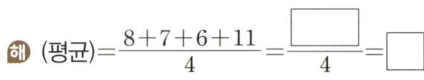

해 (평균)$=\frac{8+7+6+11}{4}=\frac{\square}{4}=\square$

각 변량의 편차는 차례대로

$8-\square=\square$, $7-\square=\square$, $6-\square=\square$,

$11-\square=\square$

064

변량	37	42	39	46
편차				

평균 : ....

065

변량	20	50	40	60	30
편차					

평균 : ....

066

변량	3	4	5	7	8	9
편차						

평균 : ....

067

변량	13	10	14	12	18	17
편차						

평균 : ....

14 편차의 합은 항상 0임을 이용해!

-3, x, 1

왼쪽과 같이 편차가 주어질 때,
편차의 합은 항상 0이므로
$-3+x+1=0$ $\quad\therefore x=2$

○ 어떤 자료의 편차가 다음과 같을 때, x의 값을 구하시오.

068 x, -2, 3, -4

....

해 편차의 합은 항상 $\square$이므로

$x+(-2)+3+(-4)=\square$ $\quad\therefore x=\square$

069 1, x, 6, -5

....

070 -4, x, 2, 3, -2

....

071 -1, 4, 2, -3, x

....

072 5, -3, x, 1, -4, -1

....

073 -2, 3, -5, x, 4, 1, 2

....

15 편차의 합은 항상 0임을 이용하여 편차를 구한 후 (변량)=(편차)+(평균)임을 이용해!

$-2,\ x,\ 0$

왼쪽과 같이 편차가 주어질 때,
❶ 편차의 합은 항상 0이므로
$-2+x+0=0 \quad \therefore x=2$
❷ 평균이 5일 때, 편차가 x인 변량은 $x+5=2+5=7$

아래 표는 학생 4명의 몸무게에 대한 편차를 나타낸 것이다. 몸무게의 평균이 56 kg일 때, 다음을 구하시오.

학생	윤하	호진	정민	수지
편차(kg)	3	-1	x	-4

074 x의 값

075 정민이의 몸무게

해 정민이의 몸무게는 $\square+56=\square$(kg)

아래 표는 학생 5명의 과학 성적에 대한 편차를 나타낸 것이다. 과학 성적의 평균이 78점일 때, 다음을 구하시오.

학생	도희	지원	재성	은서	채희
편차(점)	1	x	4	-3	2

076 x의 값

077 지원이의 과학 성적

다음 표는 규현이가 5일 동안 운동한 시간의 편차를 나타낸 것이다. 운동 시간의 평균이 40분일 때, 다음을 구하시오.

요일	월	화	수	목	금
편차(분)	5	-6	8	-3	x

078 x의 값

079 규현이가 금요일에 운동한 시간

16 분산은 (편차)^{2}의 평균이고, 표준편차는 $\sqrt{(\text{분산})}$이야.

$1,\ -2,\ 1$

왼쪽과 같이 편차가 주어질 때,
❶ (편차)^{2}의 총합은
$1^2+(-2)^2+1^2=6$
❷ (분산)$=\frac{6}{3}=2$ ❸ (표준편차)$=\sqrt{2}$

어떤 자료의 편차가 아래와 같을 때, 다음을 구하시오.

$1,\ -3,\ -1,\ 3$

080 (편차)^{2}의 총합

081 분산

082 표준편차

어떤 자료의 편차가 아래와 같을 때, 다음을 구하시오.

$-4,\ 2,\ 6,\ -4$

083 (편차)^{2}의 총합

084 분산

085 표준편차

어떤 자료의 편차가 아래와 같을 때, 다음을 구하시오.

$2,\ 0,\ 3,\ -1,\ -4$

086 (편차)^{2}의 총합

087 분산

088 표준편차

17 편차의 합은 항상 0임을 이용해서 편차를 구한 후 분산은 $(\text{편차})^2$의 평균이고, 표준편차는 $\sqrt{(\text{분산})}$임을 이용해.

1, -2, x

왼쪽과 같이 편차가 주어질 때,

❶ $1+(-2)+x=0$ $\therefore x=1$

❷ $(\text{편차})^2$의 총합은 $1^2+(-2)^2+1^2=6$

❸ $(\text{분산})=\frac{6}{3}=2$ ❹ $(\text{표준편차})=\sqrt{2}$

18 (평균) ➡ (편차) ➡ $(\text{편차})^2$의 총합 ➡ (분산) ➡ (표준편차)의 순으로 구해 봐.

변량	7, 4, 7
❶ 평균	$\frac{7+4+7}{3}=6$
❷ 각 변량의 편차	$7-6=1$, $4-6=-2$, $7-6=1$
❸ $(\text{편차})^2$의 총합	$1^2+(-2)^2+1^2=6$
❹ 분산	$\frac{6}{3}=2$
❺ 표준편차	$\sqrt{2}$

○ 아래 표는 학생 5명의 100 m 달리기 기록의 편차를 나타낸 것이다. 다음을 구하시오.

학생	A	B	C	D	E
편차(초)	-1	0	x	1	2

089 x의 값

090 $(\text{편차})^2$의 총합

091 분산

092 표준편차

○ 아래 표는 학생 6명의 몸무게의 편차를 나타낸 것이다. 다음을 구하시오.

학생	A	B	C	D	E	F
편차(kg)	-2	x	1	-3	0	1

093 x의 값

094 $(\text{편차})^2$의 총합

095 분산

096 표준편차

○ 아래 자료에 대하여 다음을 구하시오.

4, 8, 1, 10, 2

097 평균

098

변량	4	8	1	10	2
편차					

099 $(\text{편차})^2$의 총합

100 분산

101 표준편차

○ 아래 자료에 대하여 다음을 구하시오.

8, 5, 9, 11, 7

102 평균

103

변량	8	5	9	11	7
편차					

104 $(\text{편차})^2$의 총합

105 분산

106 표준편차

아래 자료는 준호네 모둠 학생 5명이 한 달 동안 읽은 책의 수를 조사하여 나타낸 것이다. 다음을 구하시오.

(단위 : 권)

15, 5, 20, 15, 25

107 평균

108

변량(권)	15	5	20	15	25
편차(권)					

109 $(편차)^2$의 총합

110 분산

111 표준편차

아래 자료는 하린이네 모둠 학생 6명의 통학 시간을 조사하여 나타낸 것이다. 다음을 구하시오.

(단위 : 분)

22, 19, 20, 23, 16, 20

112 평균

113

변량(분)	22	19	20	23	16	20
편차(분)						

114 $(편차)^2$의 총합

115 분산

116 표준편차

유형 Up **19** 먼저 평균을 이용해 변량을 구한 후 분산, 표준편차를 차례대로 구해 봐.

7, 4, x

왼쪽 자료의 평균이 6일 때,

❶ $\frac{7+4+x}{3}=6$ $\therefore x=7$

❷ $(분산)=\frac{(7-6)^2+(4-6)^2+(7-6)^2}{3}=2$

❸ $(표준편차)=\sqrt{2}$

아래 자료의 평균이 9일 때, 다음을 구하시오.

6, 10, 13, x

117 x의 값

118 분산

119 표준편차

아래 자료의 평균이 16일 때, 다음을 구하시오.

20, 9, x, 26, 7

120 x의 값

121 분산

122 표준편차

아래 자료의 평균이 35일 때, 다음을 구하시오.

37, 35, 38, 34, x

123 x의 값

124 분산

125 표준편차

20 편차, 분산, 표준편차의 뜻과 해석하는 방법에 대해 충분히 학습해!

- (편차)=(변량)−(평균)
- (분산)={(편차)^{2}의 평균}
- (표준편차)=$\sqrt{(\quad)}$

답 | 분산

다음 설명이 옳으면 ○표, 옳지 않으면 ×표를 ( ) 안에 써넣으시오.

126 편차의 합은 항상 1이다. ( )

127 평균보다 큰 변량의 편차는 양수이다. ( )

128 편차가 0인 변량은 평균과 같다. ( )

129 편차의 평균으로 변량이 흩어져 있는 정도를 알 수 있다. ( )

130 평균, 분산, 표준편차는 산포도이다. ( )

131 분산이 커질수록 표준편차는 작아진다. ( )

132 분산이 작을수록 자료의 분포 상태가 고르다고 할 수 있다. ( )

133 표준편차가 클수록 자료의 분포 상태는 평균을 중심으로 모여 있다고 할 수 있다. ( )

21 분산 또는 표준편차가 작을수록 변량이 평균을 중심으로 고르게 분포되어 있어~

	1반	2반
평균(점)	80	83
표준편차(점)	5	7

- 1반보다 2반의 성적이 더 우수하다. ← 2반의 평균이 더 높다.
- 2반보다 1반의 성적이 더 고르다. ← 1반의 표준편차가 더 작다.

아래 표는 두 반의 음악 성적의 평균과 표준편차를 나타낸 것이다. 다음 설명이 옳으면 ○표, 옳지 않으면 ×표를 ( ) 안에 써넣으시오.

반	1	2
평균(점)	82	79
표준편차(점)	3.5	3.2

134 음악 성적이 가장 높은 학생은 1반에 있다. ( )

135 2반의 음악 성적이 1반의 음악 성적보다 고르다. ( )

136 1반의 음악 성적이 2반의 음악 성적보다 우수하다. ( )

137 1반의 음악 성적의 산포도가 2반의 음악 성적의 산포도보다 작다. ( )

아래 표는 A, B 두 학생의 일일 학습 시간의 평균과 분산을 나타낸 것이다. 다음 설명이 옳으면 ○표, 옳지 않으면 ×표를 ( ) 안에 써넣으시오.

학생	A	B
평균(시간)	4	5
분산	6	12

138 A가 B보다 일일 학습 시간이 길다. ( )

139 A가 B보다 일일 학습 시간이 규칙적이다. ( )

140 A와 B의 일일 학습 시간의 표준편차가 같다. ( )

정답과 풀이 39쪽

아래 표는 연우네 모둠 학생 4명의 일주일 동안의 수면 시간의 평균과 표준편차를 나타낸 것이다. 다음 물음에 답하시오.

학생	수정	연우	주희	한진
평균(시간)	7	9	6	8
표준편차(시간)	0.9	1.2	2.1	0.7

141 수면 시간이 가장 짧은 학생을 구하시오.

142 수면 시간이 가장 긴 학생을 구하시오.

143 수면 시간이 가장 고른 학생을 구하시오.

아래 표는 다섯 반의 수학 성적의 평균과 분산을 나타낸 것이다. 다음 물음에 답하시오.

반	1	2	3	4	5
평균(점)	76	85	79	80	90
분산	17	5	13	9	6

144 성적이 가장 우수한 반을 구하시오.

145 성적이 가장 고른 반을 구하시오.

146 성적이 가장 고르지 않은 반을 구하시오.

교과서 미리보기

풀었던 연산은 교과서에 이렇게 나온다!

147 11 12

다음 자료의 평균이 29일 때, a~e의 값으로 옳지 않은 것은?

변량	26	b	29	27	e
편차	a	1	c	d	4

① $a=-3$　② $b=30$　③ $c=0$
④ $d=-2$　⑤ $e=25$

148 18

다음 자료는 하린이네 모둠 학생 6명의 통학 시간을 조사하여 나타낸 것이다. 표준편차를 구하시오.

(단위 : 분)

22, 19, 20, 23, 16, 20

149 21

오른쪽 표는 두 반의 음악 성적의 평균과 표준편차를 나타낸 것이다. 다음 중 옳은 것을 모두 고르면? (정답 2개)

반	1	2
평균(점)	82	79
표준편차(점)	3.5	3.2

① 음악 성적이 가장 높은 학생은 1반에 있다.
② 2반의 음악 성적이 1반의 음악 성적보다 고르다.
③ 1반의 음악 성적이 2반의 음악 성적보다 우수하다.
④ 1반의 음악 성적의 산포도가 2반의 음악 성적의 산포도보다 작다.
⑤ 1반의 음악 성적의 분산이 2반의 음악 성적의 분산보다 작다.

학습일자 월 일

Episode 15 산점도와 상관관계

개념 Play

1. 산점도 : 두 변량 x, y 사이의 관계를 알아보기 위하여 두 변량 x, y의 순서쌍 (x, y)를 좌표평면 위에 점으로 나타낸 그림

예 오른쪽 그림과 같은 국어 성적과 영어 성적에 대한 산점도에서 국어 성적이 75점이고 영어 성적이 80점인 학생은 점 $\mathrm{A}(75, 80)$으로 나타낼 수 있다.

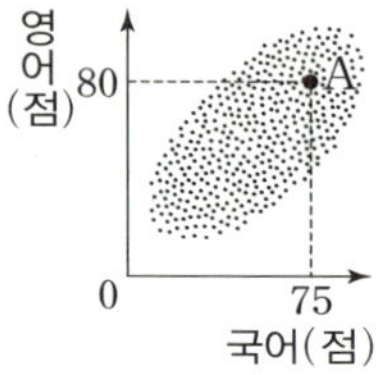

참고 산점도를 이용하면 두 변량 x, y 사이에 어떤 관계가 있는지를 한눈에 알아볼 수 있으며, 관계성을 벗어나는 특이한 자료를 찾기에도 용이하다.

2. 상관관계

(1) 상관관계 : 두 변량 x, y 사이에 x의 값이 증가함에 따라 y의 값이 증가하거나 감소하는 경향이 있을 때, 이 두 변량 x, y 사이에 상관관계가 있다고 한다.

(2) 상관관계의 종류 : 두 변량 x, y에 대하여

① 양의 상관관계 : x의 값이 커짐에 따라 y의 값도 대체로 커지는 관계

예 한 달 수입과 저축액, 여름 기온과 냉방비

참고 산점도에서 점들이 한 직선 주위에 모여 있을수록 상관관계가 강하다고 하고, 흩어져 있을수록 상관관계가 약하다고 한다.

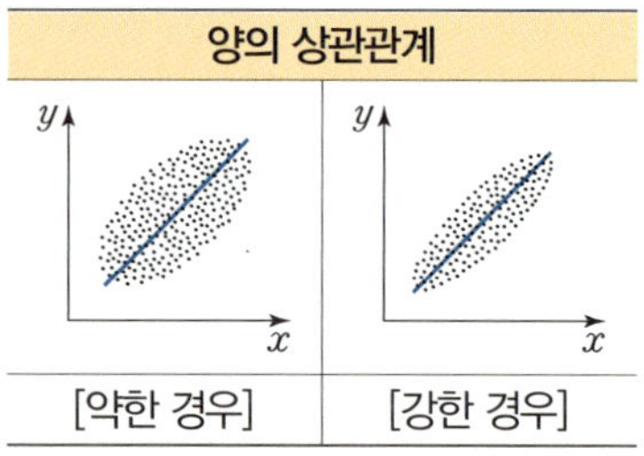

② 음의 상관관계 : x의 값이 커짐에 따라 y의 값은 대체로 작아지는 관계

예 사과의 가격과 소비량, 겨울 기온과 난방비

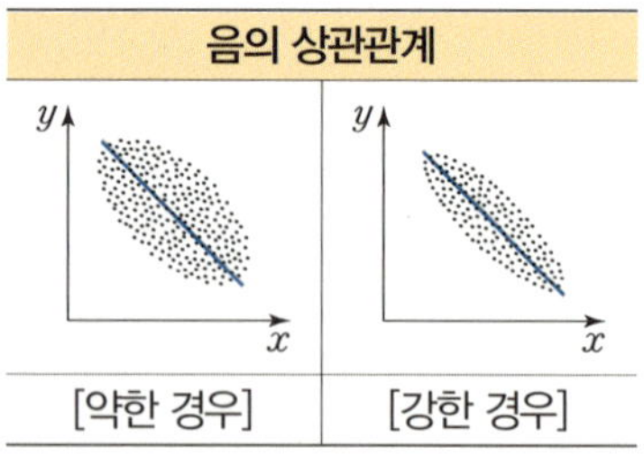

③ 상관관계가 없다. : x의 값이 커짐에 따라 y의 값이 커지는지 작아지는지 그 관계가 분명하지 않은 경우 상관관계가 없다고 한다.

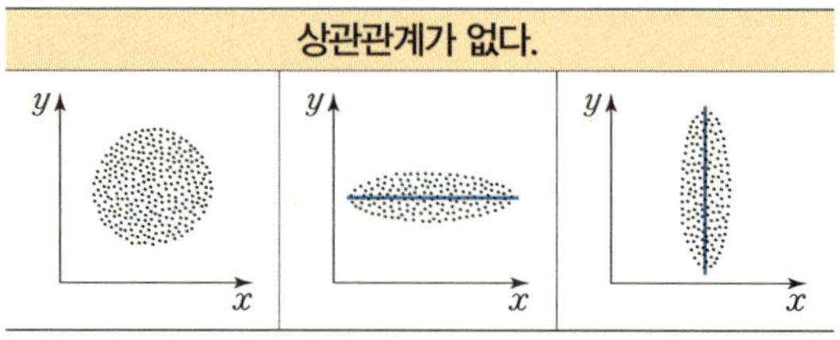

예 키와 수학 성적, 머리 둘레와 머리카락의 길이

오답 NOTE

- 산점도는 한 가지 자료를 분석한 것이 아니다.
  대푯값, 산포도는 한 가지 자료를 분석하여 그 특징을 살펴보는 것이라면, 산점도는 두 가지 자료 사이의 관계를 알아보기 위해 그린 것이다.
- 두 변량 x, y 사이에 늘 상관관계가 있는 것은 아니다.
  x의 값이 커짐에 따라 y의 값이 커지거나 작아지지 않으면 두 변량 x, y 사이에는 상관관계가 없다고 한다.

22 두 변량 x, y의 순서쌍 (x, y)를 좌표로 하는 점을 좌표평면 위에 나타내 봐~

[자료]

수학(점)	85	80	85
과학(점)	70	75	90

수학(점)	90	95	80
과학(점)	85	90	85

수학 점수를 x점, 과학 점수를 y점으로 하여 순서쌍 (x, y)로 나타낸다.

(85, 70), (80, 75), (85, 90), (90, 85), (95, 90), (80, 85)

점 (x, y)를 좌표평면 위에 나타낸다.

[산점도]

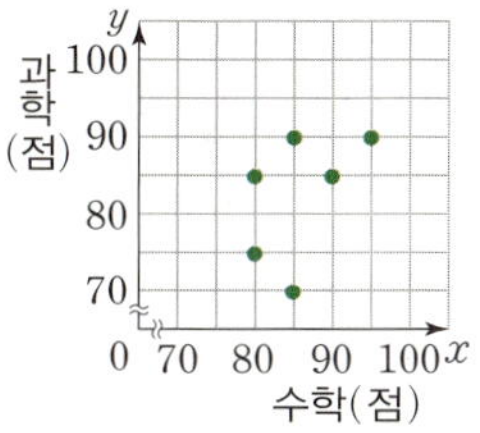

150 다음은 선우네 반 학생 8명의 키와 몸무게를 조사하여 나타낸 표이다. 키를 x cm, 몸무게를 y kg이라고 할 때, 두 변량 x, y의 산점도를 좌표평면 위에 나타내시오.

키(cm)	156	162	170	158	164	160	172	168
몸무게(kg)	42	50	58	40	52	50	54	52

→

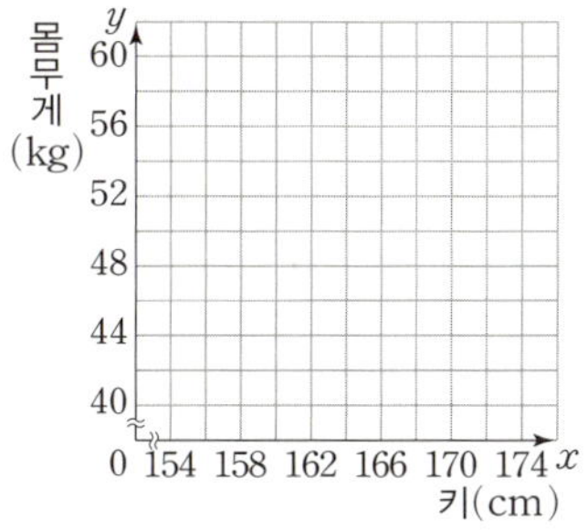

151 다음은 지민이네 반 학생 12명의 일주일 동안의 학습 시간과 게임 시간을 조사하여 나타낸 표이다. 학습 시간을 x시간, 게임 시간을 y시간이라고 할 때, 두 변량 x, y의 산점도를 좌표평면 위에 나타내시오.

학습 시간(시간)	10	4	14	12	6	8
게임 시간(시간)	4	14	10	4	10	6

학습 시간(시간)	12	8	10	18	12	14
게임 시간(시간)	12	10	0	2	2	6

→

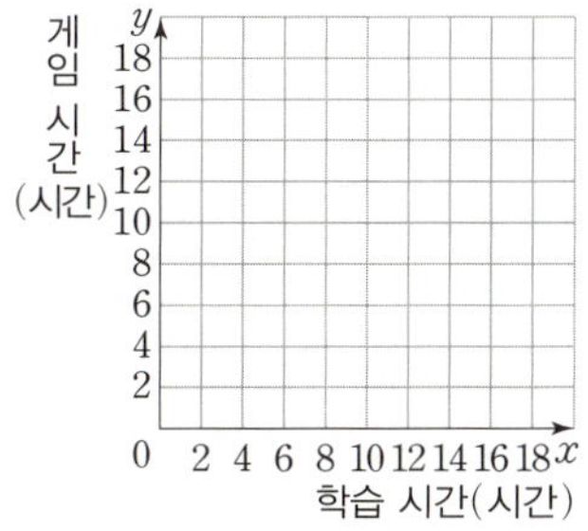

152 다음은 희원이네 반 학생 14명의 2차에 걸친 영어 듣기 평가 성적을 조사하여 나타낸 표이다. 1차 성적을 x점, 2차 성적을 y점이라고 할 때, 두 변량 x, y의 산점도를 좌표평면 위에 나타내시오.

1차(점)	25	35	40	30	35	20	45
2차(점)	30	35	30	40	45	15	40

1차(점)	25	40	25	30	50	40	30
2차(점)	20	35	35	35	50	45	25

→

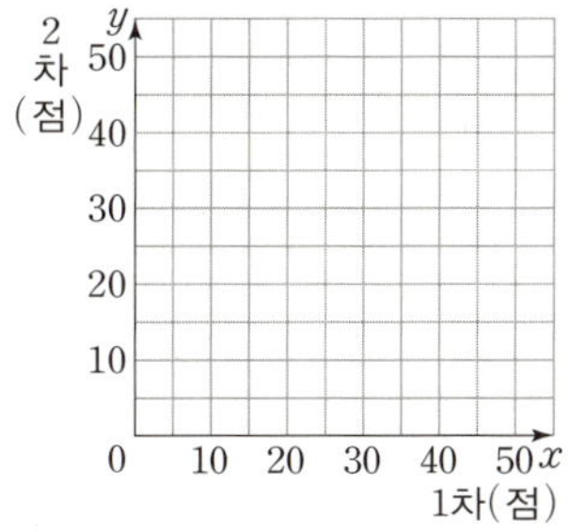

23 변량 x가 a 이상, 변량 y가 b 이상인 자료의 개수를 구하려면 x축, y축과 평행한 직선을 그어 봐.

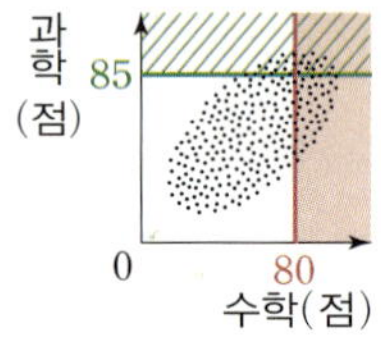

- 수학 점수가 80점 이상인 학생 수
  ➜ 점 (80, 0)을 지나는 세로선 긋기
- 과학 점수가 85점 이상인 학생 수
  ➜ 점 (0, 85)를 지나는 가로선 긋기

○ 오른쪽 그림은 준성이네 반 학생 15명의 음악 성적과 미술 성적을 조사하여 나타낸 산점도이다. 다음을 구하시오.

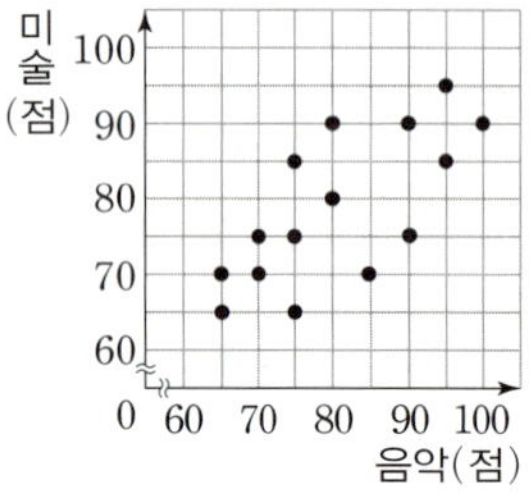

153 음악 성적이 80점 이상인 학생 수

154 미술 성적이 85점 이상인 학생 수

155 음악 성적이 80점 이상이고 미술 성적이 85점 이상인 학생 수

○ 오른쪽 그림은 육상 선수 12명의 2차에 걸친 100 m 달리기 기록을 조사하여 나타낸 산점도이다. 다음을 구하시오.

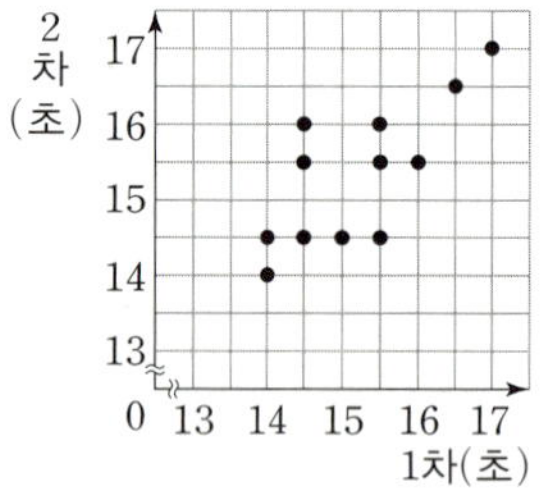

156 1차 기록이 15초 이하인 선수의 수

157 2차 기록이 15초 이하인 선수의 수

158 1차, 2차 기록이 모두 15초 이하인 선수의 수

○ 오른쪽 그림은 야구 선수 13명이 작년과 올해 친 홈런의 개수를 조사하여 나타낸 산점도이다. 다음을 구하시오.

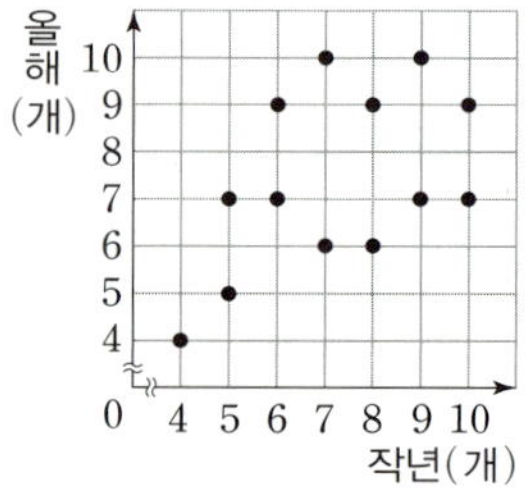

159 작년에 홈런을 8개 이상 친 선수의 수

160 올해 홈런을 8개 이하로 친 선수의 수

161 작년에 홈런을 8개 이상 치고 올해 홈런을 8개 이하로 친 선수의 수

○ 오른쪽 그림은 민혁이네 반 학생 15명의 사회 성적과 과학 성적을 조사하여 나타낸 산점도이다. 다음 물음에 답하시오.

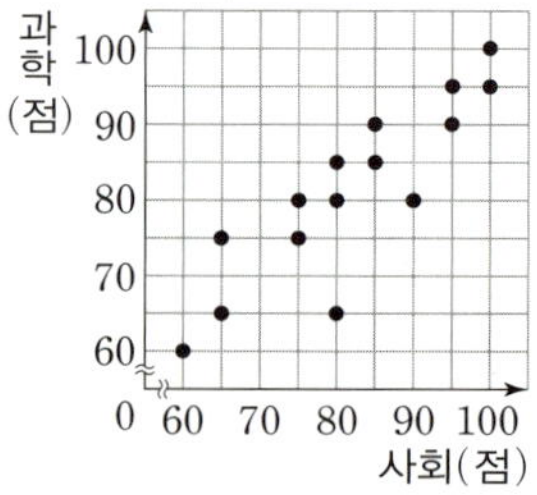

162 두 과목의 성적이 모두 85점 이상인 학생 수를 구하시오.

163 두 과목의 성적이 모두 85점 이상인 학생은 전체의 몇 %인지 구하시오.

24 두 변량이 서로 같거나 한 변량이 다른 한 변량보다 큰 자료의 개수를 구하려면 대각선을 그어 봐.

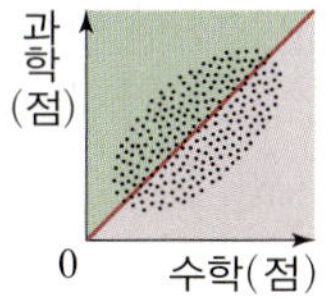

- 두 과목의 성적이 같은 학생 수
  ➔ 오른쪽 위로 향하는 대각선 긋기
- 수학 성적보다 과학 성적이 높은 학생 수 ➔ 대각선의 위쪽
- 수학 성적보다 과학 성적이 낮은 학생 수
  ➔ 대각선의 아래쪽

오른쪽 그림은 게임 동호회 회원 14명의 오른쪽 시력과 왼쪽 시력을 조사하여 나타낸 산점도이다. 다음을 구하시오.

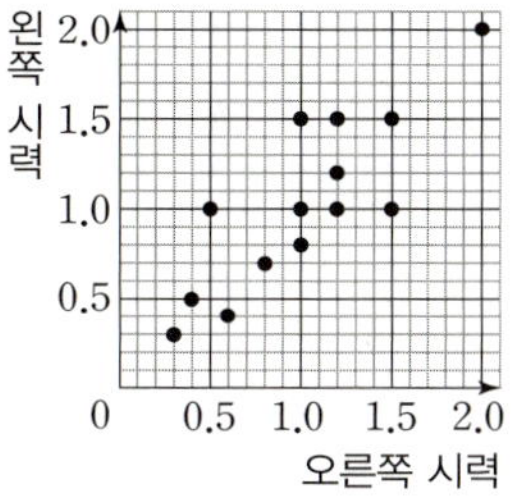

164 오른쪽 시력과 왼쪽 시력이 같은 회원의 수

165 오른쪽 시력보다 왼쪽 시력이 좋은 회원의 수

166 오른쪽 시력보다 왼쪽 시력이 나쁜 회원의 수

오른쪽 그림은 승주네 반 학생 15명의 체육 필기 점수와 실기 점수를 조사하여 나타낸 산점도이다. 다음을 구하시오.

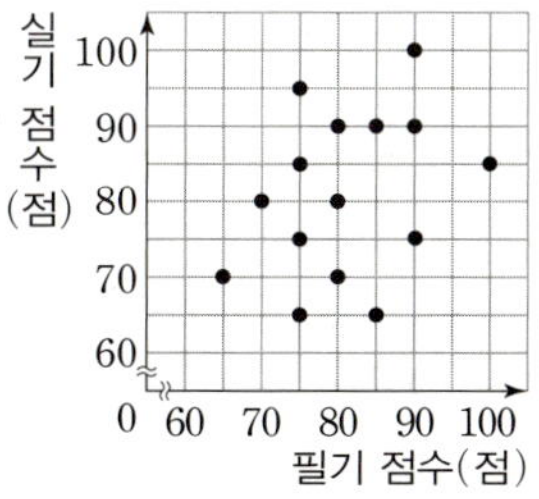

167 필기 점수와 실기 점수가 서로 같은 학생 수

168 필기 점수보다 실기 점수가 높은 학생 수

169 실기 점수보다 필기 점수가 높은 학생 수

오른쪽 그림은 경민이네 반 학생 18명의 2차에 걸친 턱걸이 기록을 조사하여 나타낸 산점도이다. 다음 물음에 답하시오.

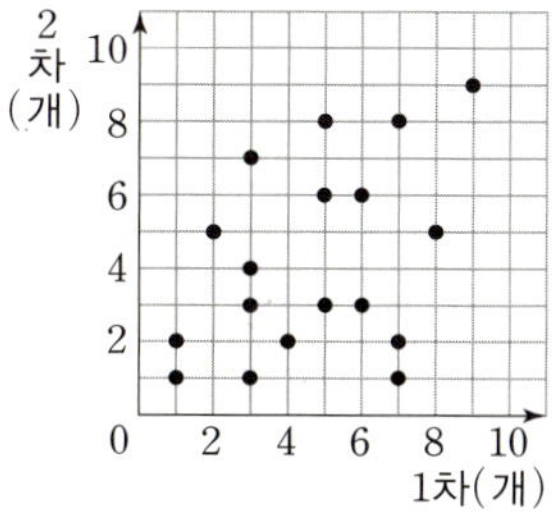

170 1차 기록과 2차 기록이 서로 같은 학생 수를 구하시오.

171 1차보다 2차에서 기록이 향상된 학생 수를 구하시오.

172 1차보다 2차에서 기록이 떨어진 학생 중 1차 기록이 가장 높은 학생의 2차 기록을 구하시오.

오른쪽 그림은 혜연이네 반 학생 16명의 중간고사 성적과 기말고사 성적을 조사하여 나타낸 산점도이다. 다음 물음에 답하시오.

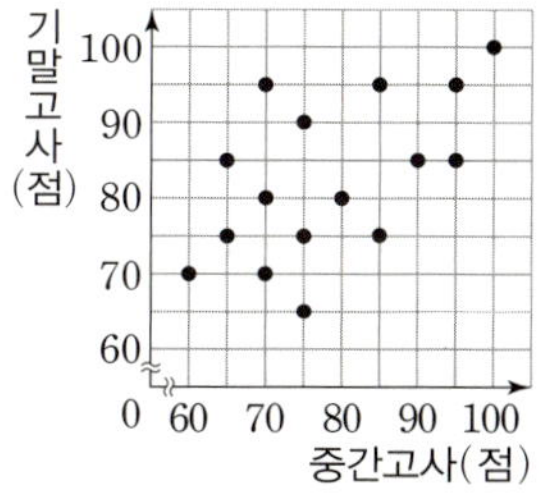

173 중간고사보다 기말고사에서 성적이 떨어진 학생 수를 구하시오.

174 중간고사보다 기말고사에서 성적이 떨어진 학생에게 과제를 주려고 할 때, 과제를 받는 학생은 전체의 몇 %인지 구하시오.

25 두 과목의 성적의 평균이 a점인 학생 수를 구하려면 두 점 (a, a), $(a-\bigstar, a+\bigstar)$를 지나는 직선을 그어 봐.

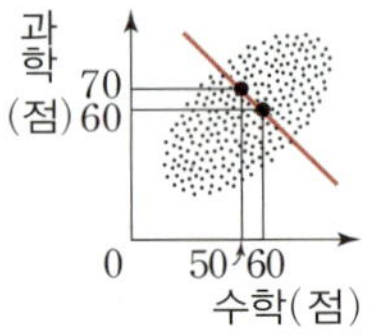

• 두 과목의 성적의 평균이 60점인 학생 수
→ 두 점 (60, 60), (50, 70)을 지나는 직선 긋기

26 두 과목의 성적의 차가 a점인 직선은 2개가 있음을 반드시 기억해!

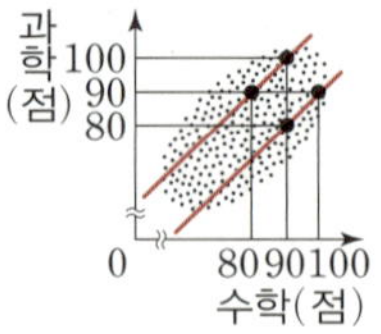

• 두 과목의 성적의 차가 10점인 학생 수
→ 두 점 (90, 100), (80, 90)을 지나는 직선과 두 점 (100, 90), (90, 80)을 지나는 직선 긋기

○ 오른쪽 그림은 준성이네 반 학생 15명의 음악 성적과 미술 성적을 조사하여 나타낸 산점도이다. 다음을 구하시오.

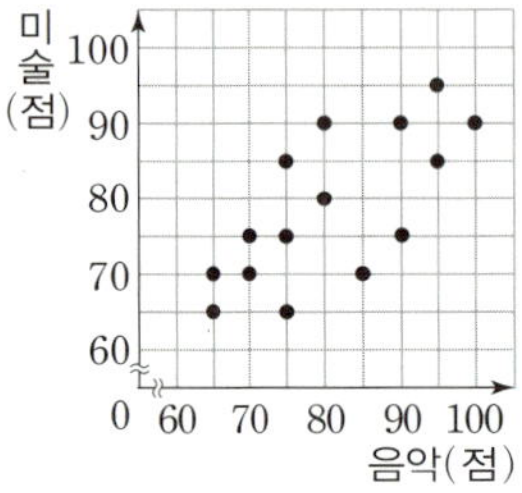

175 두 과목의 성적의 평균이 70점인 학생 수

176 두 과목의 성적의 평균이 85점 이상인 학생 수

○ 오른쪽 그림은 경민이네 반 학생 18명의 2차에 걸친 턱걸이 기록을 조사하여 나타낸 산점도이다. 다음을 구하시오.

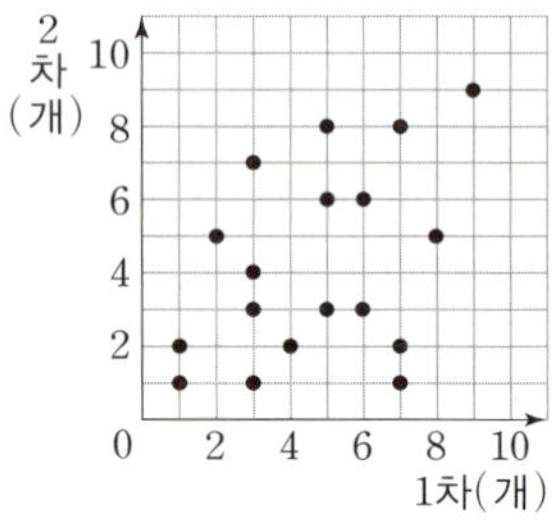

179 1차 기록과 2차 기록의 차가 3개인 학생 수

180 1차 기록과 2차 기록의 차가 가장 큰 학생의 두 기록의 차

○ 오른쪽 그림은 유경이네 반 학생 14명의 2차에 걸친 영어 말하기 평가 성적을 조사하여 나타낸 산점도이다. 다음을 구하시오.

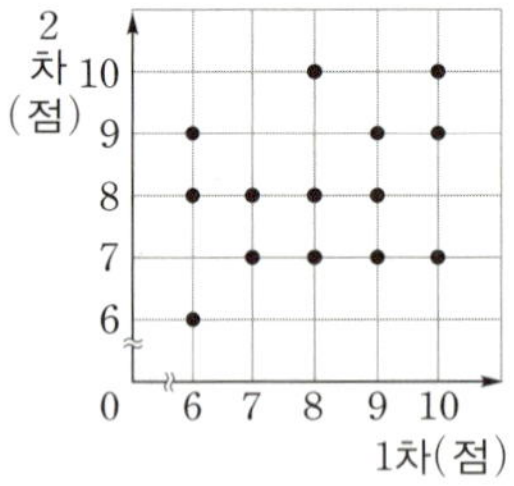

177 1차 성적과 2차 성적의 총점이 15점인 학생 수

178 1차 성적과 2차 성적의 총점이 18점 이상인 학생 수

○ 오른쪽 그림은 성희네 반 학생 20명의 1학기와 2학기 성적을 조사하여 나타낸 산점도이다. 다음을 구하시오.

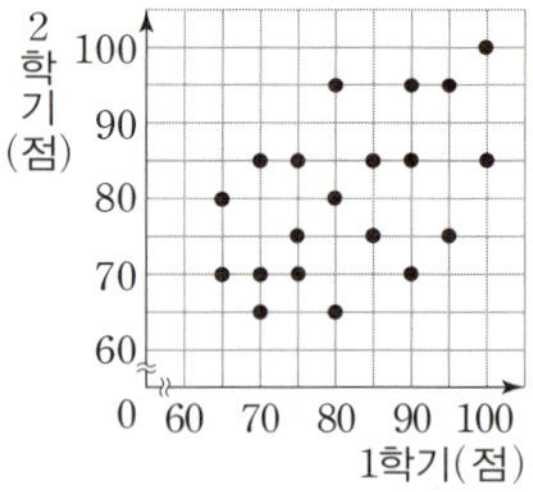

181 1학기 성적보다 2학기 성적이 5점 높은 학생 수

182 1학기 성적과 2학기 성적의 차가 10점 이상인 학생 수

정답과 풀이 41쪽

27 $(\text{평균})=\dfrac{(\text{변량의 총합})}{(\text{변량의 개수})}$임을 이용해.

❶ 조건에 맞는 부분에 색칠하기
❷ 색칠한 부분에 속하는 점의 개수 구하기
❸ 평균 구하기

183 오른쪽 그림은 지성이네 반 학생 13명의 국어 성적과 영어 성적을 조사하여 나타낸 산점도이다. 국어 성적이 90점 이상인 학생들의 영어 성적의 평균을 구하시오.

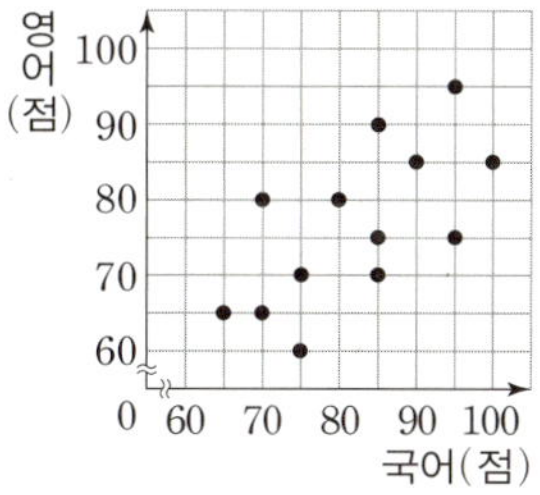

184 오른쪽 그림은 아름이네 반 학생 14명이 여름 방학과 겨울 방학 동안 봉사활동을 한 시간을 조사하여 나타낸 산점도이다. 여름 방학보다 겨울 방학에 봉사활동을 더 오래 한 학생들의 겨울 방학 봉사활동 시간의 평균을 구하시오.

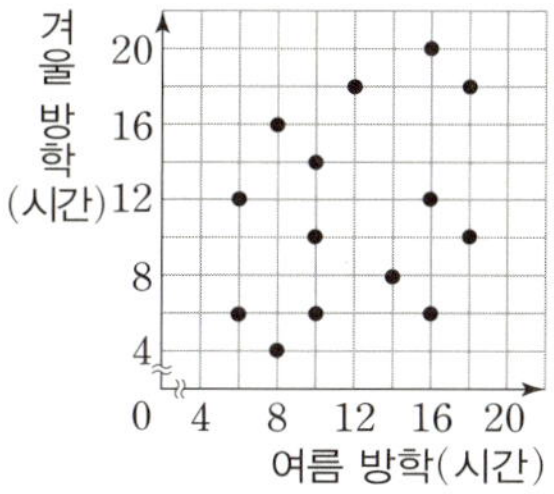

185 오른쪽 그림은 경민이네 반 학생 18명의 2차에 걸친 턱걸이 기록을 조사하여 나타낸 산점도이다. 1차 기록과 2차 기록의 합이 11개 이상인 학생들의 2차 기록의 평균을 구하시오.

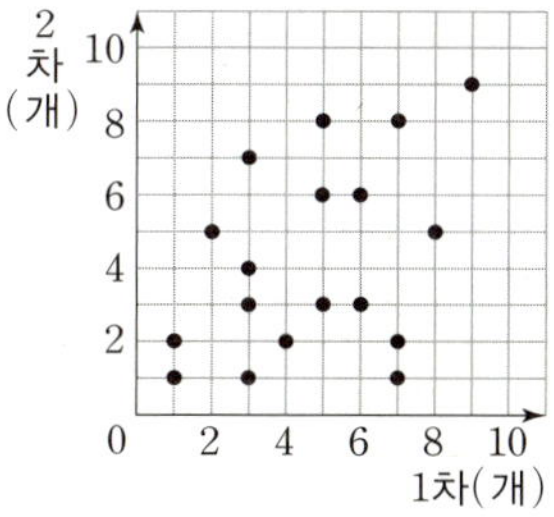

28 한 변량이 커짐에 따라 다른 한 변량은 어떻게 변하는지 생각해 봐~

• 양의 상관관계 : 물건의 가격과 판매 총액
• 음의 상관관계 : 물건의 가격과 판매량
• 상관관계가 없다. : 물건의 가격과 날씨

다음 중 두 변량 사이에 양의 상관관계가 있으면 '양', 음의 상관관계가 있으면 '음', 상관관계가 없으면 '무'를 써넣으시오.

186 키와 몸무게 (　　　)

187 시력과 청력 (　　　)

188 독서량과 국어 성적 (　　　)

189 석유 생산량과 가격 (　　　)

190 통학 거리와 통학 시간 (　　　)

191 자동차의 속력과 소요 시간 (　　　)

192 전기 사용량과 수도 사용량 (　　　)

193 지면으로부터의 높이와 산소량 (　　　)

29 오른쪽 위로 향하면 양의 상관관계, 오른쪽 아래로 향하면 음의 상관관계, 그 외의 그래프는 상관관계가 없어.

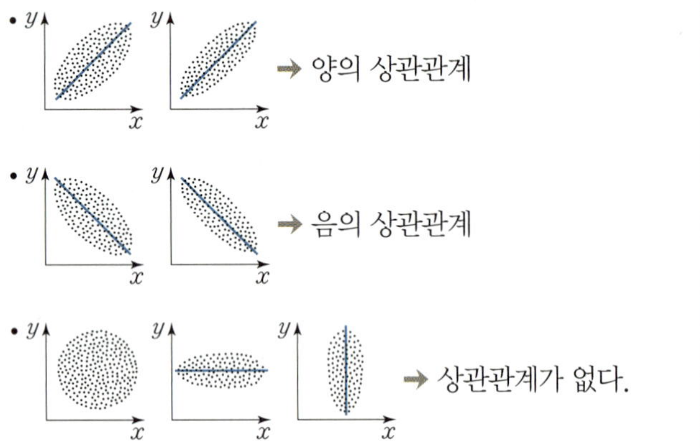

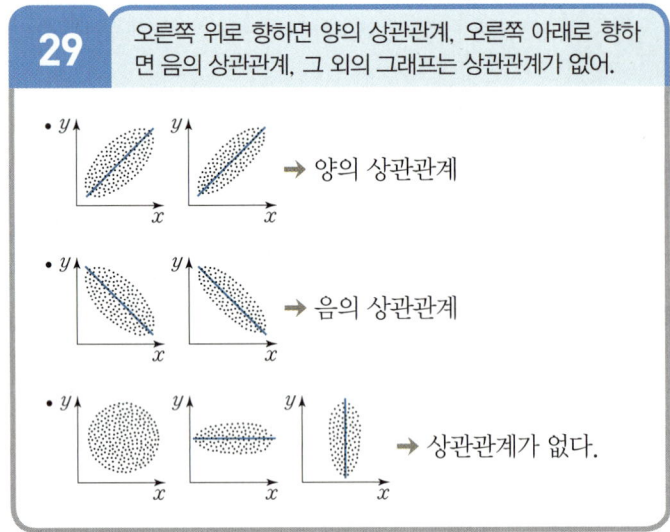

○ 아래 보기의 산점도에 대하여 다음 물음에 답하시오.

보기

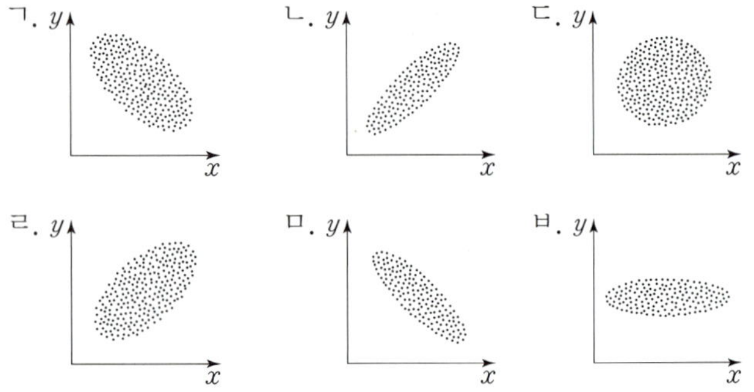

194 양의 상관관계를 나타내는 것을 모두 고르시오.

195 음의 상관관계를 나타내는 것을 모두 고르시오.

196 상관관계가 없는 것을 모두 고르시오.

197 가장 강한 양의 상관관계를 나타내는 것을 고르시오.

198 가장 약한 음의 상관관계를 나타내는 것을 고르시오.

○ 다음 두 변량 사이의 관계를 나타내는 것을 보기에서 모두 고르시오.

보기

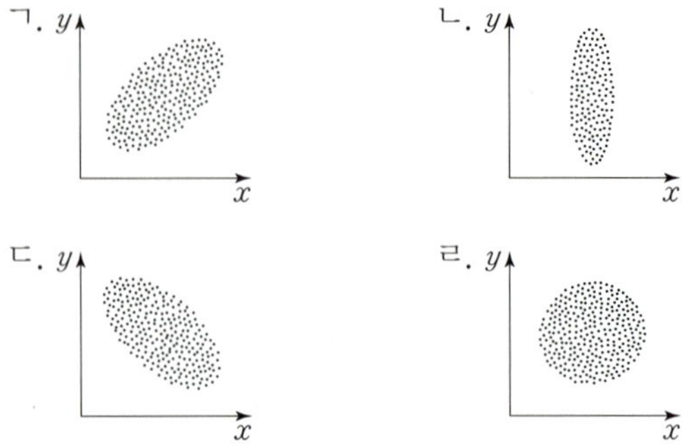

199 책의 쪽수와 가격

200 TV 시청 시간과 성적

201 운동량과 소모한 열량

202 하루 중 낮의 길이와 밤의 길이

203 여름 낮 최고 기온과 아이스크림의 판매량

204 운행 중인 차량 수와 평균 속력

30 대각선의 위쪽에 있는 점들은 $x<y$이고 아래쪽에 있는 점들은 $x>y$야.

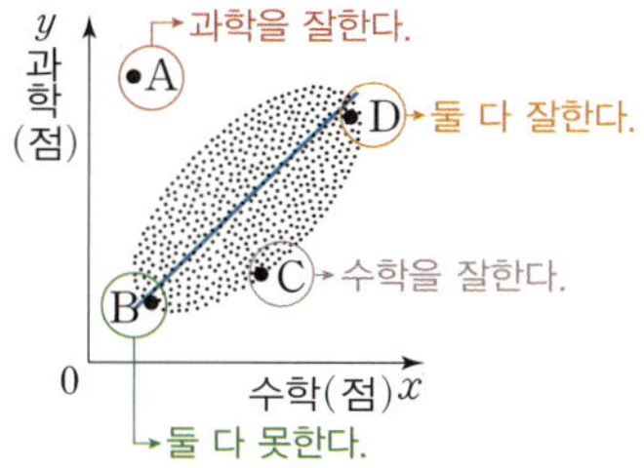

O 오른쪽 그림은 재은이네 학교 학생들의 학습 시간과 성적을 조사하여 나타낸 산점도이다. 4명의 학생 A, B, C, D에 대하여 다음 물음에 답하시오.

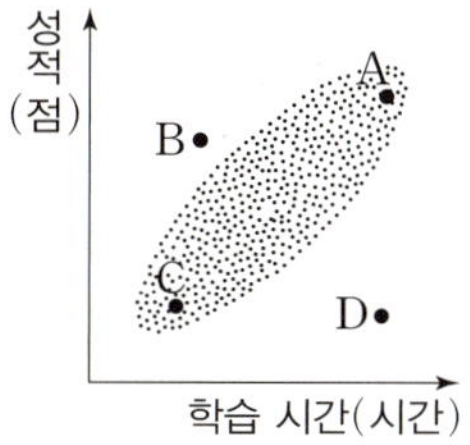

205 학습 시간과 성적 사이에는 어떤 상관관계가 있는지 말하시오.

206 학습 시간에 비하여 성적이 높은 학생은 누구인지 구하시오.

207 학습 시간도 길고 성적도 높은 학생은 누구인지 구하시오.

O 오른쪽 그림은 주아네 학교 학생들의 키와 몸무게를 조사하여 나타낸 산점도이다. 5명의 학생 A, B, C, D, E에 대하여 다음 물음에 답하시오.

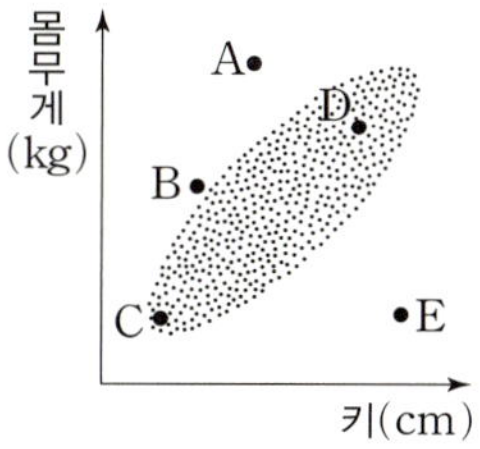

208 키가 큰 학생부터 순서대로 쓰시오.

209 키에 비하여 몸무게 적게 나가는 학생은 누구인지 구하시오.

210 키에 비하여 몸무게 가장 많이 나가는 학생은 누구인지 구하시오.

교과서 미리보기

풀었던 연산은 교과서에 이렇게 나온다!

211 23 25

오른쪽 그림은 준성이네 반 학생 15명의 음악 성적과 미술 성적을 조사하여 나타낸 산점도이다. 다음 보기 중 옳은 것을 모두 고르시오.

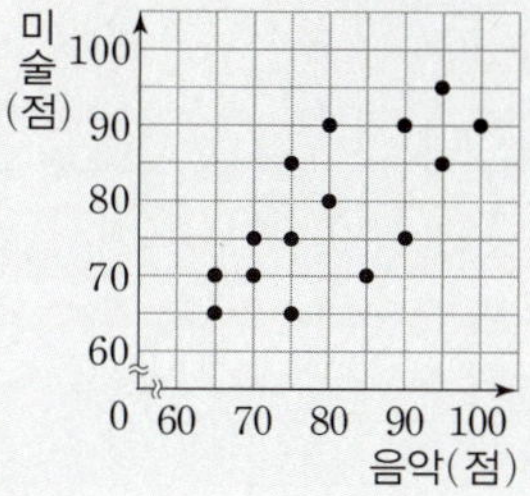

ㄱ. 음악 성적이 80점 이상인 학생 수는 8명이다.
ㄴ. 미술 성적이 85점 이상인 학생 수는 7명이다.
ㄷ. 두 과목의 성적의 평균이 70점인 학생 수는 2명이다.
ㄹ. 두 과목의 성적의 평균이 85점 이상인 학생 수는 4명이다.

212 24 26 27

오른쪽 그림은 경민이네 반 학생 18명의 2차에 걸친 턱걸이 기록을 조사하여 나타낸 산점도이다. 다음 중 옳지 않은 것은?

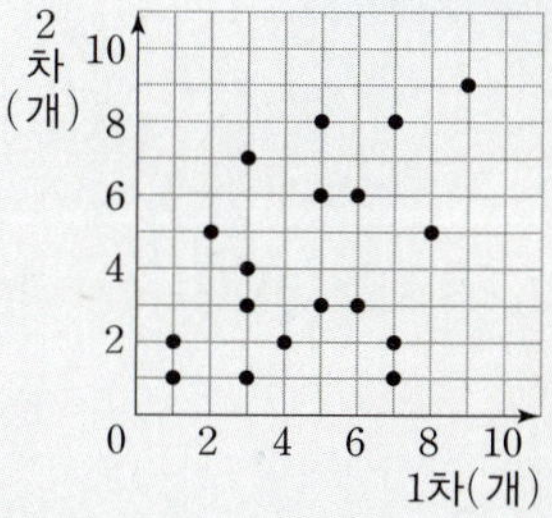

① 1차 기록과 2차 기록이 서로 같은 학생 수는 4명이다.
② 1차보다 2차에서 기록이 향상된 학생 수는 7명이다.
③ 1차 기록과 2차 기록의 차가 3개인 학생 수는 4명이다.
④ 1차 기록과 2차 기록의 차가 가장 큰 학생의 두 기록의 차는 6개이다.
⑤ 1차 기록과 2차 기록의 합이 11개 이상인 학생들의 2차 기록의 평균은 6개이다.

213 28 29

다음 중 두 변량 사이의 상관관계가 오른쪽 그림과 같은 것은?

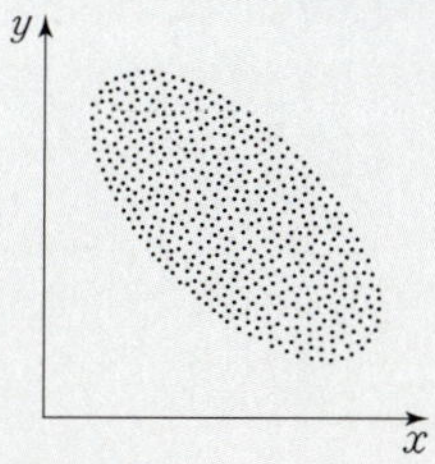

① 키와 몸무게
② 시력과 청력
③ 독서량과 국어 성적
④ 하루 중 낮의 길이와 밤의 길이
⑤ 여름 낮 최고 기온과 아이스크림의 판매량

Memo

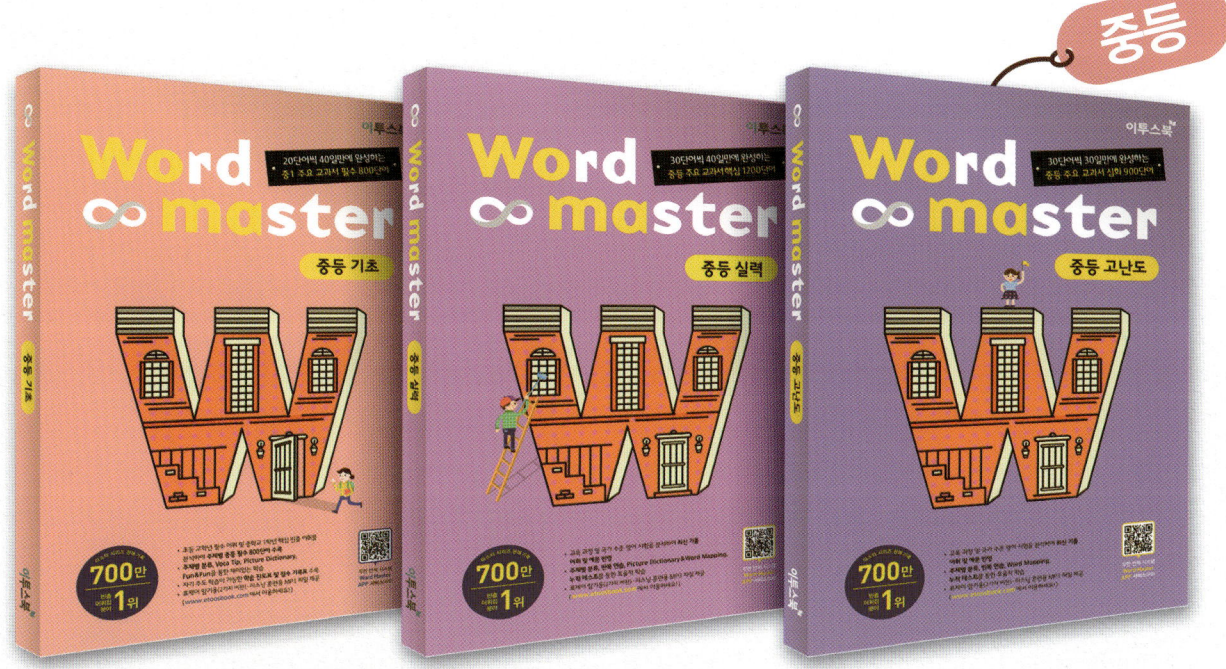

新 수학의 바이블

개념을 쉽게! **연산**을 빠르게! 수학을 우월하게!

연산

중학 3-2

PLUS BOOK

이투스북

연산 문제의 반복 학습을 통해 기초를 다지는

중학 수학 연산 기본서

新 수학의 바이블 연산

新 수학의 바이블 연산은
개념별 연산 유형을 세분화하여 다양한 문제 해결을 통해
계산 원리를 스스로 익히고 기초 개념을 다질 수 있도록 구성하였습니다.

바이블 Point 1 **문제 해결 방법에 따라 세분화된 유형 분류**

- 풀이 방법과 문제 형태의 변화에 따라 개념별로 유형을 세분화하여 구성
- 일일 학습에 적당한 개념 분류로 지루하지 않고 부담 없는 일일학습이 가능한 구성

바이블 Point 2 **자기주도학습을 위한 PLUS BOOK**

- 본교재에서 부족했던 연산 문제를 추가로 보충학습을 할 수 있는 연산 Plus
- 교과서에 수록된 필수 문장제 문제를 통해 추가학습을 할 수 있는 문장제 Plus

바이블 Point 3 **개념을 완벽하게 마스터할 수 있는 바이블만의 커리큘럼**

- 연산 문제의 반복 학습을 통해 기초를 다지는 '바이블 **연산**'
- 쉽고 빠르게 개념을 완벽하게 마스터할 수 있는 '바이블 **개념**'
- 필수 유형만 선정하여 체계적으로 학습할 수 있는 '바이블 **유형**'

연산 Plus

본책에 수록된 연산 문제로 보충학습하세요.

Episode 01 연산 Plus

○ 다음 그림과 같이 $\angle B=90^\circ$인 직각삼각형 ABC에서 $\angle A$의 삼각비의 값을 구하시오.

01

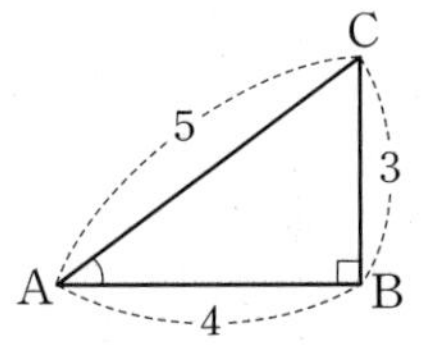

$\sin A=$ ____

$\cos A=$ ____

$\tan A=$ ____

02

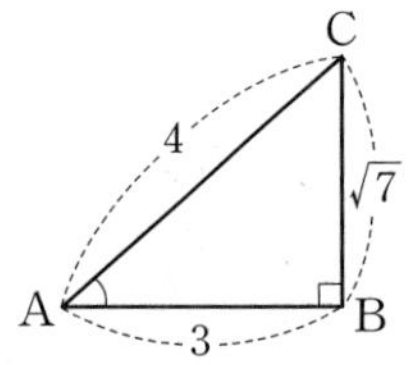

$\sin A=$ ____

$\cos A=$ ____

$\tan A=$ ____

03

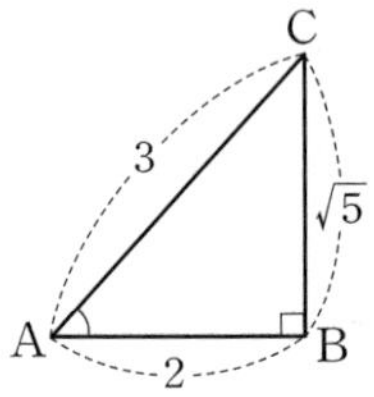

$\sin A=$ ____

$\cos A=$ ____

$\tan A=$ ____

04

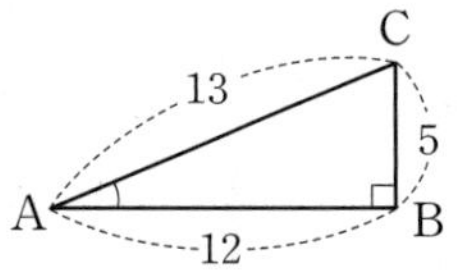

$\sin A=$ ____

$\cos A=$ ____

$\tan A=$ ____

○ 다음 그림과 같은 직각삼각형 ABC에서 $\angle C$의 삼각비의 값을 구하시오.

05

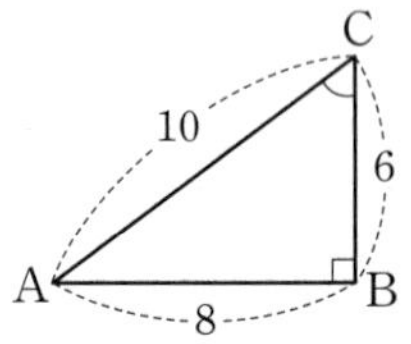

$\sin C=$ ____

$\cos C=$ ____

$\tan C=$ ____

06

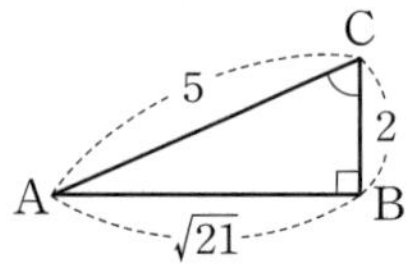

$\sin C=$ ____

$\cos C=$ ____

$\tan C=$ ____

07

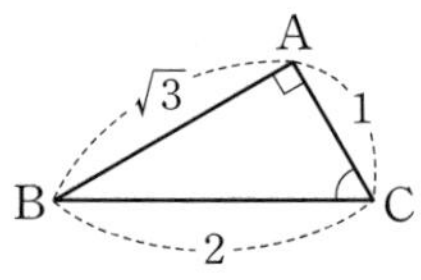

$\sin C=$ ____

$\cos C=$ ____

$\tan C=$ ____

08

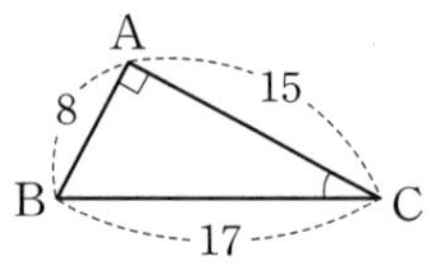

$\sin C=$ ____

$\cos C=$ ____

$\tan C=$ ____

○ 다음 그림과 같이 $\angle B=90^\circ$인 직각삼각형 ABC에서 $\angle A$의 삼각비의 값을 구하시오.

09

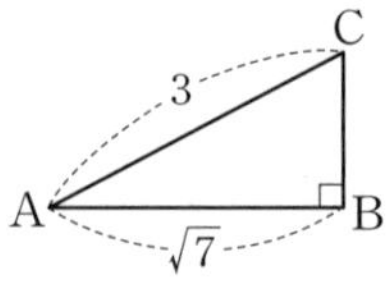

$\sin A=$ ____

$\cos A=$ ____

$\tan A=$ ____

10

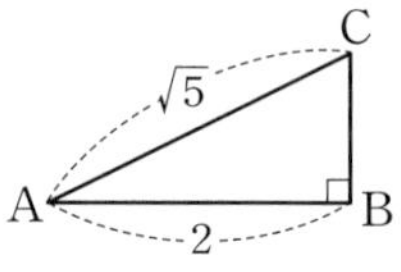

$\sin A=$ ____

$\cos A=$ ____

$\tan A=$ ____

11

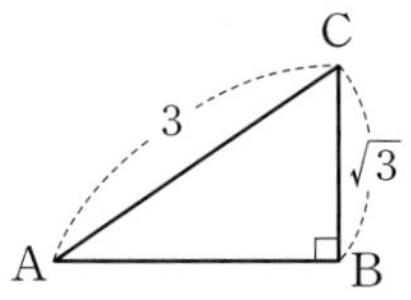

$\sin A=$ ____

$\cos A=$ ____

$\tan A=$ ____

12

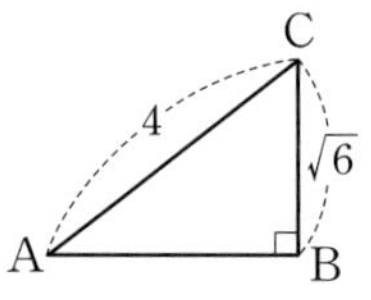

$\sin A=$ ____

$\cos A=$ ____

$\tan A=$ ____

○ 다음 그림과 같이 $\angle B=90^\circ$인 직각삼각형 ABC에서 $\angle C$의 삼각비의 값을 구하시오.

13

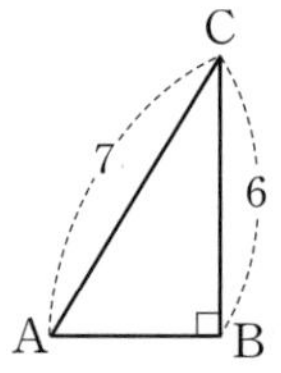

$\sin C=$ ____

$\cos C=$ ____

$\tan C=$ ____

14

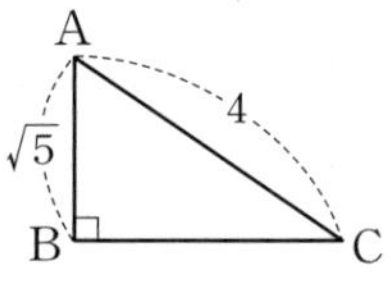

$\sin C=$ ____

$\cos C=$ ____

$\tan C=$ ____

15

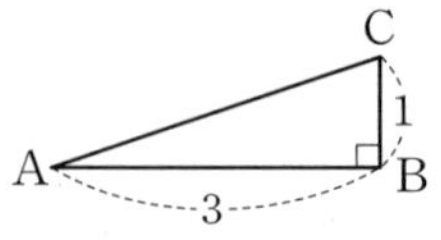

$\sin C=$ ____

$\cos C=$ ____

$\tan C=$ ____

16

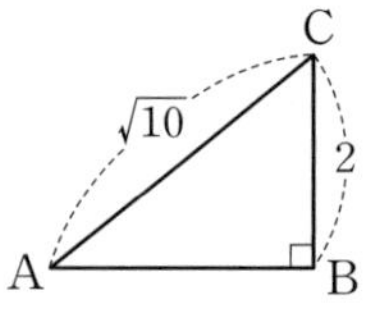

$\sin C=$ ____

$\cos C=$ ____

$\tan C=$ ____

○ 다음과 같이 한 변의 길이와 삼각비의 값이 주어진 직각삼각형 ABC에서 x, y의 값을 각각 구하시오.

17

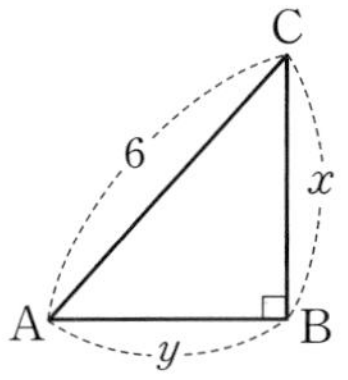

$\sin A=\frac{\sqrt{5}}{3}$

______

18

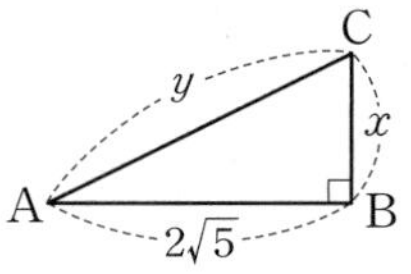

$\tan A=\frac{1}{2}$

______

19

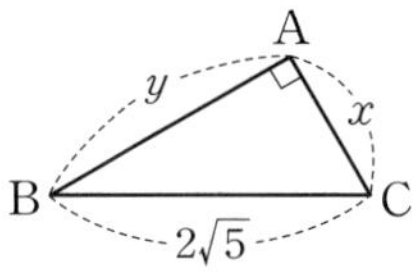

$\sin B=\frac{\sqrt{5}}{5}$

______

20

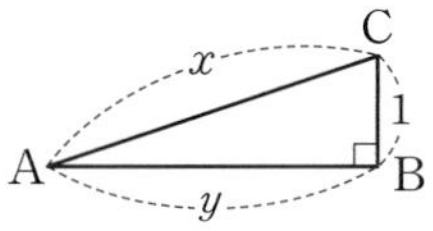

$\cos C=\frac{1}{4}$

______

21

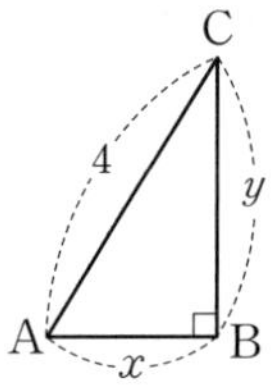

$\cos A=\frac{1}{2}$

______

22

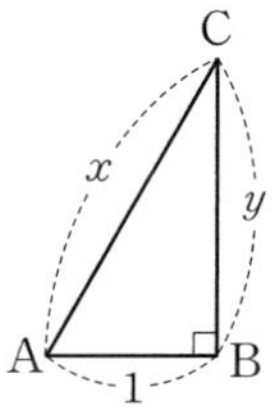

$\tan C=\frac{\sqrt{2}}{4}$

______

○ $\angle B=90^\circ$인 직각삼각형 ABC에서 한 삼각비의 값을 알 때, 다음 삼각비의 값을 구하시오.

23 $\sin A=\frac{\sqrt{3}}{2}$일 때,

$\cos A=$______, $\tan A=$______

24 $\cos A=\frac{5}{6}$일 때,

$\sin A=$______, $\tan A=$______

25 $\sin A=\frac{2}{3}$일 때,

$\cos A=$______, $\tan A=$______

26 $\cos A=\frac{\sqrt{5}}{4}$일 때,

$\sin A=$______, $\tan A=$______

27 $\tan A=3$일 때,

$\sin A=$______, $\cos A=$______

28 $\tan A=\frac{3}{2}$일 때,

$\sin A=$______, $\cos A=$______

○ $\angle B=90^\circ$인 직각삼각형 ABC에서 한 삼각비의 값을 알 때, 다음을 구하시오.

29 $\sin A=\frac{8}{17}$일 때, $\cos A\times\tan A$의 값

______

30 $\tan A=\frac{2}{3}$일 때, $\sin A\times\cos A$의 값

______

31 $\cos A=\frac{\sqrt{7}}{5}$일 때, $5\sin A+\sqrt{7}\tan A$의 값

______

32 $\sin A=\frac{\sqrt{3}}{4}$일 때, $\sqrt{13}\cos A-\sqrt{39}\tan A$의 값

______

33 $\cos A=\frac{\sqrt{5}}{4}$일 때, $4\sin A-\sqrt{5}\tan A$의 값

______

34 $\tan A=\frac{\sqrt{7}}{3}$일 때, $\sqrt{7}\sin A+\cos A$의 값

______

Episode 02 연산 Plus

○ 다음 그림과 같은 직각삼각형 ABC에서 $\overline{DE}\perp\overline{BC}$일 때, $\angle x$의 삼각비의 값을 구하시오.

01

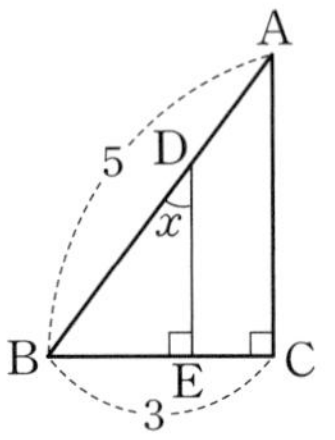

$\sin x=$ ______

$\cos x=$ ______

$\tan x=$ ______

02

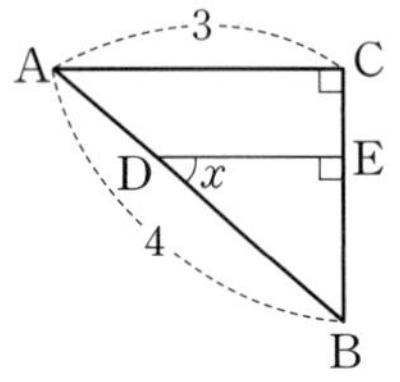

$\sin x=$ ______

$\cos x=$ ______

$\tan x=$ ______

03

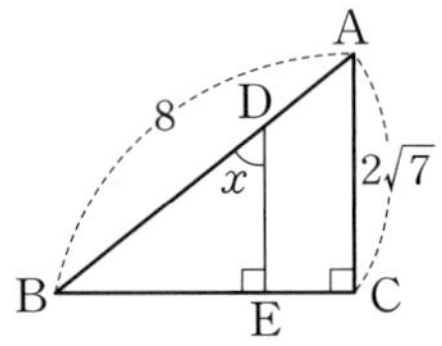

$\sin x=$ ______

$\cos x=$ ______

$\tan x=$ ______

04

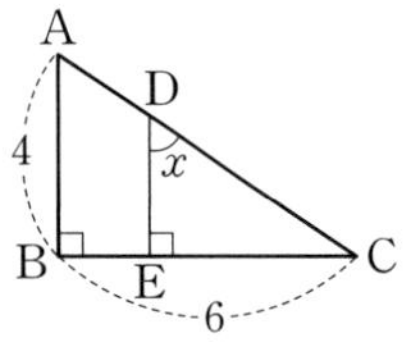

$\sin x=$ ______

$\cos x=$ ______

$\tan x=$ ______

05

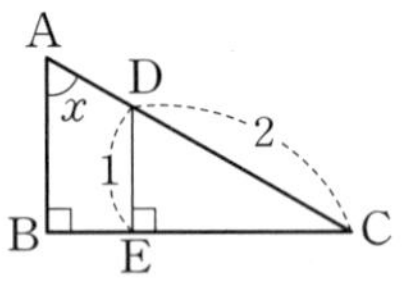

$\sin x=$ ______

$\cos x=$ ______

$\tan x=$ ______

06

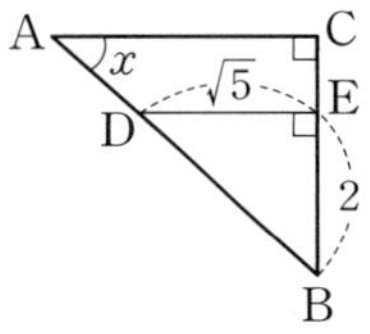

$\sin x=$ ______

$\cos x=$ ______

$\tan x=$ ______

○ 다음 그림과 같은 직각삼각형 ABC에서 $\angle x$의 삼각비의 값을 구하시오.

07

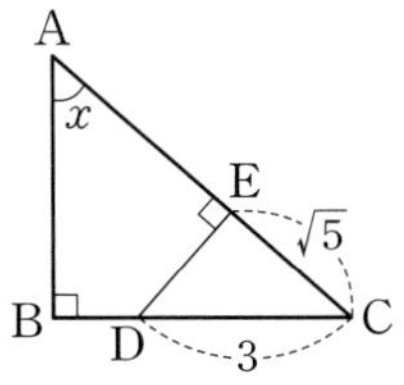

$\sin x=$ ______

$\cos x=$ ______

$\tan x=$ ______

08

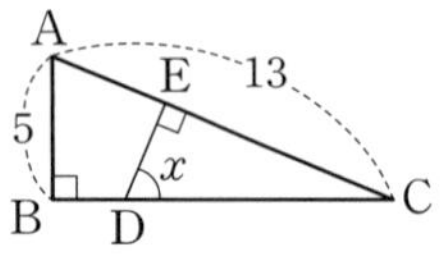

$\sin x=$ ______

$\cos x=$ ______

$\tan x=$ ______

09

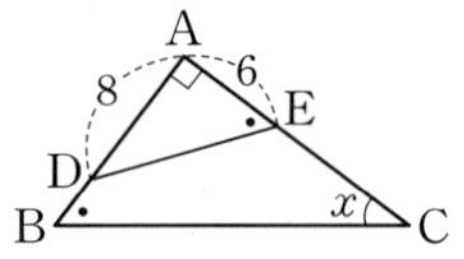

$\sin x=$ ______

$\cos x=$ ______

$\tan x=$ ______

10

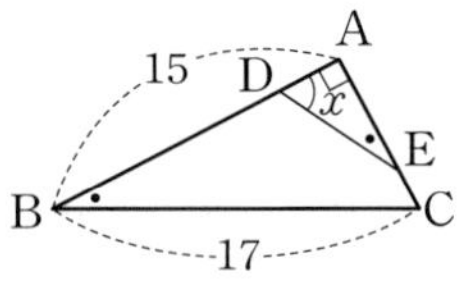

$\sin x=$ ______

$\cos x=$ ______

$\tan x=$ ______

11

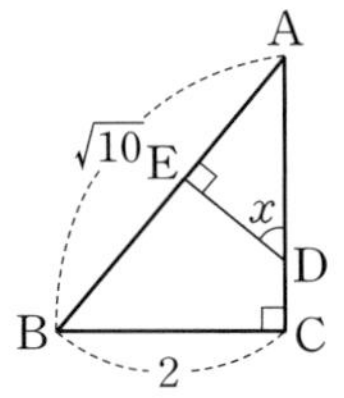

$\sin x=$ ______

$\cos x=$ ______

$\tan x=$ ______

12

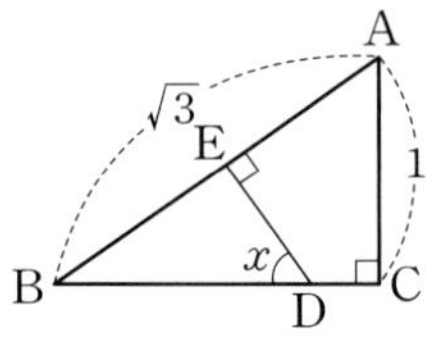

$\sin x=$ ______

$\cos x=$ ______

$\tan x=$ ______

○ 다음 그림과 같이 $\angle A=90°$인 직각삼각형 ABC에서 $\overline{AD}\perp\overline{BC}$일 때, $\angle x$의 삼각비의 값과 $\angle y$의 삼각비의 값을 구하시오.

13

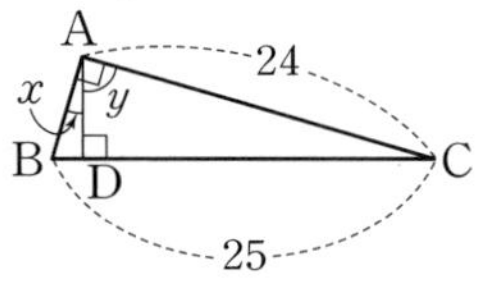

$\sin x=$ ______ | $\sin y=$ ______

$\cos x=$ ______ | $\cos y=$ ______

$\tan x=$ ______ | $\tan y=$ ______

14

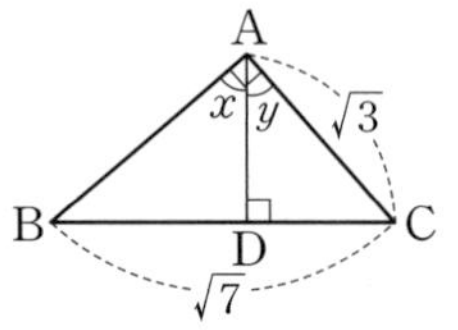

$\sin x=$ ______ | $\sin y=$ ______

$\cos x=$ ______ | $\cos y=$ ______

$\tan x=$ ______ | $\tan y=$ ______

15

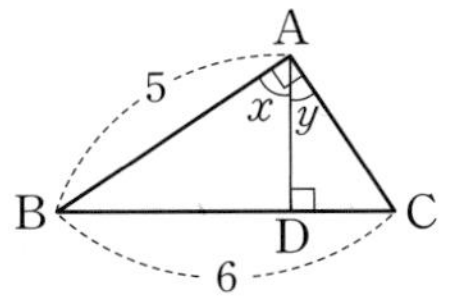

$\sin x=$ ____ | $\sin y=$ ____

$\cos x=$ ____ | $\cos y=$ ____

$\tan x=$ ____ | $\tan y=$ ____

16

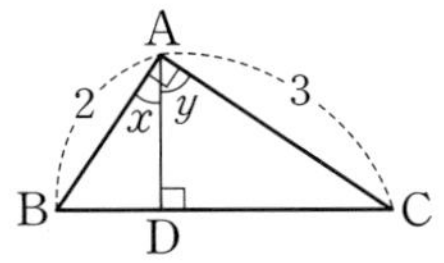

$\sin x=$ ____ | $\sin y=$ ____

$\cos x=$ ____ | $\cos y=$ ____

$\tan x=$ ____ | $\tan y=$ ____

○ 다음 그림과 같이 직사각형 ABCD의 꼭짓점 A에서 대각선 BD에 내린 수선의 발을 H라 할 때, $\angle x$의 삼각비의 값을 구하시오.

17

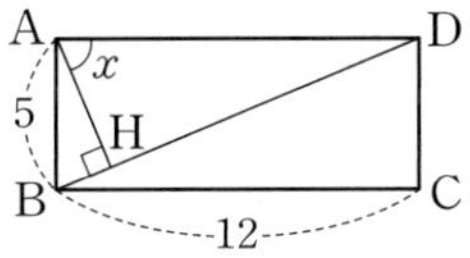

$\sin x=$ ____

$\cos x=$ ____

$\tan x=$ ____

18

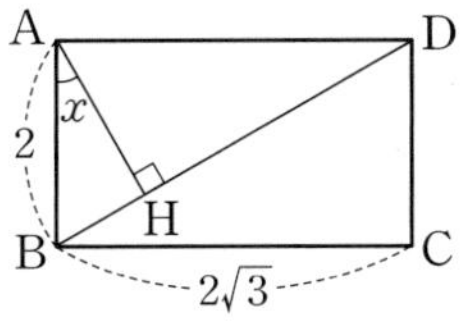

$\sin x=$ ____

$\cos x=$ ____

$\tan x=$ ____

19

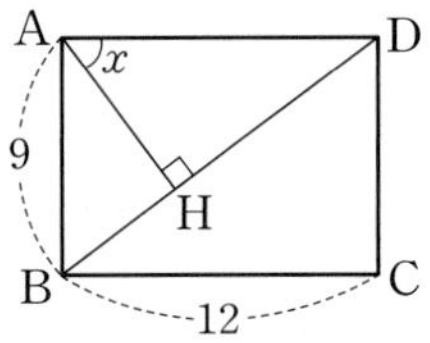

$\sin x=$ ____

$\cos x=$ ____

$\tan x=$ ____

20

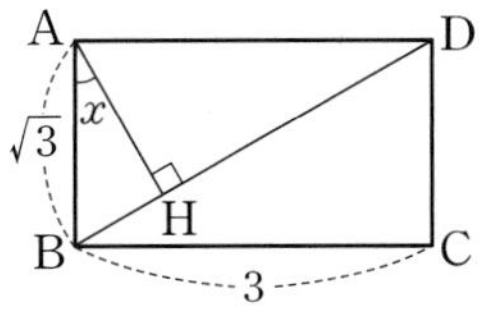

$\sin x=$ ____

$\cos x=$ ____

$\tan x=$ ____

○ 다음 그림과 같이 직선이 x축의 양의 방향과 이루는 각의 크기를 a라고 할 때, a의 삼각비의 값을 구하시오.

21

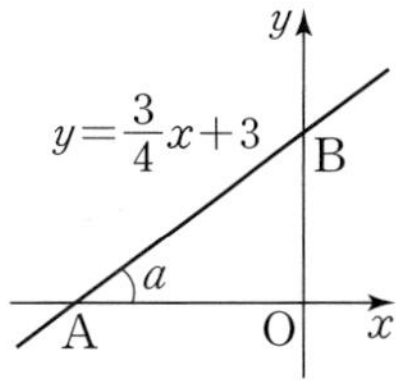

$\sin a=$ ____

$\cos a=$ ____

$\tan a=$ ____

22

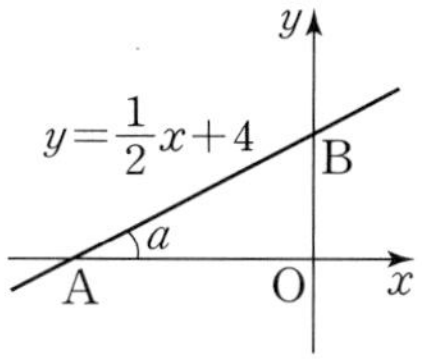

$\sin a=$ ____

$\cos a=$ ____

$\tan a=$ ____

23

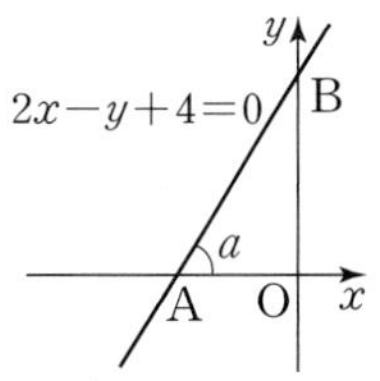

$\sin a=$ ____

$\cos a=$ ____

$\tan a=$ ____

24

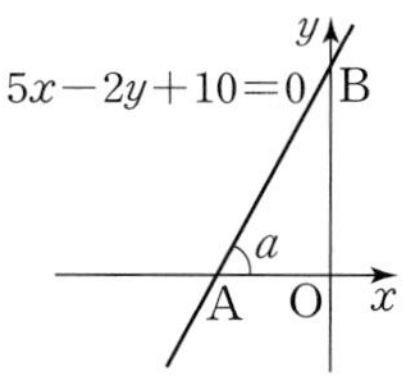

$\sin a=$ ____

$\cos a=$ ____

$\tan a=$ ____

25 오른쪽 그림과 같이 한 모서리의 길이가 2인 정육면체에서 $\angle AGE=x$라고 할 때, x의 삼각비의 값을 구하시오.

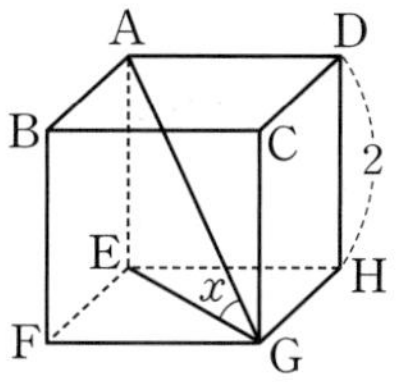

$\sin x=$ ____, $\cos x=$ ____, $\tan x=$ ____

26 오른쪽 그림과 같이 밑면의 가로, 세로의 길이가 각각 4, 3이고 높이가 2인 직육면체에서 $\angle BHF=x$라고 할 때, x의 삼각비의 값을 구하시오.

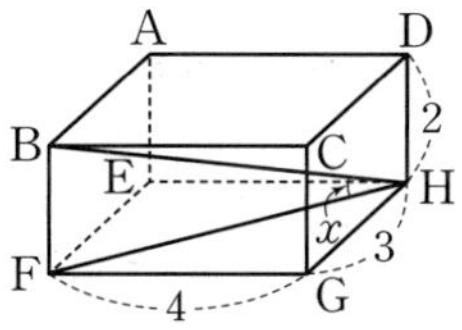

$\sin x=$ ____, $\cos x=$ ____, $\tan x=$ ____

Episode 03 연산 Plus

01 다음 표를 완성하시오.

삼각비 \ A	30°	45°	60°
$\sin A$			
$\cos A$			
$\tan A$			

○ 다음을 계산하시오.

02 $\sin 30^\circ + \tan 45^\circ$

03 $\cos 30^\circ + \tan 30^\circ$

04 $\tan 45^\circ - \sin 30^\circ$

05 $\sin 30^\circ \times \cos 30^\circ$

06 $\sin 45^\circ \times \cos 30^\circ$

07 $\cos 30^\circ \div \tan 60^\circ$

08 $\sin 30^\circ \times \tan 60^\circ \div \cos 30^\circ$

09 $\cos 30^\circ \div \tan 30^\circ - \sin 60^\circ \times \tan 30^\circ$

○ 다음을 만족시키는 $\angle A$의 크기를 구하시오.
(단, $0^\circ < \angle A < 90^\circ$)

10 $\sin A = \frac{\sqrt{3}}{2}$

11 $\tan A = \sqrt{3}$

12 $\sin A = \frac{\sqrt{2}}{2}$

13 $\cos A = \frac{1}{2}$

14 $\tan A = 1$

15 $\cos A = \frac{\sqrt{3}}{2}$

○ 다음을 만족시키는 x의 값을 구하시오.

16 $\sin(x+15^\circ) = \frac{\sqrt{2}}{2}$ (단, $0^\circ < x+15^\circ < 90^\circ$)

17 $\tan(x-10^\circ) = \sqrt{3}$ (단, $0^\circ < x-10^\circ < 90^\circ$)

18 $\cos(x-15^\circ) = \frac{\sqrt{2}}{2}$ (단, $0^\circ < x-15^\circ < 90^\circ$)

19 $\tan(2x-5^\circ) = 1$ (단, $0^\circ < 2x-5^\circ < 90^\circ$)

20 $\cos(2x-10^\circ) = \frac{\sqrt{3}}{2}$ (단, $0^\circ < 2x-10^\circ < 90^\circ$)

21 $\sin(4x-10^\circ) = \frac{1}{2}$ (단, $0^\circ < 4x-10^\circ < 90^\circ$)

○ 다음 그림과 같은 직각삼각형 ABC에서 x, y의 값을 각각 구하시오.

22

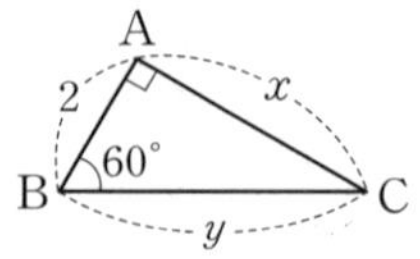

23

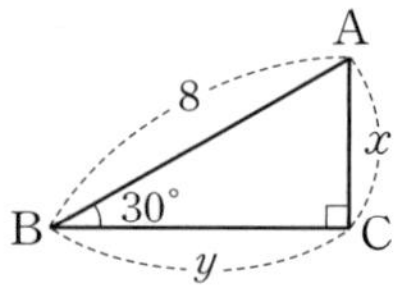

24

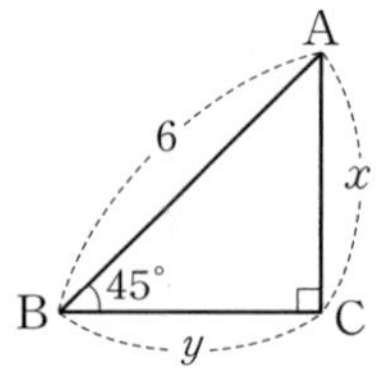

25

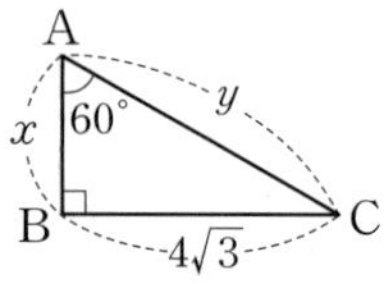

26

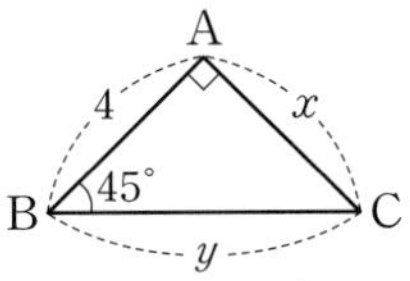

27

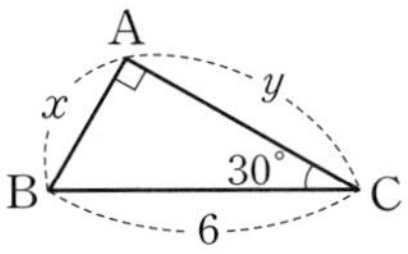

○ 다음 그림에서 x, y의 값을 각각 구하시오.

28

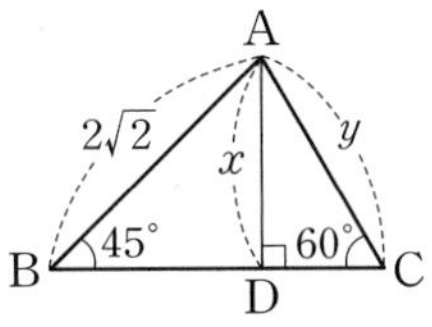

29

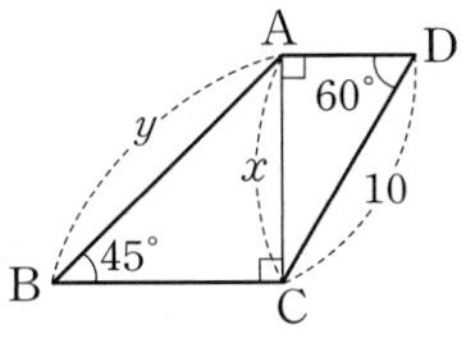

30

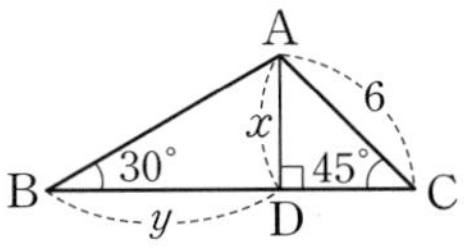

31

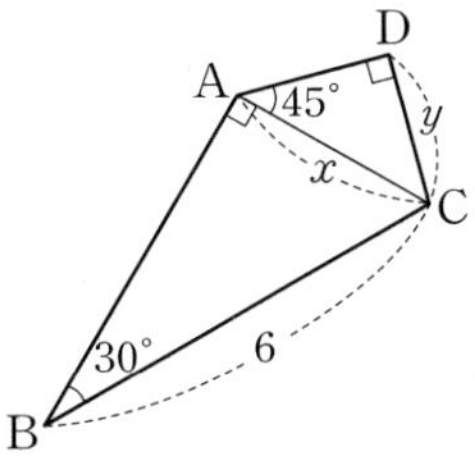

○ 다음 그림에서 x의 값을 구하시오.

32

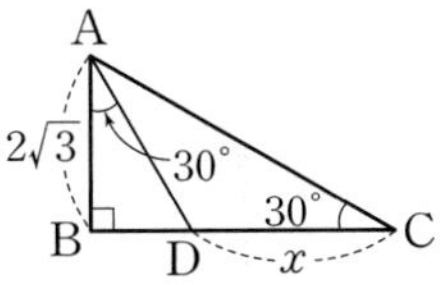

33

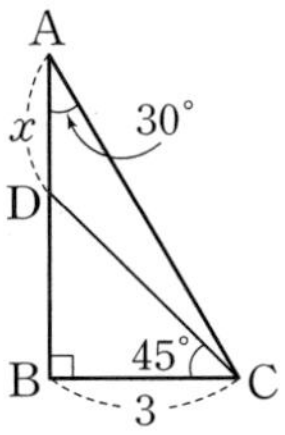

34

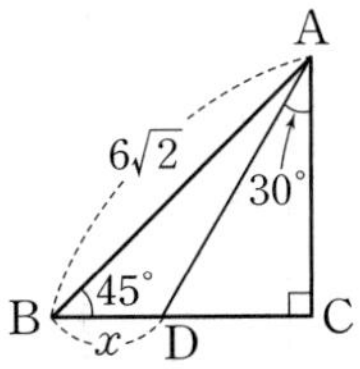

35

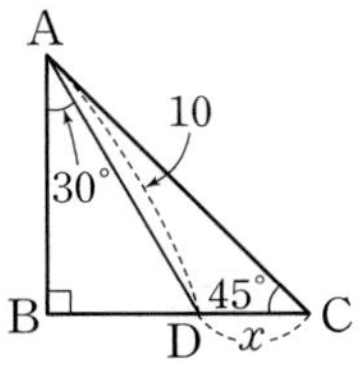

○ 다음 그림에서 x, y의 값을 각각 구하시오.

36

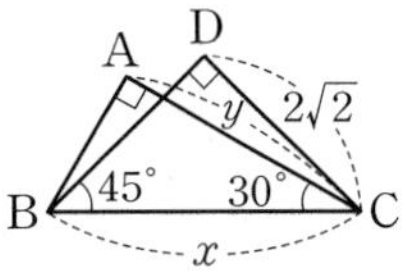

37

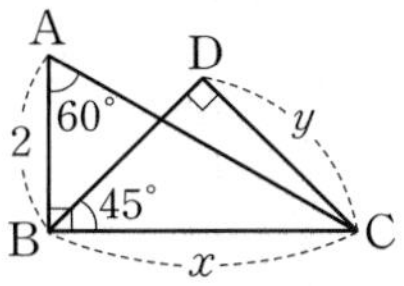

38

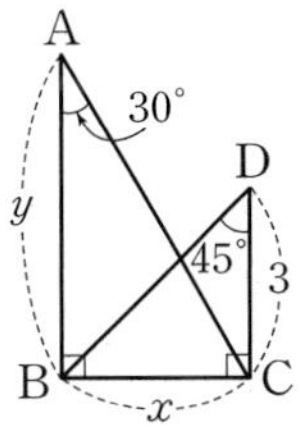

39

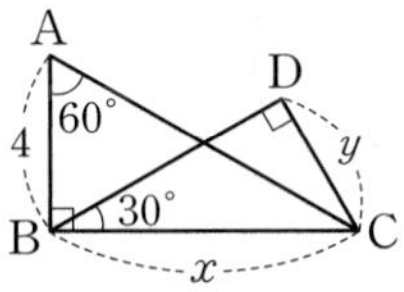

40 오른쪽 그림에서 $\overline{AC}=2$이고 $\angle C=90^\circ$, $\angle ABC=45^\circ$, $\angle ADC=22.5^\circ$일 때, $\tan 67.5^\circ$의 값을 구하시오.

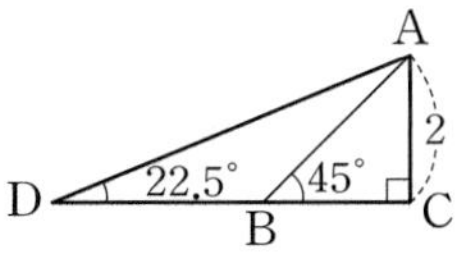

41 오른쪽 그림과 같은 삼각형 ABC에서 $\overline{AH}\perp\overline{BC}$이고 $\overline{AC}=\overline{BC}=6$, $\angle ACB=30^\circ$일 때, $\tan 75^\circ$의 값을 구하시오.

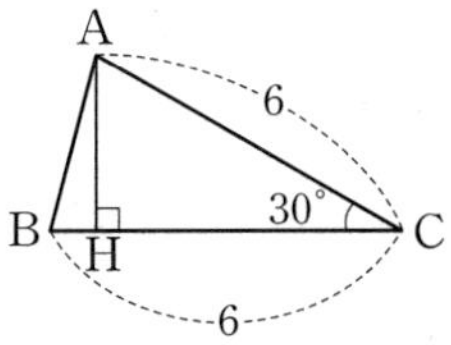

○ 다음 일차함수의 그래프가 나타내는 직선의 방정식을 $y=ax+b$ 꼴로 나타내시오.

42

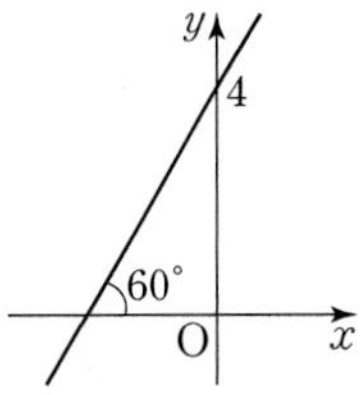

43

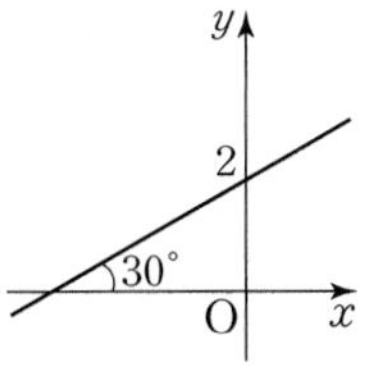

44

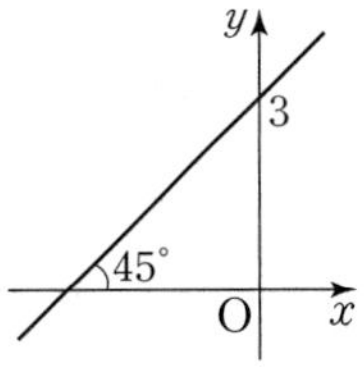

45

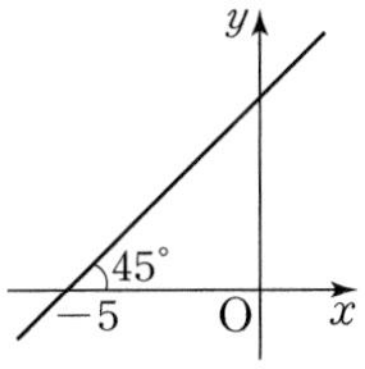

Episode 04 연산 Plus

○ 오른쪽 그림과 같이 반지름의 길이가 1인 사분원에서 다음 삼각비의 값을 나타내는 선분을 찾으시오.

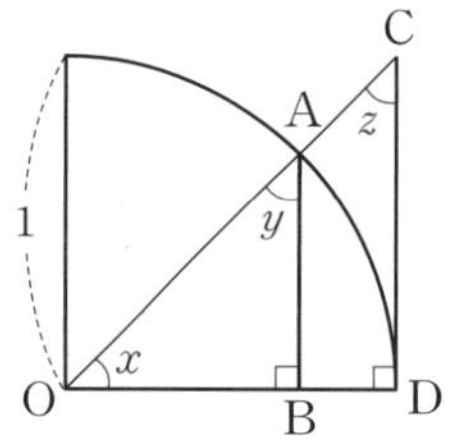

01 $\sin y$

02 $\cos x$

03 $\tan x$

04 $\sin x$

05 $\cos y$

06 $\cos z$

○ 오른쪽 그림과 같이 좌표평면 위의 원점 O를 중심으로 하고 반지름의 길이가 1인 사분원에서 다음 삼각비의 값을 구하시오.

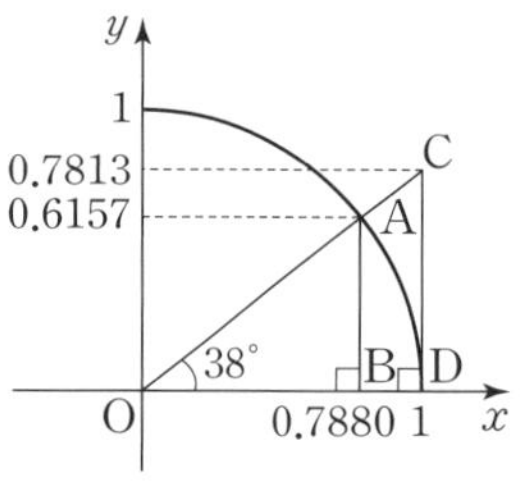

07 $\sin 38^\circ$

08 $\cos 38^\circ$

09 $\tan 38^\circ$

10 $\sin 52^\circ$

○ 오른쪽 그림과 같이 좌표평면 위의 원점 O를 중심으로 하고 반지름의 길이가 1인 사분원에서 다음 삼각비의 값을 구하시오.

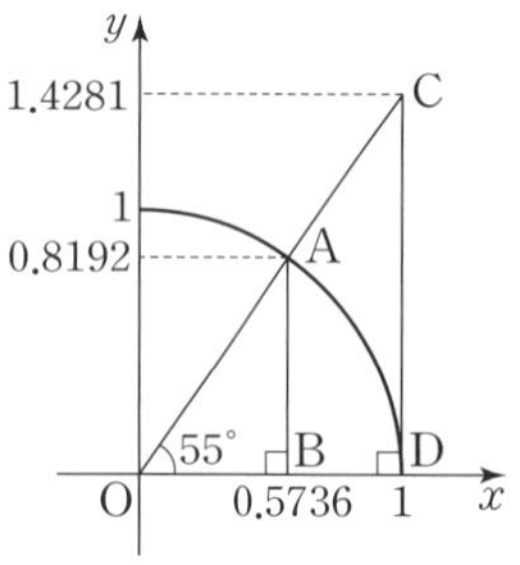

11 $\sin 55^\circ$

12 $\cos 55^\circ$

13 $\tan 55^\circ$

14 $\cos 35^\circ$

○ 다음을 계산하시오.

15 $(\tan 0^\circ + \sin 30^\circ) \times \cos 0^\circ$

16 $(\cos 90^\circ + \tan 0^\circ) \div \cos 0^\circ$

17 $\sin 30^\circ \times (\cos 0^\circ + \tan 45^\circ)$

18 $\sin 0^\circ \times \tan 45^\circ - \cos 30^\circ \times \tan 30^\circ$

19 $\cos 0^\circ \times \tan 30^\circ - \cos 30^\circ \times \cos 90^\circ$

○ $0^\circ \le A \le 90^\circ$일 때, 다음 설명이 옳으면 ○표, 옳지 않으면 ×표를 ( ) 안에 써넣으시오.

20 A의 값이 커지면 $\cos A$의 값은 감소한다. ( )

21 $\tan A$의 최솟값은 0이고 최댓값은 1이다. ( )

22 $A=0^\circ$일 때, $\sin A = \cos A = \tan A$이다. ( )

23 $0^\circ < A < 45^\circ$일 때, $0 < \tan A < 1$이다. ( )

24 $45^\circ < A < 90^\circ$일 때, $\cos A < \sin A$이다. ( )

○ 다음 ● 안에 $>$, $=$, $<$ 중 알맞은 것을 써넣으시오.

25 $\sin 45^\circ$ ● $\sin 50^\circ$

26 $\cos 35^\circ$ ● $\cos 40^\circ$

27 $\tan 50^\circ$ ● $\tan 55^\circ$

28 $\sin 25^\circ$ ● $\cos 25^\circ$

29 $\tan 58^\circ$ ● $\cos 77^\circ$

○ 아래 삼각비의 표를 이용하여 다음 삼각비의 값을 구하시오.

각도	사인(sin)	코사인(cos)	탄젠트(tan)
16°	0.2756	0.9613	0.2867
17°	0.2924	0.9563	0.3057
18°	0.3090	0.9511	0.3249
19°	0.3256	0.9455	0.3443
20°	0.3420	0.9397	0.3640

30 $\cos 18°$

31 $\sin 16°$

32 $\tan 20°$

33 $\sin 19°$

34 $\cos 17°$

35 $\tan 18°$

36 $\sin 20°$

37 $\cos 19°$

○ 아래 삼각비의 표를 이용하여 다음을 만족하는 x의 크기를 구하시오.

각도	사인(sin)	코사인(cos)	탄젠트(tan)
52°	0.7880	0.6157	1.2799
53°	0.7986	0.6018	1.3270
54°	0.8090	0.5878	1.3764
55°	0.8192	0.5736	1.4281
56°	0.8290	0.5592	1.4826

38 $\sin x=0.8090$

39 $\cos x=0.6157$

40 $\tan x=1.4281$

41 $\sin x=0.8192$

42 $\cos x=0.6018$

43 $\tan x=1.3764$

44 $\sin x=0.7880$

45 $\cos x=0.5592$

○ 아래 삼각비의 표를 이용하여 다음 그림에서 x의 값을 구하시오.

각도	사인(sin)	코사인(cos)	탄젠트(tan)
40°	0.6428	0.7660	0.8391
41°	0.6561	0.7547	0.8693
42°	0.6691	0.7431	0.9004
43°	0.6820	0.7314	0.9325
44°	0.6947	0.7193	0.9657

46

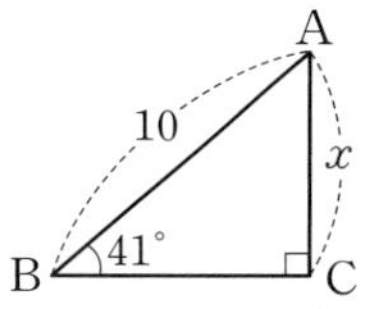

47

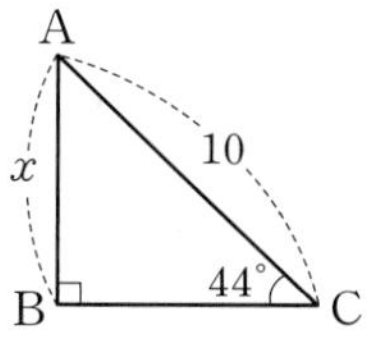

48

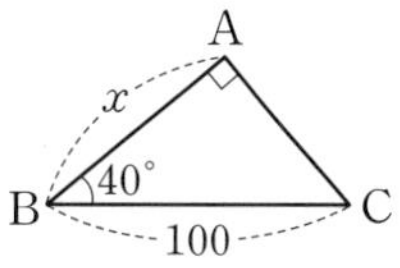

49

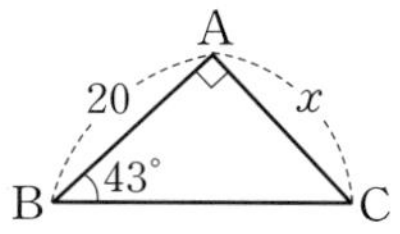

○ 아래 삼각비의 표를 이용하여 다음 그림에서 ∠A의 크기를 구하시오.

각도	사인(sin)	코사인(cos)	탄젠트(tan)
32°	0.5299	0.8480	0.6249
33°	0.5446	0.8387	0.6494
34°	0.5592	0.8290	0.6745
35°	0.5736	0.8192	0.7002
36°	0.5878	0.8090	0.7265

50

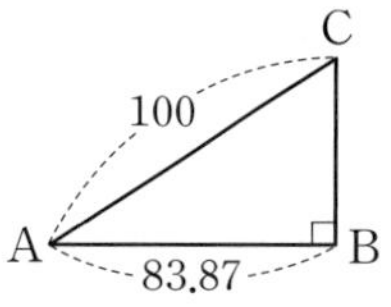

51

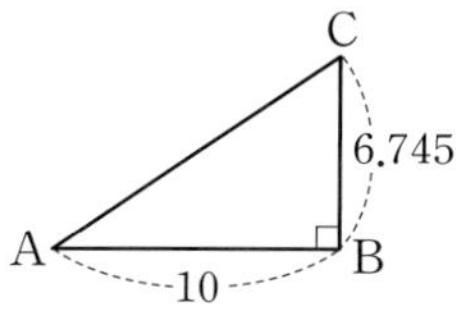

52

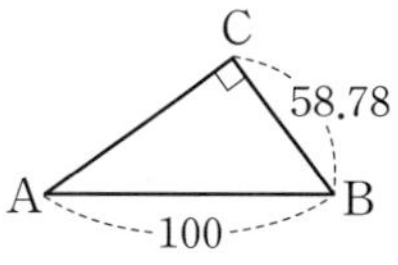

53

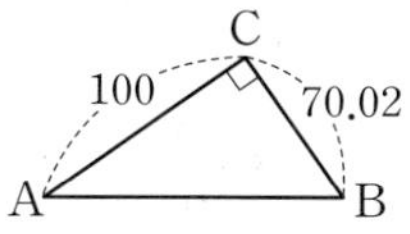

○ 다음 그림의 직각삼각형에서 주어진 각의 삼각비와 변의 길이를 이용하여 x, y의 값을 구하시오.

01

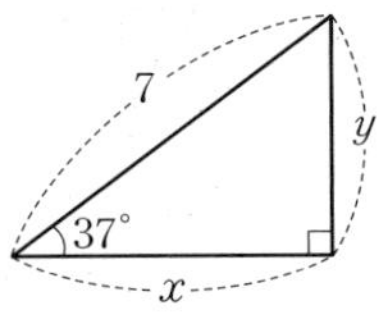

$x=$ ______

$y=$ ______

02

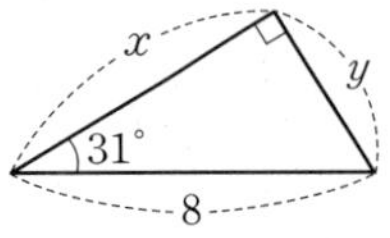

$x=$ ______

$y=$ ______

03

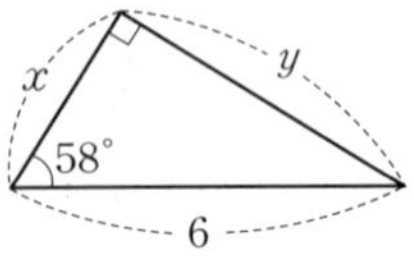

$x=$ ______

$y=$ ______

04

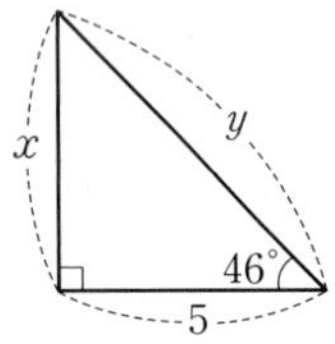

$x=$ ______

$y=$ ______

○ 다음 그림의 직각삼각형에서 주어진 삼각비의 값을 이용하여 x, y의 값을 구하시오.

05

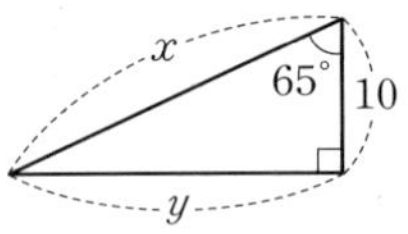

$\sin 65°=0.9$
$\cos 65°=0.4$
$\tan 65°=2.25$

$x=$ ______, $y=$ ______

06

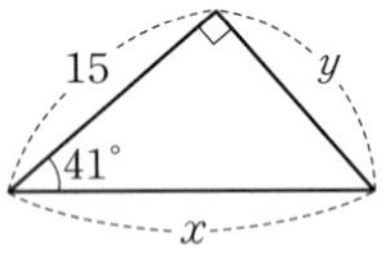

$\sin 41°=0.66$
$\cos 41°=0.75$
$\tan 41°=0.88$

$x=$ ______, $y=$ ______

○ 다음 그림에서 주어진 입체도형의 부피를 구하시오.

07

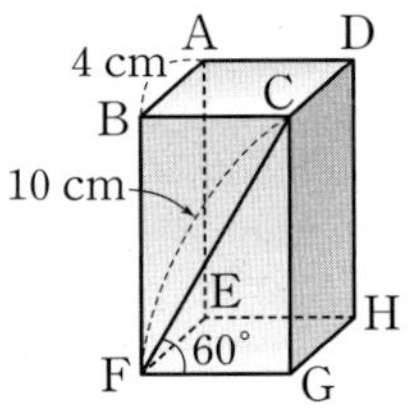

______

08

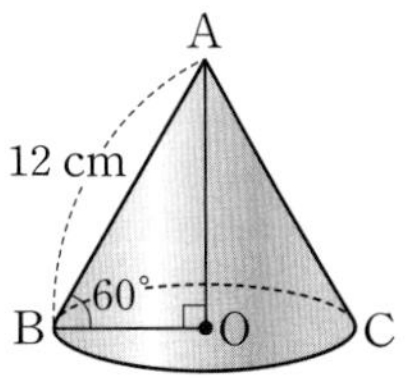

______

○ 주어진 삼각비의 값을 이용하여 다음을 구하시오.

09

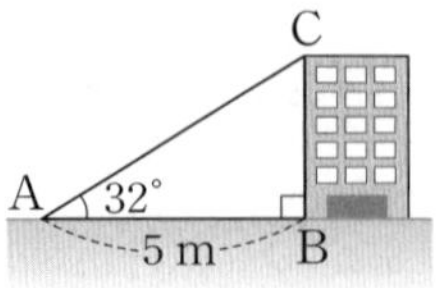

$\sin 32°=0.53$
$\cos 32°=0.85$
$\tan 32°=0.62$

건물의 높이 : ______

10

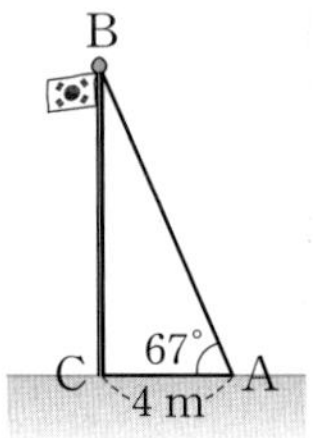

$\sin 67°=0.93$
$\cos 67°=0.39$
$\tan 67°=2.36$

국기 게양대의 높이 : ______

11

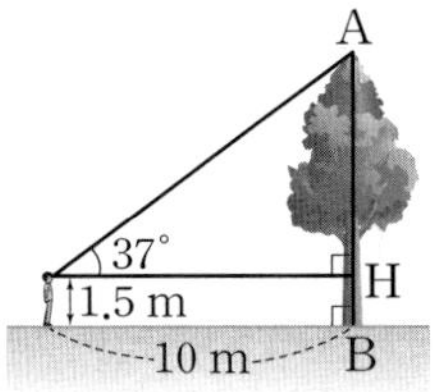

$\sin 37°=0.6$
$\cos 37°=0.8$
$\tan 37°=0.75$

나무의 높이 : ______

12

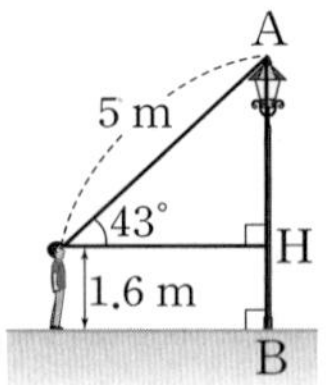

$\sin 43°=0.68$
$\cos 43°=0.73$
$\tan 43°=0.93$

가로등의 높이 : ______

○ 주어진 삼각비의 값을 이용하여 다음을 구하시오.

13

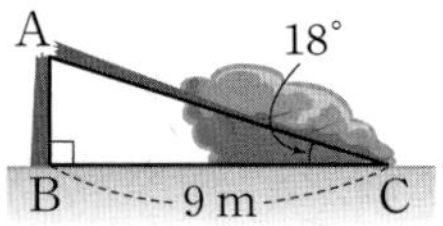

$\cos 18°=0.9$
$\tan 18°=0.32$

부러지기 전 나무의 높이 : ______

14

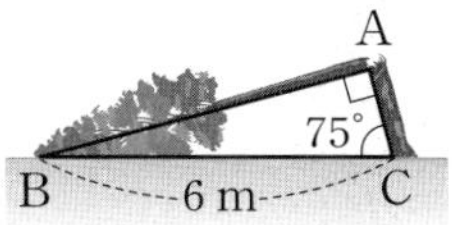

$\sin 75° = 0.96$
$\cos 75° = 0.25$

부러지기 전 나무의 높이 :

○ 다음 그림에서 건물 (나)의 높이를 구하시오.

15

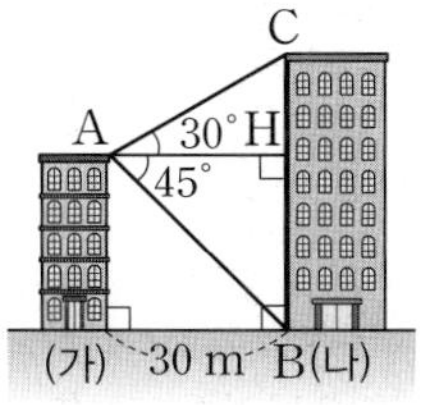

16

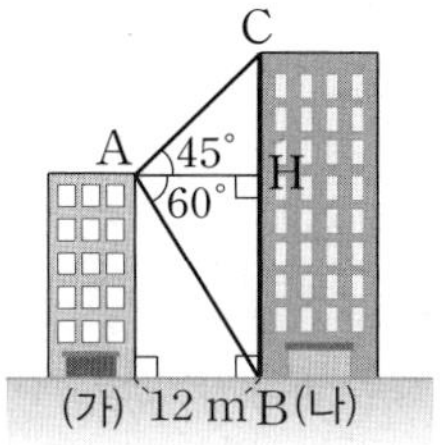

○ 다음 그림의 삼각형 ABC에서 $\overline{AC}$의 길이를 구하시오.

17

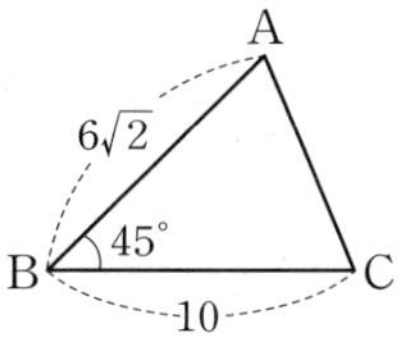

18

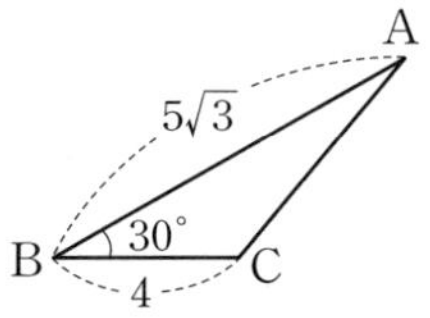

19

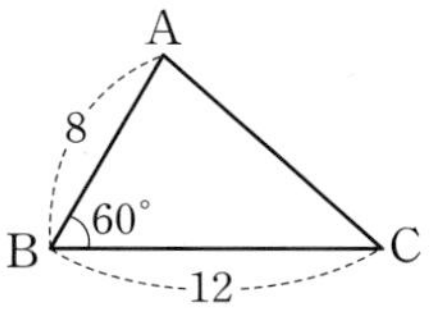

20

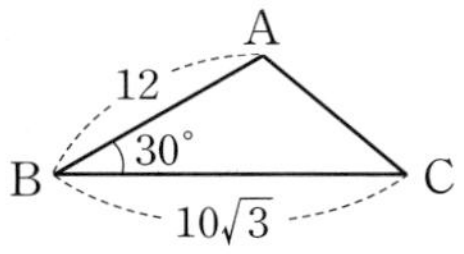

○ 다음 그림의 삼각형 ABC에서 x의 값을 구하시오.

21

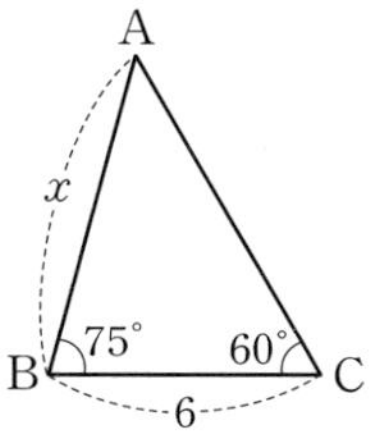

22

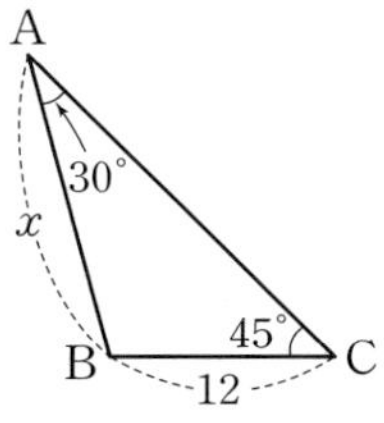

23

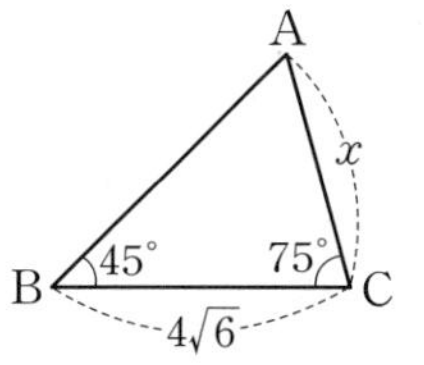

24

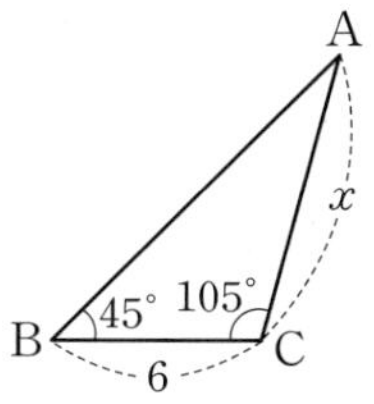

○ 다음 그림의 삼각형 ABC에서 h의 값을 구하시오.

25

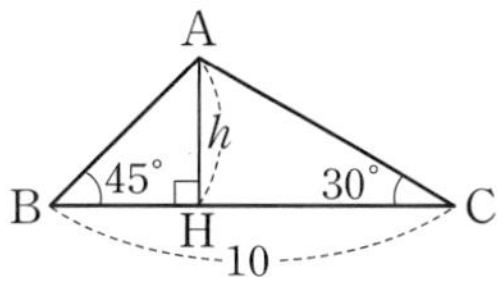

26

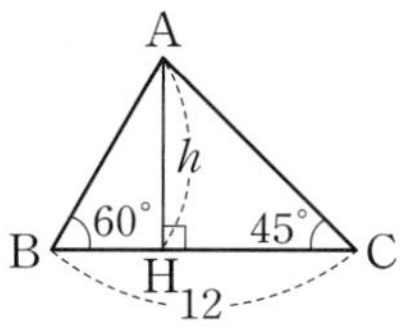

27

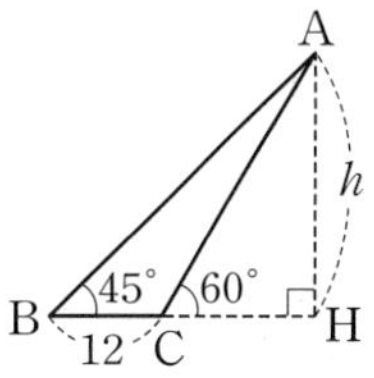

28

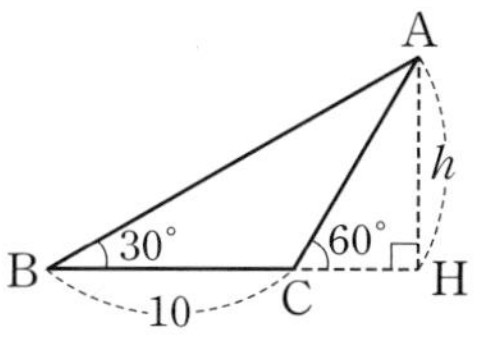

○ 다음 그림에서 A지점의 높이를 구하시오.

29

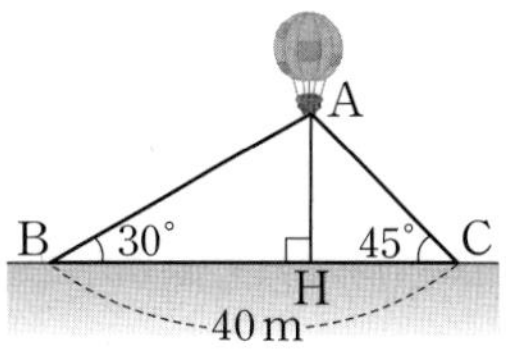

30

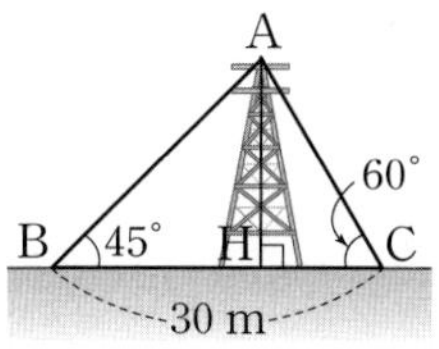

31

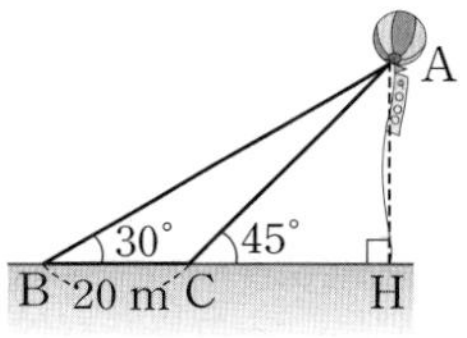

32

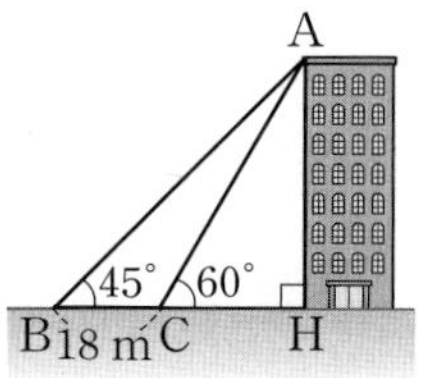

○ 다음 그림의 삼각형 ABC의 넓이를 구하시오.

01
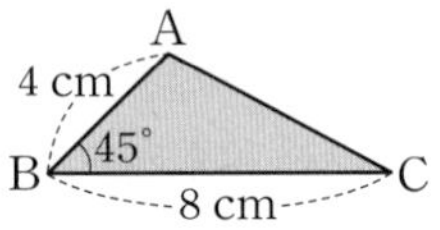

02
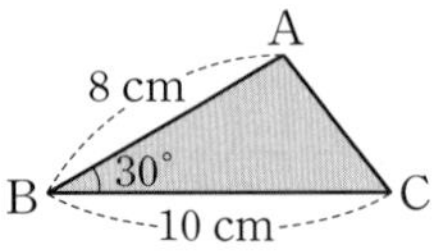

03
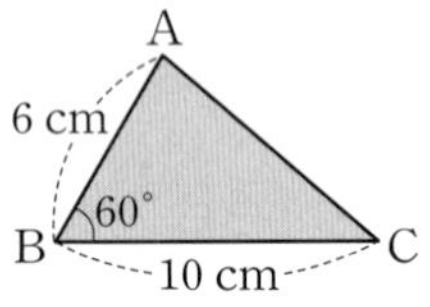

04
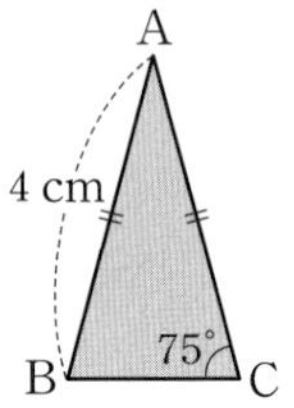

○ 다음 그림의 삼각형 ABC의 넓이를 구하시오.

05
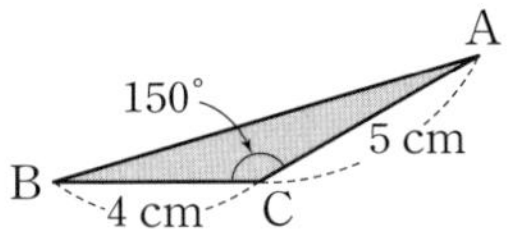

06
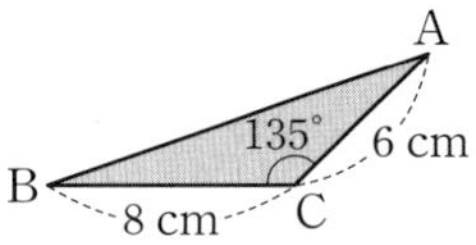

07
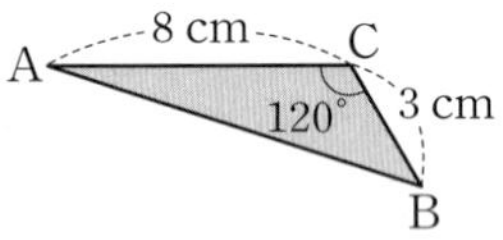

08
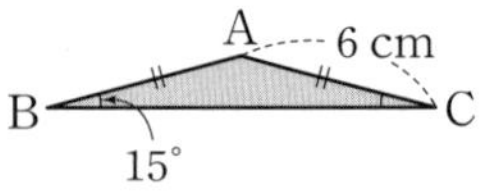

○ 다음 그림의 사각형 ABCD의 넓이를 구하시오.

09
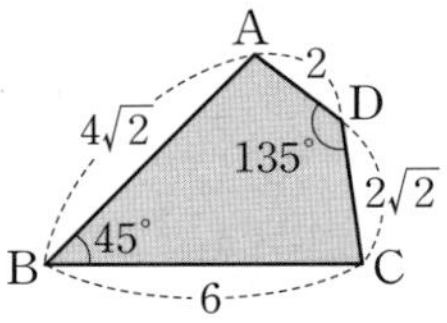

10
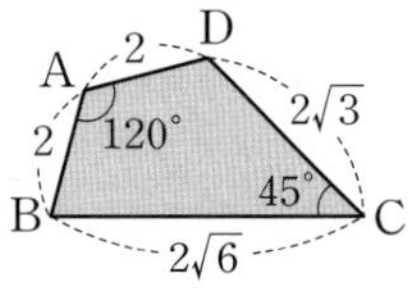

○ 다음 그림과 같은 삼각형 ABC의 넓이가 주어질 때, $\angle C$의 크기를 구하시오. (단, $90^\circ < \angle C < 180^\circ$)

11
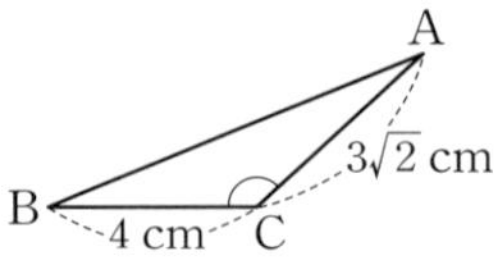

$\triangle ABC = 3\sqrt{2}\ cm^2$

12
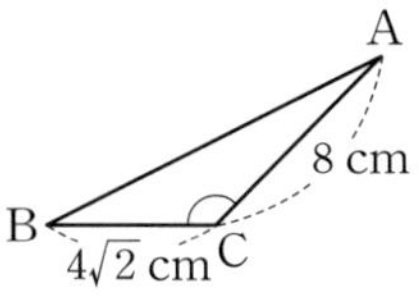

$\triangle ABC = 16\ cm^2$

○ 다음 그림과 같은 삼각형 ABC의 넓이가 주어질 때, x의 값을 구하시오.

13
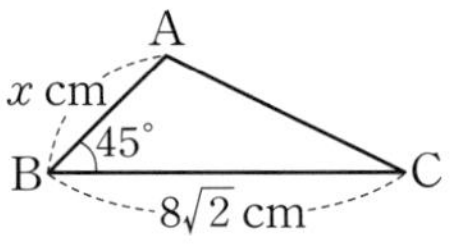

$\triangle ABC = 24\ cm^2$

14
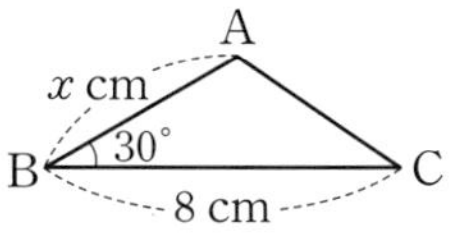

$\triangle ABC = 10\ cm^2$

15
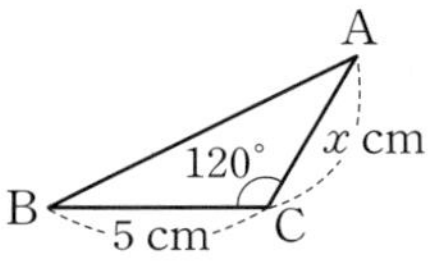

$\triangle ABC = 5\sqrt{3}\ cm^2$

16
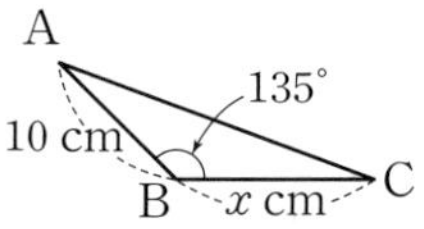

$\triangle ABC = 30\sqrt{2}\ cm^2$

○ 다음 그림의 평행사변형 ABCD의 넓이를 구하시오.

17
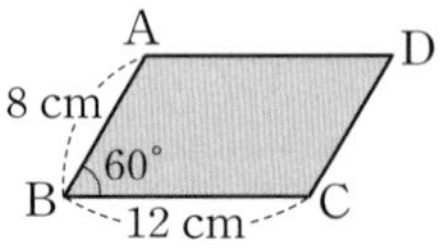

18
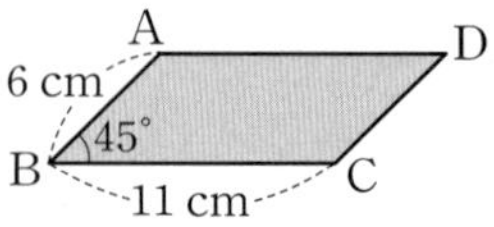

19
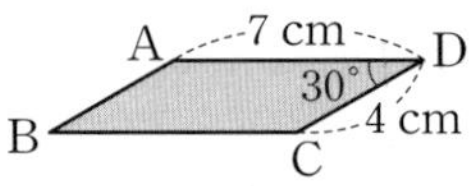

20
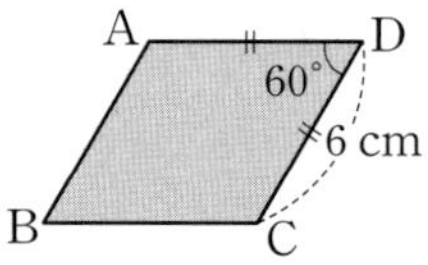

○ 다음 그림의 평행사변형 ABCD의 넓이를 구하시오.

21
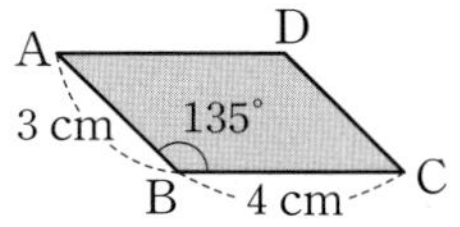

22
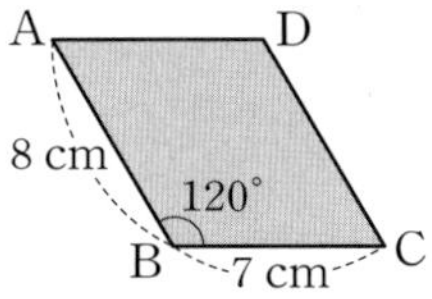

23
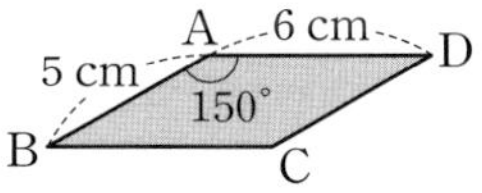

24
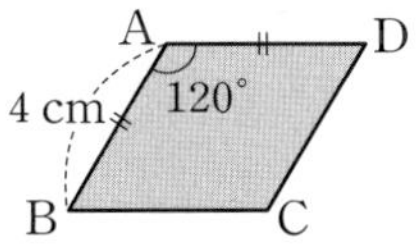

○ 다음 그림과 같이 평행사변형 ABCD의 넓이가 주어질 때, ∠B의 크기를 구하시오. (단, $0° < \angle B < 90°$)

25
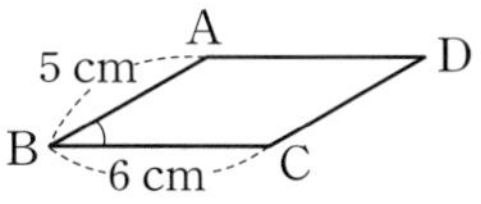

$\square ABCD = 15\ cm^2$

26
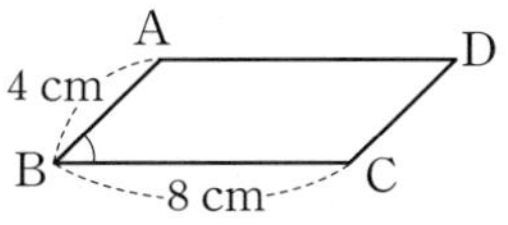

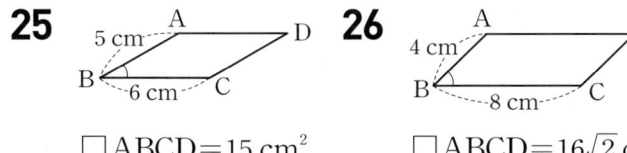

$\square ABCD = 16\sqrt{2}\ cm^2$

○ 다음 그림과 같이 평행사변형 ABCD의 넓이가 주어질 때, ∠B의 크기를 구하시오. (단, $90° < \angle B < 180°$)

27
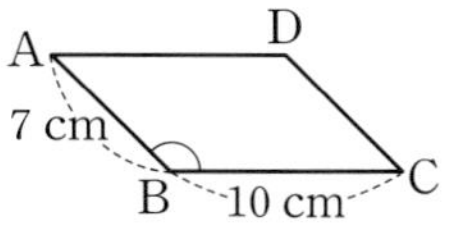

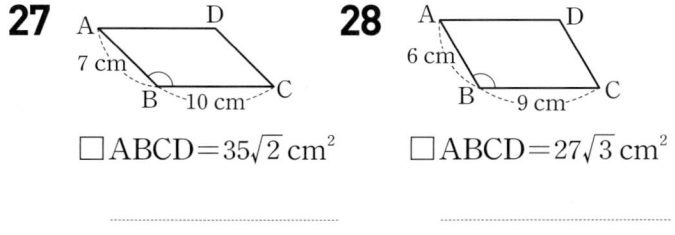

$\square ABCD = 35\sqrt{2}\ cm^2$

28
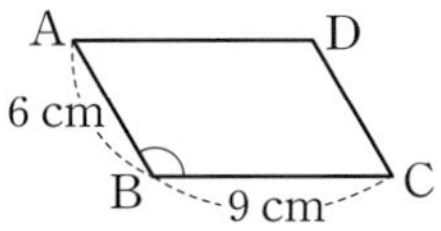

$\square ABCD = 27\sqrt{3}\ cm^2$

○ 다음 그림과 같이 평행사변형 ABCD의 넓이가 주어질 때, x의 값을 구하시오.

29
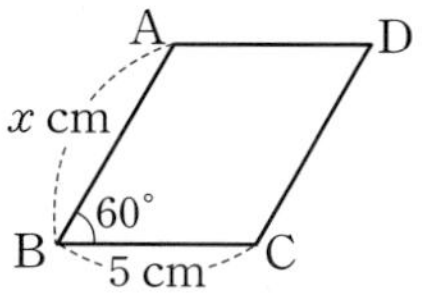

$\square ABCD = 15\sqrt{3}\ cm^2$

30
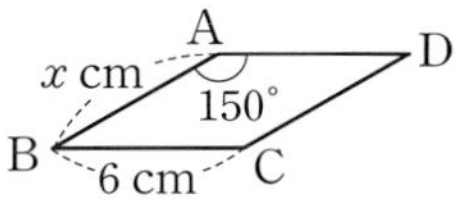

$\square ABCD = 21\ cm^2$

31
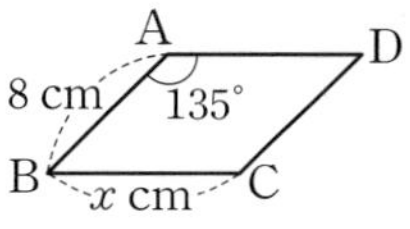

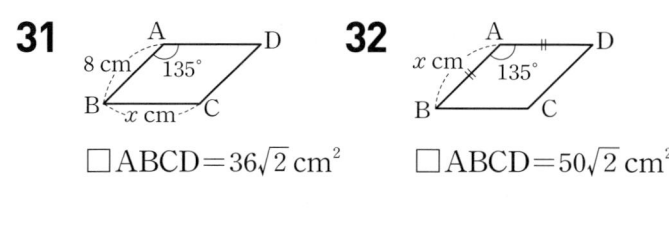

$\square ABCD = 36\sqrt{2}\ cm^2$

32
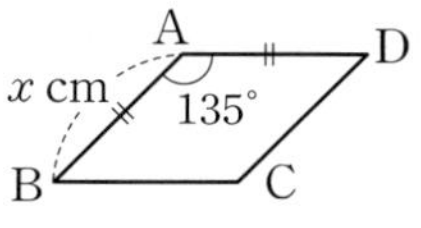

$\square ABCD = 50\sqrt{2}\ cm^2$

○ 다음 그림의 사각형 ABCD의 넓이를 구하시오.

33
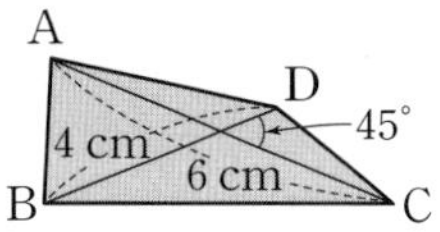

34
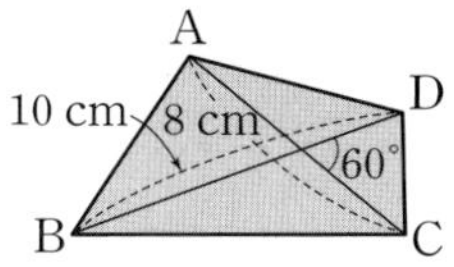

35
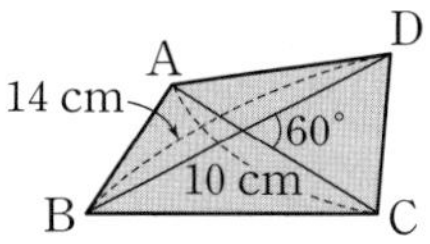

36
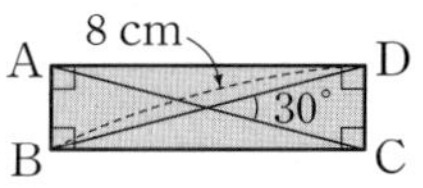

○ 다음 그림의 사각형 ABCD의 넓이를 구하시오.

37
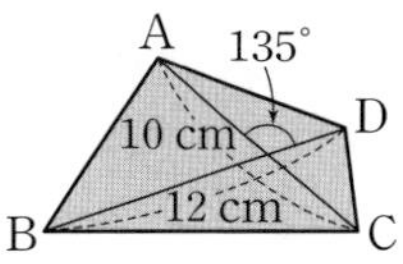

38
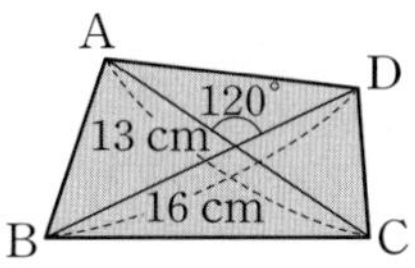

39
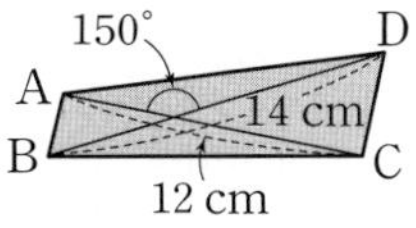

40
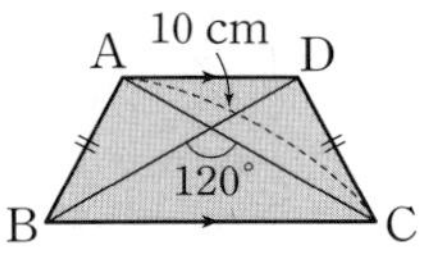

● 다음 그림의 원 O에서 $\overline{AB}\perp\overline{OM}$일 때, x의 값을 구하시오.

01

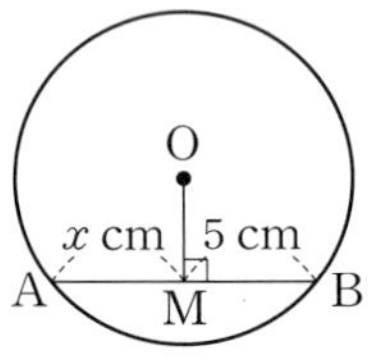

02

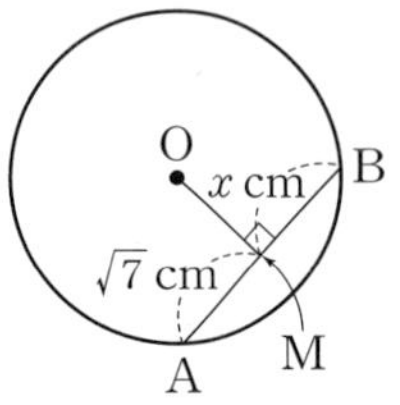

03

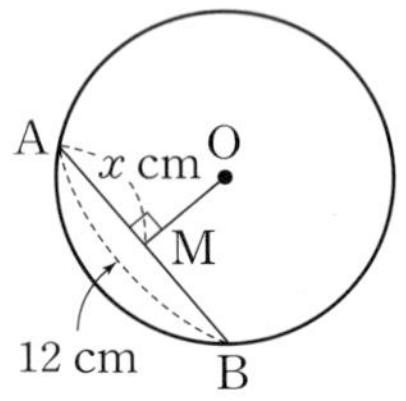

04

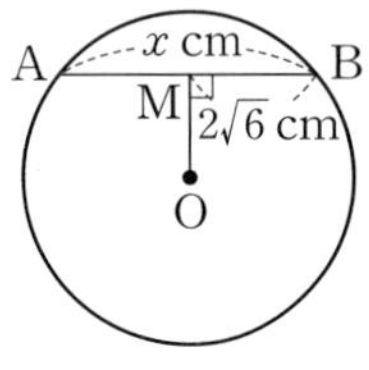

● 다음 그림의 원 O에서 $\overline{AB}\perp\overline{OM}$일 때, x의 값을 구하시오.

05

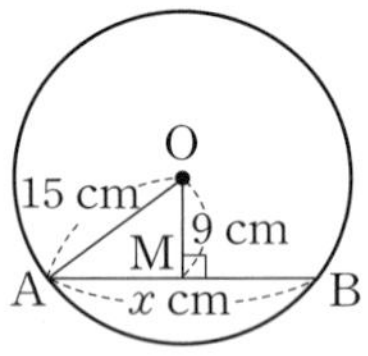

06

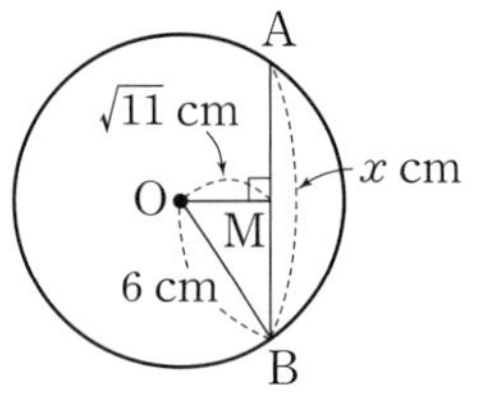

07

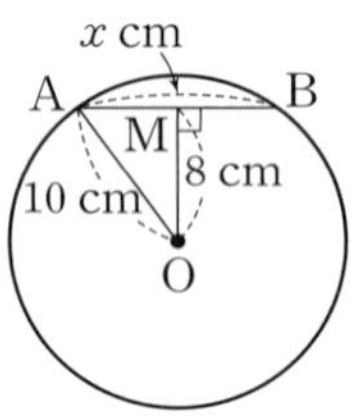

08

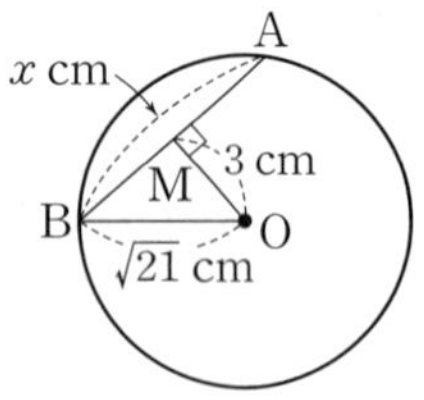

09

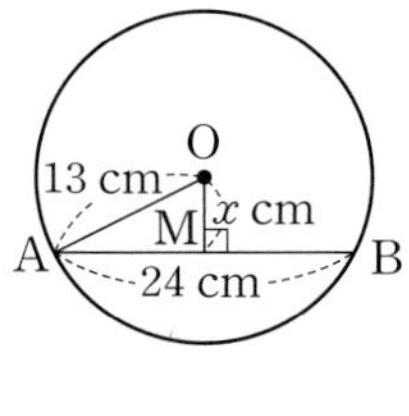

10

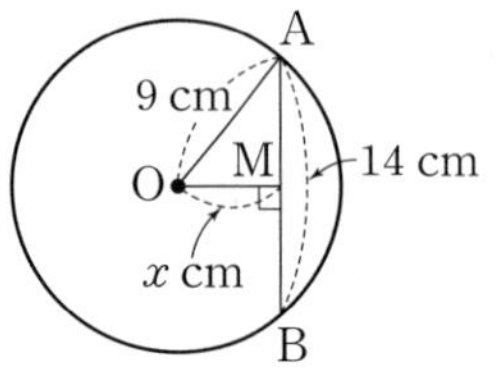

● 다음 그림에서 $\overline{AB}\perp\overline{CD}$, $\overline{AM}=\overline{BM}$일 때, 원의 반지름의 길이를 구하시오.

11

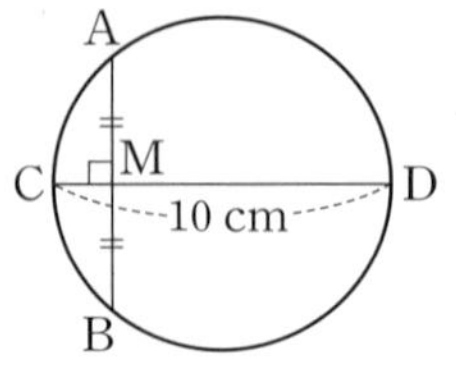

12

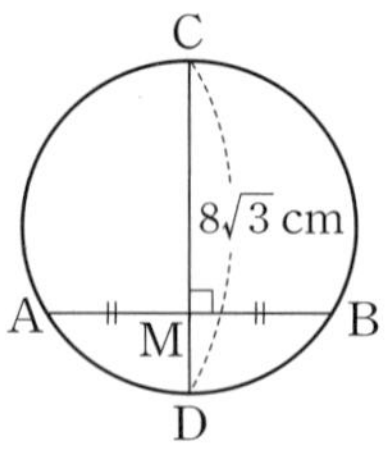

13

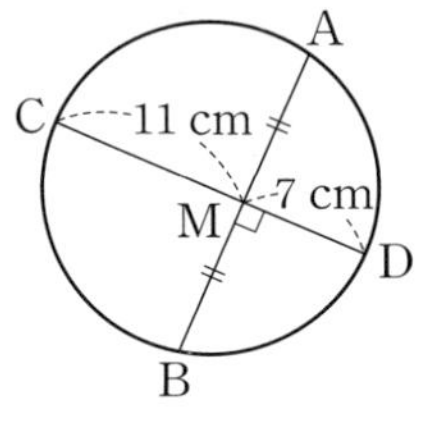

14

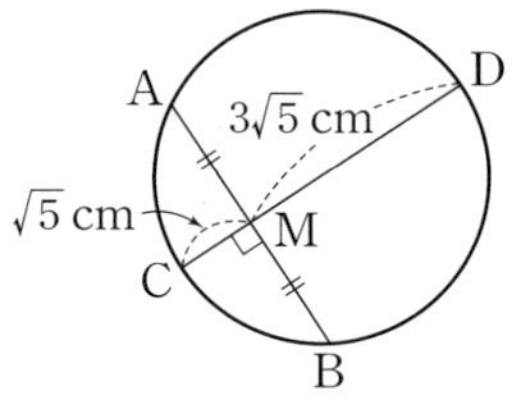

● 다음 그림의 원 O에서 $\overline{AB}\perp\overline{OC}$일 때, r의 값을 구하시오.

15

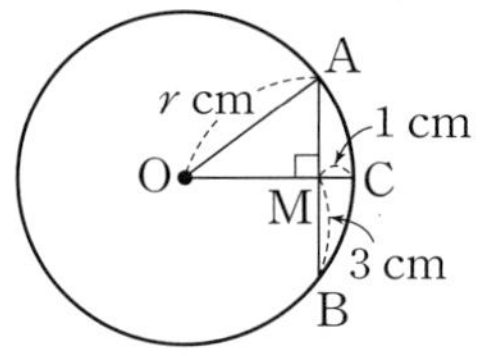

16

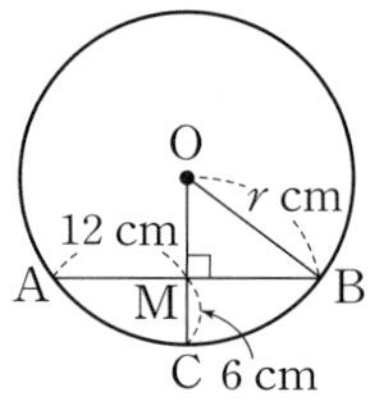

17

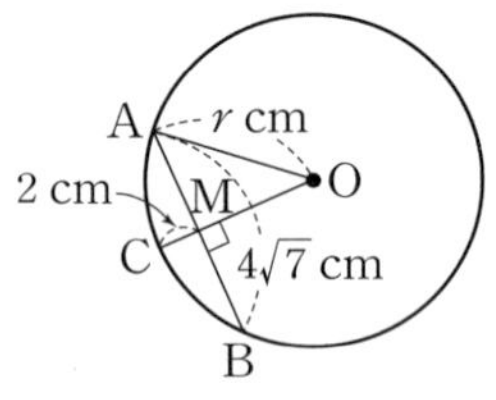

18

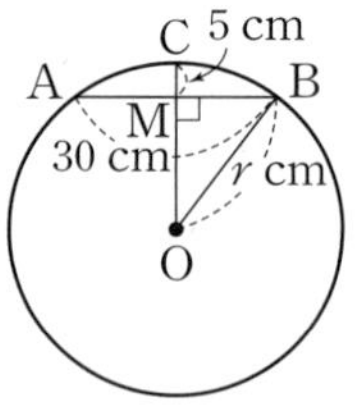

● 다음 그림의 원 O에서 $\overline{AB}\perp\overline{OM}$일 때, x의 값을 구하시오.

19

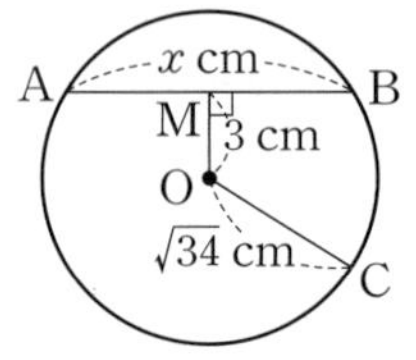

20

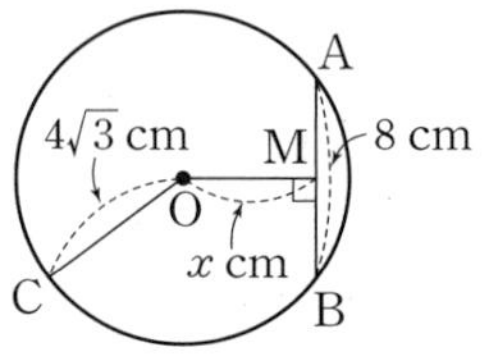

○ 다음 그림에서 $\overset{\frown}{AB}$는 원의 일부분이고 $\overline{AB}\perp\overline{CM}$, $\overline{AM}=\overline{BM}$일 때, 이 원의 반지름의 길이를 구하시오.

21

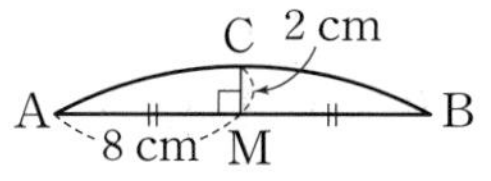

22

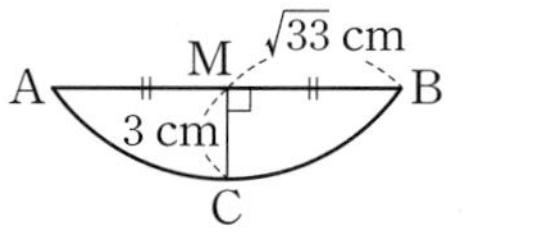

23

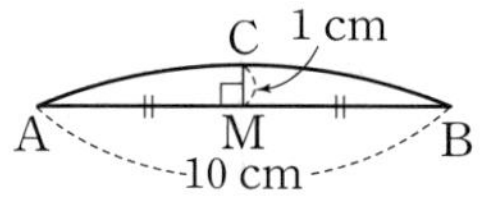

24

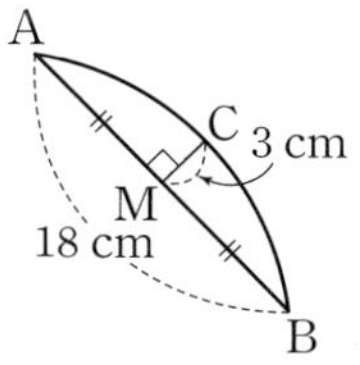

○ 다음 그림의 원 O에서 x의 값을 구하시오.

25

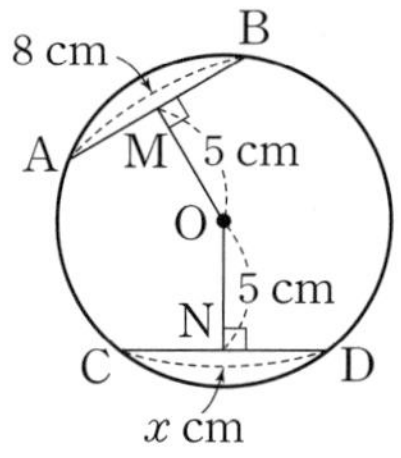

26

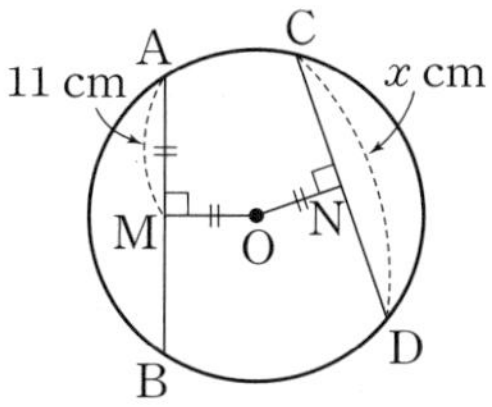

27

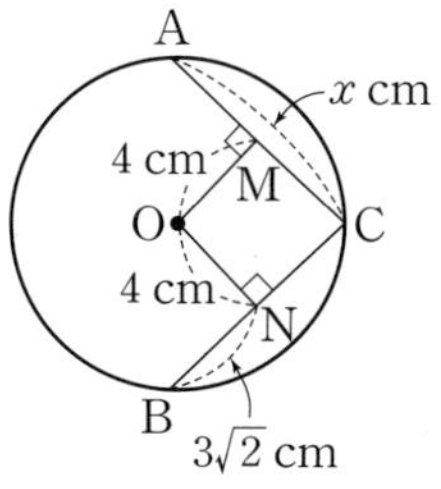

28

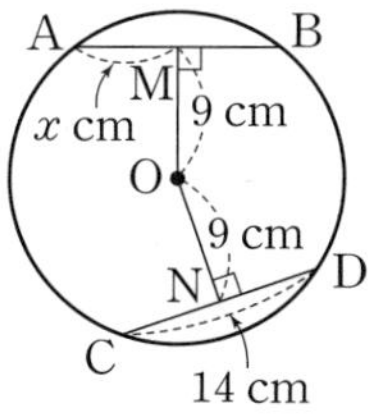

○ 다음 그림의 원 O에서 x의 값을 구하시오.

29

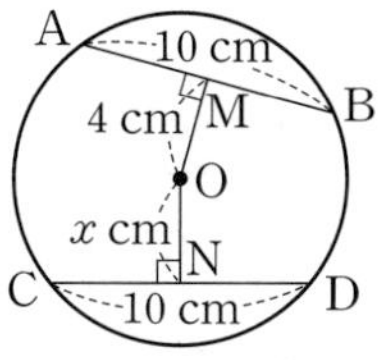

30

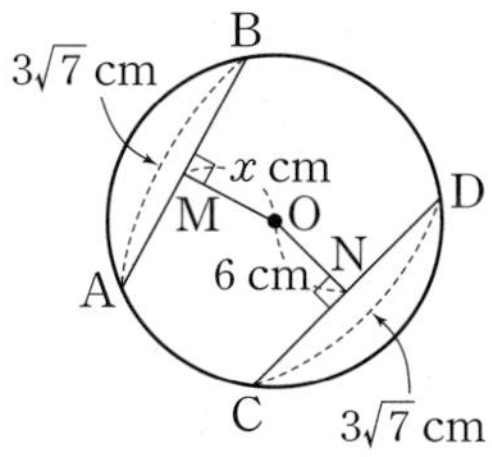

31

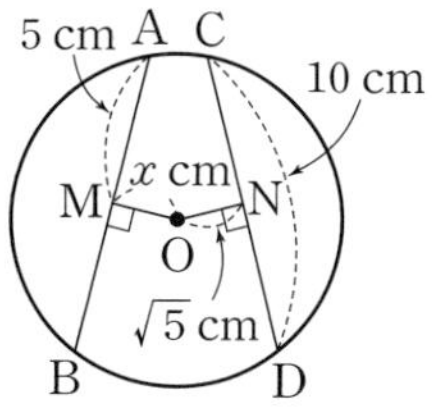

32

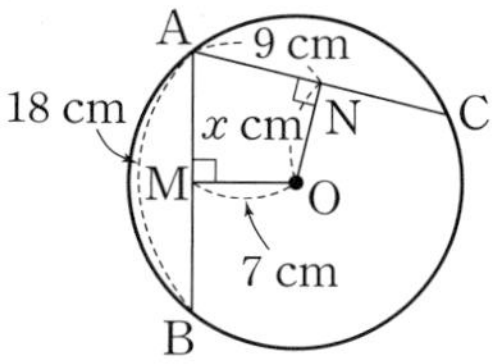

○ 다음 그림의 원 O에서 x의 값을 구하시오.

33

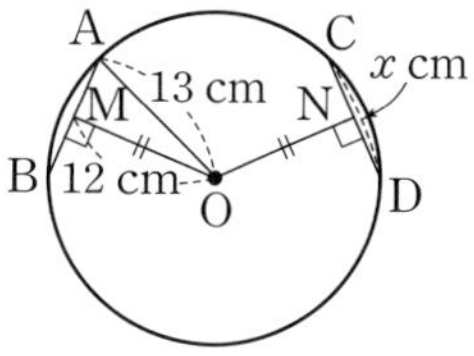

34

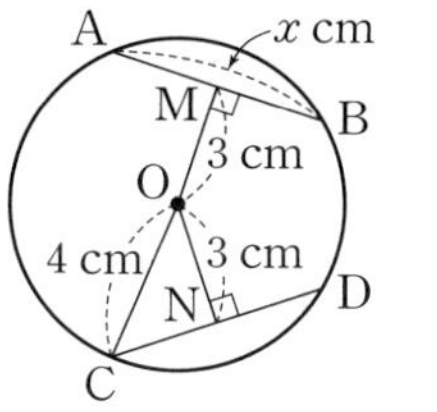

35

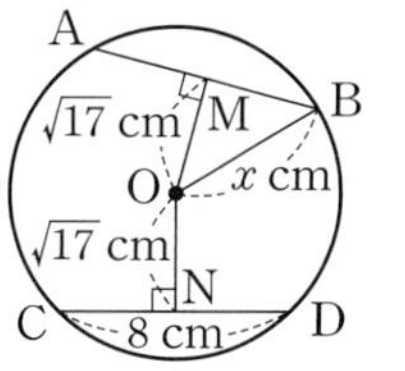

36

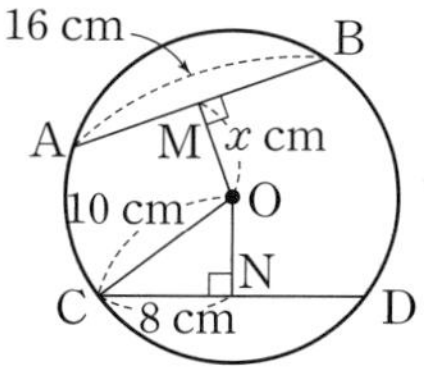

○ 다음 그림의 원 O에서 $\angle x$의 크기를 구하시오.

37

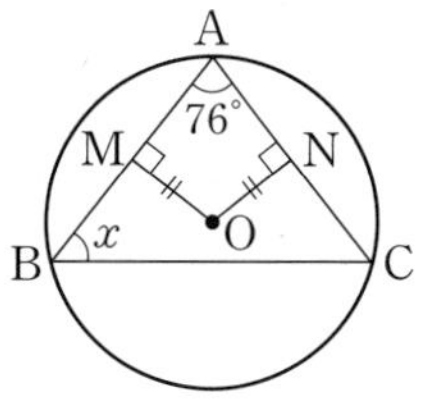

38

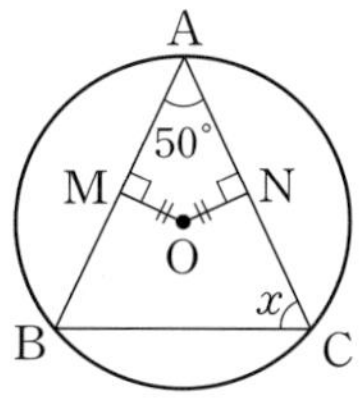

39

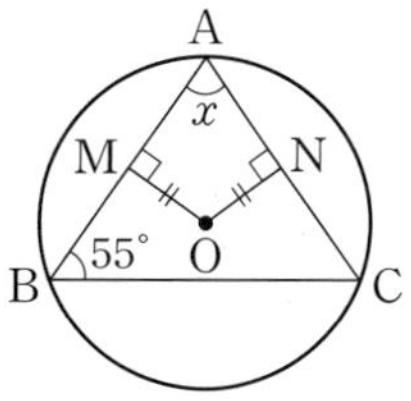

40

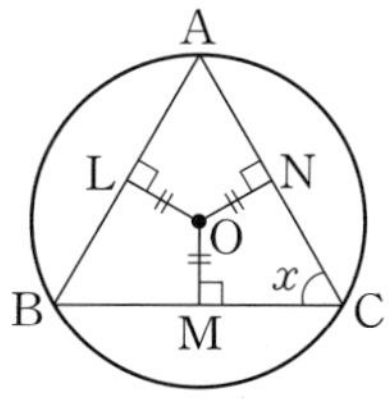

Episode

08 연산 Plus

○ 다음 그림에서 $\overline{\mathrm{PA}}$는 원 O의 접선이고 점 A는 접점일 때, $\angle x$의 크기를 구하시오.

01

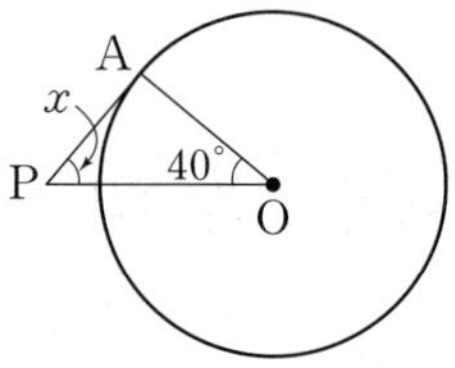

02

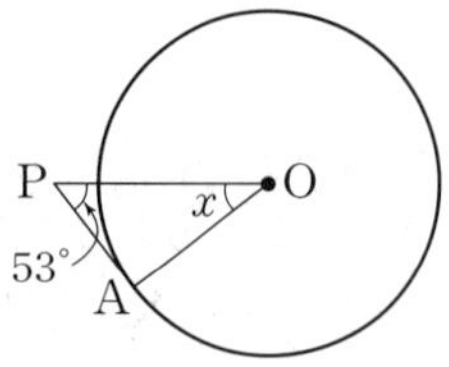

○ 다음 그림에서 $\overrightarrow{\mathrm{PA}}$, $\overrightarrow{\mathrm{PB}}$는 원 O의 접선이고 두 점 A, B는 접점일 때, $\angle x$의 크기를 구하시오.

03

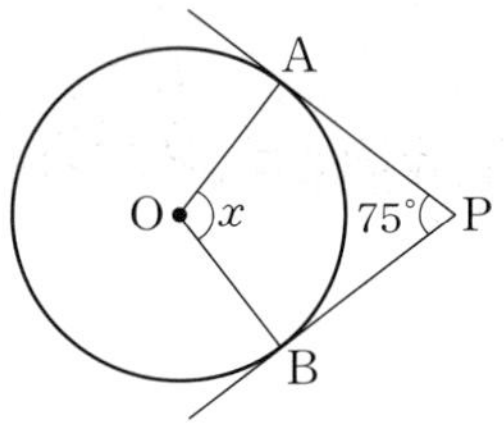

04

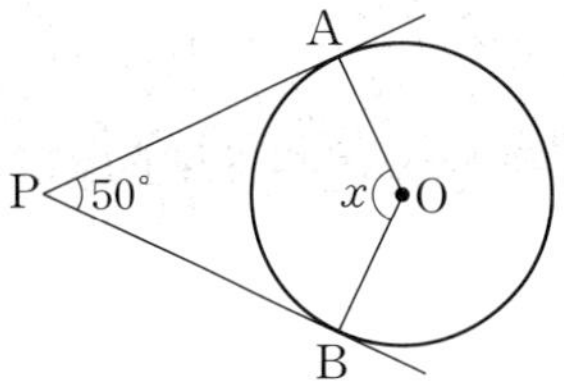

05

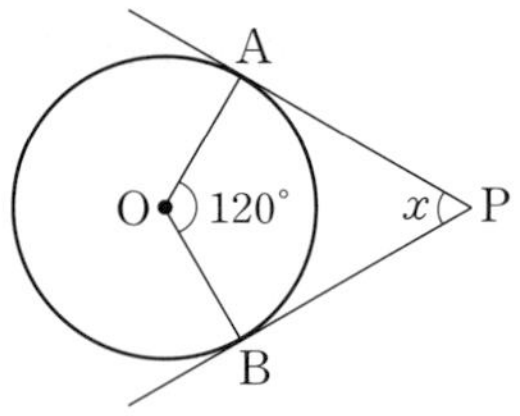

06

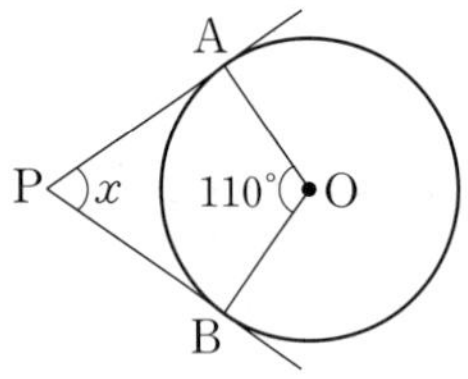

○ 다음 그림에서 $\overline{\mathrm{PA}}$는 원 O의 접선이고 점 A는 접점일 때, x의 값을 구하시오.

07

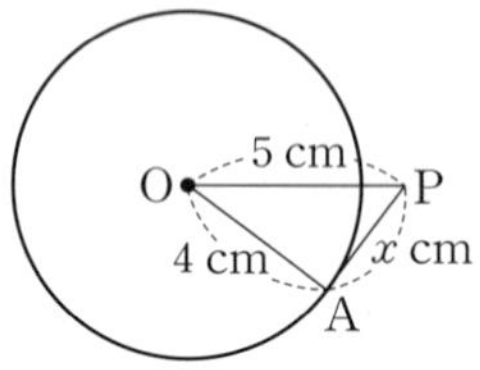

08

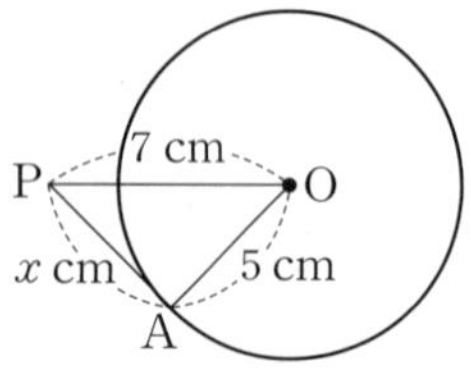

09

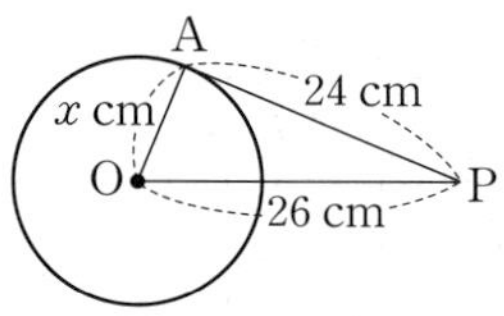

10

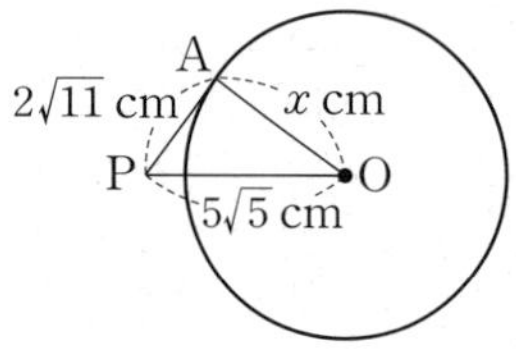

○ 다음 그림에서 $\overline{\mathrm{PA}}$는 원 O의 접선이고 점 A는 접점일 때, r의 값을 구하시오.

11

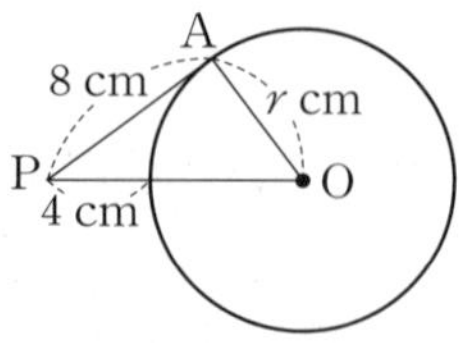

12

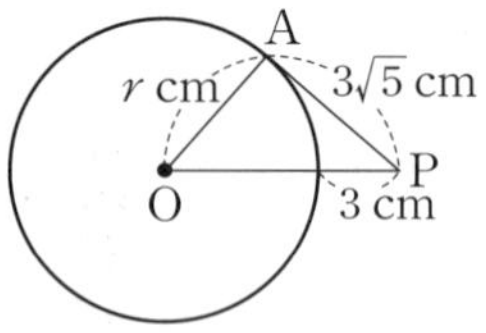

13

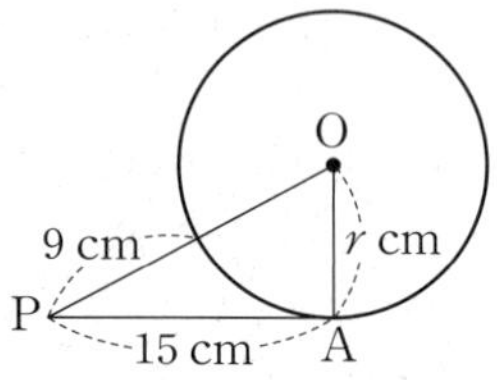

14

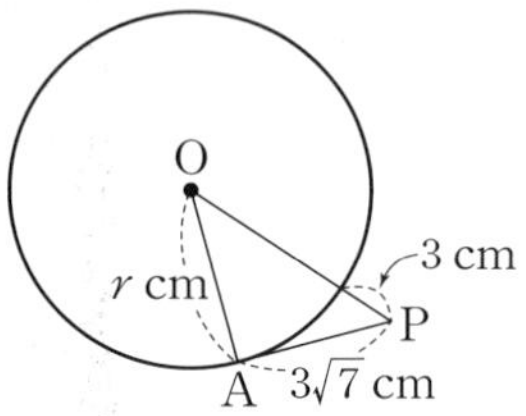

○ 다음 그림에서 $\overline{\mathrm{PA}}$, $\overline{\mathrm{PB}}$는 원 O의 접선이고 두 점 A, B는 접점일 때, x의 값을 구하시오.

15

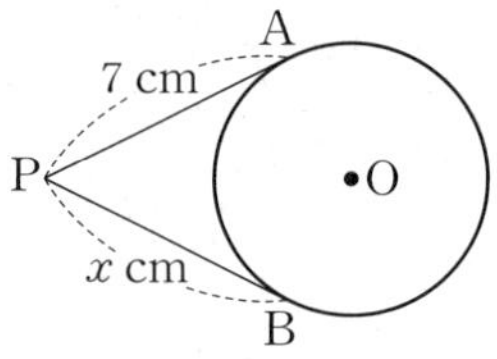

16

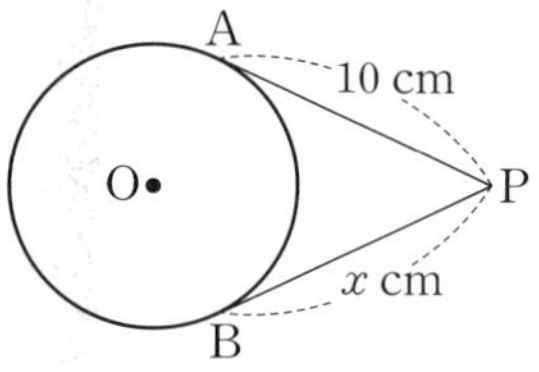

○ 다음 그림에서 $\overline{\mathrm{PA}}$, $\overline{\mathrm{PB}}$는 원 O의 접선이고 두 점 A, B는 접점일 때, x의 값을 구하시오.

17

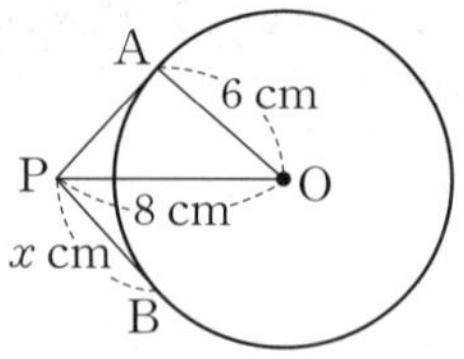

18

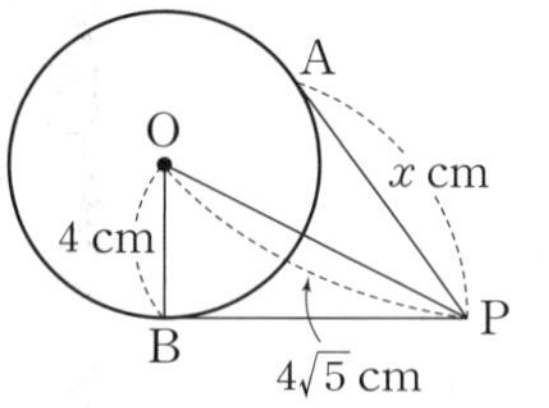

19

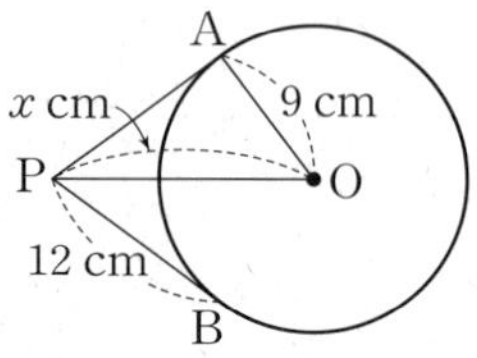

20

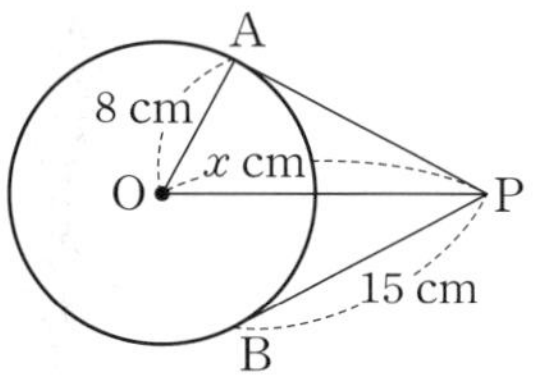

○ 다음 그림에서 $\overline{PA}$, $\overline{PB}$는 원 O의 접선이고 두 점 A, B는 접점일 때, $\angle x$의 크기를 구하시오.

21

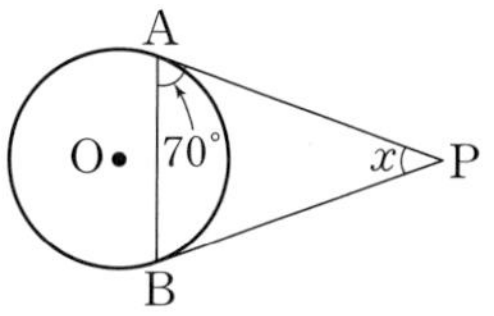

22

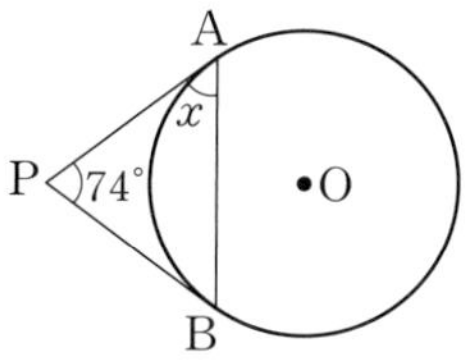

23

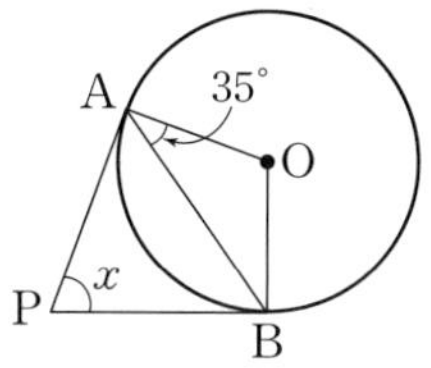

24

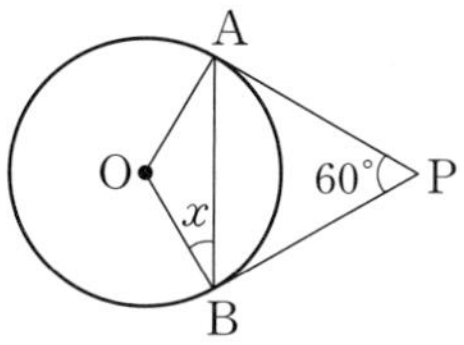

○ 다음 그림에서 $\overline{PA}$, $\overline{PB}$는 원 O의 접선이고 두 점 A, B는 접점일 때, 다음을 구하시오.

25 □APBO의 둘레의 길이

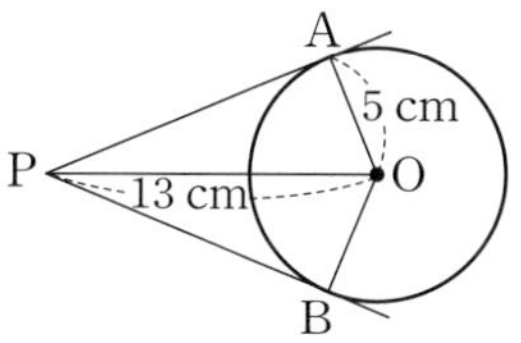

26 □APBO의 둘레의 길이

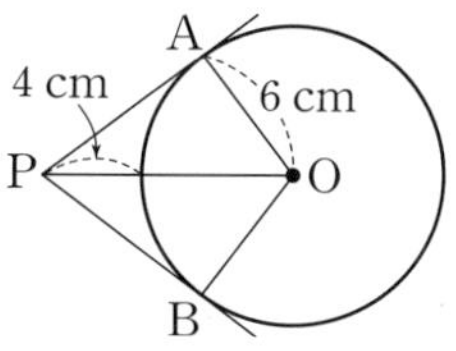

27 □AOBP의 둘레의 길이

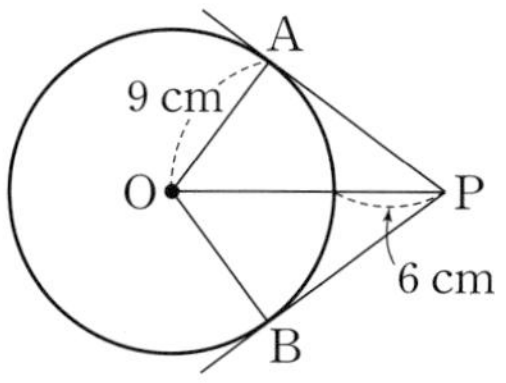

28 □AOBP의 넓이

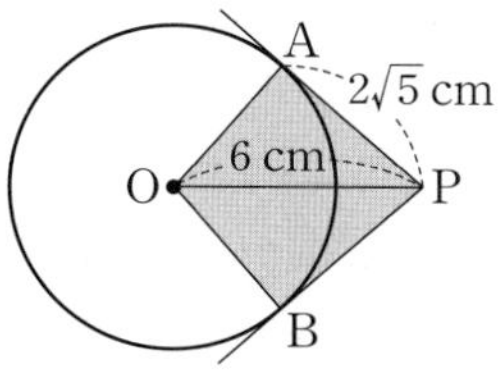

29 □APBO의 넓이

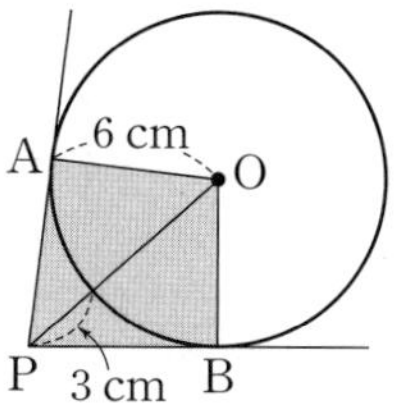

30 □APBO의 넓이

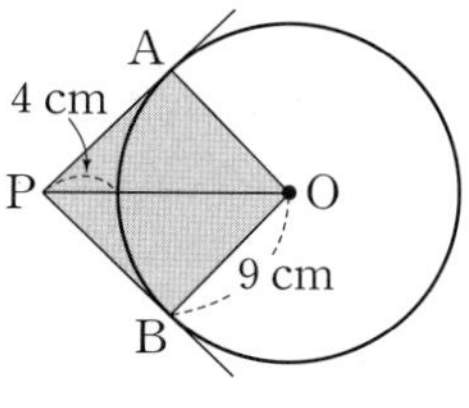

○ 다음 그림에서 $\overrightarrow{AD}$, $\overrightarrow{AE}$, $\overline{BC}$는 원 O의 접선이고 세 점 D, E, F는 접점일 때, x의 값을 구하시오.

31

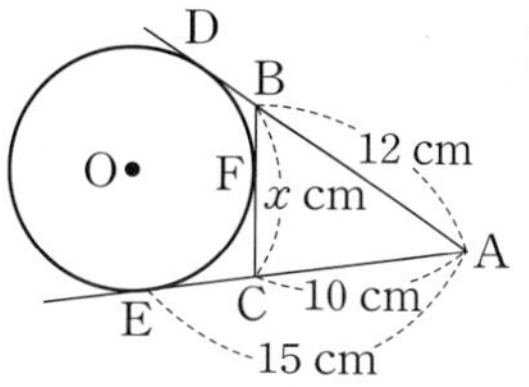

32

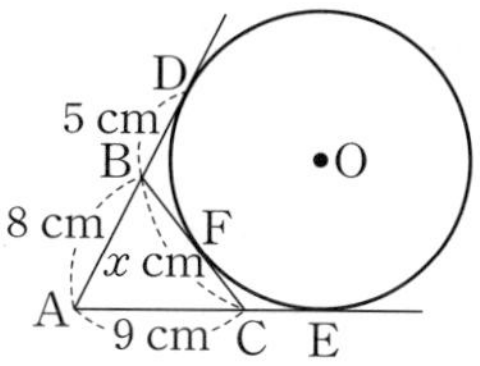

33

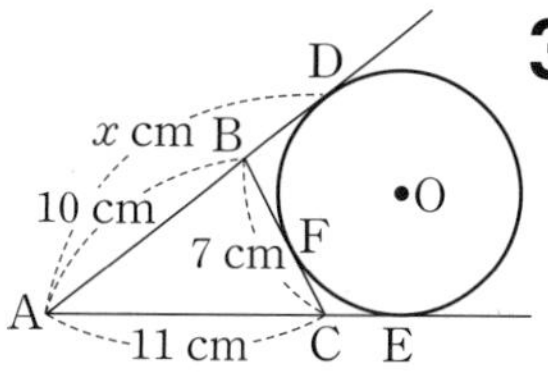

34

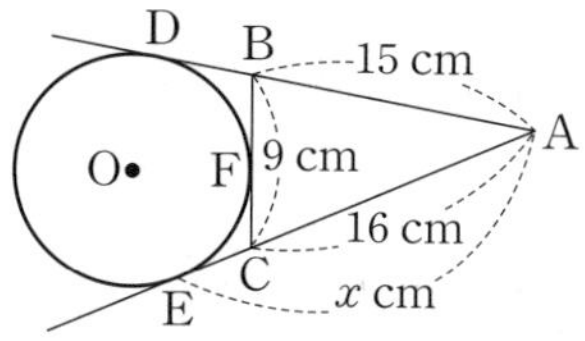

○ 다음 그림에서 $\overline{AB}$, $\overline{AD}$, $\overline{DC}$는 반원 O의 접선이고 세 점 B, C, E는 접점일 때, x의 값을 구하시오.

35

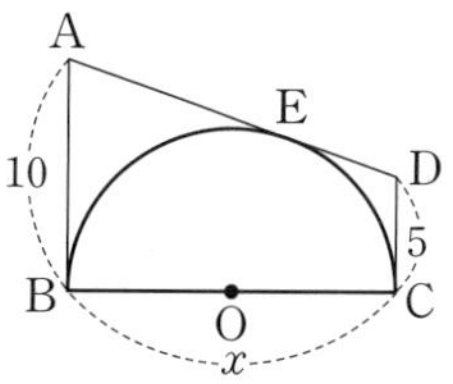

36

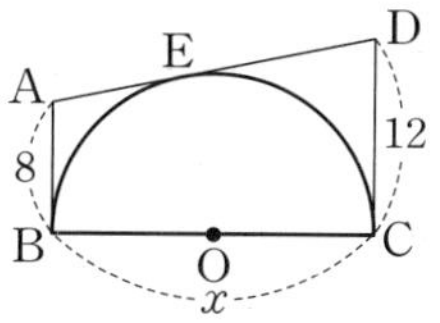

37

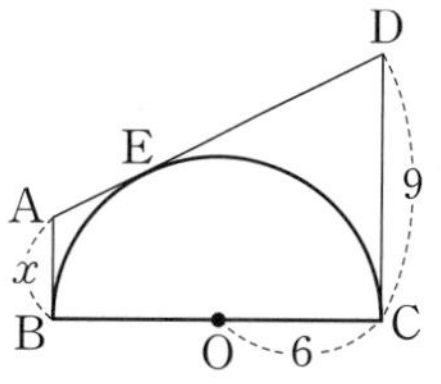

38

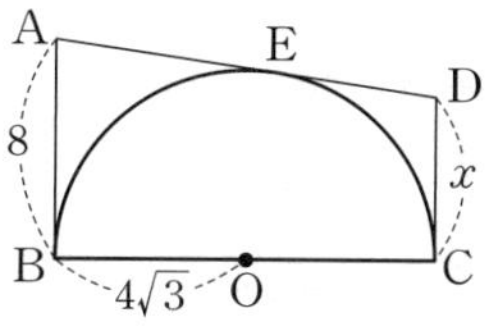

○ 다음 그림과 같이 반지름의 길이가 각각 R, r이고 중심이 O로 같은 두 원이 있다. 큰 원의 현 AB가 작은 원의 접선이고 점 H가 접점일 때, $\overline{AB}$의 길이를 구하시오.

39 $R=9$, $r=7$

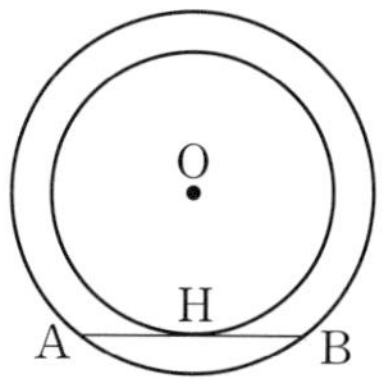

40 $R=13$, $r=5$

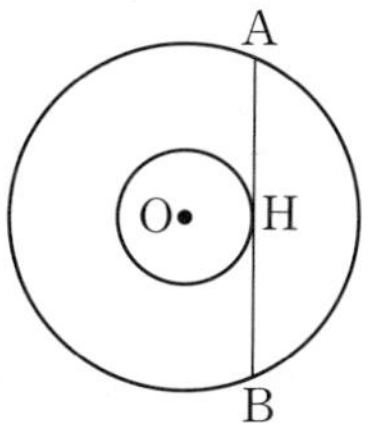

○ 다음 그림에서 원 O는 $\triangle ABC$의 내접원이고 세 점 D, E, F는 접점일 때, x의 값을 구하시오.

01

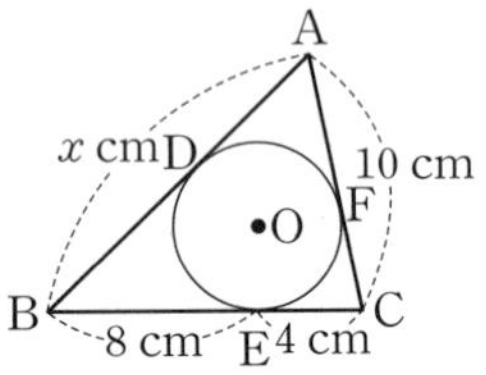

02

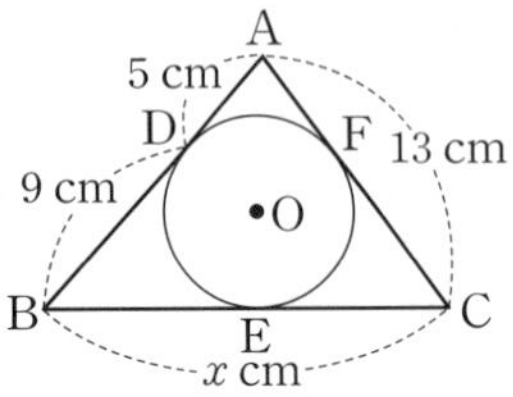

03

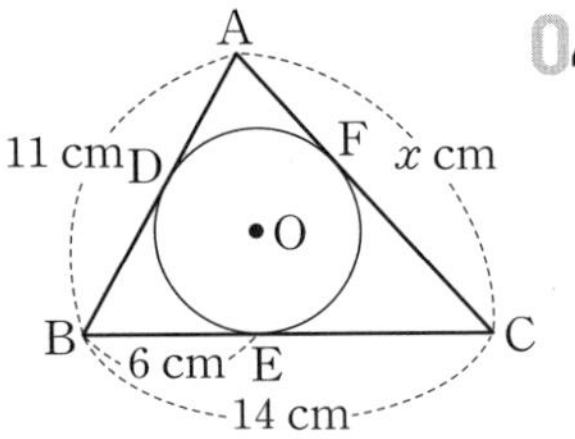

04

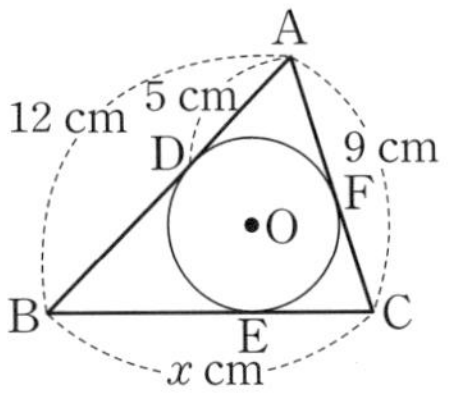

○ 다음 그림에서 원 O는 $\triangle ABC$의 내접원이고 세 점 D, E, F는 접점일 때, x의 값을 구하시오.

05

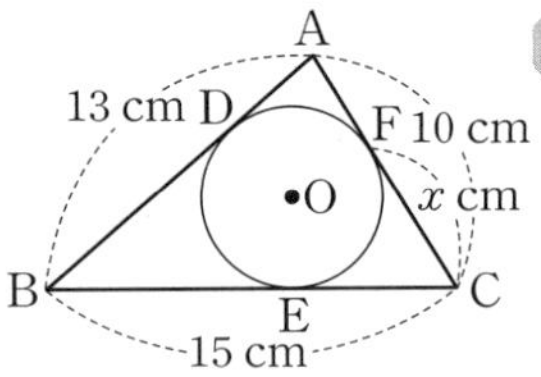

06

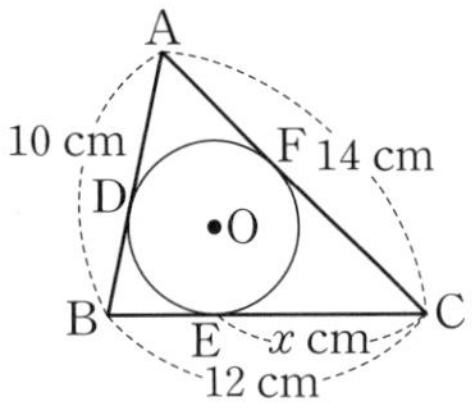

07

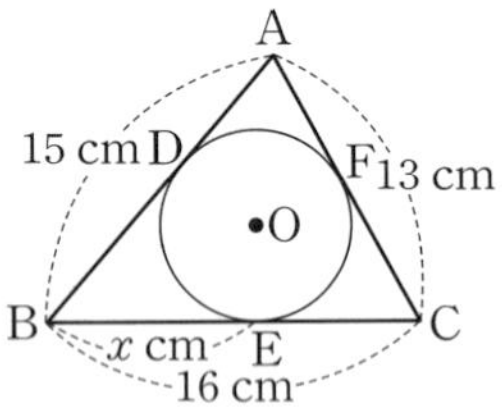

08

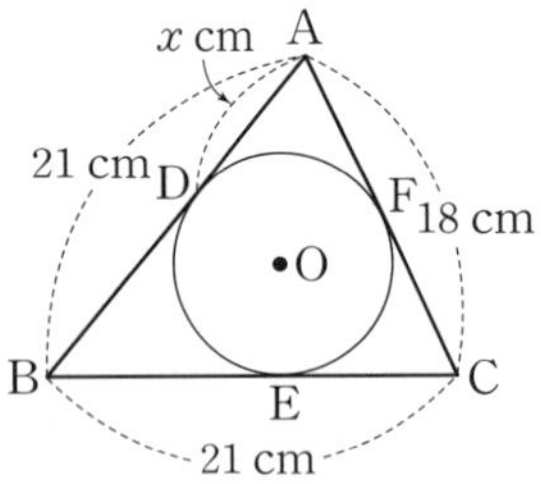

○ 다음 그림에서 원 O는 $\triangle ABC$의 내접원이고 세 점 D, E, F는 접점일 때, $\triangle ABC$의 둘레의 길이를 구하시오.

09

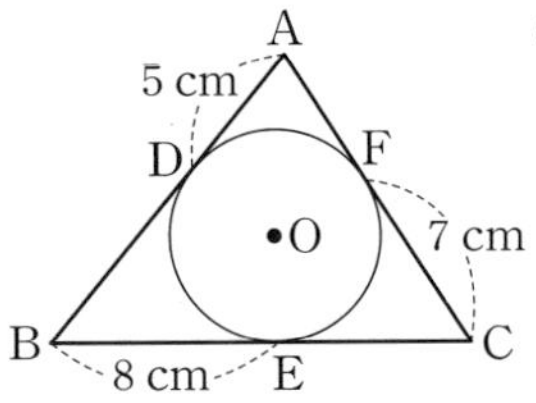

10

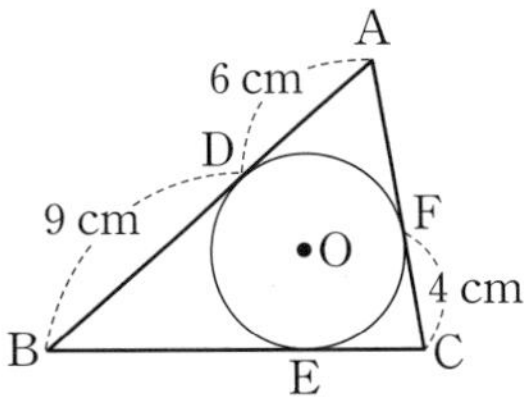

○ 다음 그림에서 원 O는 $\triangle ABC$의 내접원이고 세 점 D, E, F는 접점일 때, $x+y+z$의 값을 구하시오.

11

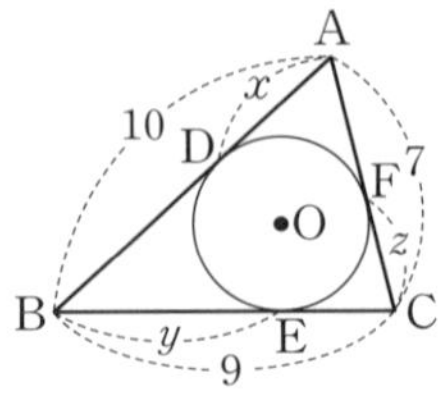

12

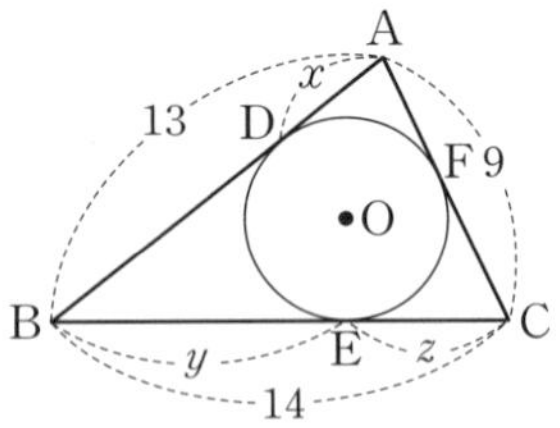

13

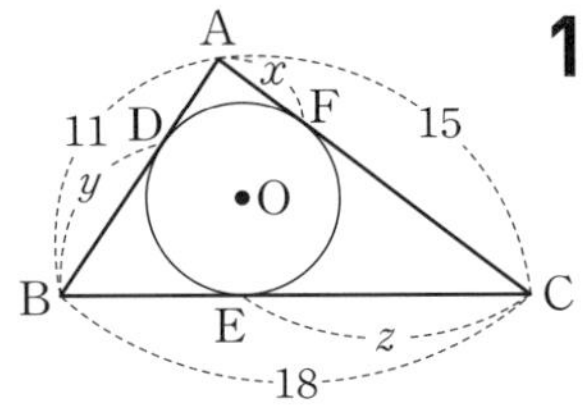

14

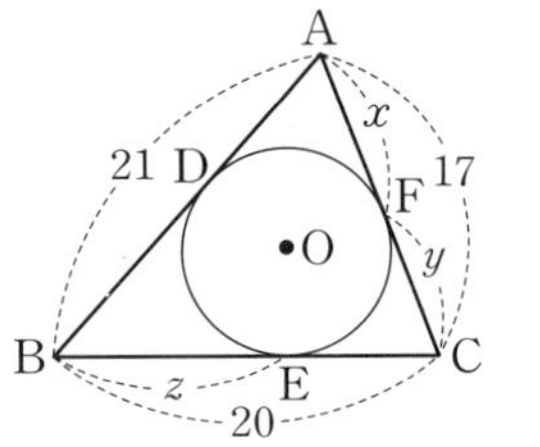

○ 오른쪽 그림에서 원 O는 $\triangle ABC$의 내접원이고 세 점 D, E, F는 접점이다. $\overline{PQ}$가 원 O의 접선일 때, 다음을 구하시오.

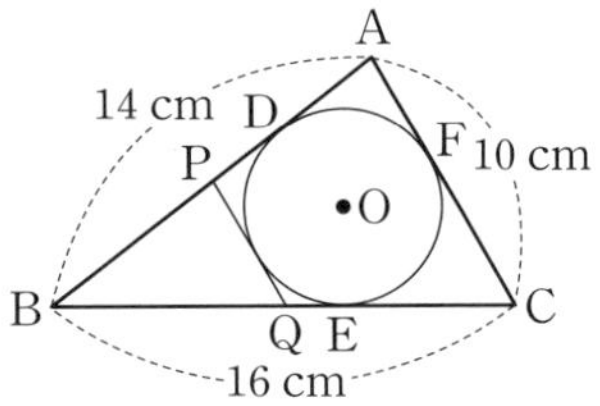

15 $\overline{BD}$의 길이

16 $\triangle PBQ$의 둘레의 길이

○ 다음 그림에서 원 O는 $\angle C=90°$인 직각삼각형 ABC의 내접원이고 세 점 D, E, F는 접점일 때, r의 값을 구하시오.

17

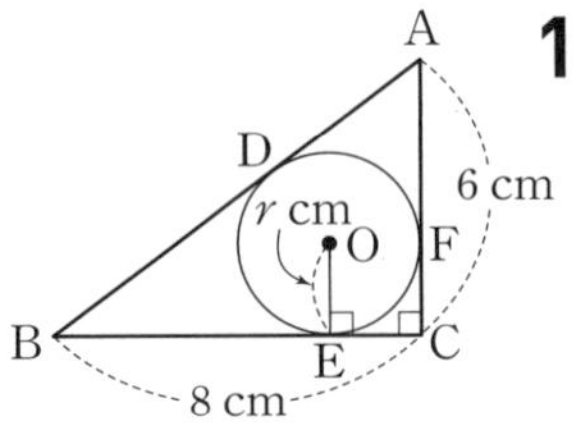

18

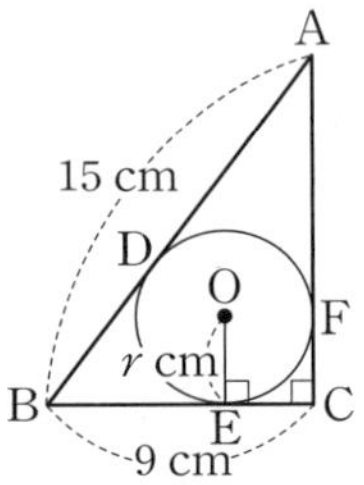

● 다음 그림에서 원 O는 $\angle C=90°$인 직각삼각형 ABC의 내접원이고 세 점 D, E, F는 접점일 때, r의 값을 구하시오.

19

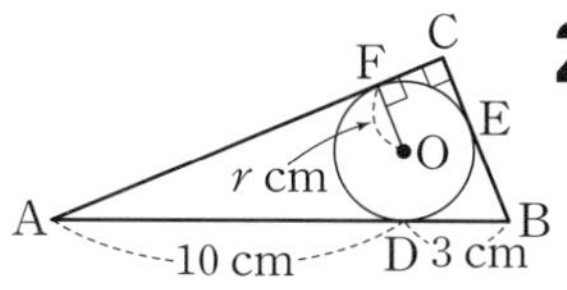

20

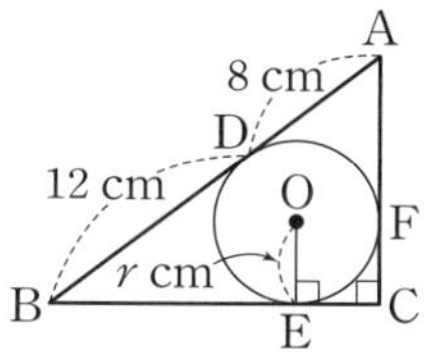

● 오른쪽 그림에서 □ABCD는 원 O에 외접하고 네 점 P, Q, R, S는 접점일 때, 다음 설명이 옳으면 ○표, 옳지 않으면 ×표를 ( ) 안에 써넣으시오.

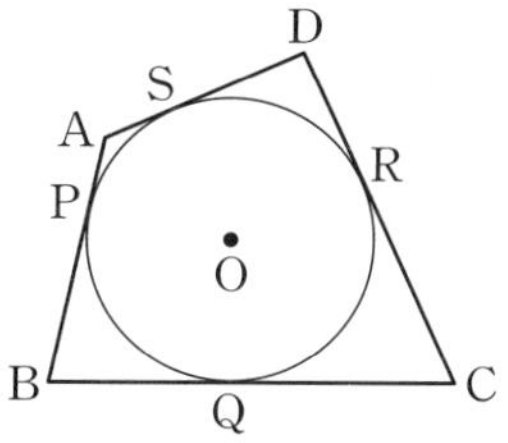

21 $\overline{AS}=\overline{DS}$ ( )

22 $\overline{BP}=\overline{BQ}$ ( )

23 $\overline{AB}+\overline{BC}=\overline{AD}+\overline{CD}$ ( )

24 $\overline{AB}+\overline{CD}=\overline{AD}+\overline{BC}$ ( )

● 다음 그림에서 □ABCD가 원 O에 외접할 때, x의 값을 구하시오.

25

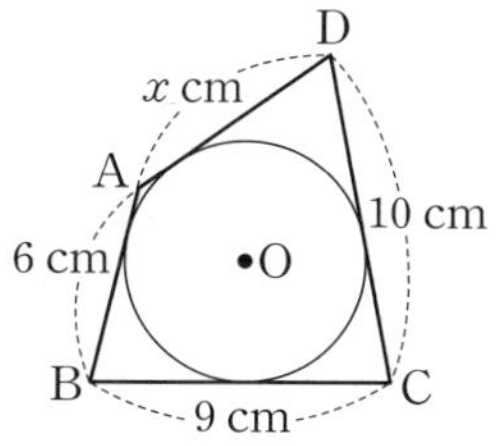

26

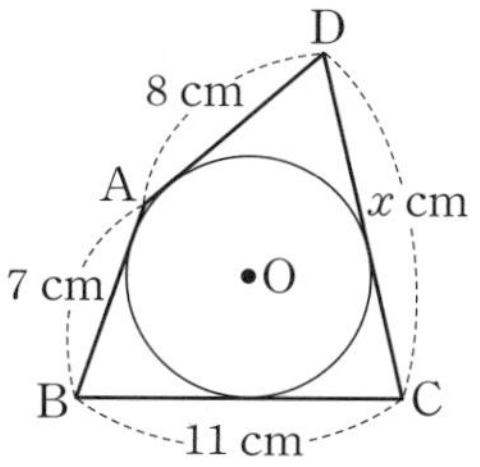

27

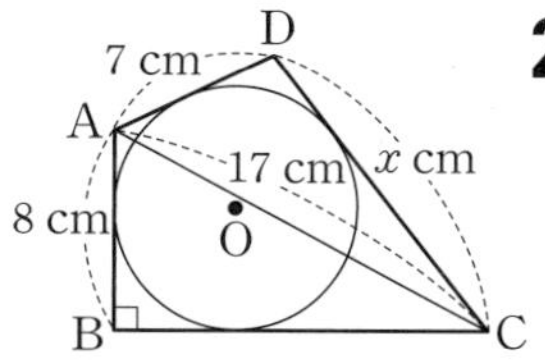

28

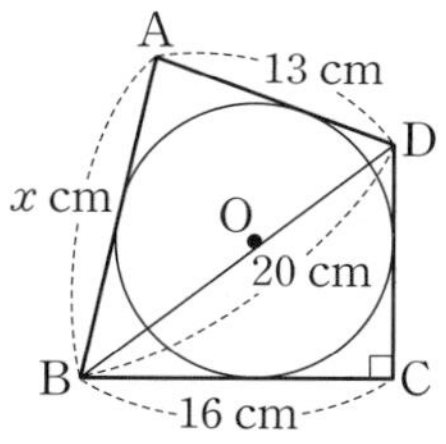

● 다음 그림에서 □ABCD는 원 O에 외접하고 네 점 P, Q, R, S는 접점일 때, x의 값을 구하시오.

29

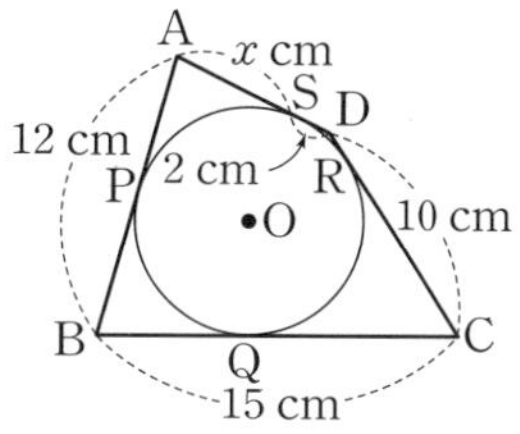

30

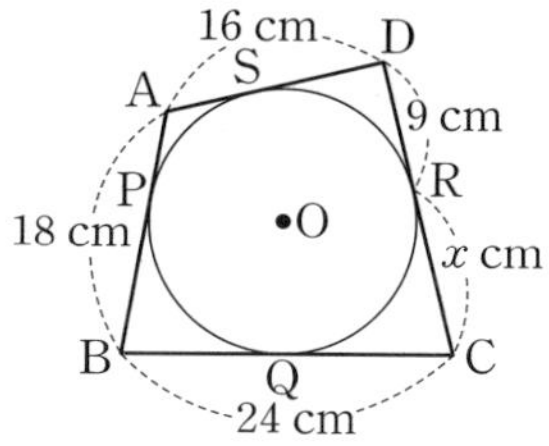

● 다음 그림에서 □ABCD는 원 O에 외접할 때, □ABCD의 둘레의 길이를 구하시오.

31

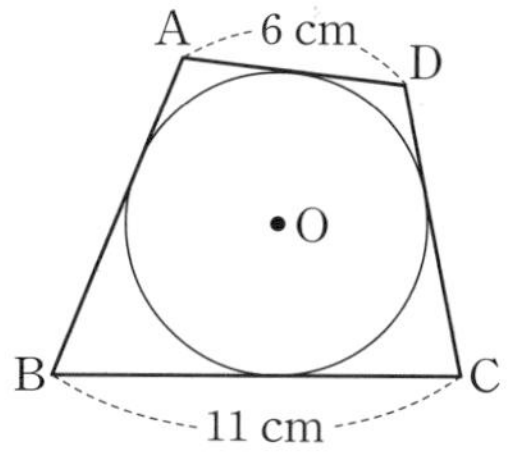

32

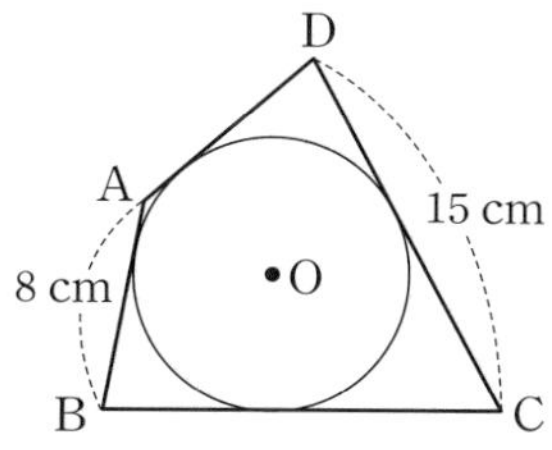

● 다음 그림에서 □ABCD는 원 O에 외접하고 네 점 E, F, G, H는 접점일 때, x의 값을 구하시오.

33

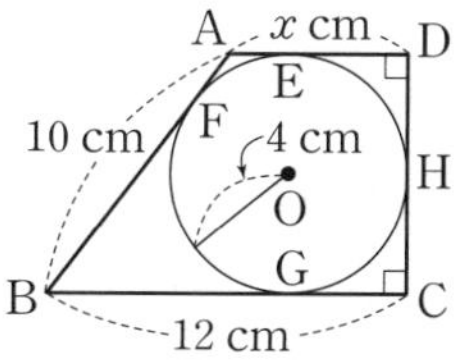

34

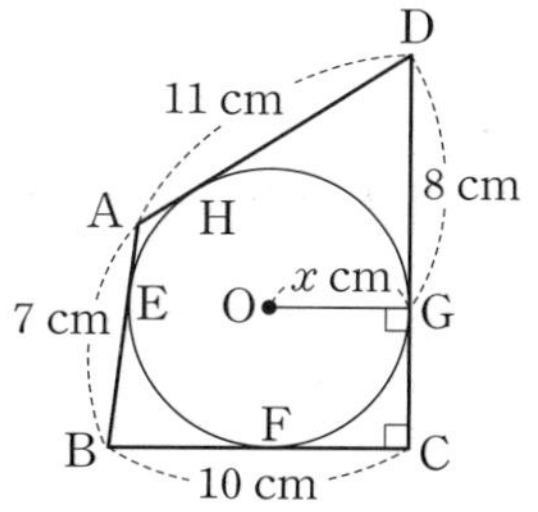

● 다음 그림에서 원 O가 직사각형 ABCD의 세 변과 $\overline{DI}$에 접할 때, x의 값을 구하시오.

35

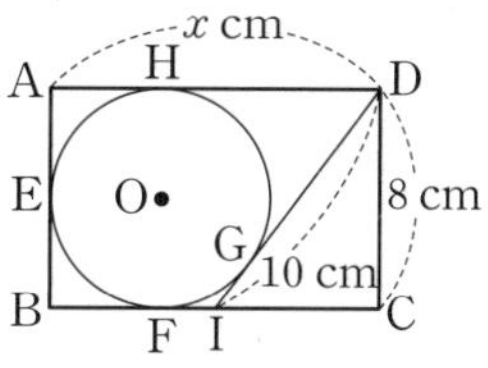

36

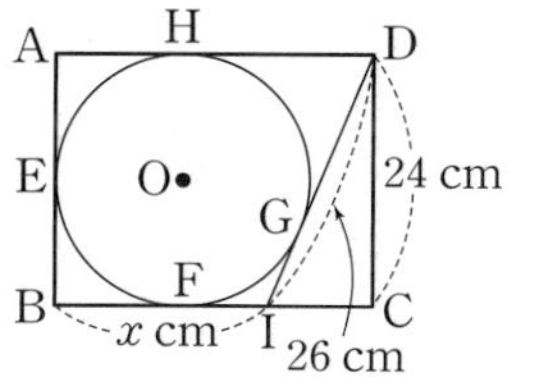

○ 다음 그림의 원 O에서 $\angle x$의 크기를 구하시오.

01

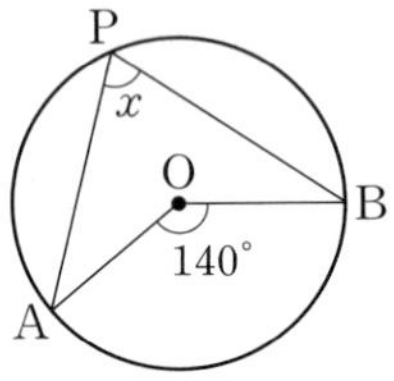

02

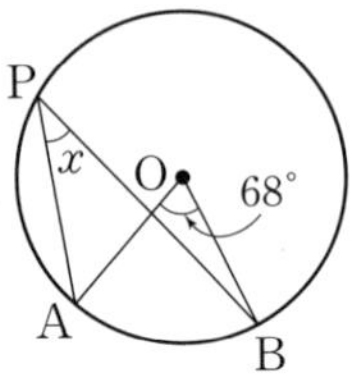

03

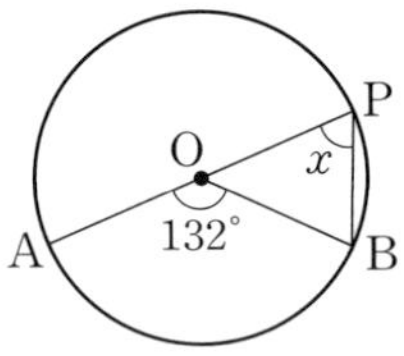

04

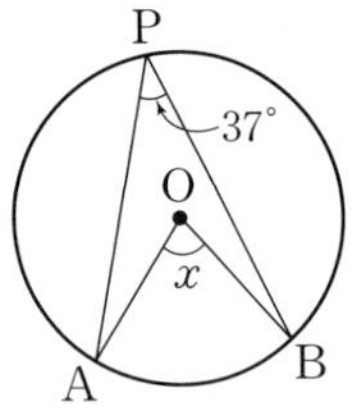

05

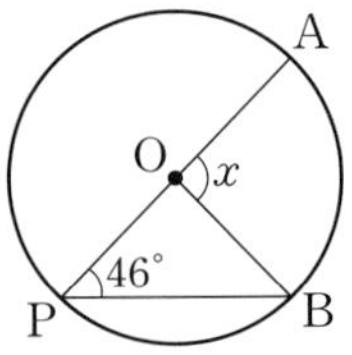

06

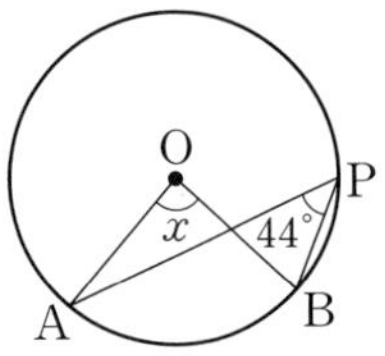

○ 다음 그림의 원 O에서 $\angle x$의 크기를 구하시오.

07

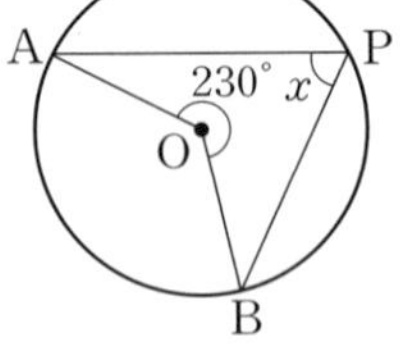

08

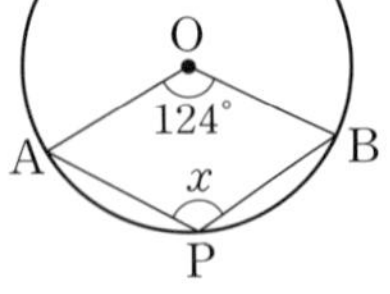

09

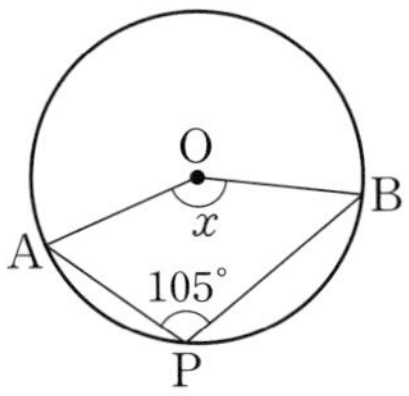

10

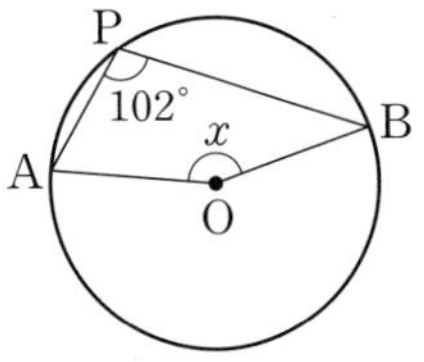

○ 다음 그림의 원 O에서 $\angle x$의 크기를 구하시오.

11

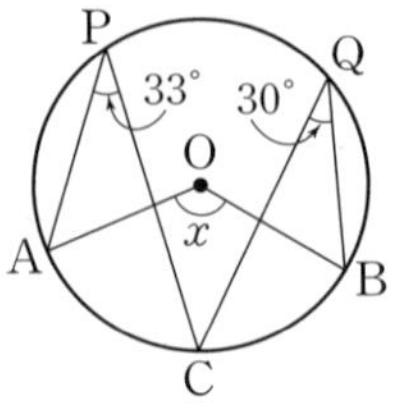

12

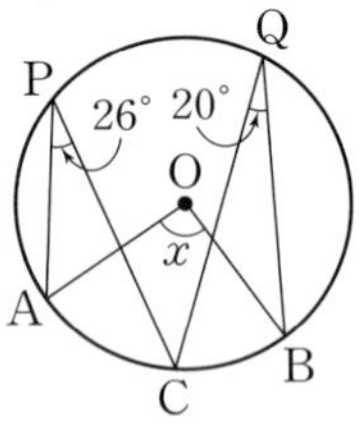

13

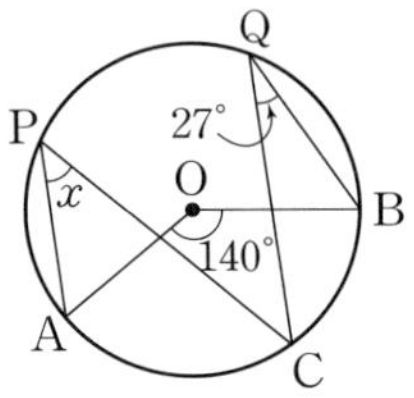

14

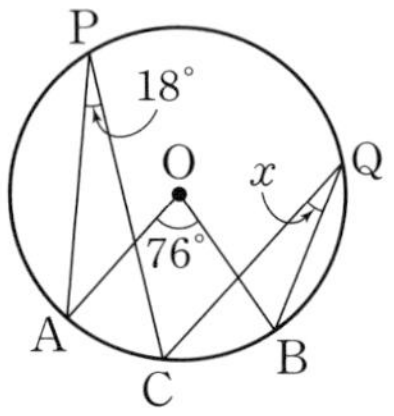

○ 다음 그림의 원 O에서 $\angle x$의 크기를 구하시오.

15

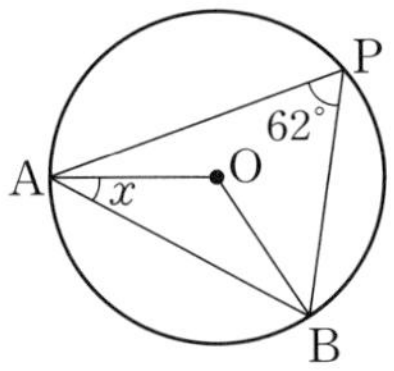

16

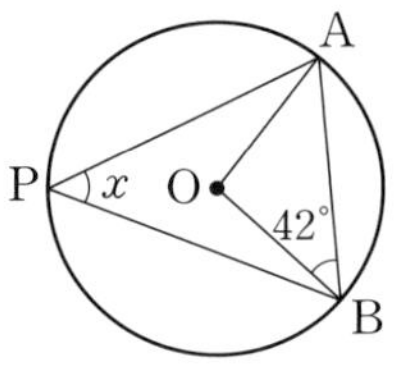

○ 다음 그림의 원 O에서 $\angle x$의 크기를 구하시오.

17

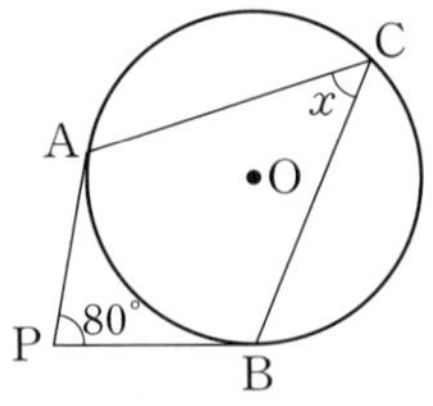

18

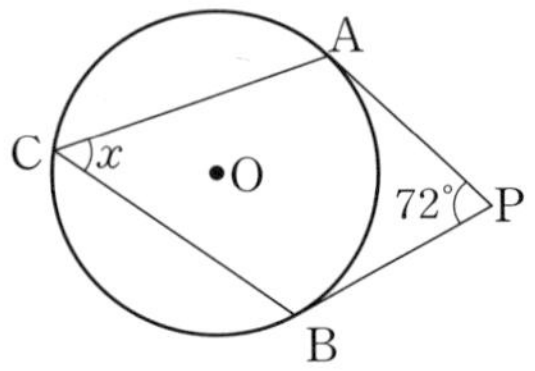

19

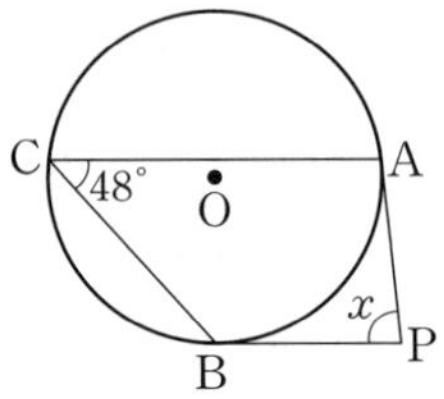

20

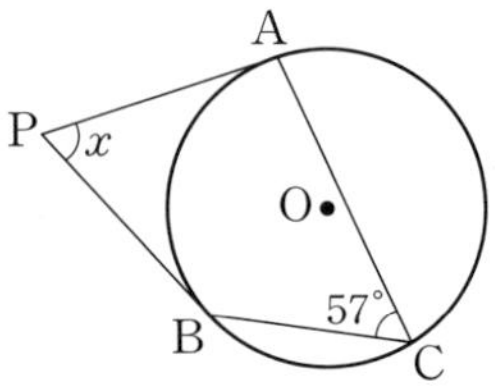

○ 다음 그림의 원 O에서 $\angle x$의 크기를 구하시오.

21

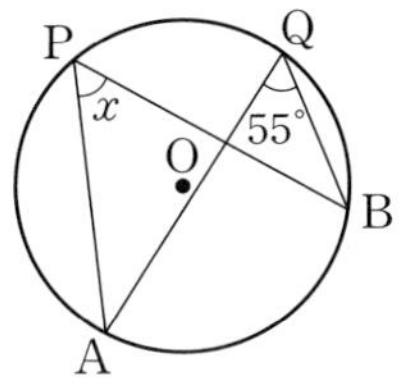

22

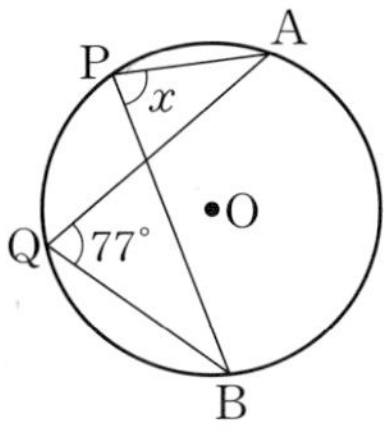

○ 다음 그림의 원 O에서 $\angle x$, $\angle y$의 크기를 각각 구하시오.

23

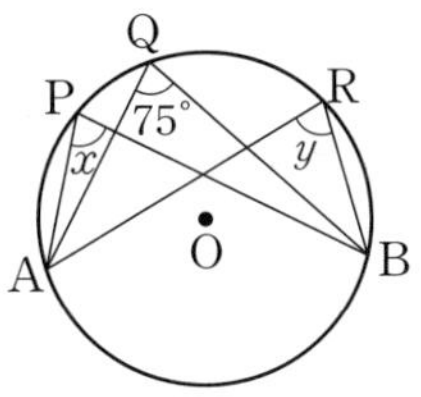

24

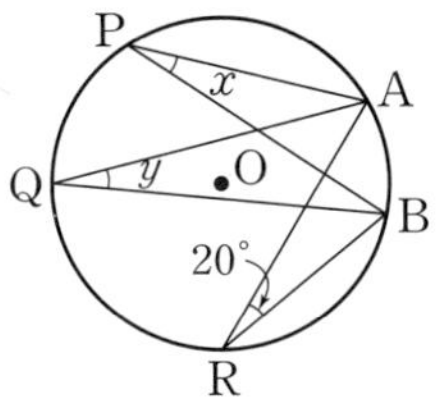

○ 다음 그림의 원 O에서 $\angle x$, $\angle y$의 크기를 각각 구하시오.

25

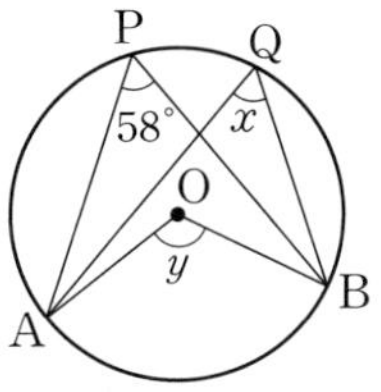

26

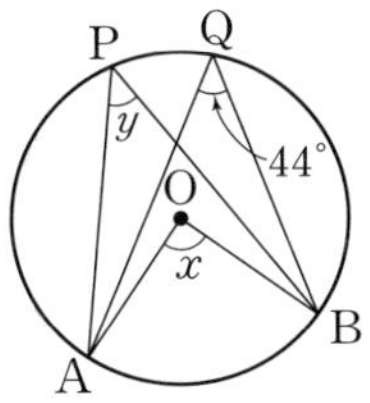

27

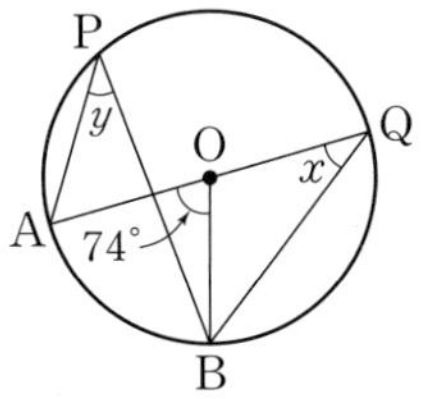

28

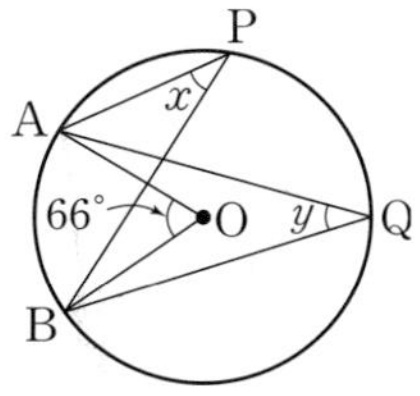

○ 다음 그림의 원에서 $\angle x$, $\angle y$의 크기를 각각 구하시오.

29

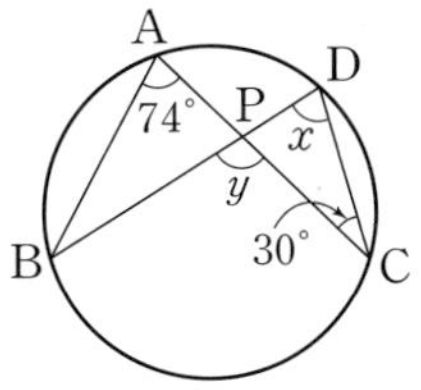

30

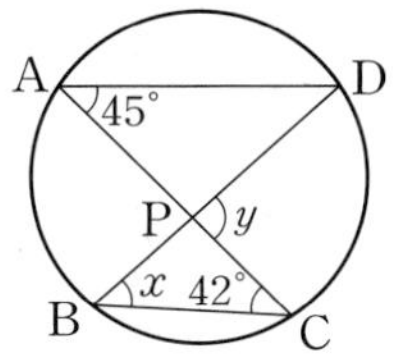

31

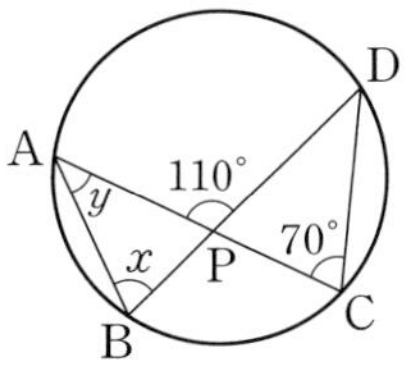

32

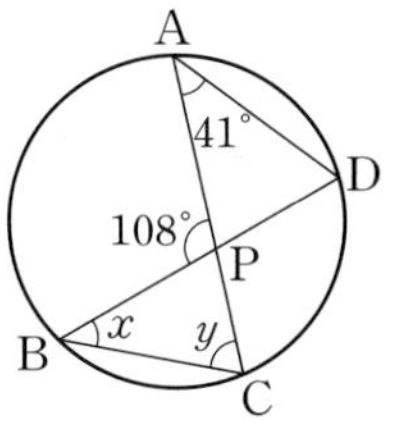

○ 다음 그림의 원에서 $\angle x$의 크기를 구하시오.

33

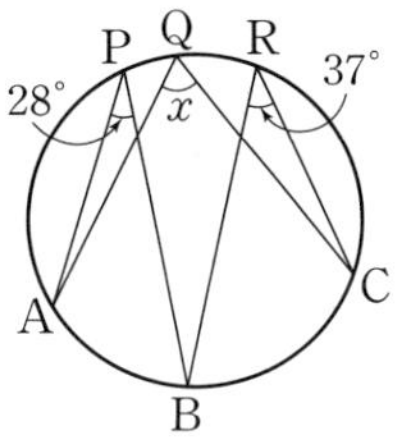

34

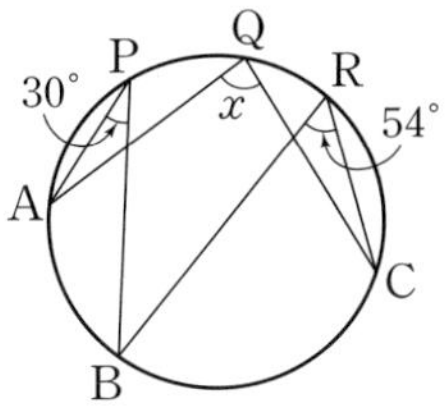

35

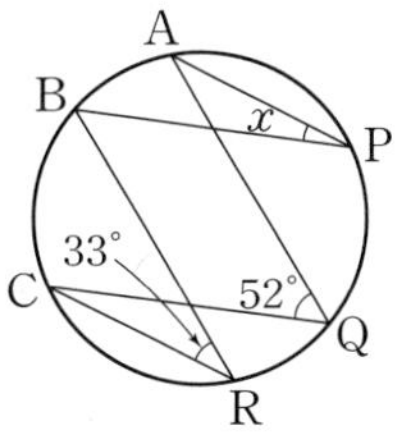

36

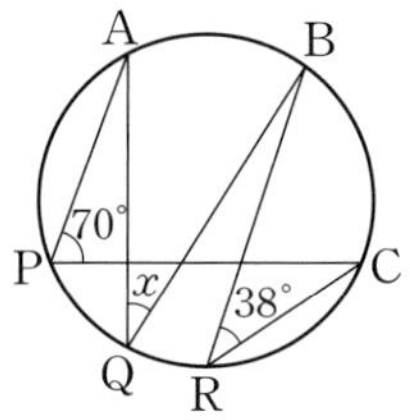

○ 다음 그림에서 $\overline{AB}$가 원 O의 지름일 때, $\angle x$의 크기를 구하시오.

37

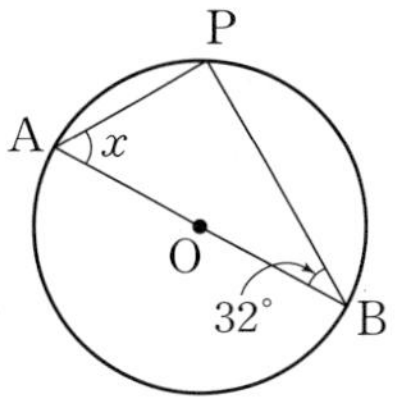

38

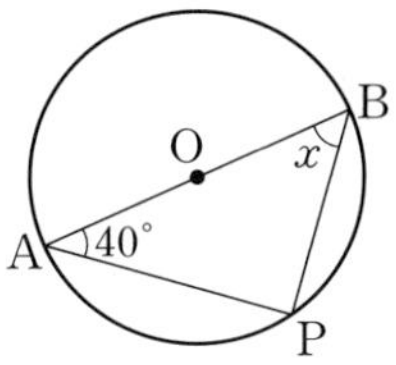

39

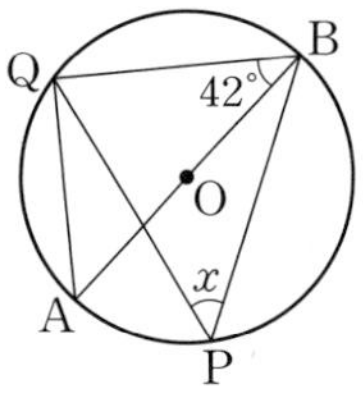

40

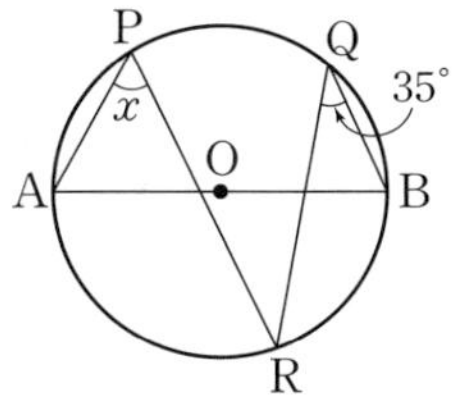

11 연산 Plus

○ 다음 그림의 원에서 $\angle x$의 크기를 구하시오.

01

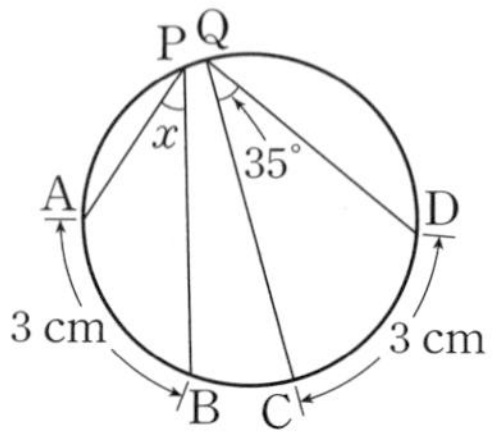

02

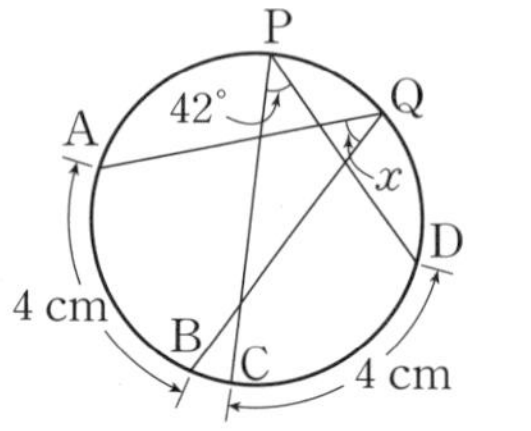

03

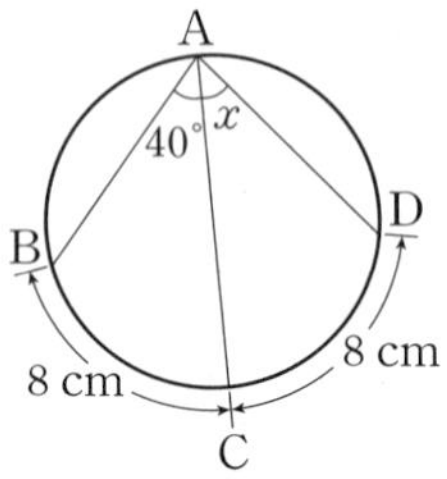

04

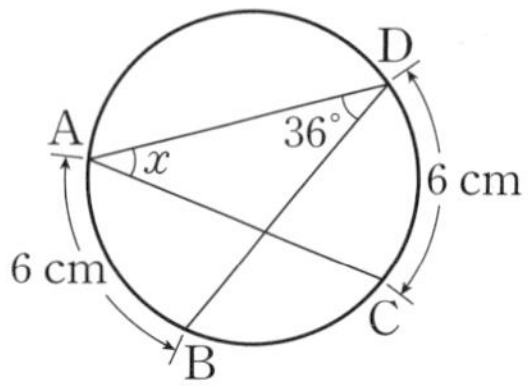

○ 다음 그림의 원 O에서 $\angle x$의 크기를 구하시오.

05

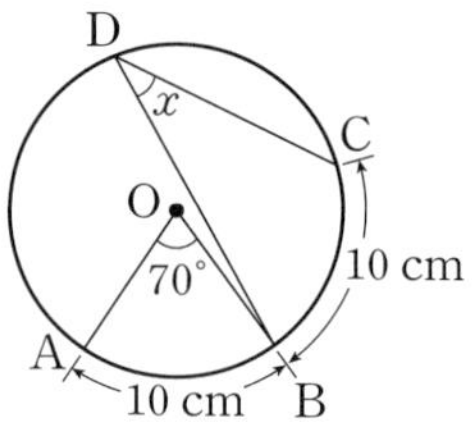

06

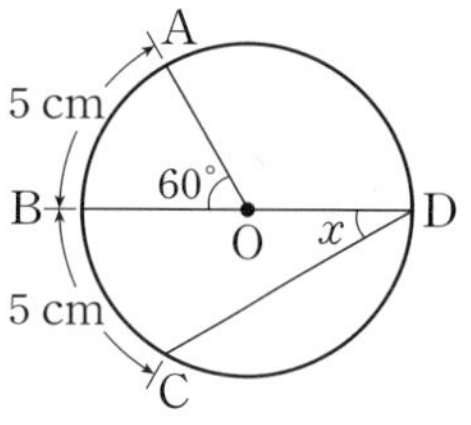

07

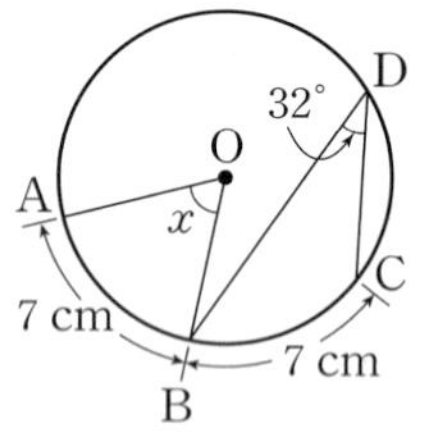

08

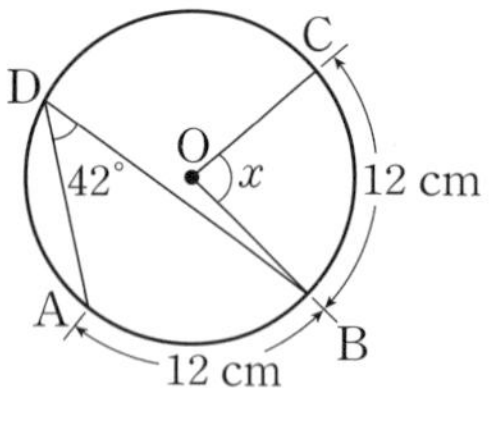

○ 다음 그림의 원에서 x의 값을 구하시오.

09

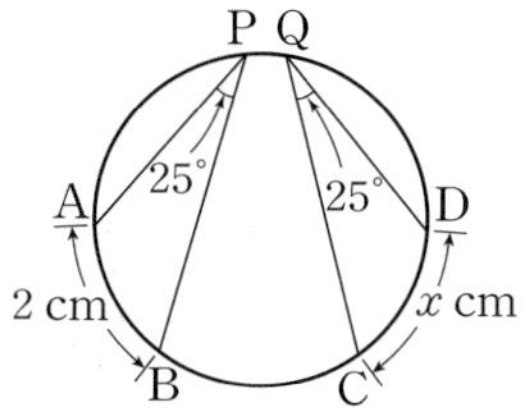

10

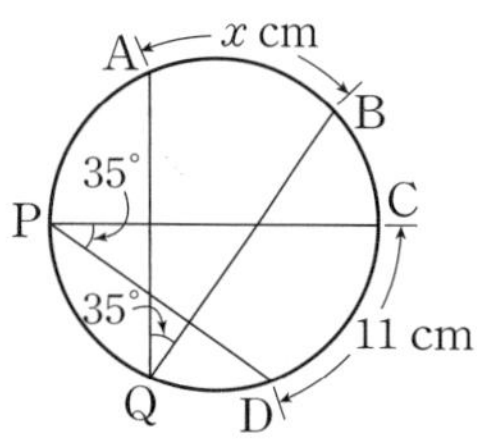

11

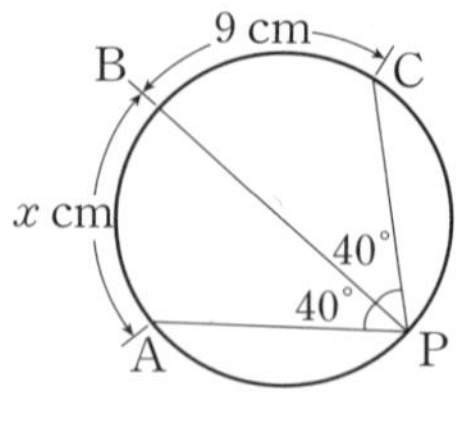

12

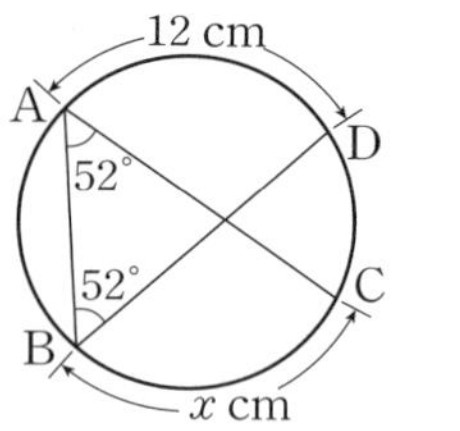

○ 다음 그림의 원 O에서 x의 값을 구하시오.

13

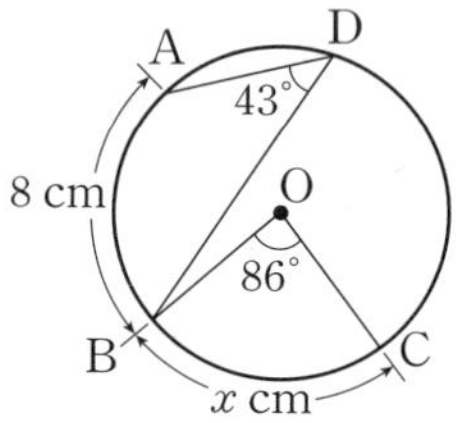

14

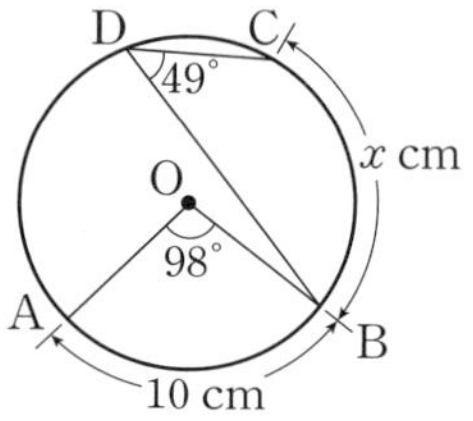

15

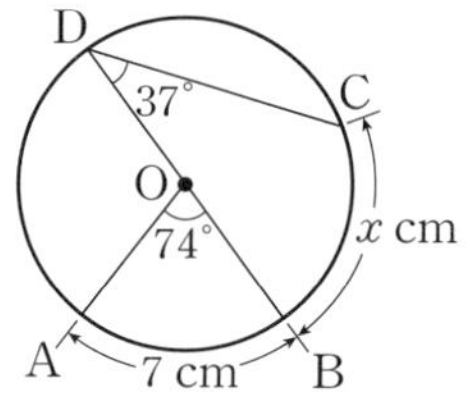

16

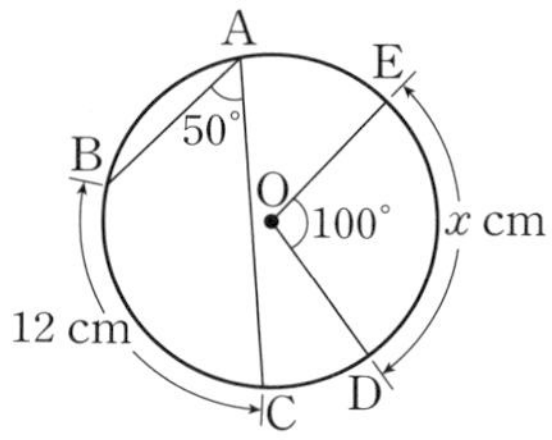

○ 다음 그림의 원에서 $\angle x$의 크기를 구하시오.

17

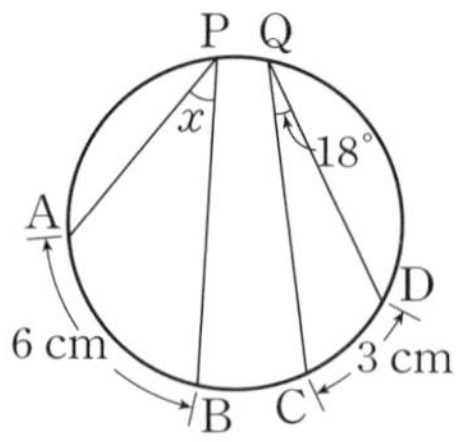

18

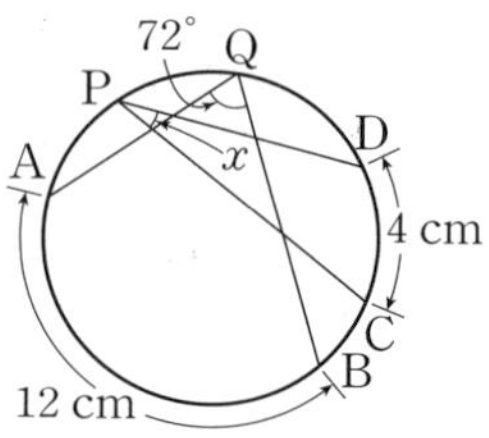

19

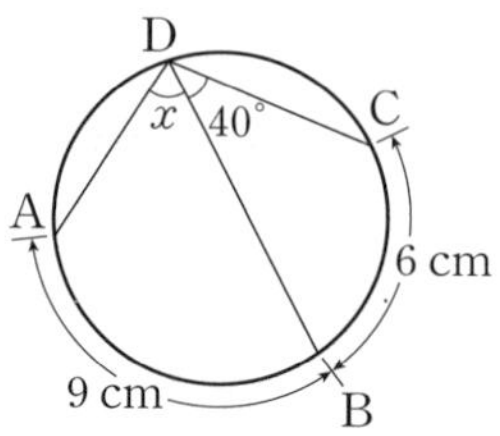

20

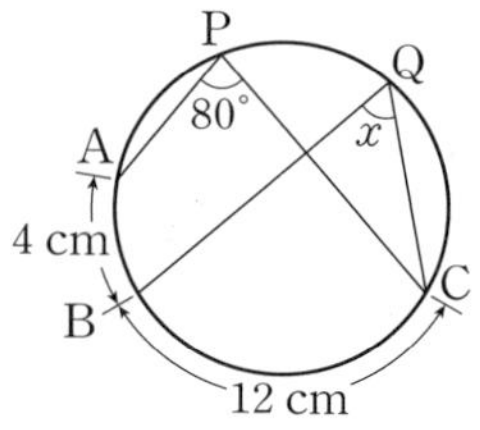

● 다음 그림의 원 O에서 $\angle x$의 크기를 구하시오.

21

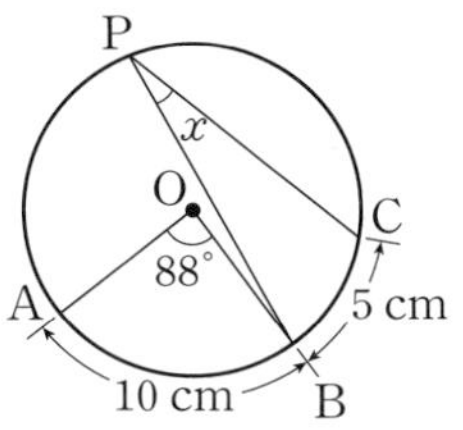

22

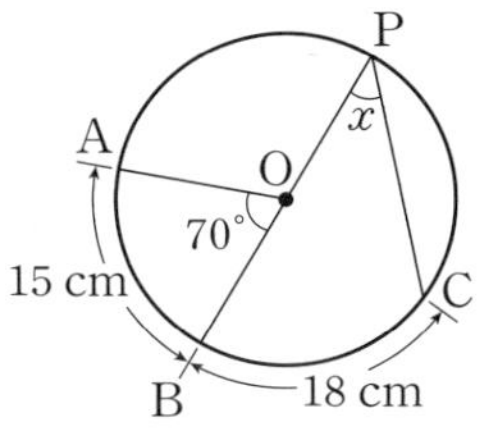

23

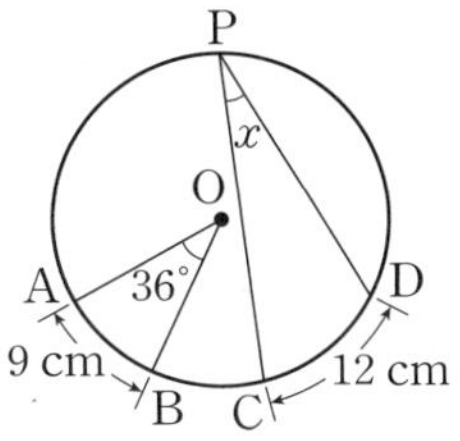

24

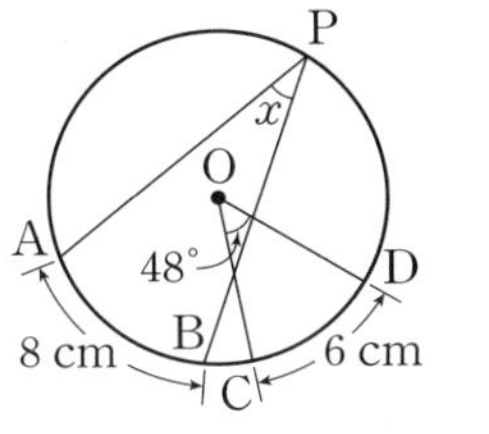

25

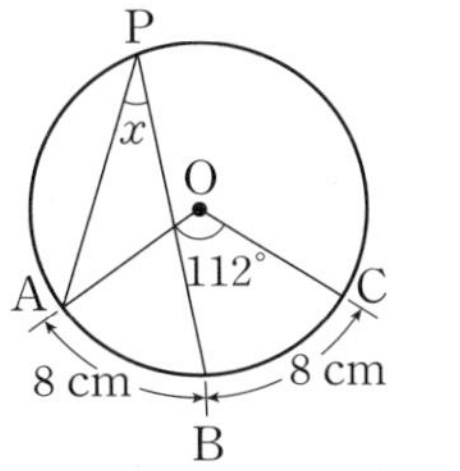

26

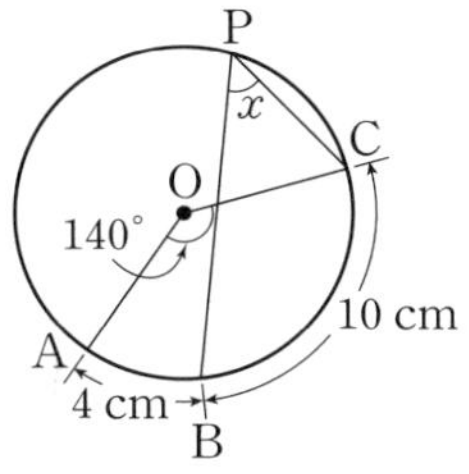

● 다음 그림의 원에서 x의 값을 구하시오.

27

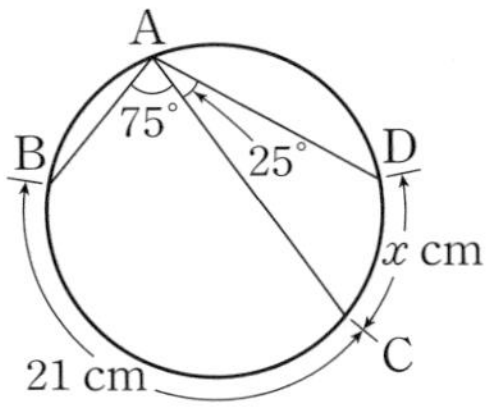

28

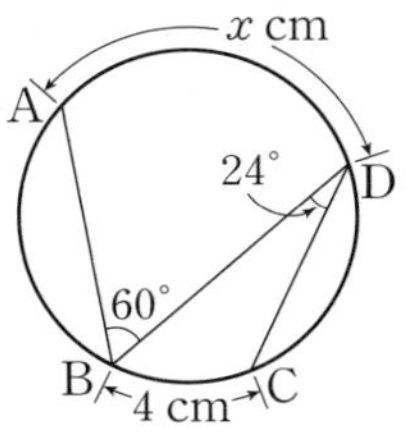

29

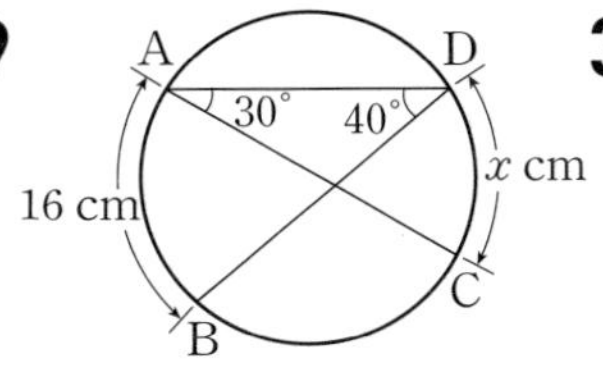

30

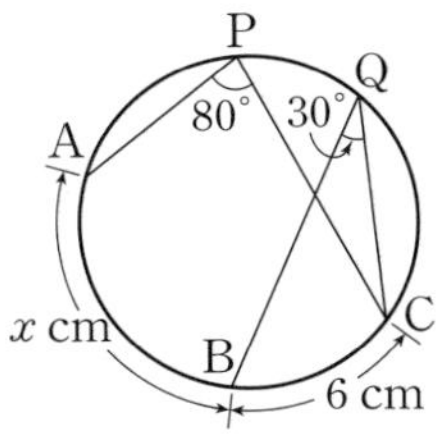

● 다음 그림의 원 O에서 x의 값을 구하시오.

31

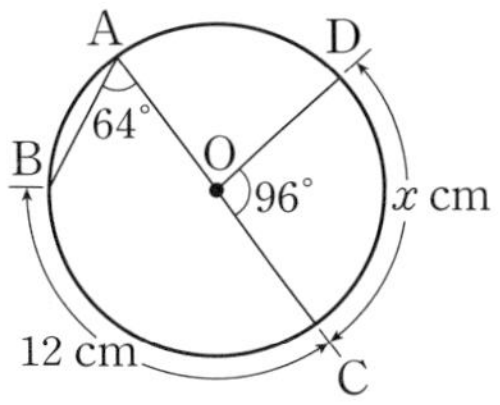

32

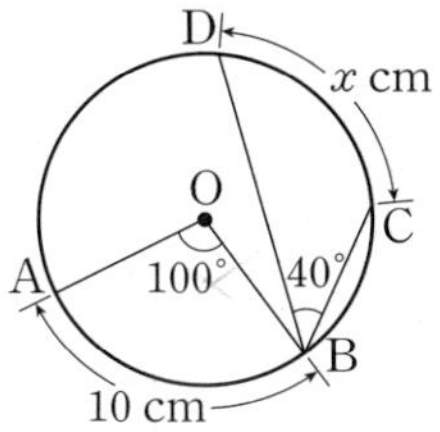

33

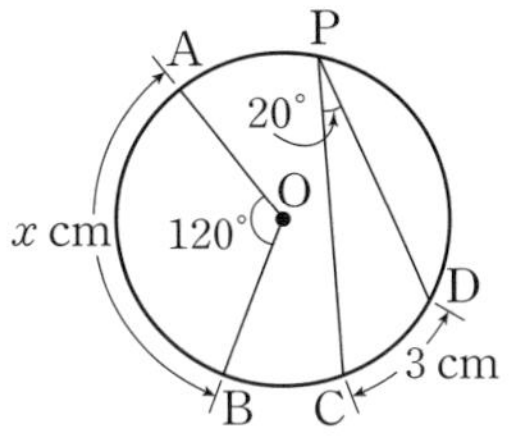

34

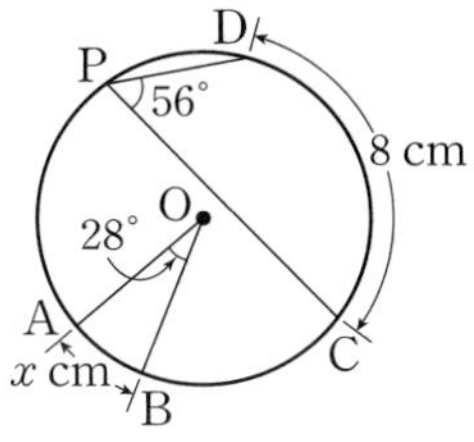

35

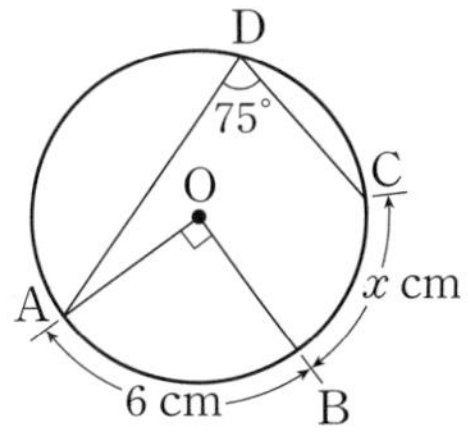

36

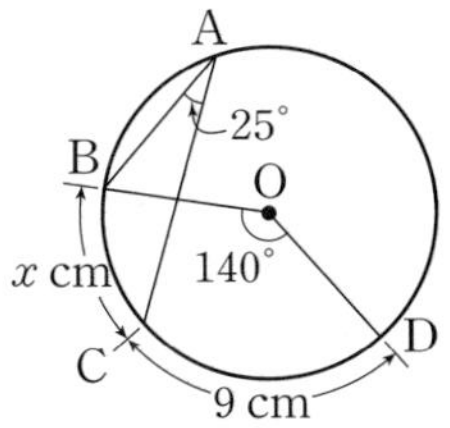

● 원 O에 내접하는 △ABC에 대하여 호의 길이의 비가 다음과 같을 때, $\angle A$, $\angle B$, $\angle C$의 크기를 구하시오.

37 $\overset{\frown}{AB} : \overset{\frown}{BC} : \overset{\frown}{CA} = 6 : 4 : 5$

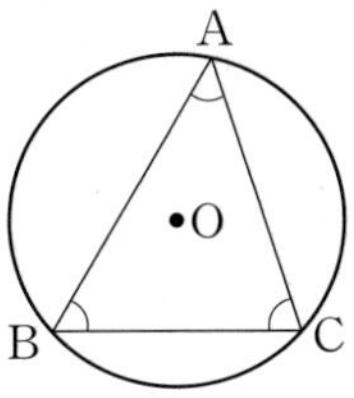

$\angle A=$ ______, $\angle B=$ ______, $\angle C=$ ______

38 $\overset{\frown}{AB} : \overset{\frown}{BC} : \overset{\frown}{CA} = 3 : 2 : 7$

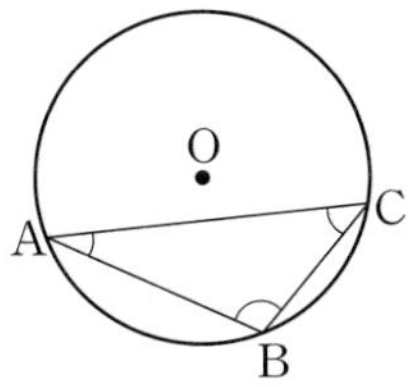

$\angle A=$ ______, $\angle B=$ ______, $\angle C=$ ______

● 다음 그림에서 네 점 A, B, C, D가 한 원 위에 있으면 ○표, 한 원 위에 있지 않으면 ×표를 ( ) 안에 써넣으시오.

01

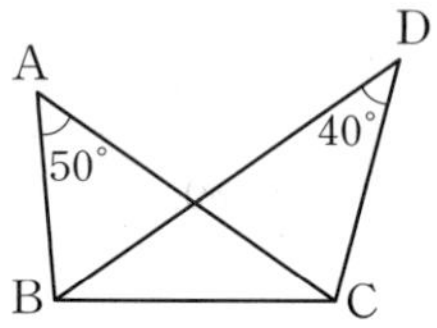

( )

02

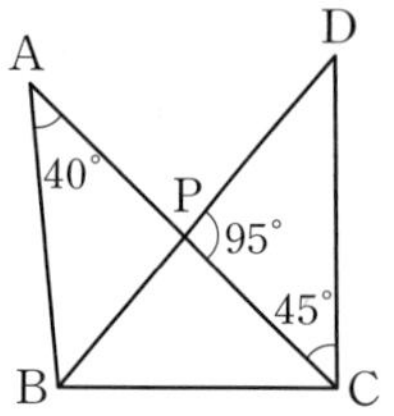

( )

● 다음 그림에서 네 점 A, B, C, D가 한 원 위에 있을 때, $\angle x$의 크기를 구하시오.

03

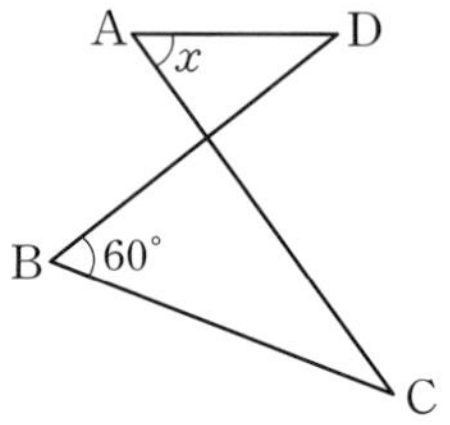

04

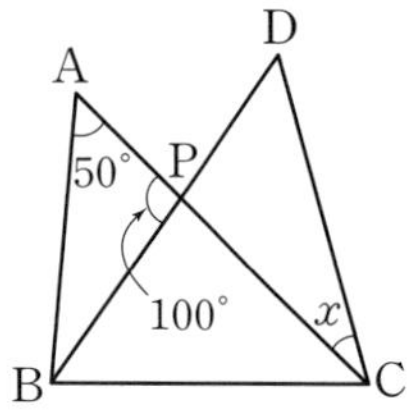

● 다음 그림에서 □ABCD가 원 O에 내접할 때, $\angle x$, $\angle y$의 크기를 각각 구하시오.

05

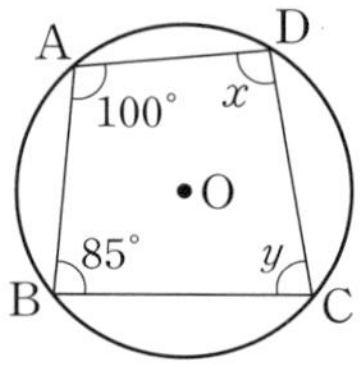

06

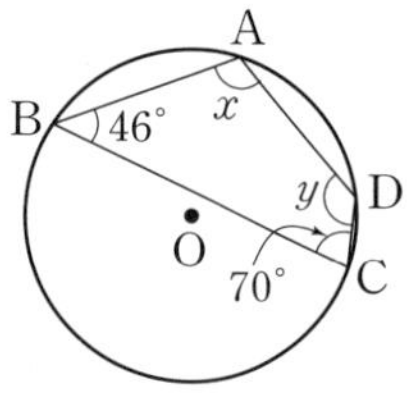

● 다음 그림에서 □ABCD가 원 O에 내접할 때, $\angle x$, $\angle y$의 크기를 각각 구하시오.

07

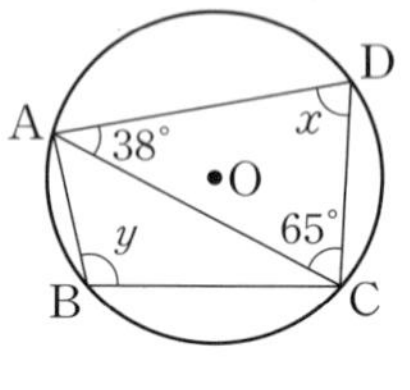

08

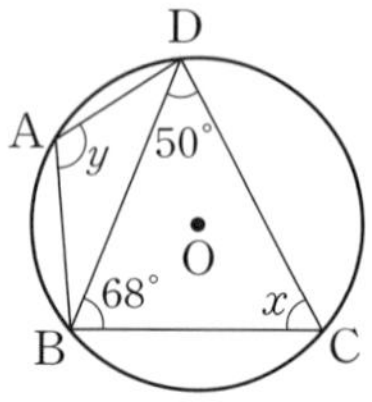

09

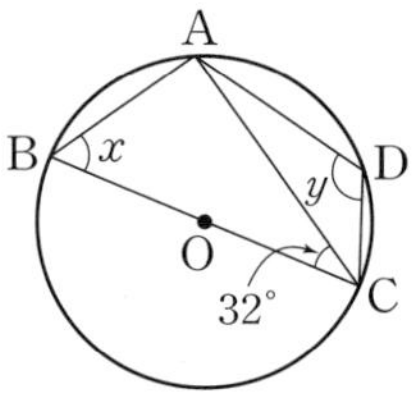

10

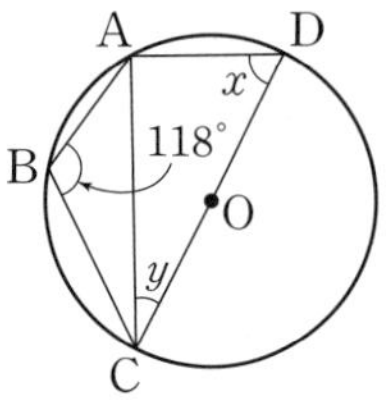

● 다음 그림에서 □ABCD가 원 O에 내접할 때, $\angle x$, $\angle y$의 크기를 각각 구하시오.

11

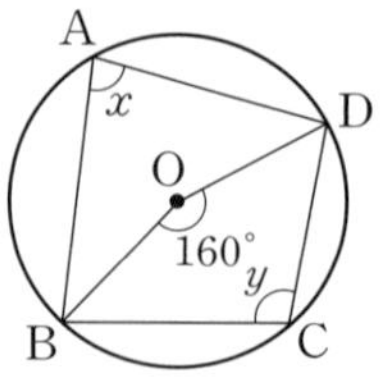

12

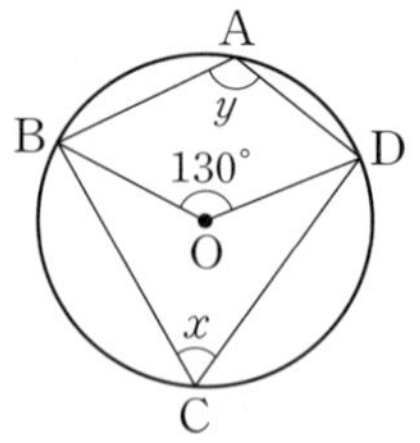

● 다음 그림에서 점 A, B, C, D, E가 한 원 위에 있을 때, $\angle x$, $\angle y$의 크기를 각각 구하시오.

13

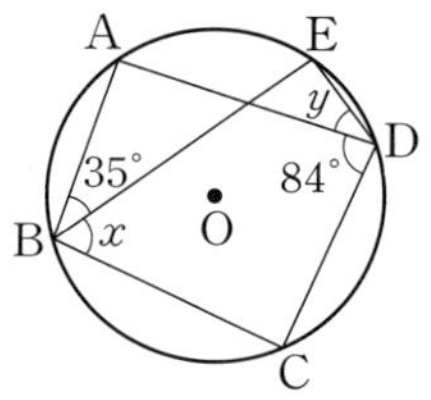

14

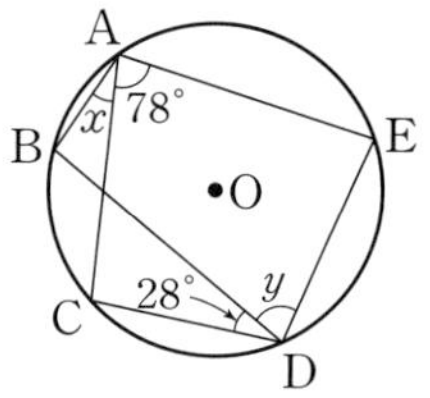

● 다음 그림에서 □ABCD가 원에 내접할 때, $\angle x$의 크기를 구하시오.

15

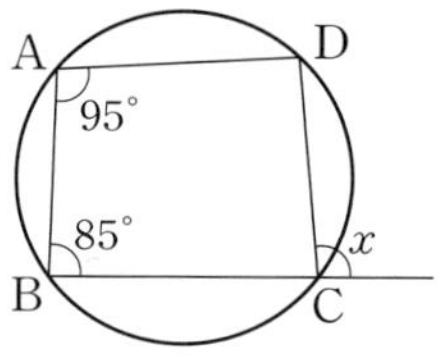

16

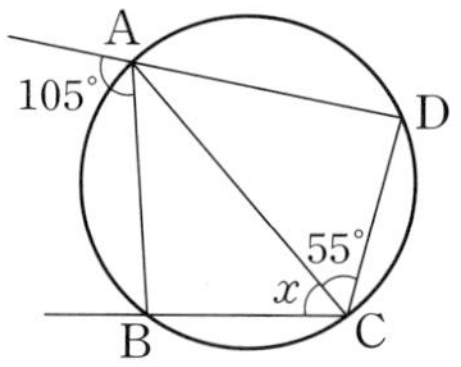

● 다음 그림에서 □ABCD가 원 O에 내접할 때, $\angle x$, $\angle y$의 크기를 각각 구하시오.

17

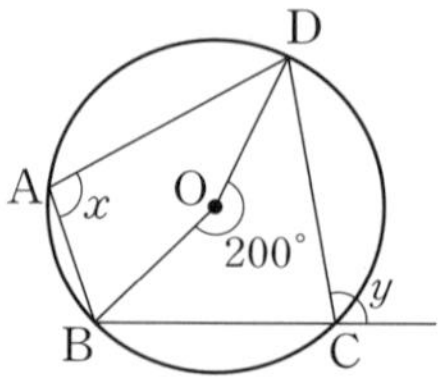

18

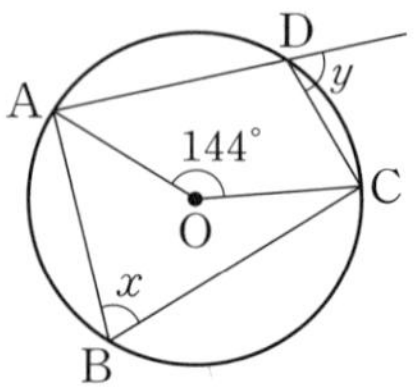

19

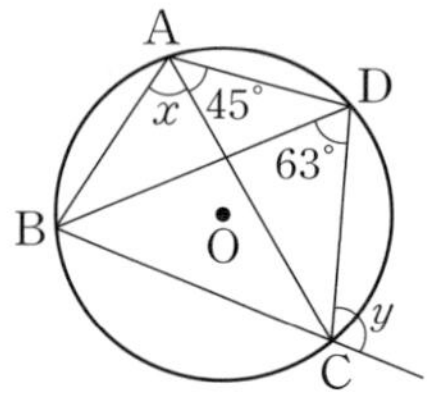

20

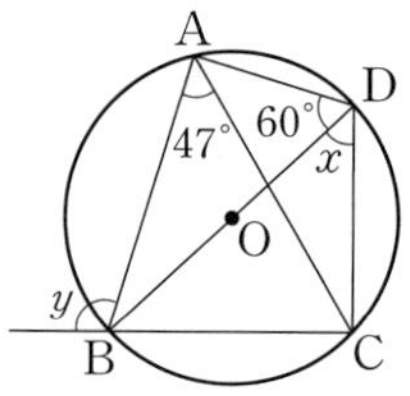

○ 다음 그림에서 □ABCD가 원에 내접하면 ○표, 원에 내접하지 않으면 ×표를 (　　) 안에 써넣으시오.

21

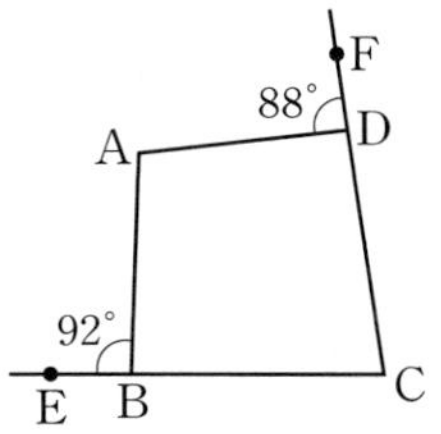

(　　　)

22

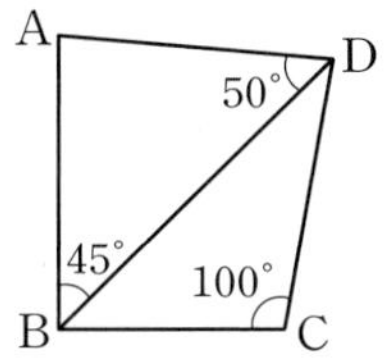

(　　　)

○ 다음 그림에서 □ABCD가 원에 내접할 때, $\angle x$의 크기를 구하시오.

23

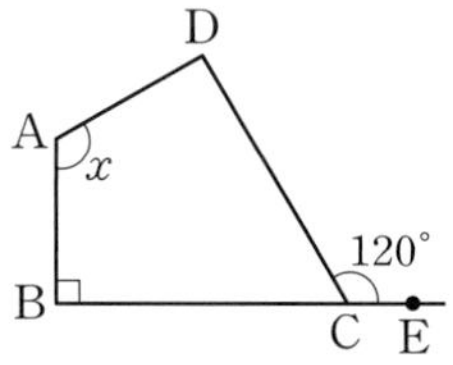

24

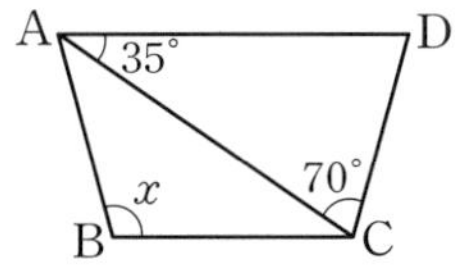

○ 다음 그림에서 직선 AT는 원 O의 접선이고 점 A는 접점일 때, $\angle x$의 크기를 구하시오.

25

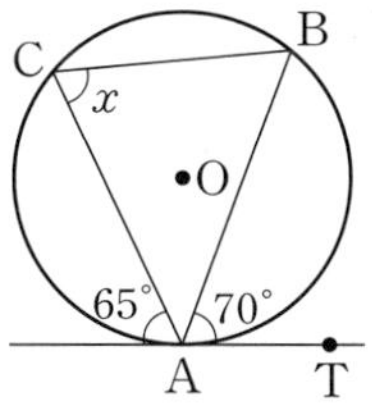

26

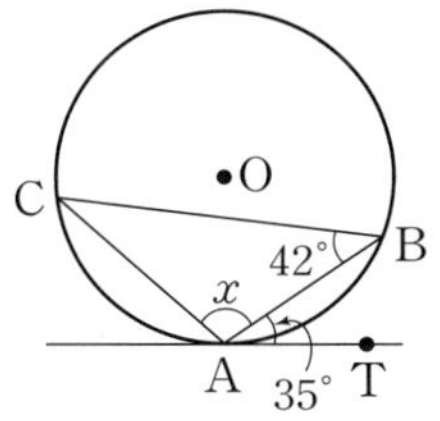

27

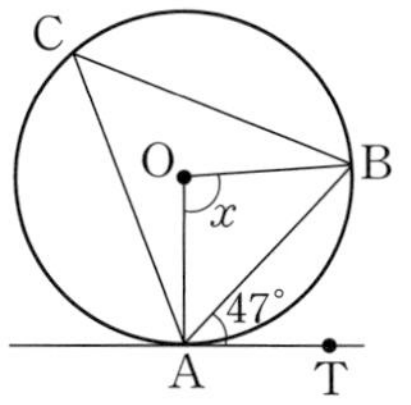

28

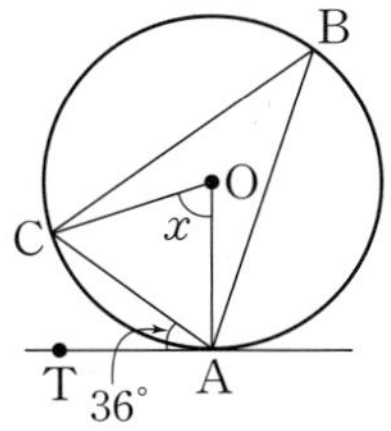

29

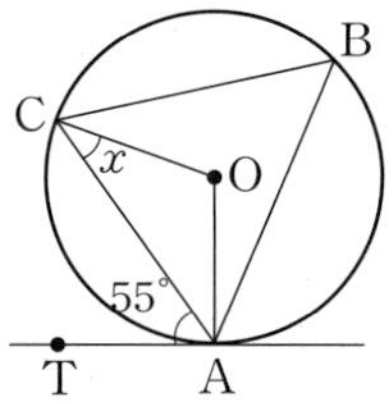

30

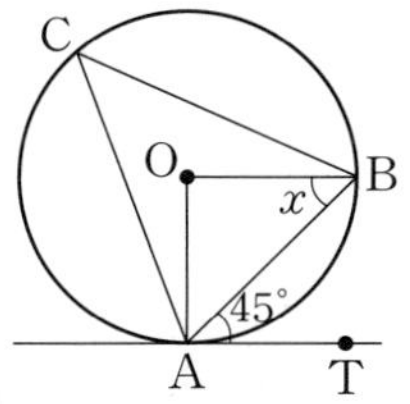

○ 다음 그림에서 직선 AT는 원 O의 접선이고 점 A는 접점일 때, $\angle x$의 크기를 구하시오.

31

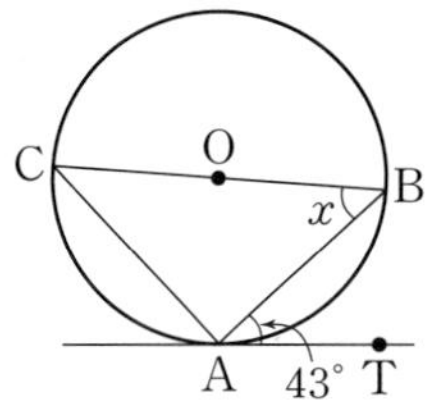

32

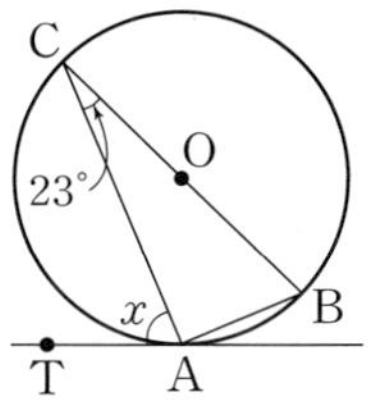

○ 다음 그림에서 직선 AT는 원 O의 접선이고 점 A는 접점일 때, $\angle x$의 크기를 구하시오.

33

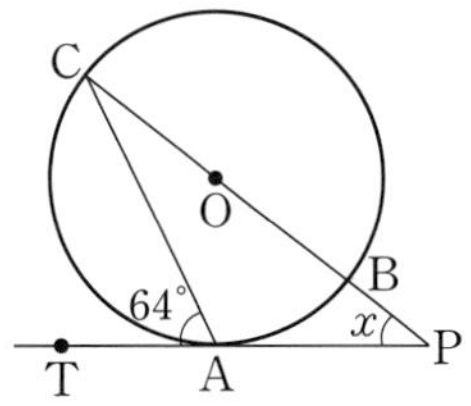

34

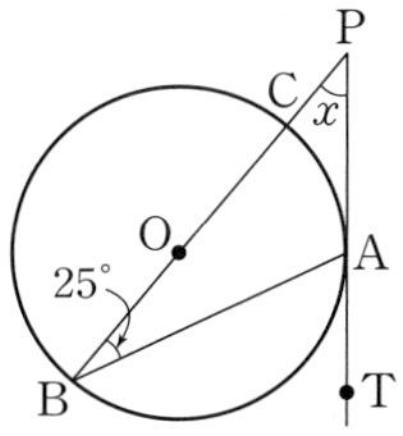

○ 다음 그림에서 직선 PQ가 두 원의 공통인 접선이고 점 T가 접점일 때, $\angle x$의 크기를 구하시오.

35

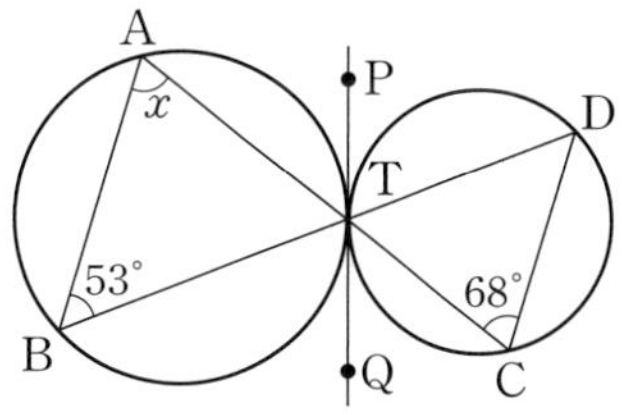

36

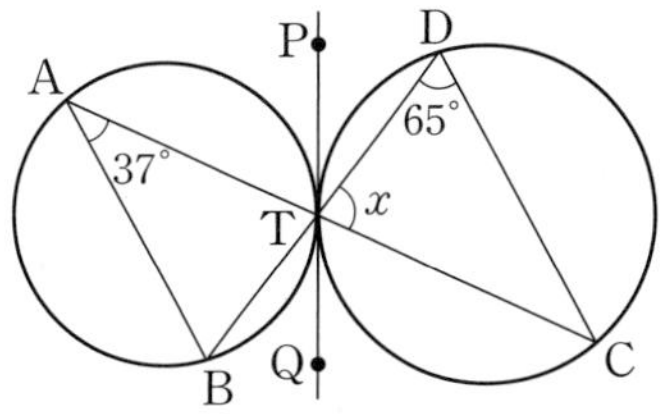

○ 다음 그림에서 직선 PQ가 두 원의 공통인 접선이고 점 T가 접점일 때, $\angle x$의 크기를 구하시오.

37

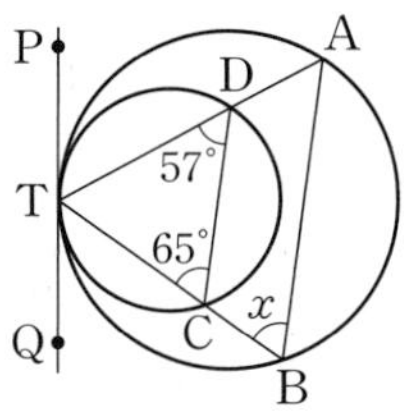

38

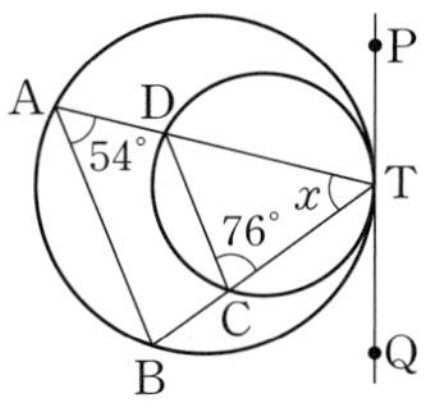

Episode 13 연산 Plus

○ 아래 자료의 평균을 다음 순서에 따라 구하시오.

8, 3, 5, 4, 5

01 변량의 개수

02 변량의 총합

03 평균

○ 다음 자료의 평균을 구하시오.

04 80, 95, 93, 84

05 8, 12, 4, 9, 7

06 4, 6, 5, 10, 11, 6

07 7, 5, 5, 6, 8, 5

○ 아래 자료의 평균이 다음과 같이 주어질 때, x의 값을 구하시오.

08 평균 : 10

x, 9, 10, 13

09 평균 : 6

5, 6, 10, 4, x, 4, 7

10 평균 : 55

25, 50, x, 75, 45

11 평균 : 9

7, 4, 5, 12, 14, x

○ x, y 또는 x, y, z의 평균이 다음과 같이 주어질 때, 주어진 자료 전체의 평균을 구하시오.

12 x, y의 평균 : 8

8, x, 12, y

13 x, y의 평균 : 60

25, x, y, 75

14 x, y, z의 평균 : 91

84, 88, x, y, z

15 x, y, z의 평균 : 8

10, x, y, z, 4, 5, 6

○ 다음 자료의 중앙값을 구하시오.

16 7, 7, 3, 10, 8

17 49, 30, 46, 39, 31, 50, 38

18 50, 46, 23, 38

19 63, 57, 70, 44

20 2, 4, 0, 0, 2, 3, 5, 3

21 8, 11, 9, 9, 13, 7, 8, 6

● 아래는 자료를 작은 값부터 크기순으로 나열한 것이다. 이 자료의 중앙값이 다음과 같이 주어질 때, x의 값을 구하시오.

22 중앙값 : 11

9, x, 12, 17

23 중앙값 : 55

41, 47, 50, x, 62, 69

24 중앙값 : 9.5

5, 7, 8, x, 13, 14

25 중앙값 : 78

72, 73, 76, x, 80, 81

● 다음 자료의 최빈값을 구하시오.

26

89, 75, 67, 92, 76, 67

27

29, 28, 24, 28, 24, 27, 28

28

11, 9, 8, 3, 5, 6, 3, 8, 3

29

과일	사과	귤	딸기	포도
도수(명)	8	14	4	3

30

혈액형	A형	B형	O형	AB형
도수(명)	8	7	9	3

● 아래 자료의 평균이 다음과 같이 주어질 때, 중앙값과 최빈값을 각각 구하시오.

31 평균 : 12

11, 10, 10, x, 14

중앙값 : ______, 최빈값 : ______

32 평균 : 16

18, 17, 16, x, 10, 16

중앙값 : ______, 최빈값 : ______

● 다음 자료의 평균과 최빈값이 같을 때, x의 값을 구하시오.

33

21, x, 23, 19

34

61, 58, 57, x, 56

● 오른쪽 그림은 학생 7명이 방학 동안 읽은 책의 수를 조사하여 나타낸 줄기와 잎 그림이다. 다음을 구하시오.

(0|2는 2권)

줄기	잎
0	2 5 5
1	1 3
2	0 1

35 평균

36 중앙값

37 최빈값

● 오른쪽 그림은 학생 7명이 지난 학기 봉사활동을 한 시간을 조사하여 나타낸 줄기와 잎 그림이다. 다음을 구하시오.

(0|3은 3시간)

줄기	잎
0	3 7
1	0 2 5
2	2 2

38 평균

39 중앙값

40 최빈값

○ 아래 자료의 평균이 다음과 같이 주어질 때, 표를 완성하시오.

01 평균 : 6

변량	3	8	4	9
편차				

02 평균 : 12

변량	18	11	10	9
편차				

03 평균 : 59

변량	53	60	55	63	64
편차					

04 평균 : 8

변량				
편차	-3	-2	1	4

05 평균 : 25

변량				
편차	-2	-3	-3	8

06 평균 : 82

변량					
편차	-1	-2	5	-3	1

○ 다음 자료의 평균을 구하고, 표를 완성하시오.

07

변량	18	14	15	13
편차				

평균 : ....

08

변량	36	38	31	26	34
편차					

평균 : ....

09

변량	79	72	77	66	63	69
편차						

평균 : ....

○ 어떤 자료의 편차가 다음과 같을 때, x의 값을 구하시오.

10 x, 4, -1, -5

....

11 -1, 2, 4, x, -1

....

12 -4, x, 2, 3, -5, 1

....

○ 아래 표는 학생 4명의 키에 대한 편차를 나타낸 것이다. 키의 평균이 156 cm일 때, 다음을 구하시오.

학생	민성	시윤	진서	현준
편차(cm)	-6	x	1	2

13 x의 값 ....

14 시윤이의 키 ....

○ 아래 표는 학생 5명의 국어 성적에 대한 편차를 나타낸 것이다. 국어 성적의 평균이 85점일 때, 다음을 구하시오.

학생	지우	수빈	우진	나율	민우
편차(점)	3	-4	x	1	2

15 x의 값 ....

16 우진이의 국어 성적 ....

○ 어떤 자료의 편차가 아래와 같을 때, 다음을 구하시오.

1, -3, 4, 0, -2

17 $(\text{편차})^2$의 총합 ....

18 분산 ....

19 표준편차 ....

어떤 자료의 편차가 아래와 같을 때, 다음을 구하시오.

$-5,\ 2,\ 3,\ 1,\ -1$

20 (편차)^{2}의 총합

21 분산

22 표준편차

아래 표는 학생 5명의 수학 성적에 대한 편차를 나타낸 것이다. 다음을 구하시오.

학생	A	B	C	D	E
편차(점)	x	2	0	1	-1

23 x의 값

24 (편차)^{2}의 총합

25 분산

26 표준편차

아래 표는 학생 6명의 다트 점수에 대한 편차를 나타낸 것이다. 다음을 구하시오.

학생	A	B	C	D	E	F
편차(점)	-3	0	x	3	-3	0

27 x의 값

28 (편차)^{2}의 총합

29 분산

30 표준편차

아래 자료에 대하여 다음을 구하시오.

5, 7, 8, 6, 9

31 평균

32

변량	5	7	8	6	9
편차					
(편차)^2					

33 (편차)^{2}의 총합

34 분산

35 표준편차

아래 자료에 대하여 다음을 구하시오.

28, 30, 21, 27, 24

36 평균

37

변량	28	30	21	27	24
편차					
(편차)^2					

38 (편차)^{2}의 총합

39 분산

40 표준편차

○ 아래 자료의 평균이 18일 때, 다음을 구하시오.

26, x, 18, 12

41 x의 값 ________

42 분산 ________

43 표준편차 ________

○ 아래 자료의 평균이 50일 때, 다음을 구하시오.

50, 48, x, 54, 47

44 x의 값 ________

45 분산 ________

46 표준편차 ________

○ 다음 설명이 옳으면 ○표, 옳지 않으면 ×표를 (　　) 안에 써넣으시오.

47 평균보다 작은 변량의 편차는 양수이다. (　　)

48 편차의 합은 항상 0이다. (　　)

49 분산은 편차의 제곱의 평균이다. (　　)

50 분산이 클수록 표준편차는 커진다. (　　)

51 평균이 작을수록 산포도는 작아진다. (　　)

52 표준편차가 클수록 자료가 고르게 분포되어 있다. (　　)

○ 아래 표는 A, B 두 반의 영어 성적의 평균과 표준편차를 나타낸 것이다. 다음 설명이 옳으면 ○표, 옳지 않으면 ×표를 (　　) 안에 써넣으시오.

	A반	B반
평균(점)	68	74
표준편차(점)	3.2	4.6

53 영어 성적이 가장 높은 학생은 B반에 있다. (　　)

54 B반의 영어 성적이 A반의 영어 성적보다 고르다. (　　)

55 B반에서 1등인 학생의 성적이 A반에서 1등인 학생의 성적보다 우수하다. (　　)

56 B반의 영어 성적이 A반의 영어 성적보다 더 좋다. (　　)

○ 아래 표는 1, 2, 3 세 반 학생들의 100 m 달리기 기록의 평균과 표준편차를 나타낸 것이다. 다음 설명이 옳으면 ○표, 옳지 않으면 ×표를 (　　) 안에 써넣으시오.

	1반	2반	3반
평균(초)	17	16.5	17.2
표준편차(초)	1.6	1.4	2

57 100 m 달리기 기록이 가장 빠른 반은 3반이다. (　　)

58 100 m 달리기 기록이 가장 고르지 않은 반은 3반이다. (　　)

59 100 m 달리기 기록이 가장 고른 반은 1반이다. (　　)

60 2반 학생들의 기록이 3반 학생들의 기록보다 더 좋다. (　　)

Episode

15 연산 Plus

▶ 본문 112~119쪽 ▷ 정답과 풀이 64쪽

01 다음은 지효네 반 학생 8명의 수학 수행평가 점수와 영어 수행평가 점수를 조사하여 나타낸 표이다. 수학 점수를 x점, 영어 점수를 y점이라고 할 때, 두 변량 x, y의 산점도를 좌표평면 위에 나타내시오.

수학(점)	6	9	7	8	5	6	6	7
영어(점)	7	8	5	7	7	5	6	6

⬇

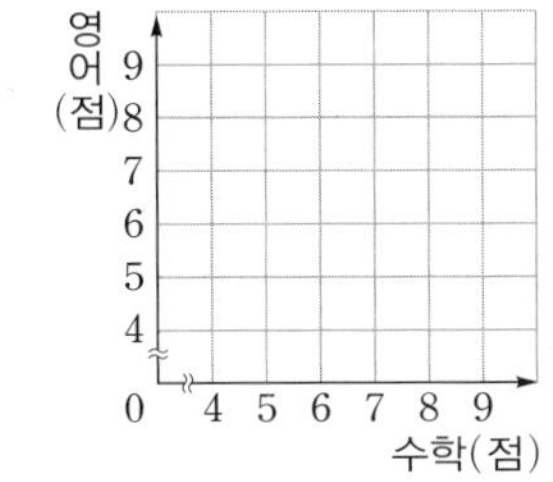

02 다음은 준우네 반 학생 10명의 몸무게와 키를 조사하여 나타낸 표이다. 몸무게를 x kg, 키를 y cm라고 할 때, 두 변량 x, y의 산점도를 좌표평면 위에 나타내시오.

몸무게(kg)	50	75	65	55	65
키(cm)	155	165	165	160	160

몸무게(kg)	55	60	70	65	60
키(cm)	155	160	175	170	170

⬇

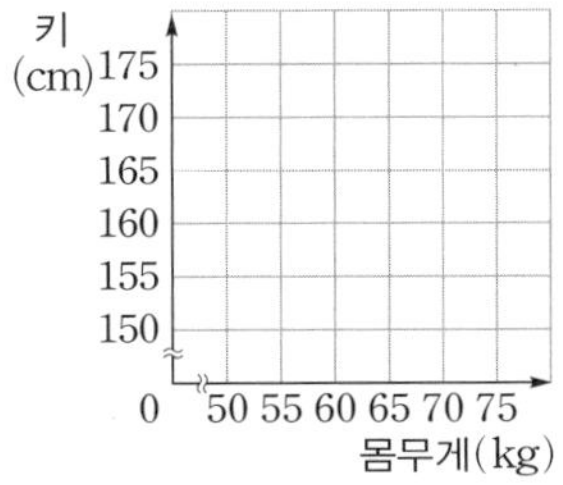

○ 오른쪽 그림은 은재네 반 학생 10명이 지난 일 년 동안 읽은 책의 수와 국어 성적을 조사하여 나타낸 산점도이다. 다음을 구하시오.

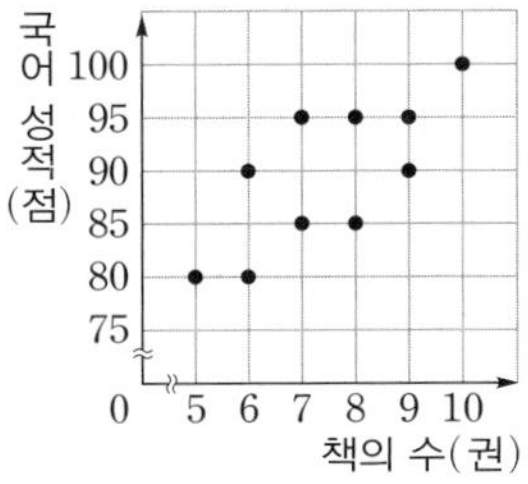

03 지난 일 년 동안 읽은 책이 8권 이상인 학생 수

04 국어 성적이 90점 이상인 학생 수

05 지난 일 년 동안 읽은 책이 8권 이상이고 국어 성적이 90점 이상인 학생 수

○ 오른쪽 그림은 수현이네 반 학생 15명의 중간고사 평균 점수와 기말고사 평균 점수를 조사하여 나타낸 산점도이다. 다음을 구하시오.

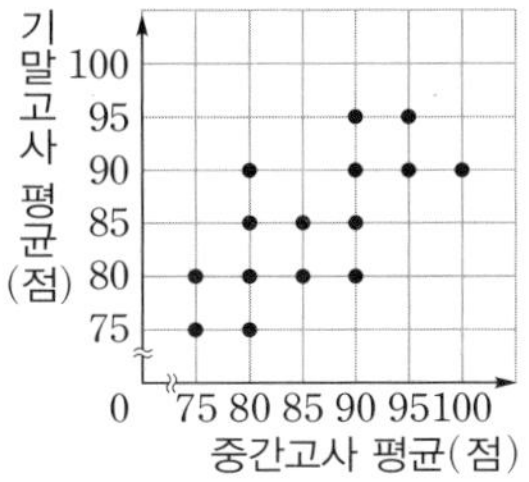

06 중간고사 평균 점수가 85점 이하인 학생 수

07 기말고사 평균 점수가 80점 이상인 학생 수

08 중간고사 점수가 85점 이하이고 기말고사 평균 점수가 80점 이상인 학생 수

○ 오른쪽 그림은 도윤이네 반 학생 18명의 2차에 걸친 100 m 달리기 기록을 조사하여 나타낸 산점도이다. 다음을 구하시오.

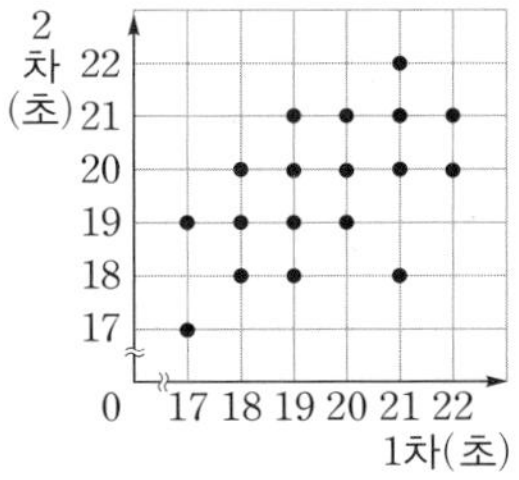

09 1차 기록과 2차 기록이 서로 같은 학생 수

10 1차보다 2차에서 기록이 떨어진 학생 수

11 1차보다 2차에서 기록이 향상된 학생 수

○ 오른쪽 그림은 멀리뛰기 선수 20명의 2차에 걸친 기록을 조사하여 나타낸 산점도이다. 다음을 구하시오.

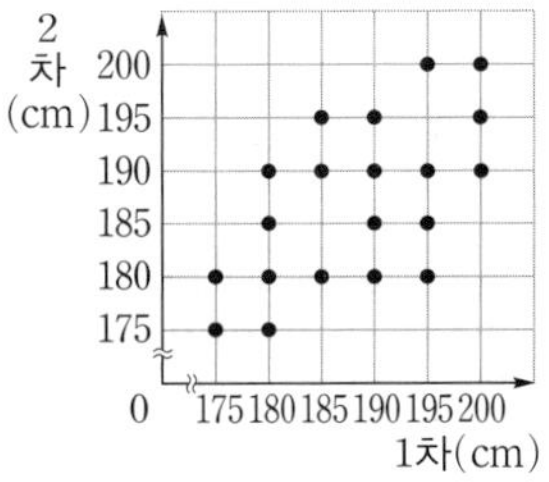

12 1차 기록과 2차 기록이 서로 같은 선수 수

13 1차보다 2차에서 기록이 향상된 선수 수

14 1차보다 2차에서 기록이 향상된 선수 중 1차 기록이 가장 높은 선수의 2차 기록

○ 오른쪽 그림은 요리 대회에 참가한 12명의 2차에 걸친 평가 점수를 조사하여 나타낸 산점도이다. 다음을 구하시오.

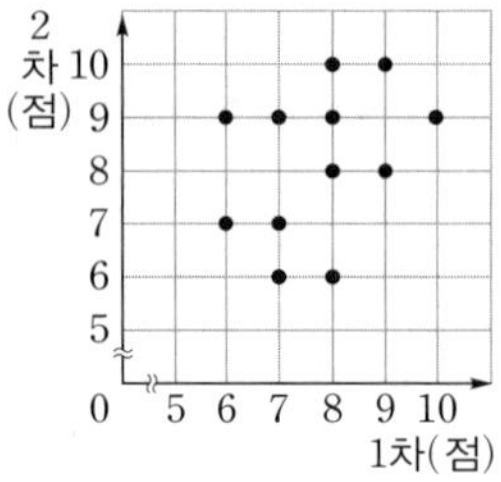

15 1차와 2차 평가 점수의 평균이 7점인 참가자 수

16 1차와 2차 평가 점수의 총점이 16점 이상인 참가자 수

○ 오른쪽 그림은 준환이네 반 학생 20명의 2차에 걸친 윗몸 일으키기 기록을 조사하여 나타낸 산점도이다. 다음을 구하시오.

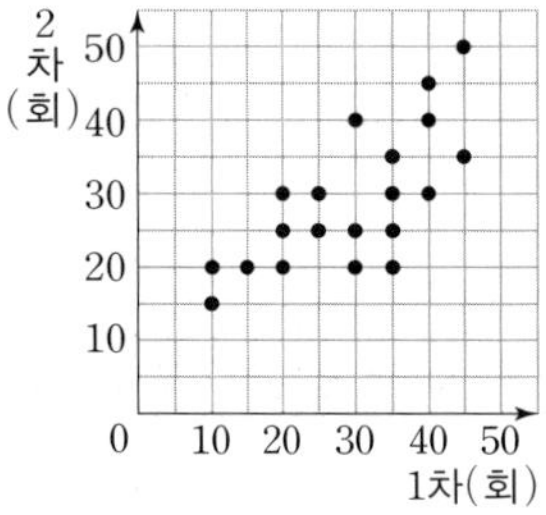

17 1차 기록과 2차 기록의 차가 10회인 학생 수

18 1차 기록과 2차 기록의 차가 가장 큰 학생의 두 기록의 차

19 오른쪽 그림은 수진이네 반 학생 12명의 앉은 키와 키를 조사하여 나타낸 산점도이다. 키가 160 cm 이상인 학생들의 앉은 키의 평균을 구하시오.

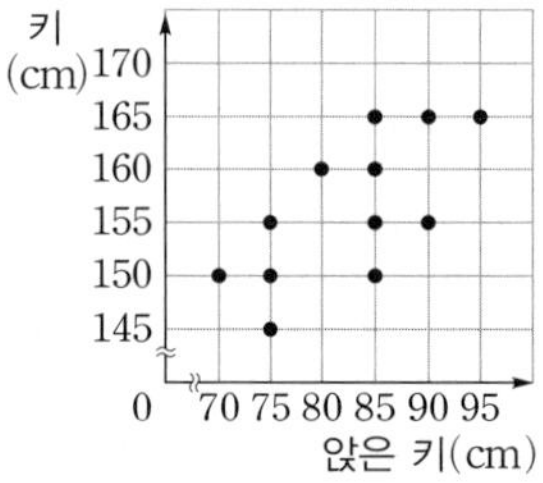

○ 다음 중 두 변량 사이에 양의 상관관계가 있으면 '양', 음의 상관관계가 있으면 '음', 상관관계가 없으면 '무'를 ( ) 안에 써넣으시오.

20 귤 생산량과 가격 ( )

21 미세먼지 농도와 마스크 판매량 ( )

22 가족의 수와 시력 ( )

23 운동량과 비만도 ( )

24 통학 거리와 성적 ( )

25 하루 평균 손님 수와 매출액 ( )

○ 다음 두 변량 사이의 관계를 나타내는 것을 보기에서 고르시오.

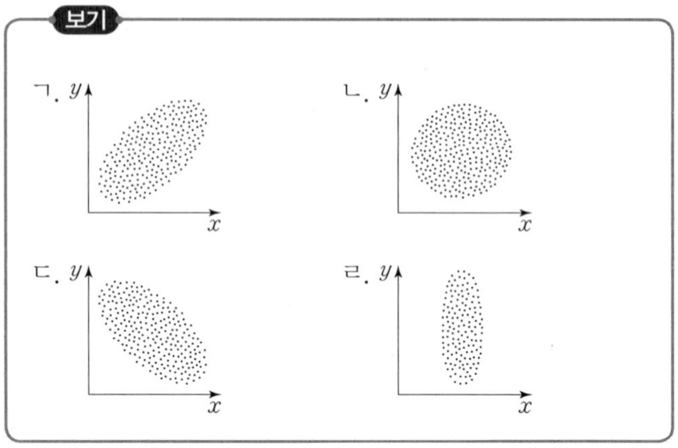

26 여름 기온과 전기사용량 ( )

27 키와 앉은 키 ( )

28 지능 지수와 성적 ( )

29 홈런 수와 타점 ( )

30 마늘 생산량과 가격 ( )

31 나이와 시력 ( )

32 발의 크기와 키 ( )

33 운동 시간과 근육량 ( )

○ 오른쪽 그림은 지원이네 반 학생들의 키와 다리의 길이를 조사하여 나타낸 산점도이다. 5명의 학생 A, B, C, D, E에 대하여 다음 물음에 답하시오.

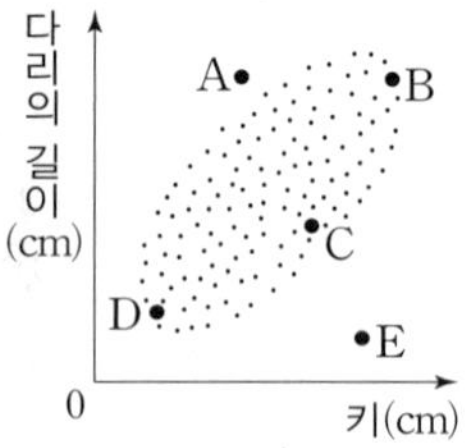

34 키와 다리의 길이 사이에는 어떤 상관관계가 있는지 말하시오.

35 키가 큰 학생부터 순서대로 쓰시오.

36 키에 비하여 다리 길이가 긴 학생은 누구인지 구하시오.

문장제 Plus

교과서에 수록된 유형의 문제로 구성한 문장제를 연습하세요.

01

오른쪽 그림과 같은 직각삼각형 ABC에 대하여 다음 중 옳은 것은?

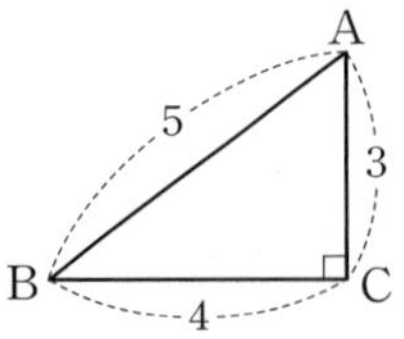

① $\sin A=\frac{3}{5}$ ② $\tan A=\frac{4}{3}$

③ $\cos B=\frac{5}{4}$ ④ $\sin B=\frac{3}{4}$

⑤ $\tan B=\frac{5}{3}$

02

$\angle A=90^{\circ}$인 직각삼각형 ABC에서 $\overline{AB}=2$, $\overline{BC}=5$일 때, $\sin B$의 값을 구하시오.

03

오른쪽 그림과 같은 직각삼각형 ABC에서 $\cos A+\tan A$의 값을 구하시오.

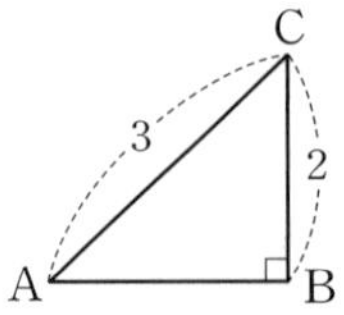

04

오른쪽 그림과 같은 직각삼각형 ABC에서 $\overline{AC}=9$, $\cos A=\frac{2}{3}$일 때, $\overline{BC}$의 길이를 구하시오.

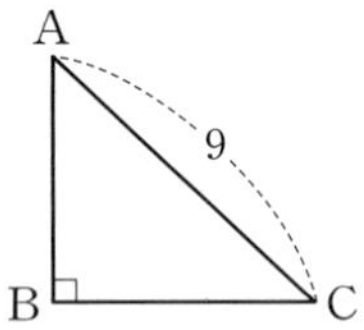

05

오른쪽 그림과 같은 직각삼각형 ABC에서 $\overline{AC}=15$, $\cos A=\frac{4}{5}$일 때, x, y의 값을 구하시오.

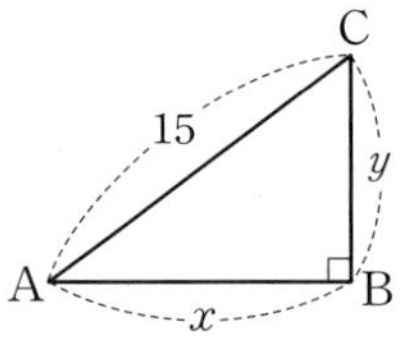

06

$\angle B=90^{\circ}$인 직각삼각형 ABC에서 $\tan A=1$일 때, $\sin A\times\cos A$의 값을 구하시오.

01

오른쪽 그림과 같은 직각삼각형 ABC에서 $\overline{AC}\perp\overline{DE}$이고 $\overline{AC}=2$, $\overline{BC}=5$일 때, $\sin x+\cos x$의 값을 구하시오.

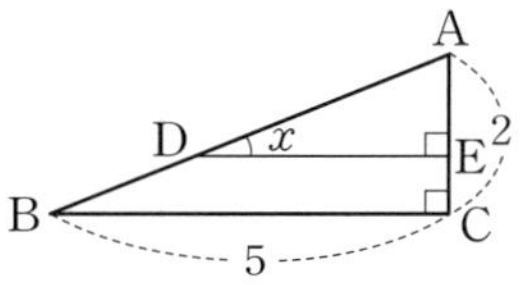

02

오른쪽 그림과 같은 직각삼각형 ABC에서 $\overline{BC}\perp\overline{DE}$이고 $\overline{BD}=6$, $\overline{BE}=5$일 때, $\cos C$의 값을 구하시오.

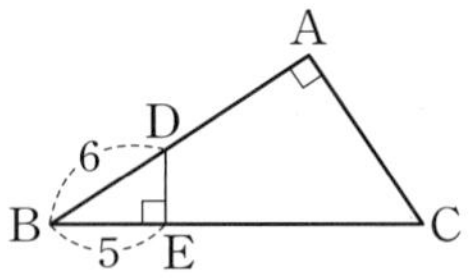

03

오른쪽 그림과 같은 직각삼각형 ABC에서 $\overline{BC}\perp\overline{DE}$이고 $\overline{AB}=12$, $\overline{AC}=5$일 때, $\sin x$의 값을 구하시오.

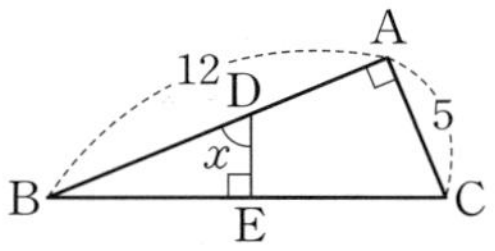

04

오른쪽 그림과 같은 직각삼각형 ABC에서 $\overline{AD}\perp\overline{BC}$이고 $\overline{AB}=4$, $\overline{BC}=5$일 때, $\tan x$의 값을 구하시오.

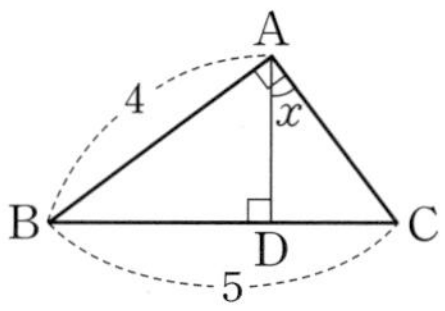

05

오른쪽 그림과 같이 직사각형 ABCD의 꼭짓점 A에서 대각선 BD에 내린 수선의 발을 H라 하고 $\angle DAH=x$라고 하자. $\overline{BC}=15$, $\overline{DC}=8$일 때, $\sin x$의 값을 구하시오.

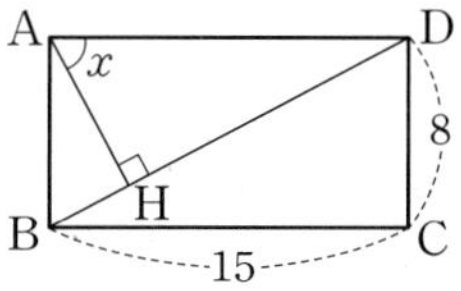

06

오른쪽 그림과 같이 직선 $2x-3y+6=0$이 x축, y축과 만나는 점을 각각 A, B라고 하자. $\angle BAO=a$라고 할 때, $\sin a$의 값을 구하시오.

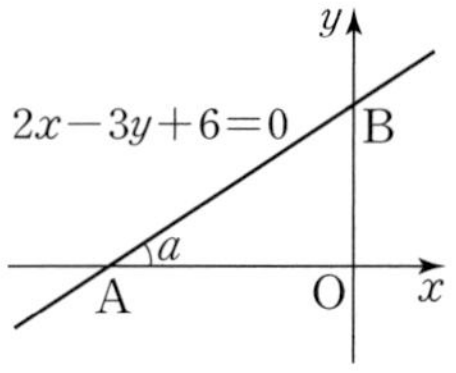

Episode 03 문장제 Plus

01

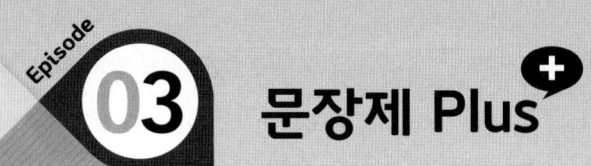

오른쪽 그림과 같은 직각삼각형 ABC에서 $\overline{BC}=8$, $\angle A=60°$일 때, $x+y$의 값을 구하시오.

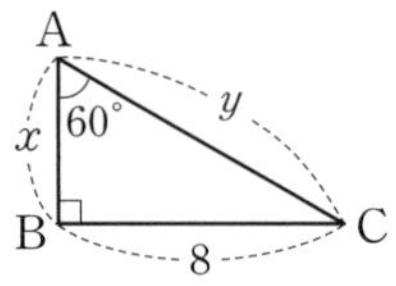

02

오른쪽 그림에서 $\overline{BC}=6$이고 $\angle BAC=\angle ADC=90°$, $\angle ABC=45°$, $\angle DAC=60°$일 때, $\overline{AD}$의 길이를 구하시오.

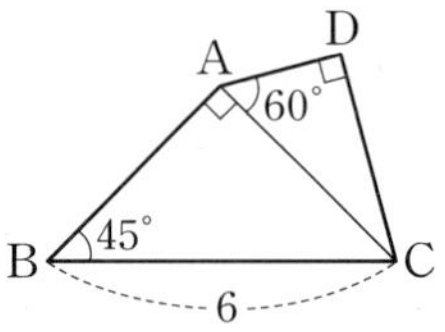

03

오른쪽 그림과 같이 $\angle C=90°$인 직각삼각형 ABC에서 $\angle ABC=30°$, $\angle ADC=60°$, $\overline{DC}=4\sqrt{3}$일 때, $\dfrac{x}{y}$의 값은?

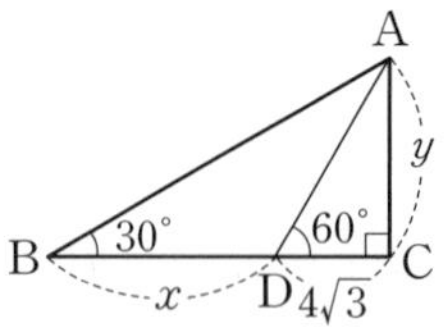

① $\dfrac{\sqrt{3}}{3}$　② $\dfrac{2\sqrt{3}}{3}$　③ $\dfrac{4\sqrt{3}}{3}$

④ $\dfrac{5\sqrt{3}}{3}$　⑤ $2\sqrt{3}$

04

오른쪽 그림과 같은 삼각형 ABC에서 $\overline{AH}\perp\overline{BC}$이고 $\overline{AB}=6$, $\overline{BC}=5\sqrt{3}$, $\angle ABC=30°$일 때, $\overline{AC}$의 길이를 구하시오.

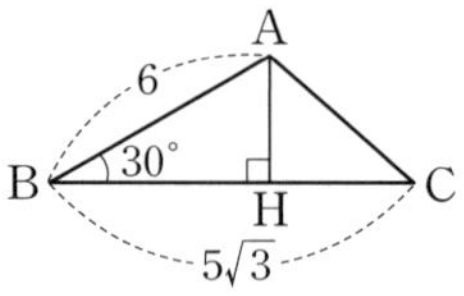

05

오른쪽 그림과 같이 $\angle C=90°$인 직각삼각형 ABC에서 $\overline{BD}=\overline{DC}$이고 $\overline{AB}=8$, $\angle B=30°$일 때, $\overline{AD}$의 길이를 구하시오.

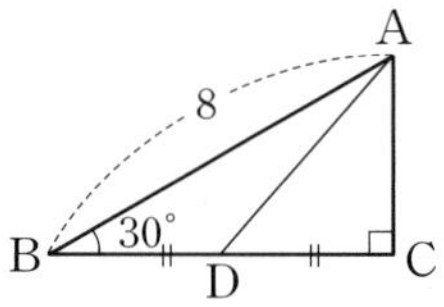

06

오른쪽 그림과 같이 x절편이 -3인 직선이 x축과 이루는 각의 크기가 $30°$일 때, 이 직선의 방정식은?

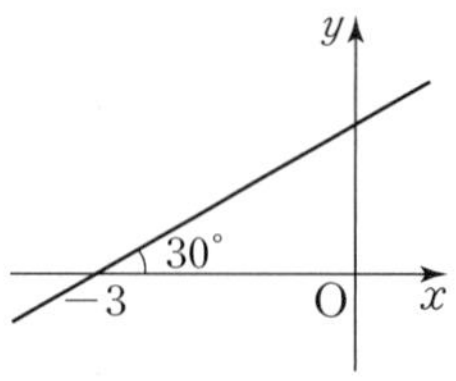

① $y=\dfrac{\sqrt{3}}{3}x+\sqrt{3}$

② $y=\dfrac{\sqrt{3}}{3}x+2\sqrt{3}$

③ $y=x+\sqrt{3}$

④ $y=x+2\sqrt{3}$

⑤ $y=\sqrt{3}x+\sqrt{3}$

01

오른쪽 그림과 같이 좌표평면 위의 원점 O를 중심으로 하고 반지름의 길이가 1인 사분원에서 $\tan 53° + \sin 37°$의 값은?

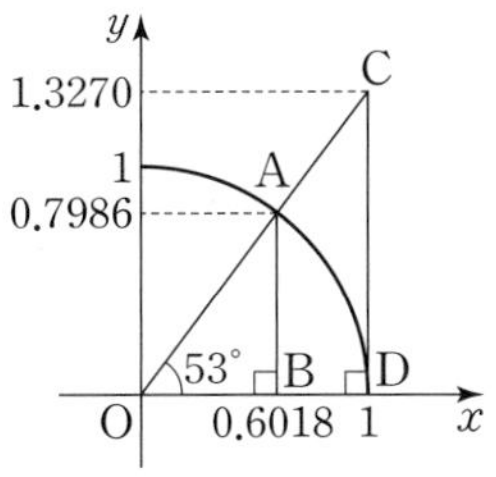

① 0.7252 ② 1.4004
③ 1.7986 ④ 1.9288
⑤ 2.1256

02

다음 중 옳지 <u>않은</u> 것은?

① $\sin 90° - \cos 0° = 0$
② $3\sin 0° - 2\tan 0° = 0$
③ $\sin 0° + \cos 0° + \tan 45° = 1$
④ $(\sin 0° + \tan 0°) \times \cos 0° = 0$
⑤ $\cos 0° \times \tan 45° \div \sin 90° = 1$

03

다음을 계산하시오.

$$\tan 0° \times \sin 60° - 2\cos 60° \times \tan 45° + \sin 90°$$

04

다음 중 대소 관계가 옳은 것은?

① $\sin 30° < \sin 20°$
② $\sin 45° = \tan 45°$
③ $\cos 65° < \cos 75°$
④ $\sin 24° < \cos 24°$
⑤ $\tan 10° > \tan 15°$

05

다음 삼각비의 표를 이용하여 $\sin x = 0.8746$, $\cos y = 0.5150$, $\tan z = 1.8807$일 때, $x + y - z$의 값을 구하시오.

각도	사인(sin)	코사인(cos)	탄젠트(tan)
59°	0.8572	0.5150	1.6643
60°	0.8660	0.5000	1.7321
61°	0.8746	0.4848	1.8040
62°	0.8829	0.4695	1.8807

06

오른쪽 그림과 같은 직각삼각형 ABC에서 $\angle B = 34°$, $\overline{BC} = 10$일 때, 다음 삼각비의 표를 이용하여 $\overline{AC}$의 길이를 구하시오.

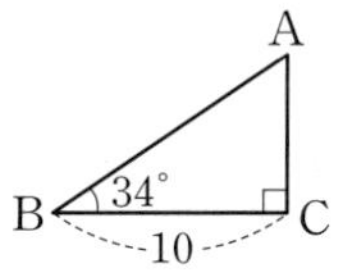

각도	사인(sin)	코사인(cos)	탄젠트(tan)
33°	0.5446	0.8387	0.6494
34°	0.5592	0.8290	0.6745
35°	0.5736	0.8192	0.7002

01

오른쪽 그림과 같은 직각삼각형 ABC에서 $\cos A=\frac{3}{4}$일 때, $\overline{BC}$의 길이를 구하시오.

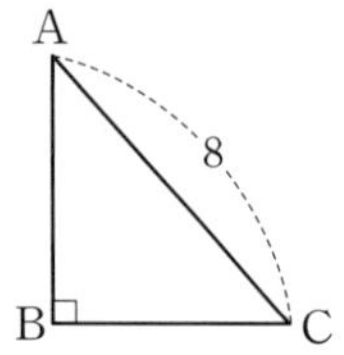

02

오른쪽 그림과 같은 직각삼각형 ABC에서 $\overline{AB}=4$, $\angle B=48^\circ$일 때, 다음 삼각비의 표를 이용하여 $x+y$의 값을 구하시오.

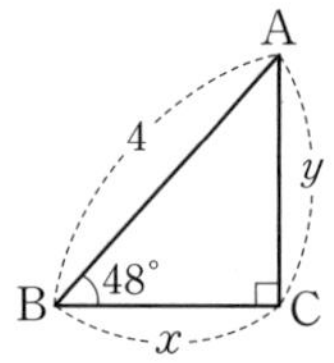

각도	사인(sin)	코사인(cos)	탄젠트(tan)
⋮	⋮	⋮	⋮
47°	0.7314	0.6820	1.0724
48°	0.7431	0.6691	1.1106
49°	0.7547	0.6561	1.1504
⋮	⋮	⋮	⋮

03

오른쪽 그림과 같은 직육면체에서 $\overline{FG}=\overline{GH}=3$ cm이고 $\angle CEG=30^\circ$일 때, 이 직육면체의 부피를 구하시오.

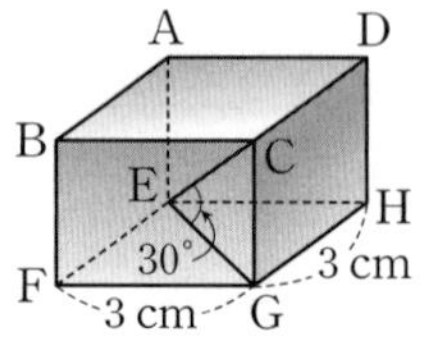

04

오른쪽 그림과 같은 삼각형 ABC에서 $\overline{AB}=6$ cm, $\overline{BC}=9$ cm, $\angle B=60^\circ$일 때, $\overline{AC}$의 길이를 구하시오.

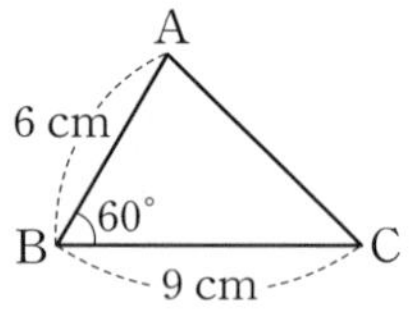

05

오른쪽 그림과 같은 삼각형 ABC에서 $\overline{AH}\perp\overline{BC}$이고 $\overline{BC}=6$ cm, $\angle B=60^\circ$, $\angle C=45^\circ$일 때, $\overline{AH}$의 길이를 구하시오.

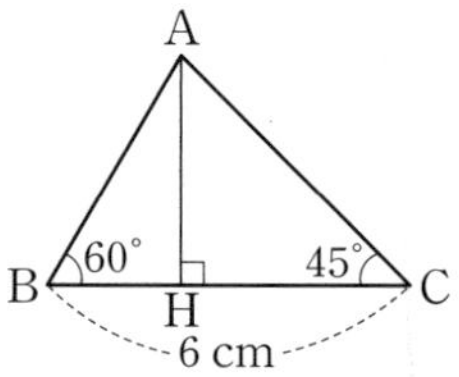

06

오른쪽 그림과 같이 준서의 손에서 연까지의 거리가 30 m이고, 손의 위치에서 연을 올려본 각의 크기는 30°일 때, 지면에서 연까지의 높이를 구하시오.

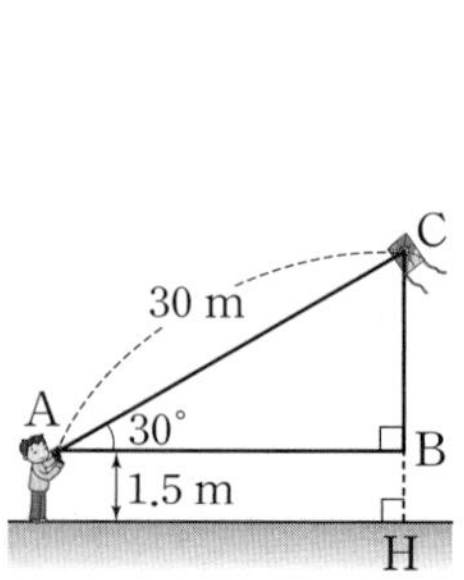

Episode 06 문장제 Plus

▶ 본문 43~49쪽 ▷ 정답과 풀이 67쪽

01

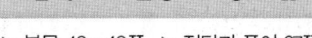

오른쪽 그림과 같이 $\overline{BC}=\overline{AC}=6$ cm인 삼각형 ABC에서 $\angle B=30°$일 때, △ABC의 넓이를 구하시오.

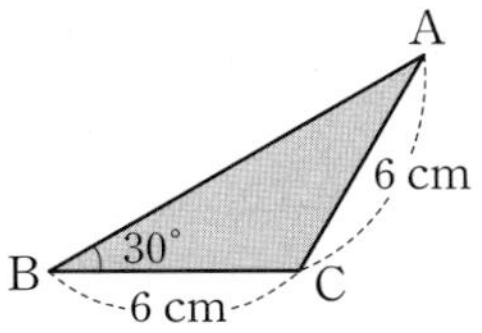

02

오른쪽 그림의 사각형 ABCD에서 $\angle ABC=60°$, $\angle ACD=30°$이고 $\overline{AB}=4$ cm, $\overline{CD}=7$ cm일 때, 사각형 ABCD의 넓이를 구하시오.

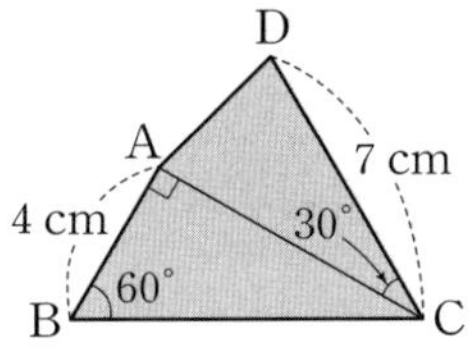

03

오른쪽 그림과 같은 평행사변형 ABCD의 넓이를 구하시오.

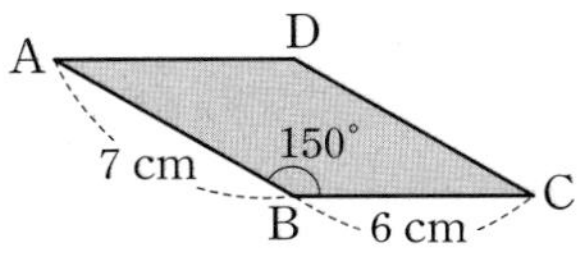

04

오른쪽 그림과 같은 마름모 ABCD에서 $\angle BAD=120°$이고 $\overline{AB}=10$ cm일 때, 마름모 ABCD의 넓이를 구하시오.

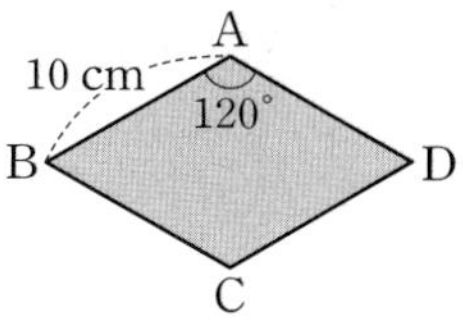

05

오른쪽 그림과 같은 평행사변형 ABCD의 넓이가 $10\sqrt{2}$ cm²일 때, ∠B의 크기는? (단, $0°<\angle B<90°$)

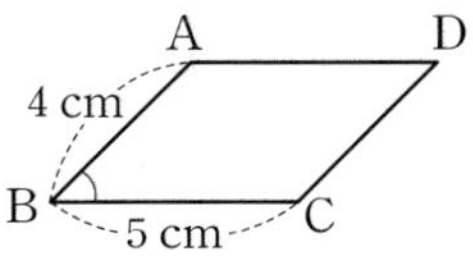

① 15°
② 20°
③ 30°
④ 45°
⑤ 60°

06

오른쪽 그림의 사각형 ABCD에서 $\overline{AC}=10$ cm, $\overline{BD}=7$ cm일 때, 사각형 ABCD의 넓이를 구하시오.

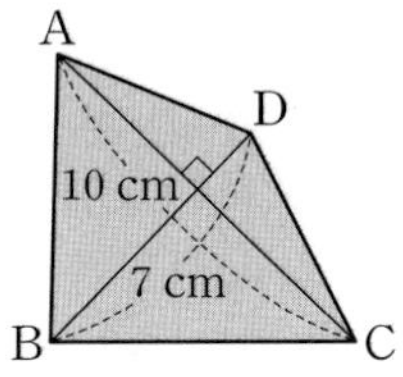

01

오른쪽 그림과 같은 원 O에서 $\overline{AB}\perp\overline{OM}$이고 $\overline{OA}=5$ cm, $\overline{OM}=3$ cm일 때, $\overline{AB}$의 길이를 구하시오.

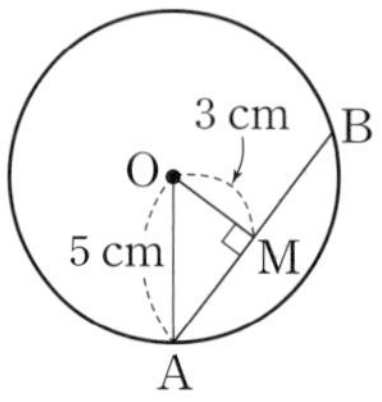

02

오른쪽 그림과 같은 원 O에서 $\overline{AB}\perp\overline{OC}$이고 $\overline{AD}=6\sqrt{2}$ cm, $\overline{CD}=4$ cm일 때, 원 O의 넓이를 구하시오.

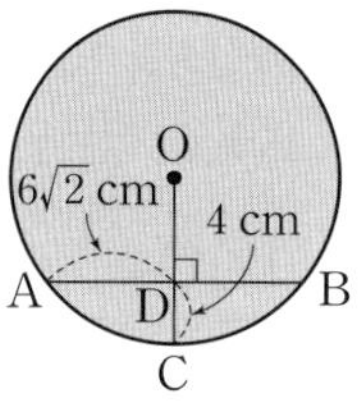

03

오른쪽 그림과 같이 반지름의 길이가 9 cm인 원 O에서 $\overline{AB}\perp\overline{CD}$이고 $\overline{BM}=4$ cm일 때, $\overline{CD}$의 길이를 구하시오.

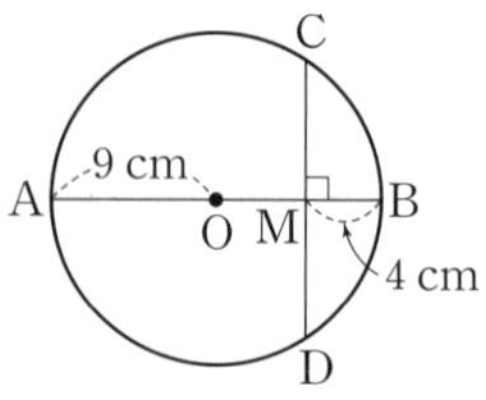

04

오른쪽 그림에서 $\widehat{AB}$는 반지름의 길이가 5 cm인 원의 일부분이다. $\overline{AB}\perp\overline{CD}$, $\overline{AD}=\overline{BD}$이고 $\overline{AB}=6$ cm일 때, $\overline{CD}$의 길이를 구하시오.

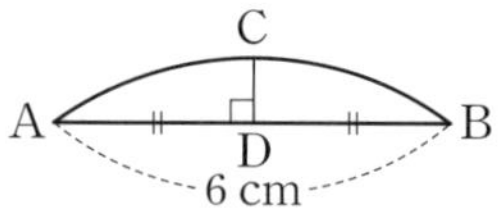

05

오른쪽 그림과 같은 원 O에서 $\overline{AB}\perp\overline{OM}$, $\overline{CD}\perp\overline{ON}$이고 $\overline{AB}=\overline{CD}$, $\overline{OM}=2$ cm, $\overline{CN}=3$ cm일 때, $\overline{OB}$의 길이를 구하시오.

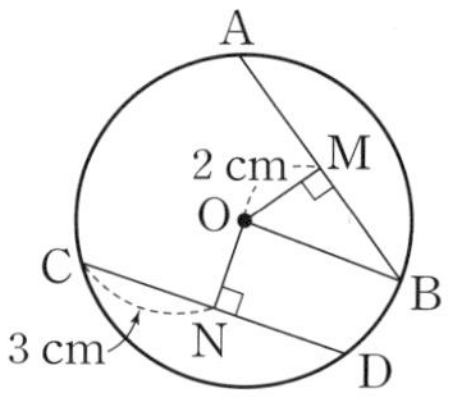

06

오른쪽 그림과 같은 원 O에서 $\overline{AB}\perp\overline{OM}$, $\overline{AC}\perp\overline{ON}$이고 $\overline{OM}=\overline{ON}$, $\angle ABC=65°$일 때, $\angle MON$의 크기를 구하시오.

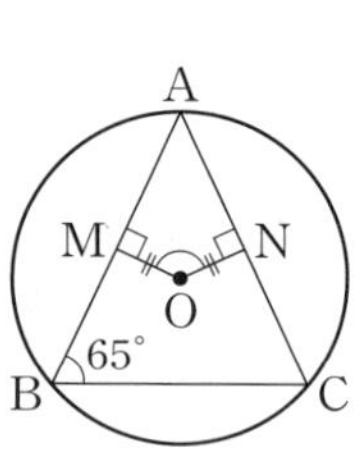

01

오른쪽 그림에서 $\overrightarrow{PA}$, $\overrightarrow{PB}$는 원 O의 접선이고 두 점 A, B는 접점이다. $\angle APB=45^\circ$, $\overline{OA}=6$ cm일 때, 색칠한 부분의 넓이를 구하시오.

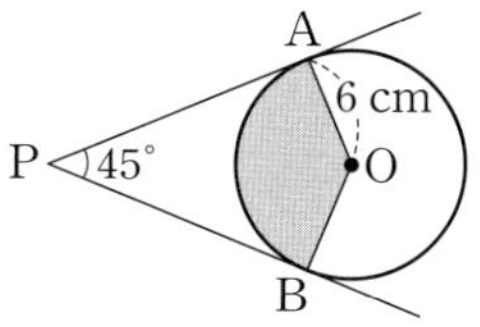

02

오른쪽 그림에서 $\overline{PA}$는 원 O의 접선이고 점 A는 접점이다. $\overline{OA}=5$ cm, $\overline{PQ}=8$ cm일 때, $\overline{AP}$의 길이를 구하시오.

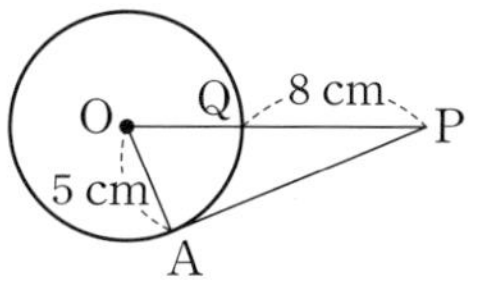

03

오른쪽 그림에서 $\overline{PA}$는 원 O의 접선이고 점 A는 접점이다. $\overline{PA}=10$ cm, $\overline{PB}=5$ cm일 때, 원 O의 지름의 길이를 구하시오.

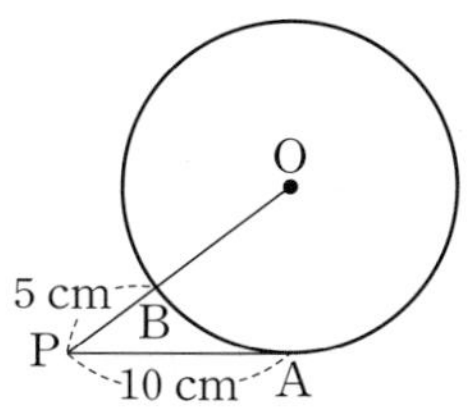

04

오른쪽 그림에서 $\overrightarrow{PA}$, $\overrightarrow{PB}$는 원 O의 접선이고 두 점 A, B는 접점이다. $\overline{OA}=4\sqrt{2}$ cm, $\overline{PB}=7$ cm일 때, $3x+y$의 값은?

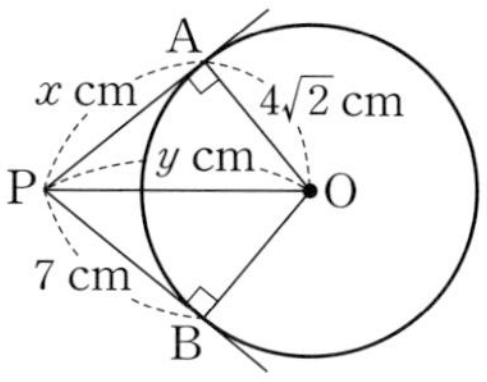

① 28　　② 30
③ 32　　④ 34
⑤ 36

05

오른쪽 그림에서 $\overline{PA}$, $\overline{PB}$는 원 O의 접선이고 두 점 A, B는 접점이다. $\angle OAB=30^\circ$, $\overline{PB}=7$ cm일 때, $\triangle APB$의 둘레의 길이를 구하시오.

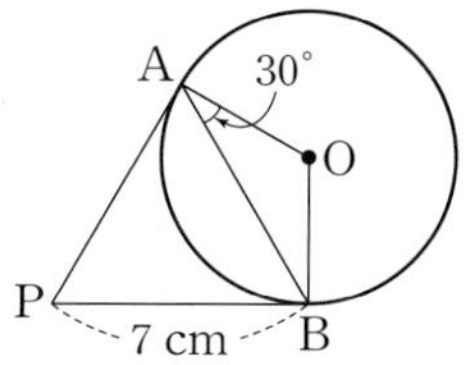

06

오른쪽 그림에서 $\overline{PA}$, $\overline{PB}$는 원 O의 접선이고 두 점 A, B는 접점이다. $\overline{OA}=9$ cm, $\overline{PC}=6$ cm일 때, □APBO의 넓이를 구하시오.

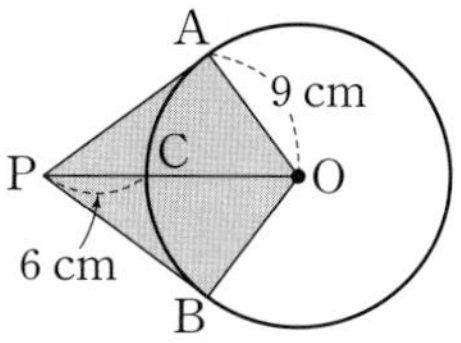

01

오른쪽 그림에서 원 O는 △ABC의 내접원이고 세 점 D, E, F는 접점일 때, $\overline{BE}$의 길이를 구하시오.

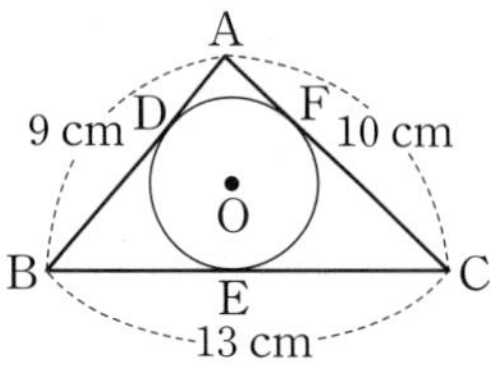

02

오른쪽 그림에서 원 O는 △ABC의 내접원이고 세 점 D, E, F는 접점이다. $\overline{BE}$=7 cm, $\overline{AF}$=5 cm이고 △ABC의 둘레의 길이가 42 cm일 때, $\overline{CE}$의 길이를 구하시오.

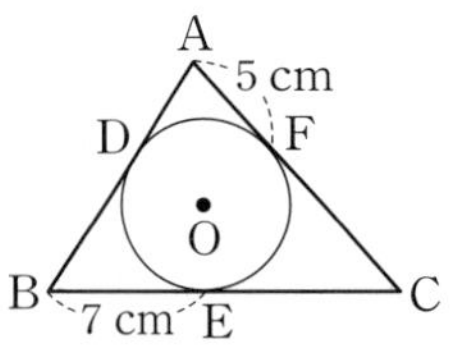

03

오른쪽 그림에서 원 O는 직각삼각형 ABC의 내접원이고 세 점 D, E, F는 접점이다. $\overline{BE}$=9 cm, $\overline{EC}$=6 cm일 때, 원 O의 넓이는?

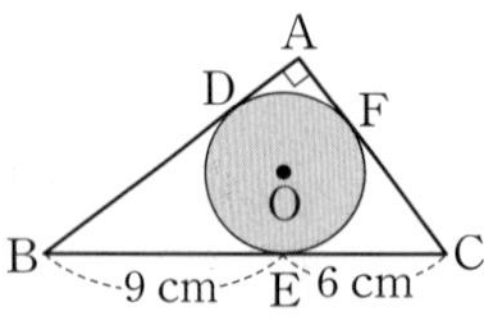

① 3π cm^2 ② 5π cm^2 ③ 7π cm^2
④ 9π cm^2 ⑤ 11π cm^2

04

오른쪽 그림에서 □ABCD가 원 O에 외접하고 네 점 P, Q, R, S는 접점일 때, $\overline{BC}$의 길이를 구하시오.

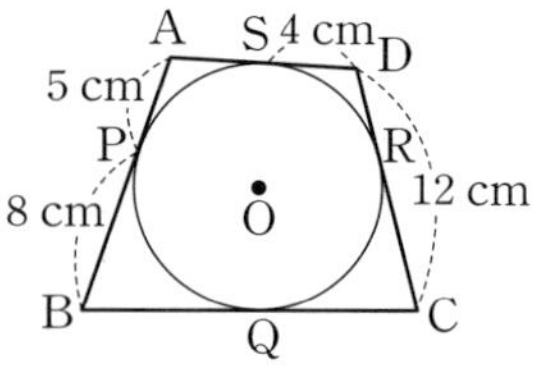

05

오른쪽 그림과 같이 □ABCD가 원 O에 외접할 때, □ABCD의 둘레의 길이를 구하시오.

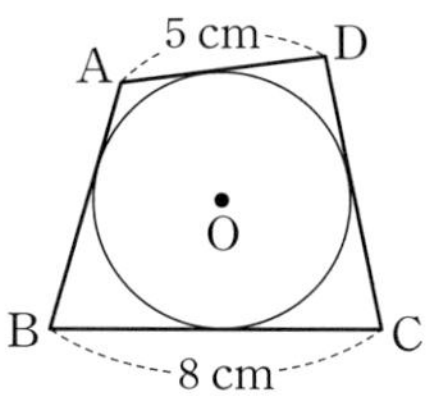

06

오른쪽 그림과 같이 □ABCD는 반지름의 길이가 6 cm인 원 O에 외접하고 네 점 P, Q, R, S는 접점이다. $\overline{AB}$=13 cm, $\overline{BC}$=15 cm일 때, □ABCD의 넓이를 구하시오.

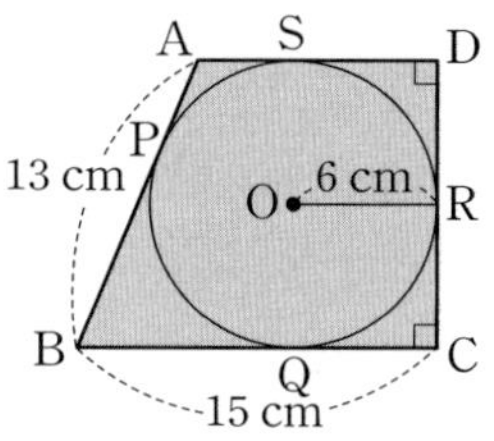

01

오른쪽 그림의 원 O에서 $\angle BAC=40^\circ$일 때, $\angle x$, $\angle y$의 크기를 각각 구하시오.

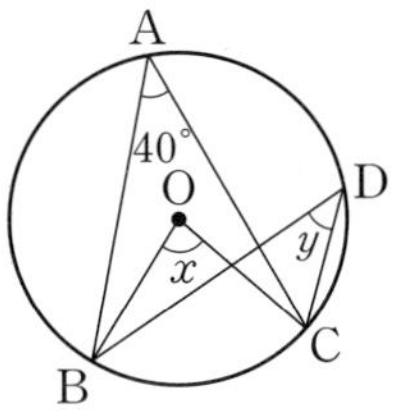

02

오른쪽 그림의 원 O에서 $\angle ABC=130^\circ$일 때, $\angle x$, $\angle y$의 크기를 각각 구하시오.

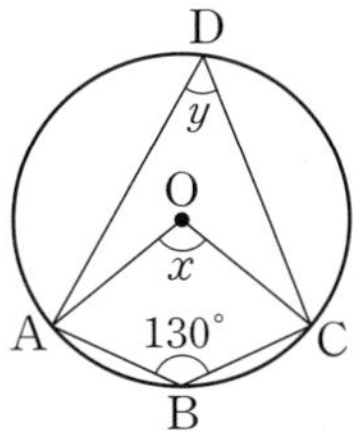

03

오른쪽 그림에서 $\overrightarrow{PA}$, $\overrightarrow{PB}$는 원 O의 접선이고 두 점 A, B는 접점이다. $\angle APB=50^\circ$일 때, $\angle x$의 크기를 구하시오.

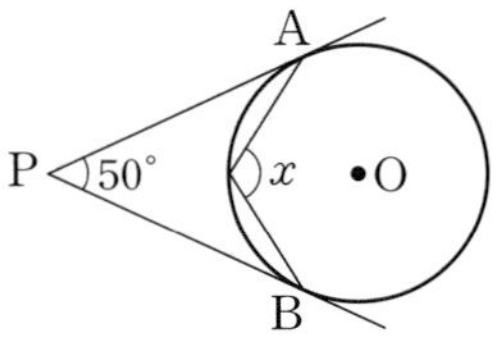

04

오른쪽 그림의 원에서 $\angle ABD=30^\circ$, $\angle BDC=45^\circ$일 때, $\angle x$의 크기를 구하시오.

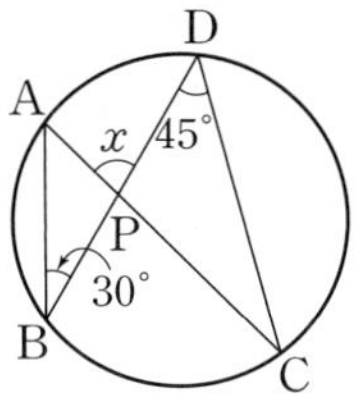

05

오른쪽 그림에서 $\overline{AC}$는 원 O의 지름이고 $\angle BAC=30^\circ$일 때, $\angle x$의 크기를 구하시오.

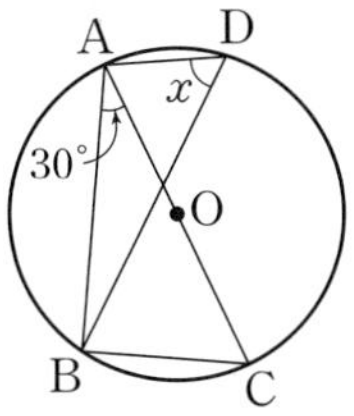

06

오른쪽 그림에서 $\overline{AB}$는 원 O의 지름이고 $\angle BED=46^\circ$일 때, $\angle x$의 크기를 구하시오.

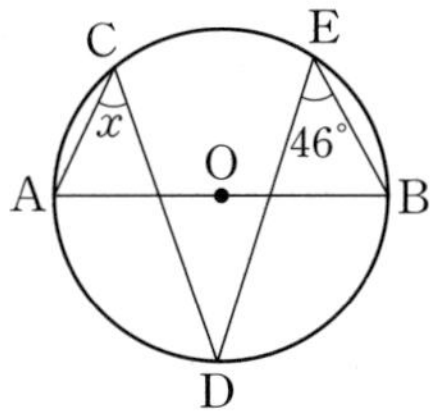

01

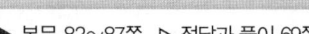

오른쪽 그림의 원에서 $\widehat{AB}=\widehat{CD}$이고 $\angle ACB=32°$일 때, $\angle x$의 크기를 구하시오.

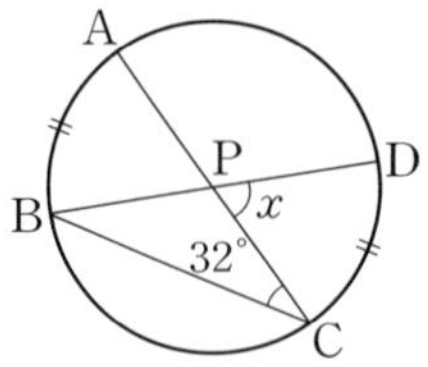

02

오른쪽 그림의 원에서 $\widehat{AB}=\widehat{BC}=2$ cm이고 $\angle ABD=55°$, $\angle BDC=30°$일 때, $\angle x$의 크기를 구하시오.

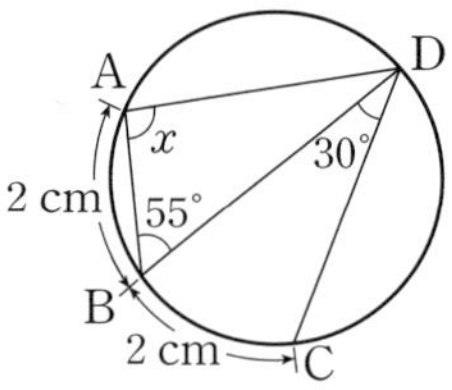

03

오른쪽 그림의 원 O에서 $\widehat{AB}=\widehat{BC}$이고 $\angle APB=28°$일 때, $\angle x+\angle y$의 값은?

① 84°　② 90°
③ 96°　④ 104°
⑤ 112°

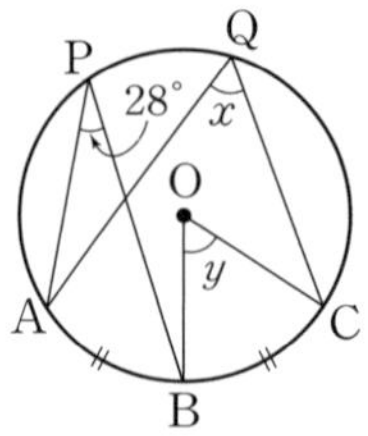

04

오른쪽 그림의 원 O에서 $\widehat{AB}=3$ cm, $\widehat{CD}=6$ cm이고 $\angle APB=19°$일 때, $\angle x$의 크기를 구하시오.

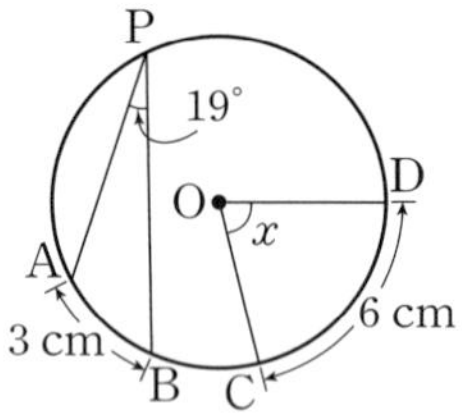

05

오른쪽 그림의 원 O에서 $\widehat{BC}=4$ cm, $\angle APB=50°$일 때, x의 값을 구하시오.

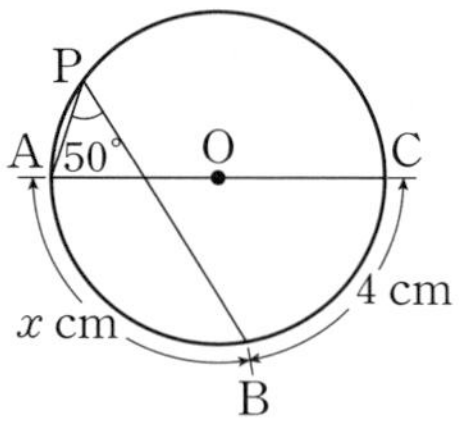

06

오른쪽 그림에서 원 O는 △ABC의 외접원이고 $\widehat{AB}:\widehat{BC}:\widehat{CA}=5:3:4$일 때, $\angle x$의 크기를 구하시오.

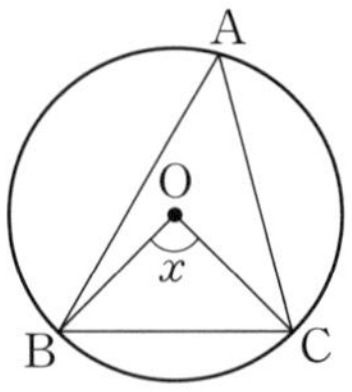

01

다음 보기 중에서 □ABCD가 원에 내접하는 것을 모두 고르시오.

보기

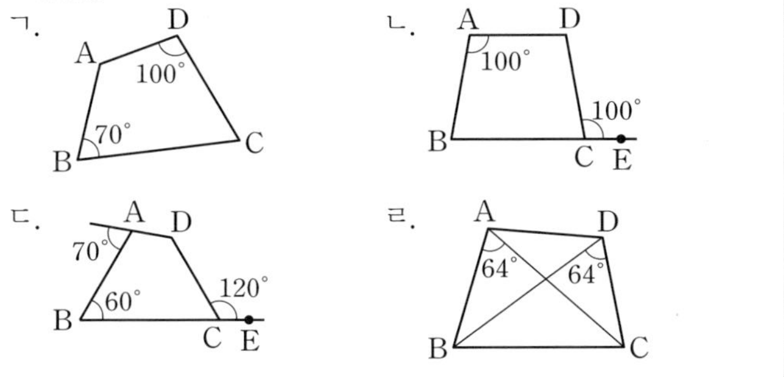

02

오른쪽 그림에서 사각형 ABCD가 원 O에 내접할 때, $\angle x$, $\angle y$의 크기를 각각 구하시오.

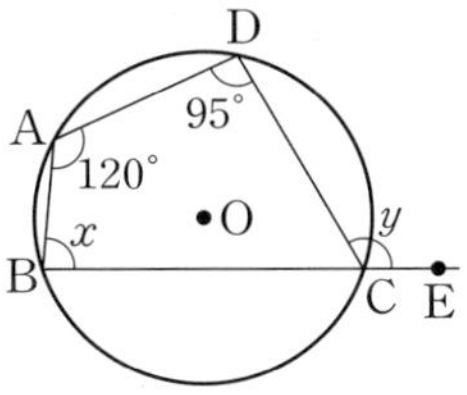

03

오른쪽 그림과 같은 원 O에 두 사각형 ABCD, ABCE가 내접할 때, $\angle x$, $\angle y$의 크기를 각각 구하시오.

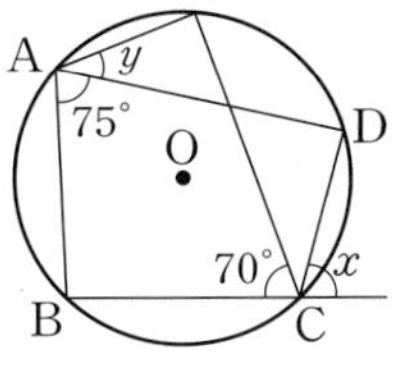

04

오른쪽 그림에서 직선 AT는 원 O의 접선이고 점 A는 접점이다. □ABCD가 원 O에 내접할 때, $\angle x$의 크기를 구하시오.

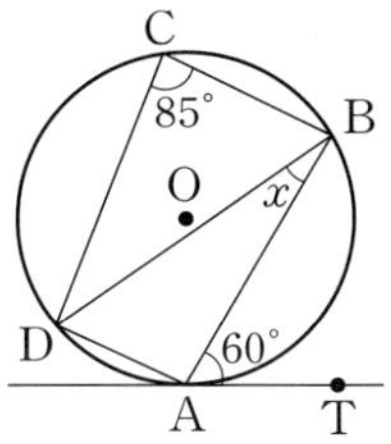

05

오른쪽 그림에서 직선 AT는 원 O의 접선이고 점 A는 접점이다.
$\angle \mathrm{AOB}=140°$일 때, $\angle x$의 크기를 구하시오.

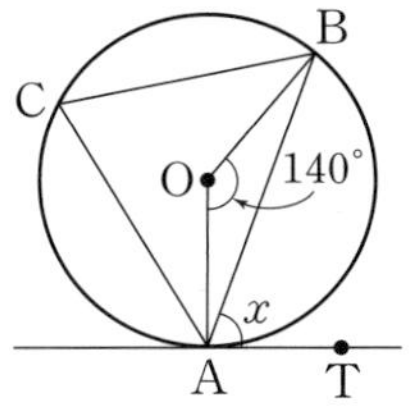

06

오른쪽 그림에서 $\overrightarrow{\mathrm{PB}}$는 원 O의 접선이고 점 B는 접점일 때, $\angle x$의 크기를 구하시오.

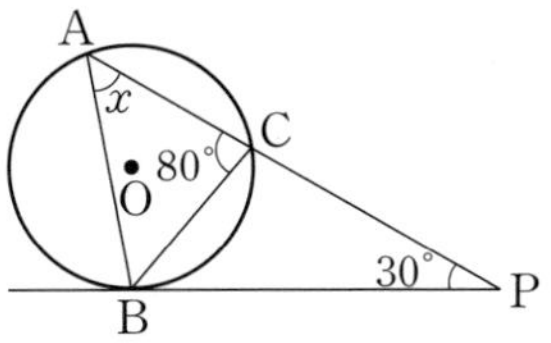

01

다음 자료의 평균과 중앙값을 각각 구하고, 평균과 중앙값 중 어느 것이 대푯값으로 더 적절한지 말하시오.

31, 5, 26, 33, 30

02

다음 네 자료의 중앙값이 31일 때, x의 값을 구하시오.

34, 24, 29, x

03

다음 자료의 중앙값을 a, 최빈값을 b라고 할 때, $a-b$의 값을 구하시오.

42, 53, 80, 61, 53, 67

04

다음은 학생 7명의 영어 듣기 평가 점수를 조사한 자료이다. 이 자료의 평균, 중앙값, 최빈값을 각각 구하시오.

(단위 : 점)

16, 19, 18, 13, 20, 19, 14

05

다음 그림은 준서네 반 학생 20명의 윗몸 일으키기 횟수를 조사하여 나타낸 줄기와 잎 그림이다. 윗몸 일으키기 기록의 중앙값을 a회, 최빈값을 b회라고 할 때, $a+b$의 값을 구하시오.

(2|5는 25회)

줄기	잎
2	5 8 9
3	0 2 4 7 7 8
4	1 3 3 3 3 5 9 9
5	2 6 8

06

오른쪽 그림은 학생 8명의 봉사 활동 시간을 조사하여 나타낸 줄기와 잎 그림이다. 주어지지 않은 두 변량의 평균이 16시간일 때, 자료 전체의 평균을 구하시오.

(0|7은 7시간)

줄기	잎
0	7 9
1	□ 2 6
2	1 □ 3

01

다음 자료의 평균이 12일 때, 표를 완성하시오.

변량		12	11		17	
편차	-2			1		-3

02

아래 표는 어느 가게에서 평일에 팔린 우유 개수의 편차를 나타낸 것이다. 팔린 우유 개수의 평균이 29개일 때, 목요일에 팔린 우유의 개수는?

요일	월	화	수	목	금
편차(개)	5	-7	4	x	-3

① 27개 ② 28개 ③ 29개
④ 30개 ⑤ 31개

03

다음 자료는 지유네 모둠 5명의 국어 수행 평가 점수를 나타낸 것이다. 표준편차를 구하시오.

(단위 : 점)

7, 13, 5, 14, 11

04

아래 표는 학생 6명의 몸무게의 편차를 조사하여 나타낸 것이다. 준호의 몸무게의 편차가 x kg이고, 학생 6명의 몸무게의 분산이 y일 때, $x+y$의 값을 구하시오.

학생	우진	지후	민수	준호	다연	세민
편차(kg)	4	-2	0	x	-2	-3

05

다음 중 옳지 않은 것은?

① 편차의 합은 항상 0이다.
② 분산은 편차의 평균이다.
③ 모든 변량이 같은 자료의 분산은 0이다.
④ 표준편차가 작을수록 자료는 고르게 분포되어 있다.
⑤ 편차의 절댓값이 클수록 그 변량은 평균에서 멀리 떨어져 있다.

06

오른쪽 표는 두 반의 수학 성적의 평균과 표준편차를 나타낸 것이다. 다음 중 옳은 것은?

반	1	2
평균(점)	85	85
표준편차(점)	2.1	2.6

① 1반의 학생 수가 2반의 학생 수보다 많다.
② 수학 성적이 가장 높은 학생은 2반에 있다.
③ 2반에는 수학 성적이 90점이 넘는 학생이 없다.
④ 1반의 수학 성적이 2반의 수학 성적보다 고르다.
⑤ 1반의 수학 성적이 2반의 수학 성적보다 우수하다.

01

오른쪽 그림은 준호네 반 학생 20명의 던지기 실기 점수와 줄넘기 실기 점수를 조사하여 나타낸 산점도이다. 두 종목의 실기 점수가 모두 6점 이상인 학생은 전체의 몇 %인지 구하시오.

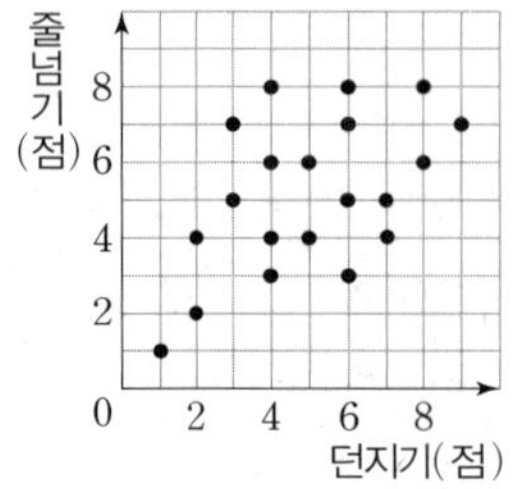

02

오른쪽 그림은 지민이네 반 학생 18명의 수학 성적과 국어 성적을 조사하여 나타낸 산점도이다. 다음 중 옳은 것을 모두 고르시오.

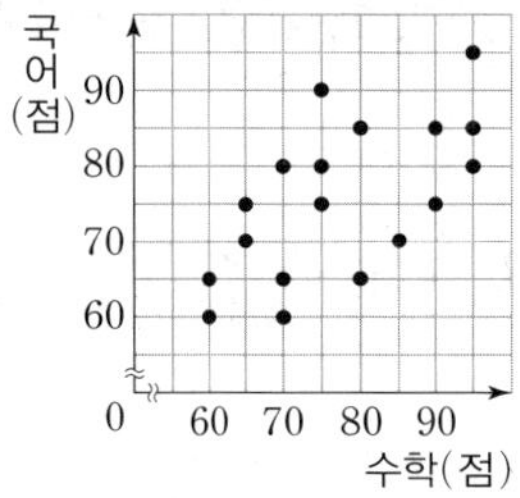

ㄱ. 국어 성적이 70점 이하인 학생 수는 2명이다.
ㄴ. 수학 성적이 90점 이상인 학생 수는 5명이다.
ㄷ. 두 과목의 성적의 평균이 75점인 학생 수는 2명이다.
ㄹ. 두 과목의 성적의 평균이 80점 이상인 학생 수는 6명이다.

03

오른쪽 그림은 윤석이네 반 학생 15명의 2차에 걸친 글쓰기 수행 평가 점수를 조사하여 나타낸 산점도이다. 다음 중 옳지 <u>않은</u> 것을 모두 고르면? (정답 2개)

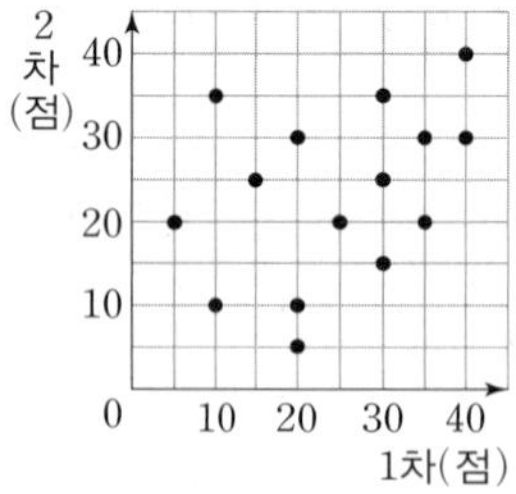

① 1차 성적과 2차 성적이 변화가 없는 학생 수는 3명이다.
② 2차 성적이 1차 성적보다 떨어진 학생 수는 8명이다.
③ 2차 성적이 1차 성적에 비해 가장 많이 향상된 학생은 25점이 향상되었다.
④ 1차 성적과 2차 성적의 차가 10점인 학생 수는 4명이다.
⑤ 1차 성적과 2차 성적의 합이 60점 이상인 학생 수는 3명이다.

04

하루 중 스마트폰 사용 시간을 x시간, 공부하는 시간을 y시간이라고 할 때, 두 변량 x, y 사이의 상관관계를 나타낸 산점도로 알맞은 것은?

① 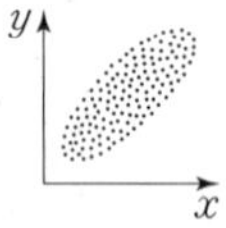
② 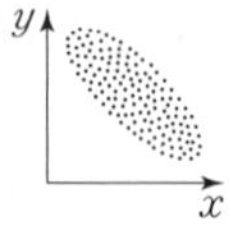
③ 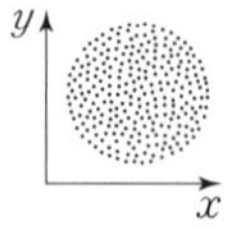
④ 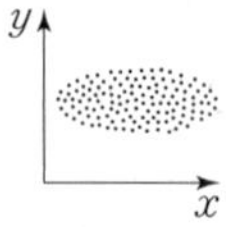
⑤ 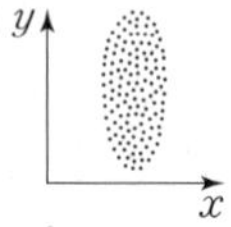

05

다음 중 두 변량 사이의 상관관계가 오른쪽 그림과 같은 것을 모두 고르면?

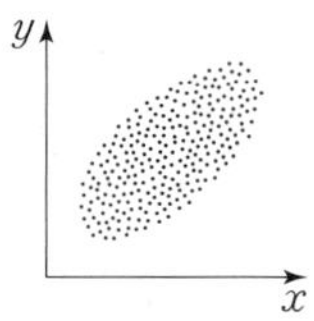

ㄱ. 시력과 몸무게
ㄴ. 키와 앉은키
ㄷ. 통학 거리와 통학 시간
ㄹ. 물건의 가격과 소비량

① ㄱ　② ㄱ, ㄷ　③ ㄴ, ㄷ
④ ㄷ, ㄹ　⑤ ㄴ, ㄷ, ㄹ

06

오른쪽 그림은 민재네 학년 학생들이 작년과 올해에 읽은 책의 권수를 조사하여 나타낸 산점도이다. A~E 중 작년에 비해 올해 책을 더 많이 읽은 학생은?

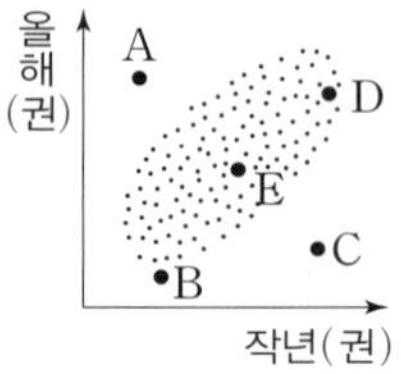

① A　② B
③ C　④ D
⑤ E

新 수학의

바이블

연산

新 수학의 바이블 연산은
개념별 연산 유형을 세분화하여 다양한 문제 해결을 통해
계산 원리를 스스로 익히고 기초 개념을 다질 수 있도록 구성하였습니다.

新 수학의 바이블

개념을 쉽게! 연산을 빠르게! 수학을 우월하게!

연산

중학 3-2

정답과 풀이

이투스북

新 수학의 바이블

연산

중학 3-2

정답과 풀이

빠른 정답 본교재

p. 09~13

Episode 01 삼각비의 뜻

001 $\frac{5}{13}$, $\frac{12}{13}$, $\frac{5}{12}$
002 $\frac{15}{17}$, $\frac{8}{17}$, $\frac{15}{8}$
003 $\frac{1}{2}$, $\frac{\sqrt{3}}{2}$, $\frac{\sqrt{3}}{3}$
004 $\frac{\sqrt{21}}{5}$, $\frac{2}{5}$, $\frac{\sqrt{21}}{2}$
005 $\frac{3}{5}$, $\frac{4}{5}$, $\frac{3}{4}$
006 $\frac{24}{25}$, $\frac{7}{25}$, $\frac{24}{7}$
007 $\frac{\sqrt{7}}{4}$, $\frac{3}{4}$, $\frac{\sqrt{7}}{3}$
008 $\frac{\sqrt{10}}{10}$, $\frac{3\sqrt{10}}{10}$, $\frac{1}{3}$
009 $\frac{\sqrt{6}}{3}$, $\frac{\sqrt{3}}{3}$, $\sqrt{2}$
010 $\frac{\sqrt{5}}{3}$, $\frac{2}{3}$, $\frac{\sqrt{5}}{2}$
011 $\frac{12}{13}$, $\frac{5}{13}$, $\frac{12}{5}$
012 $\frac{\sqrt{2}}{3}$, $\frac{\sqrt{7}}{3}$, $\frac{\sqrt{14}}{7}$
013 $2\sqrt{7}$, 6
014 $2\sqrt{2}$, $2\sqrt{7}$
015 4, $2\sqrt{5}$
016 12, $2\sqrt{11}$
017 6, $3\sqrt{13}$
018 9, $6\sqrt{2}$
019 14, $2\sqrt{13}$
020 $\frac{\sqrt{21}}{5}$, $\frac{2\sqrt{21}}{21}$
021 $\frac{\sqrt{7}}{4}$, $\frac{3\sqrt{7}}{7}$
022 $\frac{5}{6}$, $\frac{\sqrt{11}}{5}$
023 $\frac{\sqrt{3}}{3}$, $\frac{\sqrt{2}}{2}$
024 $\frac{2\sqrt{6}}{7}$, $\frac{2\sqrt{6}}{5}$
025 $\frac{2\sqrt{5}}{5}$, $\frac{\sqrt{5}}{5}$
026 $\frac{2\sqrt{13}}{13}$, $\frac{3\sqrt{13}}{13}$
027 $\frac{5}{13}$
028 $\frac{\sqrt{41}}{41}$
029 0
030 ④
031 ⑤
032 ②

p. 15~19

Episode 02 삼각비의 값의 활용

033 $\frac{2\sqrt{13}}{13}$, $\frac{3\sqrt{13}}{13}$, $\frac{2}{3}$
034 $\frac{\sqrt{2}}{2}$, $\frac{\sqrt{2}}{2}$, 1
035 $\frac{3}{5}$, $\frac{4}{5}$, $\frac{3}{4}$
036 $\frac{15}{17}$, $\frac{8}{17}$, $\frac{15}{8}$
037 $\frac{12}{13}$, $\frac{5}{13}$, $\frac{12}{5}$
038 $\frac{4}{5}$, $\frac{3}{5}$, $\frac{4}{3}$
039 $\frac{3}{4}$, $\frac{\sqrt{7}}{4}$, $\frac{3\sqrt{7}}{7}$
040 $\frac{5}{6}$, $\frac{\sqrt{11}}{6}$, $\frac{5\sqrt{11}}{11}$
041 $\frac{4}{5}$, $\frac{3}{5}$, $\frac{4}{3}$
042 $\frac{4}{5}$, $\frac{3}{5}$, $\frac{4}{3}$
043 $\frac{\sqrt{6}}{3}$, $\frac{\sqrt{3}}{3}$, $\sqrt{2}$
044 $\frac{3}{4}$, $\frac{\sqrt{7}}{4}$, $\frac{3\sqrt{7}}{7}$
045 $\frac{4}{5}$, $\frac{3}{5}$, $\frac{4}{3}$
046 $\frac{3}{5}$, $\frac{4}{5}$, $\frac{3}{4}$
047 $\frac{5}{13}$, $\frac{12}{13}$, $\frac{5}{12}$
048 $\frac{12}{13}$, $\frac{5}{13}$, $\frac{12}{5}$
049 $\frac{2}{3}$, $\frac{\sqrt{5}}{3}$, $\frac{2\sqrt{5}}{5}$
050 $\frac{\sqrt{5}}{3}$, $\frac{2}{3}$, $\frac{\sqrt{5}}{2}$
051 $\frac{3}{5}$
052 $\frac{8}{17}$
053 $\frac{5}{13}$
054 $\frac{3\sqrt{13}}{13}$, $\frac{2\sqrt{13}}{13}$, $\frac{3}{2}$
055 $\frac{\sqrt{10}}{10}$, $\frac{3\sqrt{10}}{10}$, $\frac{1}{3}$
056 $\frac{\sqrt{6}}{3}$
057 $\frac{3\sqrt{2}}{10}$
058 ③
059 ③
060 ①

p. 21~26

Episode 03 30°, 45°, 60°의 삼각비의 값

061 $\frac{1}{2}$, $\frac{\sqrt{3}}{2}$, $\frac{\sqrt{3}}{3}$
062 $\frac{\sqrt{2}}{2}$, $\frac{\sqrt{2}}{2}$, 1
063 $\frac{\sqrt{3}}{2}$, $\frac{1}{2}$, $\sqrt{3}$
064 1
065 $\sqrt{2}$
066 $\frac{1}{2}$
067 $\frac{\sqrt{3}}{2}$
068 $\frac{\sqrt{3}}{2}$
069 $\frac{1}{2}$
070 $\sqrt{3}$
071 $\frac{1}{2}$
072 1
073 30°
074 45°
075 60°
076 60°
077 30°
078 45°
079 30°
080 60°
081 45°
082 40°
083 15°
084 50°
085 10°
086 34°
087 $2\sqrt{2}$, $2\sqrt{2}$
088 5, $5\sqrt{3}$
089 $4\sqrt{3}$, 8
090 $10\sqrt{2}$, 10
091 2, 4
092 6, $6\sqrt{2}$
093 $6\sqrt{2}$, $3\sqrt{6}$
094 $10\sqrt{3}$, $10\sqrt{6}$
095 $6\sqrt{2}$, $6\sqrt{6}$
096 $4\sqrt{3}$, $2\sqrt{6}$
097 $12\sqrt{3}$
098 $3\sqrt{2}$
099 4
100 $4\sqrt{3}$, 8
101 $6\sqrt{3}$, $3\sqrt{6}$
102 $4\sqrt{3}$, $4\sqrt{6}$
103 $2+\sqrt{3}$
104 $\sqrt{2}-1$
105 $y=\sqrt{3}x+2$
106 $y=\frac{\sqrt{3}}{3}x+4$
107 $y=x+6$
108 ②
109 ④
110 ③

Episode 04 사분원에서 삼각비의 값

p. 28~33

111 $\overline{AB}$ 112 $\overline{OB}$ 113 $\overline{CD}$
114 $\overline{OB}$ 115 $\overline{AB}$ 116 $\overline{OB}$
117 $\overline{AB}$ 118 ○ 119 ○
120 × 121 × 122 ○
123 × 124 ○ 125 ○
126 ○ 127 × 128 0.5878
129 0.8090 130 0.7265 131 0.8090
132 0.5878 133 0.8387 134 0.5446
135 1.5399 136 0.5446 137 0.8387
138 0.7431 139 0.6691 140 1.1106
141 0.6691 142 0.7431 143 1
144 2 145 -1 146 $\frac{\sqrt{2}}{2}$
147 $\frac{\sqrt{6}}{3}$ 148 0 149 $\frac{1}{4}$
150 $-\frac{1}{2}$ 151 ○ 152 ×
153 ○ 154 ○ 155 ×
156 × 157 × 158 ○
159 ○ 160 $<$ 161 $>$
162 $<$ 163 $<$ 164 $<$
165 $>$ 166 $<$ 167 $<$
168 $>$ 169 0.4540 170 0.9063
171 0.5317 172 0.8480 173 0.4848
174 1.5399 175 0.8660 176 1.6643
177 $35°$ 178 $33°$ 179 $36°$
180 $41°$ 181 $40°$ 182 $39°$
183 $43°$ 184 $42°$ 185 8.192
186 55.92 187 37.68 188 $48°$
189 $51°$ 190 $43°$ 191 ②
192 ④ 193 $69°$

Episode 05 삼각비의 활용 - 삼각형의 변의 길이

p. 35~42

194 $\frac{7}{\cos 32°}$, $7\tan 32°$ 195 $8\tan 43°$, $\frac{8}{\cos 43°}$
196 $9\cos 55°$, $9\sin 55°$ 197 5
198 9.4 199 28.7 200 160 cm^3

201 $9\sqrt{3}\pi\text{ cm}^3$ 202 320 cm^3 203 9.3 km
204 6.64 m 205 200 m 206 8.58 m
207 30.2 m 208 48.7 m 209 8.99 m
210 4 m 211 5.36 m 212 $(24+8\sqrt{3})$ m
213 $(36+36\sqrt{3})$ m 214 $\sqrt{21}$ 215 $2\sqrt{3}$
216 $\sqrt{10}$ 217 $3\sqrt{13}$ 218 $2\sqrt{31}$
219 $2\sqrt{13}$ 220 $4\sqrt{6}$ 221 16
222 $6\sqrt{2}$ 223 $3\sqrt{2}$ 224 $20\sqrt{2}$
225 $5\sqrt{6}$ 226 $15-5\sqrt{3}$ 227 $3\sqrt{3}-3$
228 $4\sqrt{3}-4$ 229 $(30-10\sqrt{3})$ m 230 $(20\sqrt{3}-20)$ m
231 $3\sqrt{3}$ m 232 $12+4\sqrt{3}$ 233 $2\sqrt{3}+2$
234 $4\sqrt{3}$ 235 $(5\sqrt{3}+5)$ m 236 $(27+9\sqrt{3})$ m
237 $7\sqrt{3}$ m 238 ① 239 ⑤
240 ④

Episode 06 삼각비의 활용 - 도형의 넓이

p. 44~49

241 $18\sqrt{2}\text{ cm}^2$ 242 $6\sqrt{3}\text{ cm}^2$ 243 16 cm^2
244 30 cm^2 245 $3\sqrt{2}\text{ cm}^2$ 246 $3\sqrt{3}\text{ cm}^2$
247 63 cm^2 248 $\frac{63\sqrt{3}}{4}\text{ cm}^2$ 249 $60°$
250 $120°$ 251 $135°$ 252 4
253 10 254 8 255 $24\sqrt{2}\text{ cm}^2$
256 21 cm^2 257 $18\sqrt{2}\text{ cm}^2$ 258 $4\sqrt{3}\text{ cm}^2$
259 10 cm^2 260 $54\sqrt{3}\text{ cm}^2$ 261 $8\sqrt{2}\text{ cm}^2$
262 54 cm^2 263 $60°$ 264 $120°$
265 $150°$ 266 10 267 5
268 8 269 $20\sqrt{2}\text{ cm}^2$ 270 $140\sqrt{3}\text{ cm}^2$
271 $\sqrt{3}\text{ cm}^2$ 272 $3\sqrt{2}\text{ cm}^2$ 273 $42\sqrt{3}\text{ cm}^2$
274 16 cm^2 275 ① 276 ④
277 ④

Episode 07 원의 중심과 현

p. 53~58

001 4 002 $\sqrt{2}$ 003 3
004 10 005 16 006 6
007 24 008 $2\sqrt{7}$ 009 9

빠른 정답 본교재

010 3	011 2	012 $2\sqrt{6}$
013 $5\sqrt{2}$ cm	014 8 cm	015 9 cm
016 6 cm	017 $\frac{5}{2}$	018 $\frac{13}{2}$
019 6	020 17	021 6
022 4	023 $\sqrt{2}$	024 $3\sqrt{5}$
025 10 cm	026 $\frac{58}{3}$ cm	027 2 cm
028 5 cm	029 10	030 18
031 $6\sqrt{5}$	032 4	033 3
034 5	035 $\sqrt{10}$	036 6
037 6	038 $4\sqrt{7}$	039 $2\sqrt{2}$
040 5	041 55°	042 70°
043 80°	044 60°	045 16π cm^2
046 $2\sqrt{29}$ cm	047 30	

p. 60~65

Episode 08 원의 접선에 관한 성질 (1)

048 45°	049 40°	050 70°
051 54°	052 110°	053 135°
054 50°	055 82°	056 8
057 $3\sqrt{3}$	058 8	059 2
060 3	061 8	062 5
063 6	064 6	065 11
066 5	067 7	068 $2\sqrt{10}$
069 6	070 10	071 13
072 50°	073 55°	074 60°
075 20°	076 28 cm	077 46 cm
078 $2\sqrt{5}$ cm^2	079 $20\sqrt{6}$ cm^2	080 14
081 6	082 10	083 $8\sqrt{2}$
084 $2\sqrt{66}$	085 9	086 4
087 $2\sqrt{5}$	088 $8\sqrt{6}$	089 24
090 8 cm	091 30 cm	092 $18\sqrt{22}$ cm^2

p. 67~73

Episode 09 원의 접선에 관한 성질 (2)

093 16	094 14	095 13
096 6	097 5	098 10
099 7	100 6	101 28 cm
102 30 cm	103 16 cm	104 42 cm
105 17	106 10	107 15
108 23	109 6 cm	110 12 cm
111 11 cm	112 22 cm	113 1
114 2	115 3	116 2
117 3	118 3	119 ○
120 ×	121 ○	122 ×
123 ×	124 ○	125 ×
126 9	127 11	128 7
129 11	130 2	131 5
132 7	133 12	134 40 cm
135 52 cm	136 24 cm	137 40 cm
138 10	139 5	140 5
141 3	142 6	143 20
144 10	145 3 cm	146 6
147 16π cm^2		

p. 75~81

Episode 10 원주각

148 65°	149 43°	150 35°
151 62°	152 90°	153 152°
154 68°	155 80°	156 80°
157 110°	158 160°	159 130°
160 110°	161 144°	162 20°
163 41°	164 60°	165 10°
166 52°	167 46°	168 60°
169 55°	170 72°	171 30°
172 35°	173 62°	174 41°
175 80°	176 30°, 30°	177 42°, 42°
178 34°, 34°	179 57°, 57°	180 80°, 40°
181 70°, 140°	182 62°, 62°	183 34°, 34°
184 52°, 77°	185 35°, 82°	186 34°, 66°
187 60°, 36°	188 60°	189 75°
190 40°	191 23°	192 70°
193 40°	194 57°	195 26°
196 25°	197 62°	198 35°
199 66°	200 $\angle x=75^\circ$, $\angle y=105^\circ$	
201 48°	202 30°	

p. 83~87

Episode 11 원주각의 크기와 호의 길이

203 40° **204** 30° **205** 32°
206 25° **207** 36° **208** 43°
209 80° **210** 44° **211** 4
212 7 **213** 8 **214** 15
215 9 **216** 11 **217** 12
218 14 **219** 48° **220** 60°
221 30° **222** 84° **223** 26°
224 48° **225** 33° **226** 25°
227 9 **228** 35 **229** 4
230 12 **231** 15 **232** 20
233 6 **234** 16 **235** 60°, 100°, 20°
236 60°, 80°, 40° **237** 45°, 60°, 75° **238** 110°
239 60° **240** 16

p. 89~96

Episode 12 원에 내접하는 사각형

241 × **242** ○ **243** ○
244 × **245** 65° **246** 45°
247 30° **248** 25° **249** 105°, 100°
250 90°, 115° **251** 135°, 74° **252** 108°, 84°
253 82°, 98° **254** 55°, 125° **255** 50°, 130°
256 65°, 25° **257** 75°, 105° **258** 60°, 120°
259 30°, 70° **260** 38°, 50° **261** 105°
262 85° **263** 53° **264** 46°
265 130°, 130° **266** 70°, 70° **267** 50°, 105°
268 60°, 100° **269** ○ **270** ○
271 × **272** ○ **273** 60°
274 105° **275** 70° **276** 118°
277 75° **278** 32° **279** 60°
280 80° **281** 116° **282** 120°
283 20° **284** 50° **285** 58°
286 35° **287** 65° **288** 44°
289 30° **290** 40° **291** 50°
292 26° **293** 55° **294** 38°
295 50° **296** 52° **297** 70°
298 74° **299** 65° **300** 60°
301 ㄱ, ㄴ, ㄷ **302** $\angle x=80^\circ$, $\angle y=80^\circ$
303 80°

p. 99~103

Episode 13 대푯값

001 5 **002** 35 **003** 35, 7
004 67 **005** 14 **006** 30
007 10 **008** 5 **009** 12
010 27 **011** 81 **012** 6
013 4 **014** 11 **015** 74
016 25 **017** 9 **018** 15
019 40 **020** 12 **021** 23
022 5 **023** 9 **024** 55
025 20 **026** 50 **027** 4.5
028 28.5 **029** 6 **030** 18
031 82 **032** 4 **033** 37
034 5 **035** 40 **036** 11, 12
037 없다. **038** 축구 **039** 수학, 과학
040 8 / 9 **041** 12 / 11, 12 **042** 8
043 25 **044** 25점 **045** 24점
046 32점 **047** 14회 **048** 12회
049 10회
050 평균 : 14, 중앙값 : 9, 중앙값이 더 적절하다.
051 90 **052** 25점

p. 105~111

Episode 14 산포도

053

변량	1	3	5	7
편차	−3	−1	1	3

054

변량	9	6	5	8
편차	2	−1	−2	1

055

변량	86	84	77	85
편차	3	1	−6	2

056

변량	26	30	29	27	33
편차	−3	1	0	−2	4

057

변량	65	73	58	69	60
편차	0	8	-7	4	-5

058

변량	8	7	5	4
편차	2	1	-1	-2

059

변량	11	13	20	16
편차	-4	-2	5	1

060

변량	26	30	29	27	33
편차	-3	1	0	-2	4

061

변량	92	89	85	84	90
편차	4	1	-3	-4	2

062

변량	163	161	170	159	162
편차	0	-2	7	-4	-1

063

변량	8	7	6	11
편차	0	-1	-2	3

, 8

064

변량	37	42	39	46
편차	-4	1	-2	5

, 41

065

변량	20	50	40	60	30
편차	-20	10	0	20	-10

, 40

066

변량	3	4	5	7	8	9
편차	-3	-2	-1	1	2	3

, 6

067

변량	13	10	14	12	18	17
편차	-1	-4	0	-2	4	3

, 14

068 3　**069** -2　**070** 1
071 -2　**072** 2　**073** -3
074 2　**075** 58 kg　**076** -4
077 74점　**078** -4　**079** 36분
080 20　**081** 5　**082** $\sqrt{5}$
083 72　**084** 18　**085** $3\sqrt{2}$
086 30　**087** 6　**088** $\sqrt{6}$
089 -2　**090** 10　**091** 2
092 $\sqrt{2}$초　**093** 3　**094** 24
095 4　**096** 2 kg　**097** 5

098

변량	4	8	1	10	2
편차	-1	3	-4	5	-3

099 60

100 12　**101** $2\sqrt{3}$　**102** 8

103

변량	8	5	9	11	7
편차	0	-3	1	3	-1

104 20

105 4　**106** 2　**107** 16권

108

변량(권)	15	5	20	15	25
편차(권)	-1	-11	4	-1	9

109 220　**110** 44　**111** $2\sqrt{11}$권

112 20분

113

변량(권)	22	19	20	23	16	20
편차(권)	2	-1	0	3	-4	0

114 30　**115** 5　**116** $\sqrt{5}$분
117 7　**118** $\frac{15}{2}$　**119** $\frac{\sqrt{30}}{2}$
120 18　**121** 50　**122** $5\sqrt{2}$
123 31　**124** 6　**125** $\sqrt{6}$
126 ×　**127** ○　**128** ○
129 ×　**130** ×　**131** ×
132 ○　**133** ×　**134** ×
135 ○　**136** ○　**137** ×
138 ×　**139** ○　**140** ×
141 주희　**142** 연우　**143** 한진
144 5반　**145** 2반　**146** 1반
147 ⑤　**148** $\sqrt{5}$분　**149** ②, ③

p. 113~119

Episode 15 산점도와 상관관계

150

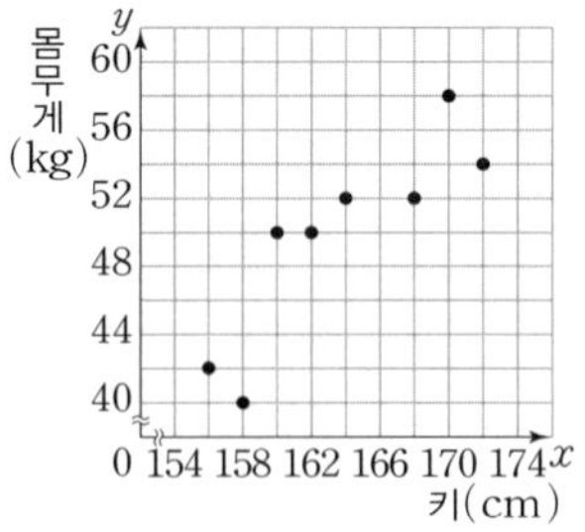

151

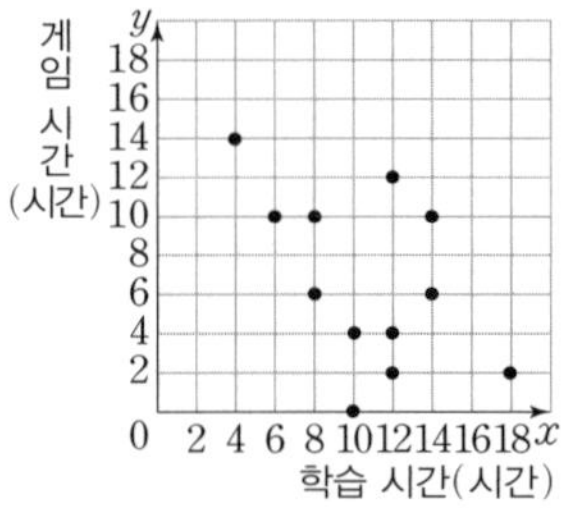

152

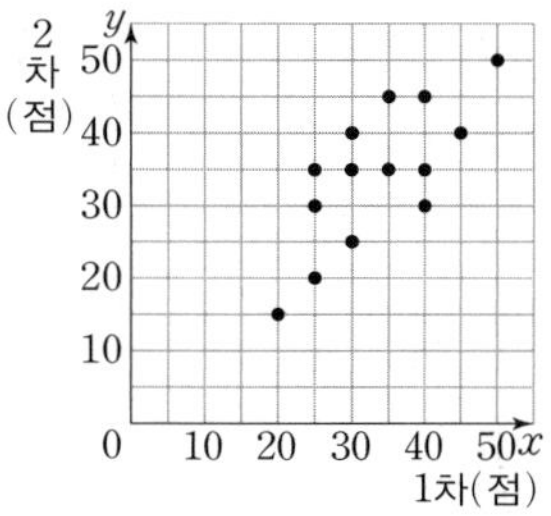

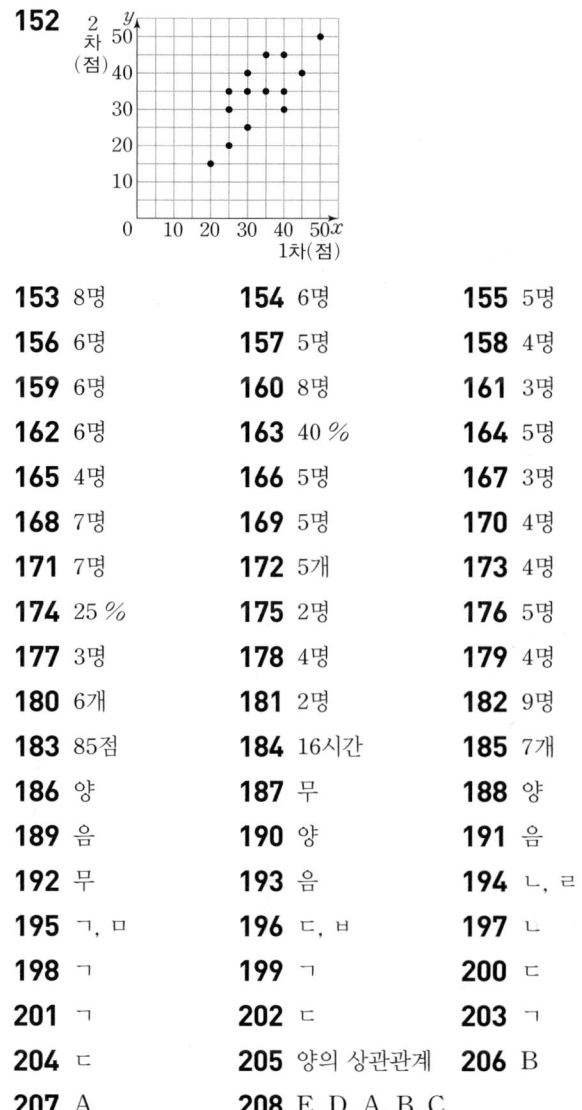

153 8명　**154** 6명　**155** 5명
156 6명　**157** 5명　**158** 4명
159 6명　**160** 8명　**161** 3명
162 6명　**163** 40 %　**164** 5명
165 4명　**166** 5명　**167** 3명
168 7명　**169** 5명　**170** 4명
171 7명　**172** 5개　**173** 4명
174 25 %　**175** 2명　**176** 5명
177 3명　**178** 4명　**179** 4명
180 6개　**181** 2명　**182** 9명
183 85점　**184** 16시간　**185** 7개
186 양　**187** 무　**188** 양
189 음　**190** 양　**191** 음
192 무　**193** 음　**194** ㄴ, ㄹ
195 ㄱ, ㅁ　**196** ㄷ, ㅂ　**197** ㄴ
198 ㄱ　**199** ㄱ　**200** ㄷ
201 ㄱ　**202** ㄷ　**203** ㄱ
204 ㄷ　**205** 양의 상관관계　**206** B
207 A　**208** E, D, A, B, C
209 E　**210** A　**211** ㄱ, ㄷ
212 ⑤　**213** ④

연산 Plus

p. 02~03

Episode 01 삼각비의 뜻

01 $\frac{3}{5}, \frac{4}{5}, \frac{3}{4}$
02 $\frac{\sqrt{7}}{4}, \frac{3}{4}, \frac{\sqrt{7}}{3}$
03 $\frac{\sqrt{5}}{3}, \frac{2}{3}, \frac{\sqrt{5}}{2}$
04 $\frac{5}{13}, \frac{12}{13}, \frac{5}{12}$
05 $\frac{4}{5}, \frac{3}{5}, \frac{4}{3}$
06 $\frac{\sqrt{21}}{5}, \frac{2}{5}, \frac{\sqrt{21}}{2}$
07 $\frac{\sqrt{3}}{2}, \frac{1}{2}, \sqrt{3}$
08 $\frac{8}{17}, \frac{15}{17}, \frac{8}{15}$
09 $\frac{\sqrt{2}}{3}, \frac{\sqrt{7}}{3}, \frac{\sqrt{14}}{7}$
10 $\frac{\sqrt{5}}{5}, \frac{2\sqrt{5}}{5}, \frac{1}{2}$
11 $\frac{\sqrt{3}}{3}, \frac{\sqrt{6}}{3}, \frac{\sqrt{2}}{2}$
12 $\frac{\sqrt{6}}{4}, \frac{\sqrt{10}}{4}, \frac{\sqrt{15}}{5}$
13 $\frac{\sqrt{13}}{7}, \frac{6}{7}, \frac{\sqrt{13}}{6}$
14 $\frac{\sqrt{5}}{4}, \frac{\sqrt{11}}{4}, \frac{\sqrt{55}}{11}$
15 $\frac{3\sqrt{10}}{10}, \frac{\sqrt{10}}{10}, 3$
16 $\frac{\sqrt{15}}{5}, \frac{\sqrt{10}}{5}, \frac{\sqrt{6}}{2}$
17 $x=2\sqrt{5}, y=4$
18 $x=\sqrt{5}, y=5$
19 $x=2, y=4$
20 $x=4, y=\sqrt{15}$
21 $x=2, y=2\sqrt{3}$
22 $x=3, y=2\sqrt{2}$
23 $\frac{1}{2}, \sqrt{3}$
24 $\frac{\sqrt{11}}{6}, \frac{\sqrt{11}}{5}$
25 $\frac{\sqrt{5}}{3}, \frac{2\sqrt{5}}{5}$
26 $\frac{\sqrt{11}}{4}, \frac{\sqrt{55}}{5}$
27 $\frac{3\sqrt{10}}{10}, \frac{\sqrt{10}}{10}$
28 $\frac{3\sqrt{13}}{13}, \frac{2\sqrt{13}}{13}$
29 $\frac{8}{17}$
30 $\frac{6}{13}$
31 $6\sqrt{2}$
32 $\frac{1}{4}$
33 0
34 $\frac{5}{2}$

p. 04~05

Episode 02 삼각비의 값의 활용

01 $\frac{3}{5}, \frac{4}{5}, \frac{3}{4}$
02 $\frac{\sqrt{7}}{4}, \frac{3}{4}, \frac{\sqrt{7}}{3}$
03 $\frac{3}{4}, \frac{\sqrt{7}}{4}, \frac{3\sqrt{7}}{7}$
04 $\frac{3\sqrt{13}}{13}, \frac{2\sqrt{13}}{13}, \frac{3}{2}$
05 $\frac{\sqrt{3}}{2}, \frac{1}{2}, \sqrt{3}$
06 $\frac{2}{3}, \frac{\sqrt{5}}{3}, \frac{2\sqrt{5}}{5}$
07 $\frac{\sqrt{5}}{3}, \frac{2}{3}, \frac{\sqrt{5}}{2}$
08 $\frac{12}{13}, \frac{5}{13}, \frac{12}{5}$
09 $\frac{3}{5}, \frac{4}{5}, \frac{3}{4}$
10 $\frac{15}{17}, \frac{8}{17}, \frac{15}{8}$
11 $\frac{\sqrt{15}}{5}, \frac{\sqrt{10}}{5}, \frac{\sqrt{6}}{2}$
12 $\frac{\sqrt{6}}{3}, \frac{\sqrt{3}}{3}, \sqrt{2}$
13 $\frac{7}{25}, \frac{24}{25}, \frac{7}{24}, \frac{24}{25}, \frac{7}{25}, \frac{24}{7}$
14 $\frac{2\sqrt{7}}{7}, \frac{\sqrt{21}}{7}, \frac{2\sqrt{3}}{3}, \frac{\sqrt{21}}{7}, \frac{2\sqrt{7}}{7}, \frac{\sqrt{3}}{2}$
15 $\frac{5}{6}, \frac{\sqrt{11}}{6}, \frac{5\sqrt{11}}{11}, \frac{\sqrt{11}}{6}, \frac{5}{6}, \frac{\sqrt{11}}{5}$
16 $\frac{2\sqrt{13}}{13}, \frac{3\sqrt{13}}{13}, \frac{2}{3}, \frac{3\sqrt{13}}{13}, \frac{2\sqrt{13}}{13}, \frac{3}{2}$
17 $\frac{12}{13}, \frac{5}{13}, \frac{12}{5}$
18 $\frac{1}{2}, \frac{\sqrt{3}}{2}, \frac{\sqrt{3}}{3}$
19 $\frac{4}{5}, \frac{3}{5}, \frac{4}{3}$
20 $\frac{1}{2}, \frac{\sqrt{3}}{2}, \frac{\sqrt{3}}{3}$
19 $\frac{4}{5}, \frac{3}{5}, \frac{4}{3}$
20 $\frac{1}{2}, \frac{\sqrt{3}}{2}, \frac{\sqrt{3}}{3}$
21 $\frac{3}{5}, \frac{4}{5}, \frac{3}{4}$
22 $\frac{\sqrt{5}}{5}, \frac{2\sqrt{5}}{5}, \frac{1}{2}$
23 $\frac{2\sqrt{5}}{5}, \frac{\sqrt{5}}{5}, 2$
24 $\frac{5\sqrt{29}}{29}, \frac{2\sqrt{29}}{29}, \frac{5}{2}$
25 $\frac{\sqrt{3}}{3}, \frac{\sqrt{6}}{3}, \frac{\sqrt{2}}{2}$
26 $\frac{2\sqrt{29}}{29}, \frac{5\sqrt{29}}{29}, \frac{2}{5}$

p. 06~07

Episode 03 30°, 45°, 60°의 삼각비의 값

01

삼각비 \ A	30°	45°	60°
$\sin A$	$\frac{1}{2}$	$\frac{\sqrt{2}}{2}$	$\frac{\sqrt{3}}{2}$
$\cos A$	$\frac{\sqrt{3}}{2}$	$\frac{\sqrt{2}}{2}$	$\frac{1}{2}$
$\tan A$	$\frac{\sqrt{3}}{3}$	1	$\sqrt{3}$

02 $\frac{3}{2}$
03 $\frac{5\sqrt{3}}{6}$
04 $\frac{1}{2}$
05 $\frac{\sqrt{3}}{4}$
06 $\frac{\sqrt{6}}{4}$
07 $\frac{1}{2}$
08 1
09 1
10 $60°$
11 $60°$
12 $45°$
13 $60°$
14 $45°$
15 $30°$
16 $30°$
17 $70°$
18 $60°$
19 $25°$
20 $20°$
21 $10°$
22 $x=2\sqrt{3}, y=4$
23 $x=4, y=4\sqrt{3}$
24 $x=3\sqrt{2}, y=3\sqrt{2}$
25 $x=4, y=8$
26 $x=4, y=4\sqrt{2}$
27 $x=3, y=3\sqrt{3}$
28 $x=2, y=\frac{4\sqrt{3}}{3}$
29 $x=5\sqrt{3}, y=5\sqrt{6}$
30 $x=3\sqrt{2}, y=3\sqrt{6}$
31 $x=3, y=\frac{3\sqrt{2}}{2}$
32 4
33 $3\sqrt{3}-3$
34 $6-2\sqrt{3}$
35 $5\sqrt{3}-5$
36 $x=4, y=2\sqrt{3}$
37 $x=2\sqrt{3}, y=\sqrt{6}$
38 $x=3, y=3\sqrt{3}$
39 $x=4\sqrt{3}, y=2\sqrt{3}$
40 $\sqrt{2}+1$
41 $2+\sqrt{3}$

42 $y=\sqrt{3}x+4$

43 $y=\frac{\sqrt{3}}{3}x+2$

44 $y=x+3$

45 $y=x+5$

p. 08~09

Episode 04 사분원에서 삼각비의 값

01 $\overline{OB}$
02 $\overline{OB}$
03 $\overline{CD}$
04 $\overline{AB}$
05 $\overline{AB}$
06 $\overline{AB}$
07 0.6157
08 0.7880
09 0.7813
10 0.7880
11 0.8192
12 0.5736
13 1.4281
14 0.8192
15 $\frac{1}{2}$
16 0
17 1
18 $-\frac{1}{2}$
19 $\frac{\sqrt{3}}{3}$
20 ○
21 ×
22 ×
23 ○
24 ○
25 <
26 >
27 <
28 <
29 >
30 0.9511
31 0.2756
32 0.3640
33 0.3256
34 0.9563
35 0.3249
36 0.3420
37 0.9455
38 54°
39 52°
40 55°
41 55°
42 53°
43 54°
44 52°
45 56°
46 6.561
47 6.947
48 76.6
49 18.65
50 33°
51 34°
52 36°
53 35°

p. 10~11

Episode 05 삼각비의 활용-삼각형의 변의 길이

01 7 cos 37°, 7 sin 37°
02 8 cos 31°, 8 sin 31°
03 6 cos 58°, 6 sin 58°
04 5 tan 46°, $\frac{5}{\cos 46°}$
05 25, 22.5
06 20, 13.2
07 $100\sqrt{3}$ cm³
08 $72\sqrt{3}\pi$ cm³
09 3.1 m
10 9.44 m
11 9 m
12 5 m
13 12.88 m
14 7.26 m
15 $(30+10\sqrt{3})$m
16 $(12\sqrt{3}+12)$m
17 $2\sqrt{13}$
18 $\sqrt{31}$
19 $4\sqrt{7}$
20 $2\sqrt{21}$
21 $3\sqrt{6}$
22 $12\sqrt{2}$
23 8
24 $6\sqrt{2}$
25 $5\sqrt{3}-5$
26 $18-6\sqrt{3}$
27 $18+6\sqrt{3}$
28 $5\sqrt{3}$
29 $(20\sqrt{3}-20)$m
30 $(45-15\sqrt{3})$m
31 $(10\sqrt{3}+10)$m
32 $(27+9\sqrt{3})$m

p. 12~13

Episode 06 삼각비의 활용-도형의 넓이

01 $8\sqrt{2}$ cm²
02 20 cm²
03 $15\sqrt{3}$ cm²
04 4 cm²
05 5 cm²
06 $12\sqrt{2}$ cm²
07 $6\sqrt{3}$ cm²
08 9 cm²
09 14 cm²
10 $(6+\sqrt{3})$cm²
11 150°
12 135°
13 6
14 5
15 4
16 12
17 $48\sqrt{3}$ cm²
18 $33\sqrt{2}$ cm²
19 14 cm²
20 $18\sqrt{3}$ cm²
21 $6\sqrt{2}$ cm²
22 $28\sqrt{3}$ cm²
23 15 cm²
24 $8\sqrt{3}$ cm²
25 30°
26 45°
27 135°
28 120°
29 6
30 7
31 9
32 10
33 $6\sqrt{2}$ cm²
34 $20\sqrt{3}$ cm²
35 $35\sqrt{3}$ cm²
36 16 cm²
37 $30\sqrt{2}$ cm²
38 $52\sqrt{3}$ cm²
39 42 cm²
40 $25\sqrt{3}$ cm²

p. 14~15

Episode 07 원의 중심과 현

01 5
02 $\sqrt{7}$
03 6
04 $4\sqrt{6}$
05 24
06 10
07 12
08 $4\sqrt{3}$
09 5
10 $4\sqrt{2}$
11 5 cm
12 $4\sqrt{3}$ cm
13 9 cm
14 $2\sqrt{5}$ cm
15 5
16 15
17 8
18 25
19 10
20 $4\sqrt{2}$
21 17 cm
22 7 cm
23 13 cm
24 15 cm
25 8
26 22
27 $6\sqrt{2}$
28 7
29 4
30 6
31 $\sqrt{5}$
32 7
33 10
34 $2\sqrt{7}$
35 $\sqrt{33}$
36 6
37 52°
38 65°
39 70°
40 60°

p. 16~17

Episode 08 원의 접선에 관한 성질(1)

01 $50°$ 02 $37°$ 03 $105°$
04 $130°$ 05 $60°$ 06 $70°$
07 3 08 $2\sqrt{6}$ 09 10
10 9 11 6 12 6
13 8 14 9 15 7
16 10 17 $2\sqrt{7}$ 18 8
19 15 20 17 21 $40°$
22 $53°$ 23 $70°$ 24 $30°$
25 34 cm 26 28 cm 27 42 cm
28 $8\sqrt{5}$ cm^2 29 $18\sqrt{5}$ cm^2 30 $18\sqrt{22}$ cm^2
31 8 32 9 33 14
34 20 35 $10\sqrt{2}$ 36 $8\sqrt{6}$
37 4 38 6 39 $8\sqrt{2}$
40 24

p. 18~19

Episode 09 원의 접선에 관한 성질(2)

01 14 02 17 03 13
04 11 05 6 06 8
07 9 08 9 09 40 cm
10 38 cm 11 13 12 18
13 22 14 29 15 10 cm
16 20 cm 17 2 18 3
19 2 20 4 21 ×
22 ○ 23 × 24 ○
25 7 26 12 27 14
28 17 29 5 30 13
31 34 cm 32 46 cm 33 6
34 6 35 12 36 20

p. 20~21

Episode 10 원주각

01 $70°$ 02 $34°$ 03 $66°$
04 $74°$ 05 $92°$ 06 $88°$
07 $65°$ 08 $118°$ 09 $150°$
10 $156°$ 11 $126°$ 12 $92°$
13 $43°$ 14 $20°$ 15 $28°$
16 $48°$ 17 $50°$ 18 $54°$
19 $84°$ 20 $66°$ 21 $55°$
22 $77°$
23 $\angle x=75°$, $\angle y=75°$ 24 $\angle x=20°$, $\angle y=20°$
25 $\angle x=58°$, $\angle y=116°$ 26 $\angle x=88°$, $\angle y=44°$
27 $\angle x=37°$, $\angle y=37°$ 28 $\angle x=33°$, $\angle y=33°$
29 $\angle x=74°$, $\angle y=104°$ 30 $\angle x=45°$, $\angle y=87°$
31 $\angle x=70°$, $\angle y=40°$ 32 $\angle x=41°$, $\angle y=67°$
33 $65°$ 34 $84°$ 35 $19°$
36 $32°$ 37 $58°$ 38 $50°$
39 $48°$ 40 $55°$

p. 22~23

Episode 11 원주각의 크기와 호의 길이

01 $35°$ 02 $42°$ 03 $40°$
04 $36°$ 05 $35°$ 06 $30°$
07 $64°$ 08 $84°$ 09 2
10 11 11 9 12 12
13 8 14 10 15 7
16 12 17 $36°$ 18 $24°$
19 $60°$ 20 $60°$ 21 $22°$
22 $42°$ 23 $24°$ 24 $32°$
25 $28°$ 26 $50°$ 27 7
28 10 29 12 30 10
31 9 32 8 33 9
34 2 35 4 36 5
37 $48°$, $60°$, $72°$ 38 $30°$, $105°$, $45°$

p. 24~25

Episode 12 원에 내접하는 사각형

01 × 02 ○ 03 $60°$
04 $30°$ 05 $\angle x=95°$, $\angle y=80°$
06 $\angle x=110°$, $\angle y=134°$ 07 $\angle x=77°$, $\angle y=103°$
08 $\angle x=62°$, $\angle y=118°$ 09 $\angle x=58°$, $\angle y=122°$
10 $\angle x=62°$, $\angle y=28°$ 11 $\angle x=80°$, $\angle y=100°$
12 $\angle x=65°$, $\angle y=115°$ 13 $\angle x=61°$, $\angle y=35°$
14 $\angle x=28°$, $\angle y=74°$ 15 $95°$

16 50°　**17** $\angle x=100°$, $\angle y=100°$
18 $\angle x=72°$, $\angle y=72°$　**19** $\angle x=63°$, $\angle y=108°$
20 $\angle x=47°$, $\angle y=107°$
21 ○　**22** ×　**23** 120°
24 105°　**25** 70°　**26** 103°
27 94°　**28** 72°　**29** 35°
30 45°　**31** 47°　**32** 67°
33 38°　**34** 40°　**35** 68°
36 78°　**37** 65°　**38** 50°

p. 26~27

Episode 13 대푯값

01 5　**02** 25　**03** 5
04 88　**05** 8　**06** 7
07 6　**08** 8　**09** 6
10 80　**11** 12　**12** 9
13 55　**14** 89　**15** 7
16 7　**17** 39　**18** 42
19 60　**20** 2.5　**21** 8.5
22 10　**23** 60　**24** 11
25 80　**26** 67　**27** 28
28 3　**29** 귤　**30** O형
31 11, 10　**32** 16.5, 16　**33** 21
34 58　**35** 11권　**36** 11권
37 5권　**38** 13시간　**39** 12시간
40 22시간

p. 28~30

Episode 14 산포도

01 -3, 2, -2, 3　**02** 6, -1, -2, -3
03 -6, 1, -4, 4, 5　**04** 5, 6, 9, 12
05 23, 22, 22, 33　**06** 81, 80, 87, 79, 83
07 평균 : 15 편차 : 3, -1, 0, -2
08 평균 : 33 편차 : 3, 5, -2, -7, 1
09 평균 : 71 편차 : 8, 1, 6, -5, -8, -2
10 2　**11** -4　**12** 3
13 3　**14** 159 cm　**15** -2
16 83점　**17** 30　**18** 6
19 $\sqrt{6}$　**20** 40　**21** 8
22 $2\sqrt{2}$　**23** -2　**24** 10
25 2　**26** $\sqrt{2}$　**27** 3
28 36　**29** 6　**30** $\sqrt{6}$
31 7　**32** 편차 : -2, 0, 1, -1, 2
(편차)^2 : 4, 0, 1, 1, 4
33 10　**34** 2　**35** $\sqrt{2}$
36 26　**37** 편차 : 2, 4, -5, 1, -2
(편차)^2 : 4, 16, 25, 1, 4
38 50　**39** 10　**40** $\sqrt{10}$
41 16　**42** 26　**43** $\sqrt{26}$
44 51　**45** 6　**46** $\sqrt{6}$
47 ×　**48** ○　**49** ○
50 ○　**51** ×　**52** ×
53 ×　**54** ×　**55** ×
56 ○　**57** ×　**58** ○
59 ×　**60** ○

p. 31~32

Episode 15 산점도와 상관관계

01
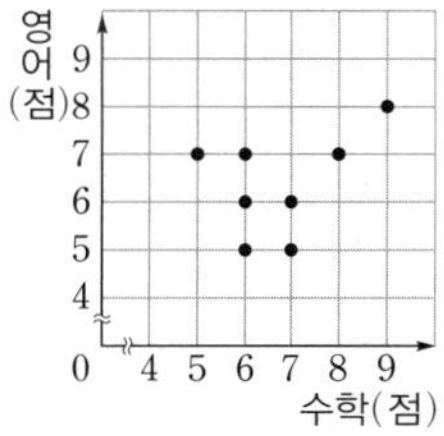

02
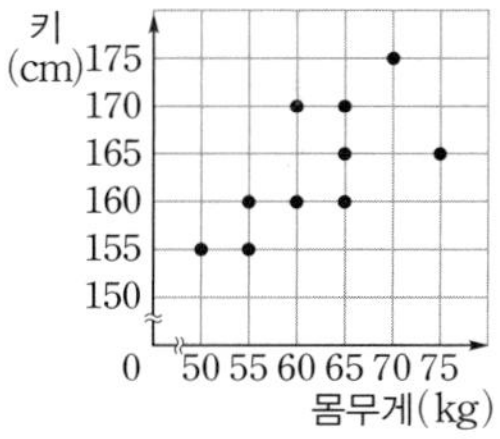

03 5명　**04** 6명　**05** 4명
06 8명　**07** 13명　**08** 6명
09 5명　**10** 6명　**11** 7명
12 4명　**13** 7명　**14** 200 cm
15 2명　**16** 7명　**17** 7명
18 15회　**19** 87 cm　**20** 음
21 양　**22** 무　**23** 음
24 무　**25** 양　**26** ㄱ
27 ㄱ　**28** ㄱ　**29** ㄱ
30 ㄷ　**31** ㄷ　**32** ㄱ
33 ㄱ　**34** 양의 상관관계　**35** B, E, C, A, D
36 A

문장제 Plus

p. 34

Episode 01 삼각비의 뜻

01 ② 02 $\frac{\sqrt{21}}{5}$ 03 $\frac{11\sqrt{5}}{15}$

04 $3\sqrt{5}$ 05 $x=12$, $y=9$ 06 $\frac{1}{2}$

p. 35

Episode 02 삼각비의 값의 활용

01 $\frac{7\sqrt{29}}{29}$ 02 $\frac{\sqrt{11}}{6}$ 03 $\frac{12}{13}$

04 $\frac{3}{4}$ 05 $\frac{15}{17}$ 06 $\frac{2\sqrt{13}}{13}$

p. 36

Episode 03 30°, 45°, 60°의 삼각비의 값

01 $8\sqrt{3}$ 02 $\frac{3\sqrt{2}}{2}$ 03 ②

04 $\sqrt{21}$ 05 $2\sqrt{7}$ 06 ①

p. 37

Episode 04 사분원에서 삼각비의 값

01 ④ 02 ③ 03 0

04 ④ 05 58° 06 6.745

p. 38

Episode 05 삼각비의 활용 - 삼각형의 변의 길이

01 $2\sqrt{7}$ 02 5.6488 03 $9\sqrt{6}\text{ cm}^3$

04 $3\sqrt{7}$ cm 05 $(9-3\sqrt{3})$cm 06 16.5 m

p. 39

Episode 06 삼각비의 활용 - 도형의 넓이

01 $9\sqrt{3}\text{ cm}^2$ 02 $15\sqrt{3}\text{ cm}^2$ 03 21 cm^2

04 $50\sqrt{3}\text{ cm}^2$ 05 ④ 06 35 cm^2

p. 40

Episode 07 원의 중심과 현

01 8 cm 02 $121\pi\text{ cm}^2$ 03 $4\sqrt{14}$ cm

04 1 cm 05 $\sqrt{13}$ cm 06 130°

p. 41

Episode 08 원의 접선에 관한 성질 (1)

01 $\frac{27}{2}\pi\text{ cm}^2$ 02 12 cm 03 15 cm

04 ② 05 21 cm 06 108 cm^2

p. 42

Episode 09 원의 접선에 관한 성질 (2)

01 6 cm 02 9 cm 03 ④

04 16 cm 05 26 cm 06 150 cm^2

p. 43

Episode 10 원주각

01 $\angle x=80^\circ$, $\angle y=40^\circ$ 02 $\angle x=100^\circ$, $\angle y=50^\circ$

03 115° 04 75° 05 60°

06 44°

p. 44

Episode 11 원주각의 크기와 호의 길이

01 64° 02 95° 03 ⑤

04 76° 05 5 06 90°

p. 45

Episode 12 원에 내접하는 사각형

01 ㄴ, ㄹ
02 $\angle x=85^\circ$, $\angle y=120^\circ$
03 $\angle x=75^\circ$, $\angle y=35^\circ$
04 25°
05 70°
06 50°

p. 46

Episode 13 대푯값

01 평균: 25, 중앙값 : 30, 중앙값이 더 적절하다.
02 33
03 4
04 평균 : 17점, 중앙값 : 18점, 최빈값 : 19점
05 85
06 15시간

p. 47

Episode 14 산포도

01

변량	10	12	11	13	17	9
편차	-2	0	-1	1	5	-3

02 ④
03 $2\sqrt{3}$점
04 10
05 ②
06 ④

p. 48

Episode 15 산점도와 상관관계

01 25 %
02 ㄴ, ㄷ
03 ①, ⑤
04 ②
05 ③
06 ①

Episode 01 p. 09~13

삼각비의 뜻

001 해 $\overline{BC}$, 5, $\overline{AC}$, 13, $\overline{AB}$, $\frac{5}{12}$

답 $\frac{5}{13}$, $\frac{12}{13}$, $\frac{5}{12}$

002 $\sin A=\frac{\overline{BC}}{\overline{AC}}=\frac{15}{17}$

$\cos A=\frac{\overline{AB}}{\overline{AC}}=\frac{8}{17}$

$\tan A=\frac{\overline{BC}}{\overline{AB}}=\frac{15}{8}$

답 $\frac{15}{17}$, $\frac{8}{17}$, $\frac{15}{8}$

003 $\sin A=\frac{\overline{BC}}{\overline{AC}}=\frac{1}{2}$

$\cos A=\frac{\overline{AB}}{\overline{AC}}=\frac{\sqrt{3}}{2}$

$\tan A=\frac{\overline{BC}}{\overline{AB}}=\frac{1}{\sqrt{3}}=\frac{\sqrt{3}}{3}$

답 $\frac{1}{2}$, $\frac{\sqrt{3}}{2}$, $\frac{\sqrt{3}}{3}$

004 해 $\overline{AB}$, $\frac{\sqrt{21}}{5}$, $\overline{AC}$, $\frac{2}{5}$, $\overline{AB}$, $\frac{\sqrt{21}}{2}$

답 $\frac{\sqrt{21}}{5}$, $\frac{2}{5}$, $\frac{\sqrt{21}}{2}$

005 $\sin C=\frac{\overline{AB}}{\overline{BC}}=\frac{6}{10}=\frac{3}{5}$

$\cos C=\frac{\overline{AC}}{\overline{BC}}=\frac{8}{10}=\frac{4}{5}$

$\tan C=\frac{\overline{AB}}{\overline{AC}}=\frac{6}{8}=\frac{3}{4}$

답 $\frac{3}{5}$, $\frac{4}{5}$, $\frac{3}{4}$

006 $\sin C=\frac{\overline{AB}}{\overline{BC}}=\frac{24}{25}$

$\cos C=\frac{\overline{AC}}{\overline{BC}}=\frac{7}{25}$

$\tan C=\frac{\overline{AB}}{\overline{AC}}=\frac{24}{7}$

답 $\frac{24}{25}$, $\frac{7}{25}$, $\frac{24}{7}$

007 해 7, $\overline{BC}$, $\frac{\sqrt{7}}{4}$, $\overline{AC}$, $\frac{3}{4}$, $\overline{AB}$, $\frac{\sqrt{7}}{3}$

답 $\frac{\sqrt{7}}{4}$, $\frac{3}{4}$, $\frac{\sqrt{7}}{3}$

008 $\overline{AC}=\sqrt{3^2+1^2}=\sqrt{10}$이므로

$\sin A=\frac{1}{\sqrt{10}}=\frac{\sqrt{10}}{10}$

$\cos A=\frac{3}{\sqrt{10}}=\frac{3\sqrt{10}}{10}$

$\tan A=\frac{1}{3}$

답 $\frac{\sqrt{10}}{10}$, $\frac{3\sqrt{10}}{10}$, $\frac{1}{3}$

009 $\overline{AB}=\sqrt{(\sqrt{3})^2-(\sqrt{2})^2}=1$이므로

$\sin A=\frac{\sqrt{2}}{\sqrt{3}}=\frac{\sqrt{6}}{3}$

$\cos A=\frac{1}{\sqrt{3}}=\frac{\sqrt{3}}{3}$

$\tan A=\frac{\sqrt{2}}{1}=\sqrt{2}$

답 $\frac{\sqrt{6}}{3}$, $\frac{\sqrt{3}}{3}$, $\sqrt{2}$

010 해 5, $\overline{AB}$, $\frac{\sqrt{5}}{3}$, $\overline{BC}$, $\frac{2}{3}$, $\overline{AB}$, $\frac{\sqrt{5}}{2}$

답 $\frac{\sqrt{5}}{3}$, $\frac{2}{3}$, $\frac{\sqrt{5}}{2}$

011 $\overline{AC}=\sqrt{12^2+5^2}=13$이므로

$\sin C=\frac{12}{13}$, $\cos C=\frac{5}{13}$,

$\tan C=\frac{12}{5}$ 답 $\frac{12}{13}$, $\frac{5}{13}$, $\frac{12}{5}$

012 $\overline{BC}=\sqrt{3^2-(\sqrt{2})^2}=\sqrt{7}$이므로

$\sin C=\frac{\sqrt{2}}{3}$, $\cos C=\frac{\sqrt{7}}{3}$,

$\tan C=\frac{\sqrt{2}}{\sqrt{7}}=\frac{\sqrt{14}}{7}$

답 $\frac{\sqrt{2}}{3}$, $\frac{\sqrt{7}}{3}$, $\frac{\sqrt{14}}{7}$

013 해 8, $2\sqrt{7}$, $2\sqrt{7}$, 6

답 $2\sqrt{7}$, 6

014 $\sin A=\frac{x}{6}=\frac{\sqrt{2}}{3}$에서 $x=2\sqrt{2}$

$y=\sqrt{6^2-(2\sqrt{2})^2}=2\sqrt{7}$

답 $2\sqrt{2}$, $2\sqrt{7}$

015 $\tan A=\frac{x}{2}=2$에서 $x=4$

$y=\sqrt{2^2+4^2}=2\sqrt{5}$ 답 4, $2\sqrt{5}$

016 해 10, 12, 12, $2\sqrt{11}$

답 12, $2\sqrt{11}$

017 $\tan C=\frac{9}{x}=\frac{3}{2}$에서 $x=6$

$y=\sqrt{9^2+6^2}=3\sqrt{13}$ 답 6, $3\sqrt{13}$

018 $\cos C=\frac{3}{x}=\frac{1}{3}$에서 $x=9$

$y=\sqrt{9^2-3^2}=6\sqrt{2}$ 답 9, $6\sqrt{2}$

019 $\cos C=\frac{12}{x}=\frac{6}{7}$에서 $x=14$

$y=\sqrt{14^2-12^2}=2\sqrt{13}$ 답 14, $2\sqrt{13}$

020 해 5, 5, $\sqrt{21}$, $\sqrt{21}$, $\sqrt{21}$, $\frac{2\sqrt{21}}{21}$

답 $\frac{\sqrt{21}}{5}$, $\frac{2\sqrt{21}}{21}$

021 $\overline{AC}=4$, $\overline{BC}=3$인 직각삼각형 ABC를 그리면

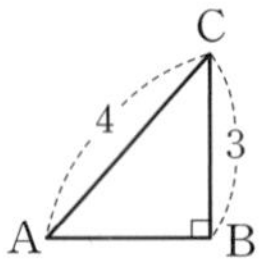

$\overline{AB}=\sqrt{4^2-3^2}=\sqrt{7}$

이므로

$\cos A=\frac{\sqrt{7}}{4}$

$\tan A=\frac{3}{\sqrt{7}}=\frac{3\sqrt{7}}{7}$ 답 $\frac{\sqrt{7}}{4}$, $\frac{3\sqrt{7}}{7}$

022 $\overline{AC}=6$, $\overline{BC}=\sqrt{11}$인 직각삼각형 ABC를 그리면

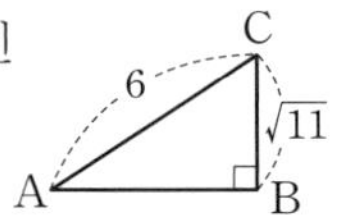

$\overline{AB}=\sqrt{6^2-(\sqrt{11})^2}=5$이므로

$\cos A=\frac{5}{6}$

$\tan A=\frac{\sqrt{11}}{5}$ 답 $\frac{5}{6}$, $\frac{\sqrt{11}}{5}$

023 해 $\sqrt{6}$, $\sqrt{6}$, $\sqrt{3}$, $\sqrt{3}$, $\frac{\sqrt{2}}{2}$

답 $\frac{\sqrt{3}}{3}$, $\frac{\sqrt{2}}{2}$

024 $\overline{AC}=7$, $\overline{AB}=5$인 직각삼각형 ABC를 그리면

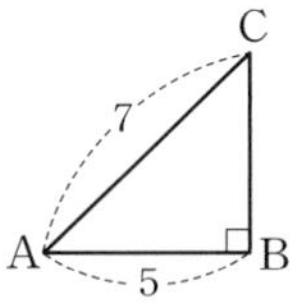

$\overline{BC}=\sqrt{7^2-5^2}$

$=2\sqrt{6}$

이므로

$\sin A=\frac{2\sqrt{6}}{7}$

$\tan A=\frac{2\sqrt{6}}{5}$ 답 $\frac{2\sqrt{6}}{7}$, $\frac{2\sqrt{6}}{5}$

025 해 2, 2, $\sqrt{5}$, $\sqrt{5}$, $\frac{2\sqrt{5}}{5}$, $\sqrt{5}$, $\frac{\sqrt{5}}{5}$

답 $\frac{2\sqrt{5}}{5}$, $\frac{\sqrt{5}}{5}$

026 $\overline{AB}=3$, $\overline{BC}=2$인 직각삼각형 ABC를 그리면

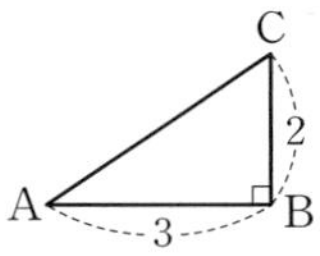

$\overline{AC}=\sqrt{3^2+2^2}$

$=2\sqrt{13}$

이므로

$\sin A=\dfrac{2}{\sqrt{13}}=\dfrac{2\sqrt{13}}{13}$

$\cos A=\dfrac{3}{\sqrt{13}}=\dfrac{3\sqrt{13}}{13}$

답 $\dfrac{2\sqrt{13}}{13}$, $\dfrac{3\sqrt{13}}{13}$

027 해 5, 5, 12, 12, 12, 12, 12, $\dfrac{5}{13}$

답 $\dfrac{5}{13}$

028 $\overline{AB}=5$, $\overline{BC}=4$인 직각삼각형 ABC를 그리면

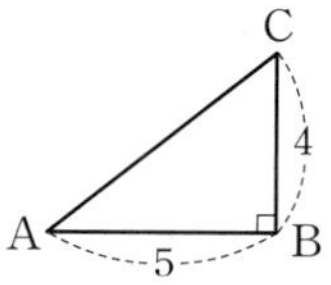

$\overline{AC}=\sqrt{5^2+4^2}$
$=\sqrt{41}$
이므로

$\cos A=\dfrac{5}{\sqrt{41}}=\dfrac{5\sqrt{41}}{41}$

$\sin A=\dfrac{4}{\sqrt{41}}=\dfrac{4\sqrt{41}}{41}$

$\therefore \cos A-\sin A=\dfrac{5\sqrt{41}}{41}-\dfrac{4\sqrt{41}}{41}$

$=\dfrac{\sqrt{41}}{41}$ 답 $\dfrac{\sqrt{41}}{41}$

029 $\overline{AC}=4$, $\overline{AB}=\sqrt{7}$인 직각삼각형 ABC를 그리면

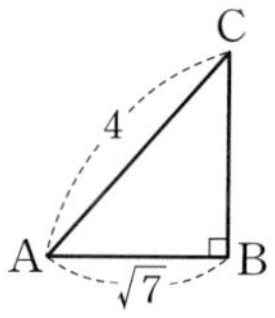

$\overline{BC}=\sqrt{4^2-(\sqrt{7})^2}$
$=3$
이므로

$\sin A=\dfrac{3}{4}$, $\tan A=\dfrac{3}{\sqrt{7}}$

$\therefore 4\sin A-\sqrt{7}\tan A$

$=4\times\dfrac{3}{4}-\sqrt{7}\times\dfrac{3}{\sqrt{7}}=0$ 답 0

030 ④ $\cos C=\dfrac{15}{17}$ 답 ④

031

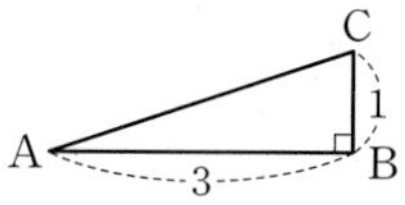

$\overline{AC}=\sqrt{3^2+1^2}=\sqrt{10}$이므로

① $\sin A=\dfrac{1}{\sqrt{10}}=\dfrac{\sqrt{10}}{10}$

② $\sin C=\dfrac{3}{\sqrt{10}}=\dfrac{3\sqrt{10}}{10}$

③ $\cos A=\dfrac{3}{\sqrt{10}}=\dfrac{3\sqrt{10}}{10}$

④ $\cos C=\dfrac{1}{\sqrt{10}}=\dfrac{\sqrt{10}}{10}$

⑤ $\tan C=\dfrac{3}{1}=3$ 답 ⑤

032 $\cos C=\dfrac{12}{\overline{AC}}=\dfrac{6}{7}$에서 $\overline{AC}=14$

$\therefore \overline{AB}=\sqrt{14^2-12^2}=2\sqrt{13}$ 답 ②

Episode 02 삼각비의 값의 활용

p. 15~19

033 해 A, 3, A, 2, $\dfrac{2\sqrt{13}}{13}$, A, 3, $\dfrac{3\sqrt{13}}{13}$, A, $\dfrac{2}{3}$

답 $\dfrac{2\sqrt{13}}{13}$, $\dfrac{3\sqrt{13}}{13}$, $\dfrac{2}{3}$

034 $\triangle DBE \backsim \triangle ABC$이므로 $\angle x=\angle A$

$\triangle ABC$에서 $\overline{BC}=\sqrt{(\sqrt{2})^2-1^2}=1$

$\therefore \sin x=\sin A=\dfrac{1}{\sqrt{2}}=\dfrac{\sqrt{2}}{2}$

$\cos x=\cos A=\dfrac{1}{\sqrt{2}}=\dfrac{\sqrt{2}}{2}$

$\tan x=\tan A=\dfrac{1}{1}=1$

답 $\dfrac{\sqrt{2}}{2}$, $\dfrac{\sqrt{2}}{2}$, 1

035 $\triangle DEC \backsim \triangle ABC$이므로 $\angle x=\angle A$

$\triangle ABC$에서 $\overline{AC}=\sqrt{8^2+6^2}=10$

$\therefore \sin x=\sin A=\dfrac{6}{10}=\dfrac{3}{5}$

$\cos x=\cos A=\dfrac{8}{10}=\dfrac{4}{5}$

$\tan x=\tan A=\dfrac{6}{8}=\dfrac{3}{4}$

답 $\dfrac{3}{5}$, $\dfrac{4}{5}$, $\dfrac{3}{4}$

036 $\triangle ABC \backsim \triangle DEC$이므로

$\angle x=\angle CDE$

$\triangle DEC$에서 $\overline{EC}=\sqrt{17^2-8^2}=15$

$\therefore \sin x=\sin(\angle CDE)=\dfrac{15}{17}$

$\cos x=\cos(\angle CDE)=\dfrac{8}{17}$

$\tan x=\tan(\angle CDE)=\dfrac{15}{8}$

답 $\dfrac{15}{17}$, $\dfrac{8}{17}$, $\dfrac{15}{8}$

037 $\triangle ABC \backsim \triangle DEC$이므로

$\angle x=\angle CDE$

$\triangle DEC$에서 $\overline{DC}=\sqrt{5^2+12^2}=13$

$\therefore \sin x=\sin(\angle CDE)=\dfrac{12}{13}$

$\cos x=\cos(\angle CDE)=\dfrac{5}{13}$

$\tan x=\tan(\angle CDE)=\dfrac{12}{5}$

답 $\dfrac{12}{13}$, $\dfrac{5}{13}$, $\dfrac{12}{5}$

038 $\triangle ABC \backsim \triangle DBE$이므로

$\angle x=\angle EDB$

$\triangle DBE$에서 $\overline{DE}=\sqrt{5^2-4^2}=3$

$\therefore \sin x=\sin(\angle EDB)=\dfrac{4}{5}$

$\cos x=\cos(\angle EDB)=\dfrac{3}{5}$

$\tan x=\tan(\angle EDB)=\dfrac{4}{3}$

답 $\dfrac{4}{5}$, $\dfrac{3}{5}$, $\dfrac{4}{3}$

039 해 B, 3, B, $\dfrac{3}{4}$, B, $\dfrac{\sqrt{7}}{4}$, B, 3, $\dfrac{3\sqrt{7}}{7}$

답 $\dfrac{3}{4}$, $\dfrac{\sqrt{7}}{4}$, $\dfrac{3\sqrt{7}}{7}$

040 $\triangle EBD \backsim \triangle ABC$이므로 $\angle x=\angle C$

$\triangle ABC$에서 $\overline{AB}=\sqrt{6^2-(\sqrt{11})^2}=5$

$\therefore \sin x=\sin C=\dfrac{5}{6}$

$\cos x=\cos C=\dfrac{\sqrt{11}}{6}$

$\tan x=\tan C=\dfrac{5}{\sqrt{11}}=\dfrac{5\sqrt{11}}{11}$

답 $\dfrac{5}{6}$, $\dfrac{\sqrt{11}}{6}$, $\dfrac{5\sqrt{11}}{11}$

041 $\triangle ABC \backsim \triangle DEC$이므로

$\angle x=\angle EDC$

$\triangle DCE$에서 $\overline{ED}=\sqrt{15^2-12^2}=9$

$\therefore \sin x=\sin(\angle EDC)=\dfrac{12}{15}=\dfrac{4}{5}$

$\cos x=\cos(\angle EDC)=\dfrac{9}{15}=\dfrac{3}{5}$

$\tan x=\tan(\angle EDC)=\dfrac{12}{9}=\dfrac{4}{3}$

답 $\dfrac{4}{5}$, $\dfrac{3}{5}$, $\dfrac{4}{3}$

042 해 C, 6, C, 8, $\dfrac{4}{5}$, C, 6, $\dfrac{3}{5}$, C, 6, $\dfrac{4}{3}$

답 $\dfrac{4}{5}$, $\dfrac{3}{5}$, $\dfrac{4}{3}$

043 $\triangle EBD \backsim \triangle ABC$이므로
$\angle x=\angle C$
$\triangle ABC$에서 $\overline{AB}=\sqrt{(\sqrt{3})^2-1^2}=\sqrt{2}$
$\therefore \sin x=\sin C=\frac{\sqrt{2}}{\sqrt{3}}=\frac{\sqrt{6}}{3}$
$\cos x=\cos C=\frac{1}{\sqrt{3}}=\frac{\sqrt{3}}{3}$
$\tan x=\tan C=\frac{\sqrt{2}}{1}=\sqrt{2}$
답 $\frac{\sqrt{6}}{3}$, $\frac{\sqrt{3}}{3}$, $\sqrt{2}$

044 $\triangle ABC \backsim \triangle AED$이므로
$\angle x=\angle AED$
$\triangle ADE$에서 $\overline{AE}=\sqrt{8^2-6^2}=2\sqrt{7}$
$\therefore \sin x=\sin(\angle AED)$
$=\frac{6}{8}=\frac{3}{4}$
$\cos x=\cos(\angle AED)$
$=\frac{2\sqrt{7}}{8}=\frac{\sqrt{7}}{4}$
$\tan x=\tan(\angle AED)$
$=\frac{6}{2\sqrt{7}}=\frac{3\sqrt{7}}{7}$
답 $\frac{3}{4}$, $\frac{\sqrt{7}}{4}$, $\frac{3\sqrt{7}}{7}$

045 해 C, 3, C, $\frac{4}{5}$, C, $\frac{3}{5}$, C, $\frac{4}{3}$
답 $\frac{4}{5}$, $\frac{3}{5}$, $\frac{4}{3}$

046 해 B, B, $\frac{3}{5}$, B, $\frac{4}{5}$, B, $\frac{3}{4}$
답 $\frac{3}{5}$, $\frac{4}{5}$, $\frac{3}{4}$

047 $\triangle DBA \backsim \triangle ABC$이므로 $\angle x=\angle C$
$\triangle ABC$에서 $\overline{BC}=\sqrt{5^2+12^2}=13$
$\therefore \sin x=\sin C=\frac{5}{13}$
$\cos x=\cos C=\frac{12}{13}$
$\tan x=\tan C=\frac{5}{12}$
답 $\frac{5}{13}$, $\frac{12}{13}$, $\frac{5}{12}$

048 $\triangle DAC \backsim \triangle ABC$이므로 $\angle y=\angle B$
$\therefore \sin y=\sin B=\frac{12}{13}$
$\cos y=\cos B=\frac{5}{13}$
$\tan y=\tan B=\frac{12}{5}$
답 $\frac{12}{13}$, $\frac{5}{13}$, $\frac{12}{5}$

049 $\triangle DBA \backsim \triangle ABC$이므로 $\angle x=\angle C$
$\triangle ABC$에서 $\overline{AB}=\sqrt{3^2-(\sqrt{5})^2}=2$
$\therefore \sin x=\sin C=\frac{2}{3}$
$\cos x=\cos C=\frac{\sqrt{5}}{3}$
$\tan x=\tan C=\frac{2}{\sqrt{5}}=\frac{2\sqrt{5}}{5}$
답 $\frac{2}{3}$, $\frac{\sqrt{5}}{3}$, $\frac{2\sqrt{5}}{5}$

050 $\triangle DAC \backsim \triangle ABC$이므로 $\angle y=\angle B$
$\therefore \sin y=\sin B=\frac{\sqrt{5}}{3}$
$\cos y=\cos B=\frac{2}{3}$
$\tan y=\tan B=\frac{\sqrt{5}}{2}$
답 $\frac{\sqrt{5}}{3}$, $\frac{2}{3}$, $\frac{\sqrt{5}}{2}$

051 해 ABD, BDA, 8, 10, 10, $\frac{3}{5}$
답 $\frac{3}{5}$

052 $\triangle ADH \backsim \triangle ACD$이므로
$\angle x=\angle ACD$
$\overline{AD}=15$, $\overline{DC}=8$,
$\overline{AC}=\sqrt{8^2+15^2}=17$이므로
$\cos x=\cos(\angle ACD)=\frac{8}{17}$
답 $\frac{8}{17}$

053 $\triangle HAD \backsim \triangle ABD$이므로
$\angle x=\angle ABD$
$\overline{AD}=12$, $\overline{BD}=\sqrt{5^2+12^2}=13$이므로
$\cos x=\cos(\angle ABD)=\frac{5}{13}$
답 $\frac{5}{13}$

054 해 -2, 3, 2, 3, 3, $\sqrt{13}$, 3, $\frac{3\sqrt{13}}{13}$, 2, $\frac{2\sqrt{13}}{13}$, 3, $\frac{3}{2}$
답 $\frac{3\sqrt{13}}{13}$, $\frac{2\sqrt{13}}{13}$, $\frac{3}{2}$

055 두 점 A, B의 좌표를 구하면
$A(-6, 0)$, $B(0, 2)$이므로
$\overline{AO}=6$, $\overline{BO}=2$,
$\overline{AB}=\sqrt{2^2+6^2}=2\sqrt{10}$
직각삼각형 AOB에서
$\sin a=\frac{2}{2\sqrt{10}}=\frac{\sqrt{10}}{10}$
$\cos a=\frac{6}{2\sqrt{10}}=\frac{3\sqrt{10}}{10}$
$\tan a=\frac{2}{6}=\frac{1}{3}$
답 $\frac{\sqrt{10}}{10}$, $\frac{3\sqrt{10}}{10}$, $\frac{1}{3}$

056 해 3, $3\sqrt{2}$, $3\sqrt{2}$, $3\sqrt{3}$, $3\sqrt{2}$, $\frac{\sqrt{6}}{3}$
답 $\frac{\sqrt{6}}{3}$

057 직각삼각형 FGH에서
$\overline{FH}=\sqrt{5^2+4^2}=\sqrt{41}$
직각삼각형 BFH에서
$\overline{BH}=\sqrt{(\sqrt{41})^2+3^2}=5\sqrt{2}$
$\therefore \sin x=\frac{3}{5\sqrt{2}}=\frac{3\sqrt{2}}{10}$ 답 $\frac{3\sqrt{2}}{10}$

058 $\triangle ABC \backsim \triangle DEC$이므로
$\angle A=\angle EDC$
$\triangle EDC$에서 $\overline{EC}=\sqrt{7^2-3^2}=2\sqrt{10}$
$\therefore \sin A=\sin(\angle EDC)=\frac{2\sqrt{10}}{7}$
답 ③

059 $\triangle ABC \backsim \triangle HAC$이므로
$\angle B=\angle CAH$
$\triangle AHC$에서 $\overline{HC}=\sqrt{10^2-6^2}=8$
$\therefore \sin B=\sin(\angle CAH)$
$=\frac{8}{10}=\frac{4}{5}$ 답 ③

060 $\triangle HAD \backsim \triangle ABD$이므로
$\angle x=\angle ABD$
$\overline{AD}=6$, $\overline{BD}=\sqrt{6^2+(2\sqrt{7})^2}=8$
이므로
$\cos x=\cos(\angle ABD)$
$=\frac{2\sqrt{7}}{8}=\frac{\sqrt{7}}{4}$ 답 ①

Episode 03 p. 21~26
30°, 45°, 60°의 삼각비의 값

061 $\sin A=\frac{1}{2}$, $\cos A=\frac{\sqrt{3}}{2}$,
$\tan A=\frac{1}{\sqrt{3}}=\frac{\sqrt{3}}{3}$
답 $\frac{1}{2}$, $\frac{\sqrt{3}}{2}$, $\frac{\sqrt{3}}{3}$

062 $\sin A=\frac{1}{\sqrt{2}}=\frac{\sqrt{2}}{2}$

$\cos A=\frac{1}{\sqrt{2}}=\frac{\sqrt{2}}{2}$

$\tan A=\frac{1}{1}=1$ 답 $\frac{\sqrt{2}}{2}$, $\frac{\sqrt{2}}{2}$, 1

063 답 $\frac{\sqrt{3}}{2}$, $\frac{1}{2}$, $\sqrt{3}$

064 해 2, 1, 1
답 1

065 $\sin 45^\circ+\cos 45^\circ=\frac{\sqrt{2}}{2}+\frac{\sqrt{2}}{2}=\sqrt{2}$
답 $\sqrt{2}$

066 $\tan 45^\circ-\cos 60^\circ=1-\frac{1}{2}=\frac{1}{2}$
답 $\frac{1}{2}$

067 $\tan 60^\circ-\sin 60^\circ=\sqrt{3}-\frac{\sqrt{3}}{2}=\frac{\sqrt{3}}{2}$
답 $\frac{\sqrt{3}}{2}$

068 $\tan 45^\circ\times\cos 30^\circ=1\times\frac{\sqrt{3}}{2}=\frac{\sqrt{3}}{2}$
답 $\frac{\sqrt{3}}{2}$

069 $\cos 30^\circ\times\tan 30^\circ=\frac{\sqrt{3}}{2}\times\frac{\sqrt{3}}{3}=\frac{1}{2}$
답 $\frac{1}{2}$

070 $\sin 60^\circ\div\cos 60^\circ=\frac{\sqrt{3}}{2}\div\frac{1}{2}$

$=\frac{\sqrt{3}}{2}\times 2=\sqrt{3}$
답 $\sqrt{3}$

071 $\cos 30^\circ\div\tan 60^\circ=\frac{\sqrt{3}}{2}\div\sqrt{3}$

$=\frac{\sqrt{3}}{2}\times\frac{1}{\sqrt{3}}=\frac{1}{2}$
답 $\frac{1}{2}$

072 $\sin 45^\circ\times\cos 45^\circ+\cos 60^\circ\times\tan 45^\circ$

$=\frac{\sqrt{2}}{2}\times\frac{\sqrt{2}}{2}+\frac{1}{2}\times 1$

$=\frac{1}{2}+\frac{1}{2}=1$ 답 1

073 해 30°, 30°
답 30°

074 $\cos 45^\circ=\frac{\sqrt{2}}{2}$이므로

$\angle A=45^\circ$ 답 45°

075 $\sin 60^\circ=\frac{\sqrt{3}}{2}$이므로

$\angle A=60^\circ$ 답 60°

076 $\cos 60^\circ=\frac{1}{2}$이므로

$\angle A=60^\circ$ 답 60°

077 $\tan 30^\circ=\frac{\sqrt{3}}{3}$이므로

$\angle A=30^\circ$ 답 30°

078 $\sin 45^\circ=\frac{\sqrt{2}}{2}$이므로

$\angle A=45^\circ$ 답 45°

079 $\cos 30^\circ=\frac{\sqrt{3}}{2}$이므로

$\angle A=30^\circ$ 답 30°

080 $\tan 60^\circ=\sqrt{3}$이므로

$\angle A=60^\circ$ 답 60°

081 $\tan 60^\circ=\sqrt{3}$이므로 $x+15^\circ=60^\circ$

$\therefore x=45^\circ$ 답 45°

082 $\cos 30^\circ=\frac{\sqrt{3}}{2}$이므로 $x-10^\circ=30^\circ$

$\therefore x=40^\circ$ 답 40°

083 $\sin 45^\circ=\frac{\sqrt{2}}{2}$이므로 $2x+15^\circ=45^\circ$

$2x=30^\circ$ $\therefore x=15^\circ$ 답 15°

084 $\tan 45^\circ=1$이므로 $2x-55^\circ=45^\circ$

$2x=100^\circ$ $\therefore x=50^\circ$ 답 50°

085 $\cos 60^\circ=\frac{1}{2}$이므로 $3x+30^\circ=60^\circ$

$3x=30^\circ$ $\therefore x=10^\circ$ 답 10°

086 $\sin 30^\circ=\frac{1}{2}$이므로 $3x-72^\circ=30^\circ$

$3x=102^\circ$ $\therefore x=34^\circ$ 답 34°

087 해 4, $2\sqrt{2}$, 4, $2\sqrt{2}$
답 $2\sqrt{2}$, $2\sqrt{2}$

088 $\sin 30^\circ=\frac{x}{10}=\frac{1}{2}$에서 $x=5$

$\cos 30^\circ=\frac{y}{10}=\frac{\sqrt{3}}{2}$에서 $y=5\sqrt{3}$
답 5, $5\sqrt{3}$

089 $\tan 60^\circ=\frac{x}{4}=\sqrt{3}$에서 $x=4\sqrt{3}$

$\cos 60^\circ=\frac{4}{y}=\frac{1}{2}$에서 $y=8$
답 $4\sqrt{3}$, 8

090 $\cos 45^\circ=\frac{10}{x}=\frac{\sqrt{2}}{2}$에서 $x=10\sqrt{2}$

$\tan 45^\circ=\frac{y}{10}=1$에서 $y=10$
답 $10\sqrt{2}$, 10

091 $\tan 60^\circ=\frac{2\sqrt{3}}{x}=\sqrt{3}$에서 $x=2$

$\sin 60^\circ=\frac{2\sqrt{3}}{y}=\frac{\sqrt{3}}{2}$에서 $y=4$
답 2, 4

092 $\tan 45^\circ=\frac{x}{6}=1$에서 $x=6$

$\cos 45^\circ=\frac{6}{y}=\frac{\sqrt{2}}{2}$에서 $y=6\sqrt{2}$
답 6, $6\sqrt{2}$

093 $\sin 30^\circ=\frac{3\sqrt{2}}{x}=\frac{1}{2}$에서 $x=6\sqrt{2}$

$\tan 30^\circ=\frac{3\sqrt{2}}{y}=\frac{\sqrt{3}}{3}$에서 $y=3\sqrt{6}$
답 $6\sqrt{2}$, $3\sqrt{6}$

094 해 10, $10\sqrt{3}$, $10\sqrt{3}$, $10\sqrt{6}$
답 $10\sqrt{3}$, $10\sqrt{6}$

095 직각삼각형 ADC에서

$\cos 45^\circ=\frac{x}{12}=\frac{\sqrt{2}}{2}$ $\therefore x=6\sqrt{2}$

직각삼각형 ABD에서

$\tan 30^\circ=\frac{6\sqrt{2}}{y}=\frac{\sqrt{3}}{3}$ $\therefore y=6\sqrt{6}$
답 $6\sqrt{2}$, $6\sqrt{6}$

096 직각삼각형 ABC에서

$\sin 60^\circ=\frac{x}{8}=\frac{\sqrt{3}}{2}$ $\therefore x=4\sqrt{3}$

직각삼각형 ACD에서

$\cos 45^\circ=\frac{y}{4\sqrt{3}}=\frac{\sqrt{2}}{2}$ $\therefore y=2\sqrt{6}$
답 $4\sqrt{3}$, $2\sqrt{6}$

097 해 6, $6\sqrt{3}$, $6\sqrt{3}$, $12\sqrt{3}$
답 $12\sqrt{3}$

098 직각삼각형 ABD에서

$\sin 45^\circ=\frac{\overline{AB}}{2\sqrt{3}}=\frac{\sqrt{2}}{2}$ $\therefore \overline{AB}=\sqrt{6}$

직각삼각형 ABC에서

$\tan 30^\circ=\frac{\sqrt{6}}{x}=\frac{\sqrt{3}}{3}$ $\therefore x=3\sqrt{2}$
답 $3\sqrt{2}$

099 직각삼각형 ABC에서

$\tan 30° = \frac{\overline{BC}}{6} = \frac{\sqrt{3}}{3}$ $\therefore \overline{BC} = 2\sqrt{3}$

직각삼각형 BCD에서

$\cos 30° = \frac{2\sqrt{3}}{x} = \frac{\sqrt{3}}{2}$ $\therefore x = 4$

답 4

100 해 $4\sqrt{3}$, $4\sqrt{3}$, $4\sqrt{3}$, 8

답 $4\sqrt{3}$, 8

101 직각삼각형 BCD에서

$\tan 30° = \frac{6}{x} = \frac{\sqrt{3}}{3}$ $\therefore x = 6\sqrt{3}$

직각삼각형 ABC에서

$\sin 45° = \frac{y}{6\sqrt{3}} = \frac{\sqrt{2}}{2}$ $\therefore y = 3\sqrt{6}$

답 $6\sqrt{3}$, $3\sqrt{6}$

102 직각삼각형 ABC에서

$\tan 60° = \frac{x}{4} = \sqrt{3}$ $\therefore x = 4\sqrt{3}$

직각삼각형 BCD에서

$\sin 45° = \frac{4\sqrt{3}}{y} = \frac{\sqrt{2}}{2}$ $\therefore y = 4\sqrt{6}$

답 $4\sqrt{3}$, $4\sqrt{6}$

103 해 4, $4\sqrt{3}$, 4, 8, 15°, 15°, 8, 15°, 75°, $8+4\sqrt{3}$, $2+\sqrt{3}$

답 $2+\sqrt{3}$

104 △ABC에서 $\overline{AC} = \overline{BC} = 8$이므로

$\angle C = 180° - 2 \times 67.5° = 45°$

직각삼각형 AHC에서

$\sin 45° = \frac{\overline{AH}}{8} = \frac{\sqrt{2}}{2}$

$\therefore \overline{AH} = 4\sqrt{2}$

$\cos 45° = \frac{\overline{CH}}{8} = \frac{\sqrt{2}}{2}$

$\therefore \overline{CH} = 4\sqrt{2}$

$\therefore \overline{BH} = \overline{BC} - \overline{CH} = 8 - 4\sqrt{2}$

$\angle CAH = 90° - 45° = 45°$이므로

$\angle BAH = 67.5° - 45° = 22.5°$

직각삼각형 ABH에서

$\tan 22.5° = \frac{8-4\sqrt{2}}{4\sqrt{2}} = \sqrt{2} - 1$

답 $\sqrt{2}-1$

105 해 60°, $\sqrt{3}$, $\sqrt{3}x+2$

답 $y = \sqrt{3}x+2$

106 (기울기) $= \tan 30° = \frac{\sqrt{3}}{3}$, ($y$절편) $= 4$

$\therefore y = \frac{\sqrt{3}}{3}x + 4$ 답 $y = \frac{\sqrt{3}}{3}x + 4$

107 (기울기) $= \tan 45° = 1$,

(x절편) $= -6$이므로

직선의 방정식을 $y = x + b$로 놓고

$x = -6$, $y = 0$을 대입하면

$0 = -6 + b$ $\therefore b = 6$

$\therefore y = x + 6$ 답 $y = x + 6$

108 직각삼각형 ABC에서

$\cos 30° = \frac{\overline{AB}}{8} = \frac{\sqrt{3}}{2}$

$\therefore \overline{AB} = 4\sqrt{3}$

직각삼각형 ABD에서

$\sin 30° = \frac{\overline{AD}}{4\sqrt{3}} = \frac{1}{2}$

$\therefore \overline{AD} = 2\sqrt{3}$ 답 ②

109 △ABD에서

$\angle ADC = 30° + 15° = 45°$

직각삼각형 ADC에서

$\sin 45° = \frac{\overline{AC}}{10\sqrt{2}} = \frac{\sqrt{2}}{2}$ $\therefore \overline{AC} = 10$

직각삼각형 ABC에서

$\tan 30° = \frac{10}{\overline{BC}} = \frac{\sqrt{3}}{3}$

$\therefore \overline{BD} = 10\sqrt{3}$ 답 ④

110 (기울기) $= \tan a = \sqrt{3}$이고

$\tan 60° = \sqrt{3}$이므로 $a = 60°$

$\therefore \cos \frac{a}{2} = \cos 30° = \frac{\sqrt{3}}{2}$ 답 ③

Episode 04 p. 28~33

사분원에서 삼각비의 값

111 해 $\overline{AB}$, $\overline{AB}$, $\overline{AB}$

답 $\overline{AB}$

112 $\cos x = \frac{\overline{OB}}{\overline{OA}} = \frac{\overline{OB}}{1} = \overline{OB}$ 답 $\overline{OB}$

113 $\tan x = \frac{\overline{CD}}{\overline{OD}} = \frac{\overline{CD}}{1} = \overline{CD}$ 답 $\overline{CD}$

114 $\sin y = \frac{\overline{OB}}{\overline{OA}} = \frac{\overline{OB}}{1} = \overline{OB}$ 답 $\overline{OB}$

115 $\cos y = \frac{\overline{AB}}{\overline{OA}} = \frac{\overline{AB}}{1} = \overline{AB}$ 답 $\overline{AB}$

116 해 y, y, $\overline{OB}$

답 $\overline{OB}$

117 $\angle z = \angle y$이므로

$\cos z = \cos y = \overline{AB}$ 답 $\overline{AB}$

118 답 ○

119 답 ○

120 $\cos x = \overline{OB}$ 답 ×

121 $\angle z = \angle y$이므로

$\sin z = \sin y = \overline{OB}$ 답 ×

122 $\angle z = \angle y$이므로

$\cos z = \cos y = \overline{AB}$ 답 ○

123 $\sin x = \overline{AB}$ 답 ×

124 답 ○

125 $\tan z = \frac{\overline{OD}}{\overline{CD}} = \frac{1}{\overline{CD}}$ 답 ○

126 $\sin x = \overline{AB}$

$\angle z = \angle y$이므로

$\cos z = \cos y = \overline{AB}$

$\therefore \sin x = \cos z$ 답 ○

127 $\tan x = \overline{CD}$

$\angle y = \angle z$이므로

$\tan y = \tan z = \frac{1}{\overline{CD}}$

$\therefore \tan x \neq \tan y$ 답 ×

128 해 1, 0.5878

답 0.5878

129 $\cos 36° = \frac{\overline{OB}}{\overline{OA}} = \frac{\overline{OB}}{1}$

$= \overline{OB} = 0.8090$ 답 0.8090

130 $\tan 36° = \frac{\overline{CD}}{\overline{OD}} = \frac{\overline{CD}}{1}$

$= \overline{CD} = 0.7265$ 답 0.7265

131 △AOB에서

$\angle OAB = 180° - (36° + 90°) = 54°$

$\therefore \sin 54° = \frac{\overline{OB}}{\overline{OA}} = \frac{\overline{OB}}{1}$

$= \overline{OB} = 0.8090$ 답 0.8090

132 $\cos 54° = \frac{\overline{AB}}{\overline{OA}} = \frac{\overline{AB}}{1}$

$= \overline{AB} = 0.5878$ 답 0.5878

133 $\sin 57° = \overline{AB} = 0.8387$ 답 0.8387

134 $\cos 57° = \overline{OB} = 0.5446$ 답 0.5446

135 $\tan 57° = \overline{CD} = 1.5399$ 답 1.5399

136 △AOB에서
$\angle OAB=180°-(57°+90°)=33°$
$\sin 33°=\overline{OB}=0.5446$ 답 0.5446

137 $\cos 33°=\overline{AB}=0.8387$ 답 0.8387

138 $\sin 48°=\overline{AB}=0.7431$ 답 0.7431

139 $\cos 48°=\overline{OB}=0.6691$ 답 0.6691

140 $\tan 48°=\overline{CD}=1.1106$ 답 1.1106

141 △AOB에서
$\angle OAB=180°-(48°+90°)=42°$
$\therefore \sin 42°=\overline{OB}=0.6691$ 답 0.6691

142 $\cos 42°=\overline{AB}=0.7431$ 답 0.7431

143 $\sin 0°+\cos 0°-\tan 0°$
$=0+1-0=1$ 답 1

144 $\cos 0°+\sin 90°+\tan 0°$
$=1+1+0=2$ 답 2

145 $\cos 90°\times\tan 0°-\sin 90°\times\cos 0°$
$=0\times0-1\times1=-1$ 답 -1

146 $\sin 45°\times\cos 0°+\cos 45°\times\sin 0°$
$=\frac{\sqrt{2}}{2}\times1+\frac{\sqrt{2}}{2}\times0=\frac{\sqrt{2}}{2}$ 답 $\frac{\sqrt{2}}{2}$

147 $\cos 0°\div\cos 45°\times\tan 30°\div\sin 90°$
$=1\div\frac{\sqrt{2}}{2}\times\frac{\sqrt{3}}{3}\div1$
$=1\times\frac{2}{\sqrt{2}}\times\frac{\sqrt{3}}{3}\times1=\frac{\sqrt{6}}{3}$ 답 $\frac{\sqrt{6}}{3}$

148 $(1+\cos 0°)(1-\sin 90°)$
$=(1+1)\times(1-1)=0$ 답 0

149 $(\tan 0°+\cos 60°)\times\sin 30°$
$=\left(0+\frac{1}{2}\right)\times\frac{1}{2}=\frac{1}{4}$ 답 $\frac{1}{4}$

150 $(\sin 45°-\cos 0°)(\cos 45°+\sin 90°)$
$=\left(\frac{\sqrt{2}}{2}-1\right)\left(\frac{\sqrt{2}}{2}+1\right)=\left(\frac{\sqrt{2}}{2}\right)^2-1$
$=\frac{1}{2}-1=-\frac{1}{2}$ 답 $-\frac{1}{2}$

151 답 ○

152 A의 크기가 커지면 $\cos A$의 값은 감소한다. 답 ×

153 답 ○

154 $0\le\cos A\le1$이므로 최솟값은 0이고 최댓값은 1이다. 답 ○

155 $\tan A$의 값은 한없이 증가하므로 $\tan A$의 최댓값은 알 수 없다. 답 ×

156 $0\le\sin A\le1$이므로 $\sin A$의 최댓값은 1이다. 답 ×

157 $A=45°$일 때, $\sin A=\cos A=\frac{\sqrt{2}}{2}$,
$\tan A=1$이므로
$\sin A=\cos A<\tan A$ 답 ×

158 $0°<A<45°$일 때, $0<\sin A<\frac{\sqrt{2}}{2}$,
$\frac{\sqrt{2}}{2}<\cos A<1$이므로
$\sin A<\cos A$ 답 ○

159 답 ○

160 $0°\le x\le90°$일 때, x의 크기가 커지면 $\sin x$의 값은 증가한다. 답 $<$

161 $0°\le x\le90°$일 때, x의 크기가 커지면 $\cos x$의 값은 감소한다. 답 $>$

162 $0°\le x\le90°$일 때, x의 크기가 커지면 $\tan x$의 값은 증가한다. 답 $<$

163 해 $<$, $>$, $<$
답 $<$

164 $\cos 70°<\cos 45°=\frac{\sqrt{2}}{2}$
$\sin 70°>\sin 45°=\frac{\sqrt{2}}{2}$
$\therefore \cos 70°<\sin 70°$ 답 $<$

165 해 $>$, $<$, $>$
답 $>$

166 $\cos 82°<\cos 0°=1$
$\tan 82°>\tan 45°=1$
$\therefore \cos 82°<\tan 82°$ 답 $<$

167 $\sin 78°<\sin 90°=1$
$\tan 59°>\tan 45°=1$
$\therefore \sin 78°<\tan 59°$ 답 $<$

168 $\tan 47°>\tan 45°=1$
$\cos 65°<\cos 0°=1$
$\therefore \tan 47°>\cos 65°$ 답 $>$

169 답 0.4540

170 답 0.9063

171 답 0.5317

172 답 0.8480

173 답 0.4848

174 답 1.5399

175 답 0.8660

176 답 1.6643

177 답 35°

178 답 33°

179 답 36°

180 답 41°

181 답 40°

182 답 39°

183 답 43°

184 답 42°

185 해 10, 8.192
답 8.192

186 $\sin 34°=\frac{x}{100}=0.5592$이므로
$x=55.92$ 답 55.92

187 $\angle C=180°-(53°+90°)=37°$이므로
$\tan 37°=\frac{x}{50}=0.7536$
$\therefore x=37.68$ 답 37.68

188 해 66.91, 0.6691, 48
답 48°

189 $\sin A=\frac{77.71}{100}=0.7771$이므로
$\angle A=51°$ 답 51°

190 $\sin B=\frac{7.314}{10}=0.7314$이므로
$\angle B=47°$
$\therefore \angle A=180°-(90°+47°)=43°$
답 43°

191 $\tan 36°=\frac{\overline{CD}}{\overline{OD}}=\frac{\overline{CD}}{1}$
$=\overline{CD}=0.7265$
△AOB에서
$\angle OAB=180°-(36°+90°)=54°$
이므로
$\cos 54°=\frac{\overline{AB}}{\overline{OA}}=\frac{\overline{AB}}{1}$
$=\overline{AB}=0.5878$
$\therefore \tan 36°+\cos 54°$
$=0.7265+0.5878=1.3143$
답 ②

192 ① $\sin 0^\circ+\cos 0^\circ-\tan 0^\circ$
$=0+1-0=1$
② $\cos 0^\circ+\sin 90^\circ+\tan 0^\circ$
$=1+1+0=2$
③ $\cos 0^\circ\div\cos 45^\circ\times\tan 30^\circ\div\sin 90^\circ$
$=1\div\frac{\sqrt{2}}{2}\times\frac{\sqrt{3}}{3}\div 1$
$=1\times\frac{2}{\sqrt{2}}\times\frac{\sqrt{3}}{3}\times 1=\frac{\sqrt{6}}{3}$
④ $(1+\cos 0^\circ)(1-\sin 90^\circ)$
$=(1+1)\times(1-1)=0$
⑤ $(\tan 0^\circ+\cos 60^\circ)\times\sin 30^\circ$
$=\left(0+\frac{1}{2}\right)\times\frac{1}{2}=\frac{1}{4}$
따라서 $\tan 0^\circ=0$이므로 $\tan 0^\circ$의 값과 같은 것은 ④이다. 답 ④

193 $\cos x=0.8387$에서 $x=33^\circ$
$\tan y=0.7265$에서 $y=36^\circ$
$\therefore x+y=33^\circ+36^\circ=69^\circ$ 답 69°

Episode 05 삼각비의 활용 - 삼각형의 변의 길이

p. 35~42

194 해 $\cos 32^\circ$, $7\tan 32^\circ$
답 $\frac{7}{\cos 32^\circ}$, $7\tan 32^\circ$

195 $\tan 43^\circ=\frac{x}{8}$이므로 $x=8\tan 43^\circ$
$\cos 43^\circ=\frac{8}{y}$이므로 $y=\frac{8}{\cos 43^\circ}$
답 $8\tan 43^\circ$, $\frac{8}{\cos 43^\circ}$

196 $\cos 55^\circ=\frac{x}{9}$이므로 $x=9\cos 55^\circ$
$\sin 55^\circ=\frac{y}{9}$이므로 $y=9\sin 55^\circ$
답 $9\cos 55^\circ$, $9\sin 55^\circ$

197 해 0.8, 5
답 5

198 $\sin 28^\circ=\frac{x}{20}$이므로
$x=20\sin 28^\circ=20\times 0.47=9.4$
답 9.4

199 $\tan 35^\circ=\frac{x}{41}$이므로
$x=41\tan 35^\circ=41\times 0.7=28.7$
답 28.7

200 해 $\frac{\sqrt{2}}{2}$, $4\sqrt{2}$, $\frac{\sqrt{2}}{2}$, $4\sqrt{2}$, $4\sqrt{2}$, $4\sqrt{2}$, 160
답 160 cm^3

201 $\overline{AO}=6\sin 60^\circ=6\times\frac{\sqrt{3}}{2}$
$=3\sqrt{3}(\text{cm})$
$\overline{BO}=6\cos 60^\circ=6\times\frac{1}{2}=3(\text{cm})$
$\therefore$ (부피)$=\frac{1}{3}\times\pi\times 3^2\times 3\sqrt{3}$
$=9\sqrt{3}\pi(\text{cm}^3)$
답 $9\sqrt{3}\pi\text{ cm}^3$

202 $\overline{AB}=8\sqrt{2}\sin 45^\circ=8\sqrt{2}\times\frac{\sqrt{2}}{2}$
$=8(\text{cm})$
$\overline{AC}=8\sqrt{2}\cos 45^\circ=8\sqrt{2}\times\frac{\sqrt{2}}{2}$
$=8(\text{cm})$
$\therefore$ (부피)$=\frac{1}{2}\times 8\times 8\times 10$
$=320(\text{cm}^3)$ 답 320 cm^3

203 해 0.93, 9.3
답 9.3 km

204 탑의 높이는
$\overline{BC}=4\tan 59^\circ=4\times 1.66$
$=6.64(\text{m})$ 답 6.64 m

205 $\cos 63^\circ=\frac{90}{\overline{AB}}$이므로
$\overline{AB}=\frac{90}{\cos 63^\circ}=\frac{90}{0.45}=200(\text{m})$
답 200 m

206 해 2.36, 7.08, 1.5, 7.08, 8.58
답 8.58 m

207 $\overline{AH}=40\sin 46^\circ=40\times 0.72$
$=28.8(\text{m})$
$\overline{HB}=1.4\text{ m}$
따라서 지면과 연 사이의 거리는
$\overline{AB}=\overline{AH}+\overline{HB}$
$=28.8+1.4=30.2(\text{m})$
답 30.2 m

208 $\overline{AH}=60\sin 52^\circ=60\times 0.79$
$=47.4(\text{m})$
$\overline{HB}=1.3\text{ m}$
따라서 지면과 기구 사이의 거리는
$\overline{AB}=\overline{AH}+\overline{HB}$
$=47.4+1.3=48.7(\text{m})$
답 48.7 m

209 해 0.6, 5, 1.33, 3.99, 3.99, 8.99
답 8.99 m

210 $\overline{AC}=\frac{2}{\cos 37^\circ}=\frac{2}{0.8}=2.5(\text{m})$
$\overline{AB}=2\tan 37^\circ=2\times 0.75=1.5(\text{m})$
따라서 부러지기 전의 농구대의 높이는
$\overline{AC}+\overline{AB}=2.5+1.5=4(\text{m})$
답 4 m

211 $\overline{AC}=4\cos 26^\circ=4\times 0.9=3.6(\text{m})$
$\overline{AB}=4\sin 26^\circ=4\times 0.44$
$=1.76(\text{m})$
따라서 부러지기 전의 나무의 높이는
$\overline{AC}+\overline{AB}=3.6+1.76=5.36(\text{m})$
답 5.36 m

212 해 24, 1, 24, $\frac{\sqrt{3}}{3}$, $8\sqrt{3}$, 24
답 $(24+8\sqrt{3})$ m

213 $\overline{HB}=36\text{ m}$이므로
$\overline{AH}=\frac{36}{\tan 30^\circ}=36\div\frac{\sqrt{3}}{3}$
$=36\sqrt{3}(\text{m})$
$\overline{CH}=36\sqrt{3}\tan 45^\circ=36\sqrt{3}\times 1$
$=36\sqrt{3}(\text{m})$
따라서 건물 (나)의 높이는
$\overline{HB}+\overline{CH}=36+36\sqrt{3}(\text{m})$
답 $(36+36\sqrt{3})$ m

214 해 $\frac{\sqrt{3}}{2}$, $2\sqrt{3}$, $\frac{1}{2}$, 2, 2, 3, $2\sqrt{3}$, $\sqrt{21}$
답 $\sqrt{21}$

215

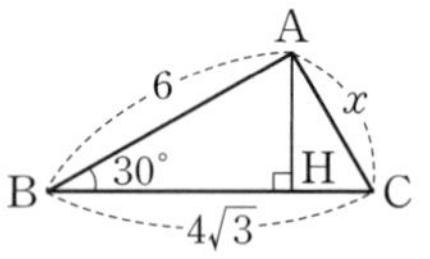

꼭짓점 A에서 $\overline{BC}$에 내린 수선의 발을 H라고 하면 △ABH에서
$\overline{AH}=6\sin 30^\circ=6\times\frac{1}{2}=3$
$\overline{BH}=6\cos 30^\circ=6\times\frac{\sqrt{3}}{2}=3\sqrt{3}$
$\therefore \overline{CH}=\overline{BC}-\overline{BH}=4\sqrt{3}-3\sqrt{3}=\sqrt{3}$
△AHC에서
$x=\sqrt{3^2+(\sqrt{3})^2}=2\sqrt{3}$ 답 $2\sqrt{3}$

216

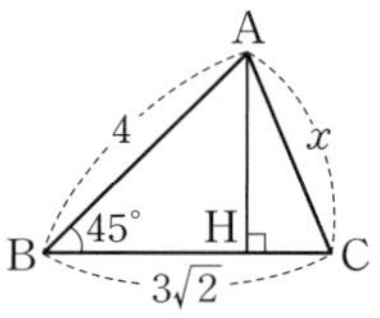

꼭짓점 A에서 $\overline{BC}$에 내린 수선의 발을 H라고 하면 △ABH에서

$\overline{AH}=4\sin 45^\circ=4\times\frac{\sqrt{2}}{2}=2\sqrt{2}$

$\overline{BH}=4\cos 45^\circ=4\times\frac{\sqrt{2}}{2}=2\sqrt{2}$

$\therefore \overline{CH}=\overline{BC}-\overline{BH}=3\sqrt{2}-2\sqrt{2}=\sqrt{2}$

△AHC에서

$x=\sqrt{(2\sqrt{2})^2+(\sqrt{2})^2}=\sqrt{10}$ 답 $\sqrt{10}$

217

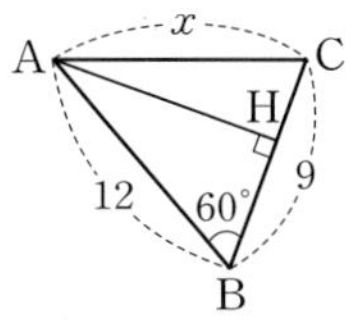

꼭짓점 A에서 $\overline{BC}$에 내린 수선의 발을 H라고 하면 △ABH에서

$\overline{AH}=12\sin 60^\circ=12\times\frac{\sqrt{3}}{2}=6\sqrt{3}$

$\overline{BH}=12\cos 60^\circ=12\times\frac{1}{2}=6$

$\therefore \overline{CH}=\overline{BC}-\overline{BH}=9-6=3$

△AHC에서

$x=\sqrt{(6\sqrt{3})^2+3^2}=3\sqrt{13}$ 답 $3\sqrt{13}$

218

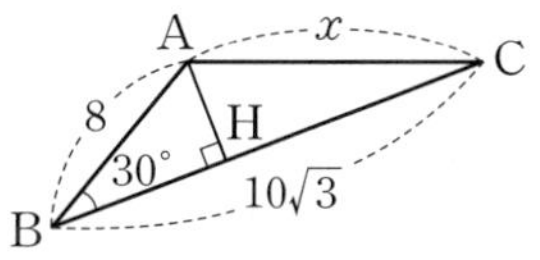

꼭짓점 A에서 $\overline{BC}$에 내린 수선의 발을 H라고 하면 △ABH에서

$\overline{AH}=8\sin 30^\circ=8\times\frac{1}{2}=4$

$\overline{BH}=8\cos 30^\circ=8\times\frac{\sqrt{3}}{2}=4\sqrt{3}$

$\therefore \overline{CH}=\overline{BC}-\overline{BH}$

$=10\sqrt{3}-4\sqrt{3}=6\sqrt{3}$

△AHC에서

$x=\sqrt{4^2+(6\sqrt{3})^2}=2\sqrt{31}$ 답 $2\sqrt{31}$

219

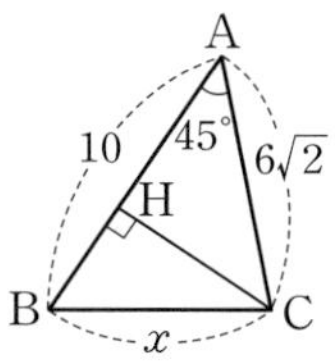

꼭짓점 C에서 $\overline{AB}$에 내린 수선의 발을 H라고 하면 △AHC에서

$\overline{CH}=6\sqrt{2}\sin 45^\circ=6\sqrt{2}\times\frac{\sqrt{2}}{2}=6$

$\overline{AH}=6\sqrt{2}\cos 45^\circ=6\sqrt{2}\times\frac{\sqrt{2}}{2}=6$

$\therefore \overline{HB}=\overline{AB}-\overline{AH}=10-6=4$

△HBC에서

$x=\sqrt{6^2+4^2}=2\sqrt{13}$ 답 $2\sqrt{13}$

220 해 60, $\frac{\sqrt{2}}{2}$, $6\sqrt{2}$, $6\sqrt{2}$, $6\sqrt{2}$, $4\sqrt{6}$

답 $4\sqrt{6}$

221

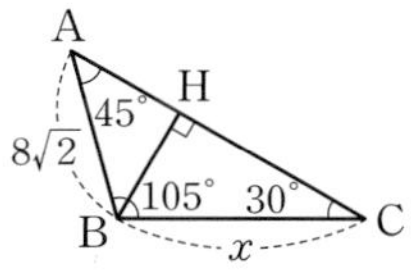

$\angle C=180^\circ-(45^\circ+105^\circ)=30^\circ$

꼭짓점 B에서 $\overline{AC}$에 내린 수선의 발을 H라고 하면 △ABH에서

$\overline{BH}=8\sqrt{2}\sin 45^\circ=8\sqrt{2}\times\frac{\sqrt{2}}{2}=8$

△BCH에서

$x=\frac{8}{\sin 30^\circ}=8\div\frac{1}{2}=16$ 답 16

222

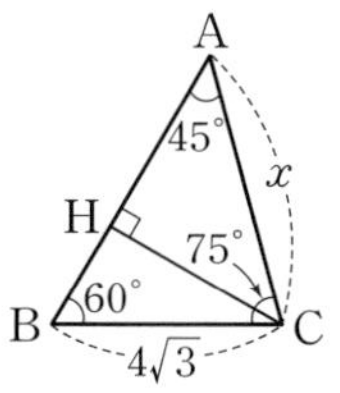

$\angle A=180^\circ-(60^\circ+75^\circ)=45^\circ$

꼭짓점 C에서 $\overline{AB}$에 내린 수선의 발을 H라고 하면 △BCH에서

$\overline{CH}=4\sqrt{3}\sin 60^\circ=4\sqrt{3}\times\frac{\sqrt{3}}{2}=6$

△AHC에서

$x=\frac{6}{\sin 45^\circ}=6\div\frac{\sqrt{2}}{2}=6\sqrt{2}$

답 $6\sqrt{2}$

223

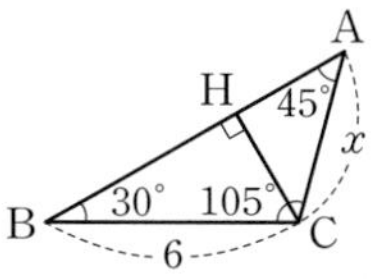

$\angle A=180^\circ-(30^\circ+105^\circ)=45^\circ$

꼭짓점 C에서 $\overline{AB}$에 내린 수선의 발을 H라고 하면 △BCH에서

$\overline{CH}=6\sin 30^\circ=6\times\frac{1}{2}=3$

△AHC에서

$x=\frac{3}{\sin 45^\circ}=3\div\frac{\sqrt{2}}{2}=3\sqrt{2}$

답 $3\sqrt{2}$

224

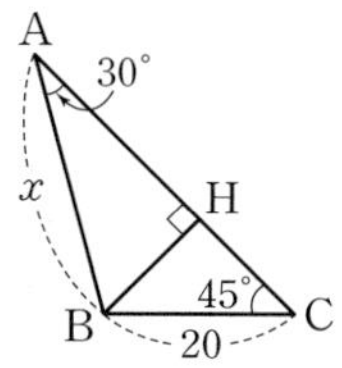

꼭짓점 B에서 $\overline{AC}$에 내린 수선의 발을 H라고 하면 △BCH에서

$\overline{BH}=20\sin 45^\circ=20\times\frac{\sqrt{2}}{2}=10\sqrt{2}$

△ABH에서

$x=\frac{10\sqrt{2}}{\sin 30^\circ}=10\sqrt{2}\div\frac{1}{2}=20\sqrt{2}$

답 $20\sqrt{2}$

225

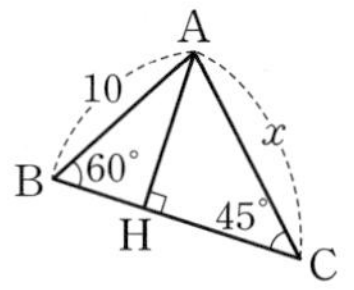

꼭짓점 A에서 $\overline{BC}$에 내린 수선의 발을 H라고 하면 △ABH에서

$\overline{AH}=10\sin 60^\circ=10\times\frac{\sqrt{3}}{2}=5\sqrt{3}$

△AHC에서

$x=\frac{5\sqrt{3}}{\sin 45^\circ}=5\sqrt{3}\div\frac{\sqrt{2}}{2}=5\sqrt{6}$

답 $5\sqrt{6}$

226 해 45, 45, h, 60, 30, $\frac{\sqrt{3}}{3}h$, $\frac{\sqrt{3}}{3}$, $3+\sqrt{3}$, $15-5\sqrt{3}$

답 $15-5\sqrt{3}$

227 △ABH에서

$\angle BAH=90^\circ-30^\circ=60^\circ$이므로

$\overline{BH}=h\tan 60^\circ=\sqrt{3}h$

△AHC에서

$\angle CAH=90^\circ-45^\circ=45^\circ$이므로

$\overline{CH}=h\tan 45^\circ=h$

$\overline{BC}=\overline{BH}+\overline{CH}$이므로

$6=\sqrt{3}h+h$, $(\sqrt{3}+1)h=6$

$\therefore h=\frac{6}{\sqrt{3}+1}=3\sqrt{3}-3$

답 $3\sqrt{3}-3$

228 △ABH에서

$\angle BAH=90^\circ-45^\circ=45^\circ$이므로

$\overline{BH}=h\tan 45^\circ=h$

△AHC에서

$\angle CAH=105^\circ-45^\circ=60^\circ$이므로

$\overline{CH}=h\tan 60^\circ=\sqrt{3}h$

$\overline{BC}=\overline{BH}+\overline{CH}$이므로

$8=h+\sqrt{3}h$, $(1+\sqrt{3})h=8$

$\therefore h=\dfrac{8}{1+\sqrt{3}}=4\sqrt{3}-4$

답 $4\sqrt{3}-4$

229 $\overline{AH}=h$ m라고 하면 △ABH에서
$\angle BAH=90^\circ-60^\circ=30^\circ$이므로
$\overline{BH}=h\tan 30^\circ=\dfrac{\sqrt{3}}{3}h$(m)
△AHC에서
$\angle CAH=90^\circ-45^\circ=45^\circ$이므로
$\overline{CH}=h\tan 45^\circ=h$(m)
$\overline{BC}=\overline{BH}+\overline{CH}$이므로
$20=\dfrac{\sqrt{3}}{3}h+h$, $\dfrac{\sqrt{3}+3}{3}h=20$
$\therefore h=\dfrac{60}{\sqrt{3}+3}=30-10\sqrt{3}$
따라서 지면에서 풍선까지의 높이는 $(30-10\sqrt{3})$ m이다.

답 $(30-10\sqrt{3})$ m

230 $\overline{AH}=h$ m라고 하면 △ABH에서
$\angle BAH=90^\circ-45^\circ=45^\circ$이므로
$\overline{BH}=h\tan 45^\circ=h$(m)
△AHC에서
$\angle CAH=90^\circ-30^\circ=60^\circ$이므로
$\overline{CH}=h\tan 60^\circ=\sqrt{3}h$(m)
$\overline{BC}=\overline{BH}+\overline{CH}$이므로
$40=h+\sqrt{3}h$, $(1+\sqrt{3})h=40$
$\therefore h=\dfrac{40}{1+\sqrt{3}}=20\sqrt{3}-20$
따라서 나무의 높이는 $(20\sqrt{3}-20)$ m 이다.

답 $(20\sqrt{3}-20)$ m

231 $\overline{AH}=h$ m라고 하면 △ABH에서
$\angle BAH=90^\circ-30^\circ=60^\circ$이므로
$\overline{BH}=h\tan 60^\circ=\sqrt{3}h$(m)
△AHC에서
$\angle CAH=90^\circ-60^\circ=30^\circ$이므로
$\overline{CH}=h\tan 30^\circ=\dfrac{\sqrt{3}}{3}h$(m)
$\overline{BC}=\overline{BH}+\overline{CH}$이므로
$12=\sqrt{3}h+\dfrac{\sqrt{3}}{3}h$, $\dfrac{4\sqrt{3}}{3}h=12$
$\therefore h=3\sqrt{3}$
따라서 지면에서 드론까지의 높이는 $3\sqrt{3}$ m이다.

답 $3\sqrt{3}$ m

232 해 45, 45, h, 60, 30, $\dfrac{\sqrt{3}}{3}h$, $\dfrac{\sqrt{3}}{3}$, $3-\sqrt{3}$, $12+4\sqrt{3}$

답 $12+4\sqrt{3}$

233 △ABH에서
$\angle BAH=90^\circ-30^\circ=60^\circ$이므로
$\overline{BH}=h\tan 60^\circ=\sqrt{3}h$
△ACH에서
$\angle CAH=90^\circ-45^\circ=45^\circ$이므로
$\overline{CH}=h\tan 45^\circ=h$
$\overline{BC}=\overline{BH}-\overline{CH}$이므로
$4=\sqrt{3}h-h$, $(\sqrt{3}-1)h=4$
$\therefore h=\dfrac{4}{\sqrt{3}-1}=2\sqrt{3}+2$

답 $2\sqrt{3}+2$

234 △ABH에서
$\angle BAH=90^\circ-30^\circ=60^\circ$이므로
$\overline{BH}=h\tan 60^\circ=\sqrt{3}h$
△ACH에서
$\angle CAH=90^\circ-(180^\circ-120^\circ)=30^\circ$ 이므로
$\overline{CH}=h\tan 30^\circ=\dfrac{\sqrt{3}}{3}h$
$\overline{BC}=\overline{BH}-\overline{CH}$이므로
$8=\sqrt{3}h-\dfrac{\sqrt{3}}{3}h$, $\dfrac{2\sqrt{3}}{3}h=8$
$\therefore h=4\sqrt{3}$

답 $4\sqrt{3}$

235 $\overline{AH}=h$ m라고 하면 △ABH에서
$\angle BAH=90^\circ-30^\circ=60^\circ$이므로
$\overline{BH}=h\tan 60^\circ=\sqrt{3}h$(m)
△ACH에서
$\angle CAH=90^\circ-45^\circ=45^\circ$이므로
$\overline{CH}=h\tan 45^\circ=h$(m)
$\overline{BC}=\overline{BH}-\overline{CH}$이므로
$10=\sqrt{3}h-h$, $(\sqrt{3}-1)h=10$
$\therefore h=\dfrac{10}{\sqrt{3}-1}=5\sqrt{3}+5$
따라서 가로등의 높이는 $(5\sqrt{3}+5)$ m 이다.

답 $(5\sqrt{3}+5)$ m

236 $\overline{AH}=h$ m라고 하면 △ABH에서
$\angle BAH=90^\circ-45^\circ=45^\circ$이므로
$\overline{BH}=h\tan 45^\circ=h$(m)
△ACH에서
$\angle CAH=90^\circ-60^\circ=30^\circ$이므로
$\overline{CH}=h\tan 30^\circ=\dfrac{\sqrt{3}}{3}h$(m)
$\overline{BC}=\overline{BH}-\overline{CH}$이므로
$18=h-\dfrac{\sqrt{3}}{3}h$, $\dfrac{3-\sqrt{3}}{3}h=18$
$\therefore h=\dfrac{54}{3-\sqrt{3}}=27+9\sqrt{3}$
따라서 지면에서 연까지의 높이는 $(27+9\sqrt{3})$ m이다.

답 $(27+9\sqrt{3})$ m

237 $\overline{AH}=h$ m라고 하면 △AHB에서
$\angle BAH=90^\circ-60^\circ=30^\circ$이므로
$\overline{HB}=h\tan 30^\circ=\dfrac{\sqrt{3}}{3}h$(m)
△AHC에서
$\angle HAC=90^\circ-30^\circ=60^\circ$이므로
$\overline{HC}=h\tan 60^\circ=\sqrt{3}h$(m)
$\overline{BC}=\overline{HC}-\overline{HB}$이므로
$14=\sqrt{3}h-\dfrac{\sqrt{3}}{3}h$, $\dfrac{2\sqrt{3}}{3}h=14$
$\therefore h=7\sqrt{3}$
따라서 지면에서 드론까지의 높이는 $7\sqrt{3}$ m이다.

답 $7\sqrt{3}$ m

238 $\overline{BC}=10\cos 50^\circ=10\times0.64=6.4$
$\overline{AC}=10\sin 50^\circ=10\times0.77=7.7$
따라서 직각삼각형 ABC의 둘레의 길이는
$\overline{AB}+\overline{BC}+\overline{AC}=10+6.4+7.7$
$=24.1$

답 ①

239

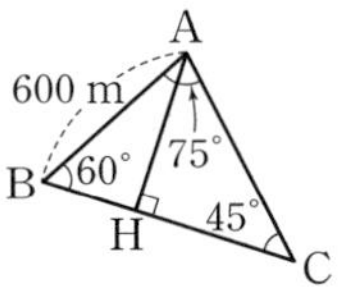

$\angle C=180^\circ-(75^\circ+60^\circ)=45^\circ$
꼭짓점 A에서 $\overline{BC}$에 내린 수선의 발을 H라고 하면
△ABH에서
$\overline{AH}=600\sin 60^\circ=600\times\dfrac{\sqrt{3}}{2}$
$=300\sqrt{3}$(m)
△AHC에서
$\overline{AC}=\dfrac{300\sqrt{3}}{\sin 45^\circ}=300\sqrt{3}\div\dfrac{\sqrt{2}}{2}$
$=300\sqrt{6}$(m)

답 ⑤

240 $\overline{AH}=h$라고 하면 △AHB에서
$\angle HAB=90^\circ-45^\circ=45^\circ$이므로
$\overline{HB}=h\tan 45^\circ=h$
△AHC에서
$\angle HAC=90^\circ-30^\circ=60^\circ$이므로
$\overline{HC}=h\tan 60^\circ=\sqrt{3}h$
$\overline{BC}=\overline{HC}-\overline{HB}$이므로
$16=\sqrt{3}h-h$, $(\sqrt{3}-1)h=16$
$\therefore h=\dfrac{16}{\sqrt{3}-1}=8\sqrt{3}+8$
$\therefore \overline{AH}=8\sqrt{3}+8$

답 ④

Episode 06 삼각비의 활용 - 도형의 넓이

p. 44~49

241 해 45, $\frac{\sqrt{2}}{2}$, $18\sqrt{2}$

답 $18\sqrt{2}$ cm^2

242 $\triangle ABC=\frac{1}{2}\times6\times4\times\sin 60^\circ$
$=\frac{1}{2}\times6\times4\times\frac{\sqrt{3}}{2}$
$=6\sqrt{3}(\text{cm}^2)$ 답 $6\sqrt{3}$ cm^2

243 $\triangle ABC=\frac{1}{2}\times8\times8\times\sin 30^\circ$
$=\frac{1}{2}\times8\times8\times\frac{1}{2}$
$=16(\text{cm}^2)$ 답 16 cm^2

244 해 150, $\frac{1}{2}$, 30

답 30 cm^2

245 $\triangle ABC$
$=\frac{1}{2}\times4\times3\times\sin(180^\circ-135^\circ)$
$=\frac{1}{2}\times4\times3\times\frac{\sqrt{2}}{2}=3\sqrt{2}(\text{cm}^2)$
답 $3\sqrt{2}$ cm^2

246 $\angle C=180^\circ-(30^\circ+30^\circ)=120^\circ$이므로
$\triangle ABC$
$=\frac{1}{2}\times2\sqrt{3}\times2\sqrt{3}\times\sin(180^\circ-120^\circ)$
$=\frac{1}{2}\times2\sqrt{3}\times2\sqrt{3}\times\frac{\sqrt{3}}{2}=3\sqrt{3}(\text{cm}^2)$
답 $3\sqrt{3}$ cm^2

247 해 135, $\frac{\sqrt{2}}{2}$, 9, 45, $\frac{\sqrt{2}}{2}$, 54, 9, 63

답 63 cm^2

248 $\overline{AC}$를 그으면
$\triangle ABC=\frac{1}{2}\times6\times9\times\sin 60^\circ$
$=\frac{1}{2}\times6\times9\times\frac{\sqrt{3}}{2}$
$=\frac{27\sqrt{3}}{2}(\text{cm}^2)$
$\triangle ACD$
$=\frac{1}{2}\times3\times3\sqrt{3}\times\sin(180^\circ-150^\circ)$
$=\frac{1}{2}\times3\times3\sqrt{3}\times\frac{1}{2}=\frac{9\sqrt{3}}{4}(\text{cm}^2)$
$\therefore \square ABCD=\triangle ABC+\triangle ACD$
$=\frac{27\sqrt{3}}{2}+\frac{9\sqrt{3}}{4}$
$=\frac{63\sqrt{3}}{4}(\text{cm}^2)$
답 $\frac{63\sqrt{3}}{4}$ cm^2

249 $\triangle ABC=\frac{1}{2}\times5\times4\sqrt{3}\times\sin B=15$
에서 $\sin B=\frac{\sqrt{3}}{2}$
이때 $\sin 60^\circ=\frac{\sqrt{3}}{2}$이므로
$\angle B=60^\circ$ 답 60°

250 해 8, 180, $\frac{\sqrt{3}}{2}$, 60, 60, 120

답 120°

251 $\triangle ABC=\frac{1}{2}\times7\times8\times\sin(180^\circ-B)$
$=14\sqrt{2}$
에서 $\sin(180^\circ-B)=\frac{\sqrt{2}}{2}$
이때 $\sin 45^\circ=\frac{\sqrt{2}}{2}$이므로
$180^\circ-\angle B=45^\circ$ $\therefore \angle B=135^\circ$
답 135°

252 해 7, 150, 7, $\frac{1}{2}$, $\frac{7}{4}$, 4

답 4

253 $\triangle ABC=\frac{1}{2}\times x\times4\times\sin 60^\circ$
$=10\sqrt{3}$
에서 $\frac{1}{2}\times x\times4\times\frac{\sqrt{3}}{2}=10\sqrt{3}$
$\sqrt{3}x=10\sqrt{3}$ $\therefore x=10$ 답 10

254 $\triangle ABC$
$=\frac{1}{2}\times10\times x\times\sin(180^\circ-135^\circ)$
$=20\sqrt{2}$
에서 $\frac{1}{2}\times10\times x\times\frac{\sqrt{2}}{2}=20\sqrt{2}$
$\frac{5\sqrt{2}}{2}x=20\sqrt{2}$ $\therefore x=8$ 답 8

255 해 45, $\frac{\sqrt{2}}{2}$, $24\sqrt{2}$

답 $24\sqrt{2}$ cm^2

256 $\square ABCD=7\times6\times\sin 30^\circ$
$=7\times6\times\frac{1}{2}=21(\text{cm}^2)$
답 21 cm^2

257 $\square ABCD=6\times6\times\sin 45^\circ$
$=6\times6\times\frac{\sqrt{2}}{2}$
$=18\sqrt{2}(\text{cm}^2)$
답 $18\sqrt{2}$ cm^2

258 $\square ABCD=2\sqrt{2}\times2\sqrt{2}\times\sin 60^\circ$
$=2\sqrt{2}\times2\sqrt{2}\times\frac{\sqrt{3}}{2}$
$=4\sqrt{3}(\text{cm}^2)$ 답 $4\sqrt{3}$ cm^2

259 해 150, $\frac{1}{2}$, 10

답 10 cm^2

260 $\square ABCD$
$=9\times12\times\sin(180^\circ-120^\circ)$
$=9\times12\times\frac{\sqrt{3}}{2}=54\sqrt{3}(\text{cm}^2)$
답 $54\sqrt{3}$ cm^2

261 $\square ABCD$
$=4\times4\times\sin(180^\circ-135^\circ)$
$=4\times4\times\frac{\sqrt{2}}{2}=8\sqrt{2}(\text{cm}^2)$
답 $8\sqrt{2}$ cm^2

262 $\square ABCD$
$=6\sqrt{3}\times6\sqrt{3}\times\sin(180^\circ-150^\circ)$
$=6\sqrt{3}\times6\sqrt{3}\times\frac{1}{2}=54(\text{cm}^2)$
답 54 cm^2

263 $\square ABCD=5\times6\times\sin B=15\sqrt{3}$에서
$\sin B=\frac{\sqrt{3}}{2}$
이때 $\sin 60^\circ=\frac{\sqrt{3}}{2}$이므로
$\angle B=60^\circ$ 답 60°

264 해 180, 180, $\frac{\sqrt{3}}{2}$, 60, 60, 120

답 120°

265 $10\times9\times\sin(180^\circ-B)=45$에서
$\sin(180^\circ-B)=\frac{1}{2}$
이때 $\sin 30^\circ=\frac{1}{2}$이므로
$180^\circ-\angle B=30^\circ$ $\therefore \angle B=150^\circ$
답 150°

266 해 120, $\frac{\sqrt{3}}{2}$, $\frac{9\sqrt{3}}{2}$, 10

답 10

267 $\square ABCD=x\times8\times\sin 60^\circ=20\sqrt{3}$
에서 $x\times8\times\frac{\sqrt{3}}{2}=20\sqrt{3}$
$4\sqrt{3}x=20\sqrt{3}$ $\therefore x=5$ 답 5

268 $\square ABCD$
$=x\times x\times\sin(180^\circ-150^\circ)$
$=32$
에서 $x\times x\times\frac{1}{2}=32$
$x^2=64$ $\therefore x=8$ ($\because x>0$) 답 8

269 해 45, $\frac{\sqrt{2}}{2}$, $20\sqrt{2}$
답 $20\sqrt{2}$ cm^2

270 $\square ABCD=\frac{1}{2}\times20\times28\times\sin 60^\circ$
$=\frac{1}{2}\times20\times28\times\frac{\sqrt{3}}{2}$
$=140\sqrt{3}(cm^2)$
답 $140\sqrt{3}$ cm^2

271 $\square ABCD$는 직사각형이므로
$\overline{AC}=\overline{BD}=2(cm)$
$\therefore \square ABCD=\frac{1}{2}\times2\times2\times\sin 60^\circ$
$=\frac{1}{2}\times2\times2\times\frac{\sqrt{3}}{2}$
$=\sqrt{3}(cm^2)$ 답 $\sqrt{3}$ cm^2

272 해 135, $\frac{\sqrt{2}}{2}$, $3\sqrt{2}$
답 $3\sqrt{2}$ cm^2

273 $\square ABCD$
$=\frac{1}{2}\times12\times14\times\sin(180^\circ-120^\circ)$
$=\frac{1}{2}\times12\times14\times\frac{\sqrt{3}}{2}$
$=42\sqrt{3}(cm^2)$ 답 $42\sqrt{3}$ cm^2

274 $\square ABCD$는 등변사다리꼴이므로
$\overline{BD}=\overline{AC}=8(cm)$
$\therefore \square ABCD$
$=\frac{1}{2}\times8\times8\times\sin(180^\circ-150^\circ)$
$=\frac{1}{2}\times8\times8\times\frac{1}{2}=16(cm^2)$
답 16 cm^2

275 $\angle C=\angle B=75^\circ$이므로
$\angle A=180^\circ-(75^\circ+75^\circ)=30^\circ$
$\therefore \triangle ABC=\frac{1}{2}\times4\times4\times\sin 30^\circ$
$=\frac{1}{2}\times4\times4\times\frac{1}{2}$
$=4(cm^2)$ 답 ①

276 $\triangle ACD=\frac{1}{2}\times12\times12=72(cm^2)$
$\overline{AC}=\sqrt{12^2+12^2}=12\sqrt{2}(cm)$이므로
$\triangle ABC$
$=\frac{1}{2}\times16\times12\sqrt{2}\times\sin 30^\circ$
$=\frac{1}{2}\times16\times12\sqrt{2}\times\frac{1}{2}$
$=48\sqrt{2}(cm^2)$
$\therefore \square ABCD=\triangle ACD+\triangle ABC$
$=72+48\sqrt{2}(cm^2)$
답 ④

277 $\overline{AB}=x$ cm라고 하면
$\square ABCD$
$=x\times x\times\sin(180^\circ-135^\circ)$
$=18\sqrt{2}$
에서 $x\times x\times\frac{\sqrt{2}}{2}=18\sqrt{2}$
$x^2=36$ $\therefore x=6$ ($\because x>0$)
따라서 $\square ABCD$의 둘레의 길이는
$4\times6=24(cm)$ 답 ④

Episode 07 원의 중심과 현

p. 53~58

001 해 4, 4
답 4

002 $\overline{AM}=\overline{BM}=\sqrt{2}(cm)$
$\therefore x=\sqrt{2}$ 답 $\sqrt{2}$

003 $\overline{BM}=\frac{1}{2}\overline{AB}=\frac{1}{2}\times6=3(cm)$
$\therefore x=3$ 답 3

004 $\overline{AB}=2\overline{BM}=2\times5=10(cm)$
$\therefore x=10$ 답 10

005 해 8, 8, 16, 16
답 16

006 직각삼각형 OBM에서
$\overline{BM}=\sqrt{4^2-(\sqrt{7})^2}=3(cm)$
$\overline{AB}=2\overline{BM}=2\times3=6(cm)$
$\therefore x=6$ 답 6

007 직각삼각형 OMA에서
$\overline{AM}=\sqrt{13^2-5^2}=12(cm)$
$\overline{AB}=2\overline{AM}=2\times12=24(cm)$
$\therefore x=24$ 답 24

008 직각삼각형 OMB에서
$\overline{BM}=\sqrt{(\sqrt{11})^2-2^2}=\sqrt{7}(cm)$
$\overline{AB}=2\overline{BM}=2\times\sqrt{7}=2\sqrt{7}(cm)$
$\therefore x=2\sqrt{7}$ 답 $2\sqrt{7}$

009 해 24, 12, 12, 9, 9
답 9

010 $\overline{AM}=\overline{BM}=4(cm)$
직각삼각형 OMA에서
$\overline{OM}=\sqrt{5^2-4^2}=3(cm)$
$\therefore x=3$ 답 3

011 $\overline{AM}=\frac{1}{2}\overline{AB}=\frac{1}{2}\times8\sqrt{2}=4\sqrt{2}(cm)$
직각삼각형 OMA에서
$\overline{OM}=\sqrt{6^2-(4\sqrt{2})^2}=2(cm)$
$\therefore x=2$ 답 2

012 $\overline{AM}=\frac{1}{2}\overline{AB}=\frac{1}{2}\times10=5(cm)$
직각삼각형 OMA에서
$\overline{OM}=\sqrt{7^2-5^2}=2\sqrt{6}(cm)$
$\therefore x=2\sqrt{6}$ 답 $2\sqrt{6}$

013 해 $10\sqrt{2}$, $5\sqrt{2}$
답 $5\sqrt{2}$ cm

014 원의 반지름의 길이는
$\frac{1}{2}\overline{CD}=\frac{1}{2}\times16=8(cm)$ 답 8 cm

015 원의 반지름의 길이는
$\frac{1}{2}\overline{CD}=\frac{1}{2}\times(13+5)=9(cm)$
답 9 cm

016 원의 반지름의 길이는
$\frac{1}{2}\overline{CD}=\frac{1}{2}\times(4+8)=6(cm)$
답 6 cm

017 해 $r-1$, 2, $r-1$, 5, $\frac{5}{2}$
답 $\frac{5}{2}$

018 $\overline{OC}=\overline{OB}=r(cm)$이므로
$\overline{OM}=(r-4)$ cm
$\overline{BM}=\overline{AM}=6(cm)$이므로
직각삼각형 OMB에서
$r^2=(r-4)^2+6^2$, $8r=52$
$\therefore r=\frac{13}{2}$ 답 $\frac{13}{2}$

019 $\overline{OC}=\overline{OA}=r(cm)$이므로
$\overline{OM}=(r-2)$ cm

$\overline{AM}=\frac{1}{2}\overline{AB}=\frac{1}{2}\times4\sqrt{5}=2\sqrt{5}$(cm)
이므로 직각삼각형 OAM에서
$r^2=(r-2)^2+(2\sqrt{5})^2$, $4r=24$
$\therefore r=6$ 답 6

020 $\overline{OC}=\overline{OB}=r$(cm)이므로
$\overline{OM}=(r-9)$ cm
$\overline{BM}=\frac{1}{2}\overline{AB}=\frac{1}{2}\times30=15$(cm)이므로 직각삼각형 OBM에서
$r^2=(r-9)^2+15^2$, $18r=306$
$\therefore r=17$ 답 17

021 해 $\sqrt{13}$, 3, 3, 6, 6
답 6

022
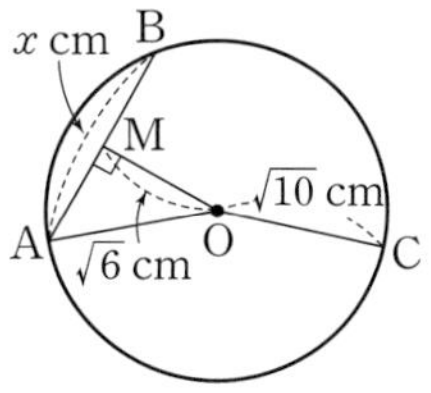

$\overline{OA}$를 그으면 $\overline{OA}=\overline{OC}=\sqrt{10}$(cm)
직각삼각형 OMA에서
$\overline{AM}=\sqrt{(\sqrt{10})^2-(\sqrt{6})^2}=2$(cm)
$\overline{AB}=2\overline{AM}=2\times2=4$(cm)
$\therefore x=4$ 답 4

023
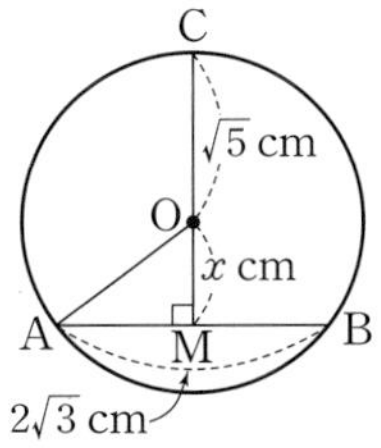

$\overline{OA}$를 그으면 $\overline{OA}=\overline{OC}=\sqrt{5}$(cm)
$\overline{AM}=\frac{1}{2}\overline{AB}=\frac{1}{2}\times2\sqrt{3}=\sqrt{3}$(cm)
이므로 직각삼각형 OAM에서
$\overline{OM}=\sqrt{(\sqrt{5})^2-(\sqrt{3})^2}=\sqrt{2}$(cm)
$\therefore x=\sqrt{2}$ 답 $\sqrt{2}$

024
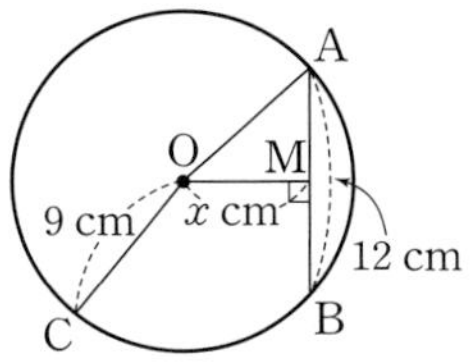

$\overline{OA}$를 그으면 $\overline{OA}=\overline{OC}=9$(cm)
$\overline{AM}=\frac{1}{2}\overline{AB}=\frac{1}{2}\times12=6$(cm)이므로 직각삼각형 OMA에서
$\overline{OM}=\sqrt{9^2-6^2}=3\sqrt{5}$(cm)
$\therefore x=3\sqrt{5}$ 답 $3\sqrt{5}$

025 해 $r-2$, $r-2$, 40, 10, 10
답 10 cm

026 현의 수직이등분선은 원의 중심을 지나므로 원의 중심을 O, 반지름의 길이를 r cm라고 하면
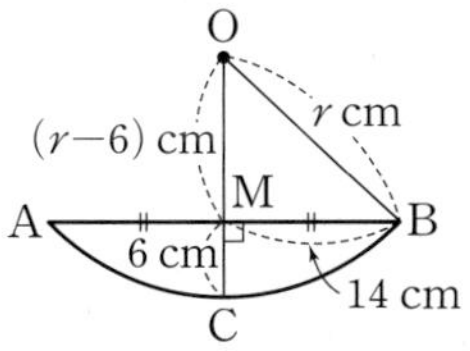

$\overline{OB}=\overline{OC}=r$(cm)
$\overline{OM}=(r-6)$ cm
직각삼각형 OMB에서
$r^2=(r-6)^2+14^2$, $12r=232$
$\therefore r=\frac{58}{3}$
따라서 원의 반지름의 길이는 $\frac{58}{3}$ cm이다. 답 $\frac{58}{3}$ cm

027 현의 수직이등분선은 원의 중심을 지나므로 원의 중심을 O, 반지름의 길이를 r cm라고 하면
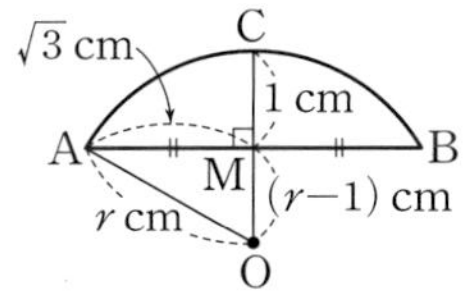

$\overline{OA}=\overline{OC}=r$(cm)
$\overline{OM}=(r-1)$ cm
$\overline{AM}=\frac{1}{2}\overline{AB}=\frac{1}{2}\times2\sqrt{3}=\sqrt{3}$(cm)
직각삼각형 OMA에서
$r^2=(r-1)^2+(\sqrt{3})^2$, $2r=4$
$\therefore r=2$
따라서 원의 반지름의 길이는 2 cm이다. 답 2 cm

028 현의 수직이등분선은 원의 중심을 지나므로 원의 중심을 O, 반지름의 길이를 r cm라고 하면
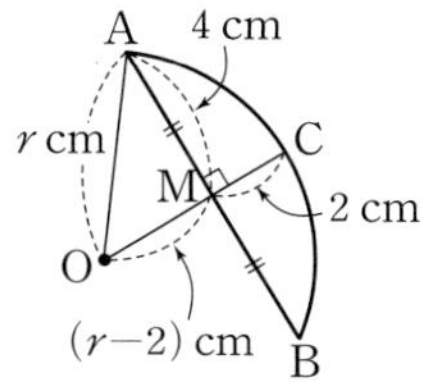

$\overline{OA}=\overline{OC}=r$(cm)
$\overline{OM}=(r-2)$ cm
$\overline{AM}=\frac{1}{2}\overline{AB}=\frac{1}{2}\times8=4$(cm)
직각삼각형 OMA에서
$r^2=(r-2)^2+4^2$, $4r=20$
$\therefore r=5$
따라서 원의 반지름의 길이는 5 cm이다. 답 5 cm

029 해 7, 10, 10
답 10

030 $\overline{AB}=2\overline{AM}=2\times9=18$(cm)
$\overline{OM}=\overline{ON}$이므로
$\overline{CD}=\overline{AB}=18$(cm)
$\therefore x=18$ 답 18

031 $\overline{BC}=2\overline{BN}=2\times3\sqrt{5}=6\sqrt{5}$(cm)
$\overline{OM}=\overline{ON}=2$(cm)이므로
$\overline{AC}=\overline{BC}=6\sqrt{5}$(cm)
$\therefore x=6\sqrt{5}$ 답 $6\sqrt{5}$

032 $\overline{OM}=\overline{ON}=3$(cm)이므로
$\overline{AB}=\overline{CD}=8$(cm)
$\overline{AM}=\frac{1}{2}\overline{AB}=\frac{1}{2}\times8=4$(cm)
$\therefore x=4$ 답 4

033 해 7, 3, 3
답 3

034 $\overline{AB}=\overline{CD}=4\sqrt{6}$(cm)이므로
$\overline{OM}=\overline{ON}=5$(cm)
$\therefore x=5$ 답 5

035 $\overline{AB}=2\overline{AM}=2\times4=8$(cm)
$\overline{AB}=\overline{CD}=8$(cm)이므로
$\overline{OM}=\overline{ON}=\sqrt{10}$(cm)
$\therefore x=\sqrt{10}$ 답 $\sqrt{10}$

036 $\overline{AC}=2\overline{AN}=2\times8=16$(cm)
$\overline{AB}=\overline{AC}=16$(cm)이므로
$\overline{ON}=\overline{OM}=6$(cm)
$\therefore x=6$ 답 6

037 해 3, 3, 6, 6, 6
답 6

038 직각삼각형 OCN에서
$\overline{CN}=\sqrt{8^2-6^2}=2\sqrt{7}$(cm)
$\overline{CD}=2\overline{CN}=2\times2\sqrt{7}=4\sqrt{7}$(cm)
$\overline{OM}=\overline{ON}=6$(cm)이므로
$\overline{AB}=\overline{CD}=4\sqrt{7}$(cm)
$\therefore x=4\sqrt{7}$ 답 $4\sqrt{7}$

039 $\overline{OM}=\overline{ON}=2$(cm)이므로

$\overline{CD}=\overline{AB}=4$(cm)

$\overline{DN}=\frac{1}{2}\overline{CD}=\frac{1}{2}\times4=2$(cm)

직각삼각형 ODN에서

$\overline{OD}=\sqrt{2^2+2^2}=2\sqrt{2}$(cm)

$\therefore x=2\sqrt{2}$ 답 $2\sqrt{2}$

040 직각삼각형 OAM에서

$\overline{OM}=\sqrt{13^2-12^2}=5$(cm)

$\overline{AB}=2\overline{AM}=2\times12=24$(cm)

$\overline{AB}=\overline{CD}=24$(cm)이므로

$\overline{ON}=\overline{OM}=5$(cm)

$\therefore x=5$ 답 5

041 해 $\overline{AC}$, 70, 55

답 55°

042 $\overline{OM}=\overline{ON}$이므로 $\overline{AB}=\overline{AC}$

따라서 △ABC는 이등변삼각형이므로

$\angle x=\frac{1}{2}\times(180°-40°)=70°$

답 70°

043 $\overline{OM}=\overline{ON}$이므로 $\overline{AB}=\overline{AC}$

따라서 △ABC는 이등변삼각형이므로

$\angle x=180°-2\times50°=80°$

답 80°

044 $\overline{OL}=\overline{OM}=\overline{ON}$이므로

$\overline{AB}=\overline{BC}=\overline{AC}$

따라서 △ABC는 정삼각형이므로

$\angle x=60°$ 답 60°

045 원 O의 반지름의 길이를 r cm라고 하면 $\overline{OB}=\overline{OC}=r$(cm)

$\overline{OM}=(r-3)$ cm

$\overline{BM}=\frac{1}{2}\overline{AB}=\frac{1}{2}\times2\sqrt{15}$

$=\sqrt{15}$(cm)

직각삼각형 OMB에서

$r^2=(r-3)^2+(\sqrt{15})^2$, $6r=24$

$\therefore r=4$

따라서 원 O의 넓이는

$\pi\times4^2=16\pi(\text{cm}^2)$ 답 16π cm²

046 직각삼각형 OAM에서

$\overline{AM}=\sqrt{(3\sqrt{5})^2-4^2}=\sqrt{29}$(cm)

$\overline{AB}=2\overline{AM}=2\times\sqrt{29}=2\sqrt{29}$(cm)

$\overline{OM}=\overline{ON}=4$(cm)이므로

$\overline{CD}=\overline{AB}=2\sqrt{29}$(cm) 답 $2\sqrt{29}$ cm

047 $\overline{OM}=\overline{ON}$이므로

$\overline{AC}=\overline{AB}=6$(cm) $\therefore x=6$

△ABC는 이등변삼각형이므로

$\angle BAC=180°-2\times72°=36°$

$\therefore y=36$

$\therefore y-x=36-6=30$ 답 30

Episode 08 원의 접선에 관한 성질 (1)

p. 60~65

048 해 90, 90, 45

답 45°

049 $\angle PAO=90°$이므로 △OAP에서

$\angle x=180°-(90°+50°)=40°$

답 40°

050 $\angle PAO=90°$이므로 △OPA에서

$\angle x=180°-(90°+20°)=70°$

답 70°

051 $\angle PAO=90°$이므로 △OPA에서

$\angle x=180°-(90°+36°)=54°$

답 54°

052 해 90, 180, 180, 110

답 110°

053 □APBO에서

$\angle PAO=\angle PBO=90°$이므로

$\angle APB+\angle AOB=180°$

$45°+\angle x=180°$ $\therefore \angle x=135°$

답 135°

054 □AOBP에서

$\angle PAO=\angle PBO=90°$이므로

$\angle AOB+\angle APB=180°$

$130°+\angle x=180°$ $\therefore \angle x=50°$

답 50°

055 □APBO에서

$\angle PAO=\angle PBO=90°$이므로

$\angle APB+\angle AOB=180°$

$\angle x+98°=180°$ $\therefore \angle x=82°$

답 82°

056 해 90, 6, 8, 8

답 8

057 $\angle PAO=90°$이므로 △OPA에서

$\overline{AP}=\sqrt{6^2-3^2}=3\sqrt{3}$(cm)

$\therefore x=3\sqrt{3}$ 답 $3\sqrt{3}$

058 $\angle PAO=90°$이므로 △OPA에서

$\overline{AO}=\sqrt{17^2-15^2}=8$(cm)

$\therefore x=8$ 답 8

059 $\angle PAO=90°$이므로 △OAP에서

$\overline{AO}=\sqrt{4^2-(2\sqrt{3})^2}=2$(cm)

$\therefore x=2$ 답 2

060 해 90, 2, 2, 12, 3

답 3

061 $\angle PAO=90°$, $\overline{PO}=(r+4)$ cm이므로 △OPA에서

$(r+4)^2=r^2+(4\sqrt{5})^2$

$8r=64$ $\therefore r=8$ 답 8

062 $\angle PAO=90°$, $\overline{PO}=(8+r)$ cm이므로 △OPA에서

$(8+r)^2=12^2+r^2$

$16r=80$ $\therefore r=5$ 답 5

063 $\angle PAO=90°$, $\overline{PO}=(r+5)$ cm이므로 △OAP에서

$(r+5)^2=r^2+(\sqrt{85})^2$

$10r=60$ $\therefore r=6$ 답 6

064 해 6, 6

답 6

065 $\overline{PB}=\overline{PA}=11$(cm)

$\therefore x=11$ 답 11

066 $\overline{PA}=\overline{PB}=5$(cm)

$\therefore x=5$ 답 5

067 $\overline{PB}=\overline{PA}=7$(cm)

$\therefore x=7$ 답 7

068 해 90, 3, $2\sqrt{10}$, $2\sqrt{10}$, $2\sqrt{10}$

답 $2\sqrt{10}$

069 $\angle PBO=90°$이므로 △OBP에서

$\overline{PB}=\sqrt{(3\sqrt{6})^2-(3\sqrt{2})^2}=6$(cm)

$\overline{PA}=\overline{PB}=6$(cm)

$\therefore x=6$ 답 6

070 $\overline{PA}=\overline{PB}=8$(cm), $\angle PAO=90°$이므로 △OAP에서

$\overline{PO}=\sqrt{8^2+6^2}=10$(cm)

$\therefore x=10$ 답 10

071 $\overline{PA}=\overline{PB}=12$(cm), $\angle PAO=90°$

이므로 △OPA에서

$\overline{PO}=\sqrt{12^2+5^2}=13(cm)$

$\therefore x=13$ 답 13

072 해 $\overline{PB}$, 65, 65, 65, 50

답 50°

073 △PAB는 $\overline{PA}=\overline{PB}$인 이등변삼각형이므로

$\angle x=\frac{1}{2}\times(180^\circ-70^\circ)=55^\circ$

답 55°

074 $\angle PAO=90^\circ$이므로

$\angle PAB=90^\circ-30^\circ=60^\circ$

△PAB는 $\overline{PA}=\overline{PB}$인 이등변삼각형이므로

$\angle PBA=\angle PAB=60^\circ$

$\therefore \angle x=180^\circ-(60^\circ+60^\circ)=60^\circ$

답 60°

075 △PAB는 $\overline{PA}=\overline{PB}$인 이등변삼각형이므로

$\angle PBA=\frac{1}{2}\times(180^\circ-40^\circ)=70^\circ$

$\angle PBO=90^\circ$이므로

$\angle x=90^\circ-70^\circ=20^\circ$ 답 20°

076 $\angle PAO=90^\circ$이므로 △OAP에서

$\overline{PA}=\sqrt{10^2-6^2}=8(cm)$

$\overline{PB}=\overline{PA}=8(cm)$

∴ (□APBO의 둘레의 길이)

$=\overline{OA}+\overline{PA}+\overline{PB}+\overline{OB}$

$=6+8+8+6=28(cm)$

답 28 cm

077 $\angle PAO=90^\circ$이므로 △OPA에서

$\overline{PA}=\sqrt{(8+9)^2-8^2}=15(cm)$

$\overline{PB}=\overline{PA}=15(cm)$

∴ (□AOBP의 둘레의 길이)

$=\overline{OA}+\overline{OB}+\overline{PB}+\overline{PA}$

$=8+8+15+15=46(cm)$

답 46 cm

078 해 90, 2, 2, $2\sqrt{5}$

답 $2\sqrt{5}\ cm^2$

079 $\angle PAO=90^\circ$이므로 △OAP에서

$\overline{PA}=\sqrt{(6+5)^2-5^2}=4\sqrt{6}(cm)$

∴ □APBO=2△OAP

$=2\times\left(\frac{1}{2}\times4\sqrt{6}\times5\right)$

$=20\sqrt{6}(cm^2)$

답 $20\sqrt{6}\ cm^2$

080 해 2, 24, 14

답 14

[다른 풀이]

$\overline{AD}=\overline{AE}=24(cm)$

$\overline{BF}=\overline{BD}=24-18=6(cm)$

$\overline{CF}=\overline{CE}=24-16=8(cm)$

$\overline{BC}=6+8=14(cm)$ $\therefore x=14$

081 (△ABC의 둘레의 길이)$=2\overline{AD}$이므로

$5+x+7=2\times(5+4)$

$\therefore x=6$ 답 6

082 (△ABC의 둘레의 길이)$=2\overline{AD}$이므로

$7+5+8=2x$

$\therefore x=10$ 답 10

083 $\overline{AE}=\overline{AB}=8$, $\overline{DE}=\overline{DC}=4$이므로

$\overline{AD}=8+4=12$

꼭짓점 D에서 $\overline{AB}$에 내린 수선의 발을 H라고 하면

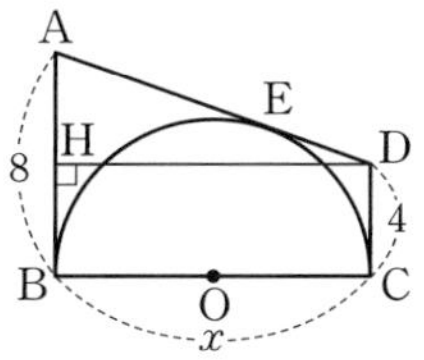

$\overline{BH}=\overline{CD}=4$이므로

$\overline{AH}=\overline{AB}-\overline{BH}=8-4=4$

△AHD에서 $\overline{DH}=\sqrt{12^2-4^2}=8\sqrt{2}$

$x=\overline{DH}=8\sqrt{2}$ 답 $8\sqrt{2}$

084 $\overline{AE}=\overline{AB}=6$, $\overline{DE}=\overline{DC}=11$이므로

$\overline{AD}=6+11=17$

꼭짓점 A에서 $\overline{CD}$에 내린 수선의 발을 H라고 하면

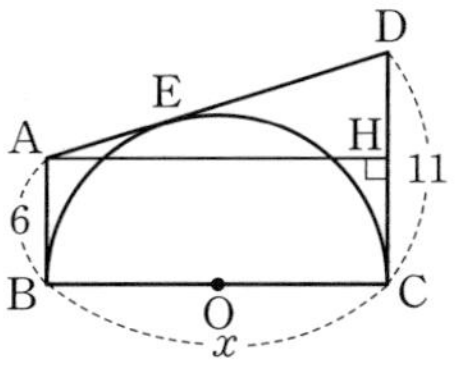

$\overline{CH}=\overline{AB}=6$이므로

$\overline{DH}=\overline{CD}-\overline{CH}=11-6=5$

△AHD에서 $\overline{AH}=\sqrt{17^2-5^2}=2\sqrt{66}$

$x=\overline{AH}=2\sqrt{66}$ 답 $2\sqrt{66}$

085 해 16, 16, 16, 16, 16, 576, 9

답 9

086 $\overline{AE}=\overline{AB}=7$, $\overline{DE}=\overline{DC}=x$이므로

$\overline{AD}=7+x$

꼭짓점 D에서 $\overline{AB}$에 내린 수선의 발을 H라고 하면

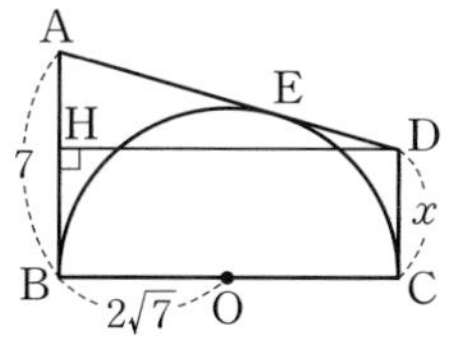

$\overline{BH}=\overline{CD}=x$이므로

$\overline{AH}=\overline{AB}-\overline{BH}=7-x$

△AHD에서

$(7+x)^2=(7-x)^2+(4\sqrt{7})^2$

$28x=112$ $\therefore x=4$ 답 4

087 해 3, $\sqrt{5}$, $\sqrt{5}$, $2\sqrt{5}$

답 $2\sqrt{5}$

088 $\overline{OA}$, $\overline{OH}$를 그으면

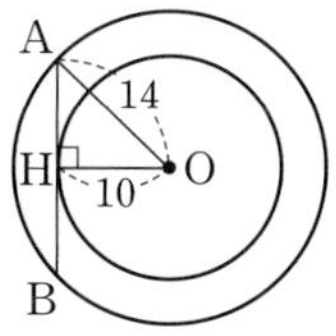

$\overline{AB}\perp\overline{OH}$이므로 △OAH에서

$\overline{AH}=\sqrt{14^2-10^2}=4\sqrt{6}$

$\therefore \overline{AB}=2\overline{AH}=2\times4\sqrt{6}=8\sqrt{6}$

답 $8\sqrt{6}$

089 $\overline{OA}$, $\overline{OH}$를 그으면

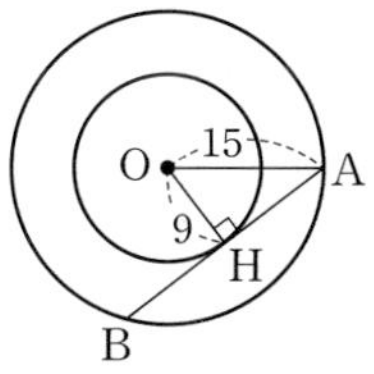

$\overline{AB}\perp\overline{OH}$이므로 △OAH에서

$\overline{AH}=\sqrt{15^2-9^2}=12$

$\therefore \overline{AB}=2\overline{AH}=2\times12=24$

답 24

090 $\overline{OB}=r$ cm라고 하면

$\overline{OT}=\overline{OB}=r(cm)$

$\overline{PO}=(r+9)$ cm

$\angle PTO=90^\circ$이므로 △OPT에서

$(r+9)^2=15^2+r^2$

$18r=144$ $\therefore r=8$

$\therefore \overline{OB}=8$ cm 답 8 cm

091 □APBO에서

$\angle PAO=\angle PBO=90^\circ$이므로

$\angle APB+\angle AOB=180^\circ$

$\angle APB+120^\circ=180^\circ$

$\therefore \angle APB=60^\circ$

△APB는 $\overline{PA}=\overline{PB}$인 이등변삼각형이므로 ∠PAB=∠PBA=60°
따라서 △APB는 정삼각형이므로
△APB의 둘레의 길이는
$3\times10=30$(cm) 답 30 cm

092 ∠PAO=90°, $\overline{OA}=\overline{OC}=9$(cm)이므로 △OAP에서
$\overline{PA}=\sqrt{(4+9)^2-9^2}=2\sqrt{22}$(cm)
∴ □APBO=2△OAP
$=2\times\left(\frac{1}{2}\times2\sqrt{22}\times9\right)$
$=18\sqrt{22}$(cm²)
답 $18\sqrt{22}$ cm²

Episode 09 p. 67~73

원의 접선에 관한 성질 (2)

093 해 9, 6, 6, 7, 9, 16, 16
답 16

094 $\overline{BE}=\overline{BD}=8$(cm)
$\overline{AF}=\overline{AD}=6$(cm)이므로
$\overline{CE}=\overline{CF}=12-6=6$(cm)
$\overline{BC}=\overline{BE}+\overline{CE}=8+6=14$(cm)
∴ $x=14$ 답 14

095 $\overline{BD}=\overline{BE}=3$(cm)이므로
$\overline{AF}=\overline{AD}=7-3=4$(cm)
$\overline{CF}=\overline{CE}=12-3=9$(cm)
$\overline{AC}=\overline{AF}+\overline{CF}=4+9=13$(cm)
∴ $x=13$ 답 13

096 $\overline{BE}=\overline{BD}=9-5=4$(cm)
$\overline{AF}=\overline{AD}=5$(cm)이므로
$\overline{CE}=\overline{CF}=7-5=2$(cm)
$\overline{BC}=\overline{BE}+\overline{CE}=4+2=6$(cm)
∴ $x=6$ 답 6

097 해 9, 11, 9, 11, 5
답 5

098 $\overline{CF}=\overline{CE}=x$(cm)
$\overline{AD}=\overline{AF}=12-x$(cm)
$\overline{BD}=\overline{BE}=15-x$(cm)
$\overline{AB}=\overline{AD}+\overline{BD}$이므로
$7=(12-x)+(15-x)$
$2x=20$ ∴ $x=10$ 답 10

099 $\overline{BD}=\overline{BE}=x$(cm)
$\overline{AF}=\overline{AD}=10-x$(cm)
$\overline{CF}=\overline{CE}=18-x$(cm)
$\overline{AC}=\overline{AF}+\overline{CF}$이므로
$14=(10-x)+(18-x)$
$2x=14$ ∴ $x=7$ 답 7

100 $\overline{AF}=\overline{AD}=x$(cm)
$\overline{BE}=\overline{BD}=13-x$(cm)
$\overline{CE}=\overline{CF}=11-x$(cm)
$\overline{BC}=\overline{BE}+\overline{CE}$이므로
$12=(13-x)+(11-x)$
$2x=12$ ∴ $x=6$ 답 6

101 해 3, 28
답 28 cm

102 (△ABC의 둘레의 길이)
$=2(\overline{AF}+\overline{BD}+\overline{CE})$
$=2\times(4+3+8)$
$=30$(cm) 답 30 cm

103 (△ABC의 둘레의 길이)
$=2(\overline{AD}+\overline{BD}+\overline{CF})$
$=2\times(2+4+2)$
$=16$(cm) 답 16 cm

104 (△ABC의 둘레의 길이)
$=2(\overline{AD}+\overline{BE}+\overline{CE})$
$=2\times(5+7+9)$
$=42$(cm) 답 42 cm

105 해 8, 17
답 17

106 $x+y+z$
$=\frac{1}{2}$(△ABC의 둘레의 길이)
$=\frac{1}{2}\times(8+7+5)=10$ 답 10

107 $x+y+z$
$=\frac{1}{2}$(△ABC의 둘레의 길이)
$=\frac{1}{2}\times(9+10+11)=15$ 답 15

108 $x+y+z$
$=\frac{1}{2}$(△ABC의 둘레의 길이)
$=\frac{1}{2}\times(17+16+13)=23$ 답 23

109 해 10, 13, 10, 13, 6, 6
답 6 cm

110 해 6, 12
답 12 cm

111 $\overline{CE}=x$ cm라고 하면
$\overline{CF}=\overline{CE}=x$(cm)
$\overline{AD}=\overline{AF}=19-x$(cm)
$\overline{BD}=\overline{BE}=17-x$(cm)
$\overline{AB}=\overline{AD}+\overline{BD}$이므로
$14=(19-x)+(17-x)$
∴ $x=11$
∴ $\overline{CE}=11$ cm 답 11 cm

112 (△PQC의 둘레의 길이)
$=2\overline{CE}=2\times11=22$(cm)
답 22 cm

113 해 3, 4, 5, 3, 4, 1
답 1

114

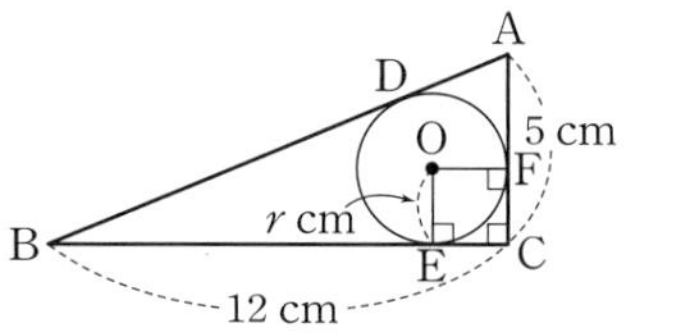

$\overline{OF}$를 그으면 □OECF는 한 변의 길이가 r cm인 정사각형이므로
$\overline{CE}=\overline{CF}=r$(cm)
$\overline{AD}=\overline{AF}=5-r$(cm)
$\overline{BD}=\overline{BE}=12-r$(cm)
△ABC에서
$\overline{AB}=\sqrt{12^2+5^2}=13$(cm)
$\overline{AB}=\overline{AD}+\overline{BD}$이므로
$13=(5-r)+(12-r)$
$2r=4$ ∴ $r=2$ 답 2

115 △ABC에서
$\overline{AC}=\sqrt{17^2-15^2}=8$(cm)

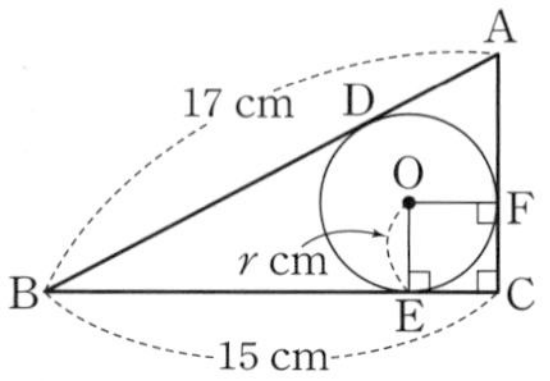

$\overline{OF}$를 그으면 □OECF는 한 변의 길이가 r cm인 정사각형이므로
$\overline{CE}=\overline{CF}=r$(cm)
$\overline{AD}=\overline{AF}=8-r$(cm)
$\overline{BD}=\overline{BE}=15-r$(cm)
$\overline{AB}=\overline{AD}+\overline{BD}$이므로
$17=(8-r)+(15-r)$
$2r=6$ ∴ $r=3$ 답 3

116 해 4, 6, 4, 10, 2, 2
답 2

117 $\overline{AF}=\overline{AD}=5(cm)$
$\overline{BE}=\overline{BD}=12(cm)$

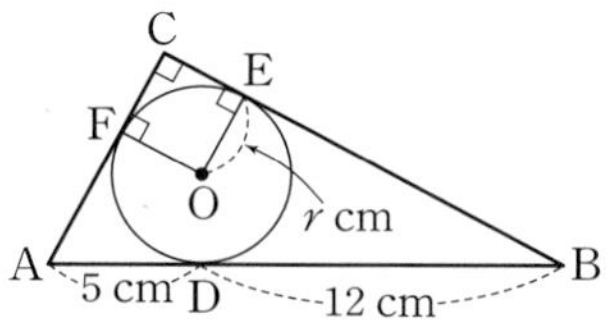

$\overline{OF}$를 그으면 □OECF는 한 변의 길이가 r cm인 정사각형이므로
$\overline{CF}=\overline{CE}=r(cm)$
△ABC에서
$(5+12)^2=(5+r)^2+(12+r)^2$
$r^2+17r-60=0$
$(r+20)(r-3)=0$
$\therefore r=3\ (\because r>0)$ 답 3

118 $\overline{AF}=\overline{AD}=6(cm)$
$\overline{BE}=\overline{BD}=9(cm)$

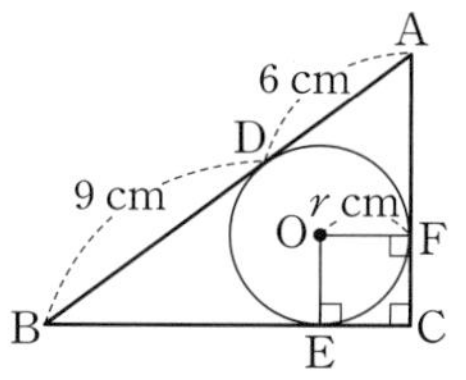

$\overline{OE}$를 그으면 □OECF는 한 변의 길이가 r cm인 정사각형이므로
$\overline{CF}=\overline{CE}=r(cm)$
△ABC에서
$(6+9)^2=(9+r)^2+(6+r)^2$
$r^2+15r-54=0$
$(r+18)(r-3)=0$
$\therefore r=3\ (\because r>0)$ 답 3

119 답 ○

120 답 ×

121 답 ○

122 답 ×

123 답 ×

124 답 ○

125 답 ×

126 해 7, 10, 9
답 9

127 $\overline{AB}+\overline{CD}=\overline{AD}+\overline{BC}$이므로
$8+x=7+12$
$\therefore x=11$ 답 11

128 △ABC에서
$\overline{BC}=\sqrt{10^2-6^2}=8(cm)$
$\overline{AB}+\overline{CD}=\overline{AD}+\overline{BC}$이므로
$6+x=5+8$
$\therefore x=7$ 답 7

129 △BCD에서
$\overline{DC}=\sqrt{15^2-12^2}=9(cm)$
$\overline{AB}+\overline{CD}=\overline{AD}+\overline{BC}$이므로
$x+9=8+12$
$\therefore x=11$ 답 11

130 해 8, 7, 2
답 2

131 $\overline{AB}+\overline{CD}=\overline{AD}+\overline{BC}$이므로
$9+(2+x)=5+11$
$\therefore x=5$ 답 5

132 $\overline{AB}+\overline{CD}=\overline{AD}+\overline{BC}$이므로
$6+10=5+(4+x)$
$\therefore x=7$ 답 7

133 $\overline{AB}+\overline{CD}=\overline{AD}+\overline{BC}$이므로
$14+20=(6+x)+16$
$\therefore x=12$ 답 12

134 해 $\overline{BC}$, 13, 40
답 40 cm

135 $\overline{AD}+\overline{BC}=\overline{AB}+\overline{CD}$이므로
(□ABCD의 둘레의 길이)
$=2(\overline{AB}+\overline{CD})$
$=2\times(16+10)$
$=52(cm)$ 답 52 cm

136 $\overline{AB}+\overline{CD}=\overline{AD}+\overline{BC}$이므로
(□ABCD의 둘레의 길이)
$=2(\overline{AD}+\overline{BC})$
$=2\times(4+8)$
$=24(cm)$ 답 24 cm

137 $\overline{AD}+\overline{BC}=\overline{AB}+\overline{CD}$이므로
(□ABCD의 둘레의 길이)
$=2(\overline{AB}+\overline{CD})$
$=2\times(9+11)$
$=40(cm)$ 답 40 cm

138 해 6, 12, 12, 10
답 10

139 $\overline{CD}$의 길이는 원 O의 지름의 길이와 같으므로
$\overline{CD}=2\overline{OF}=2\times2=4(cm)$
$\overline{AB}+\overline{CD}=\overline{AD}+\overline{BC}$이므로
$x+4=3+6$
$\therefore x=5$ 답 5

140

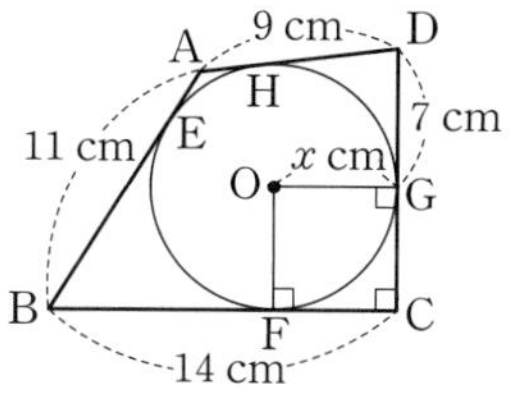

$\overline{OF}$를 그으면 □OFCG는 한 변의 길이가 x cm인 정사각형이므로
$\overline{CG}=x$ cm
$\overline{AB}+\overline{CD}=\overline{AD}+\overline{BC}$이므로
$11+(7+x)=9+14$
$\therefore x=5$ 답 5

141

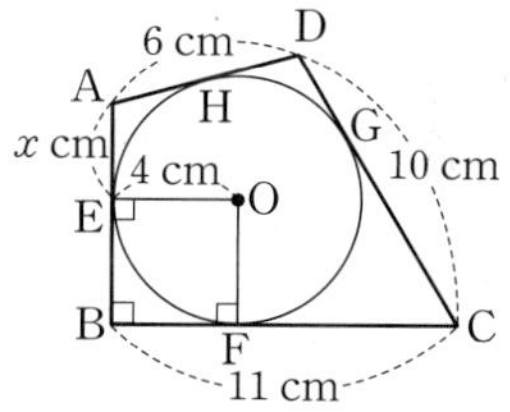

$\overline{OF}$를 그으면 □OEBF는 한 변의 길이가 4 cm인 정사각형이므로
$\overline{BE}=4$ cm
$\overline{AB}+\overline{CD}=\overline{AD}+\overline{BC}$이므로
$(x+4)+10=6+11$
$\therefore x=3$ 답 3

142 해 5, 3, 4, x, 3, 3, 6
답 6

143 $\overline{CD}=\overline{AB}=15(cm)$이므로
△DIC에서
$\overline{CI}=\sqrt{17^2-15^2}=8(cm)$
$\overline{BI}=(x-8)$ cm
□ABID에서
$\overline{AB}+\overline{DI}=\overline{AD}+\overline{BI}$이므로
$15+17=x+(x-8)$
$2x=40 \quad \therefore x=20$ 답 20

144 △DIC에서
$\overline{IC}=\sqrt{13^2-12^2}=5(cm)$이므로
$\overline{AD}=\overline{BC}=x+5(cm)$
$\overline{AB}=\overline{CD}=12(cm)$
□ABID에서
$\overline{AB}+\overline{DI}=\overline{AD}+\overline{BI}$이므로
$12+13=(x+5)+x$
$2x=20 \quad \therefore x=10$ 답 10

145 $\overline{AD}=x$ cm라고 하면
$\overline{AF}=\overline{AD}=x(\text{cm})$
$\overline{BE}=\overline{BD}=12-x(\text{cm})$
$\overline{CE}=\overline{CF}=8-x(\text{cm})$
$\overline{BC}=\overline{BE}+\overline{CE}$이므로
$14=(12-x)+(8-x)$
$2x=6 \quad \therefore x=3$
$\therefore \overline{AD}=3$ cm 답 3 cm

146 $\overline{AD}=\overline{AF}=4(\text{cm})$
$\overline{CF}=\overline{CE}=x(\text{cm})$

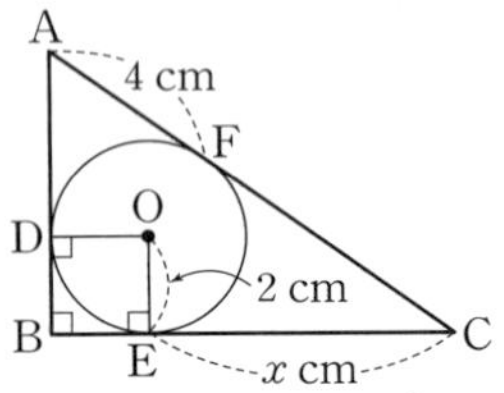

$\overline{OD}$를 그으면 □ODBE는 한 변의 길이가 2 cm인 정사각형이므로
$\overline{BD}=\overline{BE}=2(\text{cm})$
△ABC에서
$(4+x)^2=(4+2)^2+(2+x)^2$
$4x=24 \quad \therefore x=6$ 답 6

147

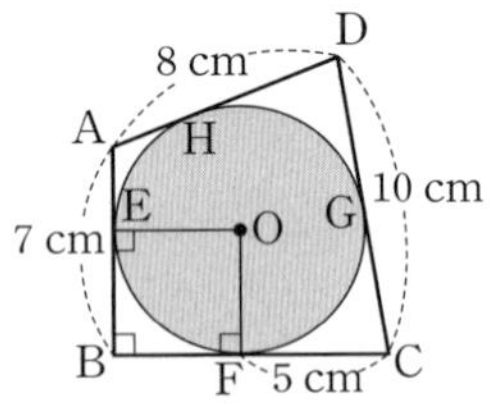

$\overline{OE}$, $\overline{OF}$를 긋고 원 O의 반지름의 길이를 r cm라고 하면 □OEBF는 한 변의 길이가 r cm인 정사각형이므로
$\overline{BF}=r$ cm
$\overline{AB}+\overline{CD}=\overline{AD}+\overline{BC}$이므로
$7+10=8+(r+5)$
$\therefore r=4$
따라서 원 O의 넓이는
$\pi\times4^2=16\pi(\text{cm}^2)$ 답 16π cm²

Episode 10 원주각
p. 75~81

148 해 130, 65
답 65°

149 $\angle x=\frac{1}{2}\angle AOB$
$=\frac{1}{2}\times86°=43°$ 답 43°

150 $\angle x=\frac{1}{2}\angle AOB$
$=\frac{1}{2}\times70°=35°$ 답 35°

151 $\angle x=\frac{1}{2}\angle AOB$
$=\frac{1}{2}\times124°=62°$ 답 62°

152 해 45, 90
답 90°

153 $\angle x=2\angle APB$
$=2\times76°=152°$ 답 152°

154 $\angle x=2\angle APB$
$=2\times34°=68°$ 답 68°

155 $\angle x=2\angle APB$
$=2\times40°=80°$ 답 80°

156 해 200, 160, 160, 80
답 80°

157 $\angle x=\frac{1}{2}\times(360°-140°)=110°$
답 110°

158 $100°=\frac{1}{2}\times(360°-\angle x)$
$\therefore \angle x=160°$ 답 160°

159 $115°=\frac{1}{2}\times(360°-\angle x)$
$\therefore \angle x=130°$ 답 130°

160 해 20, 40, 35, 70, 40, 70, 110
답 110°

161

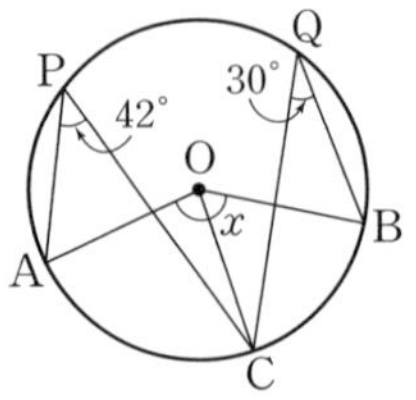

$\overline{OC}$를 그으면
$\angle AOC=2\angle APC=2\times42°=84°$
$\angle COB=2\angle CQB=2\times30°=60°$
$\therefore \angle x=\angle AOC+\angle COB$
$=84°+60°=144°$ 답 144°

162

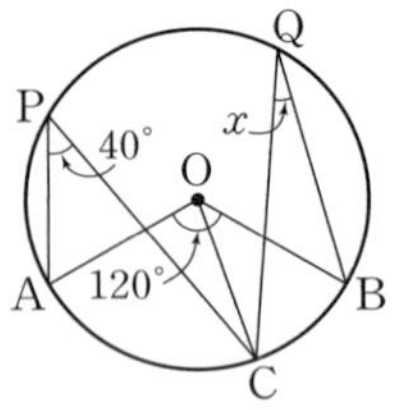

$\overline{OC}$를 그으면
$\angle AOC=2\angle APC=2\times40°=80°$
$\angle COB=\angle AOB-\angle AOC$
$=120°-80°=40°$
$\therefore \angle x=\frac{1}{2}\angle COB=\frac{1}{2}\times40°=20°$
답 20°

163

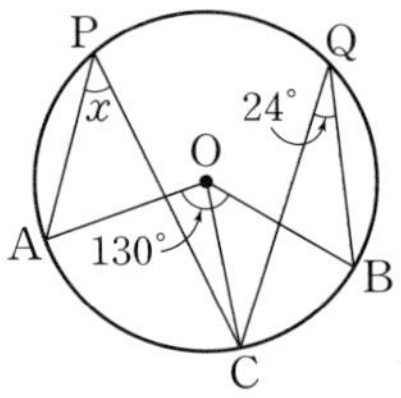

$\overline{OC}$를 그으면
$\angle COB=2\angle CQB=2\times24°=48°$
$\angle AOC=\angle AOB-\angle COB$
$=130°-48°=82°$
$\therefore \angle x=\frac{1}{2}\angle AOC=\frac{1}{2}\times82°=41°$
답 41°

164 해 30, 60, 60, 60
답 60°

165 $\angle AOB=2\angle APB$
$=2\times80°=160°$
$\overline{OA}=\overline{OB}$이므로 △OAB에서
$\angle x=\frac{1}{2}\times(180°-160°)=10°$
답 10°

166 $\overline{OA}=\overline{OB}$이므로 △OAB에서
$\angle AOB=180°-2\times38°=104°$
$\therefore \angle x=\frac{1}{2}\angle AOB=\frac{1}{2}\times104°=52°$
답 52°

167 $\overline{OA}=\overline{OB}$이므로 △OAB에서
$\angle AOB=180°-2\times44°=92°$
$\therefore \angle x=\frac{1}{2}\angle AOB=\frac{1}{2}\times92°=46°$
답 46°

168 해 90, 60, 120, 120, 60
답 60°

169

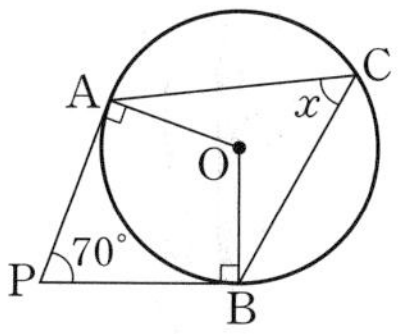

$\overline{OA}$, $\overline{OB}$를 그으면

□APBO에서

$\angle PAO=\angle PBO=90°$이므로

$\angle AOB=180°-70°=110°$

$\therefore \angle x=\frac{1}{2}\angle AOB=\frac{1}{2}\times 110°=55°$

답 55°

170

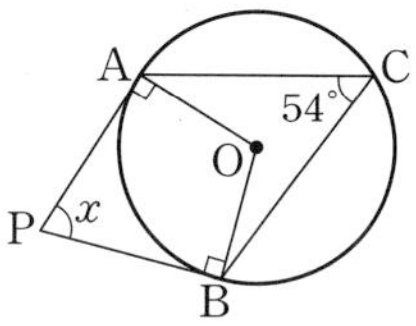

$\overline{OA}$, $\overline{OB}$를 그으면

$\angle AOB=2\angle ACB=2\times 54°=108°$

□APBO에서

$\angle PAO=\angle PBO=90°$이므로

$\angle x=180°-108°=72°$ 답 72°

171

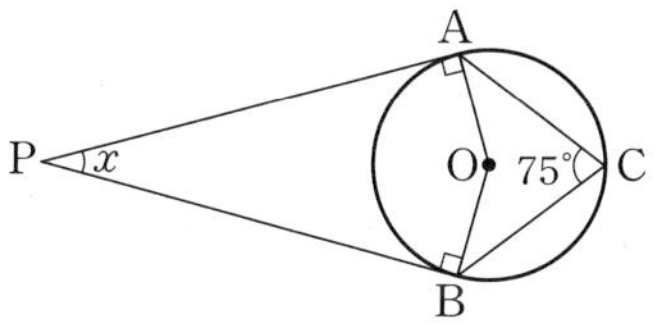

$\overline{OA}$, $\overline{OB}$를 그으면

$\angle AOB=2\angle ACB=2\times 75°=150°$

□APBO에서

$\angle PAO=\angle PBO=90°$이므로

$\angle x=180°-150°=30°$ 답 30°

172 $\angle x=\angle APB=35°$ 답 35°

173 $\angle x=\angle BPA=62°$ 답 62°

174 $\angle x=\angle AQB=41°$ 답 41°

175 $\angle x=\angle APB=80°$ 답 80°

176 $\angle x=\angle y=\angle APB=30°$

답 $\angle x=30°$, $\angle y=30°$

177 $\angle x=\angle y=\angle APB=42°$

답 $\angle x=42°$, $\angle y=42°$

178 $\angle x=\angle y=\angle AQB=34°$

답 $\angle x=34°$, $\angle y=34°$

179 $\angle x=\angle y=\angle AQB=57°$

답 $\angle x=57°$, $\angle y=57°$

180 해 40, 80, 40

답 $\angle x=80°$, $\angle y=40°$

181 $\angle x=\angle AQB=70°$

$\angle y=2\angle AQB=2\times 70°=140°$

답 $\angle x=70°$, $\angle y=140°$

182 $\angle x=\frac{1}{2}\angle AOB=\frac{1}{2}\times 124°=62°$

$\angle y=\angle APB=62°$

답 $\angle x=62°$, $\angle y=62°$

183 $\angle x=\frac{1}{2}\angle AOB=\frac{1}{2}\times 68°=34°$

$\angle y=\angle APB=34°$

답 $\angle x=34°$, $\angle y=34°$

184 해 52, 52, 25, 77

답 $\angle x=52°$, $\angle y=77°$

185 $\angle x=\angle ADB=35°$

△PBC에서

$\angle y=\angle PBC+\angle BCP$

$=47°+35°=82°$

답 $\angle x=35°$, $\angle y=82°$

186 $\angle x=\angle BAC=34°$

△DPC에서

$\angle y=\angle APD-\angle CDP$

$=100°-34°=66°$

답 $\angle x=34°$, $\angle y=66°$

187 $\angle x=\angle DBC=60°$

△DAP에서

$\angle y=\angle DPC-\angle DAP$

$=96°-60°=36°$

답 $\angle x=60°$, $\angle y=36°$

188 해 40, 20, 40, 20, 60

답 60°

189

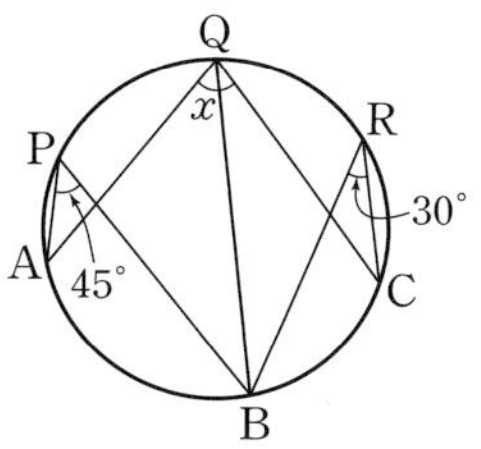

$\overline{QB}$를 그으면 $\angle AQB=\angle APB=45°$

$\angle BQC=\angle BRC=30°$

$\therefore \angle x=\angle AQB+\angle BQC$

$=45°+30°=75°$ 답 75°

190

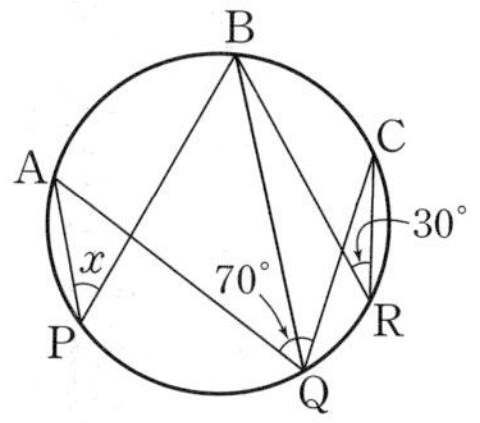

$\overline{BQ}$를 그으면 $\angle BQC=\angle BRC=30°$

$\angle AQB=70°-30°=40°$이므로

$\angle x=\angle AQB=40°$ 답 40°

191

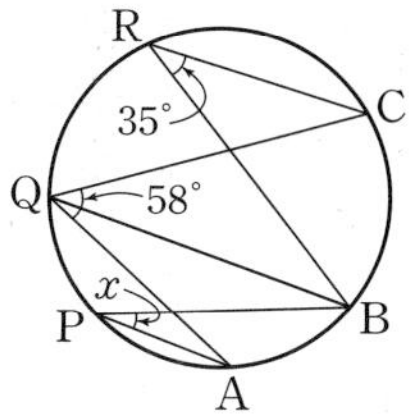

$\overline{QB}$를 그으면 $\angle BQC=\angle BRC=35°$

$\angle AQB=58°-35°=23°$이므로

$\angle x=\angle AQB=23°$ 답 23°

192 해 90, 90, 70

답 70°

193 $\angle APB=90°$이므로

$\angle x=180°-(50°+90°)=40°$

답 40°

194 $\angle APB=90°$이므로

$\angle x=180°-(90°+33°)=57°$

답 57°

195 $\angle APB=90°$이므로

$\angle x=180°-(64°+90°)=26°$

답 26°

196 해 65, 90, 90, 25

답 25°

197 $\angle ABP=\angle AQP=\angle x$

$\angle APB=90°$이므로 △APB에서

$\angle x=180°-(28°+90°)=62°$

답 62°

198 해 55, 90, 55, 35

답 35°

199

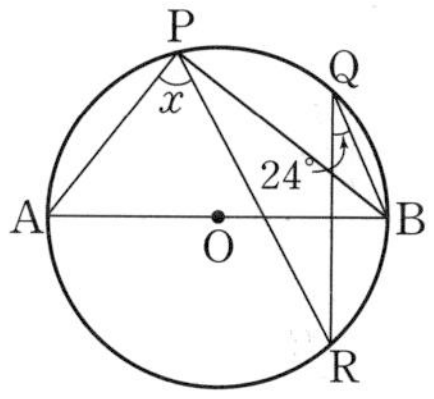

$\overline{PB}$를 그으면 $\angle BPR=\angle BQR=24°$

$\angle APB=90°$이므로

$\angle x=90^\circ-\angle \mathrm{BPR}=90^\circ-24^\circ=66^\circ$

답 66°

200 $\angle x=\frac{1}{2}\angle \mathrm{AOC}$

$=\frac{1}{2}\times150^\circ=75^\circ$

$\angle y=\frac{1}{2}\times(360^\circ-150^\circ)=105^\circ$

답 $\angle x=75^\circ$, $\angle y=105^\circ$

201 $\angle \mathrm{ABD}=\angle \mathrm{ACD}=40^\circ$

$\triangle \mathrm{ABP}$에서

$\angle x=\angle \mathrm{APD}-\angle \mathrm{ABP}$

$=88^\circ-40^\circ=48^\circ$

답 48°

202 $\angle x=\angle \mathrm{PBA}=30^\circ$

$\angle \mathrm{BQA}=90^\circ$이므로

$\angle y=90^\circ-30^\circ=60^\circ$

$\therefore \angle y-\angle x=60^\circ-30^\circ=30^\circ$

답 30°

Episode 11 p. 83~87

원주각의 크기와 호의 길이

203 해 5, APB, 40

답 40°

204 $\widehat{\mathrm{AB}}=\widehat{\mathrm{CD}}=6(\mathrm{cm})$이므로

$\angle x=\angle \mathrm{CQD}=30^\circ$

답 30°

205 $\widehat{\mathrm{BC}}=\widehat{\mathrm{CD}}=12(\mathrm{cm})$이므로

$\angle x=\angle \mathrm{CAD}=32^\circ$

답 32°

206 $\widehat{\mathrm{AB}}=\widehat{\mathrm{CD}}=15(\mathrm{cm})$이므로

$\angle x=\angle \mathrm{DBC}=25^\circ$

답 25°

207 해 72, 36, 36

답 36°

208

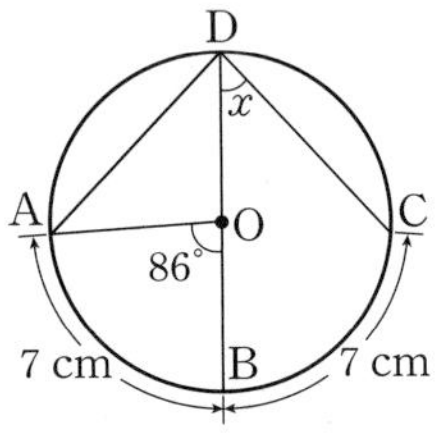

$\overline{\mathrm{AD}}$를 그으면

$\angle \mathrm{ADB}=\frac{1}{2}\angle \mathrm{AOB}$

$=\frac{1}{2}\times86^\circ=43^\circ$

$\widehat{\mathrm{AB}}=\widehat{\mathrm{BC}}=7(\mathrm{cm})$이므로

$\angle x=\angle \mathrm{ADB}=43^\circ$

답 43°

209

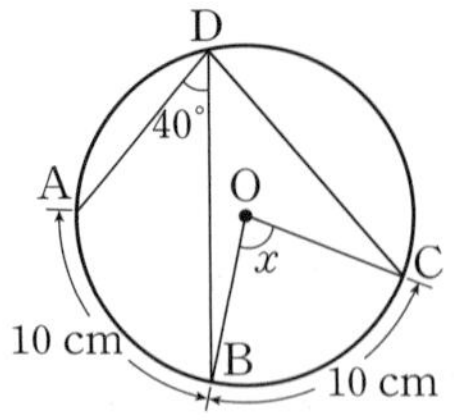

$\overline{\mathrm{CD}}$를 그으면

$\widehat{\mathrm{AB}}=\widehat{\mathrm{BC}}=10(\mathrm{cm})$이므로

$\angle \mathrm{BDC}=\angle \mathrm{ADB}=40^\circ$

$\therefore \angle x=2\angle \mathrm{BDC}=2\times40^\circ=80^\circ$

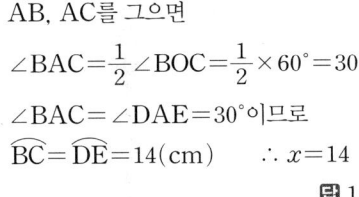

답 80°

210

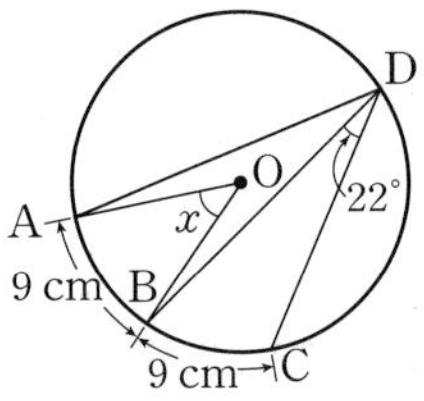

$\overline{\mathrm{AD}}$를 그으면

$\widehat{\mathrm{AB}}=\widehat{\mathrm{BC}}=9(\mathrm{cm})$이므로

$\angle \mathrm{ADB}=\angle \mathrm{BDC}=22^\circ$

$\angle x=2\angle \mathrm{ADB}=2\times22^\circ=44^\circ$

답 44°

211 해 34, 4, 4

답 4

212 $\angle \mathrm{APB}=\angle \mathrm{CQD}=40^\circ$이므로

$\widehat{\mathrm{AB}}=\widehat{\mathrm{CD}}=7(\mathrm{cm})$ $\therefore x=7$

답 7

213 $\angle \mathrm{APB}=\angle \mathrm{BPC}=52^\circ$이므로

$\widehat{\mathrm{BC}}=\widehat{\mathrm{AB}}=8(\mathrm{cm})$ $\therefore x=8$

답 8

214 $\angle \mathrm{ACB}=\angle \mathrm{DBC}=35^\circ$이므로

$\widehat{\mathrm{AB}}=\widehat{\mathrm{CD}}=15(\mathrm{cm})$ $\therefore x=15$

답 15

215 해 70, 35, 35, 9, 9

답 9

216

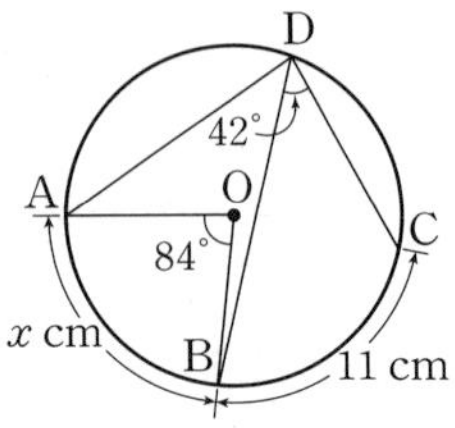

$\overline{\mathrm{AD}}$를 그으면

$\angle \mathrm{ADB}=\frac{1}{2}\angle \mathrm{AOB}$

$=\frac{1}{2}\times84^\circ=42^\circ$

$\angle \mathrm{ADB}=\angle \mathrm{BDC}=42^\circ$이므로

$\widehat{\mathrm{AB}}=\widehat{\mathrm{BC}}=11(\mathrm{cm})$ $\therefore x=11$

답 11

217

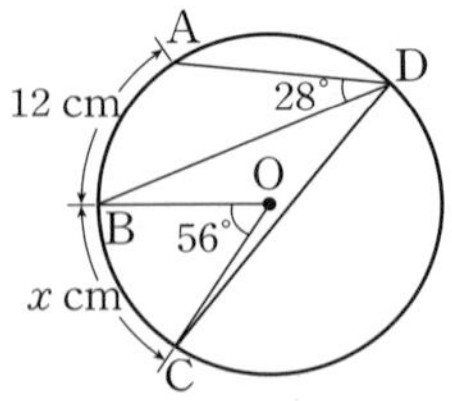

$\overline{\mathrm{CD}}$를 그으면

$\angle \mathrm{BDC}=\frac{1}{2}\angle \mathrm{BOC}=\frac{1}{2}\times56^\circ=28^\circ$

$\angle \mathrm{ADB}=\angle \mathrm{BDC}=28^\circ$이므로

$\widehat{\mathrm{BC}}=\widehat{\mathrm{AB}}=12(\mathrm{cm})$ $\therefore x=12$

답 12

218

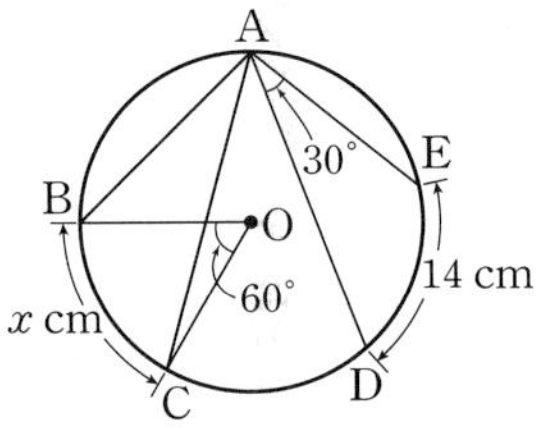

$\overline{\mathrm{AB}}$, $\overline{\mathrm{AC}}$를 그으면

$\angle \mathrm{BAC}=\frac{1}{2}\angle \mathrm{BOC}=\frac{1}{2}\times60^\circ=30^\circ$

$\angle \mathrm{BAC}=\angle \mathrm{DAE}=30^\circ$이므로

$\widehat{\mathrm{BC}}=\widehat{\mathrm{DE}}=14(\mathrm{cm})$ $\therefore x=14$

답 14

219 해 6, 2, 48

답 48°

220 $\angle \mathrm{APB}:\angle \mathrm{CQD}=\widehat{\mathrm{AB}}:\widehat{\mathrm{CD}}$이므로

$20^\circ:\angle x=5:15$

$20^\circ:\angle x=1:3$ $\therefore \angle x=60^\circ$

답 60°

221 $\angle \mathrm{APB}:\angle \mathrm{BPC}=\widehat{\mathrm{AB}}:\widehat{\mathrm{BC}}$이므로

$45^\circ:\angle x=12:8$

$45^\circ:\angle x=3:2$ $\therefore \angle x=30^\circ$

답 30°

222 $\angle \mathrm{APB}:\angle \mathrm{AQC}=\widehat{\mathrm{AB}}:\widehat{\mathrm{AC}}$이므로

$56^\circ:\angle x=18:(18+9)$

$56^\circ:\angle x=2:3$ $\therefore \angle x=84^\circ$

답 84°

223 해 104, 52, 8, 2, 26

답 26°

224

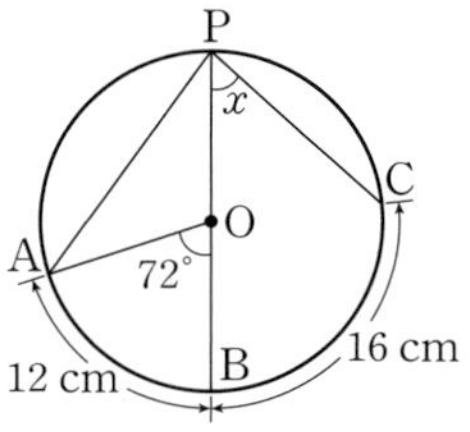

$\overline{PA}$를 그으면

$\angle APB=\frac{1}{2}\angle AOB=\frac{1}{2}\times72°=36°$

$\angle APB:\angle BPC=\widehat{AB}:\widehat{BC}$이므로

$36°:\angle x=12:16$

$36°:\angle x=3:4\quad\therefore\ \angle x=48°$

답 48°

225

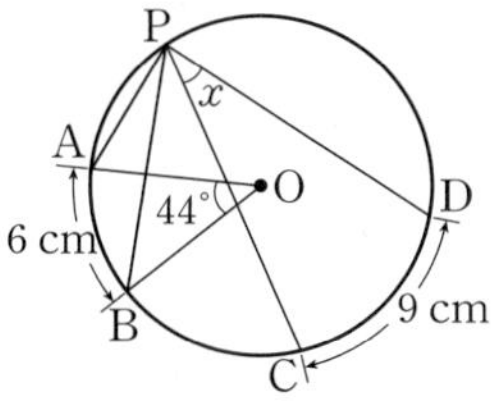

$\overline{PA}$, $\overline{PB}$를 그으면

$\angle APB=\frac{1}{2}\angle AOB=\frac{1}{2}\times44°=22°$

$\angle APB:\angle CPD=\widehat{AB}:\widehat{CD}$이므로

$22°:\angle x=6:9$

$22°:\angle x=2:3\quad\therefore\ \angle x=33°$

답 33°

226

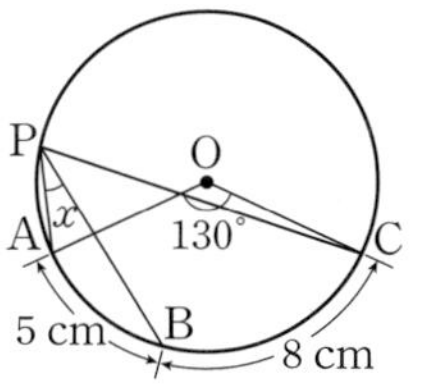

$\overline{PC}$를 그으면

$\angle APC=\frac{1}{2}\angle AOC$

$=\frac{1}{2}\times130°=65°$

$\angle APB:\angle APC=\widehat{AB}:\widehat{AC}$이므로

$\angle x:65°=5:(5+8)$

$\angle x:65°=5:13\quad\therefore\ \angle x=25°$

답 25°

227 해 63, 3, 9

답 9

228 $\angle BAC:\angle ACD=\widehat{BC}:\widehat{AD}$이므로

$42°:70°=21:x$

$3:5=21:x\quad\therefore\ x=35$ 답 35

229 $\angle ACB:\angle DBC=\widehat{AB}:\widehat{CD}$이므로

$20°:50°=x:10$

$2:5=x:10\quad\therefore\ x=4$ 답 4

230 $\angle APB:\angle AQC=\widehat{AB}:\widehat{AC}$이므로

$25°:75°=6:(6+x)$

$1:3=6:(6+x)$

$6+x=18\quad\therefore\ x=12$ 답 12

231 해 140, 70, 70, 5, 15

답 15

232

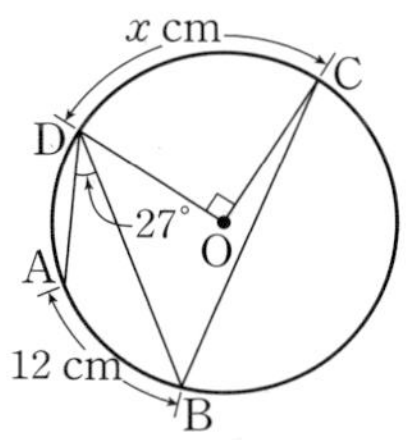

$\overline{BC}$를 그으면

$\angle DBC=\frac{1}{2}\angle DOC=\frac{1}{2}\times90°=45°$

$\angle ADB:\angle DBC=\widehat{AB}:\widehat{CD}$이므로

$27°:45°=12:x$

$3:5=12:x\quad\therefore\ x=20$ 답 20

233

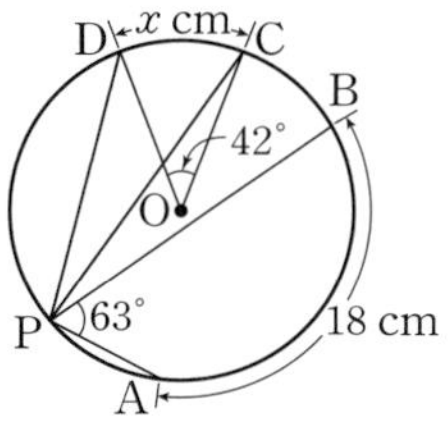

$\overline{PC}$, $\overline{PD}$를 그으면

$\angle DPC=\frac{1}{2}\angle DOC=\frac{1}{2}\times42°=21°$

$\angle BPA:\angle DPC=\widehat{AB}:\widehat{CD}$이므로

$63°:21°=18:x$

$3:1=18:x\quad\therefore\ x=6$ 답 6

234

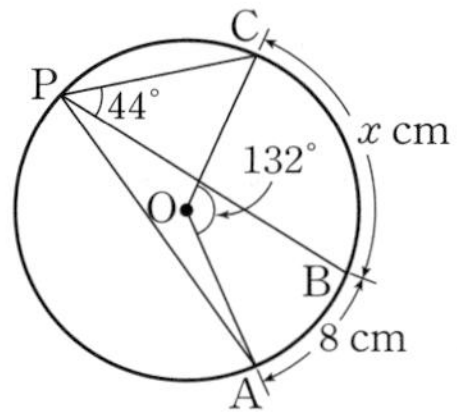

$\overline{PA}$를 그으면

$\angle APC=\frac{1}{2}\angle AOC$

$=\frac{1}{2}\times132°=66°$

$\angle APC:\angle BPC=\widehat{AC}:\widehat{BC}$이므로

$66°:44°=(8+x):x$

$3:2=(8+x):x$

$2(8+x)=3x\quad\therefore\ x=16$ 답 16

235 해 3, 60, 5, 100, 1, 20

답 60°, 100°, 20°

236 $\angle A=180°\times\frac{3}{2+3+4}=60°$

$\angle B=180°\times\frac{4}{2+3+4}=80°$

$\angle C=180°\times\frac{2}{2+3+4}=40°$

답 $\angle A=60°$, $\angle B=80°$, $\angle C=40°$

237 $\angle A=180°\times\frac{3}{5+3+4}=45°$

$\angle B=180°\times\frac{4}{5+3+4}=60°$

$\angle C=180°\times\frac{5}{5+3+4}=75°$

답 $\angle A=45°$, $\angle B=60°$, $\angle C=75°$

238 $\widehat{AB}=\widehat{BC}$이므로

$\angle ACB=\angle CAB=\angle CDB=35°$

$\triangle ABC$에서

$\angle x=180°-(35°+35°)=110°$

답 110°

239 $\angle x=\frac{1}{2}\angle AOB=\frac{1}{2}\times80°=40°$

$\angle APB:\angle CQD=\widehat{AB}:\widehat{CD}$이므로

$40°:\angle y=8:4$

$40°:\angle y=2:1\quad\therefore\ \angle y=20°$

$\therefore\ \angle x+\angle y=40°+20°=60°$

답 60°

240

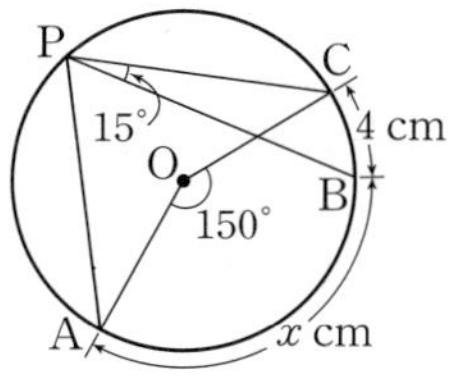

$\overline{PA}$를 그으면

$\angle APC=\frac{1}{2}\angle AOC$

$=\frac{1}{2}\times150°=75°$

$\angle APC:\angle BPC=\widehat{AC}:\widehat{BC}$이므로

$75°:15°=(x+4):4$

$5:1=(x+4):4$

$x+4=20\quad\therefore\ x=16$ 답 16

Episode 12 p. 89~96

원에 내접하는 사각형

241 $\overline{BC}$에 대하여 $\angle BAC \neq \angle BDC$이므로 네 점 A, B, C, D는 한 원 위에 있지 않다. 답 ×

242 $\overline{BC}$에 대하여 $\angle BAC = \angle BDC = 90°$이므로 네 점 A, B, C, D는 한 원 위에 있다. 답 ○

243 $\triangle DAC$에서
$\angle A = 180° - (80° + 30°) = 70°$
따라서 $\overline{DC}$에 대하여
$\angle DAC = \angle DBC$이므로 네 점 A, B, C, D는 한 원 위에 있다. 답 ○

244 $\triangle DPC$에서
$\angle PDC = 85° - 40° = 45°$
따라서 $\overline{BC}$에 대하여
$\angle BAC \neq \angle BDC$이므로 네 점 A, B, C, D는 한 원 위에 있지 않다. 답 ×

245 네 점 A, B, C, D가 한 원 위에 있으므로
$\angle x = \angle BDC = 65°$ 답 $65°$

246 네 점 A, B, C, D가 한 원 위에 있으므로
$\angle x = \angle ADB = 45°$ 답 $45°$

247 네 점 A, B, C, D가 한 원 위에 있으므로
$\angle BDC = \angle BAC = 55°$
$\triangle DPC$에서
$\angle x = 180° - (55° + 95°) = 30°$
답 $30°$

248 $\triangle APD$에서
$\angle ADP = 60° - 35° = 25°$
네 점 A, B, C, D가 한 원 위에 있으므로
$\angle x = \angle ADB = 25°$ 답 $25°$

249 해 75, 105, 80, 100
답 $\angle x = 105°$, $\angle y = 100°$

250 $\angle x = 180° - 90° = 90°$
$\angle y = 180° - 65° = 115°$
답 $\angle x = 90°$, $\angle y = 115°$

251 $\angle x = 180° - 45° = 135°$
$\angle y = 180° - 106° = 74°$
답 $\angle x = 135°$, $\angle y = 74°$

252 $\angle x = 180° - 72° = 108°$
$\angle y = 180° - 96° = 84°$
답 $\angle x = 108°$, $\angle y = 84°$

253 해 50, 82, 82, 98
답 $\angle x = 82°$, $\angle y = 98°$

254 $\triangle ABC$에서
$\angle x = 180° - (55° + 70°) = 55°$
$\angle y = 180° - \angle x = 180° - 55° = 125°$
답 $\angle x = 55°$, $\angle y = 125°$

255 $\triangle ABC$에서 $\angle BAC = 90°$이므로
$\angle x = 180° - (90° + 40°) = 50°$
$\angle y = 180° - \angle x = 180° - 50° = 130°$
답 $\angle x = 50°$, $\angle y = 130°$

256 $\angle x = 180° - 115° = 65°$
$\triangle ACD$에서 $\angle ACD = 90°$이므로
$\angle y = 180° - (90° + 65°) = 25°$
답 $\angle x = 65°$, $\angle y = 25°$

257 해 150, 75, 75, 105
답 $\angle x = 75°$, $\angle y = 105°$

258 $\angle x = \frac{1}{2}\angle BOD = \frac{1}{2} \times 120° = 60°$
$\square ABCD$가 원에 내접하므로
$\angle y = 180° - \angle x$
$= 180° - 60° = 120°$
답 $\angle x = 60°$, $\angle y = 120°$

259 $\angle x = \angle ADE = 30°$
$\square ABCD$가 원에 내접하므로
$\angle y = 180° - \angle ABC$
$= 180 - (30° + 80°) = 70°$
답 $\angle x = 30°$, $\angle y = 70°$

260 $\angle x = \angle ECD = 38°$
$\square ABCE$가 원에 내접하므로
$\angle y = 180° - \angle EAB$
$= 180° - (38° + 92°) = 50°$
답 $\angle x = 38°$, $\angle y = 50°$

261 $\angle x = \angle ADC = 105°$ 답 $105°$

262 $\angle x = \angle ABF = 85°$ 답 $85°$

263 해 100, 53
답 $53°$

264 $\angle ABC = \angle CDE$이므로
$32° + \angle x = 78°$ $\therefore \angle x = 46°$
답 $46°$

265 해 260, 130, 130
답 $\angle x = 130°$, $\angle y = 130°$

266 $\angle x = \frac{1}{2}\angle BOD = \frac{1}{2} \times 140° = 70°$
$\angle y = \angle x = 70°$
답 $\angle x = 70°$, $\angle y = 70°$

267 $\angle x = \angle BDC = 50°$
$\angle y = \angle BAD = 50° + 55° = 105°$
답 $\angle x = 50°$, $\angle y = 105°$

268 $\angle x = \angle BAC = 60°$
$\angle y = \angle ADC = 40° + 60° = 100°$
답 $\angle x = 60°$, $\angle y = 100°$

269 $\angle B + \angle D = 108° + 72° = 180°$이므로
$\square ABCD$는 원에 내접한다. 답 ○

270 $\angle BAD = \angle DCE = 64°$이므로
$\square ABCD$는 원에 내접한다. 답 ○

271 $\angle DAB = 180° - 85° = 95°$
따라서 $\angle DAB \neq \angle DCF$이므로
$\square ABCD$는 원에 내접하지 않는다.
답 ×

272 $\triangle ABD$에서
$\angle A = 180° - (45° + 55°) = 80°$
따라서
$\angle A + \angle C = 80° + 100° = 180°$
이므로 $\square ABCD$는 원에 내접한다.
답 ○

273 $\square ABCD$가 원에 내접하므로
$\angle x = 180° - 120° = 60°$ 답 $60°$

274 $\square ABCD$가 원에 내접하므로
$\angle x = \angle DCE = 105°$ 답 $105°$

275 $\triangle ABC$에서
$\angle ABC = 180° - (46° + 24°) = 110°$
$\square ABCD$가 원에 내접하므로
$\angle x = 180° - 110° = 70°$ 답 $70°$

276 $\angle BCD = 180° - 62° = 118°$
$\square ABCD$가 원에 내접하므로
$\angle x = \angle BCD = 118°$ 답 $118°$

277 답 $75°$

278 답 $32°$

279 해 40, 60, 60
답 $60°$

280 $\angle ABC=\angle CAT=30°$

$\triangle ABC$에서

$\angle x=180°-(30°+70°)=80°$

답 $80°$

281 해 58, 58, 116

답 $116°$

282 $\angle BCA=\angle BAT=60°$

$\therefore \angle x=2\angle BCA$

$=2\times 60°=120°$ 답 $120°$

283 $\angle BCA=\angle BAT=70°$

$\therefore \angle BOA=2\angle BCA$

$=2\times 70°=140°$

$\triangle BOA$에서

$\angle x=\frac{1}{2}\times(180°-140°)=20°$

답 $20°$

284 $\angle CBA=\angle CAT=40°$

$\therefore \angle COA=2\angle CBA$

$=2\times 40°=80°$

$\triangle OCA$에서

$\angle x=\frac{1}{2}\times(180°-80°)=50°$ 답 $50°$

285 해 90, 32, 32, 58

답 $58°$

286 $\angle CAB=90°$이고

$\angle CBA=\angle CAT=55°$

$\triangle ABC$에서

$\angle x=180°-(90°+55°)=35°$

답 $35°$

287 $\angle BAC=90°$

$\triangle ABC$에서

$\angle BCA=180°-(90°+25°)=65°$

$\therefore \angle x=\angle BCA=65°$ 답 $65°$

288 $\angle CAB=90°$

$\triangle ABC$에서

$\angle BCA=180°-(90°+46°)=44°$

$\therefore \angle x=\angle BCA=44°$ 답 $44°$

289 해 90, 90, 30, 60, 30, 30

답 $30°$

290

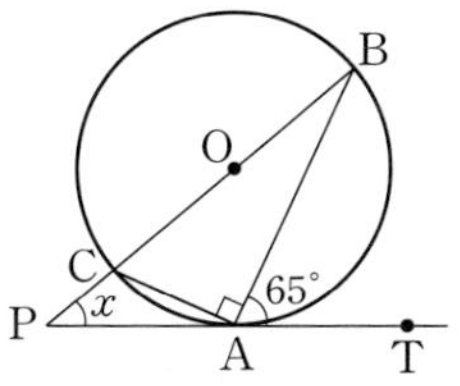

$\overline{AC}$를 그으면 $\angle CAB=90°$

$\angle CAP=180°-(90°+65°)=25°$

$\angle BCA=\angle BAT=65°$

$\triangle CPA$에서 $\angle x=65°-25°=40°$

답 $40°$

291

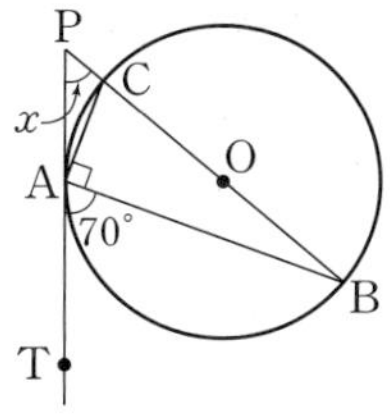

$\overline{AC}$를 그으면 $\angle CAB=90°$

$\angle PAC=180°-(90°+70°)=20°$

$\angle BCA=\angle BAT=70°$

$\triangle PAC$에서 $\angle x=70°-20°=50°$

답 $50°$

292

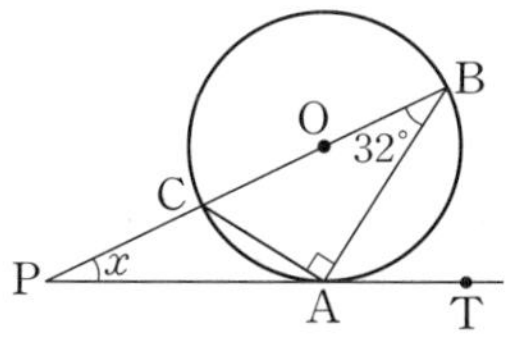

$\overline{AC}$를 그으면 $\angle CAB=90°$

$\angle CAP=\angle CBA=32°$

$\triangle BPA$에서

$\angle x=180°-(32°+90°+32°)=26°$

답 $26°$

293 해 55

답 $55°$

294 $\angle x=\angle CTQ=\angle ATP$

$=\angle ABT=38°$ 답 $38°$

295 $\angle BAT=\angle BTQ=\angle DTP$

$=\angle DCT=68°$

$\triangle ABT$에서

$\angle x=180°-(68°+62°)=50°$

답 $50°$

296 $\angle DCT=\angle DTP=\angle BTQ$

$=\angle BAT=75°$

$\triangle CDT$에서

$\angle x=180°-(75°+53°)=52°$

답 $52°$

297 해 70

답 $70°$

298 $\angle x=\angle DTP=\angle ABT=74°$

답 $74°$

299 $\angle ATP=\angle ABT=68°$

$\angle CTQ=\angle CDT=47°$

$\therefore \angle x=180°-(68°+47°)=65°$

답 $65°$

300 $\angle BTQ=\angle BAT=55°$

$\angle DTP=\angle DCT=65°$

$\therefore \angle x=180°-(65°+55°)=60°$

답 $60°$

301 ㄱ. $\angle ACB=\angle ADB=30°$이므로

□ABCD는 원에 내접한다.

ㄴ. $\angle A+\angle C=180°$이므로

□ABCD는 원에 내접한다.

ㄷ. $\angle BAD=\angle BCE=130°$이므로

□ABCD는 원에 내접한다.

ㄹ. $\triangle ABC$에서

$\angle B=180°-(56°+64°)=60°$

$\angle B+\angle D\neq 180°$이므로

□ABCD는 원에 내접하지 않는다.

따라서 □ABCD가 원에 내접하는 것은 ㄱ, ㄴ, ㄷ이다. 답 ㄱ, ㄴ, ㄷ

302 □ABCD가 원 O에 내접하므로

$(40°+\angle x)+60°=180°$

$\therefore \angle x=80°$

□BCDE가 원 O에 내접하므로

$\angle y=\angle x=80°$

답 $\angle x=80°$, $\angle y=80°$

303 $\angle BDA=\angle BAT=45°$

$\triangle BDA$에서

$\angle DAB=180°-(45°+35°)=100°$

□ABCD가 원 O에 내접하므로

$\angle x=180°-100°=80°$ 답 $80°$

Episode 13 대푯값

p. 99~103

001 답 5

002 $5+8+7+9+6=35$ 답 35

003 답 35, 7

004 (평균)$=\frac{62+70+86+50}{4}$

$=\frac{268}{4}=67$ 답 67

005 (평균)$=\frac{8+9+37+10+6}{5}$

$=\frac{70}{5}=14$ 답 14

006 $(\text{평균})=\frac{30+28+22+34+35+31}{6}$

$=\frac{180}{6}=30$ 답 30

007 $\frac{x+12+17+13}{4}=13$이므로

$\frac{x+42}{4}=13$, $x+42=52$

$\therefore x=10$ 답 10

008 $\frac{7+4+3+x+6}{5}=5$이므로

$\frac{20+x}{5}=5$, $20+x=25$

$\therefore x=5$ 답 5

009 $\frac{11+6+8+13+x}{5}=10$이므로

$\frac{38+x}{5}=10$, $38+x=50$

$\therefore x=12$ 답 12

010 $\frac{29+25+x+28+26+27}{6}=27$ 이므로

$\frac{135+x}{6}=27$, $135+x=162$

$\therefore x=27$ 답 27

011 $\frac{90+84+79+81+x+77}{6}=82$ 이므로

$\frac{411+x}{6}=82$, $411+x=492$

$\therefore x=81$ 답 81

012 해 4, 4, 8, 8, 6
답 6

013 x, y의 평균이 3이므로

$\frac{x+y}{2}=3$ $\therefore x+y=6$

$\therefore (\text{전체 평균})=\frac{5+x+y+6+3}{5}$

$=\frac{14+(x+y)}{5}$

$=\frac{14+6}{5}=4$ 답 4

014 x, y의 평균이 9이므로

$\frac{x+y}{2}=9$ $\therefore x+y=18$

$\therefore$ (전체 평균)

$=\frac{11+12+14+x+y+11}{6}$

$=\frac{48+(x+y)}{6}=\frac{48+18}{6}=11$

답 11

015 x, y, z의 평균이 71이므로

$\frac{x+y+z}{3}=71$

$\therefore x+y+z=213$

$\therefore (\text{전체 평균})=\frac{78+79+x+y+z}{5}$

$=\frac{157+(x+y+z)}{5}$

$=\frac{157+213}{5}=74$

답 74

016 x, y, z의 평균이 24이므로

$\frac{x+y+z}{3}=24$ $\therefore x+y+z=72$

$\therefore$ (전체 평균)

$=\frac{15+x+y+24+z+32+32}{7}$

$=\frac{103+(x+y+z)}{7}$

$=\frac{103+72}{7}=25$ 답 25

017 자료를 작은 값에서부터 크기순으로 나열하면 6, 8, 9, 10, 37이므로 중앙값은 9이다. 답 9

018 자료를 작은 값에서부터 크기순으로 나열하면 11, 12, 15, 17, 18이므로 중앙값은 15이다. 답 15

019 자료를 작은 값에서부터 크기순으로 나열하면 30, 36, 40, 42, 47이므로 중앙값은 40이다. 답 40

020 자료를 작은 값에서부터 크기순으로 나열하면 10, 10, 11, 12, 13, 15, 16이므로 중앙값은 12이다. 답 12

021 자료를 작은 값에서부터 크기순으로 나열하면 20, 22, 22, 23, 24, 24, 25이므로 중앙값은 23이다. 답 23

022 자료를 작은 값에서부터 크기순으로 나열하면 1, 1, 3, 3, 5, 7, 7, 9, 9이므로 중앙값은 5이다. 답 5

023 자료를 작은 값에서부터 크기순으로 나열하면 6, 8, 10, 11이므로

중앙값은 $\frac{8+10}{2}=9$ 답 9

024 자료를 작은 값에서부터 크기순으로 나열하면 40, 50, 60, 70이므로

중앙값은 $\frac{50+60}{2}=55$ 답 55

025 자료를 작은 값에서부터 크기순으로 나열하면 15, 18, 19, 21, 23, 24이므로

중앙값은 $\frac{19+21}{2}=20$ 답 20

026 자료를 작은 값에서부터 크기순으로 나열하면 40, 40, 45, 55, 65, 70이므로

중앙값은 $\frac{45+55}{2}=50$ 답 50

027 자료를 작은 값에서부터 크기순으로 나열하면 2, 3, 3, 4, 5, 6, 7, 9이므로 중앙값은 $\frac{4+5}{2}=4.5$ 답 4.5

028 자료를 작은 값에서부터 크기순으로 나열하면 21, 25, 25, 28, 29, 33, 37, 38 이므로 중앙값은 $\frac{28+29}{2}=28.5$

답 28.5

029 자료의 개수가 짝수이므로

$\frac{x+8}{2}=7$, $x+8=14$

$\therefore x=6$ 답 6

030 자료의 개수가 짝수이므로

$\frac{14+x}{2}=16$, $14+x=32$

$\therefore x=18$ 답 18

031 자료의 개수가 홀수이므로

$x=82$ 답 82

032 자료의 개수가 짝수이므로

$\frac{x+7}{2}=5.5$, $x+7=11$

$\therefore x=4$ 답 4

033 자료의 개수가 홀수이므로

$x=37$ 답 37

034 자료의 값 중 가장 많이 나타난 값이 5이므로 최빈값은 5이다. 답 5

035 자료의 값 중 가장 많이 나타난 값이 40이므로 최빈값은 40이다. 답 40

036 자료의 값 중 가장 많이 나타난 값이 11, 12이므로 최빈값은 11, 12이다.

답 11, 12

037 자료의 값이 모두 다르므로 최빈값은 없다. 답 없다.

038 자료의 값 중 가장 많이 나타난 값이 축구이므로 최빈값은 축구이다. 답 축구

039 자료의 값 중 가장 많이 나타난 값이 수학, 과학이므로 최빈값은 수학, 과학이다. 답 수학, 과학

040 $\frac{9+4+x+5+8}{5}=7$이므로

$\frac{26+x}{5}=7$, $26+x=35$

$\therefore x=9$

따라서 주어진 자료를 작은 값에서부터 크기순으로 나열하면 4, 5, 8, 9, 9이므로 중앙값은 8이고, 최빈값은 9이다.

답 8 / 9

041 $\frac{11+15+12+x+11+17}{6}=13$

이므로

$\frac{66+x}{6}=13$, $66+x=78$

$\therefore x=12$

따라서 주어진 자료를 작은 값에서부터 크기순으로 나열하면 11, 11, 12, 12, 15, 17이므로 중앙값은 $\frac{12+12}{2}=12$

이고, 최빈값은 11, 12이다.

답 12 / 11, 12

042 x를 제외한 변량의 도수가 모두 같으므로 최빈값은 x이다.

$\frac{8+x+9+7}{4}=x$이므로

$\frac{24+x}{4}=x$, $24+x=4x$

$3x=24$ $\therefore x=8$ 답 8

043 x를 제외한 변량의 도수가 모두 같으므로 최빈값은 x이다.

$\frac{25+27+22+x+26}{5}=x$이므로

$\frac{100+x}{5}=x$, $100+x=5x$

$4x=100$ $\therefore x=25$ 답 25

044 (평균)

$=\frac{15+19+22+24+31+32+32}{7}$

$=\frac{175}{7}=25$(점) 답 25점

045 중앙값은 한가운데에 있는 값인 24점이다. 답 24점

046 자료의 값 중 가장 많이 나타난 값이 32점이므로 최빈값은 32점이다. 답 32점

047 (평균)

$=\frac{3+7+8+10+10+14+18+21+24+25}{10}$

$=\frac{140}{10}=14$(회) 답 14회

048 (중앙값)$=\frac{10+14}{2}=12$(회) 답 12회

049 자료의 값 중 가장 많이 나타난 값이 10회이므로 최빈값은 10회이다. 답 10회

050 (평균)$=\frac{8+9+37+10+6}{5}$

$=\frac{70}{5}=14$

자료를 작은 값에서부터 크기순으로 나열하면 6, 8, 9, 10, 37이므로 중앙값은 9이다.

이 자료에는 37과 같이 극단적으로 큰 값이 포함되어 있으므로 대푯값으로 더 적절한 것은 중앙값이다.

답 평균 : 14, 중앙값 : 9, 중앙값이 더 적절하다.

051 자료를 작은 값에서부터 크기순으로 나열하면 40, 40, 45, 55, 65, 70이므로 중앙값은

$\frac{45+55}{2}=50$ $\therefore a=50$

자료의 값 중 가장 많이 나타난 값이 40이므로 최빈값은 40이다.

$\therefore b=40$

$\therefore a+b=50+40=90$ 답 90

052 주어지지 않은 세 변량을 작은 것부터 차례대로 x, y, z라고 하면 x, y, z의 평균이 24점이므로

$\frac{x+y+z}{3}=24$ $\therefore x+y+z=72$

$\therefore$ (전체 평균)

$=\frac{15+x+y+24+z+32+32}{7}$

$=\frac{103+(x+y+z)}{7}$

$=\frac{103+72}{7}=25$(점) 답 25점

Episode 14 산포도

p. 105~111

053 해 4, −3, 4, −1, 4, 1, 4, 3

답

변량	1	3	5	7
편차	−3	−1	1	3

054 각 변량의 편차는 차례대로

$9-7=2$, $6-7=-1$,

$5-7=-2$, $8-7=1$

답

변량	9	6	5	8
편차	2	−1	−2	1

055 각 변량의 편차는 차례대로

$86-83=3$, $84-83=1$,

$77-83=-6$, $85-83=2$

답

변량	86	84	77	85
편차	3	1	−6	2

056 각 변량의 편차는 차례대로

$26-29=-3$, $30-29=1$,

$29-29=0$, $27-29=-2$,

$33-29=4$

답

변량	26	30	29	27	33
편차	−3	1	0	−2	4

057 각 변량의 편차는 차례대로

$65-65=0$, $73-65=8$,

$58-65=-7$, $69-65=4$,

$60-65=-5$

답

변량	65	73	58	69	60
편차	0	8	−7	4	−5

058 해 6, 8, 6, 7, 6, 5, 6, 4

답

변량	8	7	5	4
편차	2	1	−1	−2

059 각 편차에 대한 변량은 차례대로

$-4+15=11$, $-2+15=13$,

$5+15=20$, $1+15=16$

답

변량	11	13	20	16
편차	−4	−2	5	1

060 각 편차에 대한 변량은 차례대로

$-3+29=26$, $1+29=30$,

$0+29=29$, $-2+29=27$,

$4+29=33$

답

변량	26	30	29	27	33
편차	−3	1	0	−2	4

061 각 편차에 대한 변량은 차례대로

$4+88=92$, $1+88=89$,

$-3+88=85$, $-4+88=84$,
$2+88=90$

답

변량	92	89	85	84	90
편차	4	1	-3	-4	2

062 각 편차에 대한 변량은 차례대로
$0+163=163$, $-2+163=161$,
$7+163=170$, $-4+163=159$,
$-1+163=162$

답

변량	163	161	170	159	162
편차	0	-2	7	-4	-1

063 해 32, 8, 8, 0, 8, -1, 8, -2, 8, 3

답

변량	8	7	6	11
편차	0	-1	-2	3

, 8

064 $(\text{평균})=\dfrac{37+42+39+46}{4}$
$=\dfrac{164}{4}=41$
각 변량의 편차는 차례대로
$37-41=-4$, $42-41=1$,
$39-41=-2$, $46-41=5$

답

변량	37	42	39	46
편차	-4	1	-2	5

, 41

065 $(\text{평균})=\dfrac{20+50+40+60+30}{5}$
$=\dfrac{200}{5}=40$
각 변량의 편차는 차례대로
$20-40=-20$, $50-40=10$,
$40-40=0$, $60-40=20$,
$30-40=-10$

답

변량	20	50	40	60	30
편차	-20	10	0	20	-10

, 40

066 $(\text{평균})=\dfrac{3+4+5+7+8+9}{6}$
$=\dfrac{36}{6}=6$
각 변량의 편차는 차례대로
$3-6=-3$, $4-6=-2$,
$5-6=-1$, $7-6=1$,
$8-6=2$, $9-6=3$

답

변량	3	4	5	7	8	9
편차	-3	-2	-1	1	2	3

6

067 $(\text{평균})=\dfrac{13+10+14+12+18+17}{6}$
$=\dfrac{84}{6}=14$
각 변량의 편차는 차례대로
$13-14=-1$, $10-14=-4$,
$14-14=0$, $12-14=-2$,
$18-14=4$, $17-14=3$

답

변량	13	10	14	12	18	17
편차	-1	-4	0	-2	4	3

14

068 해 0, 0, 3
답 3

069 편차의 합은 항상 0이므로
$1+x+6+(-5)=0$
$\therefore x=-2$ 답 -2

070 편차의 합은 항상 0이므로
$-4+x+2+3+(-2)=0$
$\therefore x=1$ 답 1

071 편차의 합은 항상 0이므로
$-1+4+2+(-3)+x=0$
$\therefore x=-2$ 답 -2

072 편차의 합은 항상 0이므로
$5+(-3)+x+1+(-4)+(-1)=0$
$\therefore x=2$ 답 2

073 편차의 합은 항상 0이므로
$-2+3+(-5)+x+4+1+2=0$
$\therefore x=-3$ 답 -3

074 편차의 합은 항상 0이므로
$3+(-1)+x+(-4)=0$
$\therefore x=2$ 답 2

075 해 2, 58
답 58 kg

076 편차의 합은 항상 0이므로
$1+x+4+(-3)+2=0$
$\therefore x=-4$ 답 -4

077 $-4+78=74$(점) 답 74점

078 편차의 합은 항상 0이므로
$5+(-6)+8+(-3)+x=0$
$\therefore x=-4$ 답 -4

079 $-4+40=36$(분) 답 36분

080 $1^2+(-3)^2+(-1)^2+3^2=20$
답 20

081 $(\text{분산})=\dfrac{\{(\text{편차})^2\text{의 총합}\}}{(\text{변량의 개수})}=\dfrac{20}{4}=5$
답 5

082 $(\text{표준편차})=\sqrt{(\text{분산})}=\sqrt{5}$ 답 $\sqrt{5}$

083 $(-4)^2+2^2+6^2+(-4)^2=72$ 답 72

084 $(\text{분산})=\dfrac{\{(\text{편차})^2\text{의 총합}\}}{(\text{변량의 개수})}$
$=\dfrac{72}{4}=18$ 답 18

085 $(\text{표준편차})=\sqrt{(\text{분산})}=\sqrt{18}=3\sqrt{2}$
답 $3\sqrt{2}$

086 $2^2+0^2+3^2+(-1)^2+(-4)^2=30$
답 30

087 $(\text{분산})=\dfrac{\{(\text{편차})^2\text{의 총합}\}}{(\text{변량의 개수})}=\dfrac{30}{5}=6$
답 6

088 $(\text{표준편차})=\sqrt{(\text{분산})}=\sqrt{6}$ 답 $\sqrt{6}$

089 편차의 합은 항상 0이므로
$-1+0+x+1+2=0$
$\therefore x=-2$ 답 -2

090 $(-1)^2+0^2+(-2)^2+1^2+2^2=10$
답 10

091 $(\text{분산})=\dfrac{\{(\text{편차})^2\text{의 총합}\}}{(\text{변량의 개수})}=\dfrac{10}{5}=2$
답 2

092 $(\text{표준편차})=\sqrt{(\text{분산})}=\sqrt{2}$(초)
답 $\sqrt{2}$초

093 편차의 합은 항상 0이므로
$-2+x+1+(-3)+0+1=0$
$\therefore x=3$ 답 3

094 $(-2)^2+3^2+1^2+(-3)^2+0^2+1^2$
$=24$ 답 24

095 $(\text{분산})=\dfrac{\{(\text{편차})^2\text{의 총합}\}}{(\text{변량의 개수})}=\dfrac{24}{6}=4$
답 4

096 $(\text{표준편차})=\sqrt{(\text{분산})}=\sqrt{4}=2(\text{kg})$
답 2 kg

097 $(\text{평균})=\dfrac{4+8+1+10+2}{5}=\dfrac{25}{5}=5$
답 5

098 답

변량	4	8	1	10	2
편차	-1	3	-4	5	-3

099 $(-1)^2+3^2+(-4)^2+5^2+(-3)^2=60$
답 60

100 (분산)$=\dfrac{\{(\text{편차})^2\text{의 총합}\}}{(\text{변량의 개수})}$

$=\dfrac{60}{5}=12$ 답 12

101 (표준편차)$=\sqrt{(\text{분산})}=\sqrt{12}=2\sqrt{3}$

답 $2\sqrt{3}$

102 (평균)$=\dfrac{8+5+9+11+7}{5}=\dfrac{40}{5}=8$

답 8

103 답

변량	8	5	9	11	7
편차	0	−3	1	3	−1

104 $0^2+(-3)^2+1^2+3^2+(-1)^2=20$

답 20

105 (분산)$=\dfrac{\{(\text{편차})^2\text{의 총합}\}}{(\text{변량의 개수})}=\dfrac{20}{5}=4$

답 4

106 (표준편차)$=\sqrt{(\text{분산})}=\sqrt{4}=2$ 답 2

107 (평균)$=\dfrac{15+5+20+15+25}{5}$

$=\dfrac{80}{5}=16$(권) 답 16권

108 답

변량(권)	15	5	20	15	25
편차(권)	−1	−11	4	−1	9

109 $(-1)^2+(-11)^2+4^2+(-1)^2+9^2$

$=220$ 답 220

110 (분산)$=\dfrac{\{(\text{편차})^2\text{의 총합}\}}{(\text{변량의 개수})}$

$=\dfrac{220}{5}=44$ 답 44

111 (표준편차)$=\sqrt{(\text{분산})}=\sqrt{44}=2\sqrt{11}$(권)

답 $2\sqrt{11}$권

112 (평균)$=\dfrac{22+19+20+23+16+20}{6}$

$=\dfrac{120}{6}=20$(분) 답 20분

113 답

변량(분)	22	19	20	23	16	20
편차(분)	2	−1	0	3	−4	0

114 $2^2+(-1)^2+0^2+3^2+(-4)^2+0^2$

$=30$ 답 30

115 (분산)$=\dfrac{\{(\text{편차})^2\text{의 총합}\}}{(\text{변량의 개수})}=\dfrac{30}{6}=5$

답 5

116 (표준편차)$=\sqrt{(\text{분산})}=\sqrt{5}$(분)

답 $\sqrt{5}$분

117 평균이 9이므로 $\dfrac{6+10+13+x}{4}=9$

$\dfrac{29+x}{4}=9,\ 29+x=36$

$\therefore x=7$ 답 7

118 (분산)

$=\dfrac{(6-9)^2+(10-9)^2+(13-9)^2+(7-9)^2}{4}$

$=\dfrac{30}{4}=\dfrac{15}{2}$ 답 $\dfrac{15}{2}$

119 (표준편차)$=\sqrt{(\text{분산})}=\sqrt{\dfrac{15}{2}}=\dfrac{\sqrt{30}}{2}$

답 $\dfrac{\sqrt{30}}{2}$

120 평균이 16이므로

$\dfrac{20+9+x+26+7}{5}=16$

$\dfrac{62+x}{5}=16,\ 62+x=80$

$\therefore x=18$ 답 18

121 (분산)

$=\dfrac{(20-16)^2+(9-16)^2+(18-16)^2+(26-16)^2+(7-16)^2}{5}$

$=\dfrac{250}{5}=50$ 답 50

122 (표준편차)$=\sqrt{(\text{분산})}=\sqrt{50}=5\sqrt{2}$

답 $5\sqrt{2}$

123 평균이 35이므로

$\dfrac{37+35+38+34+x}{5}=35$

$\dfrac{144+x}{5}=35,\ 144+x=175$

$\therefore x=31$ 답 31

124 (분산)

$=\dfrac{(37-35)^2+(38-35)^2+(34-35)^2+(31-35)^2}{5}$

$=\dfrac{30}{5}=6$ 답 6

125 (표준편차)$=\sqrt{(\text{분산})}=\sqrt{6}$ 답 $\sqrt{6}$

126 편차의 합은 항상 0이다. 답 ×

127 답 ○

128 답 ○

129 편차의 합은 항상 0이므로 편차의 평균도 항상 0이다.
따라서 편차의 제곱의 평균으로 변량이 흩어져 있는 정도를 파악한다. 답 ×

130 평균은 대푯값으로 사용하며 자료의 중심 위치는 알 수 있으나, 자료의 분포 상태는 알 수 없다. 답 ×

131 (표준편차)$=\sqrt{(\text{분산})}$이므로 분산이 커질수록 표준편차도 커진다. 답 ×

132 답 ○

133 표준편차가 클수록 자료의 분포 상태는 평균으로부터 멀리 흩어져 있다고 할 수 있다. 답 ×

134 음악 성적이 가장 높은 학생이 어느 반에 있는지는 알 수 없다. 답 ×

135 2반의 음악 성적의 표준편차가 1반의 음악 성적의 표준편차보다 작으므로 2반의 음악 성적이 1반의 음악 성적보다 고르다. 답 ○

136 1반의 음악 성적의 평균이 2반의 음악 성적의 평균보다 높으므로 1반의 음악 성적이 2반의 음악 성적보다 우수하다.

답 ○

137 1반의 음악 성적의 표준편차가 2반의 음악 성적의 표준편차보다 크므로 1반의 음악 성적의 산포도가 2반의 음악 성적의 산포도보다 크다. 답 ×

138 A의 일일 학습 시간의 평균이 B의 일일 학습 시간의 평균보다 짧으므로 A가 B보다 일일 학습 시간이 짧다. 답 ×

139 A의 일일 학습 시간의 분산이 B의 일일 학습 시간의 분산보다 작으므로 A가 B보다 일일 학습 시간이 규칙적이다. 답 ○

140 A의 일일 학습 시간의 분산이 B의 일일 학습 시간의 분산보다 작으므로 A의 일일 학습 시간의 표준편차는 B의 일일 학습 시간의 표준편차보다 작다.

답 ×

141 수면 시간이 가장 짧은 학생은 평균이 가장 작은 학생인 주희이다. 답 주희

142 수면 시간이 가장 긴 학생은 평균이 가장 큰 학생인 연우이다. 답 연우

143 수면 시간이 가장 고른 학생은 표준편차가 가장 작은 학생인 한진이다.

답 한진

144 성적이 가장 우수한 반은 평균이 가장 높은 반인 5반이다. 답 5반

145 성적이 가장 고른 반은 분산이 가장 작은 반인 2반이다. 답 2반

146 성적이 가장 고르지 않은 반은 분산이 가장 큰 반인 1반이다. 답 1반

147 빈칸에 알맞은 수는 차례대로
$a=26-29=-3$, $b=1+29=30$,
$c=29-29=0$, $d=27-29=-2$,
$e=4+29=33$
따라서 옳지 않은 것은 ⑤이다. 답 ⑤

148 $(\text{평균})=\dfrac{22+19+20+23+16+20}{6}$
$=\dfrac{120}{6}=20(\text{분})$
(분산)
$=\dfrac{(22-20)^2+(19-20)^2+(23-20)^2+(16-20)^2}{6}$
$=\dfrac{30}{6}=5$
$\therefore$ (표준편차)$=\sqrt{5}$(분) 답 $\sqrt{5}$분

149 ① 음악 성적이 가장 높은 학생이 어느 반에 있는지는 알 수 없다.
② 2반의 음악 성적의 표준편차가 1반의 음악 성적의 표준편차보다 작으므로 2반의 음악 성적이 1반의 음악 성적보다 고르다.
③ 1반의 음악 성적의 평균이 2반의 음악 성적의 평균보다 높으므로 1반의 음악 성적이 2반의 음악 성적보다 우수하다.
④ 1반의 음악 성적의 표준편차가 2반의 음악 성적의 표준편차보다 크므로 1반의 음악 성적의 산포도가 2반의 음악 성적의 산포도보다 크다.
⑤ 1반의 음악 성적의 표준편차가 2반의 음악 성적의 표준편차보다 크므로 1반의 음악 성적의 분산이 2반의 음악 성적의 분산보다 크다.
답 ②, ③

Episode 15 산점도와 상관관계 p. 113~119

150 답
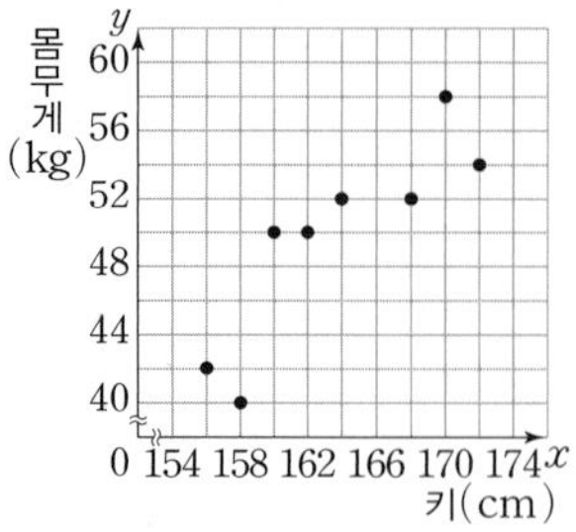

151 답
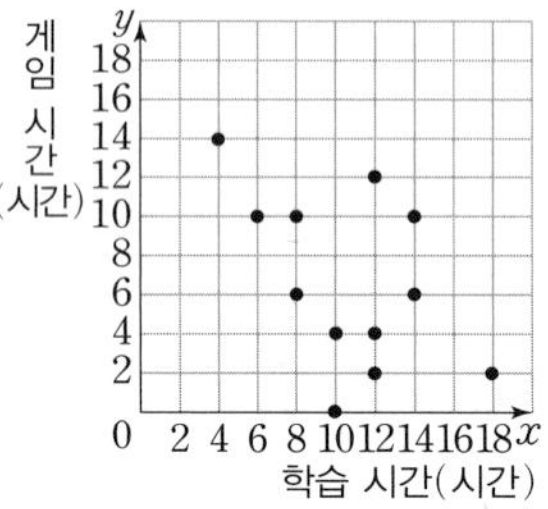

152 답
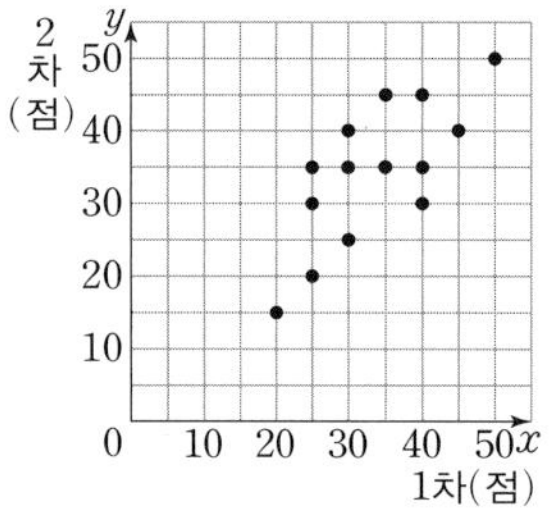

153 답 8명

154 답 6명

155
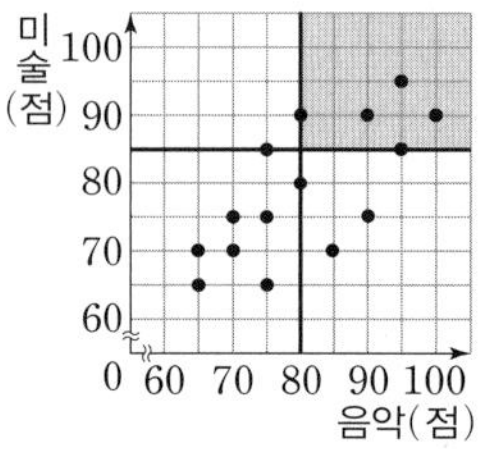

음악 성적이 80점 이상이고 미술 성적이 85점 이상인 학생 수는 위의 그림에서 색칠한 부분과 그 경계에 속하는 점의 개수와 같으므로 5명이다. 답 5명

156 답 6명

157 답 5명

158
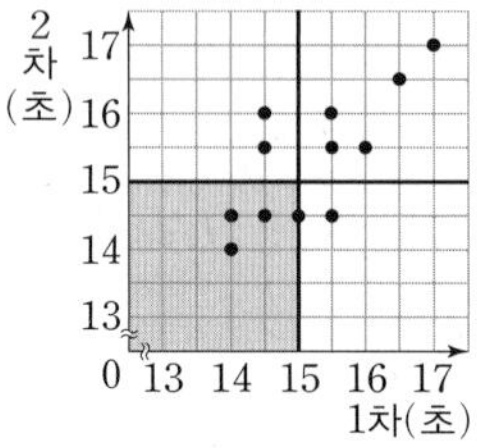

1차, 2차 기록이 모두 15초 이하인 선수의 수는 위의 그림에서 색칠한 부분과 그 경계에 속하는 점의 개수와 같으므로 4명이다. 답 4명

159 답 6명

160 답 8명

161
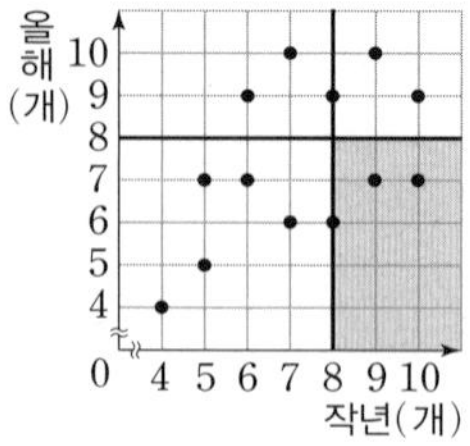

작년에 홈런을 8개 이상 치고 올해 홈런을 8개 이하로 친 선수의 수는 위의 그림에서 색칠한 부분과 그 경계에 속하는 점의 개수와 같으므로 3명이다. 답 3명

162
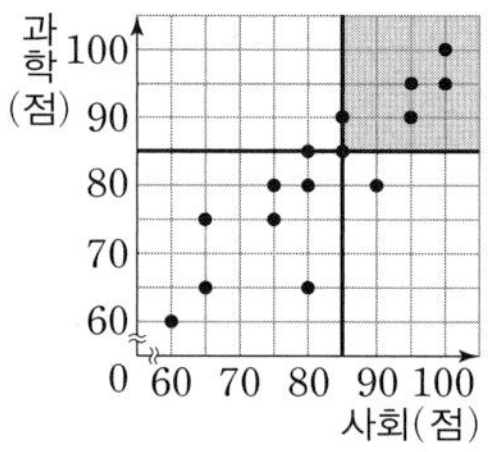

두 과목의 성적이 모두 85점 이상인 학생 수는 위의 그림에서 색칠한 부분과 그 경계에 속하는 점의 개수와 같으므로 6명이다. 답 6명

163 $\dfrac{6}{15}\times100=40(\%)$ 답 40 %

164
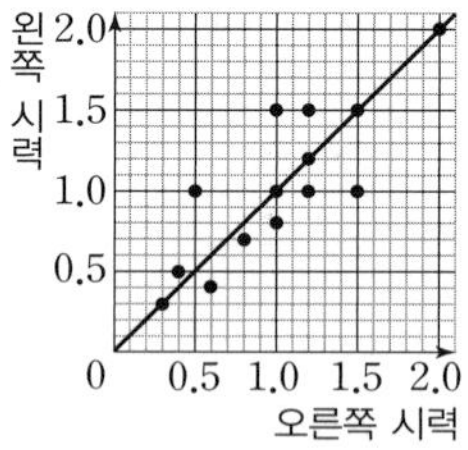

오른쪽 시력과 왼쪽 시력이 같은 회원의 수는 위의 그림에서 대각선 위에 있는 점의 개수와 같으므로 5명이다. 답 5명

165 오른쪽 시력보다 왼쪽 시력이 좋은 회원의 수는 **164**번의 그림에서 대각선의 위쪽에 있는 점의 개수와 같으므로 4명이다. 답 4명

166 오른쪽 시력보다 왼쪽 시력이 나쁜 회원의 수는 **164**번의 그림에서 대각선의 아래쪽에 있는 점의 개수와 같으므로 5명이다. 답 5명

167 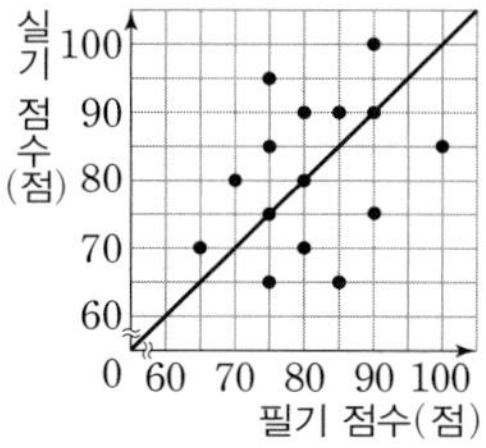

필기 점수와 실기 점수가 서로 같은 학생 수는 위의 그림에서 대각선 위에 있는 점의 개수와 같으므로 3명이다.

답 3명

168 필기 점수보다 실기 점수가 높은 학생 수는 **167**번의 그림에서 대각선의 위쪽에 있는 점의 개수와 같으므로 7명이다.

답 7명

169 실기 점수보다 필기 점수가 높은 학생 수는 **167**번의 그림에서 대각선의 아래쪽에 있는 점의 개수와 같으므로 5명이다.

답 5명

170 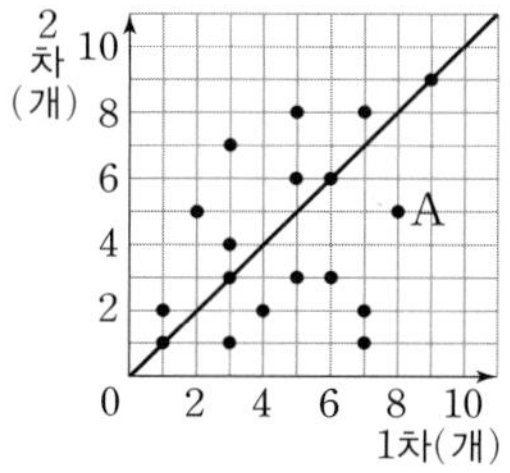

1차 기록과 2차 기록이 서로 같은 학생 수는 위의 그림에서 대각선 위에 있는 점의 개수와 같으므로 4명이다. 답 4명

171 1차보다 2차에서 기록이 향상된 학생 수는 **170**번의 그림에서 대각선의 위쪽에 있는 점의 개수와 같으므로 7명이다.

답 7명

172 1차보다 2차에서 기록이 떨어진 학생 중 1차 기록이 가장 높은 학생은 **170**번의 그림에서 A이므로 이 학생의 2차 기록은 5개이다. 답 5개

173 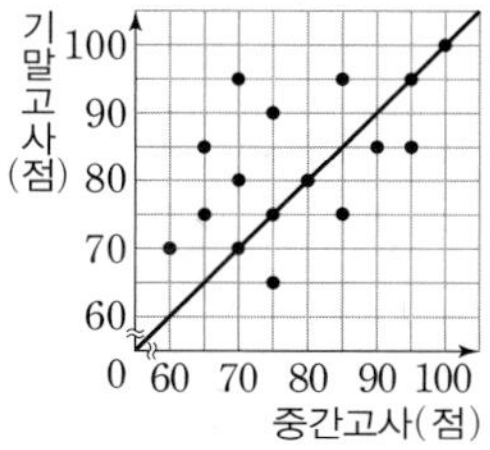

중간고사보다 기말고사에서 성적이 떨어진 학생 수는 위의 그림에서 대각선의 아래쪽에 있는 점의 개수와 같으므로 4명이다. 답 4명

174 $\frac{4}{16}\times 100=25(\%)$ 답 25 %

175 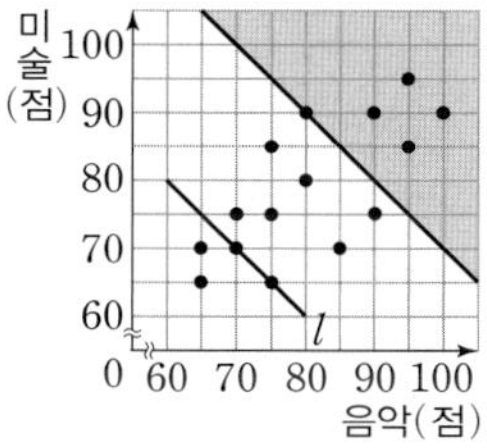

두 과목의 성적의 평균이 70점인 학생 수는 위의 그림에서 직선 l 위에 있는 점의 개수와 같으므로 2명이다.

답 2명

176 두 과목의 성적의 평균이 85점 이상인 학생 수는 **175**번의 그림에서 색칠한 부분과 그 경계에 속하는 점의 개수와 같으므로 5명이다. 답 5명

177 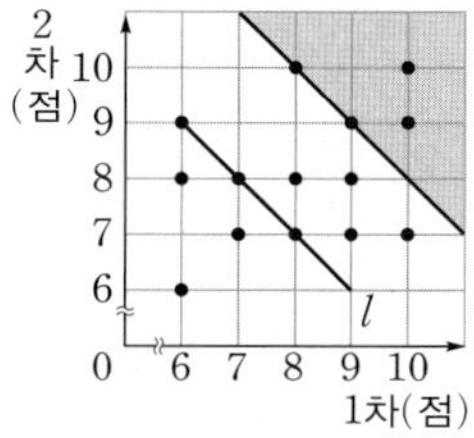

1차 성적과 2차 성적의 총점이 15점인 학생 수는 위의 그림에서 직선 l 위에 있는 점의 개수와 같으므로 3명이다.

답 3명

178 1차 성적과 2차 성적의 총점이 18점 이상인 학생 수는 **177**번의 그림에서 색칠한 부분과 그 경계에 속하는 점의 개수와 같으므로 4명이다. 답 4명

179 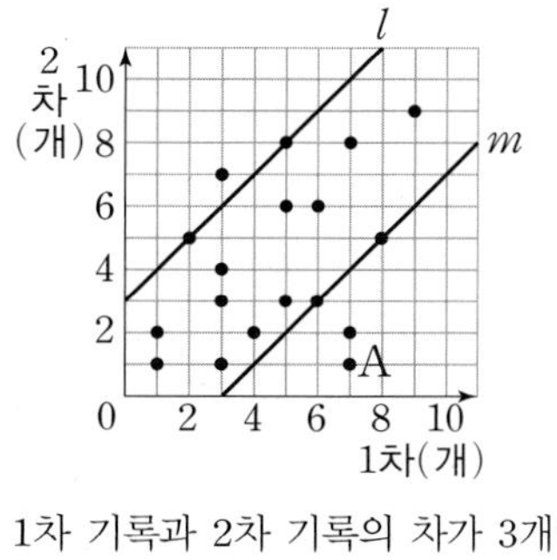

1차 기록과 2차 기록의 차가 3개인 학생 수는 위의 그림에서 두 직선 l, m 위에 있는 점의 개수와 같으므로 4명이다. 답 4명

180 1차 기록과 2차 기록의 차가 가장 큰 학생은 **179**번의 그림에서 점 A이므로 두 기록의 차는 $7-1=6$(개)이다. 답 6개

181 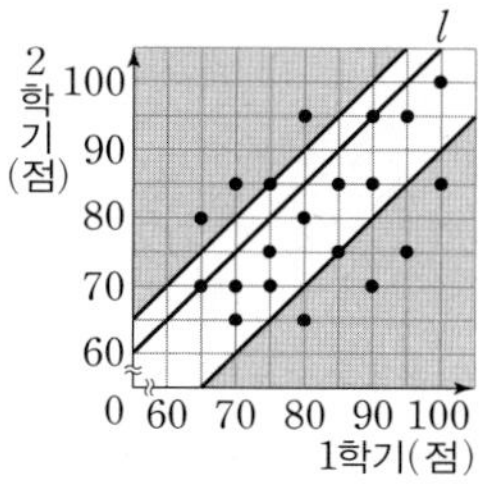

1학기 성적보다 2학기 성적이 5점 높은 학생 수는 위의 그림에서 직선 l 위에 있는 점의 개수와 같으므로 2명이다.

답 2명

182 1학기 성적과 2학기 성적의 차가 10점 이상인 학생 수는 **181**번의 그림에서 색칠한 부분과 그 경계에 속하는 점의 개수와 같으므로 9명이다. 답 9명

183 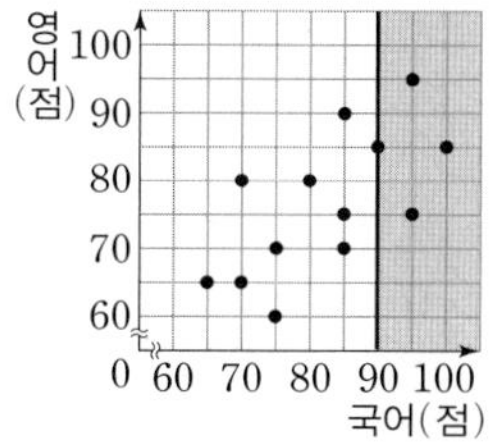

국어 성적이 90점 이상인 학생 수는 위의 그림에서 색칠한 부분과 그 경계에 속하는 점의 개수와 같으므로 4명이다.
따라서 이 학생들의 영어 성적의 평균은

$\frac{75+85+85+95}{4}=\frac{340}{4}$

$=85$(점) 답 85점

184 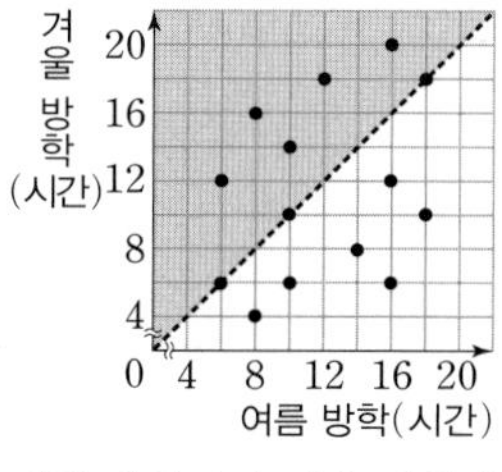

여름 방학보다 겨울 방학에 봉사활동을 더 오래 한 학생 수는 위의 그림에서 색칠한 부분에 속하는 점의 개수와 같으므로 5명이다.
따라서 이 학생들의 겨울 방학 봉사활동 시간의 평균은

$\frac{12+14+16+18+20}{5}=\frac{80}{5}$

$=16$(시간)

답 16시간

185 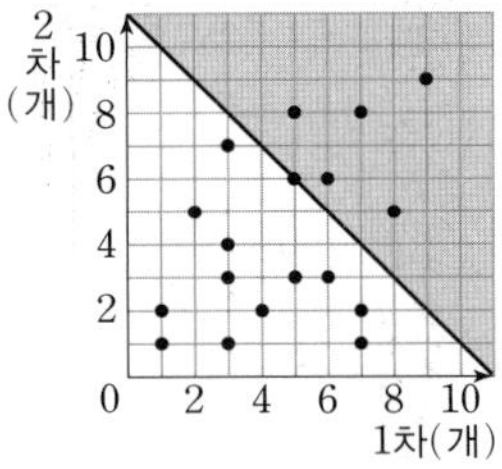

1차 기록과 2차 기록의 합이 11개 이상인 학생 수는 위의 그림에서 색칠한 부분과 그 경계에 속하는 점의 개수와 같으므로 6명이다.
따라서 이 학생들의 2차 기록의 평균은

$$\frac{5+6+6+8+8+9}{6}=\frac{42}{6}=7(\text{개})$$

답 7개

186 답 양

187 답 무

188 답 양

189 답 음

190 답 양

191 답 음

192 답 무

193 답 음

194 답 ㄴ, ㄹ

195 답 ㄱ, ㅁ

196 답 ㄷ, ㅂ

197 답 ㄴ

198 답 ㄱ

199 답 ㄱ

200 답 ㄷ

201 답 ㄱ

202 답 ㄷ

203 답 ㄱ

204 답 ㄷ

205 학습 시간이 길수록 대체로 성적이 높으므로 학습 시간과 성적 사이에는 양의 상관관계가 있다. 답 양의 상관관계

206 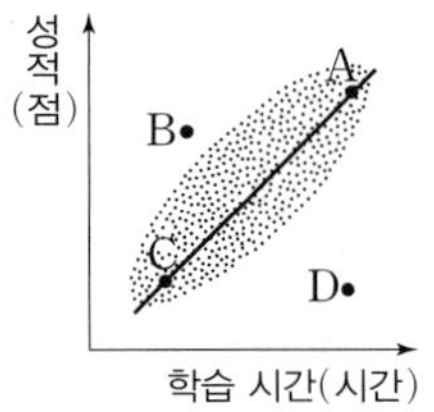

학습 시간에 비하여 성적이 높은 학생은 위의 그림에서 대각선의 위쪽에 있으므로 B이다. 답 B

207 학습 시간도 길고 성적도 높은 학생은 **206**번의 그림에서 대각선 위에 있는 점 중 두 좌표축의 교점에서 멀리 있으므로 A이다. 답 A

208 오른쪽에 있을수록 키가 크므로 키가 큰 학생부터 순서대로 쓰면 E, D, A, B, C이다. 답 E, D, A, B, C

209 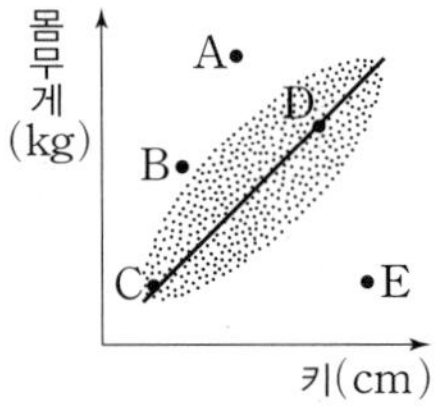

키에 비하여 몸무게가 적게 나가는 학생은 위의 그림에서 대각선의 아래쪽에 있으므로 E이다. 답 E

210 키에 비하여 몸무게가 많이 나가는 학생은 **209**번의 그림에서 대각선의 위쪽에 있으므로 A, B이다. 이 중 키에 비하여 몸무게가 가장 많이 나가는 학생은 대각선에서 가장 멀리 떨어져 있는 A이다. 답 A

211 ㄴ. 미술 성적이 85점 이상인 학생 수는 6명이다.

ㄷ. 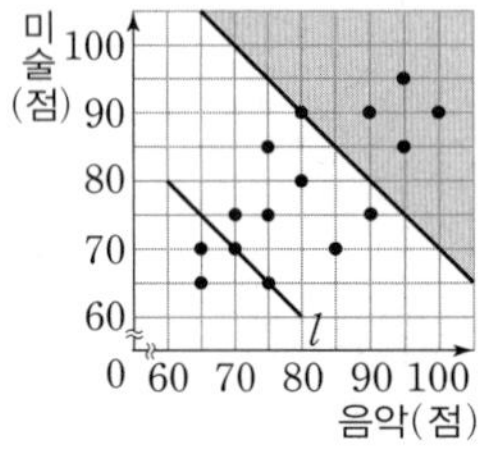

두 과목의 성적의 평균이 70점인 학생 수는 위의 그림에서 직선 l 위에 있는 점의 개수와 같으므로 2명이다.

ㄹ. 두 과목의 성적의 평균이 85점 이상인 학생 수는 위의 그림에서 색칠한 부분과 그 경계에 속하는 점의 개수와 같으므로 5명이다.

따라서 옳은 것은 ㄱ, ㄷ이다.

답 ㄱ, ㄷ

212 ⑤ 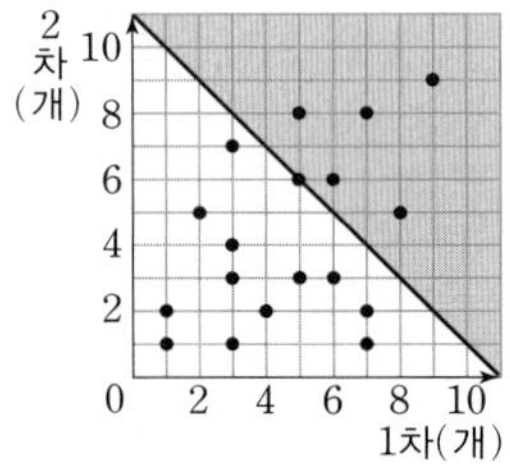

1차 기록과 2차 기록의 합이 11개 이상인 학생 수는 위의 그림에서 색칠한 부분과 그 경계에 속하는 점의 개수와 같으므로 6명이다.
따라서 이 학생들의 2차 기록의 평균은

$$\frac{5+6+6+8+8+9}{6}=\frac{42}{6}=7(\text{개})$$

답 ⑤

213 주어진 산점도는 x의 값이 커짐에 따라 y의 값은 대체로 작아지므로 음의 상관관계를 나타낸다.
①, ③, ⑤ 양의 상관관계
② 상관관계가 없다.
④ 음의 상관관계 답 ④

연산 Plus

Episode 01 삼각비의 뜻 p. 02~03

01 $\sin A=\dfrac{\overline{BC}}{\overline{AC}}=\dfrac{3}{5}$

$\cos A=\dfrac{\overline{AB}}{\overline{AC}}=\dfrac{4}{5}$

$\tan A=\dfrac{\overline{BC}}{\overline{AB}}=\dfrac{3}{4}$

답 $\dfrac{3}{5}$, $\dfrac{4}{5}$, $\dfrac{3}{4}$

02 $\sin A=\dfrac{\overline{BC}}{\overline{AC}}=\dfrac{\sqrt{7}}{4}$

$\cos A=\dfrac{\overline{AB}}{\overline{AC}}=\dfrac{3}{4}$

$\tan A=\dfrac{\overline{BC}}{\overline{AB}}=\dfrac{\sqrt{7}}{3}$

답 $\dfrac{\sqrt{7}}{4}$, $\dfrac{3}{4}$, $\dfrac{\sqrt{7}}{3}$

03 $\sin A=\dfrac{\overline{BC}}{\overline{AC}}=\dfrac{\sqrt{5}}{3}$

$\cos A=\dfrac{\overline{AB}}{\overline{AC}}=\dfrac{2}{3}$

$\tan A=\dfrac{\overline{BC}}{\overline{AB}}=\dfrac{\sqrt{5}}{2}$

답 $\dfrac{\sqrt{5}}{3}$, $\dfrac{2}{3}$, $\dfrac{\sqrt{5}}{2}$

04 $\sin A=\dfrac{\overline{BC}}{\overline{AC}}=\dfrac{5}{13}$

$\cos A=\dfrac{\overline{AB}}{\overline{AC}}=\dfrac{12}{13}$

$\tan A=\dfrac{\overline{BC}}{\overline{AB}}=\dfrac{5}{12}$

답 $\dfrac{5}{13}$, $\dfrac{12}{13}$, $\dfrac{5}{12}$

05 답 $\dfrac{4}{5}$, $\dfrac{3}{5}$, $\dfrac{4}{3}$

06 답 $\dfrac{\sqrt{21}}{5}$, $\dfrac{2}{5}$, $\dfrac{\sqrt{21}}{2}$

07 답 $\dfrac{\sqrt{3}}{2}$, $\dfrac{1}{2}$, $\sqrt{3}$

08 답 $\dfrac{8}{17}$, $\dfrac{15}{17}$, $\dfrac{8}{15}$

09 $\overline{BC}=\sqrt{3^2-(\sqrt{7})^2}=\sqrt{2}$이므로

$\sin A=\dfrac{\sqrt{2}}{3}$, $\cos A=\dfrac{\sqrt{7}}{3}$

$\tan A=\dfrac{\sqrt{2}}{\sqrt{7}}=\dfrac{\sqrt{14}}{7}$

답 $\dfrac{\sqrt{2}}{3}$, $\dfrac{\sqrt{7}}{3}$, $\dfrac{\sqrt{14}}{7}$

10 $\overline{BC}=\sqrt{(\sqrt{5})^2-2^2}=1$이므로

$\sin A=\dfrac{1}{\sqrt{5}}=\dfrac{\sqrt{5}}{5}$

$\cos A=\dfrac{2}{\sqrt{5}}=\dfrac{2\sqrt{5}}{5}$

$\tan A=\dfrac{1}{2}$ 답 $\dfrac{\sqrt{5}}{5}$, $\dfrac{2\sqrt{5}}{5}$, $\dfrac{1}{2}$

11 $\overline{AB}=\sqrt{3^2-(\sqrt{3})^2}=\sqrt{6}$이므로

$\sin A=\dfrac{\sqrt{3}}{3}$, $\cos A=\dfrac{\sqrt{6}}{3}$

$\tan A=\dfrac{\sqrt{3}}{\sqrt{6}}=\dfrac{\sqrt{2}}{2}$

답 $\dfrac{\sqrt{3}}{3}$, $\dfrac{\sqrt{6}}{3}$, $\dfrac{\sqrt{2}}{2}$

12 $\overline{AB}=\sqrt{4^2-(\sqrt{6})^2}=\sqrt{10}$이므로

$\sin A=\dfrac{\sqrt{6}}{4}$, $\cos A=\dfrac{\sqrt{10}}{4}$

$\tan A=\dfrac{\sqrt{6}}{\sqrt{10}}=\dfrac{\sqrt{15}}{5}$

답 $\dfrac{\sqrt{6}}{4}$, $\dfrac{\sqrt{10}}{4}$, $\dfrac{\sqrt{15}}{5}$

13 $\overline{AB}=\sqrt{7^2-6^2}=\sqrt{13}$이므로

$\sin C=\dfrac{\sqrt{13}}{7}$, $\cos C=\dfrac{6}{7}$

$\tan C=\dfrac{\sqrt{13}}{6}$ 답 $\dfrac{\sqrt{13}}{7}$, $\dfrac{6}{7}$, $\dfrac{\sqrt{13}}{6}$

14 $\overline{BC}=\sqrt{4^2-(\sqrt{5})^2}=\sqrt{11}$이므로

$\sin C=\dfrac{\sqrt{5}}{4}$, $\cos C=\dfrac{\sqrt{11}}{4}$

$\tan C=\dfrac{\sqrt{5}}{\sqrt{11}}=\dfrac{\sqrt{55}}{11}$

답 $\dfrac{\sqrt{5}}{4}$, $\dfrac{\sqrt{11}}{4}$, $\dfrac{\sqrt{55}}{11}$

15 $\overline{AC}=\sqrt{3^2+1^2}=\sqrt{10}$이므로

$\sin C=\dfrac{3}{\sqrt{10}}=\dfrac{3\sqrt{10}}{10}$

$\cos C=\dfrac{1}{\sqrt{10}}=\dfrac{\sqrt{10}}{10}$

$\tan C=3$ 답 $\dfrac{3\sqrt{10}}{10}$, $\dfrac{\sqrt{10}}{10}$, 3

16 $\overline{AB}=\sqrt{(\sqrt{10})^2-2^2}=\sqrt{6}$이므로

$\sin C=\dfrac{\sqrt{6}}{\sqrt{10}}=\dfrac{\sqrt{15}}{5}$

$\cos C=\dfrac{2}{\sqrt{10}}=\dfrac{\sqrt{10}}{5}$

$\tan C=\dfrac{\sqrt{6}}{2}$ 답 $\dfrac{\sqrt{15}}{5}$, $\dfrac{\sqrt{10}}{5}$, $\dfrac{\sqrt{6}}{2}$

17 $\sin A=\dfrac{x}{6}=\dfrac{\sqrt{5}}{3}$에서 $x=2\sqrt{5}$

$y=\sqrt{6^2-(2\sqrt{5})^2}=4$

답 $x=2\sqrt{5}$, $y=4$

18 $\tan A=\dfrac{x}{2\sqrt{5}}=\dfrac{1}{2}$이므로 $x=\sqrt{5}$

$y=\sqrt{(2\sqrt{5})^2+(\sqrt{5})^2}=5$

답 $x=\sqrt{5}$, $y=5$

19 $\sin B=\dfrac{x}{2\sqrt{5}}=\dfrac{\sqrt{5}}{5}$이므로 $x=2$

$y=\sqrt{(2\sqrt{5})^2-2^2}=4$

답 $x=2$, $y=4$

20 $\cos C=\dfrac{1}{x}=\dfrac{1}{4}$이므로 $x=4$

$y=\sqrt{4^2-1^2}=\sqrt{15}$

답 $x=4$, $y=\sqrt{15}$

21 $\cos A=\dfrac{x}{4}=\dfrac{1}{2}$이므로 $x=2$

$y=\sqrt{4^2-2^2}=2\sqrt{3}$

답 $x=2$, $y=2\sqrt{3}$

22 $\tan C=\dfrac{1}{y}=\dfrac{\sqrt{2}}{4}$이므로 $y=2\sqrt{2}$

$x=\sqrt{(2\sqrt{2})^2+1^2}=3$

답 $x=3$, $y=2\sqrt{2}$

23

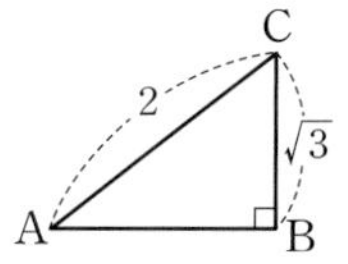

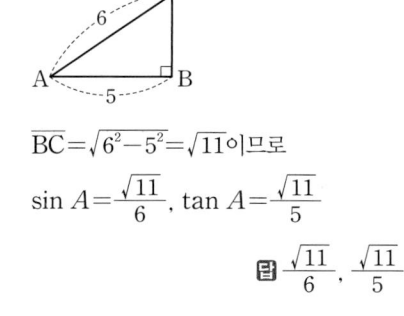

$\overline{AB}=\sqrt{2^2-(\sqrt{3})^2}=1$이므로

$\cos A=\dfrac{1}{2}$, $\tan A=\sqrt{3}$ 답 $\dfrac{1}{2}$, $\sqrt{3}$

24

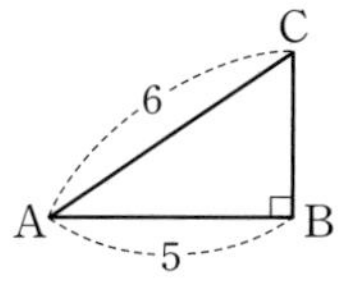

$\overline{BC}=\sqrt{6^2-5^2}=\sqrt{11}$이므로

$\sin A=\dfrac{\sqrt{11}}{6}$, $\tan A=\dfrac{\sqrt{11}}{5}$

답 $\dfrac{\sqrt{11}}{6}$, $\dfrac{\sqrt{11}}{5}$

25

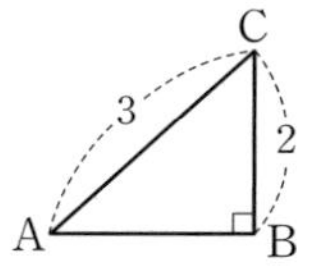

$\overline{AB}=\sqrt{3^2-2^2}=\sqrt{5}$이므로

$\cos A=\frac{\sqrt{5}}{3}$, $\tan A=\frac{2}{\sqrt{5}}=\frac{2\sqrt{5}}{5}$

답 $\frac{\sqrt{5}}{3}$, $\frac{2\sqrt{5}}{5}$

26

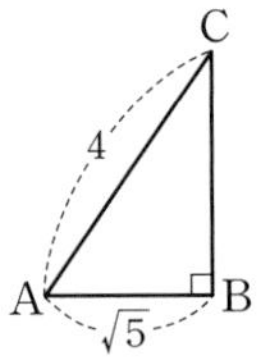

$\overline{BC}=\sqrt{4^2-(\sqrt{5})^2}=\sqrt{11}$이므로

$\sin A=\frac{\sqrt{11}}{4}$, $\tan A=\frac{\sqrt{11}}{\sqrt{5}}=\frac{\sqrt{55}}{5}$

답 $\frac{\sqrt{11}}{4}$, $\frac{\sqrt{55}}{5}$

27

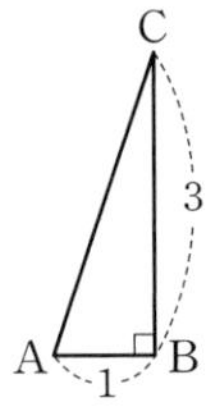

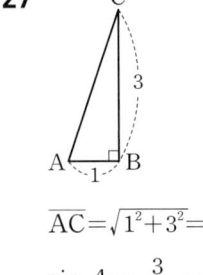

$\overline{AC}=\sqrt{1^2+3^2}=\sqrt{10}$이므로

$\sin A=\frac{3}{\sqrt{10}}=\frac{3\sqrt{10}}{10}$

$\cos A=\frac{1}{\sqrt{10}}=\frac{\sqrt{10}}{10}$

답 $\frac{3\sqrt{10}}{10}$, $\frac{\sqrt{10}}{10}$

28

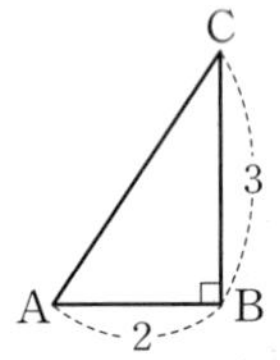

$\overline{AC}=\sqrt{3^2+2^2}=\sqrt{13}$이므로

$\sin A=\frac{3}{\sqrt{13}}=\frac{3\sqrt{13}}{13}$

$\cos A=\frac{2}{\sqrt{13}}=\frac{2\sqrt{13}}{13}$

답 $\frac{3\sqrt{13}}{13}$, $\frac{2\sqrt{13}}{13}$

29

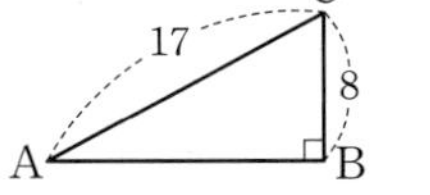

$\overline{AB}=\sqrt{17^2-8^2}=15$

$\cos A=\frac{15}{17}$, $\tan A=\frac{8}{15}$이므로

$\cos A\times\tan A=\frac{8}{17}$ 답 $\frac{8}{17}$

30

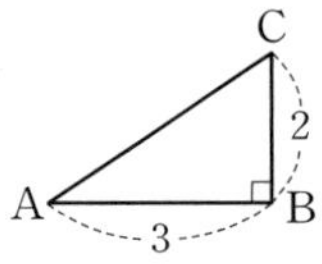

$\overline{AC}=\sqrt{3^2+2^2}=\sqrt{13}$

$\sin A=\frac{2}{\sqrt{13}}$, $\cos A=\frac{3}{\sqrt{13}}$이므로

$\sin A\times\cos A=\frac{6}{13}$ 답 $\frac{6}{13}$

31

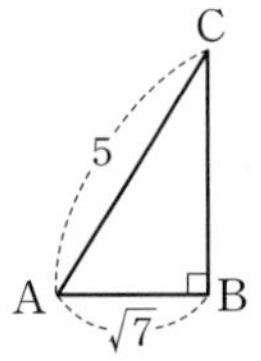

$\overline{BC}=\sqrt{5^2-(\sqrt{7})^2}=3\sqrt{2}$

$\sin A=\frac{3\sqrt{2}}{5}$, $\tan A=\frac{3\sqrt{2}}{\sqrt{7}}$이므로

$5\sin A+\sqrt{7}\tan A=3\sqrt{2}+3\sqrt{2}$

$=6\sqrt{2}$ 답 $6\sqrt{2}$

32

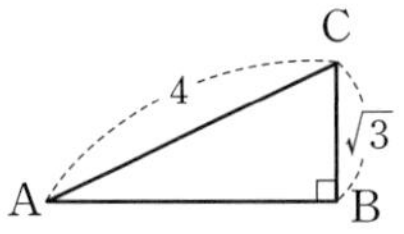

$\overline{AB}=\sqrt{4^2-(\sqrt{3})^2}=\sqrt{13}$

$\cos A=\frac{\sqrt{13}}{4}$,

$\tan A=\frac{\sqrt{3}}{\sqrt{13}}=\frac{\sqrt{39}}{13}$이므로

$\sqrt{13}\cos A-\sqrt{39}\tan A=\frac{13}{4}-3$

$=\frac{1}{4}$ 답 $\frac{1}{4}$

33

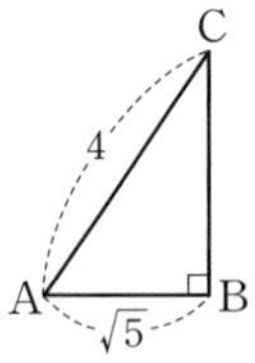

$\overline{BC}=\sqrt{4^2-(\sqrt{5})^2}=\sqrt{11}$

$\sin A=\frac{\sqrt{11}}{4}$, $\tan A=\frac{\sqrt{11}}{\sqrt{5}}$이므로

$4\sin A-\sqrt{5}\tan A=\sqrt{11}-\sqrt{11}=0$

답 0

34

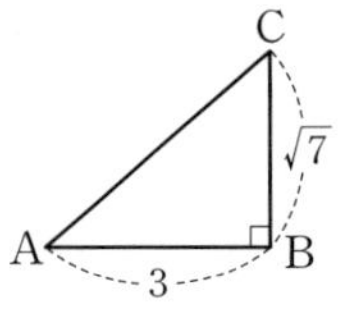

$\overline{AC}=\sqrt{3^2+(\sqrt{7})^2}=4$

$\sin A=\frac{\sqrt{7}}{4}$, $\cos A=\frac{3}{4}$이므로

$\sqrt{7}\sin A+\cos A=\frac{7}{4}+\frac{3}{4}=\frac{5}{2}$

답 $\frac{5}{2}$

Episode 02 삼각비의 값의 활용

p. 04~05

01 △DBE∽△ABC이므로

$\angle x=\angle A$

△ABC에서 $\overline{AC}=\sqrt{5^2-3^2}=4$

$\therefore \sin x=\sin A=\frac{3}{5}$

$\cos x=\cos A=\frac{4}{5}$

$\tan x=\tan A=\frac{3}{4}$ 답 $\frac{3}{5}$, $\frac{4}{5}$, $\frac{3}{4}$

02 △DBE∽△ABC이므로

$\angle x=\angle A$

△ABC에서 $\overline{BC}=\sqrt{4^2-3^2}=\sqrt{7}$

$\therefore \sin x=\sin A=\frac{\sqrt{7}}{4}$

$\cos x=\cos A=\frac{3}{4}$

$\tan x=\tan A=\frac{\sqrt{7}}{3}$

답 $\frac{\sqrt{7}}{4}$, $\frac{3}{4}$, $\frac{\sqrt{7}}{3}$

03 △DBE∽△ABC이므로

$\angle x=\angle A$

△ABC에서 $\overline{BC}=\sqrt{8^2-(2\sqrt{7})^2}=6$

$\therefore \sin x=\sin A=\frac{6}{8}=\frac{3}{4}$

$\cos x=\cos A=\frac{2\sqrt{7}}{8}=\frac{\sqrt{7}}{4}$

$\tan x=\tan A=\frac{6}{2\sqrt{7}}=\frac{3\sqrt{7}}{7}$

답 $\frac{3}{4}$, $\frac{\sqrt{7}}{4}$, $\frac{3\sqrt{7}}{7}$

04 △DEC∽△ABC이므로

$\angle x=\angle A$

△ABC에서 $\overline{AC}=\sqrt{6^2+4^2}=2\sqrt{13}$

$\therefore \sin x=\sin A=\frac{6}{2\sqrt{13}}=\frac{3\sqrt{13}}{13}$

$\cos x=\cos A=\frac{4}{2\sqrt{13}}=\frac{2\sqrt{13}}{13}$

$\tan x=\tan A=\frac{3}{2}$

답 $\frac{3\sqrt{13}}{13}$, $\frac{2\sqrt{13}}{13}$, $\frac{3}{2}$

05 △DEC∽△ABC이므로

$\angle x=\angle CDE$

△DEC에서 $\overline{EC}=\sqrt{2^2-1^2}=\sqrt{3}$

$\therefore \sin x=\sin(\angle CDE)=\frac{\sqrt{3}}{2}$

$\cos x=\cos(\angle CDE)=\frac{1}{2}$

$\tan x=\tan(\angle CDE)=\sqrt{3}$

답 $\frac{\sqrt{3}}{2}$, $\frac{1}{2}$, $\sqrt{3}$

06 △DBE∽△ABC이므로

$\angle x=\angle EDB$

△DBE에서 $\overline{DB}=\sqrt{(\sqrt{5})^2+2^2}=3$

$\therefore \sin x=\sin(\angle EDB)=\frac{2}{3}$

$\cos x=\cos(\angle EDB)=\frac{\sqrt{5}}{3}$

$\tan x=\tan(\angle EDB)=\frac{2}{\sqrt{5}}$

$=\frac{2\sqrt{5}}{5}$

답 $\frac{2}{3}$, $\frac{\sqrt{5}}{3}$, $\frac{2\sqrt{5}}{5}$

07 △DEC∽△ABC이므로

$\angle x=\angle EDC$

△DEC에서 $\overline{DE}=\sqrt{3^2-(\sqrt{5})^2}=2$

$\therefore \sin x=\sin(\angle EDC)=\frac{\sqrt{5}}{3}$

$\cos x=\cos(\angle EDC)=\frac{2}{3}$

$\tan x=\tan(\angle EDC)=\frac{\sqrt{5}}{2}$

답 $\frac{\sqrt{5}}{3}$, $\frac{2}{3}$, $\frac{\sqrt{5}}{2}$

08 △DEC∽△ABC이므로

$\angle x=\angle A$

△ABC에서 $\overline{BC}=\sqrt{13^2-5^2}=12$

$\therefore \sin x=\sin A=\frac{12}{13}$

$\cos x=\cos A=\frac{5}{13}$

$\tan x=\tan A=\frac{12}{5}$

답 $\frac{12}{13}$, $\frac{5}{13}$, $\frac{12}{5}$

09 △AED∽△ABC이므로

$\angle x=\angle ADE$

△AED에서 $\overline{DE}=\sqrt{8^2+6^2}=10$

$\therefore \sin x=\sin(\angle ADE)=\frac{3}{5}$

$\cos x=\cos(\angle ADE)=\frac{4}{5}$

$\tan x=\tan(\angle ADE)=\frac{3}{4}$

답 $\frac{3}{5}$, $\frac{4}{5}$, $\frac{3}{4}$

10 △AED∽△ABC이므로

$\angle x=\angle C$

△ABC에서 $\overline{AC}=\sqrt{17^2-15^2}=8$

$\therefore \sin x=\sin C=\frac{15}{17}$

$\cos x=\cos C=\frac{8}{17}$

$\tan x=\tan C=\frac{15}{8}$

답 $\frac{15}{17}$, $\frac{8}{17}$, $\frac{15}{8}$

11 △ADE∽△ABC이므로

$\angle x=\angle B$

△ABC에서 $\overline{AC}=\sqrt{(\sqrt{10})^2-2^2}=\sqrt{6}$

$\therefore \sin x=\sin B=\frac{\sqrt{6}}{\sqrt{10}}=\frac{\sqrt{15}}{5}$

$\cos x=\cos B=\frac{2}{\sqrt{10}}=\frac{\sqrt{10}}{5}$

$\tan x=\tan B=\frac{\sqrt{6}}{2}$

답 $\frac{\sqrt{15}}{5}$, $\frac{\sqrt{10}}{5}$, $\frac{\sqrt{6}}{2}$

12 △DBE∽△ABC이므로

$\angle x=\angle A$

△ABC에서 $\overline{BC}=\sqrt{(\sqrt{3})^2-1^2}=\sqrt{2}$

$\therefore \sin x=\sin A=\frac{\sqrt{2}}{\sqrt{3}}=\frac{\sqrt{6}}{3}$

$\cos x=\cos A=\frac{1}{\sqrt{3}}=\frac{\sqrt{3}}{3}$

$\tan x=\tan A=\sqrt{2}$

답 $\frac{\sqrt{6}}{3}$, $\frac{\sqrt{3}}{3}$, $\sqrt{2}$

13 △ABC에서 $\overline{AB}=\sqrt{25^2-24^2}=7$

△DBA∽△ABC이므로

$\angle x=\angle C$

$\therefore \sin x=\sin C=\frac{7}{25}$

$\cos x=\cos C=\frac{24}{25}$

$\tan x=\tan C=\frac{7}{24}$

△DAC∽△ABC이므로

$\angle y=\angle B$

$\therefore \sin y=\sin B=\frac{24}{25}$

$\cos y=\cos B=\frac{7}{25}$

$\tan y=\tan B=\frac{24}{7}$

답 $\frac{7}{25}$, $\frac{24}{25}$, $\frac{7}{24}$, $\frac{24}{25}$, $\frac{7}{25}$, $\frac{24}{7}$

14 △ABC에서 $\overline{AB}=\sqrt{(\sqrt{7})^2-(\sqrt{3})^2}=2$

△DBA∽△ABC이므로

$\angle x=\angle C$

$\therefore \sin x=\sin C=\frac{2}{\sqrt{7}}=\frac{2\sqrt{7}}{7}$

$\cos x=\cos C=\frac{\sqrt{3}}{\sqrt{7}}=\frac{\sqrt{21}}{7}$

$\tan x=\tan C=\frac{2}{\sqrt{3}}=\frac{2\sqrt{3}}{3}$

△DAC∽△ABC이므로

$\angle y=\angle B$

$\therefore \sin y=\sin B=\frac{\sqrt{3}}{\sqrt{7}}=\frac{\sqrt{21}}{7}$

$\cos y=\cos B=\frac{2}{\sqrt{7}}=\frac{2\sqrt{7}}{7}$

$\tan y=\tan B=\frac{\sqrt{3}}{2}$

답 $\frac{2\sqrt{7}}{7}$, $\frac{\sqrt{21}}{7}$, $\frac{2\sqrt{3}}{3}$, $\frac{\sqrt{21}}{7}$, $\frac{2\sqrt{7}}{7}$, $\frac{\sqrt{3}}{2}$

15 △ABC에서 $\overline{AC}=\sqrt{6^2-5^2}=\sqrt{11}$

△DBA∽△ABC이므로

$\angle x=\angle C$

$\therefore \sin x=\sin C=\frac{5}{6}$

$\cos x=\cos C=\frac{\sqrt{11}}{6}$

$\tan x=\tan C=\frac{5}{\sqrt{11}}=\frac{5\sqrt{11}}{11}$

△DAC∽△ABC이므로

$\angle y=\angle B$

$\therefore \sin y=\sin B=\frac{\sqrt{11}}{6}$

$\cos y=\cos B=\frac{5}{6}$

$\tan y=\tan B=\frac{\sqrt{11}}{5}$

답 $\frac{5}{6}$, $\frac{\sqrt{11}}{6}$, $\frac{5\sqrt{11}}{11}$, $\frac{\sqrt{11}}{6}$, $\frac{5}{6}$, $\frac{\sqrt{11}}{5}$

16 △ABC에서 $\overline{BC}=\sqrt{2^2+3^2}=\sqrt{13}$

△DBA∽△ABC이므로

$\angle x=\angle C$

$\therefore \sin x=\sin C=\frac{2}{\sqrt{13}}=\frac{2\sqrt{13}}{13}$

$\cos x=\cos C=\frac{3}{\sqrt{13}}=\frac{3\sqrt{13}}{13}$

$\tan x=\tan C=\frac{2}{3}$

$\triangle DAC \backsim \triangle ABC$이므로

$\angle y=\angle B$

$\therefore \sin y=\sin B=\frac{3}{\sqrt{13}}=\frac{3\sqrt{13}}{13}$

$\cos y=\cos B=\frac{2}{\sqrt{13}}=\frac{2\sqrt{13}}{13}$

$\tan y=\tan B=\frac{3}{2}$

답 $\frac{2\sqrt{13}}{13}$, $\frac{3\sqrt{13}}{13}$, $\frac{2}{3}$, $\frac{3\sqrt{13}}{13}$, $\frac{2\sqrt{13}}{13}$, $\frac{3}{2}$

17 $\triangle HAD \backsim \triangle ABD$이므로

$\angle x=\angle ABD$

$\overline{AD}=12$, $\overline{BD}=\sqrt{5^2+12^2}=13$이므로

$\sin x=\sin(\angle ABD)=\frac{12}{13}$

$\cos x=\cos(\angle ABD)=\frac{5}{13}$

$\tan x=\tan(\angle ABD)=\frac{12}{5}$

답 $\frac{12}{13}$, $\frac{5}{13}$, $\frac{12}{5}$

18 $\triangle HBA \backsim \triangle ABD$이므로

$\angle x=\angle ADB$

$\overline{AD}=2\sqrt{3}$, $\overline{BD}=\sqrt{2^2+(2\sqrt{3})^2}=4$이므로

$\sin x=\sin(\angle ADB)=\frac{2}{4}=\frac{1}{2}$

$\cos x=\cos(\angle ADB)=\frac{2\sqrt{3}}{4}=\frac{\sqrt{3}}{2}$

$\tan x=\tan(\angle ADB)=\frac{2}{2\sqrt{3}}=\frac{\sqrt{3}}{3}$

답 $\frac{1}{2}$, $\frac{\sqrt{3}}{2}$, $\frac{\sqrt{3}}{3}$

19 $\triangle HAD \backsim \triangle ABD$이므로

$\angle x=\angle ABD$

$\overline{AD}=12$, $\overline{BD}=\sqrt{9^2+12^2}=15$이므로

$\sin x=\sin(\angle ABD)=\frac{12}{15}=\frac{4}{5}$

$\cos x=\cos(\angle ABD)=\frac{9}{15}=\frac{3}{5}$

$\tan x=\tan(\angle ABD)=\frac{12}{9}=\frac{4}{3}$

답 $\frac{4}{5}$, $\frac{3}{5}$, $\frac{4}{3}$

20 $\triangle HBA \backsim \triangle ABD$이므로

$\angle x=\angle ADB$

$\overline{AD}=3$, $\overline{BD}=\sqrt{(\sqrt{3})^2+3^2}=2\sqrt{3}$이므로

$\sin x=\sin(\angle ADB)=\frac{\sqrt{3}}{2\sqrt{3}}=\frac{1}{2}$

$\cos x=\cos(\angle ADB)=\frac{3}{2\sqrt{3}}=\frac{\sqrt{3}}{2}$

$\tan x=\tan(\angle ADB)=\frac{\sqrt{3}}{3}$

답 $\frac{1}{2}$, $\frac{\sqrt{3}}{2}$, $\frac{\sqrt{3}}{3}$

21 $A(-4, 0)$, $B(0, 3)$이므로

$\overline{AO}=4$, $\overline{BO}=3$, $\overline{AB}=5$

$\therefore \sin a=\frac{3}{5}$, $\cos a=\frac{4}{5}$, $\tan a=\frac{3}{4}$

답 $\frac{3}{5}$, $\frac{4}{5}$, $\frac{3}{4}$

22 $A(-8, 0)$, $B(0, 4)$이므로

$\overline{AO}=8$, $\overline{BO}=4$, $\overline{AB}=4\sqrt{5}$

$\therefore \sin a=\frac{4}{4\sqrt{5}}=\frac{\sqrt{5}}{5}$

$\cos a=\frac{8}{4\sqrt{5}}=\frac{2\sqrt{5}}{5}$

$\tan a=\frac{4}{8}=\frac{1}{2}$

답 $\frac{\sqrt{5}}{5}$, $\frac{2\sqrt{5}}{5}$, $\frac{1}{2}$

23 $A(-2, 0)$, $B(0, 4)$이므로

$\overline{AO}=2$, $\overline{BO}=4$, $\overline{AB}=2\sqrt{5}$

$\therefore \sin a=\frac{4}{2\sqrt{5}}=\frac{2\sqrt{5}}{5}$

$\cos a=\frac{2}{2\sqrt{5}}=\frac{\sqrt{5}}{5}$

$\tan a=2$

답 $\frac{2\sqrt{5}}{5}$, $\frac{\sqrt{5}}{5}$, 2

24 $A(-2, 0)$, $B(0, 5)$이므로

$\overline{AO}=2$, $\overline{BO}=5$, $\overline{AB}=\sqrt{29}$

$\therefore \sin a=\frac{5}{\sqrt{29}}=\frac{5\sqrt{29}}{29}$

$\cos a=\frac{2}{\sqrt{29}}=\frac{2\sqrt{29}}{29}$

$\tan a=\frac{5}{2}$

답 $\frac{5\sqrt{29}}{29}$, $\frac{2\sqrt{29}}{29}$, $\frac{5}{2}$

25 $\overline{EG}=\sqrt{2^2+2^2}=2\sqrt{2}$,

$\overline{AG}=\sqrt{(2\sqrt{2})^2+2^2}=2\sqrt{3}$이므로

$\sin x=\frac{2}{2\sqrt{3}}=\frac{\sqrt{3}}{3}$

$\cos x=\frac{2\sqrt{2}}{2\sqrt{3}}=\frac{\sqrt{6}}{3}$

$\tan x=\frac{2}{2\sqrt{2}}=\frac{\sqrt{2}}{2}$

답 $\frac{\sqrt{3}}{3}$, $\frac{\sqrt{6}}{3}$, $\frac{\sqrt{2}}{2}$

26 $\overline{FH}=\sqrt{4^2+3^2}=5$,

$\overline{BH}=\sqrt{2^2+5^2}=\sqrt{29}$이므로

$\sin x=\frac{2}{\sqrt{29}}=\frac{2\sqrt{29}}{29}$

$\cos x=\frac{5}{\sqrt{29}}=\frac{5\sqrt{29}}{29}$

$\tan x=\frac{2}{5}$ 답 $\frac{2\sqrt{29}}{29}$, $\frac{5\sqrt{29}}{29}$, $\frac{2}{5}$

Episode 03 p. 06~07

30°, 45°, 60°의 삼각비의 값

01 답

삼각비 \ A	30°	45°	60°
$\sin A$	$\frac{1}{2}$	$\frac{\sqrt{2}}{2}$	$\frac{\sqrt{3}}{2}$
$\cos A$	$\frac{\sqrt{3}}{2}$	$\frac{\sqrt{2}}{2}$	$\frac{1}{2}$
$\tan A$	$\frac{\sqrt{3}}{3}$	1	$\sqrt{3}$

02 $\sin 30°+\tan 45°=\frac{1}{2}+1=\frac{3}{2}$ 답 $\frac{3}{2}$

03 $\cos 30°+\tan 30°=\frac{\sqrt{3}}{2}+\frac{\sqrt{3}}{3}$

$=\frac{5\sqrt{3}}{6}$ 답 $\frac{5\sqrt{3}}{6}$

04 $\tan 45°-\sin 30°=1-\frac{1}{2}=\frac{1}{2}$ 답 $\frac{1}{2}$

05 $\sin 30°\times\cos 30°=\frac{1}{2}\times\frac{\sqrt{3}}{2}=\frac{\sqrt{3}}{4}$

답 $\frac{\sqrt{3}}{4}$

06 $\sin 45°\times\cos 30°=\frac{\sqrt{2}}{2}\times\frac{\sqrt{3}}{2}=\frac{\sqrt{6}}{4}$

답 $\frac{\sqrt{6}}{4}$

07 $\cos 30°\div\tan 60°=\frac{\sqrt{3}}{2}\div\sqrt{3}$

$=\frac{\sqrt{3}}{2}\times\frac{1}{\sqrt{3}}=\frac{1}{2}$

답 $\frac{1}{2}$

08 $\sin 30^\circ \times \tan 60^\circ \div \cos 30^\circ$

$=\frac{1}{2}\times\sqrt{3}\div\frac{\sqrt{3}}{2}$

$=\frac{1}{2}\times\sqrt{3}\times\frac{2}{\sqrt{3}}=1$ 답 1

09 $\cos 30^\circ \div \tan 30^\circ - \sin 60^\circ \times \tan 30^\circ$

$=\frac{\sqrt{3}}{2}\div\frac{1}{\sqrt{3}}-\frac{\sqrt{3}}{2}\times\frac{1}{\sqrt{3}}$

$=\frac{3}{2}-\frac{1}{2}=1$ 답 1

10 답 60°

11 답 60°

12 답 45°

13 답 60°

14 답 45°

15 답 30°

16 $x+15^\circ=45^\circ$ $\quad\therefore x=30^\circ$ 답 30°

17 $x-10^\circ=60^\circ$ $\quad\therefore x=70^\circ$ 답 70°

18 $x-15^\circ=45^\circ$ $\quad\therefore x=60^\circ$ 답 60°

19 $2x-5^\circ=45^\circ$ $\quad\therefore x=25^\circ$ 답 25°

20 $2x-10^\circ=30^\circ$ $\quad\therefore x=20^\circ$ 답 20°

21 $4x-10^\circ=30^\circ$ $\quad\therefore x=10^\circ$ 답 10°

22 $\tan 60^\circ=\frac{x}{2}=\sqrt{3}$에서 $x=2\sqrt{3}$

$\cos 60^\circ=\frac{2}{y}=\frac{1}{2}$에서 $y=4$

답 $x=2\sqrt{3},\ y=4$

23 $\sin 30^\circ=\frac{x}{8}=\frac{1}{2}$에서 $x=4$

$\cos 30^\circ=\frac{y}{8}=\frac{\sqrt{3}}{2}$에서 $y=4\sqrt{3}$

답 $x=4,\ y=4\sqrt{3}$

24 $\sin 45^\circ=\frac{x}{6}=\frac{\sqrt{2}}{2}$에서 $x=3\sqrt{2}$

$\cos 45^\circ=\frac{y}{6}=\frac{\sqrt{2}}{2}$에서 $y=3\sqrt{2}$

답 $x=3\sqrt{2},\ y=3\sqrt{2}$

25 $\tan 60^\circ=\frac{4\sqrt{3}}{x}=\sqrt{3}$에서 $x=4$

$\sin 60^\circ=\frac{4\sqrt{3}}{y}=\frac{\sqrt{3}}{2}$에서 $y=8$

답 $x=4,\ y=8$

26 $\tan 45^\circ=\frac{x}{4}=1$에서 $x=4$

$\cos 45^\circ=\frac{4}{y}=\frac{\sqrt{2}}{2}$에서 $y=4\sqrt{2}$

답 $x=4,\ y=4\sqrt{2}$

27 $\sin 30^\circ=\frac{x}{6}=\frac{1}{2}$에서 $x=3$

$\cos 30^\circ=\frac{y}{6}=\frac{\sqrt{3}}{2}$에서 $y=3\sqrt{3}$

답 $x=3,\ y=3\sqrt{3}$

28 직각삼각형 ABD에서

$\sin 45^\circ=\frac{x}{2\sqrt{2}}=\frac{\sqrt{2}}{2}$이므로 $x=2$

직각삼각형 ADC에서

$\sin 60^\circ=\frac{2}{y}=\frac{\sqrt{3}}{2}$이므로 $y=\frac{4\sqrt{3}}{3}$

답 $x=2,\ y=\frac{4\sqrt{3}}{3}$

29 직각삼각형 ACD에서

$\sin 60^\circ=\frac{x}{10}=\frac{\sqrt{3}}{2}$이므로 $x=5\sqrt{3}$

직각삼각형 ABC에서

$\sin 45^\circ=\frac{5\sqrt{3}}{y}=\frac{\sqrt{2}}{2}$이므로 $y=5\sqrt{6}$

답 $x=5\sqrt{3},\ y=5\sqrt{6}$

30 직각삼각형 ADC에서

$\sin 45^\circ=\frac{x}{6}=\frac{\sqrt{2}}{2}$이므로 $x=3\sqrt{2}$

직각삼각형 ABD에서

$\tan 30^\circ=\frac{3\sqrt{2}}{y}=\frac{\sqrt{3}}{3}$이므로 $y=3\sqrt{6}$

답 $x=3\sqrt{2},\ y=3\sqrt{6}$

31 직각삼각형 ABC에서

$\sin 30^\circ=\frac{x}{6}=\frac{1}{2}$이므로 $x=3$

직각삼각형 ACD에서

$\sin 45^\circ=\frac{y}{3}=\frac{\sqrt{2}}{2}$이므로 $y=\frac{3\sqrt{2}}{2}$

답 $x=3,\ y=\frac{3\sqrt{2}}{2}$

32 직각삼각형 ABD에서

$\tan 30^\circ=\frac{\overline{BD}}{2\sqrt{3}}=\frac{\sqrt{3}}{3}$이므로

$\overline{BD}=2$

직각삼각형 ABC에서

$\tan 30^\circ=\frac{2\sqrt{3}}{x+2}=\frac{\sqrt{3}}{3}$이므로

$x+2=6$ $\quad\therefore x=4$ 답 4

33 직각삼각형 DBC에서

$\tan 45^\circ=\frac{\overline{BD}}{3}=1$이므로 $\overline{BD}=3$

직각삼각형 ABC에서

$\tan 30^\circ=\frac{3}{x+3}=\frac{\sqrt{3}}{3}$이므로

$x+3=3\sqrt{3}$ $\quad\therefore x=3\sqrt{3}-3$

답 $3\sqrt{3}-3$

34 직각삼각형 ABC에서

$\cos 45^\circ=\frac{\overline{BC}}{6\sqrt{2}}=\frac{\sqrt{2}}{2}$이므로

$\overline{BC}=6$

$\sin 45^\circ=\frac{\overline{AC}}{6\sqrt{2}}=\frac{\sqrt{2}}{2}$이므로

$\overline{AC}=6$

직각삼각형 ADC에서

$\tan 30^\circ=\frac{6-x}{6}=\frac{\sqrt{3}}{3}$이므로

$6-x=2\sqrt{3}$ $\quad\therefore x=6-2\sqrt{3}$

답 $6-2\sqrt{3}$

35 직각삼각형 ABD에서

$\sin 30^\circ=\frac{\overline{BD}}{10}=\frac{1}{2}$이므로

$\overline{BD}=5$

$\cos 30^\circ=\frac{\overline{AB}}{10}=\frac{\sqrt{3}}{2}$이므로

$\overline{AB}=5\sqrt{3}$

직각삼각형 ABC에서

$\tan 45^\circ=\frac{5\sqrt{3}}{5+x}=1$이므로

$5+x=5\sqrt{3}$ $\quad\therefore x=5\sqrt{3}-5$

답 $5\sqrt{3}-5$

36 직각삼각형 DBC에서

$\sin 45^\circ=\frac{2\sqrt{2}}{x}=\frac{\sqrt{2}}{2}$이므로 $x=4$

직각삼각형 ABC에서

$\cos 30^\circ=\frac{y}{4}=\frac{\sqrt{3}}{2}$이므로 $y=2\sqrt{3}$

답 $x=4,\ y=2\sqrt{3}$

37 직각삼각형 ABC에서

$\tan 60^\circ=\frac{x}{2}=\sqrt{3}$이므로 $x=2\sqrt{3}$

직각삼각형 DBC에서

$\sin 45^\circ=\frac{y}{2\sqrt{3}}=\frac{\sqrt{2}}{2}$이므로 $y=\sqrt{6}$

답 $x=2\sqrt{3},\ y=\sqrt{6}$

38 직각삼각형 DBC에서

$\tan 45^\circ=\frac{x}{3}=1$이므로 $x=3$

직각삼각형 ABC에서

$\tan 30^\circ=\frac{3}{y}=\frac{\sqrt{3}}{3}$이므로 $y=3\sqrt{3}$

답 $x=3,\ y=3\sqrt{3}$

39 직각삼각형 ABC에서

$\tan 60°=\frac{x}{4}=\sqrt{3}$이므로 $x=4\sqrt{3}$

직각삼각형 DBC에서

$\sin 30°=\frac{y}{4\sqrt{3}}=\frac{1}{2}$이므로 $y=2\sqrt{3}$

답 $x=4\sqrt{3}$, $y=2\sqrt{3}$

40 직각삼각형 ABC에서

$\tan 45°=\frac{2}{\overline{BC}}=1$이므로 $\overline{BC}=2$

$\sin 45°=\frac{2}{\overline{AB}}=\frac{\sqrt{2}}{2}$이므로

$\overline{AB}=2\sqrt{2}$

$\angle DAB=45°-22.5°=22.5°$이므로

$\angle DAC=22.5°+45°=67.5°$,

$\overline{DB}=\overline{AB}=2\sqrt{2}$

직각삼각형 ADC에서

$\tan 67.5°=\frac{2\sqrt{2}+2}{2}=\sqrt{2}+1$

답 $\sqrt{2}+1$

41 $\triangle ABC$에서 $\overline{AC}=\overline{BC}=6$이므로

$\angle B=\angle BAC=\frac{1}{2}\times(180°-30°)$

$=75°$

직각삼각형 AHC에서

$\sin 30°=\frac{\overline{AH}}{6}=\frac{1}{2}$이므로 $\overline{AH}=3$

$\cos 30°=\frac{\overline{CH}}{6}=\frac{\sqrt{3}}{2}$이므로

$\overline{CH}=3\sqrt{3}$

$\overline{BH}=6-3\sqrt{3}$이므로

직각삼각형 ABH에서

$\tan 75°=\frac{3}{6-3\sqrt{3}}=2+\sqrt{3}$

답 $2+\sqrt{3}$

42 (기울기)$=\tan 60°=\sqrt{3}$

(y절편)$=4$

$\therefore y=\sqrt{3}x+4$ 답 $y=\sqrt{3}x+4$

43 (기울기)$=\tan 30°=\frac{\sqrt{3}}{3}$

(y절편)$=2$

$\therefore y=\frac{\sqrt{3}}{3}x+2$ 답 $y=\frac{\sqrt{3}}{3}x+2$

44 (기울기)$=\tan 45°=1$

(y절편)$=3$

$\therefore y=x+3$ 답 $y=x+3$

45 (기울기)$=\tan 45°=1$

(x절편)$=-5$이므로

직선의 방정식을

$y=x+b$로 놓고

$x=-5$, $y=0$을 대입하면

$0=-5+b$ $\therefore b=5$

$\therefore y=x+5$ 답 $y=x+5$

Episode 04 p. 08~09

사분원에서 삼각비의 값

01 $\sin y=\frac{\overline{OB}}{\overline{OA}}=\frac{\overline{OB}}{1}=\overline{OB}$ 답 $\overline{OB}$

02 $\cos x=\frac{\overline{OB}}{\overline{OA}}=\frac{\overline{OB}}{1}=\overline{OB}$ 답 $\overline{OB}$

03 $\tan x=\frac{\overline{CD}}{\overline{OD}}=\frac{\overline{CD}}{1}=\overline{CD}$ 답 $\overline{CD}$

04 $\sin x=\frac{\overline{AB}}{\overline{OA}}=\frac{\overline{AB}}{1}=\overline{AB}$ 답 $\overline{AB}$

05 $\cos y=\frac{\overline{AB}}{\overline{OA}}=\frac{\overline{AB}}{1}=\overline{AB}$ 답 $\overline{AB}$

06 $z=y$이므로

$\cos z=\cos y=\frac{\overline{AB}}{\overline{OA}}=\frac{\overline{AB}}{1}=\overline{AB}$

답 $\overline{AB}$

07 $\sin 38°=\frac{\overline{AB}}{\overline{OA}}=\frac{0.6157}{1}=0.6157$

답 0.6157

08 $\cos 38°=\frac{\overline{OB}}{\overline{OA}}=\frac{0.7880}{1}=0.7880$

답 0.7880

09 $\tan 38°=\frac{\overline{CD}}{\overline{OD}}=\frac{0.7813}{1}=0.7813$

답 0.7813

10 $90°-38°=52°$이므로

$\sin 52°=\frac{\overline{OB}}{\overline{OA}}=\frac{0.7880}{1}=0.7880$

답 0.7880

11 $\sin 55°=\frac{\overline{AB}}{\overline{OA}}=\frac{0.8192}{1}=0.8192$

답 0.8192

12 $\cos 55°=\frac{\overline{OB}}{\overline{OA}}=\frac{0.5736}{1}=0.5736$

답 0.5736

13 $\tan 55°=\frac{\overline{CD}}{\overline{OD}}=\frac{1.4281}{1}=1.4281$

답 1.4281

14 $90°-55°=35°$이므로

$\cos 35°=\frac{\overline{AB}}{\overline{OA}}=\frac{0.8192}{1}=0.8192$

답 0.8192

15 $(\tan 0°+\sin 30°)\times\cos 0°$

$=\left(0+\frac{1}{2}\right)\times 1=\frac{1}{2}$ 답 $\frac{1}{2}$

16 $(\cos 90°+\tan 0°)\div\cos 0°$

$=(0+0)\div 1=0$ 답 0

17 $\sin 30°\times(\cos 0°+\tan 45°)$

$=\frac{1}{2}\times(1+1)=1$ 답 1

18 $\sin 0°\times\tan 45°-\cos 30°\times\tan 30°$

$=0\times 1-\frac{\sqrt{3}}{2}\times\frac{\sqrt{3}}{3}=-\frac{1}{2}$ 답 $-\frac{1}{2}$

19 $\cos 0°\times\tan 30°-\cos 30°\times\cos 90°$

$=1\times\frac{\sqrt{3}}{3}-\frac{\sqrt{3}}{2}\times 0=\frac{\sqrt{3}}{3}$ 답 $\frac{\sqrt{3}}{3}$

20 답 ○

21 $\tan A$의 최솟값은 0이고 최댓값은 없다. 답 ×

22 $\sin 0°=0$, $\cos 0°=1$, $\tan 0°=0$

답 ×

23 답 ○

24 답 ○

25 $0°<A<90°$일 때, A의 값이 커지면 $\sin A$의 값은 증가한다. 답 $<$

26 $0°<A<90°$일 때, A의 값이 커지면 $\cos A$의 값은 감소한다. 답 $>$

27 $0°<A<90°$일 때, A의 값이 커지면 $\tan A$의 값은 증가한다. 답 $<$

28 $\sin 25°<\sin 45°=\frac{\sqrt{2}}{2}$,

$\cos 25°>\cos 45°=\frac{\sqrt{2}}{2}$

$\therefore \sin 25°<\cos 25°$ 답 $<$

29 $\tan 58°>\tan 45°=1$,

$\cos 77°<\cos 0°=1$

$\therefore \tan 58° > \cos 77°$ 답 >

30 답 0.9511

31 답 0.2756

32 답 0.3640

33 답 0.3256

34 답 0.9563

35 답 0.3249

36 답 0.3420

37 답 0.9455

38 답 54°

39 답 52°

40 답 55°

41 답 55°

42 답 53°

43 답 54°

44 답 52°

45 답 56°

46 $\sin 41° = \frac{x}{10} = 0.6561$이므로

$x = 6.561$ 답 6.561

47 $\sin 44° = \frac{x}{10} = 0.6947$이므로

$x = 6.947$ 답 6.947

48 $\cos 40° = \frac{x}{100} = 0.7660$이므로

$x = 76.6$ 답 76.6

49 $\tan 43° = \frac{x}{20} = 0.9325$이므로

$x = 18.65$ 답 18.65

50 $\cos A = \frac{83.87}{100} = 0.8387$이므로

$\angle A = 33°$ 답 33°

51 $\tan A = \frac{6.745}{10} = 0.6745$이므로

$\angle A = 34°$ 답 34°

52 $\sin A = \frac{58.78}{100} = 0.\ 5878$이므로

$\angle A = 36°$ 답 36°

53 $\tan A = \frac{70.02}{100} = 0.7002$이므로

$\angle A = 35°$ 답 35°

Episode 05 p. 10~11

삼각비의 활용-삼각형의 변의 길이

01 $\cos 37° = \frac{x}{7}$이므로 $x = 7\cos 37°$

$\sin 37° = \frac{y}{7}$이므로 $y = 7\sin 37°$

답 $x = 7\cos 37°$, $y = 7\sin 37°$

02 $\cos 31° = \frac{x}{8}$이므로 $x = 8\cos 31°$

$\sin 31° = \frac{y}{8}$이므로 $y = 8\sin 31°$

답 $x = 8\cos 31°$, $y = 8\sin 31°$

03 $\cos 58° = \frac{x}{6}$이므로 $x = 6\cos 58°$

$\sin 58° = \frac{y}{6}$이므로 $y = 6\sin 58°$

답 $x = 6\cos 58°$, $y = 6\sin 58°$

04 $\tan 46° = \frac{x}{5}$이므로 $x = 5\tan 46°$

$\cos 46° = \frac{5}{y}$이므로 $y = \frac{5}{\cos 46°}$

답 $x = 5\tan 46°$, $y = \frac{5}{\cos 46°}$

05 $\cos 65° = \frac{10}{x}$이므로

$x = \frac{10}{\cos 65°} = 10 \div 0.4 = 25$

$\tan 65° = \frac{y}{10}$이므로

$y = 10\tan 65° = 10 \times 2.25 = 22.5$

답 $x = 25$, $y = 22.5$

06 $\cos 41° = \frac{15}{x}$이므로

$x = \frac{15}{\cos 41°} = 15 \div 0.75 = 20$

$\tan 41° = \frac{y}{15}$이므로

$y = 15\tan 41° = 15 \times 0.88 = 13.2$

답 $x = 20$, $y = 13.2$

07 $\overline{FG} = 10\cos 60° = 10 \times \frac{1}{2} = 5(\text{cm})$

$\overline{CG} = 10\sin 60° = 10 \times \frac{\sqrt{3}}{2}$

$= 5\sqrt{3}(\text{cm})$

$\therefore$ (부피) $= 5 \times 4 \times 5\sqrt{3} = 100\sqrt{3}(\text{cm}^3)$

답 $100\sqrt{3}\ \text{cm}^3$

08 $\overline{BO} = 12\cos 60° = 12 \times \frac{1}{2} = 6(\text{cm})$

$\overline{AO} = 12\sin 60° = 12 \times \frac{\sqrt{3}}{2}$

$= 6\sqrt{3}(\text{cm})$

$\therefore$ (부피) $= \frac{1}{3} \times \pi \times 6^2 \times 6\sqrt{3}$

$= 72\sqrt{3}\pi(\text{cm}^3)$

답 $72\sqrt{3}\pi\ \text{cm}^3$

09 $\tan 32° = \frac{\overline{BC}}{5}$이므로 건물의 높이는

$\overline{BC} = 5\tan 32° = 5 \times 0.62 = 3.1(\text{m})$

답 3.1 m

10 $\tan 67° = \frac{\overline{BC}}{4}$이므로 국기 게양대의 높이는

$\overline{BC} = 4\tan 67° = 4 \times 2.36 = 9.44(\text{m})$

답 9.44 m

11 $\overline{AH} = 10\tan 37° = 10 \times 0.75$

$= 7.5(\text{m})$

이므로 나무의 높이는

$\overline{AB} = \overline{AH} + \overline{HB} = 7.5 + 1.5$

$= 9(\text{m})$ 답 9 m

12 $\overline{AH} = 5\sin 43° = 5 \times 0.68 = 3.4(\text{m})$

이므로 가로등의 높이는

$\overline{AB} = \overline{AH} + \overline{HB} = 3.4 + 1.6$

$= 5(\text{m})$ 답 5 m

13 $\overline{AC} = \frac{9}{\cos 18°} = 9 \div 0.9 = 10(\text{m})$

$\overline{AB} = 9\tan 18° = 9 \times 0.32 = 2.88(\text{m})$

따라서 부러지기 전 나무의 높이는

$\overline{AC} + \overline{AB} = 12.88(\text{m})$ 답 12.88 m

14 $\overline{AC} = 6\cos 75° = 6 \times 0.25 = 1.5(\text{m})$

$\overline{AB} = 6\sin 75° = 6 \times 0.96 = 5.76(\text{m})$

따라서 부러지기 전 나무의 높이는

$\overline{AC} + \overline{AB} = 7.26(\text{m})$ 답 7.26 m

15 $\overline{HB} = 30\tan 45° = 30 \times 1 = 30(\text{m})$

$\overline{CH} = 30\tan 30° = 30 \times \frac{\sqrt{3}}{3}$

$= 10\sqrt{3}(\text{m})$

따라서 건물 (나)의 높이는

$(30 + 10\sqrt{3})$m이다.

답 $(30 + 10\sqrt{3})$m

16 $\overline{HB} = 12\tan 60° = 12 \times \sqrt{3}$

$= 12\sqrt{3}(\text{m})$

$\overline{CH} = 12\tan 45° = 12 \times 1 = 12(\text{m})$

따라서 건물 (나)의 높이는
$(12\sqrt{3}+12)$m이다.

답 $(12\sqrt{3}+12)$m

17

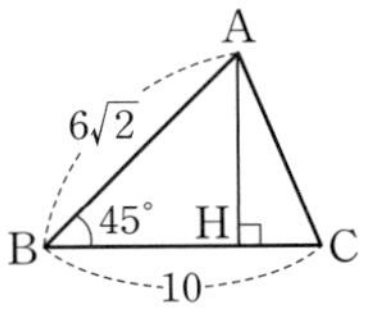

$\triangle$ABH에서

$\overline{AH}=6\sqrt{2}\sin 45^\circ=6\sqrt{2}\times\frac{\sqrt{2}}{2}=6$

$\overline{BH}=6\sqrt{2}\cos 45^\circ=6\sqrt{2}\times\frac{\sqrt{2}}{2}=6$

$\triangle$AHC에서 $\overline{CH}=4$이므로
$\overline{AC}=\sqrt{6^2+4^2}=2\sqrt{13}$ 답 $2\sqrt{13}$

18

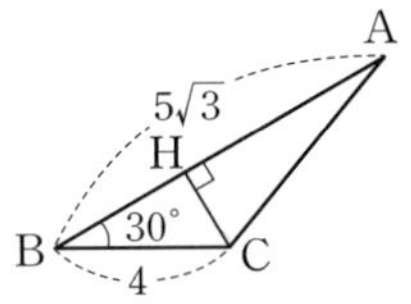

$\triangle$BCH에서

$\overline{CH}=4\sin 30^\circ=4\times\frac{1}{2}=2$

$\overline{BH}=4\cos 30^\circ=4\times\frac{\sqrt{3}}{2}=2\sqrt{3}$

$\triangle$AHC에서 $\overline{AH}=3\sqrt{3}$이므로
$\overline{AC}=\sqrt{2^2+(3\sqrt{3})^2}=\sqrt{31}$ 답 $\sqrt{31}$

19

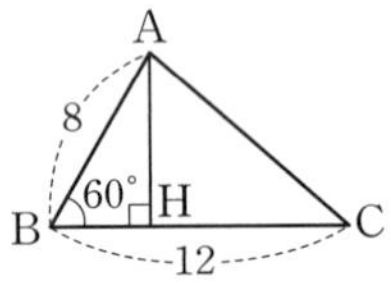

$\triangle$ABH에서

$\overline{AH}=8\sin 60^\circ=8\times\frac{\sqrt{3}}{2}=4\sqrt{3}$

$\overline{BH}=8\cos 60^\circ=8\times\frac{1}{2}=4$

$\triangle$AHC에서 $\overline{CH}=8$이므로
$\overline{AC}=\sqrt{(4\sqrt{3})^2+8^2}=4\sqrt{7}$ 답 $4\sqrt{7}$

20

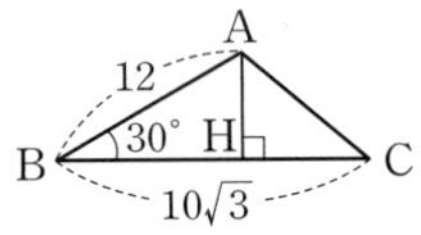

$\triangle$ABH에서

$\overline{AH}=12\sin 30^\circ=12\times\frac{1}{2}=6$

$\overline{BH}=12\cos 30^\circ=12\times\frac{\sqrt{3}}{2}=6\sqrt{3}$

$\triangle$AHC에서 $\overline{CH}=4\sqrt{3}$이므로
$\overline{AC}=\sqrt{6^2+(4\sqrt{3})^2}=2\sqrt{21}$ 답 $2\sqrt{21}$

21

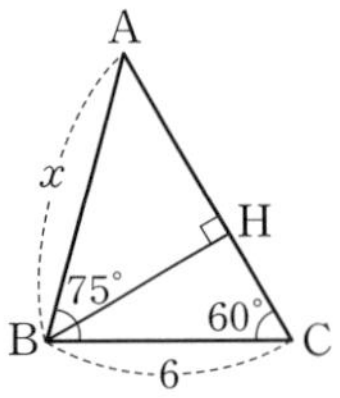

$\angle A=180^\circ-(75^\circ-60^\circ)$
$\triangle$HBC에서

$\overline{BH}=6\sin 60^\circ=6\times\frac{\sqrt{3}}{2}=3\sqrt{3}$

$\triangle$ABH에서

$x=\frac{\overline{BH}}{\sin 45^\circ}=3\sqrt{3}\div\frac{\sqrt{2}}{2}=3\sqrt{6}$

답 $3\sqrt{6}$

22

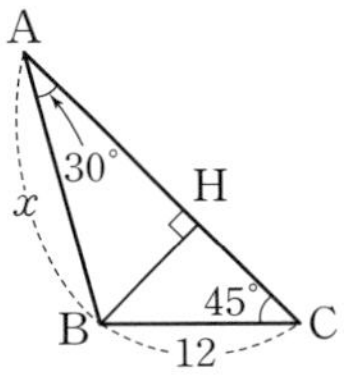

$\triangle$BCH에서

$\overline{BH}=12\sin 45^\circ=12\times\frac{\sqrt{2}}{2}=6\sqrt{2}$

$\triangle$ABH에서

$x=\frac{\overline{BH}}{\sin 30^\circ}=6\sqrt{2}\div\frac{1}{2}=12\sqrt{2}$

답 $12\sqrt{2}$

23

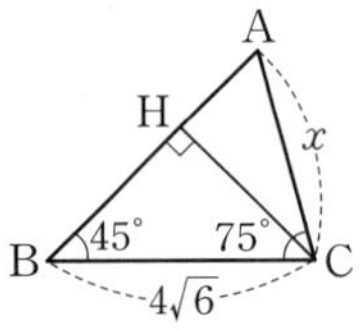

$\angle A=180^\circ-(45^\circ+75^\circ)=60^\circ$
$\triangle$BCH에서

$\overline{CH}=4\sqrt{6}\sin 45^\circ=4\sqrt{6}\times\frac{\sqrt{2}}{2}=4\sqrt{3}$

$\triangle$AHC에서

$x=\frac{4\sqrt{3}}{\sin 60^\circ}=4\sqrt{3}\div\frac{\sqrt{3}}{2}=8$ 답 8

24

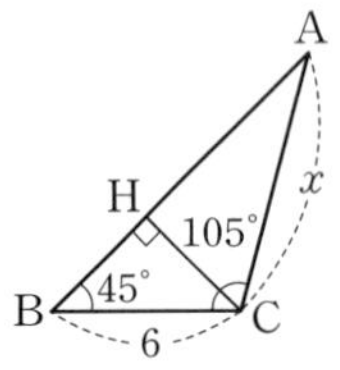

$\angle A=180^\circ-(45^\circ+105^\circ)=30^\circ$
$\triangle$BCH에서

$\overline{CH}=6\sin 45^\circ=6\times\frac{\sqrt{2}}{2}=3\sqrt{2}$

$\triangle$AHC에서

$x=\frac{3\sqrt{2}}{\sin 30^\circ}=3\sqrt{2}\div\frac{1}{2}=6\sqrt{2}$ 답 $6\sqrt{2}$

25 $\triangle$ABH에서 $\angle BAH=45^\circ$이므로
$\overline{BH}=h\tan 45^\circ=h$
$\triangle$AHC에서 $\angle CAH=60^\circ$이므로
$\overline{CH}=h\tan 60^\circ=\sqrt{3}h$
$h(\sqrt{3}+1)=10$이므로
$h=5\sqrt{3}-5$ 답 $5\sqrt{3}-5$

26 $\triangle$ABH에서 $\angle BAH=30^\circ$이므로

$\overline{BH}=h\tan 30^\circ=\frac{\sqrt{3}}{3}h$

$\triangle$AHC에서 $\angle CAH=45^\circ$이므로
$\overline{CH}=h\tan 45^\circ=h$

$h\left(\frac{\sqrt{3}}{3}+1\right)=12$이므로

$h=18-6\sqrt{3}$ 답 $18-6\sqrt{3}$

27 $\triangle$ABH에서 $\angle BAH=45^\circ$이므로
$\overline{BH}=h\tan 45^\circ=h$
$\triangle$ACH에서 $\angle CAH=30^\circ$이므로

$\overline{CH}=h\tan 30^\circ=\frac{\sqrt{3}}{3}h$

$h\left(1-\frac{\sqrt{3}}{3}\right)=12$이므로

$h=18+6\sqrt{3}$ 답 $18+6\sqrt{3}$

28 $\triangle$ABH에서 $\angle BAH=60^\circ$이므로
$\overline{BH}=h\tan 60^\circ=\sqrt{3}h$
$\triangle$ACH에서 $\angle CAH=30^\circ$이므로

$\overline{CH}=h\tan 30^\circ=\frac{\sqrt{3}}{3}h$

$h\left(\sqrt{3}-\frac{\sqrt{3}}{3}\right)=10$이므로

$h=5\sqrt{3}$ 답 $5\sqrt{3}$

29 $\overline{AH}=h$ m라고 하면
$\triangle$ABH에서 $\angle BAH=60^\circ$이므로
$\overline{BH}=h\tan 60^\circ=\sqrt{3}h$
$\triangle$AHC에서 $\angle CAH=45^\circ$이므로
$\overline{CH}=h\tan 45^\circ=h$
$h(\sqrt{3}+1)=40$이므로
$h=20\sqrt{3}-20$ 답 $(20\sqrt{3}-20)$m

30 $\overline{AH}=h$ m라고 하면
$\triangle$ABH에서 $\angle BAH=45^\circ$이므로
$\overline{BH}=h\tan 45^\circ=h$
$\triangle$AHC에서 $\angle CAH=30^\circ$이므로

$\overline{CH}=h\tan 30^\circ=\frac{\sqrt{3}}{3}h$

$h\left(1+\frac{\sqrt{3}}{3}\right)=30$이므로

$h=45-15\sqrt{3}$ 답 $(45-15\sqrt{3})\text{m}$

31 $\overline{\text{AH}}=h$ m라고 하면

△ABH에서 ∠BAH=60°이므로

$\overline{\text{BH}}=h\tan 60°=\sqrt{3}h$

△ACH에서 ∠CAH=45°이므로

$\overline{\text{CH}}=h\tan 45°=h$

$h(\sqrt{3}-1)=20$이므로

$h=10\sqrt{3}+10$ 답 $(10\sqrt{3}+10)\text{m}$

32 $\overline{\text{AH}}=h$ m라고 하면

△ABH에서 ∠BAH=45°이므로

$\overline{\text{BH}}=h\tan 45°=h$

△ACH에서 ∠CAH=30°이므로

$\overline{\text{CH}}=h\tan 30°=\frac{\sqrt{3}}{3}h$

$h\left(1-\frac{\sqrt{3}}{3}\right)=18$이므로

$h=27+9\sqrt{3}$ 답 $(27+9\sqrt{3})\text{m}$

Episode 06 p. 12~13

삼각비의 활용-도형의 넓이

01 $\triangle\text{ABC}=\frac{1}{2}\times4\times8\times\sin 45°$

$=8\sqrt{2}(\text{cm}^2)$ 답 $8\sqrt{2}\text{ cm}^2$

02 $\triangle\text{ABC}=\frac{1}{2}\times8\times10\times\sin 30°$

$=20(\text{cm}^2)$ 답 20 cm^2

03 $\triangle\text{ABC}=\frac{1}{2}\times6\times10\times\sin 60°$

$=15\sqrt{3}(\text{cm}^2)$ 답 $15\sqrt{3}\text{ cm}^2$

04 ∠A=180°−2×75°=30°이므로

$\triangle\text{ABC}=\frac{1}{2}\times4\times4\times\sin 30°$

$=4(\text{cm}^2)$ 답 4 cm^2

05 △ABC

$=\frac{1}{2}\times4\times5\times\sin(180°-150°)$

$=5(\text{cm}^2)$ 답 5 cm^2

06 △ABC

$=\frac{1}{2}\times8\times6\times\sin(180°-135°)$

$=12\sqrt{2}(\text{cm}^2)$ 답 $12\sqrt{2}\text{ cm}^2$

07 △ABC

$=\frac{1}{2}\times8\times3\times\sin(180°-120°)$

$=6\sqrt{3}(\text{cm}^2)$ 답 $6\sqrt{3}\text{ cm}^2$

08 ∠A=180°−2×15°=150°이므로

△ABC

$=\frac{1}{2}\times6\times6\times\sin(180°-150°)$

$=9(\text{cm}^2)$ 답 9 cm^2

09

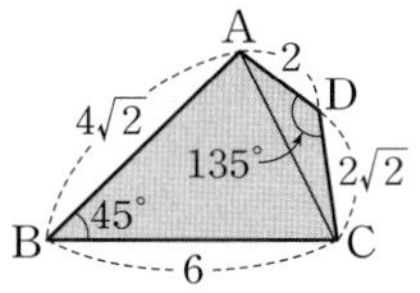

$\triangle\text{ABC}=\frac{1}{2}\times4\sqrt{2}\times6\times\sin 45°$

$=12(\text{cm}^2)$

△ACD

$=\frac{1}{2}\times2\times2\sqrt{2}\times\sin(180°-135°)$

$=2(\text{cm}^2)$

∴ □ABCD=12+2=14(cm²)

답 14 cm^2

10

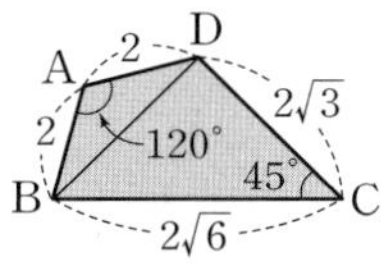

△ABD

$=\frac{1}{2}\times2\times2\times\sin(180°-120°)$

$=\sqrt{3}(\text{cm}^2)$

$\triangle\text{DBC}=\frac{1}{2}\times2\sqrt{3}\times2\sqrt{6}\times\sin 45°$

$=6(\text{cm}^2)$

∴ □ABCD=$6+\sqrt{3}(\text{cm}^2)$

답 $(6+\sqrt{3})\text{cm}^2$

11 $\frac{1}{2}\times4\times3\sqrt{2}\times\sin(180°-C)=3\sqrt{2}$

에서 $\sin(180°-C)=\frac{1}{2}$

$\sin 30°=\frac{1}{2}$이므로 180°−∠C=30°

∴ ∠C=150° 답 150°

12 $\frac{1}{2}\times4\sqrt{2}\times8\times\sin(180°-C)=16$

에서 $\sin(180°-C)=\frac{\sqrt{2}}{2}$

$\sin 45°=\frac{\sqrt{2}}{2}$이므로

180°−∠C=45°

∴ ∠C=135° 답 135°

13 $\frac{1}{2}\times x\times8\sqrt{2}\times\sin 45°=24$에서

$4x=24$이므로 $x=6$ 답 6

14 $\frac{1}{2}\times x\times8\times\sin 30°=10$에서

$2x=10$이므로 $x=5$ 답 5

15 $\frac{1}{2}\times5\times x\times\sin(180°-120°)=5\sqrt{3}$

에서 $\frac{5\sqrt{3}}{4}x=5\sqrt{3}$이므로 $x=4$

답 4

16 $\frac{1}{2}\times10\times x\times\sin(180°-135°)=30\sqrt{2}$

에서 $\frac{5\sqrt{2}}{2}x=30\sqrt{2}$이므로

$x=12$ 답 12

17 □ABCD=8×12×sin 60°

$=48\sqrt{3}(\text{cm}^2)$ 답 $48\sqrt{3}\text{ cm}^2$

18 □ABCD=6×11×sin 45°

$=33\sqrt{2}(\text{cm}^2)$ 답 $33\sqrt{2}\text{ cm}^2$

19 □ABCD=7×4×sin 30°

$=14(\text{cm}^2)$ 답 14 cm^2

20 □ABCD=6×6×sin 60°

$=18\sqrt{3}(\text{cm}^2)$ 답 $18\sqrt{3}\text{ cm}^2$

21 □ABCD=3×4×sin (180°−135°)

$=6\sqrt{2}(\text{cm}^2)$ 답 $6\sqrt{2}\text{ cm}^2$

22 □ABCD=8×7×sin (180°−120°)

$=28\sqrt{3}(\text{cm}^2)$ 답 $28\sqrt{3}\text{ cm}^2$

23 □ABCD=5×6×sin (180°−150°)

$=15(\text{cm}^2)$ 답 15 cm^2

24 □ABCD=4×4×sin (180°−120°)

$=8\sqrt{3}(\text{cm}^2)$ 답 $8\sqrt{3}\text{ cm}^2$

25 $5\times6\times\sin B=15$이므로

$\sin B=\frac{1}{2}$에서 ∠B=30° 답 30°

26 $4\times8\times\sin B=16\sqrt{2}$이므로

$\sin B=\frac{\sqrt{2}}{2}$에서 ∠B=45° 답 45°

27 $7\times10\times\sin(180°-B)=35\sqrt{2}$이므로

$\sin(180°-B)=\frac{\sqrt{2}}{2}$

$\sin 45°=\frac{\sqrt{2}}{2}$에서 180°−∠B=45°

∴ ∠B=135° 답 135°

28 $6\times9\times\sin(180°-B)=27\sqrt{3}$이므로

$\sin(180°-B)=\frac{\sqrt{3}}{2}$

$\sin 60^\circ=\frac{\sqrt{3}}{2}$에서 $180^\circ-\angle B=60^\circ$

$\therefore \angle B=120^\circ$ 답 120°

29 $x\times5\times\sin 60^\circ=15\sqrt{3}$이므로

$\frac{5\sqrt{3}}{2}x=15\sqrt{3}$ $\therefore x=6$ 답 6

30 $x\times6\times\sin(180^\circ-150^\circ)=21$이므로

$3x=21$ $\therefore x=7$ 답 7

31 $8\times x\times\sin(180^\circ-135^\circ)=36\sqrt{2}$

이므로 $4\sqrt{2}x=36\sqrt{2}$

$\therefore x=9$ 답 9

32 $x\times x\times\sin(180^\circ-135^\circ)=50\sqrt{2}$

이므로 $\frac{\sqrt{2}}{2}x^2=50\sqrt{2}$, $x^2=100$

$\therefore x=10$ ($\because x>0$) 답 10

33 $\square ABCD=\frac{1}{2}\times4\times6\times\sin 45^\circ$

$=6\sqrt{2}(\text{cm}^2)$ 답 $6\sqrt{2}\text{ cm}^2$

34 $\square ABCD=\frac{1}{2}\times8\times10\times\sin 60^\circ$

$=20\sqrt{3}(\text{cm}^2)$ 답 $20\sqrt{3}\text{ cm}^2$

35 $\square ABCD=\frac{1}{2}\times14\times10\times\sin 60^\circ$

$=35\sqrt{3}(\text{cm}^2)$ 답 $35\sqrt{3}\text{ cm}^2$

36 $\square ABCD=\frac{1}{2}\times8\times8\times\sin 30^\circ$

$=16(\text{cm}^2)$ 답 16 cm^2

37 $\square ABCD$

$=\frac{1}{2}\times10\times12\times\sin(180^\circ-135^\circ)$

$=30\sqrt{2}(\text{cm}^2)$ 답 $30\sqrt{2}\text{ cm}^2$

38 $\square ABCD$

$=\frac{1}{2}\times13\times16\times\sin(180^\circ-120^\circ)$

$=52\sqrt{3}(\text{cm}^2)$ 답 $52\sqrt{3}\text{ cm}^2$

39 $\square ABCD$

$=\frac{1}{2}\times12\times14\times\sin(180^\circ-150^\circ)$

$=42(\text{cm}^2)$ 답 42 cm^2

40 $\overline{BD}=\overline{AC}=10(\text{cm})$이므로

$\square ABCD$

$=\frac{1}{2}\times10\times10\times\sin(180^\circ-120^\circ)$

$=25\sqrt{3}(\text{cm}^2)$ 답 $25\sqrt{3}\text{ cm}^2$

Episode 07 p. 14~15

원의 중심과 현

01 $\overline{AM}=\overline{BM}=5(\text{cm})$

$\therefore x=5$ 답 5

02 $\overline{BM}=\overline{AM}=\sqrt{7}(\text{cm})$

$\therefore x=\sqrt{7}$ 답 $\sqrt{7}$

03 $\overline{AM}=\frac{1}{2}\overline{AB}=\frac{1}{2}\times12=6(\text{cm})$

$\therefore x=6$ 답 6

04 $\overline{AB}=2\overline{BM}=2\times2\sqrt{6}=4\sqrt{6}(\text{cm})$

$\therefore x=4\sqrt{6}$ 답 $4\sqrt{6}$

05 직각삼각형 OAM에서

$\overline{AM}=\sqrt{15^2-9^2}=12(\text{cm})$

$\overline{AB}=2\overline{AM}=2\times12=24(\text{cm})$

$\therefore x=24$ 답 24

06 직각삼각형 OBM에서

$\overline{BM}=\sqrt{6^2-(\sqrt{11})^2}=5(\text{cm})$

$\overline{AB}=2\overline{BM}=2\times5=10(\text{cm})$

$\therefore x=10$ 답 10

07 직각삼각형 OAM에서

$\overline{AM}=\sqrt{10^2-8^2}=6(\text{cm})$

$\overline{AB}=2\overline{AM}=2\times6=12(\text{cm})$

$\therefore x=12$ 답 12

08 직각삼각형 OBM에서

$\overline{BM}=\sqrt{(\sqrt{21})^2-3^2}=2\sqrt{3}(\text{cm})$

$\overline{AB}=2\overline{BM}=2\times2\sqrt{3}=4\sqrt{3}(\text{cm})$

$\therefore x=4\sqrt{3}$ 답 $4\sqrt{3}$

09 $\overline{AM}=\frac{1}{2}\overline{AB}=\frac{1}{2}\times24=12(\text{cm})$

직각삼각형 OAM에서

$\overline{OM}=\sqrt{13^2-12^2}=5(\text{cm})$

$\therefore x=5$ 답 5

10 $\overline{AM}=\frac{1}{2}\overline{AB}=\frac{1}{2}\times14=7(\text{cm})$

직각삼각형 OAM에서

$\overline{OM}=\sqrt{9^2-7^2}=4\sqrt{2}(\text{cm})$

$\therefore x=4\sqrt{2}$ 답 $4\sqrt{2}$

11 원의 반지름의 길이는

$\frac{1}{2}\overline{CD}=\frac{1}{2}\times10=5(\text{cm})$ 답 5 cm

12 원의 반지름의 길이는

$\frac{1}{2}\overline{CD}=\frac{1}{2}\times8\sqrt{3}=4\sqrt{3}(\text{cm})$

답 $4\sqrt{3}$ cm

13 원의 반지름의 길이는

$\frac{1}{2}\overline{CD}=\frac{1}{2}\times(11+7)=9(\text{cm})$

답 9 cm

14 원의 반지름의 길이는

$\frac{1}{2}\overline{CD}=\frac{1}{2}\times(\sqrt{5}+3\sqrt{5})$

$=2\sqrt{5}(\text{cm})$ 답 $2\sqrt{5}$ cm

15 $\overline{OC}=\overline{OA}=r(\text{cm})$이므로

$\overline{OM}=r-1(\text{cm})$

$\overline{AM}=\overline{BM}=3(\text{cm})$이므로

직각삼각형 OMA에서

$r^2=(r-1)^2+3^2$, $2r=10$

$\therefore r=5$ 답 5

16 $\overline{OC}=\overline{OB}=r(\text{cm})$이므로

$\overline{OM}=r-6(\text{cm})$

$\overline{BM}=\overline{AM}=12(\text{cm})$이므로

직각삼각형 OMB에서

$r^2=(r-6)^2+12^2$, $12r=180$

$\therefore r=15$ 답 15

17 $\overline{OC}=\overline{OA}=r(\text{cm})$이므로

$\overline{OM}=r-2(\text{cm})$

$\overline{AM}=\frac{1}{2}\overline{AB}=\frac{1}{2}\times4\sqrt{7}$

$=2\sqrt{7}(\text{cm})$

이므로 직각삼각형 OMA에서

$r^2=(r-2)^2+(2\sqrt{7})^2$, $4r=32$

$\therefore r=8$ 답 8

18 $\overline{OC}=\overline{OB}=r(\text{cm})$이므로

$\overline{OM}=r-5(\text{cm})$

$\overline{BM}=\frac{1}{2}\overline{AB}=\frac{1}{2}\times30=15(\text{cm})$

이므로 직각삼각형 OBM에서

$r^2=(r-5)^2+15^2$, $10r=250$

$\therefore r=25$ 답 25

19

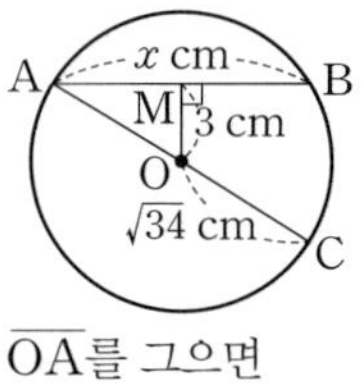

$\overline{OA}$를 그으면

$\overline{OA}=\overline{OC}=\sqrt{34}(\text{cm})$

직각삼각형 OMA에서

$\overline{AM}=\sqrt{(\sqrt{34})^2-3^2}=5(\text{cm})$

$\overline{AB}=2\overline{AM}=2\times5=10(\text{cm})$

$\therefore x=10$ 답 10

20 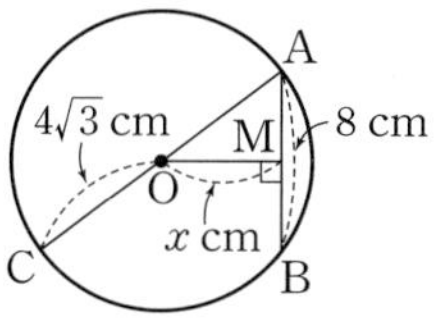

$\overline{OA}$를 그으면

$\overline{OA}=\overline{OC}=4\sqrt{3}$(cm)

$\overline{AM}=\frac{1}{2}\overline{AB}=\frac{1}{2}\times 8=4$(cm)

이므로 직각삼각형 OMA에서

$\overline{OM}=\sqrt{(4\sqrt{3})^2-4^2}=4\sqrt{2}$(cm)

$\therefore x=4\sqrt{2}$ 답 $4\sqrt{2}$

21 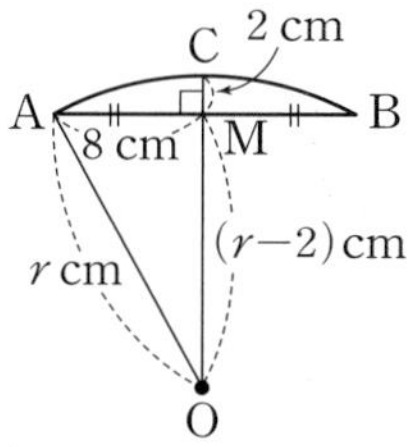

현의 수직이등분선은 원의 중심을 지나므로 원의 중심을 O, 반지름의 길이를 r cm라고 하면

$\overline{OA}=\overline{OC}=r$(cm)

$\overline{OM}=r-2$(cm)

직각삼각형 OMA에서

$r^2=(r-2)^2+8^2$, $4r=68$

$\therefore r=17$

따라서 원의 반지름의 길이는 17 cm이다. 답 17 cm

22 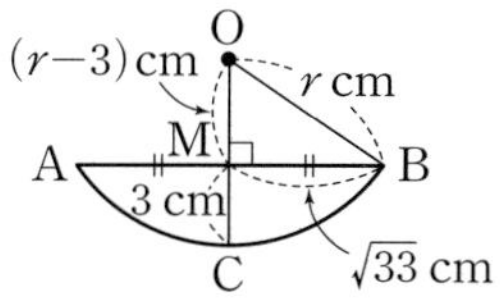

현의 수직이등분선은 원의 중심을 지나므로 원의 중심을 O, 반지름의 길이를 r cm라고 하면

$\overline{OB}=\overline{OC}=r$(cm)

$\overline{OM}=r-3$(cm)

직각삼각형 OMB에서

$r^2=(r-3)^2+(\sqrt{33})^2$, $6r=42$

$\therefore r=7$

따라서 원의 반지름의 길이는 7 cm이다. 답 7 cm

23 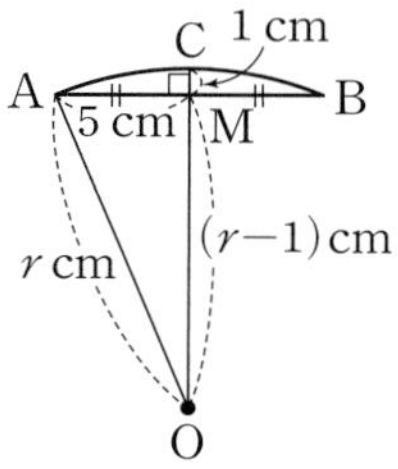

현의 수직이등분선은 원의 중심을 지나므로 원의 중심을 O, 반지름의 길이를 r cm라고 하면

$\overline{OA}=\overline{OC}=r$(cm)

$\overline{OM}=r-1$(cm)

$\overline{AM}=\frac{1}{2}\overline{AB}=\frac{1}{2}\times 10=5$(cm)

이므로 직각삼각형 OMA에서

$r^2=(r-1)^2+5^2$, $2r=26$

$\therefore r=13$

따라서 원의 반지름의 길이는 13 cm이다. 답 13 cm

24 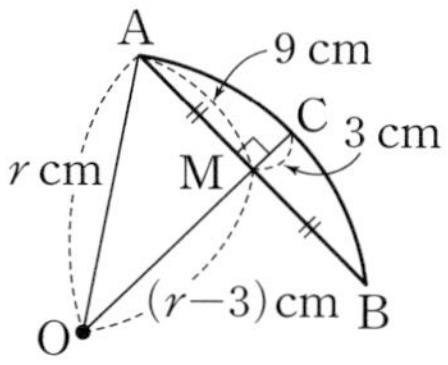

현의 수직이등분선은 원의 중심을 지나므로 원의 중심을 O, 반지름의 길이를 r cm라고 하면

$\overline{OA}=\overline{OC}=r$(cm)

$\overline{OM}=r-3$(cm)

$\overline{AM}=\frac{1}{2}\overline{AB}=\frac{1}{2}\times 18=9$(cm)

이므로 직각삼각형 OMA에서

$r^2=(r-3)^2+9^2$, $6r=90$

$\therefore r=15$

따라서 원의 반지름의 길이는 15 cm이다.

답 15 cm

25 $\overline{OM}=\overline{ON}=5$(cm)이므로

$\overline{CD}=\overline{AB}=8$(cm)

$\therefore x=8$ 답 8

26 $\overline{OM}=\overline{ON}$이므로

$\overline{CD}=\overline{AB}=2\overline{AM}=2\times 11=22$(cm)

$\therefore x=22$ 답 22

27 $\overline{OM}=\overline{ON}=4$(cm)이므로

$\overline{AC}=\overline{BC}=2\overline{BN}=2\times 3\sqrt{2}$

$=6\sqrt{2}$(cm)

$\therefore x=6\sqrt{2}$ 답 $6\sqrt{2}$

28 $\overline{OM}=\overline{ON}=9$(cm)이므로

$\overline{AB}=\overline{CD}=14$(cm)

$\overline{AM}=\frac{1}{2}\overline{AB}=\frac{1}{2}\times 14=7$(cm)

$\therefore x=7$ 답 7

29 $\overline{AB}=\overline{CD}=10$(cm)이므로

$\overline{ON}=\overline{OM}=4$(cm)

$\therefore x=4$ 답 4

30 $\overline{AB}=\overline{CD}=3\sqrt{7}$(cm)이므로

$\overline{OM}=\overline{ON}=6$(cm)

$\therefore x=6$ 답 6

31 $\overline{AB}=2\overline{AM}=2\times 5=10$(cm)

$\overline{AB}=\overline{CD}$이므로

$\overline{OM}=\overline{ON}=\sqrt{5}$(cm)

$\therefore x=\sqrt{5}$ 답 $\sqrt{5}$

32 $\overline{AC}=2\overline{AN}=2\times 9=18$(cm)

$\overline{AB}=\overline{AC}$이므로

$\overline{ON}=\overline{OM}=7$(cm)

$\therefore x=7$ 답 7

33 직각삼각형 OAM에서

$\overline{AM}=\sqrt{13^2-12^2}=5$(cm)이므로

$\overline{AB}=2\overline{AM}=2\times 5=10$(cm)

$\overline{ON}=\overline{OM}=12$(cm)이므로

$\overline{CD}=\overline{AB}=10$(cm)

$\therefore x=10$ 답 10

34 직각삼각형 OCN에서

$\overline{CN}=\sqrt{4^2-3^2}=\sqrt{7}$(cm)이므로

$\overline{CD}=2\overline{CN}=2\times\sqrt{7}=2\sqrt{7}$(cm)

$\overline{OM}=\overline{ON}=3$(cm)이므로

$\overline{AB}=\overline{CD}=2\sqrt{7}$(cm)

$\therefore x=2\sqrt{7}$ 답 $2\sqrt{7}$

35 $\overline{OM}=\overline{ON}=\sqrt{17}$(cm)이므로

$\overline{AB}=\overline{CD}=8$(cm)

$\overline{BM}=\frac{1}{2}\overline{AB}=\frac{1}{2}\times 8=4$(cm)

직각삼각형 OBM에서

$\overline{OB}=\sqrt{(\sqrt{17})^2+4^2}=\sqrt{33}$(cm)

$\therefore x=\sqrt{33}$ 답 $\sqrt{33}$

36 직각삼각형 OCN에서

$\overline{ON}=\sqrt{10^2-8^2}=6$(cm)

$\overline{CD}=2\overline{CN}=2\times 8=16$(cm)이므로

$\overline{AB}=\overline{CD}$

$\overline{OM}=\overline{ON}=6$(cm)

$\therefore x=6$ 답 6

37 $\overline{OM}=\overline{ON}$이므로 $\overline{AB}=\overline{AC}$
따라서 △ABC는 이등변삼각형이므로
$\angle x=\frac{1}{2}\times(180°-76°)=52°$
답 52°

38 $\overline{OM}=\overline{ON}$이므로 $\overline{AB}=\overline{AC}$
따라서 △ABC는 이등변삼각형이므로
$\angle x=\frac{1}{2}\times(180°-50°)=65°$
답 65°

39 $\overline{OM}=\overline{ON}$이므로 $\overline{AB}=\overline{AC}$
따라서 △ABC는 이등변삼각형이므로
$\angle x=180°-2\times55°=70°$ 답 70°

40 $\overline{OL}=\overline{OM}=\overline{ON}$이므로
$\overline{AB}=\overline{BC}=\overline{CA}$
따라서 △ABC는 정삼각형이므로
$\angle x=60°$ 답 60°

Episode 08 p. 16~17

원의 접선에 관한 성질 (1)

01 $\angle PAO=90°$이므로 △OPA에서
$\angle x=180°-(90°+40°)=50°$ 답 50°

02 $\angle PAO=90°$이므로 △OPA에서
$\angle x=180°-(90°+53°)=37°$ 답 37°

03 $\angle PAO=\angle PBO=90°$이므로
$\angle AOB+\angle APB=180°$
$\angle x+75°=180°$
$\therefore \angle x=105°$ 답 105°

04 $\angle PAO=\angle PBO=90°$이므로
$\angle APB+\angle AOB=180°$
$50°+\angle x=180°$
$\therefore \angle x=130°$ 답 130°

05 $\angle PAO=\angle PBO=90°$이므로
$\angle AOB+\angle APB=180°$
$120°+\angle x=180°$
$\therefore \angle x=60°$ 답 60°

06 $\angle PAO=\angle PBO=90°$이므로
$\angle APB+\angle AOB=180°$
$\angle x+110°=180°$
$\therefore \angle x=70°$ 답 70°

07 $\angle PAO=90°$이므로 △OAP에서
$\overline{AP}=\sqrt{5^2-4^2}=3(\text{cm})$
$\therefore x=3$ 답 3

08 $\angle PAO=90°$이므로 △OPA에서
$\overline{AP}=\sqrt{7^2-5^2}=2\sqrt{6}(\text{cm})$
$\therefore x=2\sqrt{6}$ 답 $2\sqrt{6}$

09 $\angle PAO=90°$이므로 △OPA에서
$\overline{OA}=\sqrt{26^2-24^2}=10(\text{cm})$
$\therefore x=10$ 답 10

10 $\angle PAO=90°$이므로 △OAP에서
$\overline{AO}=\sqrt{(5\sqrt{5})^2-(2\sqrt{11})^2}=9(\text{cm})$
$\therefore x=9$ 답 9

11 $\angle PAO=90°$이고
$\overline{PO}=(4+r)\text{cm}$이므로 △OAP에서
$(4+r)^2=8^2+r^2$, $8r=48$
$\therefore r=6$ 답 6

12 $\angle PAO=90°$이고
$\overline{PO}=(r+3)\text{cm}$이므로 △OPA에서
$(r+3)^2=r^2+(3\sqrt{5})^2$, $6r=36$
$\therefore r=6$ 답 6

13 $\angle PAO=90°$이고
$\overline{PO}=(9+r)\text{cm}$이므로 △OPA에서
$(9+r)^2=15^2+r^2$, $18r=144$
$\therefore r=8$ 답 8

14 $\angle PAO=90°$이고
$\overline{PO}=(r+3)\text{cm}$이므로 △OAP에서
$(r+3)^2=r^2+(3\sqrt{7})^2$, $6r=54$
$\therefore r=9$ 답 9

15 $\overline{PB}=\overline{PA}=7(\text{cm})$
$\therefore x=7$ 답 7

16 $\overline{PB}=\overline{PA}=10(\text{cm})$
$\therefore x=10$ 답 10

17 $\angle PAO=90°$이므로 △OAP에서
$\overline{PA}=\sqrt{8^2-6^2}=2\sqrt{7}(\text{cm})$
$\overline{PB}=\overline{PA}=2\sqrt{7}(\text{cm})$
$x=2\sqrt{7}$ 답 $2\sqrt{7}$

18 $\angle PBO=90°$이므로 △OBP에서
$\overline{PB}=\sqrt{(4\sqrt{5})^2-4^2}=8(\text{cm})$
$\overline{PA}=\overline{PB}=8(\text{cm})$
$\therefore x=8$ 답 8

19 $\overline{PA}=\overline{PB}=12(\text{cm})$, $\angle PAO=90°$이므로 △OAP에서
$\overline{PO}=\sqrt{12^2+9^2}=15(\text{cm})$
$\therefore x=15$ 답 15

20 $\overline{PA}=\overline{PB}=15(\text{cm})$,
$\angle PAO=90°$이므로 △OPA에서
$\overline{PO}=\sqrt{15^2+8^2}=17(\text{cm})$
$\therefore x=17$ 답 17

21 △PAB는 $\overline{PA}=\overline{PB}$인 이등변삼각형이므로
$\angle PBA=\angle PAB=70°$
$\therefore \angle x=180°-(70°+70°)=40°$
답 40°

22 △PAB는 $\overline{PA}=\overline{PB}$인 이등변삼각형이므로
$\angle x=\frac{1}{2}\times(180°-74°)=53°$ 답 53°

23 $\angle PAO=90°$이므로
$\angle PAB=90°-35°=55°$
△PAB는 $\overline{PA}=\overline{PB}$인 이등변삼각형이므로
$\angle PBA=\angle PAB=55°$
$\therefore \angle x=180°-(55°+55°)=70°$
답 70°

24 △PAB는 $\overline{PA}=\overline{PB}$인 이등변삼각형이므로
$\angle PBA=\frac{1}{2}\times(180°-60°)=60°$
$\angle PBO=90°$이므로
$\angle x=90°-60°=30°$ 답 30°

25 $\angle PAO=90°$이므로 △OAP에서
$\overline{PA}=\sqrt{13^2-5^2}=12(\text{cm})$
$\overline{PB}=\overline{PA}=12(\text{cm})$
∴ (□APBO의 둘레의 길이)
$=\overline{PA}+\overline{PB}+\overline{OB}+\overline{OA}$
$=12+12+5+5=34(\text{cm})$
답 34 cm

26 $\angle PAO=90°$이므로 △OAP에서
$\overline{PA}=\sqrt{(4+6)^2-6^2}=8(\text{cm})$
$\overline{PB}=\overline{PA}=8(\text{cm})$
∴ (□APBO의 둘레의 길이)
$=\overline{PA}+\overline{PB}+\overline{OB}+\overline{OA}$
$=8+8+6+6=28(\text{cm})$
답 28 cm

27 $\angle PAO=90°$이므로 △OPA에서
$\overline{PA}=\sqrt{(9+6)^2-9^2}=12(\text{cm})$

$\overline{PB}=\overline{PA}=12(\text{cm})$

$\therefore$ (□AOBP의 둘레의 길이)

$=\overline{OA}+\overline{OB}+\overline{PB}+\overline{PA}$

$=9+9+12+12=42(\text{cm})$

답 42 cm

28 $\angle PAO=90°$이므로 △OPA에서

$\overline{OA}=\sqrt{6^2-(2\sqrt{5})^2}=4(\text{cm})$

$\therefore$ □AOBP=2△OPA

$=2\left(\frac{1}{2}\times 2\sqrt{5}\times 4\right)$

$=8\sqrt{5}(\text{cm}^2)$

답 $8\sqrt{5}\text{ cm}^2$

29 $\angle PAO=90°$이므로 △OAP에서

$\overline{PA}=\sqrt{(3+6)^2-6^2}=3\sqrt{5}(\text{cm})$

$\therefore$ □APBO=2△OAP

$=2\left(\frac{1}{2}\times 3\sqrt{5}\times 6\right)$

$=18\sqrt{5}(\text{cm}^2)$

답 $18\sqrt{5}\text{ cm}^2$

30 $\angle PBO=90°$이므로 △OPB에서

$\overline{PB}=\sqrt{(4+9)^2-9^2}=2\sqrt{22}(\text{cm})$

$\therefore$ □APBO=2△OPB

$=2\left(\frac{1}{2}\times 2\sqrt{22}\times 9\right)$

$=18\sqrt{22}(\text{cm}^2)$

답 $18\sqrt{22}\text{ cm}^2$

31 (△ABC의 둘레의 길이)$=2\overline{AE}$

이므로

$12+x+10=2\times 15$

$\therefore x=8$

답 8

32 (△ABC의 둘레의 길이)$=2\overline{AD}$

이므로

$8+x+9=2(8+5)$

$\therefore x=9$

답 9

33 (△ABC의 둘레의 길이)$=2\overline{AD}$

이므로

$10+11+7=2x$

$\therefore x=14$

답 14

34 (△ABC의 둘레의 길이)$=2\overline{AE}$

이므로

$15+9+16=2x$

$\therefore x=20$

답 20

35

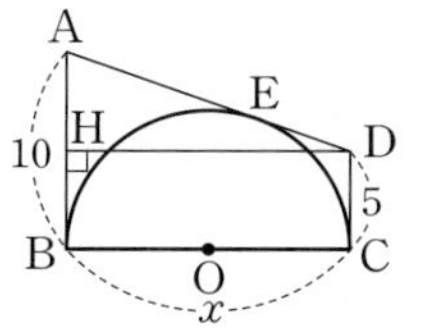

$\overline{AE}=\overline{AB}=10$, $\overline{DE}=\overline{DC}=5$이므로

$\overline{AD}=10+5=15$

꼭짓점 D에서 $\overline{AB}$에 내린 수선의 발을 H라고 하면

$\overline{AH}=10-5=5$

△AHD에서 $\overline{DH}=\sqrt{15^2-5^2}=10\sqrt{2}$

$\overline{BC}=\overline{DH}=10\sqrt{2}$

$\therefore x=10\sqrt{2}$

답 $10\sqrt{2}$

36

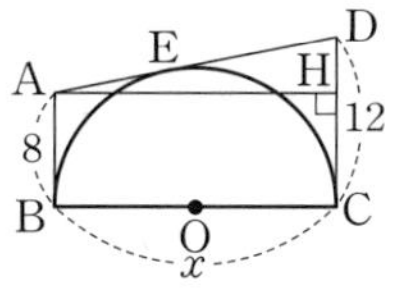

$\overline{AE}=\overline{AB}=8$, $\overline{DE}=\overline{DC}=12$이므로

$\overline{AD}=8+12=20$

꼭짓점 A에서 $\overline{CD}$에 내린 수선의 발을 H라고 하면

$\overline{DH}=12-8=4$

△AHD에서 $\overline{AH}=\sqrt{20^2-4^2}=8\sqrt{6}$

$\overline{BC}=\overline{AH}=8\sqrt{6}$

$\therefore x=8\sqrt{6}$

답 $8\sqrt{6}$

37

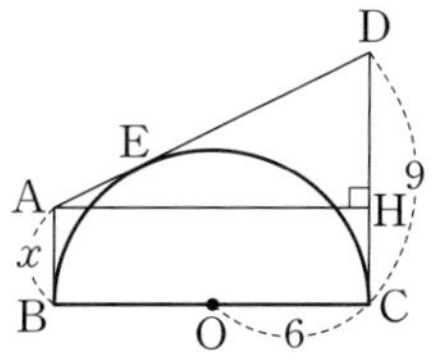

$\overline{AE}=\overline{AB}=x$, $\overline{DE}=\overline{DC}=9$이므로

$\overline{AD}=x+9$

꼭짓점 A에서 $\overline{CD}$에 내린 수선의 발을 H라고 하면

$\overline{DH}=9-x$

$\overline{AH}=\overline{BC}=2\overline{OC}=2\times 6=12$

이므로 △AHD에서

$(x+9)^2=12^2+(9-x)^2$

$36x=144$

$\therefore x=4$

답 4

38

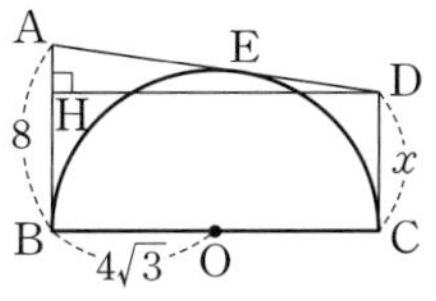

$\overline{AE}=\overline{AB}=8$, $\overline{DE}=\overline{DC}=x$이므로

$\overline{AD}=8+x$

꼭짓점 D에서 $\overline{AB}$에 내린 수선의 발을 H라고 하면

$\overline{AH}=8-x$

$\overline{DH}=\overline{BC}=2\overline{BO}=2\times 4\sqrt{3}=8\sqrt{3}$

이므로 △AHD에서

$(8+x)^2=(8-x)^2+(8\sqrt{3})^2$

$32x=192$

$\therefore x=6$

답 6

39

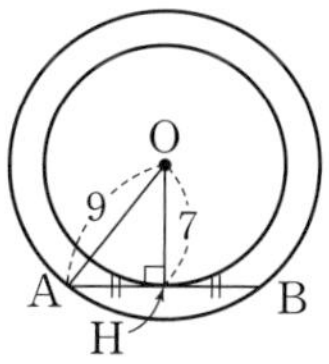

$\overline{OA}$, $\overline{OH}$를 그으면 $\overline{AB}\perp\overline{OH}$이므로

△OAH에서

$\overline{AH}=\sqrt{9^2-7^2}=4\sqrt{2}$

$\therefore \overline{AB}=2\overline{AH}=2\times 4\sqrt{2}=8\sqrt{2}$

답 $8\sqrt{2}$

40

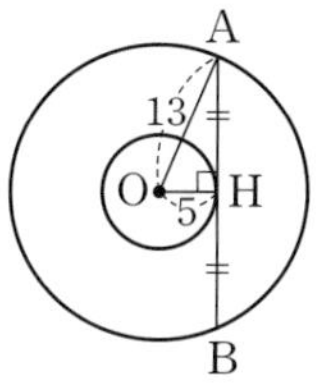

$\overline{OA}$, $\overline{OH}$를 그으면 $\overline{AB}\perp\overline{OH}$이므로

△OAH에서

$\overline{AH}=\sqrt{13^2-5^2}=12$

$\therefore \overline{AB}=2\overline{AH}=2\times 12=24$

답 24

Episode 09 원의 접선에 관한 성질 (2)

p. 18~19

01 $\overline{BD}=\overline{BE}=8(\text{cm})$

$\overline{CF}=\overline{CE}=4(\text{cm})$이므로

$\overline{AD}=\overline{AF}=10-4=6(\text{cm})$

$\overline{AB}=\overline{AD}+\overline{BD}=6+8=14(\text{cm})$

$\therefore x=14$

답 14

02 $\overline{BE}=\overline{BD}=9(\text{cm})$

$\overline{AF}=\overline{AD}=5(\text{cm})$이므로

$\overline{CE}=\overline{CF}=13-5=8(\text{cm})$

$\overline{BC}=\overline{BE}+\overline{CE}=9+8=17(\text{cm})$

$\therefore x=17$

답 17

03 $\overline{BD}=\overline{BE}=6(\text{cm})$이므로

$\overline{AF}=\overline{AD}=11-6=5(\text{cm})$

$\overline{CF}=\overline{CE}=14-6=8(\text{cm})$

$\overline{AC}=\overline{AF}+\overline{CF}=5+8=13(\text{cm})$

$\therefore x=13$ 답 13

04 $\overline{AF}=\overline{AD}=5(\text{cm})$이므로

$\overline{CE}=\overline{CF}=9-5=4(\text{cm})$

$\overline{BE}=\overline{BD}=12-5=7(\text{cm})$

$\overline{BC}=\overline{BE}+\overline{CE}=7+4=11(\text{cm})$

$\therefore x=11$ 답 11

05 $\overline{CE}=\overline{CF}=x(\text{cm})$이므로

$\overline{AD}=\overline{AF}=10-x(\text{cm})$

$\overline{BD}=\overline{BE}=15-x(\text{cm})$

$\overline{AB}=\overline{AD}+\overline{BD}$이므로

$13=(10-x)+(15-x)$

$\therefore x=6$ 답 6

06 $\overline{CF}=\overline{CE}=x(\text{cm})$이므로

$\overline{AD}=\overline{AF}=14-x(\text{cm})$

$\overline{BD}=\overline{BE}=12-x(\text{cm})$

$\overline{AB}=\overline{AD}+\overline{BD}$이므로

$10=(14-x)+(12-x)$

$\therefore x=8$ 답 8

07 $\overline{BD}=\overline{BE}=x(\text{cm})$이므로

$\overline{AF}=\overline{AD}=15-x(\text{cm})$

$\overline{CF}=\overline{CE}=16-x(\text{cm})$

$\overline{AC}=\overline{AF}+\overline{CF}$이므로

$13=(15-x)+(16-x)$

$\therefore x=9$ 답 9

08 $\overline{AF}=\overline{AD}=x(\text{cm})$이므로

$\overline{BE}=\overline{BD}=21-x(\text{cm})$

$\overline{CE}=\overline{CF}=18-x(\text{cm})$

$\overline{BC}=\overline{BE}+\overline{CE}$이므로

$21=(21-x)+(18-x)$

$\therefore x=9$ 답 9

09 ($\triangle ABC$의 둘레의 길이)

$=2(\overline{AD}+\overline{BE}+\overline{CF})$

$=2\times(5+8+7)$

$=40(\text{cm})$ 답 40 cm

10 ($\triangle ABC$의 둘레의 길이)

$=2\times(\overline{AD}+\overline{BD}+\overline{CF})$

$=2(6+9+4)$

$=38(\text{cm})$ 답 38 cm

11 $x+y+z$

$=\frac{1}{2}\times$($\triangle ABC$의 둘레의 길이)

$=\frac{1}{2}\times(10+9+7)$

$=13$ 답 13

12 $x+y+z$

$=\frac{1}{2}\times$($\triangle ABC$의 둘레의 길이)

$=\frac{1}{2}\times(13+14+9)$

$=18$ 답 18

13 $x+y+z$

$=\frac{1}{2}\times$($\triangle ABC$의 둘레의 길이)

$=\frac{1}{2}\times(11+18+15)$

$=22$ 답 22

14 $x+y+z$

$=\frac{1}{2}\times$($\triangle ABC$의 둘레의 길이)

$=\frac{1}{2}\times(21+20+17)$

$=29$ 답 29

15 $\overline{BD}=x(\text{cm})$라고 하면

$\overline{BE}=\overline{BD}=x(\text{cm})$

$\overline{AF}=\overline{AD}=14-x(\text{cm})$

$\overline{CF}=\overline{CE}=16-x(\text{cm})$

$\overline{AC}=\overline{AF}+\overline{CF}$이므로

$10=(14-x)+(16-x)$ $\quad x=10$

$\therefore \overline{BD}=10(\text{cm})$ 답 10 cm

16 ($\triangle PBQ$의 둘레의 길이)$=2\overline{BD}$

$=2\times10$

$=20(\text{cm})$

답 20 cm

17

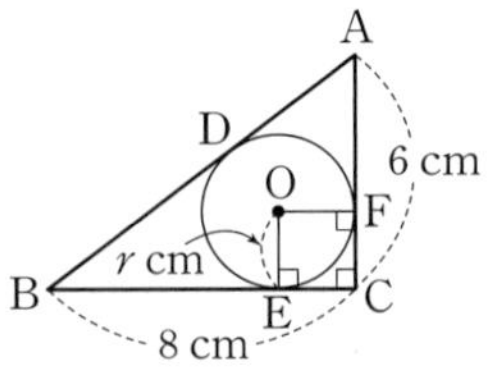

$\overline{OF}$를 그으면 $\square OECF$는 한 변의 길이가 r cm인 정사각형이므로

$\overline{FC}=\overline{EC}=r(\text{cm})$

$\overline{AD}=\overline{AF}=6-r(\text{cm})$

$\overline{BD}=\overline{BE}=8-r(\text{cm})$

$\triangle ABC$에서

$\overline{AB}=\sqrt{8^2+6^2}=10(\text{cm})$

$\overline{AB}=\overline{AD}+\overline{BD}$이므로

$10=(6-r)+(8-r)$

$\therefore r=2$ 답 2

18

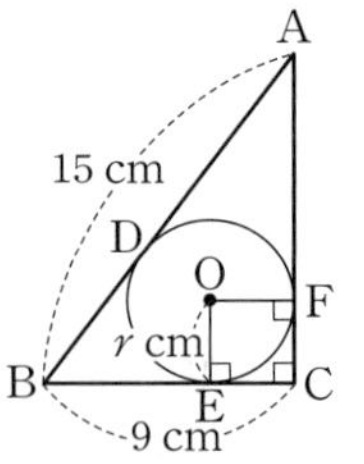

$\triangle ABC$에서

$\overline{AC}=\sqrt{15^2-9^2}=12(\text{cm})$

$\overline{OF}$를 그으면 $\square OECF$는 한 변의 길이가 r cm인 정사각형이므로

$\overline{FC}=\overline{EC}=r(\text{cm})$

$\overline{AD}=\overline{AF}=12-r(\text{cm})$

$\overline{BD}=\overline{BE}=9-r(\text{cm})$

$\overline{AB}=\overline{AD}+\overline{BD}$이므로

$15=(12-r)+(9-r)$

$\therefore r=3$ 답 3

19

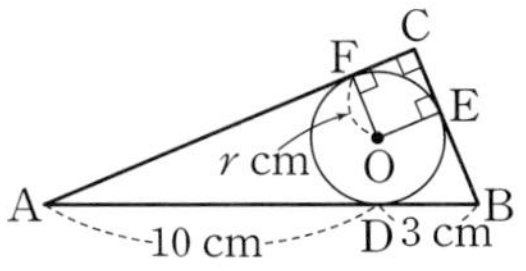

$\overline{AF}=\overline{AD}=10(\text{cm})$

$\overline{BE}=\overline{BD}=3(\text{cm})$

$\overline{OE}$를 그으면 $\square OECF$는 한 변의 길이가 r cm인 정사각형이므로

$\overline{CF}=\overline{CE}=r(\text{cm})$

$\triangle ABC$에서

$(10+3)^2=(r+10)^2+(r+3)^2$

$r^2+13r-30=0$

$(r+15)(r-2)=0$

$\therefore r=2\ (\because r>0)$ 답 2

20

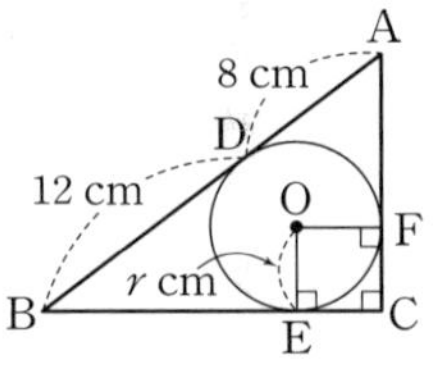

$\overline{AF}=\overline{AD}=8(\text{cm})$

$\overline{BE}=\overline{BD}=12(\text{cm})$

$\overline{OF}$를 그으면 $\square OECF$는 한 변의 길이가 r cm인 정사각형이므로

$\overline{EC}=\overline{FC}=r(\text{cm})$

$\triangle ABC$에서

$(8+12)^2=(12+r)^2+(8+r)^2$

$r^2+20r-96=0$

$(r+24)(r-4)=0$

$\therefore r=4\ (\because r>0)$ 답 4

21 답 ×

22 답 ○

23 답 ×

24 답 ○

25 $\overline{AB}+\overline{CD}=\overline{AD}+\overline{BC}$이므로
$6+10=x+9$
$\therefore x=7$ 답 7

26 $\overline{AB}+\overline{CD}=\overline{AD}+\overline{BC}$이므로
$7+x=8+11$
$\therefore x=12$ 답 12

27 △ABC에서
$\overline{BC}=\sqrt{17^2-8^2}=15(\text{cm})$
$\overline{AB}+\overline{CD}=\overline{AD}+\overline{BC}$이므로
$8+x=7+15$
$\therefore x=14$ 답 14

28 △BCD에서
$\overline{DC}=\sqrt{20^2-16^2}=12(\text{cm})$
$\overline{AB}+\overline{CD}=\overline{AD}+\overline{BC}$이므로
$x+12=13+16$
$\therefore x=17$ 답 17

29 $\overline{AB}+\overline{CD}=\overline{AD}+\overline{BC}$이므로
$12+10=(x+2)+15$
$\therefore x=5$ 답 5

30 $\overline{AB}+\overline{CD}=\overline{AD}+\overline{BC}$이므로
$18+(9+x)=16+24$
$\therefore x=13$ 답 13

31 $\overline{AB}+\overline{CD}=\overline{AD}+\overline{BC}$이므로
(□ABCD의 둘레의 길이)
$=2\times(\overline{AD}+\overline{BC})$
$=2(6+11)$
$=34(\text{cm})$ 답 34 cm

32 $\overline{AB}+\overline{CD}=\overline{AD}+\overline{BC}$이므로
(□ABCD의 둘레의 길이)
$=2\times(\overline{AB}+\overline{CD})$
$=2(8+15)$
$=46(\text{cm})$ 답 46 cm

33 $\overline{CD}$의 길이는 원 O의 지름의 길이와 같으므로
$\overline{CD}=2\times4=8(\text{cm})$
$\overline{AB}+\overline{CD}=\overline{AD}+\overline{BC}$이므로
$10+8=x+12$
$\therefore x=6$ 답 6

34

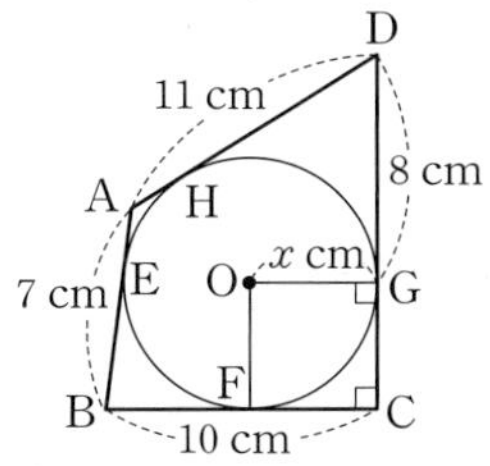

$\overline{OF}$를 그으면 □OFCG는 한 변의 길이가 x cm인 정사각형이므로
$\overline{CG}=x(\text{cm})$
$\overline{AB}+\overline{CD}=\overline{AD}+\overline{BC}$이므로
$7+(8+x)=11+10$
$\therefore x=6$ 답 6

35 △DIC에서
$\overline{CI}=\sqrt{10^2-8^2}=6(\text{cm})$
$\overline{BC}=\overline{AD}=x(\text{cm})$이므로
$\overline{BI}=(x-6)$ cm
$\overline{AB}=\overline{CD}=8(\text{cm})$이고
□ABID에서
$\overline{AB}+\overline{DI}=\overline{AD}+\overline{BI}$이므로
$8+10=x+(x-6)$
$\therefore x=12$ 답 12

36 △DIC에서
$\overline{CI}=\sqrt{26^2-24^2}=10(\text{cm})$이므로
$\overline{AD}=\overline{BC}=(x+10)$ cm
$\overline{AB}=\overline{CD}=24(\text{cm})$이고
□ABID에서
$\overline{AB}+\overline{DI}=\overline{AD}+\overline{BI}$이므로
$24+26=(x+10)+x$
$\therefore x=20$ 답 20

Episode 10 원주각

p. 20~21

01 $\angle x=\frac{1}{2}\times140°=70°$ 답 70°

02 $\angle x=\frac{1}{2}\times68°=34°$ 답 34°

03 $\angle x=\frac{1}{2}\times132°=66°$ 답 66°

04 $\angle x=2\times37°=74°$ 답 74°

05 $\angle x=2\times46°=92°$ 답 92°

06 $\angle x=2\times44°=88°$ 답 88°

07 $\angle AOB=360°-230°=130°$
$\therefore \angle x=\frac{1}{2}\times130°=65°$ 답 65°

08 $\therefore \angle x=\frac{1}{2}\times(360°-124°)=118°$
답 118°

09 $105°=\frac{1}{2}\times(360°-\angle x)$
$\therefore \angle x=150°$ 답 150°

10 $102°=\frac{1}{2}\times(360°-\angle x)$
$\therefore \angle x=156°$ 답 156°

11

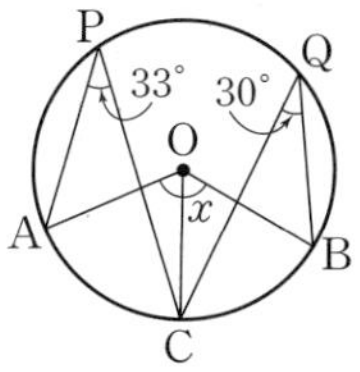

$\overline{OC}$를 그으면
$\angle AOC=2\angle APC=2\times33°=66°$
$\angle COB=2\angle CQB=2\times30°=60°$
$\therefore \angle x=\angle AOC+\angle COB$
$=66°+60°=126°$ 답 126°

12

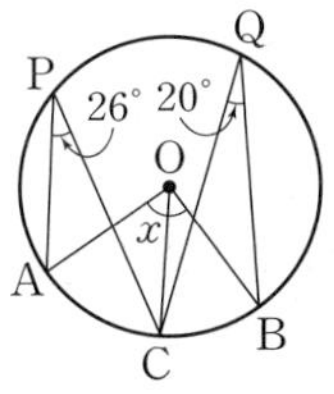

$\overline{OC}$를 그으면
$\angle AOC=2\angle APC=2\times26°=52°$
$\angle COB=2\angle CQB=2\times20°=40°$
$\therefore \angle x=\angle AOC+\angle COB$
$=52°+40°=92°$ 답 92°

13

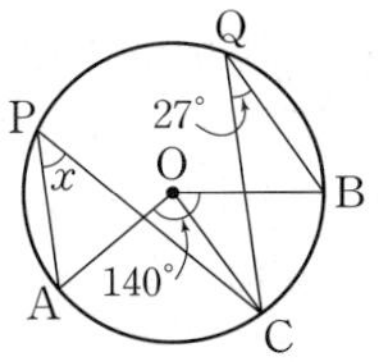

$\overline{OC}$를 그으면
$\angle COB=2\angle CQB=2\times27°=54°$
$\angle AOC=\angle AOB-\angle COB$
$=140°-54°=86°$
$\therefore \angle x=\frac{1}{2}\angle AOC=\frac{1}{2}\times86°=43°$
답 43°

14

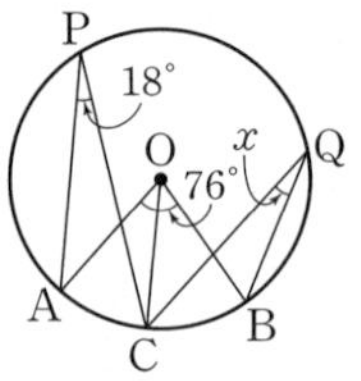

$\overline{OC}$를 그으면

$\angle AOC=2\angle APC=2\times 18°=36°$

$\angle COB=\angle AOB-\angle AOC$

$=76°-36°=40°$

$\therefore \angle x=\frac{1}{2}\angle COB=\frac{1}{2}\times 40°=20°$

답 20°

15 $\angle AOB=2\angle APB=2\times 62°=124°$

이고 $\overline{OA}=\overline{OB}$이므로 $\triangle OAB$에서

$\angle x=\frac{1}{2}\times(180°-124°)=28°$

답 28°

16 $\overline{OA}=\overline{OB}$이므로 $\triangle OAB$에서

$\angle AOB=180°-2\times 42°=96°$

$\therefore \angle x=\frac{1}{2}\angle AOB=\frac{1}{2}\times 96°=48°$

답 48°

17

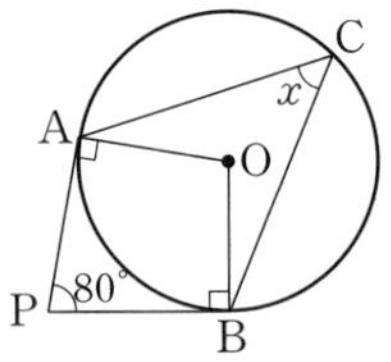

$\overline{OA}$, $\overline{OB}$를 그으면

$\angle PAO=\angle PBO=90°$이므로

$\angle AOB=180°-80°=100°$

$\therefore \angle x=\frac{1}{2}\angle AOB=\frac{1}{2}\times 100°=50°$

답 50°

18

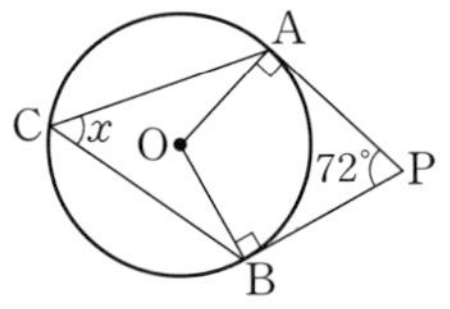

$\overline{OA}$, $\overline{OB}$를 그으면

$\angle PAO=\angle PBO=90°$이므로

$\angle AOB=180°-72°=108°$

$\therefore \angle x=\frac{1}{2}\angle AOB=\frac{1}{2}\times 108°=54°$

답 54°

19

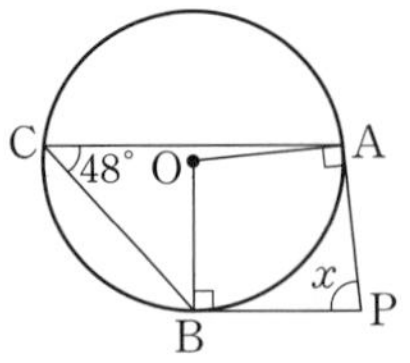

$\overline{OA}$, $\overline{OB}$를 그으면

$\angle AOB=2\angle ACB=2\times 48°=96°$

$\angle PAO=\angle PBO=90°$이므로

$\angle x=180°-96°=84°$ 답 84°

20

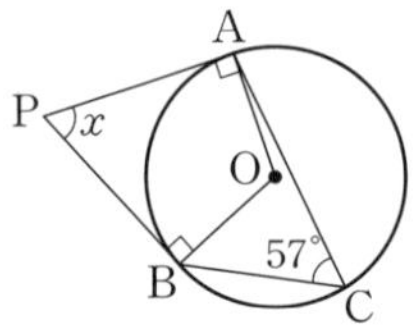

$\overline{OA}$, $\overline{OB}$를 그으면

$\angle AOB=2\angle ACB=2\times 57°=114°$

$\angle PAO=\angle PBO=90°$이므로

$\angle x=180°-114°=66°$ 답 66°

21 $\angle x=\angle AQB=55°$ 답 55°

22 $\angle x=\angle AQB=77°$ 답 77°

23 $\angle x=\angle y=\angle AQB=75°$

답 $\angle x=75°$, $\angle y=75°$

24 $\angle x=\angle y=\angle ARB=20°$

답 $\angle x=20°$, $\angle y=20°$

25 $\angle x=\angle APB=58°$

$\angle y=2\angle APB=2\times 58°=116°$

답 $\angle x=58°$, $\angle y=116°$

26 $\angle x=2\angle AQB=2\times 44°=88°$

$\angle y=\angle AQB=44°$

답 $\angle x=88°$, $\angle y=44°$

27 $\angle x=\frac{1}{2}\angle AOB=\frac{1}{2}\times 74°=37°$

$\angle y=\angle AQB=37°$

답 $\angle x=37°$, $\angle y=37°$

28 $\angle x=\frac{1}{2}\angle AOB=\frac{1}{2}\times 66°=33°$

$\angle y=\angle APB=33°$

답 $\angle x=33°$, $\angle y=33°$

29 $\angle x=\angle BAC=74°$

$\triangle DPC$에서

$\angle y=\angle PDC+\angle PCD$

$=74°+30°=104°$

답 $\angle x=74°$, $\angle y=104°$

30 $\angle x=\angle CAD=45°$

$\triangle PBC$에서

$\angle y=\angle PBC+\angle PCB$

$=45°+42°=87°$

답 $\angle x=45°$, $\angle y=87°$

31 $\angle x=\angle ACD=70°$

$\triangle ABP$에서

$\angle y=\angle APD-\angle ABP$

$=110°-70°=40°$

답 $\angle x=70°$, $\angle y=40°$

32 $\angle x=\angle CAD=41°$

$\triangle PBC$에서

$\angle y=\angle APB-\angle PBC$

$=108°-41°=67°$

답 $\angle x=41°$, $\angle y=67°$

33

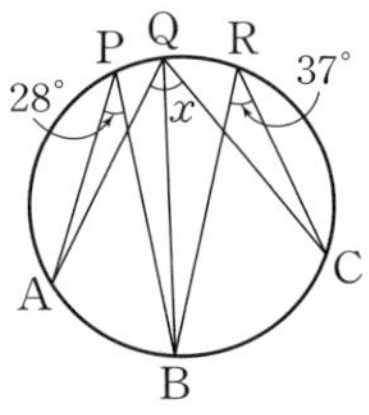

$\overline{QB}$를 그으면

$\angle AQB=\angle APB=28°$

$\angle BQC=\angle BRC=37°$

$\therefore \angle x=\angle AQB+\angle BQC$

$=28°+37°=65°$ 답 65°

34

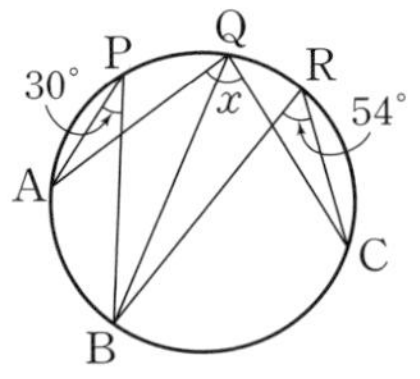

$\overline{QB}$를 그으면

$\angle AQB=\angle APB=30°$

$\angle BQC=\angle BRC=54°$

$\therefore \angle x=\angle AQB+\angle BQC$

$=30°+54°=84°$ 답 84°

35

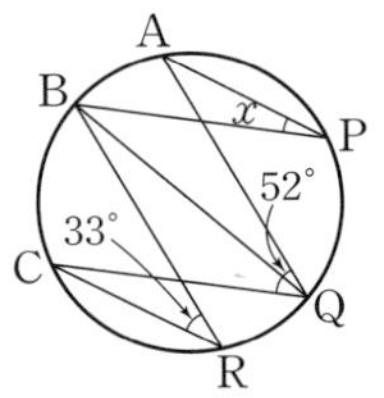

$\overline{QB}$를 그으면

$\angle BQC=\angle BRC=33°$

$\angle AQB=52°-33°=19°$

$\therefore \angle x=\angle AQB=19°$ 답 19°

36

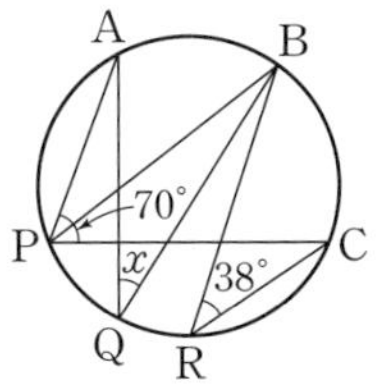

$\overline{PB}$를 그으면

$\angle BPC=\angle BRC=38°$

$\angle APB=70°-38°=32°$

$\therefore \angle x=\angle APB=32°$ 답 32°

37 $\angle APB=90°$이므로

$\angle x=180°-(90°+32°)=58°$ 답 58°

38 $\angle APB=90°$이므로

$\angle x=180°-(90°+40°)=50°$ 답 50°

39 $\angle QAB=\angle QPB=\angle x$,

$\angle AQB=90°$이므로

$\angle x=180°-(90°+42°)=48°$ 답 48°

40

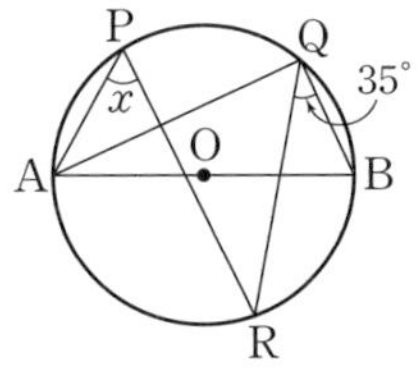

$\overline{AQ}$를 그으면

$\angle AQR=\angle APR=\angle x$,

$\angle AQB=90°$이므로

$\angle x=90°-35°=55°$ 답 55°

Episode 11 p. 22~23

원주각의 크기와 호의 길이

01 $\widehat{AB}=\widehat{CD}=3(cm)$이므로

$\angle x=\angle CQD=35°$ 답 35°

02 $\widehat{AB}=\widehat{CD}=4(cm)$이므로

$\angle x=\angle CPD=42°$ 답 42°

03 $\widehat{BC}=\widehat{CD}=8(cm)$이므로

$\angle x=\angle BAC=40°$ 답 40°

04 $\widehat{AB}=\widehat{CD}=6(cm)$이므로

$\angle x=\angle ADB=36°$ 답 36°

05

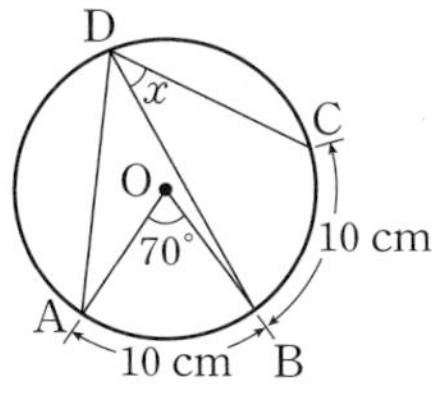

$\overline{AD}$를 그으면

$\angle ADB=\frac{1}{2}\times 70°=35°$

$\widehat{AB}=\widehat{BC}=10(cm)$이므로

$\angle x=\angle ADB=35°$ 답 35°

06

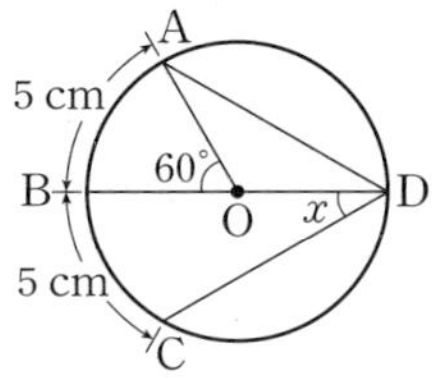

$\overline{AD}$를 그으면

$\angle ADB=\frac{1}{2}\times 60°=30°$

$\widehat{AB}=\widehat{BC}=5(cm)$이므로

$\angle x=\angle ADB=30°$ 답 30°

07

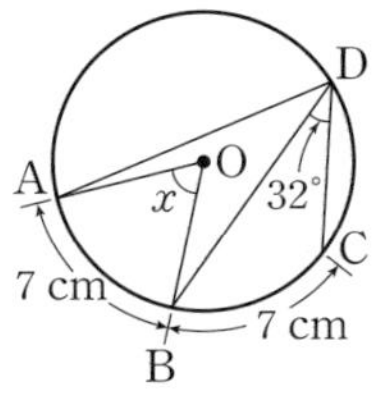

$\overline{AD}$를 그으면

$\widehat{AB}=\widehat{BC}=7(cm)$이므로

$\angle ADB=\angle BDC=32°$

$\therefore \angle x=2\angle ADB=2\times 32°=64°$

답 64°

08

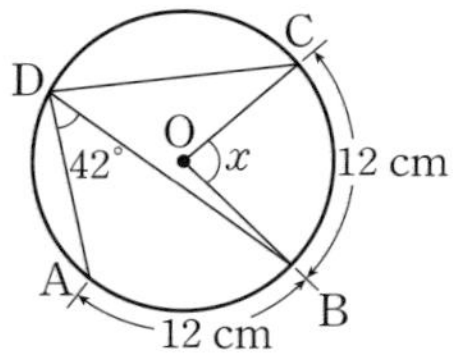

$\overline{DC}$를 그으면

$\widehat{AB}=\widehat{BC}=12(cm)$이므로

$\angle BDC=\angle ADB=42°$

$\therefore \angle x=2\angle BDC=2\times 42°=84°$

답 84°

09 $\angle APB=\angle CQD=25°$이므로

$\widehat{CD}=\widehat{AB}=2(cm)$

$\therefore x=2$ 답 2

10 $\angle AQB=\angle CPD=35°$이므로

$\widehat{AB}=\widehat{CD}=11(cm)$

$\therefore x=11$ 답 11

11 $\angle APB=\angle BPC=40°$이므로

$\widehat{AB}=\widehat{BC}=9(cm)$

$\therefore x=9$ 답 9

12 $\angle BAC=\angle ABD=52°$이므로

$\widehat{BC}=\widehat{AD}=12(cm)$

$\therefore x=12$ 답 12

13

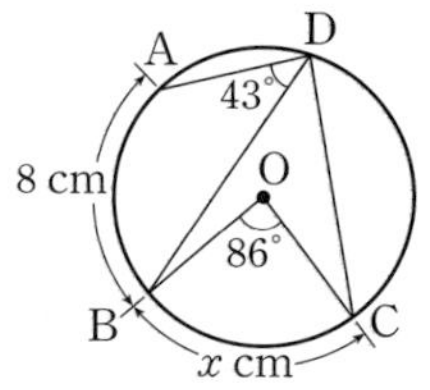

$\overline{CD}$를 그으면

$\angle BDC=\frac{1}{2}\times 86°=43°$

$\angle BDC=\angle ADB=43°$

이므로

$\widehat{BC}=\widehat{AB}=8(cm)$

$\therefore x=8$ 답 8

14

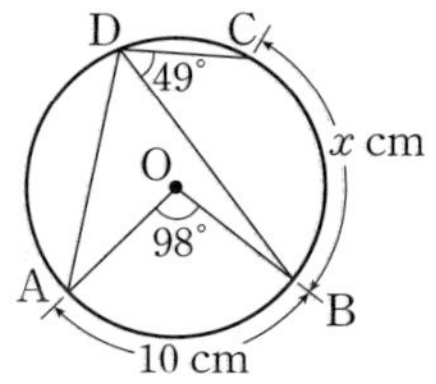

$\overline{AD}$를 그으면

$\angle ADC=\frac{1}{2}\times 98°=49°$

$\angle BDC=\angle ADB=49°$

이므로

$\widehat{BC}=\widehat{AB}=10(cm)$

$\therefore x=10$ 답 10

15

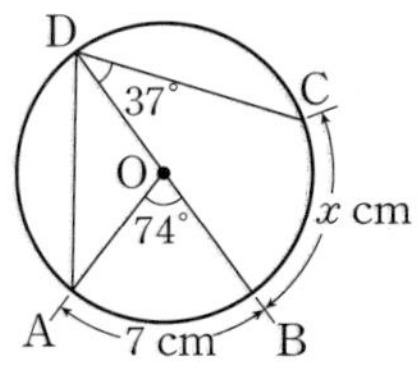

$\overline{AD}$를 그으면

$\angle ADB=\frac{1}{2}\times 74°=37°$

$\angle BDC=\angle ADB=37°$

이므로

$\widehat{BC}=\widehat{AB}=7(cm)$

$\therefore x=7$ 답 7

16

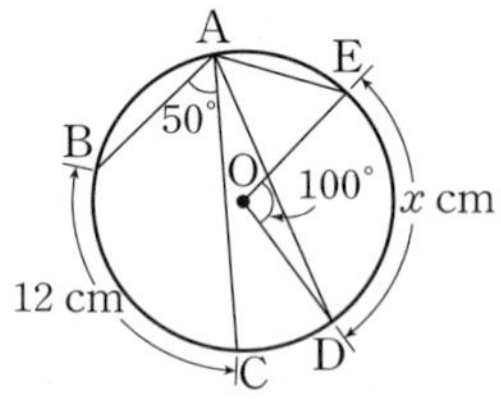

$\overline{AD}$, $\overline{AE}$를 그으면

$\angle DAE=\frac{1}{2}\times 100°=50°$

$\angle DAE=\angle BAC=50°$

이므로

$\widehat{DE}=\widehat{BC}=12(cm)$

$\therefore x=12$ 답 12

17 $\angle x : 18°=6:3$, $\angle x : 18°=2:1$

$\therefore \angle x=36°$ 답 36°

18 $\angle x : 72°=4:12$, $\angle x : 72°=1:3$

$\therefore \angle x=24°$ 답 24°

19 $\angle x : 40°=9:6$, $\angle x : 40°=3:2$

$\therefore \angle x=60°$ 답 60°

20 $80° : \angle x=(4+12):12$

$80° : \angle x=4:3$

$\therefore \angle x=60°$ 답 60°

21

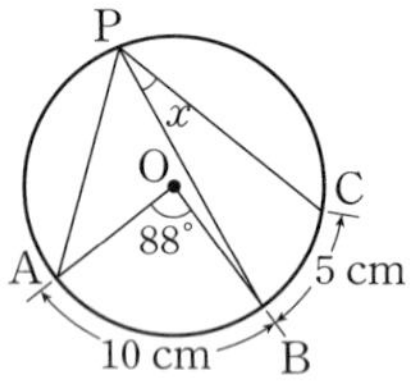

$\overline{PA}$를 그으면

$\angle APB=\frac{1}{2}\times 88°=44°$

$44° : \angle x=10:5$이므로

$44° : \angle x=2:1$

$\therefore \angle x=22°$ 답 22°

22

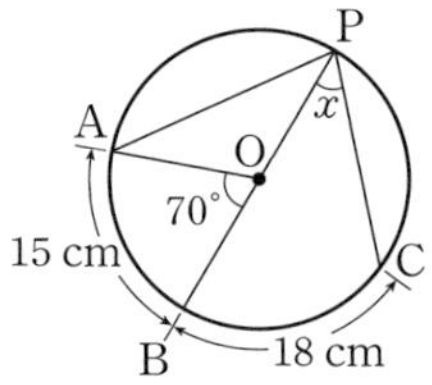

$\overline{PA}$를 그으면

$\angle APB=\frac{1}{2}\times 70°=35°$

$35° : \angle x=15:18$이므로

$35° : \angle x=5:6$

$\therefore \angle x=42°$ 답 42°

23

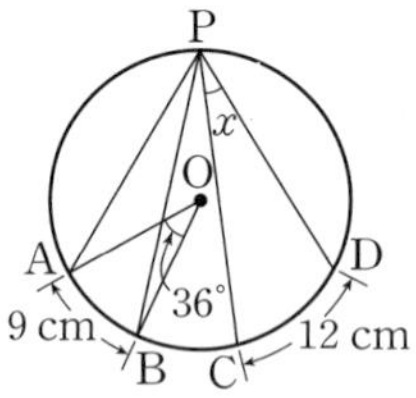

$\overline{PA}$, $\overline{PB}$를 그으면

$\angle APB=\frac{1}{2}\times 36°=18°$

$18° : \angle x=9:12$이므로

$18° : \angle x=3:4$

$\therefore \angle x=24°$ 답 24°

24

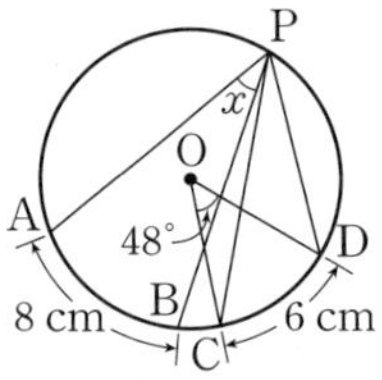

$\overline{PC}$, $\overline{PD}$를 그으면

$\angle CPD=\frac{1}{2}\times 48°=24°$

$\angle x : 24°=8:6$이므로

$\angle x : 24°=4:3$

$\therefore \angle x=32°$ 답 32°

25

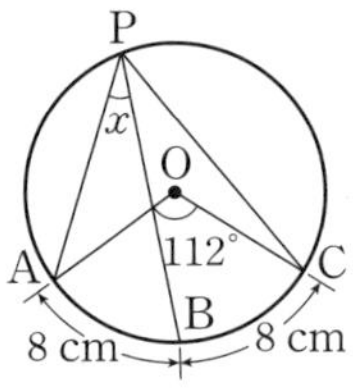

$\overline{PC}$를 그으면

$\angle APC=\frac{1}{2}\times 112°=56°$

$\angle x : 56°=8:(8+8)$이므로

$\angle x : 56°=1:2$

$\therefore \angle x=28°$ 답 28°

26

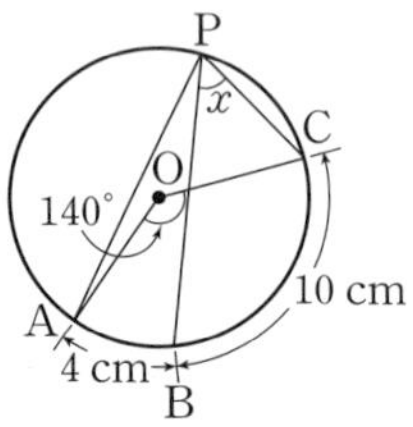

$\overline{PA}$를 그으면

$\angle APC=\frac{1}{2}\times 140°=70°$

$70° : \angle x=(4+10):10$이므로

$70° : \angle x=7:5$

$\therefore \angle x=50°$ 답 50°

27 $75° : 25°=21:x$, $3:1=21:x$

$\therefore x=7$ 답 7

28 $60° : 24°=x:4$, $5:2=x:4$

$\therefore x=10$ 답 10

29 $30° : 40°=x:16$, $3:4=x:16$

$\therefore x=12$ 답 12

30 $80° : 30°=(x+6):6$

$8:3=(x+6):6$

$3(x+6)=48$ $\therefore x=10$ 답 10

31

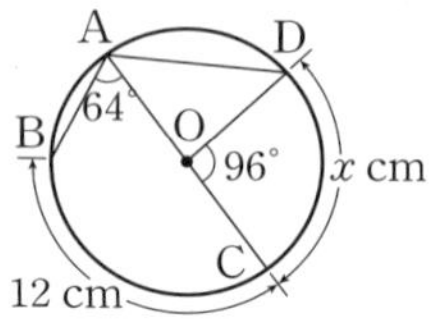

$\overline{AD}$를 그으면

$\angle CAD=\frac{1}{2}\times 96°=48°$

$64° : 48°=12:x$이므로

$4:3=12:x$ $\therefore x=9$ 답 9

32

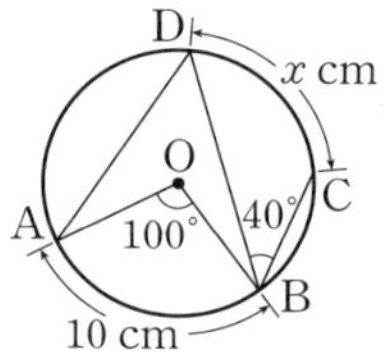

$\overline{AD}$를 그으면

$\angle ADB=\frac{1}{2}\times 100°=50°$

$50° : 40°=10:x$이므로

$5:4=10:x$ $\therefore x=8$ 답 8

33

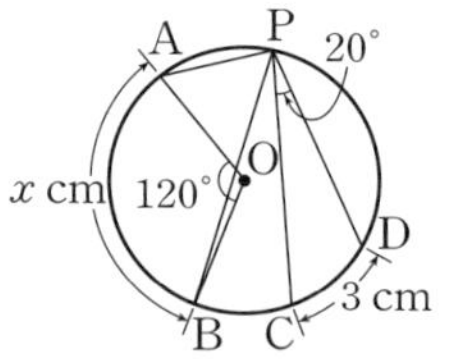

$\overline{PA}$, $\overline{PB}$를 그으면

$\angle APB=\frac{1}{2}\times 120°=60°$

$60° : 20°=x:3$이므로

$3:1=x:3$ $\therefore x=9$ 답 9

34

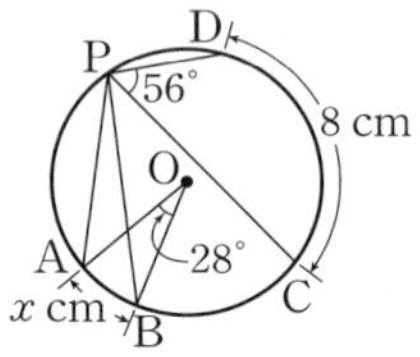

$\overline{PA}$, $\overline{PB}$를 그으면

$\angle APB=\frac{1}{2}\times 28°=14°$

$14° : 56°=x:8$이므로

$1:4=x:8 \qquad \therefore x=2$ 답 2

35

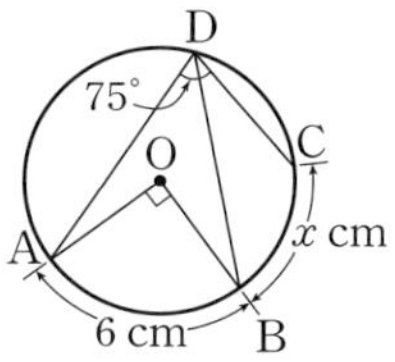

$\overline{BD}$를 그으면

$\angle ADB=\frac{1}{2}\times 90^\circ=45^\circ$

$45^\circ:75^\circ=6:(6+x)$이므로

$3:5=6:(6+x)$

$30=3(6+x) \qquad \therefore x=4$ 답 4

36

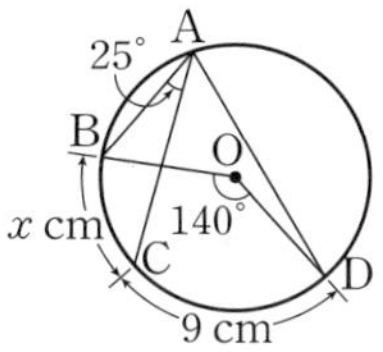

$\overline{AD}$를 그으면

$\angle BAD=\frac{1}{2}\times 140^\circ=70^\circ$

$25^\circ:70^\circ=x:(x+9)$이므로

$5:14=x:(x+9)$

$14x=5(x+9) \qquad \therefore x=5$ 답 5

37 $\angle A=180^\circ\times\frac{4}{6+4+5}=48^\circ$

$\angle B=180^\circ\times\frac{5}{6+4+5}=60^\circ$

$\angle C=180^\circ\times\frac{6}{6+4+5}=72^\circ$

답 48°, 60°, 72°

38 $\angle A=180^\circ\times\frac{2}{3+2+7}=30^\circ$

$\angle B=180^\circ\times\frac{7}{3+2+7}=105^\circ$

$\angle C=180^\circ\times\frac{3}{3+2+7}=45^\circ$

답 30°, 105°, 45°

Episode 12 원에 내접하는 사각형

p. 24~25

01 $\overline{BC}$에 대하여 $\angle BAC\neq\angle BDC$이므로 네 점 A, B, C, D는 한 원 위에 있지 않다. 답 ×

02 △PCD에서

$\angle PDC=180^\circ-(95^\circ+45^\circ)=40^\circ$

따라서 $\overline{BC}$에 대하여 $\angle BAC=\angle BDC$이므로 네 점 A, B, C, D는 한 원 위에 있다. 답 ○

03 네 점 A, B, C, D가 한 원 위에 있으므로

$\angle x=\angle DBC=60^\circ$ 답 60°

04 △ABP에서

$\angle ABP=180^\circ-(50^\circ+100^\circ)=30^\circ$

네 점 A, B, C, D가 한 원 위에 있으므로

$\angle x=\angle DBA=30^\circ$ 답 30°

05 $\angle x=180^\circ-85^\circ=95^\circ$

$\angle y=180^\circ-100^\circ=80^\circ$

답 $\angle x=95^\circ$, $\angle y=80^\circ$

06 $\angle x=180^\circ-70^\circ=110^\circ$

$\angle y=180^\circ-46^\circ=134^\circ$

답 $\angle x=110^\circ$, $\angle y=134^\circ$

07 △ACD에서

$\angle x=180^\circ-(38^\circ+65^\circ)=77^\circ$

□ABCD가 원에 내접하므로

$\angle y=180^\circ-77^\circ=103^\circ$

답 $\angle x=77^\circ$, $\angle y=103^\circ$

08 △DBC에서

$\angle x=180^\circ-(50^\circ+68^\circ)=62^\circ$

□ABCD가 원에 내접하므로

$\angle y=180^\circ-62^\circ=118^\circ$

답 $\angle x=62^\circ$, $\angle y=118^\circ$

09 △ABC에서 $\angle BAC=90^\circ$이므로

$\angle x=180^\circ-(90^\circ+32^\circ)=58^\circ$

□ABCD가 원에 내접하므로

$\angle y=180^\circ-58^\circ=122^\circ$

답 $\angle x=58^\circ$, $\angle y=122^\circ$

10 □ABCD가 원에 내접하므로

$\angle x=180^\circ-118^\circ=62^\circ$

△ACD에서 $\angle CAD=90^\circ$이므로

$\angle y=180^\circ-(90^\circ+62^\circ)=28^\circ$

답 $\angle x=62^\circ$, $\angle y=28^\circ$

11 $\angle x=\frac{1}{2}\angle BOD=\frac{1}{2}\times 160^\circ=80^\circ$

□ABCD가 원에 내접하므로

$\angle y=180^\circ-80^\circ=100^\circ$

답 $\angle x=80^\circ$, $\angle y=100^\circ$

12 $\angle x=\frac{1}{2}\angle BOD=\frac{1}{2}\times 130^\circ=65^\circ$

□ABCD가 원에 내접하므로

$\angle y=180^\circ-65^\circ=115^\circ$

답 $\angle x=65^\circ$, $\angle y=115^\circ$

13 $\angle y=\angle ABE=35^\circ$

□BCDE가 원에 내접하므로

$\angle x=180^\circ-(35^\circ+84^\circ)=61^\circ$

답 $\angle x=61^\circ$, $\angle y=35^\circ$

14 $\angle x=\angle BDC=28^\circ$

□ABDE가 원에 내접하므로

$\angle y=180^\circ-(28^\circ+78^\circ)=74^\circ$

답 $\angle x=28^\circ$, $\angle y=74^\circ$

15 $\angle x=\angle BAD=95^\circ$ 답 95°

16 $\angle x+55^\circ=105^\circ$

$\therefore \angle x=50^\circ$ 답 50°

17 $\angle x=\frac{1}{2}\times 200^\circ=100^\circ$

$\angle y=\angle x=100^\circ$

답 $\angle x=100^\circ$, $\angle y=100^\circ$

18 $\angle x=\frac{1}{2}\times 144^\circ=72^\circ$

$\angle y=\angle x=72^\circ$

답 $\angle x=72^\circ$, $\angle y=72^\circ$

19 $\angle x=\angle BDC=63^\circ$

$\angle y=63^\circ+45^\circ=108^\circ$

답 $\angle x=63^\circ$, $\angle y=108^\circ$

20 $\angle x=\angle BAC=47^\circ$

$\angle y=60^\circ+47^\circ=107^\circ$

답 $\angle x=47^\circ$, $\angle y=107^\circ$

21 $\angle ABC=180^\circ-92^\circ=88^\circ$

$\angle ABC=\angle ADF$이므로 □ABCD는 원에 내접한다. 답 ○

22 △ABD에서

$\angle A=180^\circ-(45^\circ+50^\circ)=85^\circ$

이므로 $\angle A+\angle C\neq 180^\circ$

따라서 □ABCD는 원에 내접하지 않는다. 답 ×

23 $\angle x=\angle DCE=120^\circ$ 답 120°

24 △ACD에서

$\angle D=180^\circ-(35^\circ+70^\circ)=75^\circ$

$\therefore \angle x=180^\circ-75^\circ=105^\circ$ 답 105°

25 $\angle x=\angle BAT=70^\circ$ 답 70°

26 $\angle ACB=\angle BAT=35°$
$\triangle CAB$에서
$\angle x=180°-(35°+42°)=103°$
답 103°

27 $\angle ACB=\angle BAT=47°$
$\therefore \angle x=2\angle ACB=2\times 47°=94°$
답 94°

28 $\angle CBA=\angle CAT=36°$
$\therefore \angle x=2\angle CBA=2\times 36°=72°$
답 72°

29 $\angle CBA=\angle CAT=55°$이므로
$\angle COA=2\angle CBA=2\times 55°=110°$
$\triangle OCA$에서
$\angle x=\frac{1}{2}\times(180°-110°)=35°$ 답 35°

30 $\angle ACB=\angle BAT=45°$이므로
$\angle AOB=2\angle ACB=2\times 45°=90°$
$\triangle OAB$에서
$\angle x=\frac{1}{2}\times(180°-90°)=45°$ 답 45°

31 $\angle CAB=90°$이고
$\angle ACB=\angle BAT=43°$
$\triangle CAB$에서
$\angle x=180°-(43°+90°)=47°$ 답 47°

32 $\angle CAB=90°$이므로 $\triangle CAB$에서
$\angle CBA=180°-(23°+90°)=67°$
$\therefore \angle x=\angle CBA=67°$ 답 67°

33
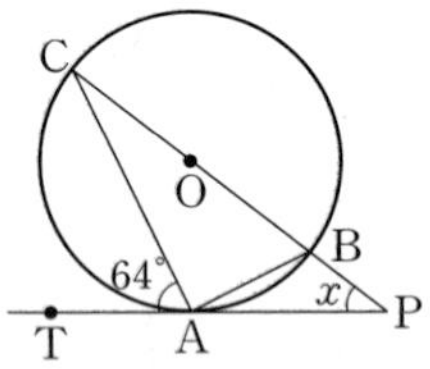

$\overline{AB}$를 그으면
$\angle CAB=90°$이므로
$\angle BAP=180°-(64°+90°)=26°$
$\angle CBA=\angle CAT=64°$
$\triangle BAP$에서
$\angle x=64°-26°=38°$ 답 38°

34
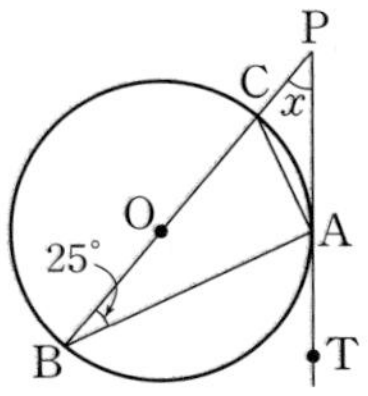

$\overline{CA}$를 그으면
$\angle CAB=90°$
$\angle CAP=\angle CBA=25°$
$\triangle BAP$에서
$\angle x=180°-(25°+90°+25°)=40°$
답 40°

35 $\angle x=\angle BTQ=\angle PTD$
$=\angle TCD=68°$ 답 68°

36 $\angle DCT=\angle PTD=\angle BTQ$
$=\angle BAT=37°$
$\triangle DTC$에서
$\angle x=180°-(65°+37°)=78°$ 답 78°

37 $\angle x=\angle PTA=\angle TCD=65°$ 답 65°

38 $\angle DTP=\angle DCT=76°$
$\angle BTQ=\angle BAT=54°$
$\therefore \angle x=180°-(76°+54°)=50°$
답 50°

Episode 13 대푯값

p. 26~27

01 답 5

02 $8+3+5+4+5=25$ 답 25

03 $\frac{25}{5}=5$ 답 5

04 $\frac{80+95+93+84}{4}=\frac{352}{4}=88$ 답 88

05 $\frac{8+12+4+9+7}{5}=\frac{40}{5}=8$ 답 8

06 $\frac{4+6+5+10+11+6}{6}=\frac{42}{6}=7$ 답 7

07 $\frac{7+5+5+6+8+5}{6}=\frac{36}{6}=6$ 답 6

08 $\frac{x+9+10+13}{4}=10$
$x+32=40$ $\therefore x=8$ 답 8

09 $\frac{5+6+10+4+x+4+7}{7}=6$
$36+x=42$ $\therefore x=6$ 답 6

10 $\frac{25+50+x+75+45}{5}=55$
$195+x=275$ $\therefore x=80$ 답 80

11 $\frac{7+4+5+12+14+x}{6}=9$
$42+x=54$ $\therefore x=12$ 답 12

12 $\frac{x+y}{2}=8$이므로 $x+y=16$
$\therefore$ (전체 평균)$=\frac{8+12+16}{4}=\frac{36}{4}=9$
답 9

13 $\frac{x+y}{2}=60$이므로 $x+y=120$
$\therefore$ (전체 평균)$=\frac{25+75+120}{4}$
$=\frac{220}{4}=55$ 답 55

14 $\frac{x+y+z}{3}=91$이므로 $x+y+z=273$
$\therefore$ (전체 평균)$=\frac{84+88+273}{5}$
$=\frac{445}{5}=89$ 답 89

15 $\frac{x+y+z}{3}=8$이므로 $x+y+z=24$
$\therefore$ (전체 평균)$=\frac{10+4+5+6+24}{7}$
$=\frac{49}{7}$ 답 7

16 답 7

17 답 39

18 자료를 작은 값부터 나열하면
23, 38, 46, 50이므로 중앙값은
$\frac{38+46}{2}=42$ 답 42

19 자료를 작은 값부터 나열하면
44, 57, 63, 70이므로 중앙값은
$\frac{57+63}{2}=60$ 답 60

20 자료를 작은 값부터 나열하면
0, 0, 2, 2, 3, 3, 4, 5이므로 중앙값은
$\frac{2+3}{2}=2.5$ 답 2.5

21 자료를 작은 값부터 나열하면
6, 7, 8, 8, 9, 9, 11, 13이므로 중앙값은
$\frac{8+9}{2}=8.5$ 답 8.5

22 $\frac{x+12}{2}=11$ $\therefore x=10$ 답 10

23 $\frac{50+x}{2}=55$　$\therefore x=60$　답 60

24 $\frac{8+x}{2}=9.5$　$\therefore x=11$　답 11

25 $\frac{76+x}{2}=78$　$\therefore x=80$　답 80

26 답 67

27 답 28

28 답 3

29 답 귤

30 답 O형

31 $\frac{11+10+10+x+14}{5}=12$이므로

$45+x=60$　$\therefore x=15$

따라서 10, 10, 11, 14, 15에서 중앙값은 11, 최빈값은 10이다.

답 중앙값 : 11, 최빈값 : 10

32 $\frac{18+17+16+x+10+16}{6}=16$

이므로 $77+x=96$　$\therefore x=19$

따라서 10, 16, 16, 17, 18, 19에서

중앙값은 $\frac{16+17}{2}=16.5$, 최빈값은 16

이다.　답 중앙값 : 16.5, 최빈값 : 16

33 x를 제외한 자료의 도수가 모두 다르므로 최빈값은 x이다.

$\frac{21+x+23+19}{4}=x$

$63+x=4x$　$\therefore x=21$　답 21

34 x를 제외한 자료의 도수가 모두 다르므로 최빈값은 x이다.

$\frac{61+58+57+x+56}{5}=x$

$232+x=5x$　$\therefore x=58$　답 58

35 (평균)

$=\frac{2+5+5+11+13+20+21}{7}$

$=\frac{77}{7}=11$(권)　답 11권

36 답 11권

37 답 5권

38 (평균)

$=\frac{3+7+10+12+15+22+22}{7}$

$=\frac{91}{7}=13$(시간)　답 13시간

39 답 12시간

40 답 22시간

Episode 14　p. 28~30

산포도

01 답 -3, 2, -2, 3

02 답 6, -1, -2, -3

03 답 -6, 1, -4, 4, 5

04 답 5, 6, 9, 12

05 답 23, 22, 22, 33

06 답 81, 80, 87, 79, 83

07 (평균)$=\frac{18+14+15+13}{4}=15$

이고 편차는 3, -1, 0, -2이다.

답 평균 : 15

편차 : 3, -1, 0, -2

08 (평균)$=\frac{36+38+31+26+34}{5}$

$=\frac{165}{5}=33$

이고 편차는 3, 5, -2, -7, 1이다.

답 평균 : 33

편차 : 3, 5, -2, -7, 1

09 (평균)$=\frac{79+72+77+66+63+69}{6}$

$=\frac{426}{6}=71$

이고 편차는 8, 1, 6, -5, -8, -2이다.

답 평균 : 71

편차 : 8, 1, 6, -5, -8, -2

10 $x+4+(-1)+(-5)=0$

$\therefore x=2$　답 2

11 $-1+2+4+x+(-1)=0$

$\therefore x=-4$　답 -4

12 $-4+x+2+3+(-5)+1=0$

$\therefore x=3$　답 3

13 $-6+x+1+2=0$

$\therefore x=3$　답 3

14 $3+156=159$(cm)　답 159 cm

15 $3+(-4)+x+1+2=0$

$\therefore x=-2$　답 -2

16 $-2+85=83$(점)　답 83점

17 $1^2+(-3)^2+4^2+0^2+(-2)^2=30$

답 30

18 $\frac{30}{5}=6$　답 6

19 답 $\sqrt{6}$

20 $(-5)^2+2^2+3^2+1^2+(-1)^2=40$

답 40

21 $\frac{40}{5}=8$　답 8

22 $\sqrt{8}=2\sqrt{2}$　답 $2\sqrt{2}$

23 $x+2+0+1+(-1)=0$

$\therefore x=-2$　답 -2

24 $(-2)^2+2^2+0^2+1^2+(-1)^2=10$

답 10

25 $\frac{10}{5}=2$　답 2

26 답 $\sqrt{2}$

27 $-3+0+x+3+(-3)+0=0$

$\therefore x=3$　답 3

28 $(-3)^2+0^2+3^2+3^2+(-3)^2+0^2=36$

답 36

29 $\frac{36}{6}=6$　답 6

30 답 $\sqrt{6}$

31 $\frac{5+7+8+6+9}{5}=\frac{35}{5}=7$　답 7

32 답

변량	5	7	8	6	9
편차	-2	0	1	-1	2
(편차)^2	4	0	1	1	4

33 답 10

34 $\frac{10}{5}=2$　답 2

35 답 $\sqrt{2}$

36 $\frac{28+30+21+27+24}{5}=\frac{130}{5}=26$

답 26

37 답

변량	28	30	21	27	24
편차	2	4	-5	1	-2
(편차)^2	4	16	25	1	4

38 답 50

39 $\frac{50}{5}=10$ 답 10

40 답 $\sqrt{10}$

41 $\frac{26+x+18+12}{4}=18$

$56+x=72$ $\quad\therefore x=16$ 답 16

42 $\frac{8^2+(-2)^2+0^2+(-6)^2}{4}$

$=\frac{104}{4}=26$ 답 26

43 답 $\sqrt{26}$

44 $\frac{50+48+x+54+47}{5}=50$

$199+x=250$ $\quad\therefore x=51$ 답 51

45 $\frac{0^2+(-2)^2+1^2+4^2+(-3)^2}{5}$

$=\frac{30}{5}=6$ 답 6

46 답 $\sqrt{6}$

47 답 ×

48 답 ○

49 답 ○

50 답 ○

51 답 ×

52 답 ×

53 답 ×

54 답 ×

55 답 ×

56 답 ○

57 기록이 가장 빠른 반은 2반이다. 답 ×

58 답 ○

59 기록이 가장 고른 반은 2반이다. 답 ×

60 답 ○

Episode 15 p. 31~32

산점도와 상관관계

01 답

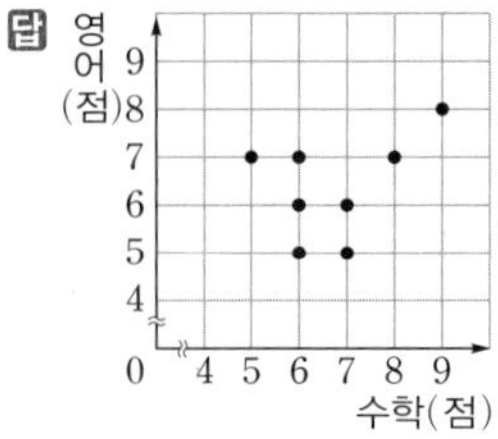

02 답

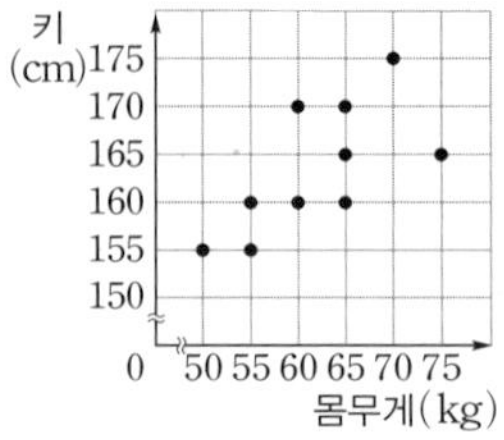

03 답 5명

04 답 6명

05

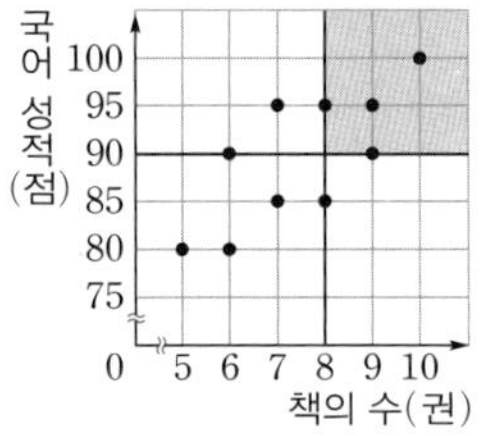

구하는 학생 수는 위의 그림에서 색칠한 부분과 그 경계에 속하는 점의 개수와 같으므로 4명이다. 답 4명

06 답 8명

07 답 13명

08

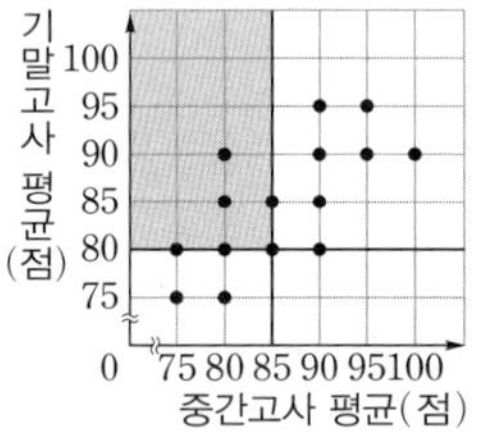

구하는 학생 수는 위의 그림에서 색칠한 부분과 그 경계에 속하는 점의 개수와 같으므로 6명이다. 답 6명

09

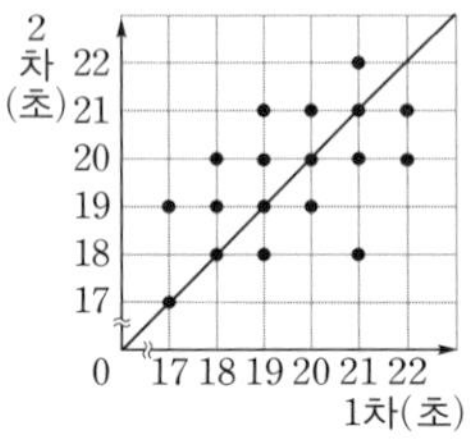

구하는 학생 수는 위의 그림에서 대각선 위에 있는 점의 개수와 같으므로 5명이다. 답 5명

10 구하는 학생 수는 **09**번의 그림에서 대각선의 아래쪽에 있는 점의 개수와 같으므로 6명이다. 답 6명

11 구하는 학생 수는 **09**번의 그림에서 대각선의 위쪽에 있는 점의 개수와 같으므로 7명이다. 답 7명

12

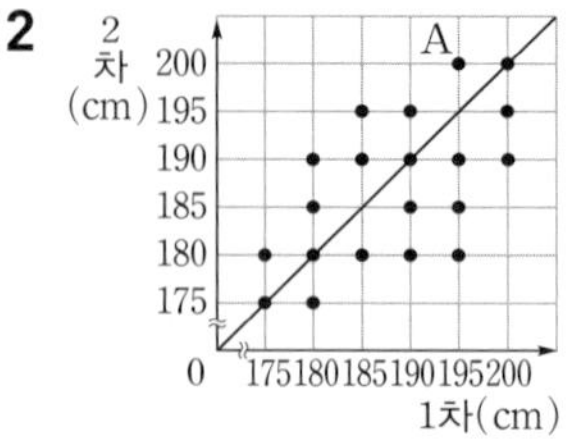

구하는 선수 수는 위의 그림에서 대각선 위에 있는 점의 개수와 같으므로 4명이다. 답 4명

13 구하는 선수 수는 **12**번의 그림에서 대각선의 위쪽에 있는 점의 개수와 같으므로 7명이다. 답 7명

14 구하는 학생은 **12**번의 그림에서 A이므로 이 학생의 2차 기록은 200 cm이다. 답 200 cm

15

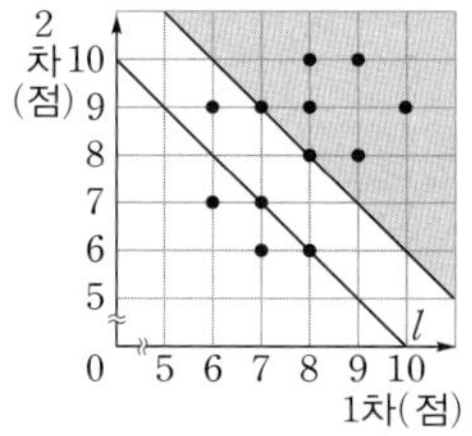

1차와 2차 평가 점수의 평균이 7점인 참가자 수는 위의 그림에서 직선 l 위에 있는 점의 개수와 같으므로 2명이다. 답 2명

16 1차와 2차 평가 점수의 총점이 16점 이상인 참가자 수는 수는 **15**번의 그림에서 색칠한 부분과 그 경계에 속하는 점의 개수와 같으므로 7명이다. 답 7명

17

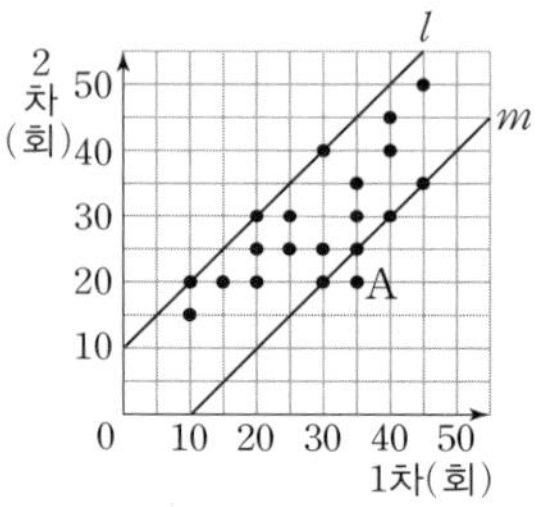

1차 기록과 2차 기록의 차가 10인 학생 수는 위의 그림에서 두 직선 l, m 위에 있는 점의 개수와 같으므로 7명이다. 답 7명

18 구하는 학생은 **17**번의 그림에서 점 A이므로 두 기록의 차는 15회이다. 답 15회

19 $(평균)=\frac{80+85+85+90+95}{5}$

$=\frac{435}{5}=87(\text{cm})$ 답 87 cm

20 답 음

21 답 양

22 답 무

23 답 음

24 답 무

25 답 양

26 답 ㄱ

27 답 ㄱ

28 답 ㄱ

29 답 ㄱ

30 답 ㄷ

31 답 ㄷ

32 답 ㄱ

33 답 ㄱ

34 답 양의 상관관계

35 답 B, E, C, A, D

36

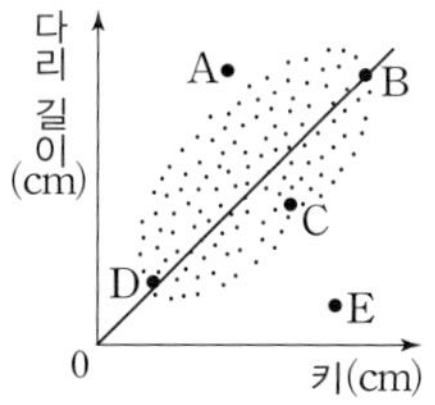

구하는 학생은 위의 그림에서 대각선의 위쪽에 있으므로 A이다. 답 A

문장제 Plus

Episode 01 삼각비의 뜻
p. 34

01 ① $\sin A=\frac{4}{5}$

③ $\cos B=\frac{4}{5}$

④ $\sin B=\frac{3}{5}$

⑤ $\tan B=\frac{3}{4}$ 답 ②

02 $\overline{AC}=\sqrt{5^2-2^2}$

$=\sqrt{21}$

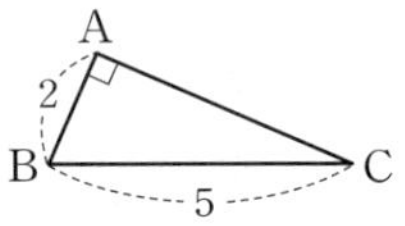

$\therefore \sin B=\frac{\sqrt{21}}{5}$

답 $\frac{\sqrt{21}}{5}$

03 $\overline{AB}=\sqrt{3^2-2^2}=\sqrt{5}$이므로

$\cos A=\frac{\sqrt{5}}{3}$, $\tan A=\frac{2}{\sqrt{5}}=\frac{2\sqrt{5}}{5}$

$\therefore \cos A+\tan A=\frac{\sqrt{5}}{3}+\frac{2\sqrt{5}}{5}$

$=\frac{11\sqrt{5}}{15}$ 답 $\frac{11\sqrt{5}}{15}$

04 $\cos A=\frac{\overline{AB}}{9}=\frac{2}{3}$에서 $\overline{AB}=6$

$\therefore \overline{BC}=\sqrt{9^2-6^2}=\sqrt{45}=3\sqrt{5}$ 답 $3\sqrt{5}$

05 $\cos A=\frac{x}{15}=\frac{4}{5}$에서 $x=12$

$y=\sqrt{15^2-12^2}=\sqrt{81}=9$

답 $x=12$, $y=9$

06 $\tan A=1$이므로 오른쪽 그림과 같이 $\overline{AB}=1$, $\overline{BC}=1$, $\angle B=90°$인 직각삼각형 ABC를 생각하면

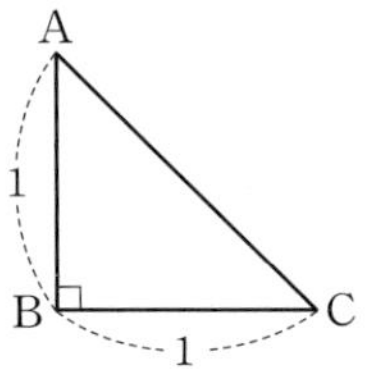

$\overline{AC}=\sqrt{1^2+1^2}=\sqrt{2}$이므로

$\sin A=\frac{1}{\sqrt{2}}$, $\cos A=\frac{1}{\sqrt{2}}$

$\therefore \sin A\times\cos A=\frac{1}{\sqrt{2}}\times\frac{1}{\sqrt{2}}=\frac{1}{2}$

답 $\frac{1}{2}$

Episode 02 삼각비의 값의 활용
p. 35

01 $\triangle ABC\backsim\triangle ADE$이므로 $\angle x=\angle B$

$\triangle ABC$에서 $\overline{AB}=\sqrt{5^2+2^2}=\sqrt{29}$

$\sin x=\sin B=\frac{\overline{AC}}{\overline{AB}}=\frac{2}{\sqrt{29}}=\frac{2\sqrt{29}}{29}$

$\cos x=\cos B=\frac{\overline{BC}}{\overline{AB}}=\frac{5}{\sqrt{29}}$

$=\frac{5\sqrt{29}}{29}$

$\therefore \sin x+\cos x=\frac{2\sqrt{29}}{29}+\frac{5\sqrt{29}}{29}$

$=\frac{7\sqrt{29}}{29}$ 답 $\frac{7\sqrt{29}}{29}$

02 $\triangle ABC\backsim\triangle EBD$이므로

$\angle C=\angle BDE$

$\triangle BDE$에서 $\overline{DE}=\sqrt{6^2-5^2}=\sqrt{11}$

$\therefore \cos C=\cos(\angle BDE)=\frac{\sqrt{11}}{6}$

답 $\frac{\sqrt{11}}{6}$

03 $\triangle ABC\backsim\triangle EBD$이므로

$\angle x=\angle ACB$

$\triangle ABC$에서 $\overline{BC}=\sqrt{12^2+5^2}=13$

$\therefore \sin x=\sin(\angle ACB)=\frac{12}{13}$

답 $\frac{12}{13}$

04 $\triangle ABC\backsim\triangle DAC$이므로

$\angle x=\angle B$

$\triangle ABC$에서 $\overline{AC}=\sqrt{5^2-4^2}=3$

$\therefore \tan x=\tan B=\frac{\overline{AC}}{\overline{AB}}=\frac{3}{4}$ 답 $\frac{3}{4}$

05 $\triangle HAD\backsim\triangle ABD$이므로

$\angle x=\angle ABD$

$\triangle ABD$에서

$\overline{AD}=15$, $\overline{BD}=\sqrt{15^2+8^2}=17$

$\therefore \sin x=\sin(\angle ABD)=\frac{15}{17}$ 답 $\frac{15}{17}$

06 두 점 A, B의 좌표를 구하면

$A(-3, 0)$, $B(0, 2)$이므로

$\overline{AO}=3$, $\overline{BO}=2$, $\overline{AB}=\sqrt{3^2+2^2}=\sqrt{13}$

직각삼각형 AOB에서

$\sin a=\frac{\overline{BO}}{\overline{AB}}=\frac{2}{\sqrt{13}}=\frac{2\sqrt{13}}{13}$

답 $\frac{2\sqrt{13}}{13}$

Episode 03 30°, 45°, 60°의 삼각비의 값
p. 36

01 $\tan 60°=\frac{\overline{BC}}{\overline{AB}}=\sqrt{3}$이므로

$\frac{8}{x}=\sqrt{3}$ $\therefore x=\frac{8\sqrt{3}}{3}$

$\sin 60°=\frac{\overline{BC}}{\overline{AC}}=\frac{\sqrt{3}}{2}$이므로

$\frac{8}{y}=\frac{\sqrt{3}}{2}$ $\therefore y=\frac{16\sqrt{3}}{3}$

따라서 $x+y=\frac{8\sqrt{3}}{3}+\frac{16\sqrt{3}}{3}=8\sqrt{3}$

답 $8\sqrt{3}$

02 직각삼각형 ABC에서

$\sin 45°=\frac{\overline{AC}}{6}=\frac{\sqrt{2}}{2}$

$\therefore \overline{AC}=3\sqrt{2}$

직각삼각형 ACD에서

$\cos 60°=\frac{\overline{AD}}{3\sqrt{2}}=\frac{1}{2}$

$\therefore \overline{AD}=\frac{3\sqrt{2}}{2}$ 답 $\frac{3\sqrt{2}}{2}$

03 $\triangle ADC$에서

$\tan 60°=\frac{\overline{AC}}{\overline{DC}}=\frac{y}{4\sqrt{3}}=\sqrt{3}$

$\therefore y=12$

$\triangle ABC$에서

$\tan 30°=\frac{\overline{AC}}{\overline{BC}}=\frac{12}{\overline{BC}}=\frac{\sqrt{3}}{3}$

$\therefore \overline{BC}=12\sqrt{3}$

$\therefore x=12\sqrt{3}-4\sqrt{3}=8\sqrt{3}$

$\therefore \frac{x}{y}=\frac{8\sqrt{3}}{12}=\frac{2\sqrt{3}}{3}$ 답 ②

04 직각삼각형 ABH에서

$\sin 30°=\frac{\overline{AH}}{6}=\frac{1}{2}$ $\therefore \overline{AH}=3$

$\cos 30°=\frac{\overline{BH}}{6}=\frac{\sqrt{3}}{2}$

$\therefore \overline{BH}=3\sqrt{3}$

$\overline{CH}=\overline{BC}-\overline{BH}=5\sqrt{3}-3\sqrt{3}=2\sqrt{3}$

따라서 직각삼각형 AHC에서

$\overline{AC}=\sqrt{3^2+(2\sqrt{3})^2}=\sqrt{21}$ 답 $\sqrt{21}$

05 직각삼각형 ABC에서

$\sin 30°=\frac{\overline{AC}}{8}=\frac{1}{2}$ $\therefore \overline{AC}=4$

$\cos 30°=\frac{\overline{BC}}{8}=\frac{\sqrt{3}}{2}$

$\therefore \overline{BC}=4\sqrt{3}$

$\overline{CD}=\frac{1}{2}\overline{BC}=\frac{1}{2}\times 4\sqrt{3}=2\sqrt{3}$

따라서 직각삼각형 ADC에서

$\overline{AD}=\sqrt{4^2+(2\sqrt{3})^2}=2\sqrt{7}$ 답 $2\sqrt{7}$

06 직선의 기울기를 a라고 하면

$a=\tan 30^\circ=\frac{\sqrt{3}}{3}$

y절편을 b라고 하면 $\frac{b}{3}=\frac{\sqrt{3}}{3}$

$\therefore b=\sqrt{3}$

따라서 구하는 직선의 방정식은

$y=\frac{\sqrt{3}}{3}x+\sqrt{3}$ 답 ①

Episode 04 p. 37

사분원에서 삼각비의 값

01 $\tan 53^\circ=\frac{\overline{CD}}{\overline{OD}}=\frac{\overline{CD}}{1}$

$=\overline{CD}=1.3270$

△AOB에서

$\angle OAB=180^\circ-(53^\circ+90^\circ)=37^\circ$

$\sin 37^\circ=\frac{\overline{OB}}{\overline{OA}}=\frac{\overline{OB}}{1}=\overline{OB}=0.6018$

$\therefore \tan 53^\circ+\sin 37^\circ$

$=1.3270+0.6018=1.9288$ 답 ④

02 ① $\sin 90^\circ-\cos 0^\circ=1-1=0$

② $3\sin 0^\circ-2\tan 0^\circ$

$=3\times 0-2\times 0=0$

③ $\sin 0^\circ+\cos 0^\circ+\tan 45^\circ$

$=0+1+1=2$

④ $(\sin 0^\circ+\tan 0^\circ)\times\cos 0^\circ$

$=(0+0)\times 1=0$

⑤ $\cos 0^\circ\times\tan 45^\circ\div\sin 90^\circ$

$=1\times 1\div 1=1$ 답 ③

03 $\tan 0^\circ\times\sin 60^\circ-2\cos 60^\circ$

$\times\tan 45^\circ+\sin 90^\circ$

$=0\times\frac{\sqrt{3}}{2}-2\times\frac{1}{2}\times 1+1$

$=0-1+1=0$ 답 0

04 ① $0^\circ<A<90^\circ$일 때, A의 값이 커지면

$\sin A$의 값은 증가하므로

$\sin 30^\circ>\sin 20^\circ$

② $\sin 45^\circ=\frac{\sqrt{2}}{2}$, $\tan 45^\circ=1$이므로

$\sin 45^\circ<\tan 45^\circ$

③ $0^\circ<A<90^\circ$일 때, A의 값이 커지면

$\cos A$의 값은 감소하므로

$\cos 65^\circ>\cos 75^\circ$

⑤ $0^\circ<A<90^\circ$일 때, A의 값이 커지면

$\tan A$의 값은 증가하므로

$\tan 10^\circ<\tan 15^\circ$ 답 ④

05 $\sin x=0.8746$에서 $x=61^\circ$

$\cos y=0.5150$에서 $y=59^\circ$

$\tan z=1.8807$에서 $z=62^\circ$

$\therefore x+y-z=61^\circ+59^\circ-62^\circ=58^\circ$

답 58°

06 $\tan 34^\circ=\frac{\overline{AC}}{10}=0.6745$

$\therefore \overline{AC}=10\times 0.6745=6.745$

답 6.745

Episode 05 p. 38

삼각비의 활용 - 삼각형의 변의 길이

01 $\overline{AB}=8\cos A=8\times\frac{3}{4}=6$

$\therefore \overline{BC}=\sqrt{8^2-6^2}=2\sqrt{7}$ 답 $2\sqrt{7}$

02 $x=4\cos 48^\circ=4\times 0.6691=2.6764$

$y=4\sin 48^\circ=4\times 0.7431=2.9724$

$\therefore x+y=2.6764+2.9724=5.6488$

답 5.6488

03 △EFG에서

$\overline{EG}=\sqrt{3^2+3^2}=3\sqrt{2}$(cm)이므로

△CEG에서

$\overline{CG}=3\sqrt{2}\tan 30^\circ=3\sqrt{2}\times\frac{\sqrt{3}}{3}$

$=\sqrt{6}$(cm)

∴ (직육면체의 부피)$=3\times 3\times\sqrt{6}$

$=9\sqrt{6}$(cm³)

답 $9\sqrt{6}$ cm³

04 오른쪽 그림과 같이 꼭짓점 A에서 $\overline{BC}$에 내린 수선의 발을 H라고 하면

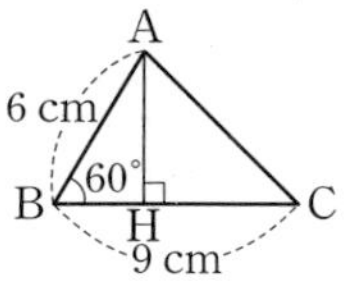

$\overline{AH}=6\sin 60^\circ=6\times\frac{\sqrt{3}}{2}=3\sqrt{3}$(cm)

$\overline{BH}=6\cos 60^\circ=6\times\frac{1}{2}=3$(cm)

$\overline{CH}=\overline{BC}-\overline{BH}=9-3=6$(cm)

△AHC에서

$\overline{AC}=\sqrt{(3\sqrt{3})^2+6^2}=3\sqrt{7}$(cm)

답 $3\sqrt{7}$ cm

05 $\overline{AH}=h$ cm라고 하면

$\angle BAH=90^\circ-60^\circ=30^\circ$이므로

△ABH에서

$\overline{BH}=h\tan 30^\circ=h\times\frac{\sqrt{3}}{3}$

$=\frac{\sqrt{3}h}{3}$(cm)

△AHC에서

$\overline{CH}=h\tan 45^\circ=h\times 1=h$(cm)

$\overline{BC}=\overline{BH}+\overline{HC}$이므로

$6=\frac{\sqrt{3}h}{3}+h$, $18=(3+\sqrt{3})h$

$\therefore h=\frac{18}{3+\sqrt{3}}=9-3\sqrt{3}$(cm)

답 $(9-3\sqrt{3})$cm

06 △ABC에서

$\overline{BC}=30\sin 30^\circ=30\times\frac{1}{2}=15$(m)

지면에서 연까지의 높이는 $\overline{CH}$의 길이와 같으므로

$\overline{CH}=\overline{BC}+\overline{BH}=15+1.5=16.5$(m)

답 16.5 m

Episode 06 p. 39

삼각비의 활용 - 도형의 넓이

01 $\angle A=\angle B=30^\circ$이므로

$\angle C=180^\circ-(30^\circ+30^\circ)=120^\circ$

∴ △ABC

$=\frac{1}{2}\times 6\times 6\times\sin(180^\circ-120^\circ)$

$=\frac{1}{2}\times 6\times 6\times\sin 60^\circ$

$=\frac{1}{2}\times 6\times 6\times\frac{\sqrt{3}}{2}=9\sqrt{3}$(cm²)

답 $9\sqrt{3}$ cm²

02 △ABC에서

$\overline{AC}=4\tan 60^\circ=4\times\sqrt{3}=4\sqrt{3}$(cm)

$\triangle ABC=\frac{1}{2}\times 4\times 4\sqrt{3}=8\sqrt{3}$(cm²)

$\triangle ACD=\frac{1}{2}\times4\sqrt{3}\times7\times\sin30^\circ$

$=\frac{1}{2}\times4\sqrt{3}\times7\times\frac{1}{2}$

$=7\sqrt{3}(cm^2)$

$\therefore\ \square ABCD=\triangle ABC+\triangle ACD$

$=8\sqrt{3}+7\sqrt{3}$

$=15\sqrt{3}(cm^2)$

답 $15\sqrt{3}$ cm²

03 $\square ABCD=7\times6\times\sin(180^\circ-150^\circ)$

$=7\times6\times\sin30^\circ$

$=7\times6\times\frac{1}{2}=21(cm^2)$

답 21 cm²

04 $\square ABCD$는 $\overline{AB}=\overline{AD}=10(cm)$이므로

$\square ABCD$

$=10\times10\times\sin(180^\circ-120^\circ)$

$=10\times10\times\sin60^\circ$

$=10\times10\times\frac{\sqrt{3}}{2}=50\sqrt{3}(cm^2)$

답 $50\sqrt{3}$ cm²

05 $\square ABCD=4\times5\times\sin B=20\sin B$

$20\sin B=10\sqrt{2}$이므로 $\sin B=\frac{\sqrt{2}}{2}$

$\therefore\ \angle B=45^\circ$ 답 ④

06 $\square ABCD=\frac{1}{2}\times10\times7\times\sin90^\circ$

$=\frac{1}{2}\times10\times7\times1$

$=35(cm^2)$ 답 35 cm²

Episode 07 원의 중심과 현

p. 40

01 $\overline{AM}=\sqrt{5^2-3^2}=\sqrt{16}=4(cm)$

$\therefore\ \overline{AB}=2\overline{AM}=2\times4=8(cm)$

답 8 cm

02

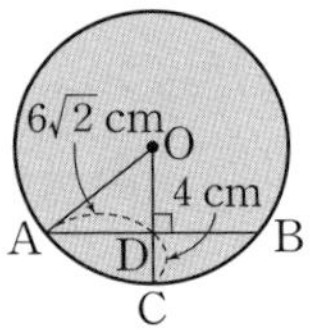

원 O의 반지름의 길이를 r cm라고 하면

$\overline{OA}=\overline{OC}=r(cm)$이므로

$\overline{OD}=r-4(cm)$

직각삼각형 OAD에서

$r^2=(6\sqrt{2})^2+(r-4)^2,\ 8r=88$

$\therefore\ r=11$

따라서 원 O의 넓이는

$\pi\times11^2=121\pi(cm^2)$ 답 121π cm²

03

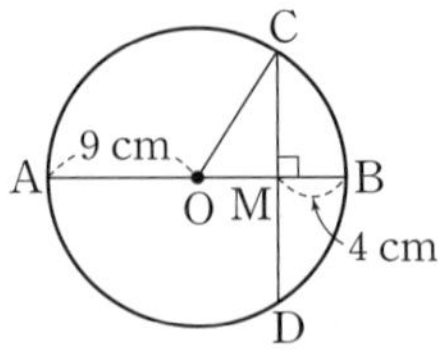

$\overline{OM}=\overline{OB}-\overline{BM}=9-4=5(cm)$

직각삼각형 COM에서

$\overline{CM}=\sqrt{9^2-5^2}=\sqrt{56}=2\sqrt{14}(cm)$

$\therefore\ \overline{CD}=2\overline{CM}=2\times2\sqrt{14}$

$=4\sqrt{14}(cm)$ 답 $4\sqrt{14}$ cm

04 오른쪽 그림과 같이 원의 중심을 O라고 하면

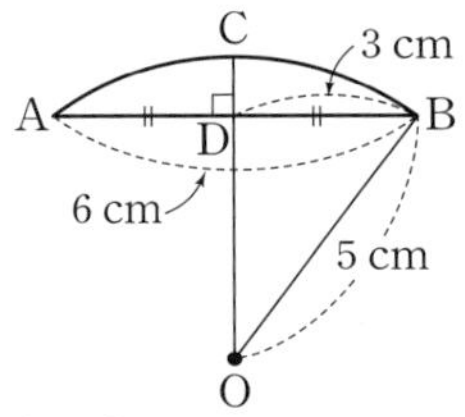

$\overline{OB}=\overline{OC}$

$=5(cm)$

$\overline{DB}=\frac{1}{2}\times6=3(cm)$

직각삼각형 DOB에서

$\overline{OD}=\sqrt{5^2-3^2}=\sqrt{16}=4(cm)$이므로

$\overline{CD}=\overline{OC}-\overline{OD}=5-4=1(cm)$

답 1 cm

05 $\overline{AB}=\overline{CD}$이므로 $\overline{BM}=\overline{CN}=3(cm)$

직각삼각형 OBM에서

$\overline{OB}=\sqrt{3^2+2^2}=\sqrt{13}(cm)$

답 $\sqrt{13}$ cm

06 $\overline{OM}=\overline{ON}$이므로 $\overline{AB}=\overline{AC}$

$\triangle ABC$는 이등변삼각형이므로

$\angle A=180^\circ-(65^\circ+65^\circ)=50^\circ$

따라서 $\square AMON$에서

$\angle MON=360^\circ-(90^\circ+90^\circ+50^\circ)$

$=130^\circ$ 답 130°

Episode 08 원의 접선에 관한 성질(1)

p. 41

01 $\angle PAO=\angle PBO=90^\circ$이므로

$\square APBO$에서

$\angle AOB=180^\circ-45^\circ=135^\circ$

따라서 색칠한 부분의 넓이는

$\pi\times6^2\times\frac{135^\circ}{360^\circ}=\frac{27}{2}\pi(cm^2)$

답 $\frac{27}{2}\pi$ cm²

02 $\overline{OA}=\overline{OQ}=5(cm)$이고 $\triangle OAP$에서

$\angle OAP=90^\circ$

$\therefore\ \overline{AP}=\sqrt{(5+8)^2-5^2}$

$=\sqrt{144}=12(cm)$ 답 12 cm

03

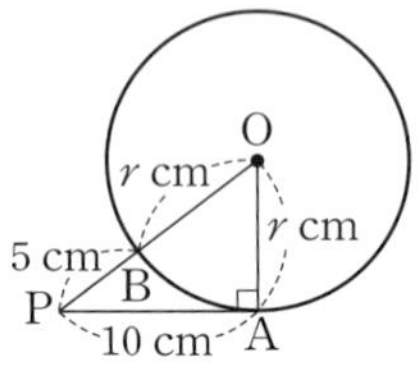

$\overline{OA}$를 그으면 $\overline{OA}\perp\overline{PA}$

원 O의 반지름의 길이를 r cm라고 하면

$\overline{OA}=\overline{OB}=r(cm)$

직각삼각형 OPA에서

$(5+r)^2=10^2+r^2,\ 10r=75$

$\therefore\ r=\frac{15}{2}$

따라서 원 O의 지름의 길이는

$2\times\frac{15}{2}=15(cm)$ 답 15 cm

04 $\overline{PA}=\overline{PB}=7(cm)$이므로 $x=7$

직각삼각형 OAP에서

$\overline{PO}=\sqrt{7^2+(4\sqrt{2})^2}=\sqrt{81}=9(cm)$

$\therefore\ y=9$

$\therefore\ 3x+y=3\times7+9=30$ 답 ②

05 $\angle PAO=90^\circ$이므로

$\angle PAB=90^\circ-30^\circ=60^\circ$

$\triangle APB$는 $\overline{PA}=\overline{PB}$인 이등변삼각형이므로

$\angle PBA=\angle PAB=60^\circ$

따라서 $\triangle APB$는 정삼각형이므로

$\triangle APB$의 둘레의 길이는

$3\times7=21(cm)$ 답 21 cm

06 $\overline{OA}=\overline{OB}=\overline{OC}=9(cm)$이므로

$\overline{OP}=\overline{OC}+\overline{PC}=9+6=15(cm)$

$\angle PAO=90^\circ$이므로

직각삼각형 OAP에서

$\overline{PA}=\sqrt{15^2-9^2}=\sqrt{144}=12(cm)$

$\therefore\ \square APBO=2\triangle OAP$

$=2\times\left(\frac{1}{2}\times12\times9\right)$

$=108(cm^2)$ 답 108 cm²

Episode 09 원의 접선에 관한 성질 (2)

p. 42

01 $\overline{BE}=x$ cm라고 하면
$\overline{BD}=\overline{BE}=x(\text{cm})$
$\overline{CF}=\overline{CE}=13-x(\text{cm})$
$\overline{AF}=\overline{AD}=9-x(\text{cm})$
$\overline{AC}=\overline{AF}+\overline{CF}$이므로
$10=(9-x)+(13-x)$
$2x=12 \quad \therefore x=6$
$\therefore \overline{BE}=6(\text{cm})$ 답 6 cm

02 $\overline{CE}=x$ cm라고 하면
$\overline{CF}=\overline{CE}=x(\text{cm})$
$\overline{AD}=\overline{AF}=5(\text{cm})$
$\overline{BD}=\overline{BE}=7(\text{cm})$
$\triangle ABC$의 둘레의 길이가 42 cm이므로
$2x+10+14=42$, $2x=18 \quad \therefore x=9$
$\therefore \overline{CE}=9(\text{cm})$ 답 9 cm

03 원 O의 반지름의 길이를 r cm라고 하면
$\overline{AB}=9+r(\text{cm})$, $\overline{AC}=6+r(\text{cm})$
$\triangle ABC$에서 $15^2=(9+r)^2+(6+r)^2$
$r^2+15r-54=0$
$(r-3)(r+18)=0$
$\therefore r=3\ (\because r>0)$
따라서 원 O의 넓이는
$\pi\times3^2=9\pi(\text{cm}^2)$ 답 ④

04 $\overline{AS}=\overline{AP}=5(\text{cm})$이므로
$\overline{AD}+\overline{BC}=\overline{AB}+\overline{CD}$에서
$(5+4)+\overline{BC}=(5+8)+12$
$\therefore \overline{BC}=16(\text{cm})$ 답 16 cm

05 $\overline{AD}+\overline{BC}=\overline{AB}+\overline{CD}$이므로
□ABCD의 둘레의 길이는
$2(\overline{AD}+\overline{BC})=2\times(5+8)=26(\text{cm})$
답 26 cm

06 $\overline{CD}$의 길이는 원 O의 지름의 길이와 같으므로
$\overline{CD}=2\times6=12(\text{cm})$
$\overline{AD}+\overline{BC}=\overline{AB}+\overline{CD}$이므로
$\overline{AD}+15=13+12$
$\therefore \overline{AD}=10(\text{cm})$
□ABCD는 사다리꼴이므로
(□ABCD의 넓이)
$=\frac{1}{2}\times(10+15)\times12$
$=150(\text{cm}^2)$ 답 150 cm²

Episode 10 원주각

p. 43

01 $\angle x=2\times40^\circ=80^\circ$
$\angle y=\angle BAC=40^\circ$
답 $\angle x=80^\circ$, $\angle y=40^\circ$

02 $130^\circ=\frac{1}{2}\times(360^\circ-x)$
$\therefore \angle x=100^\circ$
$\angle y=\frac{1}{2}\times100^\circ=50^\circ$
답 $\angle x=100^\circ$, $\angle y=50^\circ$

03

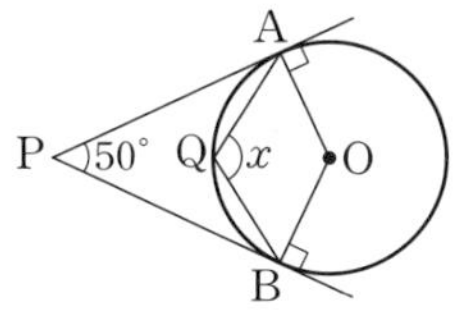

$\overline{OA}$, $\overline{OB}$를 그으면
$\angle PAO=\angle PBO=90^\circ$이므로
$\angle AOB=180^\circ-50^\circ=130^\circ$
$\therefore \angle x=\frac{1}{2}\times(360^\circ-130^\circ)=115^\circ$
답 115°

04 $\angle BAC=\angle BDC=45^\circ$
$\triangle ABP$에서
$\angle APD=\angle PAB+\angle PBA$
$=45^\circ+30^\circ=75^\circ$
$\therefore \angle x=75^\circ$ 답 75°

05 $\overline{AC}$는 원 O의 지름이므로
$\angle ABC=90^\circ$
$\triangle ABC$에서
$\angle ACB=180^\circ-(90^\circ+30^\circ)=60^\circ$
$\therefore \angle x=\angle ACB=60^\circ$ 답 60°

06

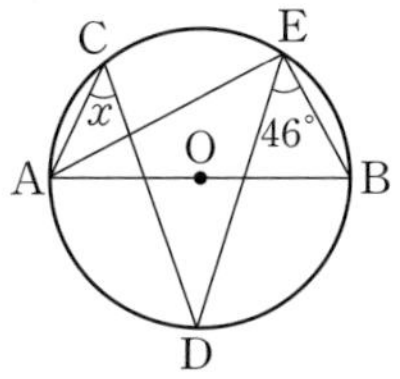

$\overline{AE}$를 그으면 $\triangle ABE$에서
$\angle AEB=90^\circ$
$\therefore \angle AED=90^\circ-46^\circ=44^\circ$
$\therefore \angle x=\angle AED=44^\circ$ 답 44°

Episode 11 원주각의 크기와 호의 길이

p. 44

01 $\widehat{AB}=\widehat{CD}$이므로
$\angle CBD=\angle ACB=32^\circ$
$\angle x$는 $\triangle PBC$의 한 외각이므로
$\angle x=\angle PBC+\angle PCB$
$=32^\circ+32^\circ=64^\circ$ 답 64°

02 $\widehat{AB}=\widehat{BC}$이므로
$\angle ADB=\angle BDC=30^\circ$
$\triangle ABD$에서
$\angle x=180^\circ-(55^\circ+30^\circ)=95^\circ$ 답 95°

03

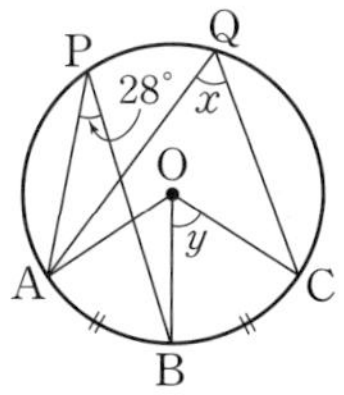

$\widehat{AC}=2\widehat{AB}$이므로
$\angle x=2\angle APB=2\times28^\circ=56^\circ$
$\angle AOB=2\angle APB=2\times28^\circ=56^\circ$
$\therefore \angle y=\angle AOB=56^\circ$
$\therefore \angle x+\angle y=56^\circ+56^\circ=112^\circ$ 답 ⑤

04

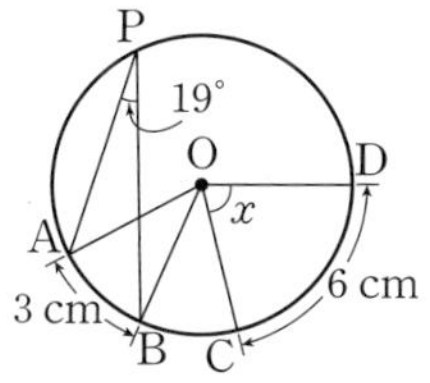

$\angle AOB=2\angle APB=2\times19^\circ=38^\circ$
$\angle AOB : \angle COD=\widehat{AB} : \widehat{CD}$이므로
$38^\circ : \angle x=3 : 6$
$\therefore \angle x=76^\circ$ 답 76°

05

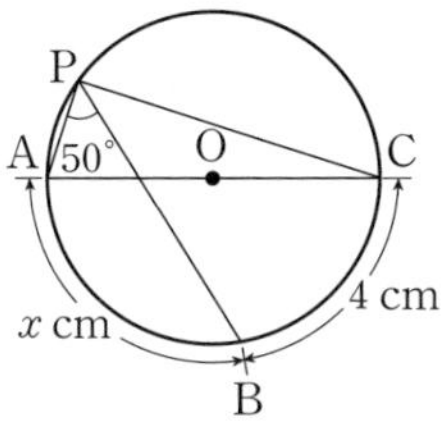

$\triangle ACP$에서 $\angle APC=90^\circ$
$\angle BPC=\angle APC-\angle APB$
$=90^\circ-50^\circ=40^\circ$
$\angle APB : \angle BPC=\widehat{AB} : \widehat{BC}$이므로
$50^\circ : 40^\circ=x : 4$
$\therefore x=5$ 답 5

06 $\angle A=180^\circ\times\frac{3}{5+3+4}$

$=180^\circ\times\frac{3}{12}=45^\circ$

$\angle BOC=2\angle BAC=2\times45^\circ=90^\circ$

$\therefore \angle x=90^\circ$ 답 90°

Episode 12 원에 내접하는 사각형 p. 45

01 ㄱ. $\angle B+\angle D\neq180^\circ$이므로

□ABCD는 원에 내접하지 않는다.

ㄴ. $\angle BAD=\angle DCE=100^\circ$이므로

□ABCD는 원에 내접한다.

ㄷ. $\angle BAD=180^\circ-70^\circ=110^\circ$,

즉 $\angle BAD\neq\angle DCE$이므로

□ABCD는 원에 내접하지 않는다.

ㄹ. $\angle BAC=\angle BDC$이므로

□ABCD는 원에 내접한다.

답 ㄴ, ㄹ

02 □ABCD가 원 O에 내접하므로

$\angle x+95^\circ=180^\circ$ $\therefore \angle x=85^\circ$

$\angle y=\angle BAD=120^\circ$

답 $\angle x=85^\circ$, $\angle y=120^\circ$

03 □ABCD가 원 O에 내접하므로

$\angle x=\angle BAD=75^\circ$

□ABCE가 원 O에 내접하므로

$(75^\circ+\angle y)+70^\circ=180^\circ$

$\therefore \angle y=35^\circ$ 답 $\angle x=75^\circ$, $\angle y=35^\circ$

04 $\angle ADB=\angle BAT=60^\circ$

□ABCD가 원 O에 내접하므로

$\angle BAD=180^\circ-85^\circ=95^\circ$

△ABD에서

$\angle ABD=180^\circ-(60^\circ+95^\circ)=25^\circ$

$\therefore \angle x=25^\circ$ 답 25°

05 △ABC에서

$\angle ACB=\frac{1}{2}\times\angle AOB$

$=\frac{1}{2}\times140^\circ=70^\circ$

$\therefore \angle x=\angle ACB=70^\circ$ 답 70°

06 △CBP에서 $\angle CBP+30^\circ=80^\circ$

$\therefore \angle CBP=50^\circ$

$\therefore \angle x=\angle CBP=50^\circ$ 답 50°

Episode 13 대푯값 p. 46

01 $(\text{평균})=\frac{31+5+26+33+30}{5}$

$=\frac{125}{5}=25$

자료를 작은 값에서부터 크기순으로 나열하면 5, 26, 30, 31, 33이므로 중앙값은 30이다.

이 자료에는 5와 같이 극단적으로 작은 값이 포함되어 있으므로 대푯값으로 더 적절한 것은 중앙값이다.

답 평균 : 25, 중앙값 : 30, 중앙값이 더 적절하다.

02 자료를 작은 값에서부터 크기순으로 나열할 때 중앙값이 31이므로 x는 29와 34 사이에 있다. 즉, 작은 값에서부터 크기순으로 나열하면 24, 29, x, 34이다.

이때 중앙값은 2번째 자료와 3번째 자료의 평균이므로 $\frac{29+x}{2}=31$

$29+x=62$ $\therefore x=33$ 답 33

03 자료를 작은 값에서부터 크기순으로 나열하면 42, 53, 53, 61, 67, 80이므로

$(\text{중앙값})=\frac{53+61}{2}=57$ $\therefore a=57$

자료의 값 중 가장 많이 나타난 값이 53이므로 최빈값은 53이다.

$\therefore b=53$

$\therefore a-b=57-53=4$ 답 4

04 $(\text{평균})=\frac{16+19+18+13+20+19+14}{7}$

$=\frac{119}{7}=17(\text{점})$

자료를 작은 값에서부터 크기순으로 나열하면 13, 14, 16, 18, 19, 19, 20

따라서 이 자료에서 중앙값은 18점이다.

또, 자료의 값 중 가장 많이 나타난 값이 19점이므로 최빈값은 19점이다.

답 평균 : 17점, 중앙값 : 18점, 최빈값 : 19점

05 자료를 작은 값에서부터 크기순으로 나열할 때 10번째 오는 값은 41회, 11번째 오는 값은 43회이므로

$(\text{중앙값})=\frac{41+43}{2}=42(\text{회})$

$\therefore a=42$

가장 많이 나타난 값이 43이므로 최빈값은 43회이다. $\therefore b=43$

$\therefore a+b=42+43=85$ 답 85

06 주어지지 않은 두 변량을 작은 것부터 차례대로 x, y라고 하면 x, y의 평균이 16시간이므로 $\frac{x+y}{2}=16$

$\therefore x+y=32$

$\therefore$ (전체 평균)

$=\frac{7+9+x+12+16+21+y+23}{8}$

$=\frac{88+(x+y)}{8}$

$=\frac{88+32}{8}=15(\text{시간})$ 답 15시간

Episode 14 산포도 p. 47

01 빈칸에 알맞은 수는 차례대로

$12-2=10$, $12-12=0$,

$11-12=-1$, $12+1=13$,

$17-12=5$, $12-3=9$

답

변량	10	12	11	13	17	9
편차	−2	0	−1	1	5	−3

02 편차의 합은 항상 0이므로

$5+(-7)+4+x+(-3)=0$

$\therefore x=1$

따라서 목요일에 팔린 우유 개수는

$29+1=30(\text{개})$ 답 ④

03 $(\text{평균})=\frac{7+13+5+14+11}{5}$

$=\frac{50}{5}=10(\text{점})$

(분산)

$=\frac{(7-10)^2+(13-10)^2+(5-10)^2+(14-10)^2+(11-10)^2}{5}$

$=\frac{60}{5}=12$

$\therefore (\text{표준편차})=\sqrt{12}=2\sqrt{3}(\text{점})$

답 $2\sqrt{3}$점

04 편차의 합은 항상 0이므로

$4+(-2)+0+x+(-2)+(-3)=0$

$\therefore x=3$

(분산)

$=\dfrac{4^2+(-2)^2+0^2+3^2+(-2)^2+(-3)^2}{6}$

$=\dfrac{42}{6}=7$

$\therefore y=7$

$\therefore x+y=3+7=10$ 답 10

05 ② 분산은 (편차)^{2}의 평균이다. 답 ②

06 ① 학생 수가 어느 반이 많은지는 알 수 없다.

② 수학 성적이 가장 높은 학생이 어느 반에 있는지는 알 수 없다.

③ 수학 성적이 90점이 넘는 학생 수는 알 수 없다.

④ 1반의 수학 성적의 표준편차가 2반의 수학 성적의 표준편차보다 작으므로 1반의 수학 성적이 2반의 수학 성적보다 고르다.

⑤ 두 반의 평균이 같으므로 두 반의 성적은 같다. 답 ④

Episode 15 p. 48

산점도와 상관관계

01

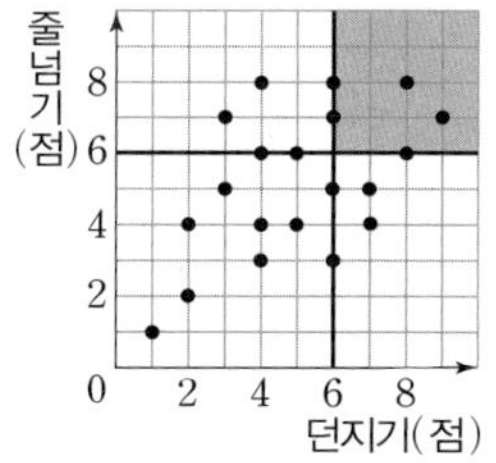

주어진 산점도에서 던지기 실기 점수와 줄넘기 실기 점수가 모두 6점 이상인 학생 수는 위의 그림에서 색칠한 부분과 그 경계에 속하는 점의 개수와 같으므로 5명이다.

$\dfrac{5}{20}\times 100=25(\%)$ 답 25 %

02

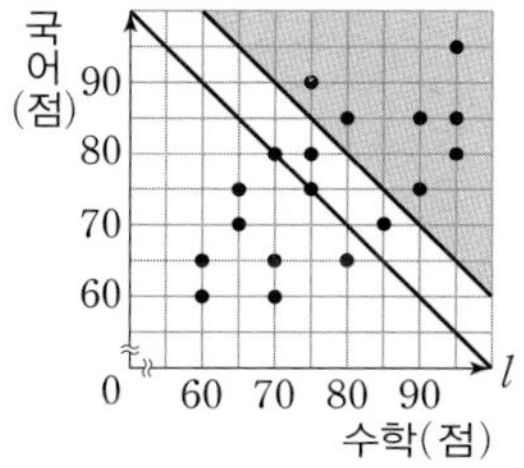

ㄱ. 국어 성적이 70점 이하인 학생 수는 7명이다.

ㄷ. 두 과목의 성적의 평균이 75점인 학생 수는 위의 그림에서 직선 l 위에 있는 점의 개수와 같으므로 2명이다.

ㄹ. 두 과목의 성적의 평균이 80점 이상인 학생 수는 위의 그림에서 색칠한 부분과 그 경계에 속하는 점의 개수와 같으므로 7명이다. 답 ㄴ, ㄷ

03

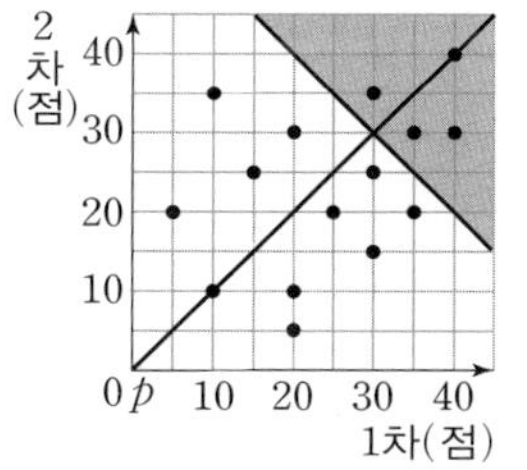

① 1차 성적과 2차 성적이 변화가 없는 학생 수는 대각선 p 위에 있는 점의 개수와 같으므로 2명이다.

⑤ 1차 성적과 2차 성적의 합이 60점 이상인 학생 수는 위의 그림에서 색칠한 부분과 그 경계에 속하는 점의 개수와 같으므로 4명이다. 답 ①, ⑤

04 하루 중 스마트폰을 오래 사용할수록 공부하는 시간은 대체로 줄어드는 경향이 있으므로 x, y 사이에는 음의 상관관계가 있다.

따라서 구하는 산점도는 ②이다.

답 ②

05 주어진 산점도는 x의 값이 커짐에 따라 y의 값은 대체로 커지므로 양의 상관관계를 나타낸다.

ㄱ. 상관관계가 없다.

ㄴ, ㄷ. 양의 상관관계

ㄹ. 음의 상관관계

따라서 산점도가 주어진 그림과 같은 것은 ㄴ, ㄷ이다. 답 ③

06 작년에 비해 올해 책을 많이 읽은 학생은 대각선의 위쪽에 있으므로 A이다. 답 ①

Memo

新 수학의

바이블

연산

新 수학의 바이블 연산은
개념별 연산 유형을 세분화하여 다양한 문제 해결을 통해
계산 원리를 스스로 익히고 기초 개념을 다질 수 있도록 구성하였습니다.